ATLAS DER SPANISCHEN WEINE

HUBRECHT DUIJKER

ATLAS DER SPANISCHEN WEINE

LAGEN, PRODUZENTEN, WEINSTRASSEN

HALLWAG

Für Julie

. . . die so oft zugunsten des Landes unserer Hochzeitsreise auf mich verzichten mußte.

DANK

Dieses Buch wäre ohne Mithilfe von so mancher Seite nicht zustande gekommen. Auf meinen Reisen durch die spanischen Weinbauregionen bin ich nicht nur von vielen gastfreundlich aufgenommen worden, sondern es wurden mir auch freigebig Informationen zuteil. Sehr dankbar bin ich auch dafür, wie sich viele Weinerzeuger und andere an meine Reisepläne angepaßt und mir Dutzende von Besprechungen ermöglicht haben — sogar an Wochenenden. Vor allem die Weinerzeuger beantworteten mir meine Fragen, aber auch den Consejos Reguladores und anderen Weinbaubehörden und -stellen, z. B. dem Instituto Español de Comercio Exterior, dem Instituto Nacional de Denominaciones de Origen, verschiedenen Weinbauversuchsanstalten, Weinimporteuren in verschiedenen Ländern und dem Spaans Nationaal Verkeersbureau in den Niederlanden habe ich viel zu verdanken.

Besonderen Dank schulde ich

María Antonia Fernández-Daza, die während ihrer Tätigkeit bei Icex mir mit Rat und Tat zur Seite stand, was sich in reibungslosen Reise-Arrangements und erstklassigen Informationen niederschlug;

Steve Metzler und seiner Frau Almundena de Llaguno von Classical Wines from Spain (Seattle), die aufgrund ihrer Spezialisierung auf spanischen Qualitätswein über hervorragende Kenntnis des Landes und vieler führender Erzeuger verfügen und mich in jeder erdenklichen Weise großartig beraten haben;

Wim Mey, dem Verfasser von «Sherry», einem in Holländisch und Englisch erschienenen Standardwerk, der es mir ermöglicht hat, von seiner umfassenden Kenntnis der Region und des benachbarten Condado de Huelva zu profitieren;

Marianne Nuberg, der Leiterin von Vinos de España in den Niederlanden, die mir ein Jahr lang großzügig ihre Unterstützung zur Verfügung stellte, für mich Zusammenkünfte mit Persönlichkeiten und Behörden in Spanien arrangierte und mir mit ihrer exzellenten Kenntnis der spanischen Sprache eine wertvolle Hilfe war;

Jeremy Watson, Divisional Director of Wines of Spain in the United Kingdom, der alles tat, um dem Verlag das Grundmaterial für die Landkarten zu beschaffen und mir nützliche Ratschläge zukommen ließ.

Ferner möchte ich dankbar noch eine Reihe von Namen erwähnen:

Berta Bartolomé, Consejo Regulador de la Denominación de Origen Rioja, Logroño
Véronique Brink, Vinos de España, Den Haag
Mercedes Chivite, Julián Chivite, Cintruénigo
Joaquin Delgado, Expounión, Sevilla
Rafael Delgado, Pérez Barquero, Montilla
Lourdes Fernández, Consejo Regulador Denominación Especifica Tacoronte-Acentejo, Tacoronte
José Fco Garriques, Icex, Valencia
Antonio Hernandez, Economía y Comercio, Murcia
Pascual Herrera, Estación Enológica, Rueda
Manuel Julve, Reporter, Palma de Mallorca
José Antonio López, Bodega Morgadío, Albeos
Manuel Llamas, Montebello, Montilla
Annemarie Nuberg, San Sebastián
Agueda del Pilar, Consejo Regulador de la Denominación Cigales, Cigales
Desiderio Rodriguez, Bergidum, Almere, Niederlande
Jaime Sancho, Sancho Trading, Nieuw-Vennep, Niederlande
Pedro Scholtz, Scholtz Hermanos, Málaga
Peter Schoonbrood, Vinites, Vilafranca del Penedès
José María Silla, Icex, Murcia
Alexander Stom, Het Zuiden, Oosterhout, Niederlande
Miguel A. Torres, Miguel Torres, Vilafranca del Penedès
Félix Valencia, Larios, Málaga
José Vera, Icex, Alicante Esther Verheul, Salvador Poveda, Monóvar
Paulino Vinuesa, Codorníu, Barcelona
Monique Wassen, Vinos de España, Den Haag

Schließlich habe ich noch zu berichten, daß die Qualität dieses Buches in bedeutendem Umfang den tatkräftigen Bemühungen und der großen Sachkenntnis des Redaktionsstabs zu verdanken ist, der mir zur Seite gestanden hat: Chris Foulkes und seine Nachfolgerin Anne Ryland (Redaktionsleitung), Alexa Stace (Redaktion), Nigel O'Gorman (Bildredaktion) und Zoë Goodwin (Kartenredaktion).

Die einführenden Kapitel über Geschichte und Legende, Rebfläche und Rebsorten, Gesetz und Etikett sowie Geographie und Klima stammen aus der Feder von Richard Mayson.

Die englische Originalausgabe ist unter dem Titel «The Wine Atlas of Spain» im Verlag Mitchell Beazley, London, erschienen.

Deutsche Übersetzung: Wolfgang Kissel
Lektorat: Eva Meyer
Satz: Hallwag AG, Bern
Produced by Mandarin Offset Ltd
Printed in Hong Kong

ISBN 3-444-10393-X

Hallwag

Inhalt

Vorwort

Es war eine wirklich gute Nachricht, daß Hubrecht Duijker ein Buch über die Weine Spaniens schreiben wolle. Für die meisten spanischen Weinerzeuger stellt nämlich dieser «Atlas der spanischen Weine» so etwas wie die Eintrittskarte in die große Gesellschaft der Weltklasseweine dar; ihre jahrelange harte, anonyme Arbeit findet endlich die gebührende Anerkennung. Getragen von Duijkers Feder können sie nun die Welt durcheilen und das Image und Prestige ihrer Weine festigen.

Ich lernte Hubrecht zu Beginn der siebziger Jahre in seiner Heimat Holland kennen, und ich erinnere mich noch deutlich an jenes Mittagessen in einem Amsterdamer Restaurant. Mit seinen grauen Augen von Glas zu Glas jagend, stellte er voll Wißbegier Fragen nach der Weinbereitung und versuchte zu ergründen, wie die Weinberge gepflegt werden. Auch heute, fast zwanzig Jahre später, strahlt er denselben Lerneifer aus, nachdem er die Welt des Weins bereist und in jeder Bodega die Philosophie hinter der Weinherstellung durch eingehende Betrachtung der Weinberge und Weinjahrgänge erforscht hat. Mit dieser langjährigen Erfahrung hat sich mein Freund einen enormen Schatz an Wissen in Weinbau und Kellertechniken erworben – davon konnte ich mich bei seinem Besuch in Penedès vor knapp einem Jahr überzeugen, als wir in Milmanda, einem Weinberg aus dem Mittelalter, durch die Weinstöcke gingen und über Geologie und Veredelungsunterlagen, über Klone und Düngemittel und über Biologie im Zusammenhang mit dem Weinbau sprachen.

Er also ist der Autor, den Mitchell Beazley mit dem «Atlas der spanischen Weine» betraut hat.

Bei der abzusehenden weltweiten Verbreitung wird dieses Buch auch auf den schwierigsten Märkten ein für allemal für unsere Weine die Tür aufstoßen. Es wird erläutern, warum Spanien, das doch über die größte Rebfläche der Welt verfügt, nur halb soviel Wein hervorbringt wie Italien oder Frankreich – weil hier nämlich seit jeher die Rebe auf den trockensten und dürftigsten Böden, an Berghängen oder auf Hochebenen angebaut wird und die fruchtbareren Ländereien in den Tälern anderen Nutzpflanzen vorbehalten bleiben. Doch selbst in den entlegensten Gegenden war das Qualitätspotential stets groß, und es wird jetzt nach der Einführung moderner Weinbereitungstechniken endlich auch ausgeschöpft.

Jenes Spanien, das seine Weine in düsteren, staubigen Bodegas bereitete, in Schweinsbälgen, Lederschläuchen und Kürbisflaschen lagerte und aus Krügen und *porrones* schlürfte – jenes Spanien gibt es ein für allemal nicht mehr. In langjähriger, harter Arbeit entstanden 39 *Denominaciones de Origen*, unter deren Schirm unsere Weine heute stehen. In den letzten Jahren ist die Qualität des spanischen Weins im Durchschnitt rasch gestiegen. Große Firmen, Genossenschaftskellereien, aber auch einfache Bodegas haben sich der önologischen Vernunft gebeugt und bringen jetzt Weine hervor, die auf einem immer schärfer umkämpften Markt wirklich konkurrenzfähig sind.

Hubrecht, der schon viele Male Spanien bereist und das bisher beste Buch über Rioja geschrieben hat, bringt in diesem Atlas den ganzen Schatz seiner Erfahrung dar. Damit ist ihm der Erfolg sicher, und ich habe nicht den geringsten Zweifel, daß alle *bodegueros* und Winzer Spaniens sowie die *Consejos Reguladores* gemeinsam mit dem Landwirtschaftsministerium und mit ICEX (dem spanischen Außenhandelsinstitut) nach besten Kräften dafür sorgen werden, daß dieses Buch in die Hände eines möglichst breiten Publikums gelangt.

Angesichts großer Dinge wird der Mensch oft zu kindlichem Staunen hingerissen. So muß es El Cid ergangen sein, als er beim Anblick der aufgehenden Sonne ausrief: *«Ixié el sol. Dios que fermoso apuntava!»* (Die Sonne ging auf. Mein Gott, welch herrliches Strahlen!) In solchem Schein mag manchmal auch ein großer Wein erglühen. Dann wird er zu jenem «kosmischen Phänomen», von dem der große spanische Philosoph Ortega y Gasset gesprochen hat. Hubrecht Duijkers Buch läßt für die großen Weine Spaniens einen neuen Tag anbrechen. Wie schrieb doch Mauricio Wiesenthal in der Einleitung eines seiner Bücher: «Der Autor möge seinen Wein dekantieren, und für uns alle möge die Sonne aufgehen.»

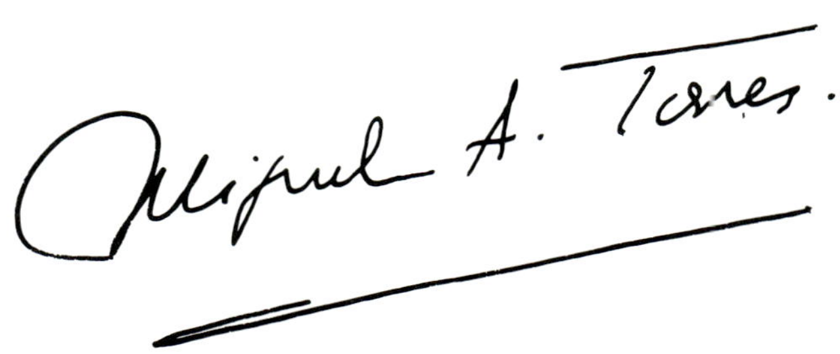

Miguel A. Torres
Mas la Plana, Juni 1991

Schon seit über acht Jahrhunderten wird um das Kloster Poblet, Conca de Barberà, Wein angebaut.

Einführung

Die Geschichte des Weinbaus ist in Spanien mindestens 2000 Jahre alt. Sie geht auf die Zeit zurück, als das Land von griechischen und phönikischen Händlern kolonisiert wurde. Heute verfügt Spanien über die größte Rebfläche der Welt, doch erst in den letzten zwei Jahrzehnten hat es sich zu einem wahrhaft entdeckenswerten Weinbauland emporgeschwungen. Vorher hatten die meisten Winzer mit veralteten Ausrüstungen gearbeitet, mit denen es unmöglich war, in den zahlreichen heißen Gegenden Spaniens frischen, fruchtigen, interessanten Wein hervorzubringen. Zudem brachte das Land unter Franco lange Zeit in politischer Isolierung zu, und das tat der Weinqualität nicht gut. Weil der spanische Markt gegenüber Weineinfuhren verschlossen blieb, gab es keine ausländische Konkurrenz, und deshalb fehlte jeder kräftige Anstoß zur Verbesserung der einheimischen Produkte, aber auch jede Möglichkeit zum kritischen Vergleich.

Mitgliedschaft in der EG

Als der Generalissimus nicht mehr da war und die Demokratie wiedererstand, haben sich große Veränderungen auch im Weinbau abgespielt. Spanien wurde Mitglied der Europäischen Gemeinschaft und öffnete seine Grenzen für Weine aus anderen Ländern. Gleichzeitig kam es in den Genuß umfangreicher EG-Wirtschaftshilfe, die vielerlei Investitionen in Weinbergen und Kellereien ermöglichte. Bis zum Ende der 70er Jahre waren das Sherry-Land sowie Rioja und Penedès die einzigen Regionen mit einer größeren Anzahl an qualitätsbewußten Bodegas; über dem Rest der Weinbaulandkarte Spaniens lag jedoch tiefe Finsternis, aus der nur hier und da ein paar Lichtpunkte aufschimmerten. Heute dagegen breitet sich allgemein strahlende Helligkeit aus. Qualitätswein entsteht inzwischen praktisch überall im Land, vom kleinen Alella bis hin zur weiten La Mancha, vom altehrwürdigen Navarra bis zum neu entstandenen Costers del Segre. In knapp 20 Jahren hat der spanische Weinbau größere Fortschritte gemacht als in den voraufgegangenen 20 Jahrhunderten.

Den spanischen Weinerzeugern ist das freilich bewußt. Schließlich haben sie viel Zeit, Geld und Energie in die Verbesserung ihrer Rebbestände und ihrer Kellerausrüstungen investiert, Eichenfässer und Abfüllanlagen angeschafft sowie Laboratorien und Neubauten errichtet. Dem Publikum jedoch ist der spektakuläre Sprung des spanischen Weinbaus nach vorn noch nicht recht zum Bewußtsein gekommen, auch vielen Weinhandelshäusern und Restaurants nicht. Wie bei dem Millionenheer von Urlaubern Spanien nichts weiter ist als das Land schöner Strände und billiger Touristenhotels, so gilt bei Millionen von Weinliebhabern Spanien noch immer als Quelle billigen Alltagsweins.

Das ist allerdings auch verständlich, denn in manchen Bereichen ist die Entwicklung so schnell vor sich gegangen, daß selbst Fachleute ihre Mühe hatten, Schritt zu halten. Rías Baixas in Galicien ist dafür ein Beispiel: Dort hat sich die Situation im Vergleich zum Stand noch gegen Ende der 80er Jahre in ganz unglaublich kurzer Zeit völlig verändert; alles, was 1985 bekannt war, auch über die Weinerzeuger, mußte 1990 revidiert werden.

Technische Verbesserung

Die regionalen Weinbauversuchsanstalten haben bei der allgemeinen Qualitätsverbesserung eine bedeutende Rolle gespielt. Die von ihnen durchgeführten zahllosen Experimente sind für den spanischen Weinbau von unschätzbarem Wert. Dieser Prozeß ist freilich noch längst nicht abgeschlossen, denn obwohl viele Erzeuger inzwischen modern eingerichtet sind, arbeiten doch andere noch immer mit veralteten Ausrüstungen. In den Weinbergen sind an manchen Stellen weitere Verbesserungen durch Neupflanzung möglich, und in den meisten Fällen ist auch das bisher Erreichte nur ein Übergang, weil angesichts der sowohl auf den Exportmärkten als auch im Inland immer schärfer werdenden Konkurrenz sowie aufgrund der wachsenden Ansprüche in Spanien selbst weitere Qualitätsverbesserung durchaus kein Luxus, sondern eine Notwendigkeit ist. Ebenfalls als Ansporn für Verbesserungen wirkt die EG-Regel, derzufolge das Recht auf eine *Denominación de Origen* oder eine ähnliche Herkunftsbezeichnung an einen bestimmten Flaschenweinanteil – in der Regel mindestens die Hälfte – an der Produktion gebunden ist.

In Bierzo, Castilla y León, ist der Weinanbau seit dem 12. Jh. urkundlich nachgewiesen.

Weinbau-Landkarten

Dieser Atlas soll zeigen, welche Weine das heutige Spanien zu bieten hat. Alle spanischen Weinbauregionen sind hier auf unterschiedliche Weise in Landkarten dargestellt, und zwar in geographischer Reihenfolge von Norden nach Süden. Für fast alle *Denominaciones de Origen,* die obere Klasse des spanischen Qualitätsweins, wurden ganz neue Karten mit den bedeutenden Weinorten und mit Vorschlägen für Weinstraßen gezeichnet; sie sind natürlich vor allem für Reisende gedacht, die sich selbst zu einem Besuch dieser Gegenden aufmachen möchten. Für sie habe ich mit Unterstützung der besten dort ansässigen Weinerzeuger auch eine Liste empfehlenswerter Hotels und Restaurants zusammengestellt. Dieser Atlas soll aber nicht nur ein Reiseführer sein, er soll auch als Quelle der Dokumentation und Information für den Weinfreund zu Hause dienen. Text und Fotos erfüllen dieselbe Funktion wie Beschreibungen von Gemälden, musikalischen Kompositionen und anderen Kunstformen, denn es gilt hier dieselbe Maxime: Je größer das Wissen, desto höher der Genuß. Schließlich aber soll unser Atlas auch als Berater beim Weinkauf fungieren. Er enthält zu diesem Zweck kurze Angaben über die interessantesten Bodegas der einzelnen Regionen und nennt deren feinste Weine.

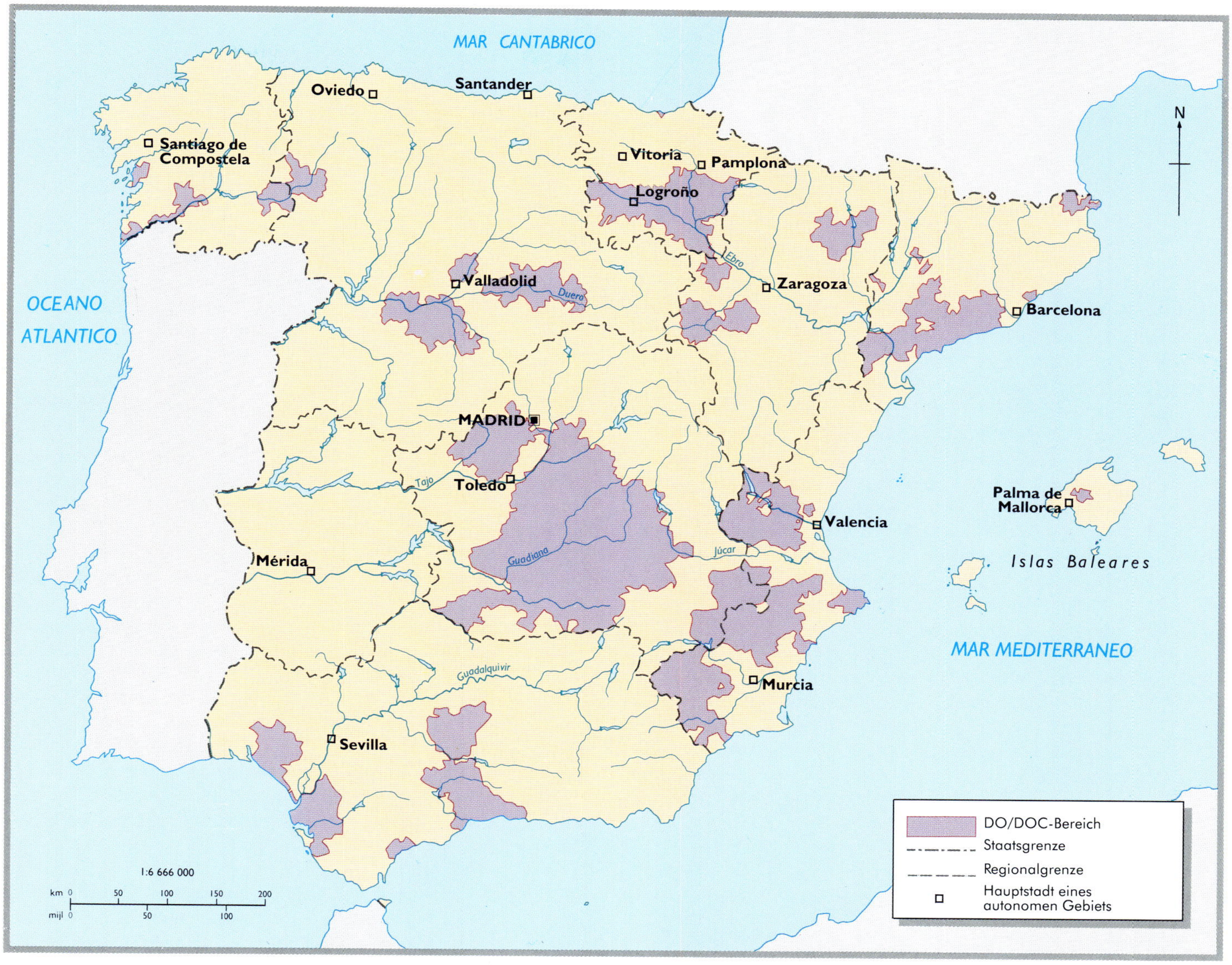

Nebenbei sei bemerkt, daß die spanischen Weinerzeuger ihre eigenen Sitten und Gebräuche bei der Namensgebung haben. Beispielsweise wird der Begriff *viña* – wörtlich Weinberg – nur selten für Weine aus einer Einzellage verwendet; er ist gewöhnlich Teil eines Markennamens. Das gilt auch für *castillo*, «Schloß», was in Spanien nicht dasselbe bedeutet wie «Château» in Frankreich, und ebenso verhält es sich mit der Bezeichnung *marqués,* die sich auf vielen spanischen Weinetiketten vorfindet.

Um die Informationen für dieses Buch zusammenzutragen, habe ich Spanien nach allen Himmelsrichtungen bereist und nicht nur eine Unmenge von Notizen, sondern auch genußreiche Erinnerungen gesammelt – an frische, große Krebse und kühlen Manzanilla am Strand in Sanlúcar de Barrameda, an Chardonnay und gartenfrischen Spargel in Raimat, an Krabben in grobkörnigem Salz mit Weißwein aus Mallorca bei meinem Besuch in Binissalem, an gebratene Zickelkeule und eine reife Reserva in Rioja, an Hechtkroketten mit jungem Rueda Superior in Rueda, an unter freiem Himmel gegrillte Lammkoteletts mit einem Rosé aus Navarra . . . Ich bin fest überzeugt, daß meine Leser auf ihren eigenen Entdeckungsreisen viele solche Erlebnisse mit ähnlichen Genüssen verbuchen können.

Hubrecht Duijker
Abcoude, Niederlande

Geschichte und Legende

Iberien blickt auf fast 3000 Jahre Weinbaugeschichte. Die Anfänge liegen weit zurück, lange bevor es Spanien gab. Marodierenden Griechen und Phönikern wird das Verdienst zugeschrieben, die Weinrebe auf die Iberische Halbinsel gebracht zu haben: Zwischen 1100 und 500 v. Chr. gründeten sie Handelsstationen an der Mittelmeerküste und am Atlantik bis Cádiz. Sie brachten ihre eigenen Reben aus dem Osten mit, und bereits aus der Zeit, als die Karthager im 3. Jh. v. Chr. die Küste bei Cartagena und Sagunto besetzten, gibt es Hinweise auf einen blühenden Weinhandel.

Die Römern, die gegen Ende des 3. Jh. v. Chr. das Land eroberten und von Katalonien bis Andalusien Weinberge anlegten, revolutionierten den Weinbau in Iberien. Sie ließen den Traubenmost in großen Tongefäßen, den sogenannten *orcae*, gären und benutzten kleinere, die *amphorae*, für Lagerung und Transport. Die heute noch bei manchen Winzern in Montilla, La Mancha und Valdepeñas gebräuchlichen *tinajas* sind ein Erbe der Römer.

Nach dem Zerfall des römischen Imperiums wurde Iberien nacheinander von den Sueben und den Westgoten überrannt; sie waren weingewohnte Christen aus dem Norden Europas. Doch nach der Schlacht von Guadalete 711 wurden sie rasch von den Mauren verdrängt. Die Herrschaft der Moslems dauerte über sieben Jahrhunderte. Dem Koran gehorchend, rodeten sie große Teile der Weinberge, immerhin aber gibt es Anzeichen dafür, daß dem Christentum treugebliebene kleine Landbesitzer auch weiterhin Wein anbauten.

Die Christen kamen wieder, doch die Rückeroberung dauerte 700 kriegerische Jahre. Bei ihrem Vordringen nach Süden legten sie die Weinberge rasch wieder an. Mönche pflanzten Reben in der Umgebung ihrer Klöster und bereiteten Wein für die heilige Messe: So soll die katalonische Weinbauregion Priorato in jener Zeit entstanden sein. Scala Dei ist zwar längst kein Kloster mehr, produziert aber heute noch Wein.

Kolumbus-Denkmal, Passeig de Colón, in Barcelona (Detail).

Nach der endgültigen Niederlage der Mauren bei Granada 1492 entstand schließlich das unter einer einzigen Krone vereinte christliche Spanien. In demselben Jahr entdeckte Christoph Kolumbus die Westindischen Inseln und erschloß dadurch in der Neuen Welt einen aufnahmefähigen Markt für spanische Produkte. Nach der Vertreibung der Juden entstand eine neue Klasse von Kaufleuten, die starkes Interesse am Wein zeigten.

Jerez und Málaga wurden wegen ihrer Nähe zu großen Seehäfen als erste spanische Weinbauregionen Anziehungspunkte für fremde Ansiedler. Händler aus Italien, Frankreich und England trugen zur Verbesserung des Weins dieser Regionen bei, und bald wurde «Sherris-Sack» oder kurz «Sack», wie man ihn damals nannte, das Lieblingsgetränk am englischen Hof.

In der Weinbaustadt Sanlúcar de Barrameda ansässige englische Kaufleute erhielten im Jahr 1517 vom Herzog von Medina Sidonia Steuerprivilegien eingeräumt, und es wurde eine «Church of St George» gebaut, um noch weitere Händler anzulocken. Bald aber verschlechterten sich die Beziehungen zwischen England und Spanien. Am Ende des 16. Jh. gab es zunächst gelegentliche Scharmützel, die dann, nachdem Sir Francis Drake 1587 den Hafen Cádiz überfiel und 2900 Pipes Sherry erbeutete zum Ausbruch eines ausgewachsenen Krieges führten. Die in Spanien ansässigen Engländer flohen vor der drohenden spanischen Inquisition, und so trocknete der Weinhandel eine Zeitlang völlig aus. Jerez wandte sich einem neuen Gewerbe zu: der Herstellung von Schiffszwieback für die spanische Armada.

Nach der Vernichtung der Armada und dem Tod von Philipp II. von Spanien und Elizabeth I. von England kam der Weinhandel wieder in Schwung, und Sack wurde nicht nur am englischen Hof derart beliebt, daß die Steuern erhöht wurden, um den Verbrauch zu regulieren. Schließlich aber flammten die Feindseligkeiten zwischen den beiden Ländern wieder auf, als die Engländer 1660 Jamaica eroberten. Wieder ging der Handel zurück, und die Spanier mußten sich in Europa und Südamerika neue Absatzmärkte suchen.

Der Konflikt forderte seinen Tribut von der Sherry-Industrie. 1754 waren gerade noch neun Händler in Jerez übrig, nur einer von ihnen ein Engländer. In der zweiten Hälfte des 18. Jh. begann sich die Lage zu bessern. 1772 exportierte Sir James Duff, der damalige britische Konsul in Cádiz, erstmals Sherry unter eigenem Namen nach England. Seinem Beispiel folgten der Ire William Garvey, die schottische Familie Gordon und Thomas Osborne.

Sie leiteten eine neue Ära des Wohlstands für Jerez ein, die bis zum Beginn des Unabhängigkeitskriegs im Jahr 1808 dauerte. Damals verwandelte sich Andalusien in ein zeitweilig von französischen Truppen besetztes Schlachtfeld. Sie plünderten die Sherry-Bodegas und zwangen die englischen Familien zur Flucht in den Schutz der Garnison Cádiz. Nachdem die Franzosen geschlagen waren, machten sich die Kaufleute an den Wiederaufbau. Namen wie Sandeman, Domecq, Burdon, Gonzales Byass und Mackenzie stehen für den neuen Sherry-Boom. Der Export stieg von 17 000 Fässern im Jahre 1840 auf 70 000 Fässer 1873 – eine Rekordmenge, die erst in den 1950er Jahren übertroffen wurde.

Auch Málaga erlebte einen nie dagewesenen Absatzaufschwung und produzierte 1829 schätzungsweise 175 000 hl Wein.

Die berühmt-berüchtigte Familie Borgia, der auch die schöne Lukrezia angehörte, stammte ursprünglich aus Borja in Aragón.

Der sogenannte «Mountain» genoß neben Sherry, Portwein und Madeira in England und Nordamerika größte Beliebtheit.

An anderen Stellen Spaniens hatte sich der Weinbau dagegen seit der Römerzeit kaum weiterentwickelt. In Mittelspanien wurde der Wein meist noch in irdenen *tinajas* oder steinernen *cisternas* bereitet, während weiter im Norden Holzfässer sowohl für die Gärung als auch für die Lagerung gebräuchlich waren. Weinpublizisten des 19. Jh. berichteten über die unwissenschaftlichen und unprofessionellen Kellermethoden der spanischen Winzer. Die meisten Weine wurden im heißen Klima und wegen der unreinlichen Lagerung firn oder bekamen einen Essigstich. Oft wurden sie in *cueros* aufbewahrt; das waren mit Pech oder Harz gedichtete Schweinsbälge, die dem Inhalt einen eigentümlichen Geschmack verliehen. Noch um 1850 waren solche mit Wein gefüllten und an den Deckenbalken der Bodegas aufgehängten *cueros* dieselben «dickbauchigen Ungeheuer», gegen die Don Quixote schon im frühen 17. Jh. so tapfer gefochten hatte.

Die doppelte Plage von Mehltau und Reblaus erzwang in der zweiten Hälfte des 19. Jh. einen Wandel im spanischen Weinbau. Der echte Mehltau trat in den Weinbergen Kataloniens erstmals nach 1850 auf. Er erfaßte große Teile Spaniens und vernichtete viele Weinberge, ehe er unter Kontrolle gebracht werden konnte. Die Reblaus, jener winzige, doch verheerende Schädling, der sich von den Wurzeln der Weinrebe ernährt, kam 1878 nach Málaga und richtete enormen Schaden an. Tausende verloren durch sie den Lebensunterhalt, und da keine Rettung in Sicht schien, verließen viele Winzer ihren Grund und Boden und ihre Heimat, um in den Kolonien in Südamerika ein neues Leben zu beginnen.

Für Spanien zeigte sich jedoch bald ein Silberstreifen am Horizont. Die Franzosen, die ebenfalls schon seit den 1850er Jahren unter dem Mehltau zu leiden hatten, kamen auf der Suche nach Wein über die Pyrenäen. Rioja lag Bordeaux am nächsten und war noch verschont. Anfangs kauften die Franzosen dort Wein und schafften ihn in ihre Heimat. Später aber, nachdem die Reblaus zugeschlagen und fast die Hälfte der französischen Rebfläche verwüstet hatte, begannen sie in Spanien Weingüter nach dem Muster der daheim verlassenen aufzubauen. Auch brachten die Bordelais ihre 225-l-*barriques* bzw. -*barricas* mit und dazu ihre gewohnten ausgefeilten Kellertechniken. Viele Bodegas gehen auf die damalige Zeit zurück, als monatlich über eine halbe Million Hektoliter Wein in das reblausgeplagte Frankreich exportiert wurden.

Wegen der großen Entfernungen zwischen den Weinbaugebieten brauchte die Reblaus in Spanien länger, bis sie verbreitet Fuß fassen konnte. Nachdem sie zunächst Málaga verheert hatte, erreichte sie 1894 Jerez; nach Rioja kam sie jedoch erst 1901, aber zu jener Zeit war das Heilmittel schon gefunden: Die für die Reblaus so anfällige *Vitis-vinifera*-Rebe brauchte nur auf resistente amerikanische Unterlagen aufgepfropft zu werden. In ganz Spanien wurden auf diese Weise die Weinberge neu angelegt, und bereits 1910 war die Reblaus kein Problem mehr.

In Katalonien fielen die Neuanpflanzungen nach dem Reblausbefall mit dem Entstehen einer neuen Weinbauindustrie zusammen. Nach einem Aufenthalt in der Champagne begann Don José Raventós im Jahr 1872 für die Familienfirma Codorníu Schaumwein herzustellen. Dieser Wein, der ursprünglich *champaña* genannt wurde, heute aber *Cava* heißt, setzte sich rasch durch, und bald bepflanzten die Winzer um das Städtchen Sant Sadurní d'Anoia reihenweise Weinberge mit weißen Macabeo-, Xarel-lo- und Parellada-Trauben. Heute ist Codorníu einer der größten Schaumweinhersteller der Welt. Dem Beispiel der Familie Raventós folgte 1901 das Haus Freixenet; beide Firmen zusammen verkaufen heute jährlich über 70 Millionen Flaschen Cava.

Das 20. Jh. brachte Spanien turbulente historische Ereignisse. Nach der Abdankung von König Alfonso XIII. im Jahr 1931 steigerten sich die politischen Streitigkeiten bis zur Fieberglut und brachen schließlich in einen Bürgerkrieg aus. Vier Jahre lang war Spanien zutiefst zerrissen. Während dieser Zeit wurden Weinberge vernachlässigt, Kellereien zerstört. Die Erholung nach dem Sieg der Franco-Nationalisten 1939 wurde durch den Zweiten Weltkrieg behindert, der die europäischen Absatzmärkte für den spanischen Weinexport praktisch unzugänglich machte. Erst in den 50er Jahren regte sich Fortschritt, als – gefördert durch den Staat – im ganzen Land Winzergenossenschaften gebildet wurden und die Exportmärkte wieder auflebten.

Damals herrschten die Faßweinexporte vor, unter Marken wie «Don Cortez» oder verschwommenen Bezeichnungen wie «spanischer Burgunder» oder «spanischer Sauternes». Seit Anfang der 70er Jahre üben nun die Behörden eine immer striktere Kontrolle über die Hauptweinbaugebiete Spaniens aus. Neben dem Sherry hat sich in letzter Zeit der Rioja als einer der bekanntesten spanischen Weine etabliert. Seit dem Tod Francos und der Wiedererrichtung der Monarchie im Jahr 1975 hat das Heranwachsen einer urbanen Mittelschicht einen neuen Absatzmarkt für Qualitätswein geschaffen. Anfang der 80er Jahre wurde ein Investitionsprogramm in moderner Weinbautechnologie eingeleitet, das durch den Beitritt Spaniens zur EG im Jahr 1986 noch weiter gefördert wurde. Während der Markt für gewöhnlichen *vino de mesa* immer mehr schrumpft und neue Weinbauregionen wie Ribera del Duero, Penedès und Valdepeñas sich in den Vordergrund arbeiten, gewinnt Spanien mit der Qualität seiner Weine eine stetig wachsende Reputation. Freilich leben 3000 Jahre Tradition, obschon durch moderne Praktiken gemildert, dennoch weiter.

Rebfläche und Rebsorten

Was die Rebfläche und die Zahl der Rebsorten angeht, kann Spanien auf einen Spitzenplatz Anspruch erheben. Zwischen den Pyrenäen und Portugal erstreckt sich eine Rebfläche von rund 1,5 Mio ha – mehr als in irgendeinem anderen Land der Erde. Dagegen liegt die Jahresproduktion Spaniens abgeschlagen erst auf dem 4. Platz hinter Frankreich, Italien und der einstigen Sowjetunion.

Nach europäischen Maßstäben sind auch die Hektarerträge niedrig. Große Teile des Landes sind trocken und unfruchtbar, so daß die Weinstöcke in großen Abständen stehen müssen, um die sommerliche Dürre überleben zu können. Im Vergleich mit Frankreich und seinen Durchschnittserträgen von 60 hl/ha und mit Deutschland, wo über 100 hl/ha nicht unüblich sind, nimmt sich der spanische Durchschnittsertrag mit 23 hl/ha recht dürftig aus. Allerdings sind die Erträge von einer Region zur anderen recht unterschiedlich. In Galicien, an der kühlen und feuchten Nordwestküste, kommen bis zu 100 hl/ha vor, während in La Mancha struppige Weinstöcke nur winzige Mengen eingeschrumpfter Trauben bringen.

In Anbetracht hoher Überschüsse ist die EG darauf bedacht, die spanische Weinproduktion in Grenzen zu halten. Zuschüsse sollen die Landwirte dazu bewegen, Weinberge zu roden und andere Feldfrüchte anzubauen. In den besseren DO-Bereichen werden die Weinberge zwar kaum verschwinden, doch wird sich der Weinsee in den ungünstigeren Gegenden von La Mancha, der Levante und im Süden doch in den nächsten Jahren verkleinern, wenn die EG-Politik sich dort auszuwirken beginnt.

Ertragssteigernde Bewässerung ist nach den mit Blick auf das feuchte nördliche Europa erdachten EG-Regeln untersagt. In den trockeneren Gegenden Spaniens jedoch ist sie nötig. Einige Weingüter, beispielsweise Raimat bei Lérida, erhielten «experimentellen» Status zugestanden und damit das Recht, diese Regel zu umgehen. Durch sinnvolle Bewässerung konnten auf trockenem Brachland hochwertige Rebsorten angepflanzt werden, die sonst hier nicht lebensfähig wären.

Nach spanischen Angaben gibt es im Land 600 verschiedene Rebsorten, allerdings ist die gewaltige Rebfläche zu 80 % mit nur 20 dieser Sorten besetzt. Verständlicherweise begünstigen die Landwirte in ihrem Bemühen um möglichst hohe Einkünfte die am besten an das spanische Klima angepaßten Traubensorten. Am populärsten ist die weiße Airén – sie nimmt fast dreimal soviel Land ein wie irgendeine andere Sorte. Garnacha Tinta, eine Traube, die in trockenem und windigem Klima gedeiht, wird am zweitmeisten angebaut. Seitdem die Reblaus das Land verheert hat, wurden einige der mühsamer zu kultivierenden Sorten aufgegeben; sie stehen heute kurz vor dem Aussterben. So wurde unter anderem die Malvasía, die früher in Rioja und Penedès stark vertreten war, durch ertragreiche, aber uninteressante Sorten wie Macabeo verdrängt. Inzwischen zeigt sich jedoch ein erfreulicher Trend, Rebsorten minderer Qualität durch solche zu ersetzen, die bessere Weine erbringen. Tempranillo ist zurzeit groß in Mode, aber auch französische Importe wie Cabernet Sauvignon und Chardonnay werden bereits in kommerziellem Umfang angebaut.

Es folgt eine Aufzählung aller bedeutenden spanischen Rebsorten und der wichtigsten «Fremdlinge»:

Weißweintrauben

Airén. In einem Land, das vor allem für Rotwein bekannt ist, überrascht es zu erfahren, daß die dort am meisten angebaute Traube weiß ist. Airén nimmt in Spanien über 450 000 ha Rebfläche ein, und damit ist sie sogar die meistangebaute Rebsorte der Welt. Dabei ist sie weitgehend auf ein einziges Gebiet beschränkt: La Mancha. Hier, im Land Don Quixotes mitten in der spanischen *meseta*, produziert sie seit jeher ungeheure Massen an schlichtem, trockenem, alkoholstarkem Weißwein, mit dem in spanischen Bars und Cafés manche ausgetrocknete Gurgel reichlich geschwenkt wird. Neuerdings haben Verbesserungen der Kellertechnik vielen La-Mancha-Weinen qualitativ beträchtlich auf die Beine geholfen, und so bringt die Airén, wenn ihre Möglichkeiten voll genutzt werden, einen einfachen, aber belebenden, apfelfrischen, trockenen Weißwein. Um Málaga und Montilla-Moriles wächst Airén unter dem Namen Lairén.

Albariño. Die süße, kleinbeerige, ertragreiche Traube hat in modischen Restaurants so etwas wie Kultstatus erlangt. Sie wird in Galicien angebaut, wo sie in der DO Rías Baixas besonders gute, feste, trockene Weißweine hervorbringt. Die Nachfrage treibt die Preise in die Höhe, deshalb gehören Albariño-Weine zu den teuersten Weißweinen Spaniens.

Albillo. Neutrale Traube für trockene Weißweine aus der Gegend um Madrid und Avilla und aus der DO Ribeiro in Galicien. Im Duero-Tal wird sie gelegentlich in Rotweinen mitverarbeitet und spielt auch eine kleine Rolle beim legendären Vega Sicilia.

Alcanón. Weiße Traube in der DO Somontano.

Caiño. Die in Galicien heimische weiße Traube wird vor allem in Rías Baixas angebaut. Ihre Qualität wird nicht hoch veranschlagt.

Chardonnay. Die feinste Weißweintraube aus Burgund hat sich über die ganze Welt ausgebreitet, und auch spanische Erzeuger haben sich vor noch nicht allzu langer Zeit durch ihre weltweite Popularität verführen lassen. In kommerziellem Umfang wird Chardonnay in Katalonien u. a. von Jean León, von Raimat bei Lérida sowie von Torres in der Lage Milmanda in der DO Conca de Barberà angebaut. Auch in einige der besseren Cavas schleicht sich die Traube ein und verleiht den neutralen Grundweinen der einheimischen Sorten Parellada, Xarel-lo und Macabeo Tiefe.

Chenin Blanc. Die an der Loire beheimatete Traube taucht an ganz ungewöhnlichen Stellen auf: in Alella, Penedès und der DO Binissalem auf Mallorca. Sie ist durch ihre diffizile Art berüchtigt.

Doña Blanca. Die Sorte wird im Inneren Galiciens angebaut, weicht aber nach und nach charaktervolleren Trauben.

Garnacha Blanca. Die in Frankreich als Grenache Blanc bekannte Traube wächst in Aragón und Katalonien und liefert recht flache, neutrale und alkoholstarke trockene Weißweine.

Gewürztraminer. Aromatische Traube mit kräftigem Anflug von Gewürzen und Litschifrucht. Sie wird in Somontano und auch in Penedès, wo Torres sie im Viña Esmeralda verarbeitet, mit Erfolg angebaut.

Godello. Die aromatische Traube wird in Galicien, besonders im Inneren in der DO Valdeorras, angebaut. Sie bringt guten trockenen Weißwein hervor.

Hondarribi Zuri. Diese Traube erbringt in der kleinen baskischen DO Chacolí frische, säuerliche, trockene Weißweine.

Lairén. In Andalusien gebräuchlicher Name der Airén (s. dort).

Listán. Synonym für Palomino (s. dort).

Loureira. Neben Albariño gehört diese Sorte zu den besten in Galicien; sie liefert bukettreiche, blumige trockene Weißweine. Oft wird sie gemeinsam mit Treixadura verarbeitet, die dann einen Ausgleich für den niedrigen Zuckergehalt der Loureira einbringt.

Macabeo. Die in ganz Nordspanien angebaute Traube erbringt frischen, jedoch neutralen trockenen Weißwein. Unter dem Namen

Weinberg bei Jerez de la Frontera in Südspanien.

Viura liefert sie über 90 % des weißen Rioja; ihre Rebfläche von 6000 ha befindet sich vorwiegend im höher gelegenen Teil der Region. In Katalonien gehört Macabeo zu den «drei großen» Trauben für Cava. Die Weine dieser Sorte halten sich nicht lange, man trinkt sie am besten in der Blüte ihrer Jugend, solange sie frisch und duftig sind. Insgesamt verfügt Macabeo über eine Anbaufläche von 35 000 ha.

Malvar. Diese Traube erbringt um Madrid und Toledo flache Weißweine.

Malvasía. Es gibt viele Arten von Malvasía, und kaum jemand scheint genau zu wissen, welche davon in Spanien wachsen. Wahrscheinlich ist die in Rioja früher für den eichenfaßgereiften Weißwein so bedeutende Traube eine andere als jene gleichnamige, die um Zamora und auf den Kanarischen Inseln angebaut wird. Inzwischen entfallen auf sie allerdings nur noch knapp 5 % des Bestands an weißen Sorten in Rioja, weil sie von der ertragreicheren Viura überholt worden ist. Infolgedessen hat die Qualität des weißen Rioja gelitten.

Merseguera. Die Hauptstütze des Weinbaus um Valencia und Alicante erbringt leichten, erfrischenden, schwach fruchtigen Wein.

Moscatel. Die an der spanischen Mittelmeerküste und auf den Kanarischen Inseln verbreitet angebaute Art ist der Alexandria-Muskateller, der sich vom Muscat à Petits Grains, der an der südlichen Rhone den Muscat de Beaumes-de-Venise erbringt, deutlich unterscheidet. Infolgedessen sind die spanischen Muskateller oft ölig und schwerfällig, es fehlt ihnen an Finesse. Um Valencia und Málaga entstehen nichtsdestoweniger gute Dessertweine.

Palomino. Von Natur aus erbringt die große, saftreiche Traube flauen, neutralen Weißwein. Sie wird in ganz Spanien verbreitet angebaut, vor allem in Rueda und Galicien, wo sie nun allmählich von charaktervolleren Sorten verdrängt. Auf den kreidigen *albariza*-Böden um Jerez de la Frontera erbringt Palomino jedoch den weitaus größten Teil des Grundweins für einen der eigenständigsten Weine, die es gibt, den Sherry. Aber selbst hier bedarf es der Aufspritung und eines einzigartigen Reifeverfahrens, um den frischen, nußaromatischen trockenen Fino oder Amontillado zu gewinnen. Beim gehaltvolleren Oloroso spielt dagegen auch die Pedro-Ximénez-Traube (s. dort) eine bedeutende Rolle.

Pansá Blanca s. Xarel-lo.

Parellada. Die Traube, die als die beste weiße Rebsorte Kataloniens gilt, wird sowohl zu stillen als auch zu schäumenden Weinen verarbeitet. Für sich allein erbringt sie leichten, alkoholschwachen Wein mit blumigem Aroma und frischem Geschmack. In den meisten Fällen wird Parellada jedoch mit Macabeo und Xarel-lo zu frischem, oft aber neutralem Grundwein für Cava gemischt.

Pedro Ximénez. Unter der warmen Sonne Andalusiens erreicht Pedro Ximénez (kurz PX genannt) unglaublich hohen Zuckergehalt. In Montilla liefert die Traube auch ohne Aufspriten Weine mit über 15 % Alkohol. Pedro Ximénez ist in den Weinbergen Südspaniens überall anzutreffen. In Málaga und Jerez wird sein sirupähnlicher Most zum Süßen verwendet, während in Montilla-Moriles alle Weine der Region hauptsächlich auf dieser Sorte beruhen. In anderen Gegenden werden von ihr recht derbe, alkoholstarke trockene Weißweine gewonnen.

Planta Nova. Die in der DO Utiel-Requena zugelassene Sorte liefert neutralen trockenen Weißwein.

Riesling. Obwohl er nicht groß in Mode ist, hat sich der Riesling doch in Spanien eingeschlichen. Er wird in kleinen Mengen in den Hügeln von Penedès angebaut, wo Miguel Torres ihn zu einem typisch duftigen, frischen Weißwein verarbeitet.
Sauvignon Blanc. Die Traube ist in der DO Rueda, wo sie seit 1985 angebaut wird, und in Penedès erfolgreich. Spanische Sauvignons sind sortentypisch in Duft und grasiger Art.
Torrontés. Bei sorgfältiger Behandlung erbringt die in Galicien heimische Traube ausdrucksvolle, harmonische Weine, oft mit einer ansprechenden Note von Mandeln und Pinienkernen.
Treixadura. Die hochwertige Sorte gewinnt in Galicien (v. a. in der DO Ribeiro) immer mehr an Bedeutung und verleiht oft den Weinen anderer Lokaltrauben Fülle.
Verdejo. Manche Kenner sehen im Verdejo die beste spanische Weißweintraube. In der DO Rueda verdrängt er allmählich den Palomino. Mit modernen Techniken erbringt Verdejo frischen, guten, oft hochinteressanten trockenen Wein mit dem Aroma von Äpfeln und Birnen.
Verdil. Um Murcia und Alicante beliebte Traubensorte.
Viura. In Rioja und anderen Gegenden gebräuchlicher Name für Macabeo (s. dort).
Xarel-lo. Eine der «drei großen» Trauben Kataloniens (s. a. Macabeo und Parellada) und wichtiger Bestandteil der Cava. Für sich allein bringt Xarel-lo meist neutralen Weißwein, dem die aromatische Unterstützung durch Parellada guttut. In Alella versteckt sich die Sorte hinter dem Namen Pansá Blanca.
Zalema. Die um Huelva angebaute Sorte ist wichtiger Bestandteil des dortigen Sherry-ähnlichen Condado de Huelva. Ihr Wein oxidiert rasch.

Rotweintrauben

Alicante s. Garnacha Tintorera.
Aragón. In manchen Gegenden Spaniens Synonym für Garnacha.
Bobal. In der Levante mit über 100 000 ha stark verbreitete Sorte. Bobal produziert tiefdunklen, trotz heißem Klima mit kräftiger Säure versehenen Rotwein, aber auch köstlichen trockenen Rosé.
Brancellao. Traube für leichte, fruchtige Weine in Galicien.
Cabernet Sauvignon. Der Cabernet reift unter der warmen mediterranen Sonne gut aus und erbringt gehaltreiche, minzenduftige Weine, vollgepackt mit der Frucht der schwarzen Johannisbeere. Er wurde am Ende des vorigen Jahrhunderts von Frankreich herübergebracht, und einige Weinstöcke in den Besitzungen von Marqués de Riscal und Vega Sicilia stammen noch aus jener Zeit. Wirklich durchgesetzt hat sich der Cabernet erst in den letzten 20 Jahren; er wird jetzt überall in Spanien, insbesondere in den DO Penedès und Costers del Segre, in großem Umfang kultiviert. Die Weine von Marqués de Griñon aus einer Lage bei Madrid zeigen am besten den reifen Geschmack spanischer Cabernets.
Caiño. Wie der weiße Namensvetter liefert auch diese Sorte in Galicien gute, leichte, würzige Weine.
Cariñena. Die in Frankreich als Carignan bekannte Traube stammt aus dem Ort Cariñena in Aragón. Sie bringt dunklen, oft ziemlich alkoholstarken, gerbstoffreichen und herben Rotwein hervor. In Rioja heißt sie Mazuelo (oder Mazuela).
Cencibel. In La Mancha und Valdepeñas gebräuchlicher Name für Tempranillo (s. dort).
Espadeiro. Die in Galicien heimische Sorte erbringt dort leichten, duftigen Rotwein.
Forcayat. Die ertragreiche Sorte liefert in der Gegend um Valencia schlichte Weine.
Garnacha Tinta. Die mit insgesamt über 170 000 ha meistangebaute Rotweintraube Spaniens wird ihrer hohen Erträge wegen überall im Norden, v. a. in Rioja Baja, Navarra, Aragón und Katalonien, kultiviert. Für sich allein erbringt sie reichlich derbe Rotweine, aber auch frische, fruchtige Rosés. In Rioja dient Garnacha zum Auffüllen leichterer, zarterer Tempranillo-Weine. Reiner Garnacha-Wein hält sich nicht lange.
Garnacha Tintorera. Die rotfleischige Traube (auch Alicante genannt) erbringt in Mittelspanien und der Levante massive, tiefdunkle Weine.
Graciano. Leider ist diese hochwertige Traubensorte aus den Weinbergen Riojas fast völlig verschwunden. Ihre niedrigen Erträge haben sie unpopulär gemacht, obwohl sie feinen, kraftvollen und lange haltbaren Wein erbringt.
Hondarribi Beltz. Die baskische Traube liefert in der DO Chacolí und der Provinz Viscaya leichten, herben Rotwein.
Malbec. Die aus Bordeaux stammende Sorte ist in kleinen Mengen in den Weinbergen von Vega Sicilia anzutreffen.
Manto Negro. Die Traube wächst auf den Balearen und erbringt dort saubere, jedoch nicht besonders aufregende Rotweine.
Maria Ardona. Traube in der DO Valdeorras.
Mazuelo s. Cariñena.
Mencía. Die Traube, vermutlich eine Verwandte von Cabernet Franc, liefert in Bierzo und Valdeorras saubere Weine mit leicht metallischem Geschmack.
Merlot. Die Traube wird in dem Bemühen um Angleichung an das klassische Bordeaux-Rezept meist zusammen mit Cabernet angepflanzt. Raimat in der DO Costers del Segre produziert jedoch auch einen sortenreinen Merlot, der das sanfte, pflaumige Aroma der Traube schön zur Geltung bringt. Auch Torres arbeitet mit dieser Sorte, ebenso einige Erzeuger in anderen Regionen.
Monastrell. Die nach Garnacha zweitmeist angebaute dunkle Traube Spaniens ist bei den Winzern wegen ihrer hohen Erträge und ihrer süßen Frucht beliebt. Sie ist vorwiegend in Penedès und der Levante anzutreffen, wo sie gehaltvolle, fleischige, alkoholstarke, aber schön ausgewogene Rotweine erbringt, die manchmal aufgespritet werden. Auch guter Rosé wird aus ihr gewonnen.
Moristel. Die nicht mit Monastrell zu verwechselnde Sorte ist vorwiegend in den Bergen Aragóns heimisch und eine der Haupttrauben in der DO Somontano.
Negramoll. Trotz des subtropischen Klimas auf den Kanarischen Inseln bringt diese Traube leichten, wenig gehaltvollen Wein.
Pinot Noir. Der für seine diffizile Art außerhalb seiner Heimat Burgund berüchtigte Pinot Noir wird in Costers del Segre und Penedès mit einigem Erfolg kultiviert. Seine Weine sind charakteristisch mild, rund und duftig und besitzen manchmal kräftigeren Körper als die Burgunder.
Preto Picudo. Die Sorte erbringt um Zamora und León helle Weine ohne besondere Eigenart.
Samsó. In Katalonien gebräuchlicher Name für Cariñena (s. dort).
Souson. Die immer seltener anzutreffende Traube liefert in Galicien tintenschwarze Weine.
Tempranillo. Die Sorte, zweifellos eine der besten einheimischen Trauben, wächst unter verschiedenen Namen auf einer über ganz Spanien verteilten Rebfläche von 33 000 ha. Ihre besten Leistungen vollbringt sie in kühleren Gegenden wie in Rioja und am Duero, wo sie elegante Weine liefert, die in der Jugend einen Anflug von Kirschen und Erdbeeren aufweisen. Tempranillo-Weine eignen sich gut für den Ausbau in Eichenfässern, deshalb bestehen die meisten Rioja Reservas und Gran Reservas überwiegend oder sogar ganz aus Tempranillo. In der DO Ribera del Duero heißt er Tinto Fino oder Tinta del País, in La Mancha und Valdepeñas trägt er den Namen Cencibel und in Katalonien schließlich Ull de Llebre. Weitere Synonyme sind Tinto de Madrid und Tinta de Toro.
Trepat. Die Traube wird meist in der DO Conca de Barberà angebaut und liefert erfrischende Rosés.
Ull de Llebre. In Katalonien Name für Tempranillo (s. dort).

Gesetz und Etikett

Vorschriften über die Produktion und den Verkauf von Wein gibt es schon seit dem 13. Jh., aber erst in den 1920er Jahren wurde ernstlich der Versuch unternommen, die Echtheit der regionalen Weine zu schützen.

Rioja machte den Anfang, als 1926 dort ein *Consejo Regulador* (Regulierungs-Gremium) eingerichtet wurde, um in der neu eingegrenzten Weinbauregion für geordnete Verhältnisse zu sorgen. Jerez und Málaga folgten in den 30er Jahren diesem Beispiel, und nach dem Bürgerkrieg schlossen sich weitere Regionen an. Nachdem 1970 ein umfassendes Statut erlassen worden war, bildete das Landwirtschaftsministerium das *Instituto Nacional de Denominaciones de Origen* (INDO), das ein nationales System für die Echtheits- und Qualitätskontrolle einrichten sollte. 1979, als Spanien wieder eine Bundesverfassung erhielt, ging die unmittelbare Zuständigkeit für die *Consejos* an die Regionalverwaltungen über. INDO spielt jedoch weiterhin eine zentrale Rolle bei der Abfassung und Durchführung von allgemeinen Richtlinien.

Die spanische Weingesetzgebung lehnt sich eng an das zu Anfang des 20. Jh. geschaffene französische System der AOC (*Appellation d'Origine Contrôlée*) an. Es beruht auf der DO (*Denominación de Origen*), in der wie bei der AOC die Grenzen festgelegt sind, innerhalb deren die Trauben angebaut sein müssen. Die Gesetze wurden sodann revidiert, um den Forderungen der EG zu entsprechen, der Spanien 1986 beitrat. Wie Frankreich, Deutschland und Italien hat auch Spanien derzeit vier Hauptkategorien für die Qualitätsweinkontrolle.

Vino de mesa (Tafelwein). Diese Kategorie ist die einfachste und erfaßt Wein von Trauben aus nicht klassifizierten Weinbergen sowie Wein, der durch Verschneiden aus der Klassifizierung ausgeschieden ist. Bei Flaschenwein darf das Etikett allgemein keine Traubensorte, keinen Jahrgang und keine geographische Herkunft nennen. Ein großer Teil des spanischen *vino de mesa* wird zwangsweise zu Alkohol destilliert, damit der europäische Weinsee nicht über die Ufer tritt.

Vino de la tierra (Landwein). Wein, der zu 60 % aus einem bestimmten Anbaugebiet in Spanien stammt, darf als *vino de la tierra* eingestuft werden, wenn er gewissen Vorschriften entspricht. Diese Kategorie ist das Pendant zum französischen *vin de pays*, bislang gibt es in ihr aber kaum exportfähige Produkte. Eine beachtenswerte Ausnahme bildet der neuerdings von Marqués de Griñon als Vino de la Tierra ausgewiesene Wein.

Denominación de Origen (DO). Diese Kategorie ist der Hauptpfeiler des spanischen Qualitätskontrollsystems. Der Titel war zum Zeitpunkt der Drucklegung 39 Weinbauregionen zuerkannt. Jede Region verfügt über einen *Consejo Regulador*, der sich aus Vertretern des Landwirtschaftsministeriums sowie der Weinerzeuger, Weinkellereien und Weinhändler zusammensetzt, die in der betreffenden Region ihren Lebensunterhalt erwerben. Im Zusammenwirken mit der Regionalverwaltung und INDO in Madrid entscheidet dieser *Consejo* über die Grenzen der Region, die anerkannten Rebsorten, die höchstzulässigen Erträge, die Alkoholstärke und sonstige Bestimmungen, die in dem betreffenden Bereich gelten. Die *Consejos* verfügen über Laboratorien für regelmäßige chemische Analysen, um eine strikte Kontrolle der Qualitätsanforderungen zu gewährleisten und den Weinerzeugern in Forschungs- und Entwicklungsfragen zur Seite zu stehen. Auf Rückseiten- und Halsetiketten wird die Einhaltung der regionalen Qualitätsanforderungen bescheinigt.

Regionen, die sich auf dem Weg zu vollem DO-Status befinden, dürfen für eine Übergangszeit den Titel *Denominación de Origen Provisional* (DOP) führen.

Denominación de Origen Calificada (DOCa). Die neuste Kategorie im spanischen Weingesetz ist Regionen mit Weinen höchster Qualität, die besonders strengen Anforderungen sowie einer Geschmacksprüfung unterliegen, vorbehalten. 1991 hat Rioja als bisher einzige Region den DOCa-Status erlangt.

Die Sprache des Etiketts. Folgende Begriffe erscheinen häufig auf spanischen Weinetiketten:

Año: Jahr. 20, 30, 40 año ist nicht mehr zulässig, kommt aber gelegentlich doch noch vor.
Bodega: Weinkellerei bzw. Weinerzeugungsunternehmen.
Brut: Trockener Schaumwein.
Brut de Brut oder *Brut Extra*: Die trockenste Art von Schaumwein.
Cava: DO für bestimmte Anbaugebiete, wo Schaumwein nach dem klassischen Verfahren der Flaschengärung hergestellt wird.
Crianza: Ein Wein, der im 3. Jahr zum Verkauf freigegeben wird und zuvor mindestens 6 Monate lang in 225-l-Eichenfässern gelagert wurde. In Rioja, wo dieser Ausdruck am gebräuchlichsten ist, muß die Lagerzeit im Eichenfaß sogar 12 Monate betragen.
Cosecha: Jahr der Ernte; Jahrgang.
Dulce: Süß.
Elaborado por: Erzeugt von.
Embotellado por: Abgefüllt von.
Extra Seco: Nicht ganz so trocken wie *Brut* (Schaumwein).
Gran Reserva: Wein mit längerer Reifezeit aus einem besonders guten Jahrgang. Rotweine müssen mindestens 2 Jahre im Faß und 3 Jahre in der Flasche (oder umgekehrt) gelagert worden sein. Der Wein darf frühestens 6 Jahre nach dem Jahr der Ernte die Bodega verlassen.
Granvas: Durch Tankgärung hergestellter Schaumwein (Charmat- oder Cuve-Close-Verfahren).
Lágrima: Wörtlich «Träne»; Bezeichnung für Wein, der aus ungepreßtem Vorlaufmost gewonnen wird.
Método Tradicional: Spanische Bezeichnung für das klassische «Champagner-Verfahren» zur Schaumweinherstellung, d. h. mit zweiter Gärung in der Flasche, in der der Wein verkauft wird.
Pasada: Bezeichnung für langgereiften Sherry.
Quinado: Gespriteter, mit Chinarinde versetzter Wein.
Reserva: Wein aus einem guten Jahrgang mit einer Faß- und Flaschenreife von mindestens 3 Jahren, davon möglichst 1 Jahr im Faß. Freigabe ist erst im 4. Jahr nach der Lese gestattet.
Roble: Eiche.
Rosado: Rosé.
Seco: Trocken.
Semi-seco: Halbtrocken.
Vendimia: Jahrgang.
Viejo: Alt.
Viña: Wörtlich «Weinberg», oft als Teil eines Markennamens gebraucht, z. B. Viña Arana. Die EG bereitet strengere Bestimmungen über den Gebrauch des Begriffs vor.
Vino espumoso: Schaumwein.
Vino generoso: Gespriteter Wein.

Geographie und Klima

Die Reliefkarte Spaniens sieht aus wie ein Tisch mit erhöhtem Rand. Um einen großen Teil der Iberischen Halbinsel herum erheben sich Berge bis zu einer Höhe von 3400 m in der Sierra Nevada, rund 50 km vom Mittelmeer entfernt. Das beherrschende Merkmal aber ist die Meseta, eine weite Hochfläche, die sich in einer Höhe von 600 bis 1000 m über das ganze Landesinnere ausdehnt. Spanien ist mit einer Durchschnittshöhe von 650 m das zweithöchste Land Europas.

Gebirge teilen Spanien in verschiedene Regionen. Der nördliche Rand – von Galicien bis zu den Pyrenäen – ist kühl und feucht. Die Winde vom Atlantik und vom Golf von Biscaya her bringen eine jährliche Niederschlagsmenge von 1300 mm. Dieser Teil Spaniens ist am intensivsten kultiviert. Die Weinrebe wächst in Hülle und Fülle auf dem Granitboden Galiciens und liefert die erfrischendsten Weißweine Spaniens.

Das Kantabrische Gebirge, ein westlicher Ausläufer der Pyrenäen, wirkt als Klimaschild für das übrige Spanien. Die Berge erheben sich in den Picos de Europa bis zu 2000 m Höhe und schirmen die nördliche Meseta gegen die kühlen, regenführenden Wolken ab. Fährt man von Bilbao die Strecke von nur 100 km bis nach Haro, der Weinhauptstadt von Rioja, dann merkt man den Unterschied deutlich. Die über der Sierra de Cantabria aufgetürmten Wolken weichen strahlendem Sonnenschein, sobald man das obere Ebro-Tal erreicht. Fruchtbare Süd- und Westhänge und lange, warme Sommer lassen die Trauben langsam heranreifen und milde, geschmeidige Rotweine erbringen.

Zur Mitte der Meseta hin zeigen sich extremere Klimaverhältnisse: Die Winter sind lang und kalt, die Temperaturen fallen oft tagelang weit unter Null; im Sommer herrscht brütende Hitze. Die Tagestemperaturen steigen regelmäßig über 30, ja sogar 40 °C, und zwischen Mai und September fällt wenig oder gar kein Regen. Vor allem das Land südlich von Madrid mit der weiten Ebene La Mancha leidet unter einem erbarmungslosen Klima. Die im Frühjahr grüne Landschaft verbrennt im Juli und August zu ockergelb, die Flüsse trocknen aus, und wenn der Winter einsetzt, liegt alles grau in grau da. Wein aber ist hier ein wichtiges Produkt, und die zähe Airén-Rebe bietet der Trockenheit die Stirn.

Weiter im Süden und Osten wird das Klima eher mediterran. Dieser Teil Spaniens ist gegen die klimatischen Extreme der Meseta durch hohe Sierras geschützt. Auf dem schmalen Streifen Land zwischen dem Gebirge und dem Meer herrschen milde Witterungsverhältnisse mit langen, warmen Sommern und sanften Wintern. Diese Küsten sind Spaniens Ferienland, und weiter landeinwärts wachsen Oliven, Mandeln und Wein in bedeutendem Umfang. Penedès hat vielleicht das günstigste Klima für den Weinbau, aber auch in der Umgebung von Valencia und Alicante werden viele Reben angebaut. Die langen, heißen Sommer von Málaga und Montilla sind ideal für die Entstehung alkoholstarker Weine von der süßen Pedro-Ximénez-Traube.

Die Südwestecke von Andalusien hat ein eigenes Klima, das einen ganz besonderen Wein begünstigt. Auf dem kreidehaltigen *albariza*-Boden gedeiht die Palomino-Traube und bringt einen sanften trockenen Wein hervor, der die Grundlage für den Sherry bildet. Kühle Winde wehen vom Meer her und fördern das Wachstum der Florhefe in den Bodegas von Jerez de la Frontera und Sanlúcar de Barrameda.

Unter allen weinbautreibenden Ländern der Erde kann man sich kaum ein zweites denken, das eine so breite Auswahl an Weinen hervorbringt.

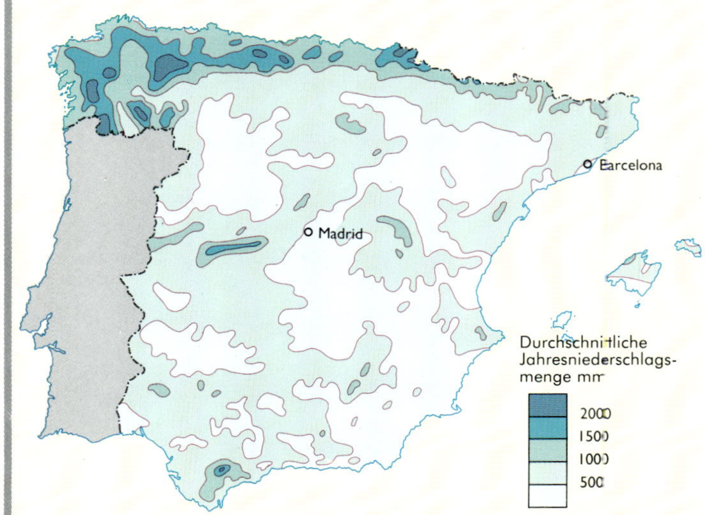

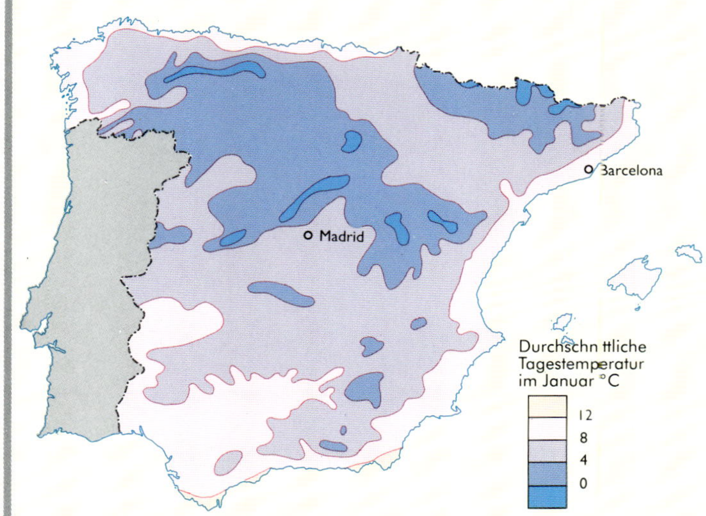

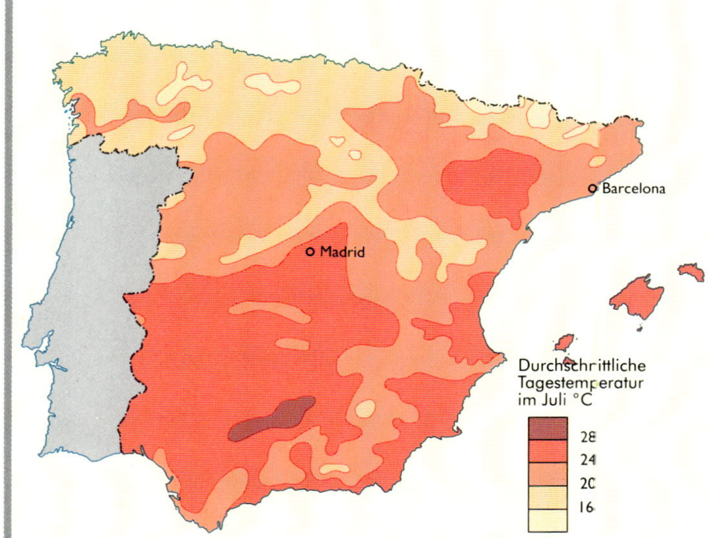

Zum Gebrauch

Als grundlegendes Nachschlagewerk über den spanischen Weinbau soll dieser Atlas in Worten, Landkarten und Bildern dem Leser einen Fundus an Kenntnissen vermitteln. Er ist aber mit seinen ganz neuen Landkarten der Weinzonen, in denen Routen durch die Weinbauorte vorgeschlagen und sehenswerte Punkte in der Umgebung angesprochen werden, auch als Reiseführer gedacht.

Der Atlas öffnet den Blick auf die Besonderheiten, die den spanischen Weinen ihren einzigartigen Charakter verleihen. Er befaßt sich eingehend mit den Weinbergen und beschreibt die Form des Landes, das Klima und den Boden; dabei wird Einblick in die Weinbereitungspraktiken der einzelnen Gegenden verschafft und Näheres über die Weinerzeuger, die diese Praktiken besonders wirkungsvoll zum Ausdruck bringen, berichtet. Dem Reisenden werden Hinweise auf Restaurants, Hotels und Sehenswürdigkeiten gegeben.

Sowohl dem ernsthaft Studierenden als auch dem begeisterten Liebhaber soll dieses Buch dienen. Der Text ist in der Reihenfolge von Norden nach Süden aufgebaut, wobei Spanien für die Zwecke dieses Buchs in vier Hauptgebiete unterteilt wird – Norden, Osten und Mitte, Süden und die Inseln. Auch als Nachschlagewerk läßt sich der Atlas benutzen, indem er über einzelne Weine, Regionen oder Bodegas Auskunft gibt, aber auch darüber, was man von einer bestimmten Flasche, die man zum Abendessen entkorken möchte, erwarten darf. Schließlich läßt sich aus ihm eine Kaufberatung entnehmen, die allerdings nur allgemein gehalten sein kann, um den dauernden Wert als Nachschlagebuch nicht durch allzu aktuelle Bezüge zu beeinträchtigen.

Die Einleitung zu jeder einzelnen Region bildet ein Überblick über die Weine und die Produktionstendenzen mit Hinweisen auf Landschaft, Geschichte, Sitten und Gebräuche sowie auf die Spezialitäten der Küche. Es schließen sich Informationen über die Rebfläche und die Rebsorten sowie über die geographischen Voraussetzungen der auf der dazugehörigen Regionalkarte verzeichneten DO-Bereiche an, deren Weine ausführlich besprochen werden. (Erläuterungen über das DO-System finden sich auf Seite 15.) Die Beschreibungen stellen eine aus Fakten und Meinungen gemischte kritische Würdigung dar und sollen ohne Pedanterie unterrichten. Detailliertere Angaben vermitteln Informationen über die technische Seite der Weinerzeugung, denn auch dem weniger an Details interessierten Leser mag es manchmal wissenswert erscheinen, wie Rebsorten, Erträge, Alkoholstärke, Säuregehalt und Lagerzeiten sich auf Art und Stil eines Weins auswirken.

Die Landkarten

Die Landkarten sind in Umfang und Detail je nach der Komplexität der Weinbaubereiche in den jeweiligen Regionen oder Gebieten unterschiedlich. Ihre Einteilung erfolgt in vier Ebenen:

Nationalkarten

Die dargestellten Gebiete entsprechen ungefähr der geographischen Einteilung Spaniens und heben besonders die verschiedenen Weinbauregionen hervor. Die Einleitungskarten (Seiten 1 bis 19) zeigen die Gesamtverteilung der DO-Bereiche, durchschnittliche Temperaturen und Niederschlagsmengen sowie wichtige Verkehrsverbindungen: Straßen, Bahnen, Flughäfen und Fähren.

Gebietskarten

Diese entsprechen den Hauptgebieten Spaniens in der im Atlas eingehaltenen Reihenfolge. Dargestellt sind die geographischen Verhältnisse des jeweiligen Gebiets mit Straßen, Bahnen und Bodenformen. Außerdem sind die Regionalgrenzen eingezeichnet, die somit als Schlüssel zu den Regionalkarten dienen. Zu beachten ist, daß die Inseln nicht durch Gebietskarten erfaßt sind, sondern lediglich durch Regionalkarten.

Regionalkarten

Die 10 Regionen sind durch je eine Übersichtskarte erfaßt, aus der die jeweiligen DO-Bereiche hervorgehen. Hier gibt es einige Ausnahmen von der Regel: Die Weinbauzonen von Rioja, Navarra und Chacolí de Getaira sind auf einer gemeinsamen Karte «mittlerer Norden» (Seite 76) dargestellt, obgleich sie geographisch nicht zusammenhängen. Außerdem sind für die Inseln, d. h. die Balearen und die Kanarischen Inseln, jeweils eigene Regionalkarten mit den DO-Bereichen vorgesehen.

Die DO-Bereiche sind in den Regionalkarten durch farbige Grenzlinien und Namenseintragung gekennzeichnet. In Katalonien finden die Namen allerdings keinen Platz, deshalb sind die Bereiche mit eingerahmten Nummern versehen und die Namen neben der Karte angegeben und durch farbige Unterstreichung gekennzeichnet.

Detailkarten

Die 31 wichtigsten DO-Bereiche Spaniens sind detailliert wiedergegeben, dagegen erscheinen die Umrisse der übrigen lediglich auf den Regionalkarten. In jedem Fall läßt sich die genaue Lage eines DO-Bereichs stets in der Regionalkarte feststellen. Die in den Karten eingetragenen Routenvorschläge führen durch die bedeutendsten Weinorte und ermöglichen Abstecher zu besonderen Sehenswürdigkeiten.

Als Hinweis zum Lesen der Karte sei gesagt, daß geographische Richtpunkte (z. B. Orte und Berge) in schwarzem und weinspezifische Daten in rotem Druck erscheinen.

Alle Grenzen der DO-Bereiche stammen aus neuesten amtlichen Quellen. Sämtliche Landkarten (mit Ausnahme der Einleitungskarten) sind mit Buchstaben- und Zahlenraster versehen. Wichtige Punkte sind im Register durch entsprechende Angaben gekennzeichnet und daher auf den Landkarten leicht aufzufinden.

Weinterminologie

Die gebräuchlichsten Begriffe auf spanischen Weinetiketten wurden bereits im Abschnitt «Gesetz und Etikett» (Seite 15) erläutert. Eine vollständige Aufstellung aller in diesem Buch benutzten spanischen Fachbegriffe und Ausdrücke ist im Glossar (Seite 230) gegeben.

Reisen in Spanien

Das beste Fortbewegungsmittel für eine wirklich gründliche Tour durch die spanischen Weinbaugebiete ist das Auto. So kann man selbst mitten in der Hochsaison angenehm reisen, denn die Millionen von Touristen, die jedes Jahr nach Spanien kommen, bleiben meist an der Küste. Im Inneren des Landes ist es deshalb stets ruhig, und man kann mit Genuß umherfahren, insbesondere wenn man die Hauptstraßen (gekennzeichnet durch ein N mit nachgestellter Zahl) meidet, auf denen sich der Schwerverkehr abspielt. Während an der Küste der Blick sich oft an riesigen Betonklötzen von Hotels stört, ist das Landesinnere touristisch noch unterentwickelt. Das hat viele Vorzüge, aber auch einen großen Nachteil: Es bedeutet, daß dort Mangel an komfortablen Hotels herrscht. Praktisch alle guten Vier- bis Fünf-Sterne-Hotels befinden sich an der Küste oder in den großen Städten. In kleineren Orten dagegen findet man gewöhnlich entweder *hostales* (Gaststätten mit Hotelzimmern) oder einfache Hotels mit höchstens drei Sternen. Die meisten sind häßlich und zudem lärmig (in erster Linie wegen des Straßenverkehrs), deshalb läßt man sich am besten ein Zimmer nach hinten geben. Aber auch im Hotel selbst können Steinfußböden, fließendes Wasser und dünne Wände sich recht störend bemerkbar machen. Wer auf seine ungestörte Nachtruhe Wert legt, sollte deshalb die Unterkunft mit größter Sorgfalt wählen. Die in diesem Buch vorgeschlagenen Adressen dürften dabei sehr hilfreich sein.

Paradores

Erfreuliche Ausnahmen von der allgemeinen Hotel-Szenerie in Spanien sind selten, kommen zum Glück aber vor. Am bedeutendsten ist die Gruppe der *paradores.* Dies sind nicht nur in Städten, sondern auch auf dem Land anzutreffende staatliche Hotels, und das Schöne daran ist, daß jeder *parador* einen eigenen Charakter hat. Manche sind in großen, interessanten alten Gebäuden untergebracht wie in Zamora, andere präsentieren sich hochmodern wie in Segovia. Wieder andere liegen dazwischen: außen recht modern, innen aber stilvoll – z. B. in Vilafranca del Bierzo. Leider gibt es in ganz Spanien nur knapp 90 *paradores.* Das bedeutet natürlich, daß nicht jede Weinbauregion einen *parador* aufweist oder in der Nähe hat, und wenn es doch einen gibt, dann ist es oft schwer, ein Zimmer zu bekommen; frühzeitige Reservierung ist deshalb wichtig. Hat man die Wahl zwischen mehreren Hotels oder *hostales,* dann gilt es darauf zu achten, ob nicht etwa gerade eine Verlobungsfeier oder eine sonstige Festivität angesetzt ist. In manchen Häusern kommen solche Veranstaltungen vor allem an Wochenenden häufig vor, und niemand macht sich ein großes Gewissen daraus, wenn die übrigen Gäste dann bis in die frühen Morgenstunden durch Musikgedröhn um ihren Schlaf gebracht werden.

Auch sollte man daran denken, daß ohne gute Straßenkarten oder genaue Wegbeschreibungen manches Hotel nur schwer zu finden sein dürfte. Bei Dunkelheit ist das noch schlimmer, denn es gibt nur selten beleuchtete Wegweiser. Gut gefahren sind wir stets mit den Stadtplänen und Karten im «Guide Michelin España–Portugal», vor allem mit den Regionalkarten im Maßstab 1:400 000, und mit den Hallwag-Straßenkarten.

Ein spanisches Hotelfrühstück hält meist nicht lange vor. Wer guten, frischen Kaffee und ein Brötchen möchte, geht oft besser in eine Gaststätte. Mittags- und Abendmahlzeiten bekommt man dagegen in Zehntausenden von kleinen und großen Restaurants recht reichlich. Die Preise sowohl für Essen als auch für Wein sind

Romanische Kirche in Ujué (Navarra).

allgemein maßvoll, vor allem für die interessanteren regionalen Spezialitäten. Die spanische Küche ist meist schmackhaft und sättigend ohne viel Aufwand oder Subtilität. Nur in den großen Städten und ihrer Umgebung findet man Lokale, deren Küche Finesse und Kreativität aufweist. Mir selbst haben gegrillte Lammkoteletts und ähnlich schmucklose Kost großartig geschmeckt. Doch der absolute Höhepunkt aller meiner Reisen in Spanien war eine Mahlzeit im Restaurant «Sibaris» in Vigo, wo es Gerichte von äußerster Raffinesse und dazu Weine aus der DO Rías Baixas gab.

Tempo und Service

In spanischen Restaurants erlebt man mancherlei Freuden und Leiden. Man muß sich zunächst darauf einstellen, daß der Kellner lieber schnell mit dem Servieren fertig werden möchte, als es den Gästen gemütlich zu machen; da kommt dann oft der Hauptgang schon auf den Tisch, während man noch vollauf mit der Vorspeise zu tun hat. Solche Überraschungen kann man nur vermeiden, wenn man dem Kellner genau auseinandersetzt, wie man es haben möchte. Wer Butter aufs Brot zu Schinken oder Käse wünscht, der muß sie gesondert bestellen. Dem Nichtspanier kommt es auch seltsam vor, daß der Käse als Vorspeise serviert wird und nur selten zum Abschluß. In einfacheren Gaststätten

Weinberg unterhalb von San Vincente de la Sonsierra (Rioja Alavesa).

muß man damit rechnen, daß der Fernseher läuft – und zwar meistens laut –, vermutlich eher für die Angestellten als für die Gäste. In einem Hotel in Ponferrada wurde mein Abendessen gleichzeitig von zwei verschiedenen Fernsehprogrammen begleitet. Den Namen des betreffenden Hotels wird man in diesem Atlas allerdings vergeblich suchen.

Weinkarten

Der spanische Wein hat in den letzten Jahrzehnten gewaltige Qualitätsfortschritte gemacht, in vielen Restaurants allerdings genießt er noch immer nicht die rechte Achtung. Auf den meisten Weinkarten wird er jedenfalls stiefmütterlich behandelt: Jahrgänge sind nicht angegeben, und nähere Beschreibungen fehlen. So ist es dann auch schwierig, etwa einen frischen, jungen Weißwein zu bestellen. Man kann sich oft nur dadurch helfen, daß man sich vom Kellner die Flaschen zeigen läßt. In manchen Gaststätten stehen die Rotweine zum Teil im Speisesaal herum. Da läuft man natürlich Gefahr, auf eingetrocknete Korken und verdorbenen Wein zu stoßen, und außerdem ist er meist zu warm. Im letzteren Fall kann man ohne weiteres verlangen, daß die Flasche in einen Eimer mit kaltem Wasser und einigen Eiswürfeln gestellt wird.

Oft ärgert sich der Weinliebhaber auch über die unmöglich kleinen Weingläser in den meisten Restaurants. Wasser wird dagegen in einem großzügiger bemessenen Glas serviert. Hier läßt sich freilich leicht Abhilfe schaffen – man tauscht einfach die Gläser. Bestehen Sie darauf, daß Sie die bestellten Weine erst zu probieren bekommen; in vielen einfachen Restaurants wird das sonst vergessen. Es wird wohl noch einige Zeit dauern, bis dem Wein die Achtung und Behandlung widerfährt, die er verdient. Der Gast hat es in der Hand, diese Zeit abzukürzen – denn auf ihn hört der Wirt zuerst.

Die Burg in Peñafiel beherrscht die Gegend von Ribera del Duero.

Der Norden

Vielfalt ist der treffende Ausdruck für den Norden Spaniens, denn hier offenbart sich ein unglaublicher Reichtum an Landschaft, Klima, Kultur und Tradition, und auch die Weine sind höchst unterschiedlich. Die Nordgrenze des Gebiets wird zum größten Teil von der Costa Verde, der kantabrischen Küste, gebildet. Dort gibt es viele stille Sandstrände, aber auch große betriebsame Städte wie Bilbao, San Sebastián und Santander. Unmittelbar dahinter beginnen die Ausläufer des Kantabrischen Gebirges. Nach Westen hin nimmt die Küste mit vielen Riffen und *rías* – breiten, fjordähnlichen Buchten – ein phantastisches Aussehen an. Der Atlantik versorgt die Küstengebiete reichlich mit Regen, und infolgedessen ist das Land ausgesprochen grün. Im späten Frühjahr erlebt der Tourist in Galicien, der aus vier Provinzen bestehenden *autonomía* im Nordwesten, an einem einzigen Tag oft grau überzogenen Himmel, strahlenden Sonnenschein und kräftige Regenschauer, alles mehrfach kurz nacheinander. So reichlicher Niederschlag schafft üppige Vegetation. Selbst das kleinste Fleckchen Land ist bebaut, und daneben dehnen sich große Wälder: Auf Galicien entfällt allein rund ein Viertel der spanischen Holzproduktion.

Zwischen dem Atlantik und dem Mittelmeer türmen sich die Pyrenäen auf und bilden die natürliche Grenze zwischen Spanien und Frankreich. Die Flüsse, die dort entspringen, bewässern weite Gebiete der *autonomías* Aragón, Katalonien und Navarra im Süden des Gebirgszuges. Manchmal wirken die Flußtäler wie Trichter für die kalte Bergluft. So bläst durch das Tal des Río Gallego ein beißender Wind bis nach Zaragoza, der Hauptstadt Aragóns. Weinbau gibt es an der kühlen, feuchten Nordküste und in den Pyrenäen kaum. Die einzige *Denominación de Origen* ist hier Chacolí de Guetaria, ein kleiner Bereich westlich von San Sebastián mit knapp 50 ha. In Galicien ist das Klima sonniger und milder, und so kann hier von der Küste landeinwärts ohne weiteres Weinbau getrieben werden. Galicien hat drei DO-Bereiche. Von Westen nach Osten sind das: Rías Baixas, Ribeiro und Valdeorras.

Die Casa Batlló in Barcelona als Beispiel für die Architektur, durch die Gaudí weltberühmt wurde. Der Bau steht in einer Straße mit «Modernista»-Häusern, der Manzana de la Discordia (Block der Uneinigkeit).

Auf der anderen Seite des Kantabrischen Gebirges wird das Klima sanfter und trockener. Man merkt das insbesondere in Rioja, rund 100 km südlich von Bilbao. Sobald man den letzten Gebirgspaß hinter sich hat, spürt man Mittelmeerluft. Im Verein mit verschiedenen Bodenarten, u. a. auch Kalkstein, hat das mediterrane Klima es Rioja ermöglicht, sich zu einer führenden Weinbauregion Spaniens zu entwickeln. Auch kam es am Ende des vorigen Jahrhunderts in den Genuß eines lebhaften Handelsaustauschs mit Bordeaux, der die Übernahme französischer Weinbereitungstechniken zur Folge hatte. Das benachbarte Navarra baute bis weit in das 20. Jh. hinein seinen Wein für sich selbst, wobei der Schwerpunkt auf Rosé lag. Seit in den 70er und 80er Jahren neue, hochwertige Rebsorten angepflanzt wurden, bringt nun Navarra in sehr viel größeren Mengen Rotwein hervor.

Eine berühmte Pilgerstraße

Zwar weisen die Weinbauregionen Navarra, Rioja und Galicien beträchtliche Unterschiede auf, doch im kulturhistorischen Sinn sind sie eindeutig eng miteinander verknüpft, denn sie sind durch den «Camino de Santiago», die meistbenutzte Pilgerstraße Europas, verbunden. Es herrschte der Glaube, daß zu Anfang des 9. Jh. der steinerne Sarkophag des Apostels Jakobus bei Iria Flavia, der damaligen römischen Hauptstadt Galiciens, angespült worden sei. Gefunden wurde er von einem Eremiten, der behauptete, ein Stern habe ihm den Weg gezeigt, und so erhielt der Ort den

Das neue Weingut Arinzano von Julián Chivite, Navarra.

Namen *campus stellae*, «Feld des Sterns». Er wandelte sich mit der Zeit zu «Compostela», und hinzu kam Santiago (Sankt Jakobus auf spanisch). 829 wurde an der Stelle, wo der Sarkophag gefunden worden war, ein kleines Kloster mit Kapelle erbaut, und der Schrein begann viele Pilger anzuziehen.

Um etwa 900 wurde die Kapelle durch eine Kirche ersetzt, und 1075 begann der Bau einer Kathedrale. Um sie herum wuchs die Stadt Santiago de Compostela. Im Lauf des 11. Jh. nahm der Wallfahrtsort stark an Bedeutung zu, weil die Türken den Pilgerweg nach Jerusalem allzu gefährlich machten. Jahr für Jahr kamen schätzungsweise eine halbe Million Pilger über die Pyrenäen nach Santiago de Compostela. Infolgedessen entstanden entlang der Pilgerstraße, die auch durch Navarra und Rioja verlief, viele Brücken, Hospitäler, Klöster, Kirchen und Herbergen. Vermutlich brachten damals Zisterzienser- und Benediktiner-Mönche, vor allem solche aus Cluny, französische Weinreben auf dem *Camino de Santiago* nach Spanien. Der Weinanbau wurde gefördert, damit genügend Wein für die vielen Pilger zur Verfügung stand. Allein das Kloster Roncevalles lieferte damals jährlich etwa 40 000 l Wein. Die Bedeutung von Santiago de Compostela begann nach 1589 zu schwinden. Damals wurden die Reliquien in ein Versteck gebracht, weil man einen Überfall durch Sir Francis Drake befürchtete. Bis dahin aber hatte die Pilgerstraße fünf Jahrhunderte lang großen Einfluß auf die künstlerische, politische und soziale Entwicklung der Region ausgeübt.

Das Duero-Becken

Zwischen Galicien und Rioja liegt Castilla y León, eine *autonomía* mit 9 Provinzen. Das Herz dieses Landes ist die große Stadt Valladolid, die durch ein Netz von Straßen mit anderen Bevölkerungszentren wie Burgos, León, Salamanca, Segovia und Soria verbunden ist. Die Landschaft aus Hochplateaus mit flachen Hügeln wird vom Duero-Becken beherrscht. Nur hier und dort sieht man dramatischere Konturen – so in der Region Ribera del Duero, wo die Reben manchmal vor einer Kulisse aus hohen Tafelbergen stehen. Das Klima nimmt hier schon kontinentalen Charakter mit heißen, trockenen Sommern und kalten Wintern an. Neben Ribera del Duero (einem aufsteigenden Stern dank seiner Rotweine) umfaßt Kastilien und León die DO-Bereiche Bierzo (vorwiegend Rotwein), Cigales (Rosé), Rueda (Weißwein) und Toro (vorwiegend Rotwein). Die Region bietet dem Touristen eine überwältigende Fülle von Baudenkmälern. Ein besonders schönes Beispiel ist der imposante römische Aquädukt bei Segovia.

Aragón schmiegt sich zwischen Castilla y León und Katalonien. Das ehemalige Königreich umfaßt heute drei Provinzen. Quer durch diese *autonomía* verläuft das breite Ebro-Tal. Weinbau wird eine Strecke weit über dieses Tal hinaus sowohl im Norden als auch im Süden betrieben. In den DO-Bereichen – Calatayud, Campo de Borja, Cariñena und Somontano – werden sowohl die traditionellen einheimischen als auch fremde Rebsorten angebaut und zu ganz verschiedenen Weinen verarbeitet. Ähnlich, wenn auch in größerem Umfang, stellt sich die Situation in Katalonien dar. In diesem dreiecksförmigen Gebiet zwischen Pyrenäen und Mittelmeer wurden vermutlich die ersten Weinreben Spaniens kultiviert. Hier ist die Landschaft von einem DO-Bereich zum anderen höchst abwechslungsreich. Die Hochebenen von Costers del Segre stehen in scharfem Kontrast zu den schroffen Felspartien des Priorato, und die wellige Landschaft von Penedès in der Mitte nimmt sich ganz anders aus als das friedliche Hügelland von Alella. Auch die übrigen DO-Bereiche – Ampurdán-Costa Brava, Cava (zu 95 % in Katalonien gelegen), Conca de Barberà, Tarragona und Terra Alta – zeigen alle ein eigenes Gesicht und haben ihre eigenen Weine. Der katalonische Wein bietet schon jetzt so viel Abwechslung in Arten, Stilen, Qualität und Preis, daß selbst die verwöhntesten Weinliebhaber ihre Freude daran haben. So ist es Nordspanien durchaus wert, wieder zu einem bedeutenden Pilgerziel zu werden – diesmal des Weines wegen.

Katalonien

Hauptstadt: Barcelona
Provinzen: Katalonien ist eine *autonomía*
Fläche: 31 930 km²
Einwohnerzahl: 5 977 000

Die Küstengebiete Nordostspaniens waren stets Anziehungspunkt für die Seefahrer auf dem Mittelmeer wie auch für wandernde Völkerstämme von jenseits der Pyrenäen. Die ersten Siedler, von denen man Kenntnis hat, waren die Phöniker und Griechen; ihnen folgten die Karthager und dann die Römer, die Tarraco (das heutige Tarragona) zur Hauptstadt ihrer Provinz Hispania Citerior machten. Im 8. Jh. n. Chr. drangen die Mauren ein, doch sie wurden 801 von Karl dem Großen wieder vertrieben. Er errichtete im Norden Spaniens die Marca Hispánica als Pufferzone zwischen den Mauren und den Christen. Bald darauf wurde diese spanische Mark in Grafschaften aufgeteilt. Zu der östlichsten, die der Herrschaft Wifreds des Haarigen unterstand, gehörten Barcelona und Gerona. Seine Nachfahren, die Grafen von Barcelona, herrschten dann jahrhundertelang über die Region, die schließlich den Namen Katalonien erhielt.

Durch die Heirat zwischen Graf Ramón Berenguer IV. und Petronilla von Aragón 1137 wurden Katalonien und Aragón zu einem einzigen Königreich verschmolzen – die eigentliche Macht lag in den Händen der Grafen von Barcelona. Im 13. und 14. Jh. erlebte Katalonien eine Zeit hoher Blüte, dann aber brachten Kriege und wirtschaftliche Probleme einen Niedergang, und 1412 wurde die katalonische Seite der Monarchie in Aragón durch eine neue aragonische Dynastie ersetzt. Hierdurch kam es später im 15. Jh. zur Vereinigung der Königreiche Aragón und Kastilien. Trotz der politischen Verschmelzung beharrte Katalonien auf der eigenen Identität und bewahrte sich einen starken Sinn für Unabhängigkeit, woraus sich um 1640 ein Krieg entwickelte, der mit französischer Unterstützung zwölf Jahre lang gegen Philipp IV. geführt wurde. Am Ende konnte zwar Katalonien seine politische Autonomie durchsetzen, es erlitt aber auch schwere Schäden. Weiteren Unfrieden gab es zu Beginn des 18. Jh. durch den spanischen Erbfolgekrieg. Die Katalanen schlugen sich auf die Seite des Erzherzogs Karl von Österreich, und als dieser unterlag, beschnitt Philipp V. die Privilegien Kataloniens. Die Selbständigkeit wurde 1932 erneut errungen, aber von Franco bald wieder abgeschafft. 1977 entstand sie neu, und die heutige *autonomía* umfaßt die Provinzen Barcelona, Gerona, Lérida und Tarragona.

Die neue Unabhängigkeit innerhalb des spanischen Staatswesens hat der katalonischen Kultur starken Auftrieb gegeben. Heute gibt es in Katalonien zwei Amtssprachen. Die Einwohner der Region sprechen unter sich katalanisch, eine unabhängig vom Spanischen aus dem Lateinischen hervorgegangene Sprache. Sie wird auch in der französischen Region Roussillon gesprochen, die jahrhundertelang zu demselben Königreich wie Katalonien gehörte (1659 wurde sie von Philipp IV. an Frankreich abgetreten). Die ältesten bekannten Texte in Katalanisch stammen vom Ende des 12. Jh. Es ist eine reiche, lebendige Sprache mit einem beträchtlichen Bestand an Originalliteratur. Die etwas fanatische Anhänglichkeit der Katalanen an ihre Sprache kann sich für den Fremden allerdings recht unerfreulich auswirken: Manchmal gibt es sogar Touristenprospekte nur in Katalanisch.

Architektur im Modernista-Stil

Im späten 19. und frühen 20. Jh. manifestierte sich ein neuer Aspekt der katalonischen Kultur: der Modernista-Baustil. Er ist das

Die phantastische Kathedrale Sagrada Familia in Barcelona wurde von Gaudí erbaut.

spanische Pendant zu Art Nouveau in Frankreich und zum Jugendstil in Deutschland und fand brillanten Ausdruck in den Bauten von Antonio Gaudí (1852–1926), die durch phantasiereiche Konzeptionen und fließende Linien gekennzeichnet sind. Nachfolger von Gaudí entwarfen Gebäude für Weinfirmen in Katalonien, so für Codorníu (Penedès), Raimat (Costers del Segre) sowie für eine Reihe von Genossenschaftskellereien (Conca de Barberà, Tarragona, Terra Alta). Auch Malertalente haben sich in Katalonien entfaltet; eigene Museen entstanden u. a. für Salvador Dalí, Joan Miró und Pablo Picasso (aus Málaga gebürtig).

Die Katalanen sind aber nicht nur kulturbewußt, sondern auch fleißig, unternehmungsfreudig und geschäftstüchtig. Ein Sprichwort behauptet: «Ein Katalane macht Brot aus Steinen.» Auf die Stadt Barcelona allein entfällt etwa ein Fünftel der spanischen Industrieproduktion, und sie verfügt über den größten Hafen des Landes. Mit seinen stillen und schäumenden Weinen hat Katalonien beträchtlichen kommerziellen Erfolg. Darüber hinaus ist die Region stark auf Tourismus eingestellt: Es gibt an der Küste Kataloniens mehr Hotels als in der ganzen Schweiz.

Klimatische Unterschiede

Katalonien wird von den Küstengebirgen und den hier mit ihnen zusammenstoßenden Pyrenäen beherrscht. Wie schroff diese Gebirgslandschaft sein kann, zeigt sich am Beispiel der Weinbaubereiche Terra Alta und Priorato westlich von Tarragona. Wenn man dort auf kurvenreichen Straßen an engen Schluchten entlangfährt, möchte man kaum glauben, daß die Costa Brava mit ihren goldenen Stränden so nahe ist; allerdings weist diese Küste nördlich von Barcelona auch verwitterte Felsen und Klippen auf. Im Bereich Ampurdán-Costa Brava wuchs früher Wein auf Steilhängen bis hinab zum Meer, wo die Trauben vom Boot aus gelesen

Katalonien
MADRID
Viella
Valle de Aran
Pico de Posets 3375
Pico de Aneto 3408
Estats 3115
2881
Sort
2492
Embalse de Mediano
Embalse de Escales
San Gervás 1834
Noguera Pallaresa
Noguera Ribagorzana
Embalse de El Grado
Isábena
Esera
Cinca
Embalse de San Antonio
Tremp
N230
HUESCA
Sierra de Montsech
LERIDA
Embalse de Canelles
Embalse de Camarasa
Embalse de Santa Ana
Monzón
Canal de Aragón y Cataluña
N240
Balaguer
Segre
Lérida
Fraga
N II
A2
Llanos de Urgel
Canal de Urgel
Borjas Blancas
Tárrega
CONCA DE BARBERÁ
Prades 1201
Valls
E90
ZARAGOZA
Embalse de Flix
TERRA ALTA
TARRAGONA
Falset
Reus
Tarragona
Cambrils
Gandesa
TERUEL
Ebro
Espina 1182
Tortosa
Amposta
A7-E15
N340
CASTELLON
Vinaroz
Benicarló
Peñíscola
ESPAÑA
Puigcerdá
Puigmal 2913
N260
Seo de Urgel
Sierra del Cadí
2647
Coll de la Tossa
C1313
C1411
Embalse de Oliana
Ripoll
Berga
Solsona
Llobregat
Cardoner
Manresa
BARCELONA
Igualada
PENEDES
Vilafranca del Penedès
Tarrasa
Sabadell
Granollers
Molins de Rey
Badalona
BARCELONA
Gavá
Sitges
Vilanova i la Geltrú
MAR MEDITERRANEO
A19
Mataró
Arenys de Mar
Vich
N152
Embalse de Sau
Embalse de Susqueda
Sierra de Montseny
1676
Puerto de Ares
Olot
Fluviá
GERONA
Gerona
Ter
Montes Alberes
Embalse de Boadella
AMPURDAN-COSTA BRAVA
Figueras
Rosas
La Escala
Palafrugell
San Felíu de Guixols
Blanes
N
1 COSTERS DEL SEGRE
2 PRIORATO
3 ALELLA
DO-Grenze
Autobahn
Hauptstraße
Sonstige Straßen
Eisenbahnlinie
Staatsgrenze
Regionalgrenze
Grenze eines autonomen Gebiets
Provinzgrenze
Hauptstadt eines autonomen Gebiets
Provinzhauptstadt
1:1 429 000
km 0 10 20 30 40 50
mijl 0 10 20 30

werden mußten. Die flachen Landstreifen zwischen der Küste und dem Gebirge sind meist nur schmal und wie das Innere des Landes intensiv durch Obst- und Gemüseanbau genutzt.

Die gesamte Küstenzone kommt in den Genuß des mediterranen Klimas, weiter im Landesinneren dagegen wird es trockener und extremer. So fallen im Weinbaubereich Costers del Segre bei Lérida nur 300 mm Niederschlag im Jahr gegenüber 500–600 mm im windigen Apurdán-Costa Brava.

Fortschrittliches Management

Allein aus den klimatischen Unterschieden ergibt sich schon großer Abwechslungsreichtum bei den Weinen Kataloniens. Verstärkt wird dieser Effekt noch durch den Einfluß verschiedenartiger Böden sowie des Faktors Mensch. In ihrer hartnäckig unabhängigen Art kümmerten sich die Katalanen nur wenig um die Auffassungen, die anderswo in Spanien herrschten; schon früh pflanzten sie hochwertige französische Rebsorten neben den einheimischen an. Außerdem waren sie früher als andere bereit, in moderne Kellerausrüstungen zu investieren. Insbesondere die Weinfirmen Codorníu und Torres leisteten auf diesem Gebiet Pionierarbeit. Den Lohn für diese progressive Haltung erntete Katalonien in Form von reichlichem Weinabsatz im In- und Ausland. Die qualitativ und kommerziell führenden DO-Bereiche sind Cava (Schaumwein), Penedès (Rot- und Weißwein) und Costers del Segre (Still- und Schaumwein). Die anderen DO-Bereiche haben es noch nicht so weit gebracht, aber auch dort machen Technik und Qualität rasche Fortschritte: Alella (vorwiegend Weißwein), Ampurdán-Costa Brava (Rot-, Rosé-, Weiß- und Dessertwein), Conca de Barberà (Weiß-, Rosé- und Rotwein), Priorato (Rot-, Rosé-, Weiß- und Dessertwein) und Terra Alta (Weiß-, Rot-, Rosé- und Dessertwein). Außerhalb der DO-Bereiche entstehen in Katalonien nur wenige Weine von Bedeutung; lediglich Artès dürfte dank seiner tüchtigen Winzergenossenschaft gute Aussicht auf DO-Anerkennung haben. In dem kleinen Bereich nordwestlich von Barcelona werden Cabernet Sauvignon und Chardonnay neben einheimischen Rebsorten angebaut. Anoia bringt hauptsächlich Roséweine hervor, dagegen sind die Weine von Bajo Ebro-Montsía und Conca de Tremp kaum noch auffindbar.

Malerischer Winkel in Falset.

Weinberg bei Espolla in Ampurdán-Costa Brava, dem nördlichsten Weinbaubereich Spaniens.

Internationale Einflüsse

Die Katalanen trinken zu ihren zahlreichen heimatlichen Gerichten mit Begeisterung ihre stillen und schäumenden Weine. Da Katalonien seit jeher enge Beziehungen zu Frankreich und Italien unterhält, haben sich in der regionalen Küche Einflüsse aus diesen beiden Ländern niedergeschlagen. Die Fischsuppe *bullabesa* gibt es in der Provence als *bouillabaisse*, und die traditionsgemäß am 26. Dezember in Katalonien auf den Tisch kommenden *canalones* sind Italiens *cannelloni*. Bemerkenswert ist auch, daß eines der ersten gedruckten Bücher der Welt ein katalonisches Kochbuch war, das 1477 erschienene «Llibre de Coch» von Ruperto de Nola. In vielen katalonischen Rezepten kehren fünf Saucen immer wieder: *allioli* (Knoblauch-Mayonnaise), *picada* (eine Paste aus gerösteten Mandeln oder Haselnüssen mit Brot, Knoblauch, Safran, Petersilie und anderen Kräutern), *romesco* (rote Paprika, geröstete Mandeln, Knoblauch, Brot, Tomaten), *samfaina* (Zwiebeln, Tomaten, Pfeffer und Gemüse, z. B. Auberginen) und *sofrito* (Tomaten, Zwiebeln, Olivenöl sowie manchmal Knoblauch und Paprika). Zu katalonischen Gerichten gehören oft Wurst und Nüsse (Mandeln, Pinienkerne oder Haselnüsse). Frische oder getrocknete Früchte spielen in vielen Rezepten eine Rolle, und bestimmte traditionelle Saucen (süße und scharfe) enthalten Schokolade. Reis und Fisch – beispielsweise in der üppigen *zarzuela* – stehen ebenfalls auf dem Speisezettel, und Braten aller Art sind bei den Katalanen besonders beliebt. Trotz ihrer vielen klassischen Rezepte ist die katalonische Küche jedoch durchaus nicht starr, denn in vielen Restaurants in Barcelona und anderen Städten werden stets neue, elegante Gerichte kreiert. Katalonien hält nichts von Stillstand: weder in seinem kulturellen Leben noch in Handel und Industrie, noch im Wein oder in der Küche.

Ampurdán-Costa Brava

Möglicherweise wurden hier schon im 5. Jh. v. Chr. Reben angepflanzt, es waren jedoch erst die Römer, die den Weinbau in dieser Gegend wirklich begründeten und der Region den Namen gaben: Ampurdán ist nach der römischen Stadt Ampurias benannt. Als nächste führten Benediktiner-Mönche den Weinbau weiter, und einer von ihnen, Ramón Pedro de Novas, schrieb sogar 1130 einen Aufsatz über die Weinbereitung. Dieser Mönch lebte im Monasterio de San Pedro de Roda hoch oben in den Bergen, wo die Hänge noch heute die Spuren der alten Weinbergterrassen zeigen, die an manchen Stellen bis hinab zum Meer reichten und zum Teil von Booten aus abgeerntet wurden.

Kleinere Rebfläche

Die terrassierten Weinberge wurden aufgegeben, als die Reblaus kam und auch anderswo in der Region viel Land dem Weinbau ein für allemal verlorenging. Die heutige Rebfläche von 3100 ha ist nur noch ein Bruchteil dessen, was sie einst war. Die meisten Reben in diesem 1975 geschaffenen DO-Bereich stehen im nördlichen Teil der Region, der sich über weite Plateaus und die niedrigen Ausläufer der Pyrenäen erstreckt. Der Boden ist bräunlich und enthält oft Kalkstein. Im tiefer gelegenen südlichen Teil gibt es kaum Weinberge, weil der Boden dafür zu fruchtbar ist.

Ampurdán-Costa Brava besteht aus 35 Gemeinden in einem von der französischen Grenze, der Küste und einer Linie von Figueras nach Rosas umschlossenen Bereich. Es herrscht mediterranes Klima mit einer Jahresniederschlagsmenge von 500–600 mm. Ein besonderer Aspekt dieses Klimas ist der ständig wehende Wind. Am meisten gefürchtet ist die *tramontana* aus dem Norden, die Windgeschwindigkeiten von 140 bis 160 km/h erreicht und oft tagelang ununterbrochen heranbraust. Viele Bauernhöfe haben als Schutzwall gegen sie eine dicke Zypressenhecke um sich. Die Reben brauchen zusätzliche Drähte und Pfähle. Ein Vorteil dieser ständigen Winde ist, daß sie die Trauben gesund erhalten und überdies vor Nachtfrösten schützen. Im 16. und 17. Jh. soll es Zeiten gegeben haben, in denen der Wind ausblieb und dadurch die Luftfeuchtigkeit so stark wurde, daß eine Insektenplage entstand und eine Epidemie unter den Bewohnern ausbrach. Offenbar wurde damals in Gebeten um die Rückkehr der Winde gefleht.

Neue Rebsorten

Die Traubenlese beginnt meist Mitte September, um die Zeit des dreitägigen Weinmarkts in Figueras. Geerntet werden vor allem die dunklen Sorten Garnacha und Cariñena. Über 80 % aller Trauben sind hier dunkel. Als bedeutendste weiße Sorten findet man Macabeo und Xarel-lo; neuere Sorten treten allmählich in Erscheinung. Die Kellerei Cavas del Ampurdán macht Versuche mit verschiedenen Rebsorten, Unterlagen und Rebschnittmethoden. Es handelt sich um die dunklen Sorten Cabernet Sauvignon, Merlot, Syrah und Tempranillo sowie um die weißen Sorten Chardonnay,

Der Weinort Rabós (Ampurdán).

Chenin Blanc, Gewürztraminer und Riesling. Den meisten Erfolg versprechen bisher Cabernet Sauvignon für lang haltbare sowie Merlot und Tempranillo für jung zu trinkende Weine.

Mächtige Genossenschaften

Ein Winzer braucht hier etwa 20 ha Rebfläche, wenn er seinen Lebensunterhalt damit verdienen will; die durchschnittliche Besitzgröße beträgt aber nur die Hälfte. Die meisten Bauern brauchen deshalb noch andere Einkommensquellen, beispielsweise durch Rinder- oder Schafzucht oder durch Anbau von Getreide und Gemüse. Gewöhnlich arbeiten auch viele von ihnen in den Korkfabriken, die schon seit dem 18. Jh. hier ansässig sind; der Kork aus dieser Gegend gehört zum besten der Welt. Infolge der geringen Größe der Einzelbesitze verarbeiten die meisten Winzer ihr Lesegut nicht selbst, sondern bringen es in die Genossenschaftskellereien. Ampurdán-Costa Brava zählt 13 Genossenschaften, auf die etwa 95 % der Weinproduktion entfallen. Ein großer Teil dieses Weins wird allein von den Cavas del Ampurdán gepflegt und abgefüllt. Diese Bodega ist eng verbunden mit den Cavas del Castillo de Perelada und hat mit der Genossenschaftskellerei Mollet de Perelada ein Gemeinschaftsunternehmen unter dem Namen Covinosa aufgezogen. Traditionsgemäß verkaufen viele Genossenschaften ihre Produktion meist als Faßwein. Manche von ihnen arbeiten noch mit veralteten Ausrüstungen und liefern schweren, rustikalen, aber völlig nichtssagenden Wein. Andere haben in neue Techniken investiert und besitzen neben Betonbottichen auch Edelstahltanks und Kühlanlagen.

Es waren diese modernisierten Genossenschaftskellereien, die zu Anfang der 80er Jahre jung genußreife, geschmeidige, fruchtige Weine unter Namen wie Vi Novell und Vi de l'Any auf den Markt brachten. Die Qualität dieser Rot- und Roséweine ist unterschiedlich und hat bisher das Niveau vergleichbarer Produkte aus dem Roussillon noch nicht erreicht. Meist kommt die beste Art von Vi Novell aus den Genossenschaftskellereien in Espolla, Garriguella, Mollet de Perelada und Pont de Molins. Völlig im Gegensatz hierzu steht der üppig süße und aromatische Garnatxa. Wie der Name erkennen läßt, beruht er auf der Garnacha-Traube. Dieser streng traditionelle Wein verdankt seine Süße entweder einem hohen Restzuckergehalt, der durch die Zugabe von Weingeist zum Abstoppen der Gärung erreicht wird, oder aber der Beimischung von *mistela,* süßem, unvergorenem Most derselben Rebsorte. Garnatxa hat meist einen Alkoholgehalt von 15 %, und seine Farbe liegt zwischen kirschrot und orangebraun.

Mehrere Bodegas bringen auch faßgereifte Rotweine auf den Markt. Der größte Bestand an Fässern (etwa 1000) lagert in den Kellern der Cavas del Ampurdán. Die Weine des Hauses tragen verschiedene Markennamen, u. a. Castillo de Perelada. Die Crianzas sind in der Regel geschmeidig und im Geschmack sanft fruchtig (mit Anklängen an Kirschen); die Reservas und Gran Reservas weisen eindeutig mehr Reife und Faßcharakter auf. In der großen Palette der spanischen Weine stehen sie ungefähr in der Mitte; nur selten weisen sie größere Tiefe, Feinheit oder Persönlichkeit auf. Dasselbe gilt auch für faßgereifte Weine anderer Erzeuger. Inzwischen bringt der Bereich auch immer mehr frische Weißweine mit und ohne DO-Status hervor; manche enthalten ziemlich viel Kohlensäure. In Perelada lagern in Kellern bei der Burg aus dem 14. Jh. einige zehntausend Flaschen Cava Gran Claustro. Hierbei handelt es sich um die Prestigemarke unter den Schaumweinen der Kellerei Cavas del Castillo de Perelada, deren Hauptkeller sich in Villafranca del Penedès befinden. Grundsätzlich sind aber die Weine der DO Ampurdán-Costa Brava der Definition nach Stillweine. Es wird noch weiterer qualitätsfördernder Investitionen bedürfen, bis der Bereich sich auf dem Inlands- und Auslandsmarkt eine starke Position schaffen kann.

Klosterkirche im Weinort Perelada.

BEDEUTENDE ERZEUGER

Oliveda, 11750 Capmany. Die Bodega besitzt 120 ha Rebfläche, von der sie 10 % ihres Traubenbedarfs deckt. Die ansprechendsten Weine aus dem umfangreichen Programm sind roter und rosé Vi Novell von Garnacha und Cariñena. Der faßgereifte Rotwein Don José ist ordentlich im Geschmack, ebenso der Cabernet Sauvignon Gran Reserva; beide verbringen 6 Monate im Faß.

Cellers Santamaría, 17750 Capmany. Der kleine Familienbetrieb mit 15 ha erzeugt faßgereifte Rotweine. Der Gran Recosind Crianza bietet kräftigen Vanilleton in Duft und Geschmack bei geschmeidiger Art, so recht für Liebhaber rustikaler, altmodischer Weine. Unter derselben Marke gibt es auch eine Gran Reserva.

Covinosa (Comercial Vinícola del Nordeste), 17752 Mollet de Perelada. Das Unternehmen wurde 1977 von der Genossenschaft Mollet (50 %), den Cavas de Ampurdán (45 %) und den dazugehörigen Cavas del Castillo de Perelada (5 %) gemeinsam gegründet. Das Lesegut von 300 ha Besitz der Genossenschaftsmitglieder wird vorwiegend für die Still- und Schaumweine der beiden anderen Teilhaber verwendet. Covinosa produziert jedoch auch Wein auf eigene Rechnung. Nennenswert sind der anständige rote Conde Bravo, ein milder, rasch trinkfertiger roter Vi de l'Any (vorwiegend von Garnacha) und der klassische süße Garnatxa de l'Emporda mit 15 % Alkohol.

Cavas del Ampurdán, 17491 Perelada. Die Gruppe betreibt nicht nur die drei Casinos in Katalonien, ihr gehört auch das Castillo de Perelada. Die guterhaltene Burg ist zugleich die Bodega der Cavas del Ampurdán. Diese wurde 1926 gegründet und besteht aus zwei unterirdischen Kellern, einem Labor sowie Abfüll- und Lagereinrichtungen. Die Weine werden über Covinosa von der Genossenschaft Mollet de Perelada, aber auch von anderen Genossenschaften bezogen. Ferner besitzen die Cavas del Ampurdán 15 ha eigene Weinberge, wo mit neuen Rebsorten, Veredelungsunterlagen und Rebschnitt-Techniken experimentiert wird. Der Export ist bedeutend. Besondere Verkaufserfolge bringt der nicht sehr markante Castillo de Perelada Blanc Pescador, ein Schaumwein ohne DO; der helle, angenehme, leicht fruchtige Blanc de Blancs hat dagegen DO-Status. Auf die Lebensdauer bezogen reicht das Rotweinprogramm von einem 1jährigen Wein bis zu einer 8- bis 10jährigen Gran Reserva, dem «Don Miguel Mateu». Zu den Crianzas gehört der feste, ansprechende, aber auch nicht übermäßig charaktervolle Tinto Cazador. Der Castillo de Perelada Reserva hat viel Vanille in Duft und Geschmack, recht elegante Struktur und zeigt sich mild, jedoch nicht müde.

Reise-Informationen

HOTELS UND RESTAURANTS

Mas Pau, 17741 Aviñonet de Puig Ventós, Tel. (72) 546154. Das in einem schönen alten Gebäude untergebrachte Restaurant gehört zu den besten der Provinz Gerona. Die Küche ist phantasievoll mit viel frischem Fisch und Schalentieren und die Weinkarte sehr umfangreich. Das Haus befindet sich in ruhiger Lage und hat 7 komfortable Hotelzimmer.

El Tinell,17750 Capmany, Tel. (72) 549068. Ein typisches Restaurant der Region in einem Winzerdorf.

Hotel Ampurdán, N11, 17600 Figueras, Tel. (72) 500562. Das einfache, breit hingelagerte Gebäude steht am Nordrand der Stadt. Den Räumen fehlt es zwar an Atmosphäre, der nötige Komfort aber ist

vorhanden. Im Restaurant speist man à la carte manchmal preiswerter. Die Küche ist mittel bis sehr gut (Fisch, Wild, Rindfleisch-Stews).

Hotel Durán, Lasauca 5, 17600 Figueras, Tel. (72) 501250. Renoviertes Haus mit sehr ordentlichen Zimmern und einem bekannten Restaurant, wo Salvador Dalí oft dinierte. Regionale Küche.

Ca la María, 17752 Mollet de Perelada, Tel. (72) 563382. Gegrilltes, Ragout und ähnliche ländliche Genüsse.

Cal Sagristá, 17491 Perelada, Tel. (72) 538301. Angenehmes Restaurant mit Terrasse. Regionale Küche.

Mas Molí, 17491 Perelada, Tel. (72) 538381. Das Restaurant befindet sich in einer Mühle aus dem 19. Jh., westlich von Perelada an der Straße nach Vilabertrán. Die überwiegend regionale Küche wird geführt vom Casino im Castillo de Perelada (welches ein eigenes Restaurant unterhält).

SEHENSWERTES

Ampurias. Südlich des eigentlichen Weinbaubereichs befinden sich bei La Escala Ausgrabungen der griechischen und römischen Städte. Viele dort gemachte Funde sind im nahegelegenen Museo Monográfio zu besichtigen; z. T. sind es jedoch Kopien, da sich die Originale in Museen in Barcelona und Gerona befinden.

Castelló de Ampurias. Schöne gotische Kathedrale mit romanischem Turm.

Espolla. Weinort mit einem Dolmen; Wegweiser führen zu dem prähistorischen Monument.

Figueras. Die Stadt mit über 30 000 Einwohnern wird beherrscht von einer großen Burg aus dem 15. Jh., dem Castillo de San Fernando, dessen Mauern insgesamt 5 km lang sind. Das frühere Stadttheater beherbergt heute das Salvador-Dalí-Museum, eines der meistbesuchten in Katalonien: Der Maler wurde 1904 in Figueras geboren. Interessant sind ferner das Museo de Juguetes (Spielzeug) und das Museo El Ampurdán (Kunst aus der Griechen- und Römerzeit bis zur Gegenwart). Außerdem steht hier ein Denkmal für den ebenfalls in Figueras geborenen Erfinder des Unterseeboots, Narcisco Monturiol. Ein dreitägiger Weinmarkt findet Mitte September statt.

Mollet de Perelada. Bedeutender Weinort mit romanischer Kirche.

Monasterio de San Pedro de Roda. Das Benediktiner-Kloster aus dem 10. Jh. steht in 600 m Höhe und bietet eine prachtvolle Aussicht. Die umliegenden Berghänge sind zum großen Teil terrassiert und waren früher Weinberge.

Perelada. Das Castillo de Perelada aus dem 14. Jh. und das daneben stehende Karmeliterhaus – beide sehr schön erhalten – sind Zeugen einer langen Geschichte. Von Juli bis Mitte September finden Führungen u. a. durch den Kreuzgang aus dem 14. Jh., eine eindrucksvolle Bibliothek mit über 70 000 Werken (darunter 1000 Don-Quixote-Ausgaben in 30 Sprachen), Spaniens größtes Glasmuseum – auch für Keramik und Schmiedekunst – sowie durch eine Kirche aus dem 14. Jh. mit von Rubens entworfenen Tapisserien und ein unterirdisches Weinmuseum statt. Rund 700 Baumarten wachsen im Park des Schlosses, das abends als Casino dient. Im Sommer finden hier auch Konzerte und Liederabende statt.

WEINSTRASSE

Auf der Fahrt nordwärts und zur Küste hin zeigt die Landschaft großen Kontrastreichtum. Die Route führt durch mehrere bedeutende Weinorte, macht einen Abstecher zum hochgelegenen Monasterio de San Pedro de Roda und bietet eine herrliche Rundsicht. Eine weitere sehr schöne Strecke ist die Straße zwischen Mollet de Perelada und Espolla.

Alella

Wie an anderen Stellen der Mittelmeerküste pflanzten auch hier vermutlich die Griechen die ersten Reben. Sicher ist, daß die Römer im 1. Jh. hier Wein bauten und nach Rom verschifften. Die Stadt Tiana wurde von den Römern unter dem Namen Titiana gegründet. Der heutige Weinbaubereich beginnt unmittellbar nordöstlich von Barcelona; der erste Weinberg liegt nur wenige Kilometer außerhalb der Vororte. Viele Gemeinden in der Umgebung sind infolge der wachsenden Zahl von Pendlern rasch gewachsen, und die Folge war, daß ziemlich viel Weinberge von Alella verlorengegangen sind, weil die hohen Grundstückspreise den Verkauf als Bauland höchst attraktiv machen. So hat Alella inzwischen nur noch eine Rebfläche von 550 ha, während sie sich vor 30 Jahren noch auf das Dreifache bezifferte.

Erweiterter Bereich

Die *Denominación de Origen* zwischen der Küste und der *Autopista* A7 trägt den Namen des 4000 Einwohner zählenden Weinorts Alella, 15 km vom Zentrum Barcelonas. Die Landschaft ist stark hügelig mit Höhen bis zu 470 m. Zwei Bäche durchströmen die Gegend von Norden nach Süden und fließen in der Nähe von Alella zusammen. Es herrscht subtropisches Klima mit milden Wintern und heißen Sommern. Zu einer Jahresniederschlagsmenge von 600 mm kommt oft zusätzliche Feuchtigkeit durch Nebel vom Meer. Bis 1989 bestand der DO-Bereich aus 14 Gemeinden, seither aber sind vier weitere am nördlichen und östlichen Rand des Bereichs miteinbezogen worden, wahrscheinlich um seine weitere Existenz zu sichern, da der Urbanisierungsprozeß am Südwestrand kaum aufzuhalten sein dürfte. Die Aufnahme der vier neuen Gemeinden ist allerdings auch auf Kritik gestoßen: Nicht nur ist dort das Klima etwas kühler als im übrigen Alella – im Frühjahr kommen sogar Nachtfröste vor –, sondern auch der Boden ist anders, nämlich kalkhaltig, während der übrige Bereich vor allem auf Granit steht.

Verkaufsstelle für Alella-Wein bei der Genossenschaftskellerei.

Die meisten Weinberge sind klein und liegen an Südhängen, oft mitten zwischen Häusern. Einer der wenigen großflächigen Weinberge erstreckt sich über das Plateau hinter der Kellerei Alta Alella (Erzeuger von Marqués de Alella) in Santa María de Martorella. Die höher gelegenen Teile des Bereichs sind stark bewaldet, und an den kurvenreichen Straßen liegen nicht wenige Ausflugslokale, in denen am Sonntag viele Familien aus Barcelona speisen. Bei schönem Wetter ist die Küste stark belebt, und am Ortsrand von Alella ist alles voll von geparkten Autos. Die beste Zeit für einen Besuch ist deshalb an Werktagen.

Überwiegend Weißwein

Alella bringt zu über 80 % Weißwein hervor, in der Hauptsache von der Pansá-Blanca-Traube (Xarel-lo). Wie die einheimischen Erzeuger meinen, liefert diese Sorte hier infolge von Unterschieden in Boden und Klima Weine mit mehr Kraft und Charakter als in Penedès. Weitere weiße Traubensorten sind Macabeo, Chenin Blanc und der zunehmend angepflanzte Chardonnay. Allgemein erbringen höher gelegene Weinberge leichtere und frischere Weine als die Lagen unten an der Küste. Die Lese beginnt in den höheren Lagen meist zwei Wochen später, weil es dort nicht so warm wird. Für Rot- und Roséweine finden vornehmlich Ull de Llebre (Tempranillo), Garnacha und zum Teil auch Pansá Rosada Verwendung. Roura verfügt jedoch auch über Anpflanzungen von Cabernet Sauvignon und Merlot. Ein ansprechender, recht eleganter Tinto von 40 % Cabernet Sauvignon und 60 % anderen Trauben ist bereits auf dem Markt. Außer Stillweine produzieren einige Erzeuger auch Schaumweine, die unter die DO Cava fallen.

Stilwandel

Bis zum Anfang der 80er Jahre war der weiße Alella nichts besonders Aufregendes. Er war lieblich, hatte zu wenig Frische und wurde obligatorisch eine Zeitlang im Faß gelagert. Da aber das Holz der Fässer meist alt war, hatte es auf den Wein eher negative als positive Wirkung. Der große Wandel trat ein, als Ismael Manaut und drei weitere Persönlichkeiten, unter ihnen der Rechtsanwalt Juan Pelaez y Fabra, Marqués de Alella, das Haus Alta Alella übernahmen und den Bau einer neuzeitlichen Kellerei beschlossen. Mit Zustimmung des örtlichen *Consejo* wurden Edelstahltanks und andere moderne Ausrüstungen installiert, und der weiße Most wurde bei niedrigerer Temperatur vergoren. Manaut verzichtete auf Faßausbau und füllte seine Weine jung ab. Dann brachte er neben einem lieblichen Weißwein auch eine trockene Variante heraus. Unter dem Namen Marqués de Alella Seco fand sie außergewöhnlich gute Aufnahme und gehört seither fest zum Programm. Sie besteht zu 50–60 % aus Pansá Blanca, der Rest ist Macabeo und Chenin Blanc. Dann begann Ismael Manaut mit dem Anbau von Chardonnay. Der erste Jahrgang entstand 1985, wurde aber nicht abgefüllt. Auch von den darauffolgenden Jahrgängen kam nur ein Teil als Alella-Wein auf den Markt, während die übrigen Trauben bei Parxet (seit 1982 im Besitz von Manaut) zu Cava verarbeitet wurden. Der Marqués de Alella Chardonnay hat schöne Klasse und ist daher sehr gefragt. Seit 1989 vermehrt Alta Alella deshalb stetig die Chardonnay-Anpflanzungen. Die anderen Alella-Erzeuger haben sich inzwischen ebenfalls Chardonnay zugelegt, u. a. Roura und die Winzergenossenschaft Alella, die den Markennamen Marfil benutzt und inzwischen auch mit kühler, langsamer Gärung arbeitet. Roura verwendet ausschließlich Edelstahltanks, und auch die Genossenschaftskellerei besitzt seit 1989 eine solche Anlage. Bis 1990 gab es in Alella noch einen vierten Erzeuger, Jaime Serra, doch diese Bodega hat sich inzwischen aus der DO zurückgezogen und konzentriert sich ganz auf Penedès.

BEDEUTENDE ERZEUGER

Alella Vinícola, 08328 Alella. Die 1906 gegründete Genossenschaft ist bei weitem der größte Erzeuger in Alella. Ihre rund 100 Mitglieder bebauen ca. 330 ha. 1989 wurden die Ausrüstungen völlig modernisiert bzw. durch neue ersetzt, worauf sich die Qualität der Weine auffallend besserte. Von den fünf verschiedenen Weißweinen sind vier trocken. Am besten ist der Marfil Xarel-lo, ein spritziger, leichter und sehr erfrischender Wein aus 90 % Pansá Blanca (Xarel-lo) und 10 % Chardonnay.

Bodegas Roura, 08328 Alella. Um 1980 begann Juan Antonio Roura 25 ha Weinberge im Valle de Rials bei Alella anzulegen. Einige Jahre danach baute er eine ultramoderne Kellerei, die im Einmannbetrieb per Computer bedient werden kann. Hier wird weißer Alella sowohl in einer munteren, trockenen Version unter dem Namen Voramar als auch in der traditionellen lieblichen Form produziert. Der Rotwein besteht aus 45 % Cabernet Sauvignon, knapp 25 % Tempranillo und im übrigen aus anderen Traubensorten. Er ist ein eleganter Wein, der sich in der Flasche schön entwickelt – mit zunehmendem Alter der Reben wird er sicher an Tiefe gewinnen. Die Bodega produziert außerdem Schaumwein; am ansprechendsten ist die 3jährige Cava Roura Nature Reserva.

Parxet/Alta Alella, 08391 Tiana. Nachdem Ismael Manaut 1981 mit seinen drei Partnern das Haus Alta Alella übernommen hatte, erwarb er ein Jahr später Parxet. Das erstere Haus produzierte ausschließlich Stillwein, das zweite nur Schaumwein; 1987 verschmolz er die beiden Unternehmen miteinander. Verwaltung und Lagerkeller – dreigeschossig unter der Erde – befinden sich in Tiana in Gebäuden aus dem Jahr 1920. Vom romantischen Garten aus hat man einen Blick aufs Meer, und das Tor ist von Bougainvillea überwuchert.

Die Weinproduktion findet hoch droben in Santa María de Martorella statt. Hinter dem alten Alta-Alella-Gebäude aus dem 17. Jh. (sehr geschmackvoll eingerichtet) hat Manaut eine moderne Kellerei und Abfüllanlage erstellt. Hier werden Trauben von 40 ha Eigenbesitz der Bodega sowie von 110 ha Vertragsrebfläche verarbeitet. Die Winzer erhalten genaue Anweisungen, welche Trauben zu welchem Zeitpunkt gelesen werden sollen.

Das Unternehmen bietet unter dem Namen Marqués de Alella drei stille Weißweine an. Der Clásico wird bei 15 °C langsam vergoren und enthält eine gewisse Restsüße. Er besteht meist rein oder doch überwiegend aus Pansá Blanca und zeichnet sich durch saftige, saubere, ansprechende Art aus. Seit 1987 produziert Manaut auch einen Seco aus 50–60 % Macabeo sowie ungefähr gleichen Teilen Pansá Blanca und Chenin Blanc. Er ist frischer, karger, trockener und duftiger als der traditionelle Clásico und zeigt schöne Frucht. Vergoren wird er bei 18 °C wie auch der Chardonnay, der feines Nußaroma, reichlich Frucht, sanfte Frische und hervorragende Ausgewogenheit in sich vereint und derzeit der beste weiße Alella auf dem Markt ist.

Bei den Weißweinen wird malolaktische Gärung vermieden, um sie möglichst frisch zu erhalten. Die Stillweinproduktion des Unternehmens wird von der Schaumweinherstellung (Marke Parxet) um das 3- bis 4fache übertroffen. Das Programm umfaßt 6 Arten, von denen der Chardonnay Brut Nature mit seinen feinen Perlen und seinem frischen, interessanten Geschmack am attraktivsten ist. Diese Cava lagert 24 bis 30 Monate in der Flasche.

Das Wachstum der Stadt bedroht die Weinberge von Alella.

Reise-Informationen

HOTELS UND RESTAURANTS

Can Casals, 08328 Alella, Tel. (3) 5556415. Typisches katalonisches Restaurant in einem schönen Anwesen.
Níu, 08328 Alella, Tel. (3) 5551700. Die Küche beweist Raffinesse und hohen Standard; spanische, französische und italienische Einflüsse sind erkennbar. Zum Steinbutt paßt ein Alella Chardonnay vorzüglich.
Racó d'En Binu, 08310 Argentona, Tel. (3) 7970101. Restaurant mit viel Charakter; frische, regionale Zutaten werden ausgezeichnet und einfallsreich zubereitet. Ein bißchen Appetit sollte man sich für das Dessert aufsparen.
Mont Bell, 08185 Vallromanas, Tel. (3) 5680791. Einfaches Gasthaus mit schmackhaften katalonischen Gerichten. Es liegt am Rand von Vallromanas, einem Dörfchen im Hügelland.

SEHENSWERTES

Alella. Die alte Weinbaugemeinde hat eine gotische Kirche, San Felíu, aus dem 15. Jh. mit einem romanischen Turm aus dem 12. Jh. Ein Monolith erinnert an Antonio Gaudí. Neben der Genossenschafts-Bodega befindet sich ein kleiner Laden mit einer guten Auswahl an Alella-Weinen. Das Weinlesefest wird hier meist am letzten Sonntag im September gefeiert.

Argentona. Das Museo del Cántir Joan Rectoret i Rigola besitzt eine Sammlung von Wasserkrügen aus ganz Spanien. Der Ort mit 6500 Einwohnern hat außerdem eine Pfarrkirche und vornehme Stadthäuser aus dem 16. Jh. vorzuweisen. Außerhalb von Argentona liegt die Burgruine Castillo de Burriac mit herrlicher Aussicht.

WEINSTRASSE

Von Barcelona aus gelangt man am besten in den Bereich, wenn man auf der A 19 ostwärts fährt und die Ausfahrt Mongat benutzt. Von hier aus folgt man der Küstenstraße in Richtung Masnou und biegt dann links nach Alella ab, von wo eine schöne Straße nach Vilanova de la Roca führt. Hier kann man rechts ab nach Argentona und Mataró an der Küste fahren. Biegt man an der Kreuzung in Vilanova de la Roca jedoch links ab, gelangt man nach Martorella. Von dort aus kommt man entweder nach Santa María de Martorelles, wo Parxet/Alta Alella seine Produktionsanlagen und einen großen Weinberg hat, oder aber nach Tiana, dem Sitz des gleichnamigen Hauses mit unterirdischen Weinkellern. Wer die Gegend nicht genau kennt, sollte sich unterwegs öfters erkundigen.

Penedès und Cava

In einem Raum des Weinmuseums von Vilafranca del Penedès steht eine Reihe Amphoren, wie sie von den Römern für den Transport von Wein benutzt wurden. In manchen ihrer großen Schiffe konnten sie 10 000 solche Gefäße in die Heimat oder in die Kolonien befördern. Viele wohlhabende Römer besaßen Weingüter in Penedès – so Marcus Porcius, der Erbauer des Amphitheaters in Pompeji. Vielleicht gab es hier aber auch schon Weinbau – zwar in bescheidenerem Umfang –, ehe die Römer um 100 v. Chr. herkamen. Eine zweite Epoche der Blüte stellte sich im frühen Mittelalter ein, nachdem die Mauren vertrieben worden waren und die Kirche für die tägliche Messe beträchtliche Mengen an Wein benötigte. Im 18. Jh. war der Wein das zweitwichtigste landwirtschaftliche Produkt nach Getreide. Auch der Export erreichte in diesem Jahrhundert große Ausmaße: Zwischen 1756 und 1785 bestand über die Hälfte der nach den Westindischen Inseln gehenden Schiffsladungen aus Wein und Spirituosen.

Massenproduktion

Im 19. Jh. wandte sich Penedès unter dem Druck der Nachfrage aus Frankreich, wo die Weinberge von der Reblaus verwüstet worden waren und dringend billiger Wein gesucht wurde, der Massenproduktion zu. Damals wurden überaus ertragreiche Rebsorten mit Beinamen wie *afarta pobles* (Leutefüller) oder *quebranta-tinajas* (Faßsprenger) angepflanzt. Zwischen 1868 und 1886 produzierte Katalonien rund die Hälfte des spanischen *vin ordinaire*. Die Weinbauern verdienten schönes Geld, und viele neue Kellereien wurden gegründet. Schließlich aber tauchte 1887 die Reblaus in Penedès auf und vernichtete den gesamten Rebenbestand. Dennoch hielt sich der Schaden mehr in Grenzen als in anderen Regionen, weil die Plage langsamer fortschritt – sie dauerte bis 1910 – und die Winzer viel Geld auf die hohe Kante gelegt hatten. Inzwischen entwickelten sich auch die Genossenschaften; die erste, El Vendrell, stammt aus dem Jahr 1906.

Bis in die 1950er Jahre führte Penedès neben den anderen Weinbaugebieten ein unauffälliges Dasein, außer in einem Punkt: Es brachte in wachsenden Mengen Schaumwein hervor. In erster Linie war dies der Pionierarbeit von Josep Raventós zu verdanken, der 1872 den ersten Schaumwein Spaniens nach der *méthode champenoise* hergestellt hatte. Die Popularität dieser Art von Wein führte zu einer steigenden Nachfrage nach den weißen Traubensorten Macabeo, Parellada und Xarel-lo, von denen er gewonnen wird, und so nahm der Anbau dieser Sorten zu. Für Stillwein kam der Durchbruch erst in den 1960er und 70er Jahren.

Neue Rebsorten

Vor allem war das Miguel A. Torres zu verdanken, der nach dem Studium der Önologie in Frankreich eine Reihe hochwertiger Rebsorten von dort mitbrachte, darunter Cabernet Sauvignon, Pinot Noir, Chardonnay, Sauvignon Blanc, Riesling und Gewürztraminer. Er nahm auch gründliche Untersuchungen der Bodenarten und des Mikroklimas vor, um sicherzustellen, daß die richtige Rebsorte am richtigen Ort gepflanzt wurde. Zugleich führte er auch die neuesten Kellertechniken ein. Seine Bemühungen und Investitionen erbrachten eine ganze Reihe von Weinen in makelloser Qualität. Das gute Beispiel des Hauses Torres fand viele Nachahmer. Nur wenige spanische Weinbaugebiete sind technisch so gut ausgerüstet wie Penedès; und viele der von Torres mitgebrachten Rebsorten haben inzwischen die amtliche Zulassung zur Denominación de Origen erhalten. Derzeit belegen sie etwa 5 % der 25 000 ha Rebfläche in Penedès – und ihr Anteil wächst weiter. Die bei weitem bedeutendste «fremde» Rebsorte ist Cabernet Sauvignon.

Der größte Teil – rund 80 % – der in Penedès geernteten Trauben ist weiß. Das liegt an dem phänomenalen Erfolg der Schaumweine, die zumeist auf drei in der Gegend verbreiteten Rebsorten beruhen. Die Schaumweinproduktion beträgt mit jährlich 125 Millionen Flaschen ein Mehrfaches der Stillweinerzeugung. Viele Winzer liefern ihr Lesegut direkt an die Bodegas. Während der Lese fährt ein Traktor um den anderen vor und liefert seine Traubenladung ab. Bei Codorníu arbeiten die Weinpressen Tag und Nacht; in den Spitzenzeiten verschwinden sie ganz hinter hohen Mauern von Traubenkörben, während am Eingang eine lange Reihe von Karren auf das Entladen wartet. Allerdings werden nicht alle weißen Trauben zu Schaumwein verarbeitet, vielmehr entstehen in Penedès auch zahlreiche Stillweine, meist von einer Mischung mehrerer Traubensorten, aber auch sortenreine Weine kommen durchaus vor. An dunklen Trauben trifft man am häufigsten Tempranillo (Ull de Llebre), Garnacha, Monastrell und Cariñena an. Bei Mischungen werden gewöhnlich mindestens zwei Sorten verschnitten; am erfolgreichsten ist die Kombination von Tempranillo mit Cabernet Sauvignon.

Drei Teilbereiche

Penedès umfaßt drei Teilbereiche. Bajo Penedès besteht aus dem weitgehend flachen Küstengürtel und hat ein ebenso heißes Klima wie beispielsweise Zentralspanien und die wärmsten Gegenden des Sherry-Lands. Hier wurden früher große Mengen Malvasía- und Moscatel-Trauben geerntet, doch seit die Nachfrage nach gespriteten Süßweinen nachgelassen hat, ist eine Akzentverschiebung zu dunklen Trauben, u. a. Monastrell, Cariñena und Garnacha, eingetreten. Der Boden enthält Kalkstein, Lehm und Sand. Medio Penedès ist durch eine Bergkette vom Küstenstreifen getrennt und umfaßt ein weites Tal. Von oben sieht es flach aus, in Wahrheit aber besteht es aus vielen niedrigen Hügeln, unterbrochen von Bächen und Einschnitten. Hier gibt es überall Weinberge – 60 % aller Trauben von Penedès wachsen in diesem Teilbereich. Die mittlere Höhe beträgt 200 m, der Boden enthält Kalkstein und Lehm, und das Klima ist warm – jedoch kühler als an der Küste. Hier gedeihen viele Traubensorten, weiße wie dunkle. Noch weiter landeinwärts liegt der bereits bergige Teilbereich Penedès Superior mit Weinbergen in Höhen von 500 bis 800 m. Es herrscht ein relativ kühles, etwa mit Bordeaux vergleichbares Klima. Der Boden ist stark kalkhaltig und trägt weiße Rebsorten, am meisten Parellada, aber auch Riesling, Muskateller und Gewürztraminer. Es ist möglich, daß Penedès künftig durch enge Verbindung mit Conca de Barberà erweitert wird. Viele Erzeuger beziehen bereits Trauben aus Conca de Barberà, und sowohl Codorníu als auch Torres verfügen dort über Weinbergbesitz.

Die DO Cava

Infolge der historischen Verknüpfung mit Penedès hat sich die Schaumweinindustrie in Sant Sadurní d'Anoia in der Provinz Barcelona konzentriert. Hier begann Josep Raventós 1898 mit dem Bau des eindrucksvollen Kellereikomplexes von Codorníu. Weinliebhaber in aller Welt kennen die Namen Codorníu und Freixenet, verbinden sie allerdings durchaus nicht immer mit Cava. Seit 1986 ist Cava die besondere *Denominación* für Schaumweine der Giganten Codorníu und Freixenet sowie von weiteren 200 Herstellern. Die Bezeichnung Cava gilt nur für Schaumweine, die in dem bestimmten Ursprungsgebiet nach dem klassischen Verfahren der Flaschengärung hergestellt werden. Hierzu gehören rund 155 Gemeinden in 8 Provinzen Nordspaniens. Auf Katalonien entfallen alles in allem 95 % der Gesamtproduktion an Cava; außer

Das im 11. Jh. gegründete imposante Kloster Montserrat. Noch heute wallfahrten viele Pilger zur berühmten Schwarzen Madonna über dem Hochaltar in der Basilika.

Penedès sind daran auch die Bereiche Alella, Ampurdán-Costa Brava (Provinz Gerona), Conca de Barberà, Costers del Segre (Lérida) und Tarragona beteiligt. Nichtkatalonische Cava kommt aus Cariñena (Zaragoza) und aus Rioja (Provinzen Alava, Navarra und Rioja). Das gesamte Herkunftsgebiet für Cava erstreckt sich auf knapp 40 000 ha. Auf den Etiketten erscheint die Bezeichnung Cava ohne nähere geographische Bestimmung. Die Hersteller dürfen Trauben und Grundweine aus dem gesamten anerkannten Gebiet beziehen, und deshalb kaufen die großen Penedès-Firmen beträchtliche Mengen Lesegut auch in anderen Gegenden, vornehmlich Kataloniens, ein.

Der größte Teil der in Katalonien – d. h. in Spanien überhaupt – produzierten Cava beruht auf drei Lokaltraubensorten, wobei das Mischungsverhältnis je nach Bodega und Schaumweintyp unterschiedlich ist. Am meisten findet Xarel-lo Verwendung; er liefert Farbe, Substanz, Alkohol und Säure. Macabeo bringt fruchtiges Aroma und Parellada Finesse mit ein. Die letztere ist die feinste der traditionellen Trauben von Penedès und erzielt höhere Preise als die anderen beiden. Neben diesen drei Sorten wird immer mehr Chardonnay mit verarbeitet – bei Codorníu beispielsweise in großem Umfang. Das besondere und charakteristische Aroma dieser Traube verleiht der Cava eine zusätzliche Dimension und noblere Art. Bisher beruhen praktisch alle Cavas ausschließlich auf weißen Trauben, inzwischen jedoch zeigen sich auch Anfänge mit Mischungen aus dunklen und weißen Trauben – wie beim Champagner.

BEDEUTENDE ERZEUGER

Can Rafols dels Caus, 08739 Avinyonet del Penedès. Die 1980 entstandene Bodega verfügt über moderne Ausrüstungen und produziert von eigenen 33 ha Weinbergen gute Weine. Das Nußaroma des Chardonnay (50 %) tritt im saftigen, faßgereiften Gran Caus Blanco deutlich hervor; der Rotwein besteht aus drei Bordeaux-Rebsorten.

Can Feixes, 08785 Cabrera d'Igualada. Das Weingut mit 120 ha hat kieshaltigen Boden, der magerer ist als sonstwo in Penedès. Die Weinberge befinden sich in Höhen bis 400 m und unterliegen großen Temperaturschwankungen zwischen Tag und Nacht. Alle diese Faktoren erbringen zusammen hochwertige Trauben, die bei den berühmten Häusern sehr gefragt sind. Die Besitzer, Josep Huguet und seine Söhne, produzieren aber auch eigenen Wein. Er trägt den Namen des Weinguts und hat in allen Versionen hohe Qualität. Der Weißwein (60 % Parellada, 40 % Macabeo) ist sehr sauber und belebend im Geschmack, die Cava (ca. 60 % Parellada, 20 % Chardonnay, 20 % Macabeo) zeichnet sich vor allem in der Gran-Reserva-Version durch feine Art aus, und der Rotwein (70 % Tempranillo, 30 % Cabernet Sauvignon) weist schönste Ausgewogenheit zwischen Holzaroma und Frucht auf – er ist einer der besten in der Region. Auch der Cabernet Sauvignon ist ausgezeichnet.

Manuel Sancho e Hijas, 08732 Castellvi de la Marca. Das auf einem Hügel gelegene Weingut Mont-

Marcal wurde 1975 von Manuel Sancho übernommen. Er erweiterte und modernisierte die Keller. Die Weinbergfläche wurde auf 70 ha vergrößert. Eine breite Palette an Weinen, zur Hälfte Cavas, entsteht von eigenem und zugekauftem Lesegut. Unter den Schaumweinen sprechen der Brut Nature, die Gran Reserva und der Rosado besonders an. Der stille weiße Mont-Marçal hat fruchtiges Aroma (z. T. von Muskateller-Trauben); der Chardonnay von einem 2-ha-Bestand wird von Jahr zu Jahr besser, und der rote Cabernet Sauvignon (mit 10 % Merlot) entwickelt sich in der Flasche offenbar gut. Der rote Mont-Marçal Reserva schmeckt etwas abgerundeter und voller. Der junge Vi Novell wird in Weiß und Rot bereitet. Amadeus und Opus-4 sind einfachere, vorwiegend von zugekauftem Lesegut gewonnene stille Weine. Vincent und Palau sind Cava-Zweitmarken.

Rondel, 08758 Cervelló. Das Tochterunternehmen von Codorníu vertreibt anständige Cava unter dem eigenen Namen. Das Haus besitzt eine Sammlung alter Gegenstände rund um den Wein und verfügt über unterirdische Keller mit einer Gesamtlänge von fast 8 km.

Cavas y Bodegas Ferret, 08758 Guardiola de Font-Rubí. Nach vollständiger Renovierung der 25 Jahre alten Bodega im Jahr 1986 brachte Ferret eine Anzahl guter Weine heraus. Der Ferret Brut ist eine frische, lebendige Cava; der elegante weiße Celler del Mingo enthält 65 % Parellada.

Julià & Navinès, 08739 Guardiola de Font-Rubí. Die deutsche Familie Schaefer produziert hier von 10 ha Weinbergbesitz vorwiegend Cava. Am besten ist der hochinteressante, fruchtige Brut Nature, der einen köstlichen Aperitif abgibt. Die stillen Weißweine sind recht leicht.

Cavas Hill, 08734 Moja. 1990 eröffnete das 1887 gegründete Haus einen neuen Kellereikomplex, der eine beträchtliche Produktionssteigerung ermöglichte. Die Kollektion besteht aus Schaum- und Stillweinen, zum Teil von den eigenen 50 ha Weinbergbesitz. Der Brutísimo hat vollen Geschmack und gehört zu den besten Cavas in Penedès, aber auch die Reserva Oro hat ihre guten Seiten. Der Cavas Hill Blanc Brut ist ein stiller, schön abgerundeter Wein mit Charme und feiner Pfirsichnote. Der rote Gran Toc (faßgereift, 60 % Tempranillo) schmeckt gut, ebenso der Rosé Castell Roc. Das Programm wurde neuerdings um einen Chardonnay und einen Cabernet Sauvignon erweitert.

Marqués de Monistrol, 08770 Monistrol d'Anoia. Die Bodega verfügt über 800 ha um das Dörfchen Monistrol d'Anoia mit seinen weißen Häusern, 3 km nördlich von San Sadurní. Davon werden 500 ha in den kommenden Jahren Lesegut liefern; ein großer Teil steht jetzt schon in Ertrag. Etwa 70 % der Produktion bestehen aus Cavas in höchst achtbarer Qualität. Die Stillweine bieten noch mehr Klasse, insbesondere der Marqués de Monistrol Blanc en Noir ist köstlich. Seinen Duft verdankt er dem Verfahren, die ganzen Trauben (90 % Xarel-lo, 10 % Parellada) 12 bis 18 Stunden lang einzumaischen und sodann nur den unter dem Eigengewicht der Masse ausgetretenen Most zu verarbeiten. Sowohl der stille Blanc de Blancs als auch der trockene Rosé und die rote Gran Reserva sind in ihrer jeweiligen Art ansprechend.

Cellers Josep María Torres, 08374 Olérdola. Familienweingut mit 30 ha Weinbergen und modernen Kellern. Der Star des bescheidenen Programms ist der fruchtige, charaktervolle Mas Rabassa Gran Blanc von 85 % Macabeo und 15 % Xarel-lo.

Ramón Nadal Giro, 08733 El Plá del Penedès. Dieser Erzeuger hat sich auf Jahrgangs-Cavas spezialisiert. Der Brut Salvatge ist sehr trocken und frisch im Geschmack, hat schöne Frucht und leichte Struktur. Der Brut Especial wird nur in besonders guten Jahren produziert und wirkt um einiges fester und reifer. Daneben steht auch ein jahrgangsloser Brut auf dem Programm. Allen gemeinsam ist der Name Nadal. Die Trauben stammen aus dem eigenen Weinbergbesitz von 100 ha.

Masía Bach, 08791 Sant Esteve Sesrovires. Nachdem die Gebrüder Bach im Ersten Weltkrieg mit der Lieferung von Baumwolle an die französische Armee ein Vermögen verdient hatten, bauten sie sich auf einem 350-ha-Gut ein neoklassizistisches Landhaus. Seit 1975 gehört Masía Bach zu Codorníu. Dieses gigantische Unternehmen erhält das Gut und die Gartenanlagen bestens

Torres verfügt über eine ultramoderne Kellereianlage bei Vilafranca del Penedès.

Links: *Auf dem Gelände des großen Cava-Herstellers Codorníu in Sant Sadurní d'Anoia befindet sich auch ein schöner Park.*
Unten: *Wie der Champagner entwickelt auch die Cava ihren Schaum durch eine zweite Gärung, die in der Flasche stattfindet. Bevor der dabei entstehende Bodensatz entfernt werden kann, muß er dazu gebracht werden, sich hinter dem (provisorischen) Kronenkorken abzusetzen. Bei Juvé y Camps geschieht das noch immer in Handarbeit.*

im Stande und hat die dazugehörige Bodega stark ausgebaut und modernisiert. Hier entstehen nur Stillweine, von Trauben, die bei 300 Winzern eingekauft werden.

Die Jahresproduktion ist seit 1975 von 12 000 auf rund 500 000 Kisten gestiegen; man hofft, noch vor der Jahrtausendwende 800 000 Kisten zu erreichen. Trotz dieser großen Quantität ist die Qualität der Weine höchst zuverlässig. Der weiße Extrísimo Seco ist trocken, frisch und belebend, ebenso der Masía Bach Rosé, eine Mischung von sechs Traubensorten. Die Rotweine lagern zunächst in französischer und anschließend in kleinen Fässern aus amerikanischer Eiche. Der Viña Extrísima (45 % Tempranillo, 35 % Garnacha, 20 % Cabernet Sauvignon) schmeckt sanft und angenehm; der Cabernet Sauvignon (mit 10 % Merlot) ist dagegen erheblich fester in der Art und hat kräftige Vanille und schwarze Johannisbeeren im Geschmack. Auch ein eleganter, ausgewogener Masía Bach Reserva mit an Pflaumen erinnerndem Duft gehört zum Programm.

Oriel Rossell, 43720 Sant Marçal. 80 ha Weinberg umgeben das schöne Gut Can Cassanyes. Der Oriel Rossell Brut hat lebendigen Geschmack. Feineren Duft und mehr Subtilität kann der Brut Nature vorweisen; er ist ein köstlicher, frischer und sauberer Aperitif. Dasselbe gilt für den Rosado Brut; er wird rein von Tempranillo bereitet und hat beträchtlich mehr Körper als die beiden Weißweine.

Cavas Rovellats, 08731 Sant Martí de Sarroca. Der große Cava-Erzeuger verarbeitet Trauben von 210 ha. Am besten ist der Grand Extra Brut, der neben den drei traditionellen Traubensorten auch etwas Chardonnay enthält.

Celler Ramón Balada, 08731 San Martí de Sarroca. Das Haus bringt von 70 ha Rebfläche exzellente sortenreine Weine zuwege, u. a. leichten, stilvollen Parellada, frischen Macabeo mit einem Anflug exotischer Frucht, recht festen, vornehmeren Xarel-lo, fleischigen, fruchtigen Chardonnay mit einer Spur Melone sowie saftigen, nur in großen Fässern gereiften Cabernet Sauvignon. Die Cava, eine Mischung aus drei Traubensorten, ist sauber im Geschmack und schön ausgewogen.

Albert i Noya, 08739 San Pau d'Ordal. Das kleine, fachgerecht geführte 20-ha-Weingut liefert gute Schaum- und Stillweine, u. a. Cava Rosé und Brut Nature sowie duftigen, stillen Weißwein, alle unter der Marke Albert i Noya.

Antonio Mestres Sagues, 08770 Sant Sadurní d'Anoia. Das 1928 gegründete Haus hat einen guten Ruf für trockene, aromatische Cavas. Insbesondere erwähnenswert sind der Mestres Clos Nostre Senyor mit Jahrgang und der ziemlich jüngere Mestres Coquet. Die Trauben stammen aus den eigenen 90 ha Weinbergbesitz.

Castellblanch, 08770 Sant Sadurní d'Anoia. Ein großer Cava-Hersteller, seit 1984 Bestandteil der Freixenet-Gruppe. Das Haus hat keinen eigenen Weinbergbesitz, produziert jedoch erhebliche Mengen an halbtrockenem Wein. Am besten schmeckt der Brut Zero.

Castillo de Perelada, 08770 Sant Sadurní d'Anoia. Die Cavas dieses Herstellers sind zwar nach der Burg Perelada in Ampurdán-Costa Brava benannt, stammen aber aus Kellern in Sant Sadurní. Nur der vornehme Gran Claustro, der Spitzenwein des Programms, macht seine Reifezeit tatsächlich in Perelada selbst durch. Von den anderen Typen hat der Brut Castillo frischen, trockenen Geschmack mit feiner Frucht. Bei einer 1988 von der spanischen Verbraucher-Organisation veranstalteten Weinprämierung kam er unter 28 Cavas auf den ersten Platz. Der von drei dunklen Traubensorten bereitete Rosado Brut hat ein gewisses Erdbeeraroma.

Cavas Domecq, 08770 Sant Sadurní d'Anoia. Die internationale Sherry- und Brandy-Firma Pedro Domecq besitzt in Penedès eine Niederlassung und produziert hier eine köstliche Cava mit ungewöhnlich starker Persönlichkeit, auch in einer auf Garnacha beruhenden Rosé-Version. Auf manchen Absatzmärkten wird für diese Weine der Markenname Lembey benutzt.

Codorníu, 08770 Sant Sadurní d'Anoia. Die Geschichte dieses Hauses geht zurück auf die Mitte des 16. Jh., wirklichen Wohlstand aber erlangte es erst, nachdem Josep Raventós 1872 hier den ersten Schaumwein Spaniens produzierte. Seine Nachfahren haben Codorníu zu einem der führenden Schaumweinhersteller der Welt ausgebaut, der während der Lesezeit täglich über 1000 t Trauben von rund 1000 Winzern verarbeitet. Codorníu selbst verwendet nur den Most aus erster Pressung, die zweite und die dritte Pressung werden weiterverkauft. Die allgemeine Qualität der Cavas dieses Hauses wurde in den 1980er Jahren stetig verbessert. Das war teilweise dem Einsatz modernster Techniken sowie der zunehmenden Einbeziehung von Chardonnay in alle trockenen weißen Schaumweine zu verdanken. Darüber hinaus wurde die Palette allmählich erweitert. Neben dem außergewöhnlich zuverlässigen Brut Clásico und dem sanft-frischen Blanc de Blancs steht Anna de Codorníu, eine feste, vitale Cava, die außer den üblichen Traubensorten auch 15 % Chardonnay und 20 % Weine aus älteren Jahrgängen enthält. Ein schöner, geschmeidiger, fast butteriger Chardonnay (mit 10 % Parellada) wurde neu eingeführt, ebenso Jaume de Codorníu 1551 als die erste rein auf Pinot Noir und Chardonnay beruhende Cava. Dieser elegante, fruchtige, hocherfreuliche Schaumwein kommt einem guten Champagner sehr nahe. Die Kellerei von Codorníu zählt zu den eindrucksvollsten in ganz Spanien. Sie ist von einem Park umgeben und wurde am Ende des 19. Jh. von Puig i Cadafalch, einem brillanten Schüler Gaudís, im Modernista-Stil erbaut. Unter der Erde befindet sich ein fünfgeschossiges Stollensystem von insgesamt 30 km Länge. Dort lagern im Schnitt 120 Millionen Flaschen.

Bei Codorníu wird auch heute noch eine gewisse Menge Wein in Eichenfässern vergoren und gelagert.

Conde de Caralt, 08770 Sant Sadurní d'Anoia. Mittelgroße Bodega im Besitz der Freixenet-Gruppe. Der stille Weiß- und Rotwein des Hauses vollführt zwar keine Höhenflüge, ist aber sachkundig bereitet und preiswert. Unter den Cavas hat der Brut Nature am meisten zu bieten, v. a. schöne Frische, feine Perlen und stets ein Jahrgangsdatum.

Freixenet, 08770 Sant Sadurní d'Anoia. 1889 gründeten Pedro Ferrer und seine Frau Dolores Sala einen kleinen Weinhandel. Anfangs beschränkten sie sich auf den Verkauf, zu Beginn des 20. Jh. jedoch nahmen sie die Schaumweinherstellung auf. Die Nachfahren Pedros (der im spanischen Bürgerkrieg auf tragische Weise ums Leben kam) weiteten das Tätigkeitsfeld des Hauses Freixenet von regionaler zu weltweiter Bedeutung aus: 1986 verkaufte es allein in die USA eine Million Kisten. In mehreren Ländern wurden Kellereien erbaut, und schließlich erwarb die Familie Ferrer sogar das Champagner-Haus Henri Abelé. Der Erfolg des Hauses Freixenet beruht einerseits auf hochrationeller, mechanisierter Produktion und anderseits auf streng eingehaltenen Qualitätsmaßstäben. Es werden sowohl Trauben als auch fertige Grundweine zu einer ganzen Reihe ansprechender Cavas verarbeitet. Bestseller ist der Cordon Negro Brut, ein fruchtigleichter Schaumwein mit einer gewissen Fülle. Der Brut Nature mit Jahrgang ist trockener, im Geschmack aber voller; er enthält 30 % Chardonnay. Ebenfalls ein prachtvoller Schaumwein ist der Carta Nevada Brut, in dessen gehaltvollem Geschmack sich Noten von Toast, Butter und Birnen bemerkbar machen. Der Brut Barroco in auffallenden Flaschen zeichnet sich durch großen Charakter aus.

Heredad Segura Viudas, 08770 Sant Sadurní d'Anoia. Seit der Übernahme durch Freixenet im Jahr 1984 ist das Haus beträchtlich gewachsen. Seine Cavas gehören in die gehobene Qualitäts- und Preisklasse. Der an der Spitze des Programms stehende, stilvoll aufgemachte Aria hat große Klasse und fruchtiges, blumiges Aroma. Reserva Heredad und Brut Vintage bieten ähnlich erfreuliche Geschmackserlebnisse.

Juvé y Camps, 08770 Sant Sadurní d'Anoia. Das von Juan Juvé und seiner Frau Teresa Camps gegründete Haus bringt seit 1921 Wein aus eigenem Lesegut hervor; der Weinbergbesitz von rund 400 ha ist auf drei *fincas* verteilt. Die Produktion umfaßt zwar auch Stillweine, am interessantesten aber sind die trockenen Cavas: Brut, Brut Naturel und Grand Cru.

Raventos i Blanc, 08770 Sant Sadurní d'Anoia. Unter dem architektonischen Aspekt ist diese Bodega die erstaunlichste in ganz Sant Sadurní. 1986 schufen die Architekten Jaume Bach und Gabriel Mora einen modernen Bau, der sich schön in die Landschaft einpaßt. Ein Teil des Komplexes ist um eine hundertjährige Eiche gruppiert, und im Inneren zeigt sich ein prachtvolles Zusammenspiel von Form und Licht. Die Weine von eigenem Lesegut aus 130 ha Weinbergbesitz tragen auffallende Etiketten und zeichnen sich durch lebendigen Geschmack und exzellente Qualität aus; das gilt sowohl für den stillen weißen Vi de Tiratge als auch für den Chardonnay und die Cava.

René Barbier, 08770 Sant Sadurní d'Anoia. Das Haus wurde 1880 von einem Franzosen gegründet; heute gehört es zur Freixenet-Gruppe. Die Produktion umfaßt ausschließlich Stillwein, zum Teil von Lesegut aus eigenen 250 ha Weinbergen. Der gute Qualitätsstand spiegelt sich vor allem im fruchtigen, weißen Kraliner, dem Rosé René Barbier und dem 2 Jahre im Faß ausgebauten Cabernet Sauvignon.

Josep Ferret i Mateu, 08730 Santa Margarida i Els Monjos. Der Familienbetrieb produziert seit 4 Generationen Wein. Am gefälligsten sind der Rosé und der weiße Viña Vermella – köstlich erfrischend an einem Sommertag. Die eigenen 20 ha Weinbergbesitz liefern einen Teil der Trauben.

Cellers Robert, 08870 Sitges. Der einst berühmte Malvasía de Sitges ist heute fast in Vergessenheit geraten. Die Familienfirma Cellers Robert ist eine von wenigen, die ihn noch produzieren. Der süße Most der Malvasía-Traube erbringt einen vollmundigen Wein, der nach dem Spriten in großen Holzfässern reift: die einfache Version 5 bis 7 Jahre, die Reserva Especial fast 15 Jahre. Auch ein süßer Moscatel gehört zum Programm.

Chandon, 08739 Subirats. Der spanische Zweig des Champagner-Hauses Moët & Chandon besteht aus einem hochmodernen Komplex mit 4000 m² unterirdischen Kellern und 90 ha Weinbergbesitz. Der 2jährige Brut zählt zu den besseren Cavas.

Molí Columa, 08739 Subirats. Die Familienfirma stellte zwei Jahre lang Cava für Chandon her, brachte dann aber 1990 eigene Weine auf den Markt. Die Cava Sumarroca, insbesondere der Brut Nature, hat mit 50 % Parellada besondere Klasse. Ebenfalls bemerkenswert sind der Chardonnay (klarer, frischer Geschmack, melonenhafte Frucht), der Riesling (trocken, elegant, blumiger Duft) und der Muskateller (mit 15 % Gewürztraminer – duftig, klar im Geschmack, spritzig). Für einfachere Qualitäten wird der Name Claverol benutzt.

Olivella Sadurní, 08739 Subirats. Obwohl die Wurzeln der Familie Olivella in Penedès einige Jahrhunderte zurückreichen, wurde die Weinfirma erst 1986 gegründet. Sie arbeitet ausschließlich mit Lesegut aus den eigenen 100 ha Weinbergen. Der weiße Prima Juventa ist ein sauberer, gefälliger Wein; mehr Geschmack und Charakter weist der Prima Lux auf, bei dessen Bereitung die Schalen der Xarel-lo- und Parellada-Trauben im Most eingemaischt werden. Der Rotwein ist eine Crianza von Cabernet Sauvignon und Merlot.

Jean León, 08775 Torrelavit. Nach der Auswanderung nach Amerika eröffnete Jean León in Hollywood das Restaurant «La Scala». Als er dann einmal an der katalonischen Küste Urlaub machte, sah er zufällig, daß in Penedès ein Weinberg zu verkaufen war. Er erwarb das Land, lernte daheim in Kalifornien im Eilverfahren Önologie und bepflanzte seinen Weinberg mit hochwertigen französischen Rebsorten. Die erste Ernte gab es 1969, und seither feiern Leóns Weine spektakuläre Erfolge. Der Chardonnay wird in Eichenfässern vergoren und hat fleischige, nußaromatische, volle und nachhaltige Art. Der Cabernet Sauvignon enthält einen gewissen Anteil Merlot und Cabernet Franc und hat nobles Holz- und Vanillearoma, feste Art, Spuren von Frucht der schwarzen Johannisbeere und kräftiges, für Flaschenreife geeignetes Rückgrat. Das von Jean León verarbeitete Lesegut kommt ausschließlich aus dem eigenen Weinbergbesitz von derzeit 160 ha.

Vranken-Naverán, 08775 Torrelavit. Seit 1989 arbeitet das Champagner-Haus Vranken Lafitte mit der Familie Gillièron Parellada de Naverán auf deren 100-ha-Weingut in San Martín Sadevesa bei Torrelavit zusammen. Die Cava Vranken hat feinen Schaum, gute Frucht und reinen, von Chardonnay (60 %) geprägten Geschmack. Derselbe Schaumwein wird auch unter dem Namen Louis Drescher angeboten. Neben einer eigenen Cava – mit geringerem Chardonnay-Anteil – erzeugt der spanische Partner unter der Marke Naverán auch Stillweine. Am besten ist der Cabernet Sauvignon mit schönem Gleichgewicht von Holzaroma und Frucht, nur an der Tiefe fehlt es ihm etwas.

Jané Ventura, 43700 El Vendrell. Der Familienbetrieb verarbeitete zunächst nur gekaufte Trauben, bepflanzte dann aber 15 ha eigenes Land vorwiegend mit Cabernet-Sauvignon-Reben. Der erste Jahrgang soll 1992/93 auf den Markt kommen. Die bisherige Kollektion besteht aus dem frischen, fruchtigen weißen Jané Ventura, einem Rosé mit an Konserven erinnernder Frucht, sowie einer duftigen, eleganten Cava Brut Nature. Mit einer Cava in Rosé wird experimentiert.

Antina Vins, 08720 Vilafranca del Penedès. Erzeuger von meist lieblichen, fruchtigen *pétillant*-Weinen Marke Antina. Das 1990 gegründete Haus besitzt die Bodegas Olarra (Rioja) und Domingo Montserrat.

Cavas Masachs, 08720 Vilafranca del Penedès. Das dynamische Haus stellte 1987 eine ganz neue Bodega fertig. Das gesamte Lesegut für die Cavas im Masachs-Programm stammt aus eigenen 55 ha Weinbergen, ebenso 30 % der Trauben für die jüngeren, einfacheren Weine der Marke Louis de Vernier. Der trockene Brut de Brut Josep Masachs zeigt im Geschmack eine erdige Nuance; der ebenfalls trockene Caroline de Masachs enthält 10 % Chardonnay.

Cellers Grimau-Gol, 08720 Vilafranca del Penedès. Erzeuger von sanften, gefälligen, angenehmen Weinen. Am ansprechendsten sind die Cava Duart de Siò Brut Nature, der weiße Duart de Siò Vi Novell, der Cabernet Sauvignon Rosé, der mit einem prunkvollen Etikett versehene Rotwein Gitaneta von Tempranillo und Cabernet Sauvignon und die rote Reserva. Die seit 1986 aktive Bodega hat keinen eigenen Weinbergbesitz.

Mascaró, 08720 Vilafranca del Penedès. Die bekannte Brennerei produziert auch Cava und brachte 1991 einen 3 Jahre im Faß ausgebauten und mit Eiweiß geschönten stillen Cabernet-Sauvignon-Rotwein heraus. Da er von jungen Weinstöcken stammt, fehlte es ihm noch an Tiefe, aber der Geschmack war gut. Die Familie Mascaró erweitert ihren Weinbergbesitz (60 ha) durch Anpflanzung von Cabernet Sauvignon und Merlot sowie von Parellada für recht erdige, eher liebliche Cavas.

Miguel Torres, 08720 Vilafranca del Penedès. 1856 wanderte Jaime Torres nach Kuba aus, wo er bald im Ölgeschäft gut verdiente. 1870 kehrte er nach Penedès zurück und gründete dort eine Bodega. In den Kellern stellte er das mit 600 000 l damals größte Weinfaß der Welt auf. Kurz vor der Eröffnung der Bodega wurde in diesem Faß ein Bankett mit 50 Gästen, darunter auch König Alfonso XII., veranstaltet.
Jaimes Enkel Miguel übernahm 1932 die Firma und reiste mit seiner Frau durch die ganze Welt, um Exportmärkte zu erschließen. Um diese Zeit wurden Torres-Weine nur noch in der Flasche verkauft. Die erfolgreiche Entwicklung des Hauses erfuhr dann in den 60er Jahren eine neue Belebung, als Miguel Jr., ein in Frankreich ausgebildeter brillanter Önologe, in Erscheinung trat. Er brachte als erster französische Rebsorten nach Penedès, und unter seiner Leitung wurden die Weinbereitungsanlagen modernisiert. Auch erweiterte er den Weinbergbesitz des Hauses in Penedès und in Conca de Barberà beträchtlich. Heute besitzt die Familie Torres in diesen beiden Bereichen rund 830 ha.

Jedes Jahr werden rund 200 Experimente mit Rebsorten und allen

Weinprobe aus einem Faß in den Kellern von Torres.

Aspekten ihrer Kultivierung, mit dem Weinausbau usw. durchgeführt. So stehen in den Torres-Kellern Metallfässer mit eingelassenen Holzeinsätzen. Qualität schimmert überall im Weinprogramm durch. Bestseller ist der weiße Viña Sol, ein reiner Parellada, saftig, sauber und frisch. Der weiße Gran Viña Sol ist komplexer, duftiger und fester in der Art; er enthält mindestens 40 % Chardonnay und reift eine gewisse Zeit im Holzfaß. Unter demselben Namen läuft auch der Green Label, eine ausgewogene, faßgereifte Kombination von Parellada und Sauvignon Blanc mit schöner Geschmacksfülle. Viña Esmeralda ist ein fülliger, charmanter Wein von Muskateller (am starken Duft erkennbar) und Gewürztraminer. Der rarste, großartigste und teuerste Weißwein ist der Milmanda aus einer gleichnamigen Weinberglage in Conca de Barberà; durch Ausbau in neuen Fässern aus französischer Eiche erlangt er herrlichen Charme. Unter den Rotweinen sind der volle Sangre de Toro und der mit reichem Vanillearoma versehene Gran Sangre de Toro, beide von den einheimischen Traubensorten Garnacha und Cariñena, zu nennen. Der sehr ansprechende, noch elegantere Coronas beruht auf Tempranillo. Diese Traube hat auch gewissen Anteil am Gran Coronas, einem feinen, substanzreichen Wein vorwiegend von Cabernet Sauvignon. Der Gran Coronas Black Label besteht rein aus Cabernet Sauvignon aus der Lage Milmanda – er stellte mit seiner sublimen Art und seinen feinen Nuancen auf der Weinolympiade der französischen Zeitschrift «Gault-Millau» eine ganze Reihe hochrenommierter Grands Crus aus Bordeaux in den Schatten. Pinot Noir und Tempranillo bilden gemeinsam die Basis für den gefälligen Viña Magdala. Torres bietet jedoch auch einen reinen Pinot Noir unter dem Namen Mas Boras. Von den übrigen Weinen ist der Rosé Da Costa zu erwähnen.

Jaume Serra, 08735 Vilanova i la Geltrù. 1975, als der Gründer Jaume Serra 80 Jahre alt war, wurde das Haus von der Sherry-Firma Ramón Rato übernommen. Serra hatte 1943 in Alella angefangen, die dortige Kellerei aber aufgegeben. Seit 1986 befindet sich der Firmensitz im Schloß El Padruell aus dem 17. Jh., das bei Vilanova i la Geltrú mit Blick auf das Meer liegt. Die modern ausgerüstete Bodega produziert unter der Marke Jaume Serra jährlich 1,5 Millionen Flaschen Cava sowie in noch größerer Menge Stillweine – alle in guter Qualität. Der Seco Macabeo ist wunderbar erfrischend, der frische und fruchtige Chardonnay schmeckt leicht nach Melone, und der Parellada ist elegant und fein. Die rote Reserva hat angenehmen Geschmack und ein etwas rustikales Holzaroma. Die Cava ist gefällig und zitronenfrisch mit leichter Süße. Das Lesegut stammt z. T. aus eigenen 125 ha Weinbergen. Der Markenname für eine einfachere Cava-Qualität ist Cristalino.

Cavas Loxarell, 08735 Vilobí del Penedès. Die in alten Gebäuden untergebrachte Bodega ist modern eingerichtet und produziert Cavas in anspruchsvoller Qualität. Am besten ist die Reserva Familiar; der Brut Daurat weist feste und fruchtige Art bei angenehmer Frische und reichlichem Schaum auf. Das Lesegut stammt aus dem eigenen Weinbergbesitz von 80 ha.

Masía Vallformosa, 08735 Vilobí del Penedès. Die Besitzerfamilie Domènech füllt seit 1977 Wein ab. Der Absatz erreichte derartigen Umfang, daß die Kellerei Ende der 80er Jahre erheblich vergrößert werden mußte. Die Weine – 2/3 Cavas, 1/3 Stillweine – stammen z. T. von Lesegut aus eigenem Weinbergbesitz von 230 ha. Der Vallformosa Brut Nature, eine sehr trockene Cava, wurde mehrfach preisgekrönt; der Gran Reserva Brut ist etwas fester und reifer im Geschmack. Guten Erfolg bringen auch der stille Rosé Viña Rosado und der trockene Weißwein. Von den Rotweinen ist meist die Reserva mit 20 % Cabernet Sauvignon am schönsten.

Reise-Informationen

HOTELS UND RESTAURANTS

Licorella, 08880 Cubelles, Tel. (3) 8950044. Künstlerisch eingerichtetes Vier-Sterne-Hotel in einem typischen Urlaubsort. Die Küche im ziemlich teuren Restaurant ist ausgezeichnet, u. a. gibt es herrliche Gerichte mit *merluza* (Seehecht).
L'Avi Pau, 43881 Cunit, Tel. (77) 674861. Das beste Speiselokal im Ort. Die Küche richtet sich nach der Saison und bietet viel Fisch. Empfehlenswert: Crêpes mit Hummer und kleinen Garnelen.
Sol i Vi, 08739 Lavern, Tel. (3) 89930204. Hotel-Restaurant auf halbem Weg zwischen Vilafranca und Sant Sadurní. Die Zimmer sind nicht übermäßig luxuriös, aber schön. Man ißt hier gut, und die Weinkarte ist umfangreich. Wochenenden sollte man meiden.
Cal Recolons, 08731 Sant Martí de Sarroca, Tel. (3) 8991020. Kleines Restaurant mit überwiegend regionaler Küche; köstlich ist die Tortilla mit Garnelen und Thunfisch.
Mirador de las Cavas, 08770 Sant Sadurní d'Anoia, Tel. (3) 8993178. Das bekannte Restaurant liegt in Els Casots, knapp 4 km außerhalb der Stadt in Richtung Ordal. Lokalspezialitäten und eher internationale Gerichte werden aus marktfrischen Zutaten zubereitet.
Hotel Antemare, Verge de Monserrat 48, 08870 Sitges, Tel. (3) 8940600. Ruhiges, komfortables und nicht zu teures Hotel mit Restaurant nicht weit vom Strand.
El Velero, Passeig de la Ribeira 70, 08870 Sitges, Tel. (3) 8944846. Einfallsreiche Fischgerichte.
El Vivero, Passeig Balmins, 08870 Sitges, Tel. (3) 8942149. Frischer Fisch und Paella samt Blick aufs Meer.
Airolo, Rambla de Nuestra Señora 10, 08720 Vilafranca del Penedès, Tel. (3) 8921798. Gute Lokalspezialitäten mit frischem Fisch.
Cal Ton, Casal 8, 08720 Vilafranca del Penedès, Tel. (3) 8903741. Ziemlich großes Restaurant mit schmackhaften, sorgfältig zubereiteten Gerichten.
Casa Juan, Plaça de l'Estació 8, 08720 Vilafranca del Penedès, Tel. (3) 8903171. Hier gibt es gute Fisch- und Fleischgerichte.
Hotel Domo, Calle F. Marcía 24, 08720 Vilafranca del Penedès, Tel. (3) 8172426. Das Domo wurde im Frühjahr 1991 eröffnet. Es bietet modernen Vier-Sterne-Komfort sowie ein Restaurant.
La Cucanya, Racò de Santa Llucia, 08735 Vilanova i la Geltrú, Tel. (3) 8151934. Spezialitäten: Fisch und italienische Küche.
Peixewrot, Paseo Marítimo, 08735 Vilanova i la Geltrú, Tel. (3) 8150625. Fisch und Schalentiere, dazu gratis eine schöne Aussicht.

SEHENSWERTES

Castellví de la Marca. Weinort mit einer mittelalterlichen Burgruine.
Llorenc del Penedès. In der Pfarrkirche steht ein neuromanischer Hochaltar.
Martorell. Hier ist die Teufelsbrücke (Puente de Diable), ein mittelalterliches Tor und ein römischer Triumphbogen zu besichtigen. Das Vicente-Ros-Museum zeigt moderne katalonische Kunst.
Monistrol d'Anoia. Dorf mit weißverputzten Häusern und einer kleinen Kirche. Hier befindet sich die Bodega Marqués de Monistrol.
Montferri. Knapp außerhalb des eigentlichen Weinbaubereichs. Die Reste einer Burg und ein Turm sind sehenswert. In Richtung Nordosten liegt das im Modernista-Stil erbaute Sanctuario de Montserrat.
Montserrat. Die Silhouette des Montserrat-Gipfels sieht aus wie eine Zahnreihe mit Lücken. Hier oben wurde 1025 ein Kloster erbaut, in dem heute noch etwa 80 Benediktinermönche leben. Das jetzige Gebäude stammt aus dem 19. Jh. Der Montserrat ist ein bedeutender Wallfahrtsort wegen der «Schwarzen Madonna», einer Skulptur aus dem 12. Jh. über dem Hochaltar der Basilika, wo täglich einer der ältesten europäischen Knabenchöre, die Escolania, singt.
Olérdola. Hier gibt es Reste einer Befestigung der Iberer aus dem 3. Jh. v. Chr. zu besichtigen.
San Martí de Sarroca. Eine Kirche aus dem 12. Jh. mit östlichen und italienischen Stilelementen.
Santa Oliva. Die Kirche Santa María hat ein romanisches Portal. Auch Santa Juliá ist romanisch. Es gibt eine Burgruine mit großem Turm.
Sant Pere de Riudebitlles. Die Pfarrkirche hat eine romanische Fassade und einen gotischen Innenraum. Auch das Haus des Marqués de Llió ist gotisch. Jedes Jahr wird ein Mostfest gefeiert.
Sant Quinté de Mediona. Burgruine und bewohnte Höhlen.
Sant Sadurní d'Anoia. Die größten Sehenswürdigkeiten sind hier die

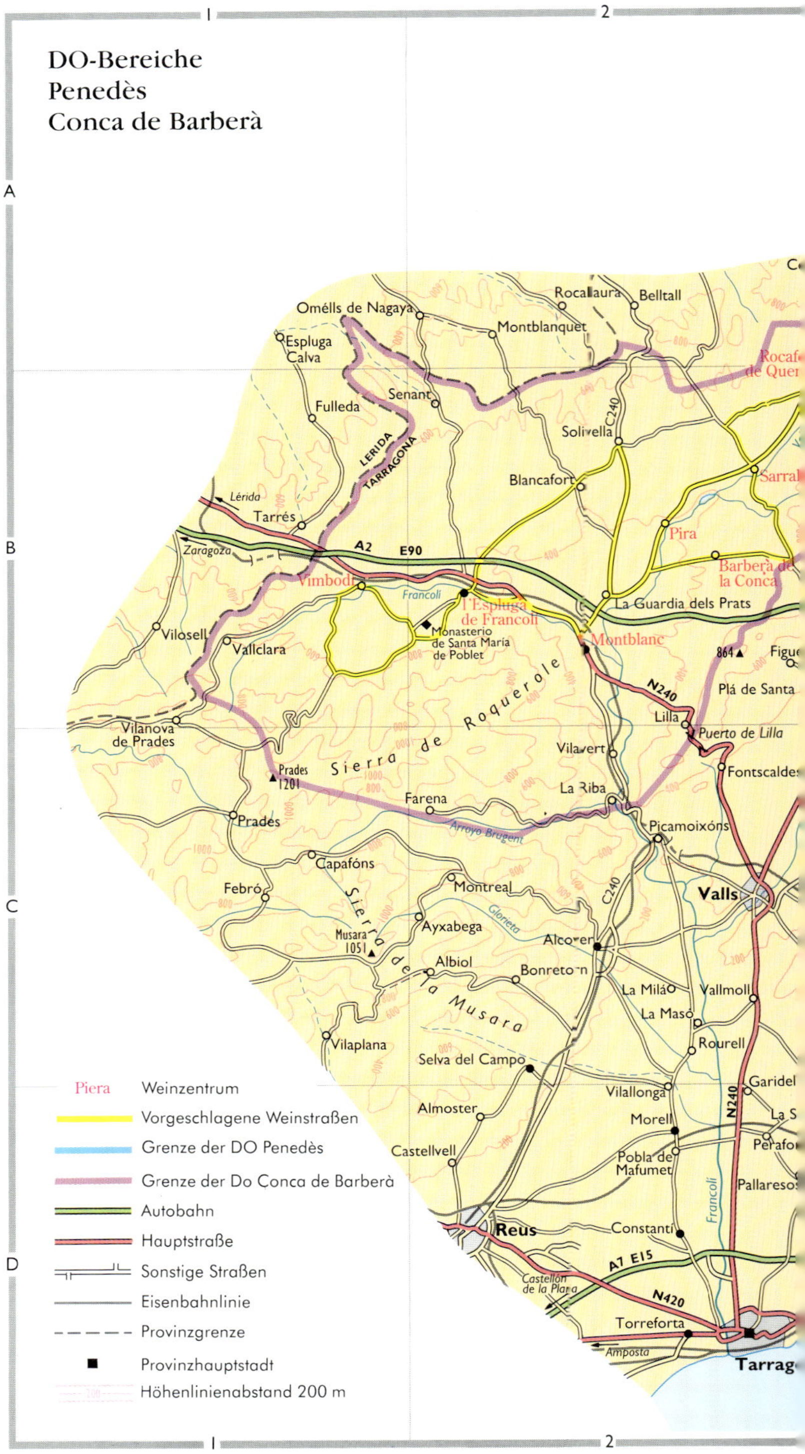

Bodegas von Codorníu und Raventos i Blanc, beide unmittelbar außerhalb des Orts. Ferner gibt es die romanische Kapelle Espiells aus dem 11. Jh. sowie eine Römerbrücke über die Anoia zu besichtigen.
Sitges. Mitte Mai findet hier eine Nelkenschau statt – die Nelke ist die spanische Nationalblume –, und Mitte September wird die Weinlese gefeiert. Das Museum Cau Ferrat besitzt eine Sammlung von Kunstschmiedestücken sowie archäologische Funde und Gemälde, darunter zwei El Grecos. Das mit dem Cau Ferrat verbundene Museo Maricel del Mar beherbergt religiöse Kunst. Eine großartige Sammlung alter Puppen sowie von Kunstgegenständen aus dem 19. Jh. ist im Museo Casa Llopis zu sehen. Die Pfarrkirche des berühmten Orts ist barock.
El Vendrell. Das Geburtshaus des berühmten Cellisten Pablo Casals (1876–1973) ist zu besichtigen. Die Stadt besitzt außerdem zwei Wehr-

türme, eine Pfarrkirche mit einer Orgel aus dem Jahr 1772, jahrhundertealte Adelshäuser und ein städtisches Museum mit prähistorischen, römischen und mittelalterlichen Kostbarkeiten.

Vilafranca del Penedès. Eine betriebsame, blühende Stadt mit rund 30 000 Einwohnern. Nur die Altstadt hat Atmosphäre, und hier sind ein ausgezeichnetes Weinmuseum, ein städtisches Museum sowie die Basilika Santa María aus dem 13. Jh. zu besichtigen. Alle diese Gebäude stehen an der Plaza Jaume I, wo auch das Weinlesefest stattfindet. Das Kloster San Francisco, heute ein Krankenhaus, stammt aus dem 13. Jh. und hat monumentale Grabsteine.

Vilanova i la Geltrú. Keramik und sonstige Kunstgegenstände sind in der Burg la Geltrú aus dem 12. Jh. zu sehen. Das Museo Romántico zeigt Einrichtung und Lebensweise einer wohlhabenden Familie aus dem 19. Jh. Skulpturen, eine ägyptische Mumie und Gemälde (darunter ein El Greco) sind im Victor-Balaguer-Museum ausgestellt. Ziegel und Fliesen zeigt das Museo Joaquín Mir. Die Kirche Santa María besitzt einen Altar aus dem 17. Jh.

WEINSTRASSE

Die vorgeschlagene Route führt von Osten nach Westen hin und zurück durch den Weinbaubereich Penedès. Unterwegs berührt sie viele bedeutende Weinorte im Medio Penedès, führt aber auch durch einen Teil des Bajo Penedès sowie durch Orte wie Font-Rubí, San Martí de Sarroca und Sant Quintí de Mediona im Teilbereich Penedès Superior. Abstecher sind zum Montserrat und nach Sitges vorgesehen. Westlich von Penedès liegen die Weinbaubereiche Conca de Barberà und Tarragona.

Conca de Barberà

Unmittelbar westlich von Penedès und etwa 50 km nördlich von Tarragona bilden das Francolí- und das Anguera-Tal eine natürliche, auf allen Seiten von Gebirgszügen umschlossene Senke. Diese Gegend heißt Conca de Barberà: *conca* bedeutet soviel wie Becken, und Barberà bezieht sich auf den Ort Barberà de la Conca, der vor Jahrhunderten von den Christen als erster zurückerobert wurde. Der Weinbau nahm hier im 12. Jh., nachdem die Zisterzienser das Kloster Poblet gegründet hatten, große Bedeutung an – wie groß sie war, beweist das gewaltige Weinkellergewölbe des Klosters. Um Poblet herum legten die Mönche befestigte Gehöfte an, z. B. Castellfollit, Milmanda und Riudabella, wo unter anderem auch Weintrauben angebaut wurden.

Frische, fruchtige Weine

Conca de Barberà liegt in einer mittleren Höhe von 500 m, also ziemlich viel höher als Penedès, und hat ein etwas kühleres, feuchteres Klima. Die jährliche Niederschlagsmenge beträgt 500 mm. Im Winter kann es sehr kalt werden; das Thermometer fällt oft bis –10 °C. Im Sommer wird es tagsüber heiß, doch vom Meer her wehen kühle Abendwinde und sorgen für niedrigere Temperaturen und angenehme Nächte. Das begünstigt die optimale Ausbildung der Trauben, die hier neben Haselnüssen und Mandeln üppig wachsen. Der Kalksteingehalt des Bodens trägt ebenfalls zur Entstehung eleganter, frischer und fruchtiger Weine bei; aber man bekommt sie nicht häufig zu Gesicht, denn die meisten gehen anonym in die Cavas von Penedès ein.

Cava

Große und kleine Weinkellereien in Penedès haben bemerkt, daß die Weißweine von Conca de Barberà eine großartige Basis für hochwertige Cava abgeben. Die Grundweine werden von Parellada- und Macabeo-Trauben gewonnen, auf deren Anbau rund zwei Drittel der Rebfläche von 7400 ha entfallen. Auch der Chardonnay scheint hier außerordentlich gut zu gedeihen: Codorníu hat auf dem Gut Castillo de Riudabella und an anderen Stellen bedeutende Flächen mit dieser Sorte bepflanzt. Das Haus Torres, das in Penedès Stillweine produziert, bringt seinen besten Chardonnay von Lesegut aus Conca de Barberà hervor; er heißt Milmanda nach dem gleichnamigen Schloß. Chardonnay-Reben werden von Torres hier seit Ende der 70er Jahre angebaut.

Allerdings hat der Bereich nicht nur ausgezeichneten Weißwein, sondern auch Rotwein zu bieten. Klima und Boden sagen Cabernet Sauvignon, Pinot Noir, Merlot und Tempranillo sehr zu. Der Pinot Noir wird nicht nur zu stillen Weinen verarbeitet (Torres ist der Hauptabnehmer), sondern in bescheidenem Umfang auch zu Schaumwein. Welche Klasse der in Conca de Barberà angebaute Cabernet Sauvignon haben kann, beweist einmal mehr das Haus Torres, das in seinem berühmten Gran Coronas, einschließlich dem Black Label, Trauben aus dem Gut Milmanda verarbeitet. Die hochwertigeren Rotwein-Traubensorten verdrängen allmählich die hier seit Jahrhunderten heimische Garnacha. Trepat heißt eine nur hier vorkommende Lokalsorte, die zu köstlichem Roséwein verarbeitet wird. Die Katalanen lieben ihn so sehr, daß ein Viertel bis ein Drittel der Gesamtproduktion darauf entfällt. Der Alkoholgehalt ist allgemein relativ gering, nämlich 9,5 %. Deshalb fallen die Weine hier relativ leicht aus, was besonders für die jung zu trinkenden Weiß- und Roséweine vorteilhaft ist. Es besteht kein Zweifel daran, daß Conca de Barberà über das Potential für die Produktion hochwertiger Still- und Schaumweine verfügt.

Da der größte Teil der Trauben aus Conca de Barberà zu Weinen verarbeitet wird, die nicht den Namen des Bereichs tragen, wird die kleine DO es schwer haben, einen eigenen Bekanntheitsgrad aufzubauen. Auch ist die Ursprungsbezeichnung noch ziemlich jung – sie entstand im Dezember 1989. Es gibt hier nur wenige private Weinerzeuger; der allergrößte Teil der Weine wird von Genossenschaftskellereien produziert, von denen auch nur wenige selbst abfüllen und obendrein lediglich einen kleinen Teil des jeweiligen Jahrgangs. Entsprechend minimal ist auch die Absatzwerbung. Zu den rührigeren Firmen zählt Concavins mit Rosé- und Weißweinen unter der Marke Xipella. Einen guten Namen schafft sich auch das Haus Elaboradores y Comerciantes de Vinos in Montblanc, das die Marke Làscaris benutzt. Solange jedoch Penedès der Hauptabnehmer für die Weine aus den 14 Gemeinden von Conca de Barberà ist, dürfte dieser Bereich einer der weniger bekannten in Spanien bleiben. Es ist daher nur logisch, daß zwischen Penedès und Conca de Barberà Gespräche über die Bildung eines Zusammenschlusses in irgendeiner Form geführt worden sind. Wenn etwas daraus wird, dann dürfte Conca de Barberà schließlich ein Teilbereich von Penedès werden. Das wäre keine überraschende Wendung, sondern weitgehend lediglich die Bekräftigung einer längst bestehenden Situation.

Das von Weinbergen umgebene Kloster Poblet.

BEDEUTENDE ERZEUGER

Concavins, 43422 Barberà de la Conca. Die einige Kilometer westlich des Orts gelegene Bodega war bis 1988 eine Genossenschaftskellerei. Sie ging jedoch in Konkurs und wurde von einer Gruppe von Privatleuten übernommen. Es erfolgten nun Investitionen in moderne Kellerausrüstungen, die sich auf die Qualität der Weine sehr vorteilhaft ausgewirkt haben.

Alles Lesegut wird bei 25 bis 30 Winzern eingekauft, die über insgesamt 200 ha Rebfläche verfügen. Concavins verarbeitet nur die allerbeste Frucht; der Rest wird an Genossenschaftskellereien weiterverkauft. Die besten Weine erscheinen unter der Marke Xipella. Der helle Roséwein Clos Rosado ist ein vorbildliches Muster seiner Art: frisch, leicht und sehr fruchtig. Er entsteht von 95 % Trepat und 5 % Tempranillo. Der Xipella Blanco Seco zeichnet sich ebenfalls durch leichten, sauberen Geschmack mit schöner Apfelfrische aus. Dieser Wein besteht aus 60 % Parellada und 40 % Macabeo.

Dagegen läßt der Xipello Tinto in der Qualität einiges zu wünschen übrig; derzeit wird er von Garnacha, Tempranillo und Trepat bereitet, doch das Haus hofft, demnächst mit Cabernet Sauvignon und vielleicht Merlot bessere Erfolge zu erzielen. Weine einfacherer Qualität kommen als Molí Sec oder Les Marinades auf den Markt. Darüber hinaus bietet Concavins auch hervorragend bereiteten Ziegenkäse in Olivenöl an.

Blick über die Weinberge von Conca de Barberà.

Reise-Informationen

HOTELS UND RESTAURANTS

Hostal del Senglar, 43440 L'Espluga de Francolí, Tel. (77) 870121. Fährt man in Richtung Poblet durch den Ort, dann kann man dieses Hotel-Restaurant nicht verfehlen. Die Zimmer sind einfach, dagegen hat das Restaurant mehr Atmosphäre und Charakter; ein kleines Museum ist angeschlossen. Man ißt hier gut, und der teuerste Weißwein auf der Karte ist der Milmanda Chardonnay von Torres.
Masía del Cadet, 43448 Les Masies de Poblet, Tel. (77) 870869. Reizendes kleines Hotel in einem Landhaus aus dem 15. Jh. Das Restaurant bietet schmackhafte katalonische Gerichte, u. a. eingelegtes Entenfleisch.
Hostal del Centre, 43440 Monestir de Poblet, Tel. (77) 870058. Einfaches, aber angenehmes, schön gelegenes ländliches Hotel mit Restaurant. Gute Küche.
Fonda Colom, 43400 Montblanc, Tel. (77) 860153. Braten und andere Gerichte der Region.
Les Tines, Finca de Riudabella, 43430 Vimbodí. Das Restaurant in einem alten Bauernhaus genießt hier einen sehr guten Ruf – deshalb ist Tischbestellung notwendig. Die Zutaten kommen frisch vom Markt.

SEHENSWERTES

Barberà de la Conca. Der kleine Weinort mit knapp 500 Einwohnern liegt auf einem Berg und bietet eine schöne Aussicht über fast den ganzen Bereich. Ferner befindet sich hier eine Burgruine aus dem 11. Jh. Die Genossenschaftskellerei wurde von César Martinell erbaut.
Castillo de Riudabella. Das auf das 13. und 14. Jh. zurückgehende befestigte Gehöft gehörte dem Kloster in Poblet. Seit dem 18. Jh. ist es im Besitz der Künstlerfamilie Moreno de Mora, die es liebevoll restauriert hat. Die hauptsächlich mit Chardonnay und Pinot Noir bepflanzten Weinberge sind auf 30 Jahre an Codorníu verpachtet.
L'Espluga de Francolí. Viele Touristen passieren das Dorf auf dem Weg zum Kloster Poblet. Die romanisch-gotische Kirche San Miguel steht unter Denkmalschutz, ebenso das frühere Hospital aus dem 14. Jh. mit seinem schönen Innenhof. Bei L'Espluga fließt der Francolí etwa 300 m weit unterirdisch.
La Guardia del Prats. Sehr alter Ort mit Überresten einer Burg.
Monasterio de Santa María de Poblet. Das 1151 gegründete Kloster war lange das mächtigste in Katalonien. Über Jahrhunderte hinweg wurde es von den Zisterziensern ausgebaut. Die heutige Anlage hat drei Ringmauern und viele sehenswerte Einzelheiten, u. a. die romanische Kirche Santa Catalina, den ebenfalls romanischen Kreuzgang, ein riesiges Weingewölbe, die kathedralenartige Klosterkirche mit einem Alabasteraltar aus dem

Die Burg in Riudabella, nicht weit von Poblet. Codorníu hat hier die Weinberge gepachtet und mit Chardonnay und Pinot Noir bestockt.

16. Jh., den Abtspalast sowie eine Grabkammer mit zwei gewaltigen Sarkophagen, in denen die sterblichen Überreste von sieben Königen von Aragón und Kastilien ruhen. Innerhalb der Mauern befindet sich ein 15 ha großer Weinberg, der von Codorníu bewirtschaftet wird. Mit der Erlaubnis Roms kaufte Torres das Land um das Kloster, u. a. die 130 ha große Lage La Muralla. Etwa ein Jahrhundert lang war das Kloster vernachlässigt und sogar überwuchert, doch in den 1940er Jahren nahmen die Zisterzienser eine umfassende Renovierung in Angriff. Dabei wurde entdeckt, daß viele Kunstschätze erhalten geblieben waren, darunter auch die sehr große Bibliothek mit vielen Werken, die dem Kloster von den Königen geschenkt worden waren. Die größte Rarität war die in katalanischer Sprache verfaßte Chronik von Jaime I. aus dem Jahr 1343, die sich heute in der Universitätsbibliothek in Barcelona befindet. Im Kloster sind noch immer viele tausend Bücher zu besichtigen.

Montblanc. Die Hauptstadt von Conca de Barberà wurde ursprünglich unter dem Namen Vilasalva am Nordufer des Francolí gegründet, verlagerte sich dann aber auf das Südufer, wo sie auch den heutigen Namen annahm. Ganz Montblanc steht unter Denkmalschutz. Die 2 km lange Stadtmauer mit 4 Türmen und 17 Toren ist noch völlig intakt. Innerhalb der Mauer befinden sich alte Kirchen, z. B. San Miguel aus dem 13. Jh. und die nie fertiggestellte Santa María aus dem 14. Jh., ein Königspalast, das Keramikmuseum Casa Josa sowie gotische Häuser. Außerhalb der Stadtmauer steht das Hospital de Santa Magdalena, ein Bau aus dem 14. Jh. mit schönem Kreuzgang.

Pira. Malerisches Winzerdorf.

Sarral. Der Ort ist Sitz der größten Winzergenossenschaft des Bereichs und durch das hier heimische Alabaster-Kunsthandwerk berühmt. Die Pfarrkirche hat eine Barockfassade.

Vimbodí. Auf der Fahrt vom Kloster Poblet zu diesem Ort kommt man am Weingut Castillo de Milmanda vorüber. Die befestigte Anlage aus dem 12. Jh. war früher ein Klostergutshof. Seit dem Ende der 1970er Jahre gehört er dem Haus Torres. Von den hier verfügbaren insgesamt 165 ha sind knapp 100 mit hochwertigen Rebsorten besetzt, u. a. mit Chardonnay – ca. 12 ha liefern Milmanda, der Rest wird im Gran Viña Sol verarbeitet –, Pinot Noir und Cabernet Sauvignon. Es besteht die Absicht, den alten Bau wiederherzustellen, wo immer er sich in schlechtem Zustand befindet. Der Name Milmanda ist vermutlich maurischen Ursprungs. Früher waren oft katalonische Könige hier zu Besuch. Die Trauben aus den drei Einzellagen sind für Spitzenweine des Hauses Torres bestimmt (u. a. für den roten Gran Coronas von Cabernet Sauvignon) und werden deshalb von Hand geerntet, wobei sofort eine Auslese getroffen wird.

WEINSTRASSE

L'Espluga oder eines der umliegenden Dörfer wie Les Masies de Poblet oder Monestir de Poblet bilden einen guten Ausgangspunkt für eine Entdeckungsfahrt durch Conca de Barberà. Man kann zunächst zum Kloster Poblet, dann weiter in Richtung Prades und schließlich rechts ab nach Vimbodí fahren. Nun geht es zurück nach Poblet (linker Hand liegt das Castillo de Milmanda) und weiter über L'Espluga nach Montblanc. Von dort aus folgt man der Straße nach Barberà de la Conca, Sarral, Rocafort de Queralt; wieder geht es zunächst auf einem Teil der Straße nach Solivella zurück, jedoch an einer Straßengabelung links ab nach Sarral. Von hier aus fahren wir südwärts nach Pira und La Guàrdia dels Prats. Im letzteren Ort biegen wir nordwärts auf die C 240 nach Solivella ein, und von Solivella fahren wir zurück nach L'Espluga.

Im Sommer gibt es in Conca de Barberà oft heiße Tage, doch die Nächte sind kühl. Das wirkt sich auf das Bukett der Trauben günstig aus.

Tarragona

Consilium Vinorum Tarraconensium ist der Name der 1989 gegründeten Weinbrüderschaft von Tarragona. Die lateinische Sprache wurde gewählt, um an das Wirken der Römer in ferner Vergangenheit zu erinnern. Die Stadt Tarragona wurde 218 v. Chr. von Publius Cornelius Scipio gegründet und war später Residenz der Kaiser Augustus und Hadrian. Damals hieß sie Tarraco und war zugleich die Hauptstadt der Provinz Hispania Citerior. Viele Monumente erinnern an die Römerzeit, so die Überreste eines Amphitheaters, das 12 000 Zuschauern Platz bot, sowie etwa ein Viertel der von den Römern erbauten 4 km langen Stadtmauer. Damals florierte hier der Weinbau, und der hiesige Wein wurde sogar per Schiff nach Rom gebracht, wo er fast so hochgeschätzt war wie der Wein aus den Bergen von Latium vor den Toren der Ewigen Stadt. Die Dichter Silvius Italicus, Martial und Plinius der Jüngere sangen das Lob des Weins von Tarraco.

Meßwein

Bis weit in das 20. Jh. hinein waren die Weine Tarragonas hauptsächlich stark und süß. Der größte Abnehmer im Ausland war Großbritannien, wo der Tarragona als preiswerte Alternative zum Port galt; dieser Exporthandel nahm in der zweiten Hälfte des 19. Jh. seinen Anfang und dauerte bis in die 1930er Jahre. Auch war Tarragona seit jeher eine Quelle für Meßwein. Das 1851 gegründete Haus De Muller versendet weltweit Meßweine verschiedener Art, deren Produktion an bestimmte Auflagen gebunden ist. So müssen sie 2 Jahre im Faß lagern und mit frischem Eiweiß geschönt sein – Filtern ist nicht gestattet. Seit den 1960er und 70er Jahren jedoch bringt der Bereich immer mehr trockene, ungespritete Weine hervor. 1959 wurden sie offiziell in die damals gültige Appellation aufgenommen; die eigentliche Denominación de Origen Tarragona wurde 1976 eingeführt.

Dem Publikum nicht bekannt

Der heutige Weinbaubereich besteht aus 80 Gemarkungen bzw. Gemarkungsteilen in der Provinz Tarragona, der südlichsten Kataloniens. Die Rebfläche erstreckt sich auf etwa 18 200 ha. Früher war sie größer, aber wirtschaftliche Probleme haben viele Winzer dazu veranlaßt, sich dem Anbau anderer Nutzpflanzen zu widmen. Vor allem Haselnüsse werden hier in großen Mengen produziert, die an manchen Stellen 70 % der Anbauflächen einnehmen. Es gibt sogar einige Genossenschaften, die sowohl Nüsse wie Trauben verarbeiten.

Die Wurzel der Probleme liegt in der verringerten Nachfrage nach dem traditionellen Tarragona und in den allgemein niedrigen Preisen für die anderen Weine. Der größte Teil – 65 % – wird anonym im Faß verkauft; obwohl Tarragona zu den 15 größten DO-Bereichen zählt, sind daher Weine dieses Namens nur selten anzutreffen. Die Erzeuger von Flaschenweinen müssen sich jedenfalls damit abfinden, daß sie beim Publikum keinen Namen haben, was sich natürlich unmittelbar auf den Preis auswirkt. Diese Sachlage hat um 1990 zum Konkurs vieler Bodegas geführt. Die

Weiter landeinwärts in Tarragona wird die Landschaft gebirgiger.

Der Weinort Tivissa liegt auf einem Hügel.

einzige Firma, die bisher genügend Dynamik und Erfolg aufweist, um die DO Tarragona aus der Anonymität herauszuheben, ist Pedro Rovira.

Wein für Cava

Wie fast alle anderen Häuser bezieht auch Pedro Rovira die benötigten Trauben und Weine von den Winzergenossenschaften; in der Provinz Tarragona gibt es rund 180 davon, und in ihrer Hand liegen über 95 % der Produktion. Dadurch wird die Entwicklung des Weinbaubereichs nicht gerade gefördert, denn die wenigsten Genossenschaften sind fortschrittlich geführt. So konzentrieren sie sich zum größten Teil auf die Produktion von Wein für Cava; rund 70 % des Weins von Tarragona ist Weißwein. Davon wird ein Drittel von den Cava-Herstellern in Penedès aufgekauft, und etwa 25 Weinorte der DO Tarragona fallen zugleich auch unter die DO Cava.

El Campo de Tarragona

Dieser Teilbereich mit vielen Weinorten ist Penedès am ähnlichsten. Er erstreckt sich über 25 bis 30 km rund um die Stadt Tarragona. Die Landschaft besteht größtenteils aus Flachland und niedrigen Hügeln, die Konturen werden jedoch markanter, je weiter man ins Landesinnere kommt. Der Boden ist leicht und hat eine Kalksteinunterlage; es herrscht mediterranes Klima mit einer durchschnittlichen Jahresniederschlagsmenge von 500 mm. Der größte Teil der Rebfläche Tarragonas, nämlich zwei Drittel, befindet sich hier, und zu 85 % ist sie mit denselben Traubensorten besetzt wie in Penedès: Macabeo, Parellada, Xarel-lo und zunehmend Chardonnay. Ull de Llebre (Tempranillo) und die Lokaltraube Sumoll sind die wichtigsten Rebsorten für Rot- und Roséweine.

La Comarca de Falset

Ein zweiter Teilbereich schließt unmittelbar westlich an El Campo de Tarragona an und grenzt im Norden an die DO Priorato. Das Gelände ist ausgesprochen hügelig, manchmal sogar gebirgig; der Untergrund besteht aus Kalkstein und Granit. Das Wetter ist kühler und – mit 650 mm Niederschlag im Jahr – auch feuchter als im Küstenbereich. Hier wird vor allem Rotwein produziert, für den seit langem Cariñena und Garnacha angebaut werden; allerdings sind neue Rebsorten im Vormarsch. Die Winzergenossenschaft des Orts Falset arbeitet eng mit Pedro Rovira zusammen und verfügt inzwischen über Anpflanzungen von Ull de Llebre, Cabernet Sauvignon und Pinot Noir.

La Ribera d'Ebre

Der dritte und letzte Teilbereich Tarragonas hat eine etwas größere Fläche als La Comarca de Falset und schließt sich westlich an diese an. Wie der Name schon sagt, liegt er im Tal des Ebro oder Ebre. Von der Küste ist er durch eine Gebirgskette getrennt, deren zerklüftete Gipfel Höhen von über 700 m erreichen. Gleich nach dem schön gelegenen Ort Tivissa weitet sich das Land, und man erblickt Weinberge neben vielen Nuß- und Obstbäumen. Das tiefer gelegene Land erlebt – wie man hört – etwa alle vier Jahre eine Überschwemmung. Reben wachsen unten im Tal, an den Hängen und oben auf den Hochflächen auf Kalkgestein und Kies. Das auf einem Berg bei Móra la Nueva gelegene Haus Pedro Rovira verfügt über zwei Lagen von beträchtlicher Größe, die mit Cabernet Sauvignon bepflanzt sind. Die eine ist mit einer Beregnungsanlage ausgestattet – in Ribera d'Ebre kein Luxus, denn hier fallen im Jahr nur 385 mm Regen, also beträchtlich weniger als in den beiden anderen Teilbereichen. Auch sind die Sommer hier heißer und die Winter kälter. Für Weißwein werden vor allem Macabeo und Garnacha Blanca und für Rotwein Cariñena und Garnacha angebaut. Mit anderen Rebsorten, darunter Colombard (weiß) sowie Syrah und Merlot (rot) wird experimentiert.

Trends und Traditionen

Der größte Teil der nichtgespriteten Flaschenweine aus dieser Gegend hat nur wenig für sich. Die Qualität ist selten begeisternd, und die Persönlichkeit meist verschwommen. Allerdings geschieht einiges, um diesen Zustand zu bessern. Ein gutes Beispiel brachte die Bodega José Lopez Betrán hervor, die über eine ultramoderne Kellerei verfügte und Weine jeweils nur von einer Traubensorte produzierte. Leider machte sie jedoch Konkurs. Gegenwärtig dürfte die Firma Pedro Rovira als einzige imstande sein, dem Prestige der DO Tarragona aufzuhelfen. Was Torres einst für Penedès tat, hofft Pedro Rovira für Tarragona leisten zu können. In diesem Sinn arbeitet und experimentiert die Familienfirma nicht allein mit verschiedenen hochwertigen Rebsorten, sondern sie investiert auch kräftig in neue Technologien. In seiner ausgedehnten Kellereianlage in Móra la Nueva kann Direktor Pedro Rovira Solé etliche Millionen Liter Wein bei niedriger Temperatur gären lassen, und für die Lagerung seiner besseren Rotweine verfügt er über rund 1500 Fässer, vorwiegend aus französischer Eiche. Seit den 1980er Jahren ist die Qualität der Rovira-Weine stetig im Steigen, und dieser Trend dürfte vermutlich auch in den 90er Jahren anhalten.

Bei de Muller im Hafenviertel von Tarragona werden die traditionellen schweren Süßweine ebenso hoch in Ehren gehalten wie die Meßweine. Die Keller des Hauses sind voll von großen, alten Fässern. Manche sind Bestandteil eines alten Solera-Systems, das bis ins vorige Jahrhundert zurückreicht. Dabei wird stets der abgezogene Wein durch jüngeren ersetzt und so kontinuierlich verschnitten. Die klassischen De-Muller-Weine zu kosten, ist ein Erlebnis für sich: Sie sind unglaublich konzentriert und bieten vollen, nachhaltigen Geschmack mit Nuancen von Feigen, Rosinen und Apfelsirup. Es ist gut, daß diese üppige Kuriosität noch produziert wird, denn sie trägt wahrhaft die ganze Geschichte des Tarragona-Weins in sich.

BEDEUTENDE ERZEUGER

Pedro Rovira, 43770 Móra la Nueva. Es dauerte fast ein Jahrhundert, bis das Haus Pedro Rovira selbst Wein zu erzeugen begann. Das 1864 gegründete Unternehmen befaßte sich zunächst nur mit dem Verschneiden und dem Verkauf von Wein; eine eigene Produktion nahm es erst 1962 auf. Der Firma gehören mehrere Bodegas in Katalonien sowie eine Brennerei. Die Anlage, die Weine unter der DO Tarragona erzeugt, befindet sich in Móra la Nueva im Teilbereich Ribera d'Ebre. Das Lesegut stammt von 100 ha eigenen Weinbergen sowie von rund 2500 Mitgliedern mehrerer Winzergenossenschaften. Besonders enge Bindungen bestehen zur Genossenschaft Falset, die ebenso wie Pedro Rovira einige Lagen mit Cabernet Sauvignon bepflanzt hat. Auch mit Pinot Noir werden Versuche gemacht.

Dank umfangreicher Investitionen in moderne Ausrüstungen kann ein großer Teil der Weine bei niedrigen Temperaturen vergoren werden: Weiß- und Roséwein bei 18 °C, Rotwein bei 22–25 °C. Unter anderem stehen rund 1500 kleinere Fässer, die meisten davon aus französischer Eiche, für den Ausbau zur Verfügung. Unter der Leitung des dynamischen Pedro Rovira Solé, eines Familienmitglieds in der 4. Generation, bemüht sich die Firma sehr um die Verbesserung der Qualität. Am besten sind fast ausnahmslos die jeweils jüngsten Jahrgänge.

Der Viña Montalt gehört zwar nicht zu der frisch-fruchtigen Art, ist aber ein angenehmer, geschmeidiger Weißwein, mild im Geschmack und mit einer gewissen Entwicklungsfähigkeit, die 1 Jahr Faßausbau erlaubt. Er besteht zu 80 % aus Macabeo und zu 20 % aus Parellada. Der rote Viña Mater ruht ca. 18 Monate im Faß und stellt sich meist als ausgereifter, saftiger Wein mit Pflaumen- und Holzaroma dar. Er wird rein von Ull de Llebre bereitet wie der Pedro Rovira Gran Reserva, der ebenfalls 18 Monate im Faß ausgebaut wird und anschließend 5 Jahre in der Flasche ruht. Trotz seines Alters ist er ein recht vitaler, fester Wein, der sehr gut zu Braten und Wild paßt.

De Muller, 43000 Tarragona. Das von einem Deutschen gegründete Haus befindet sich seit 1851 in der Nähe des Hafens. Es ist ein Bollwerk alter Tradition, hat aber anderseits als erste Bodega in Spanien die Kaltstabilisierung von Weinen eingeführt. Das Programm der Familienfirma ist sehr umfangreich und enthält gespritete und ungespritete Weine. Die große Spezialität ist Meßwein. Er geht in alle Welt und wurde auch an mehrere Päpste geliefert. Prachtvolle süße und trockene gespritete Weine liegen in den Kellern, teilweise in einem Solera-System. In den Verkauf gelangen sie unter Namen wie Aureo, Dom Berenguer und Dom Juan Fort. Von den ungespriteten Weinen ist der Moscatel Seco, ein trockener, duftiger und frischer Wein mit blumigem Aroma, am interessantesten. Eine Reihe akzeptabler Weine läuft unter der Marke Viña Solimar, darunter ein gefälliger Rotwein und ein trockener Rosé. Der Weinbergbesitz von De Muller umfaßt 20 ha in der DO Tarragona und 5 ha in Priorato. Der von dort stammende Wein wird im betreffenden Abschnitt näher besprochen.

Reise-Informationen

HOTELS UND RESTAURANTS

Can Bosch, Jaime I 19, 43850 Cambrils, Tel. (77) 360019. Cambrils an der Küste fällt in die DO Tarragona, ist aber durch seine Gastronomie bekannter als durch seinen Wein. Dieses ist das berühmteste Restaurant der Gegend; von nah und fern strömen Gäste herbei, um hier zu speisen. Es bietet köstliche, elegante Kreationen auf der Basis von Fisch und Schalentieren. Vorbestellung ist erforderlich.
Hotel Sport, 43202 Falset, Tel. (77) 830078. Das einfache Hotel mit Bar und Restaurant ist ein guter Ausgangspunkt für Ausflüge durch den westlichen Teil der DO Tarragona, Terra Alta und das nahegelegene Priorato.
Enric, 43770 Móra la Nueva, Tel. (77) 401166. Ein bekanntes Lokal mit Pizzeria. Bei schönem Wetter kann man auf einer Terrasse hinter dem Haus speisen. Ländliche Küche mit Schalentieren, *jamón serrano, chuletas de cordero* usw.
C'al Brut, San Pedro 14, 43004 Tarragona, Tel. (77) 210450. Gemütliches Restaurant im Hafenviertel mit frischem Fisch auf der Speisekarte.
Lauria, Rambla Nova 20, 43004 Tarragona, Tel. (77) 236712. Freundliche Bedienung und mäßige Preise kennzeichnen dieses zentral gelegene Hotel. Es bietet Garagen und Swimmingpool sowie ein Restaurant in der ersten Etage.
Sol Ric, Via Augusta 227, 43007 Tarragona, Tel. (77) 232032. Tradition und Qualität sind die Merkmale des berühmten Restaurants. Im gut dotierten Keller lagern viele alte Jahrgänge. Bei schönem Wetter speist man auf der schattigen Terrasse.

SEHENSWERTES

Cambrils. Küstenort mit schöner Atmosphäre, einem Fischerhafen

Oben: *Frischer Fisch aus Cambrils wird in vielen Restaurants der Gegend serviert.*
Links: *Teilansicht der mittelalterlichen Kathedrale von Tarragona, deren Bauzeit über ein Jahrhundert betrug. Die Seitenkapellen und weitere Elemente wurden später hinzugefügt. Eine Sammlung von über 50 Tapisserien gehört zu den Kunstschätzen der Kirche. Meßwein aus Tarragona wird nicht nur hier, sondern in Kirchen und religiösen Einrichtungen in aller Welt verwendet. Seine Erzeugung unterliegt strengen Regeln.*

Ein zeitloses Landschaftsbild in Tarragona: Olivenbäume und Reben. Der Wein dieser Gegend genoß schon zur Römerzeit einen großen Ruf.

und vielen Restaurants. Der Palast des Marqués de Mariano liegt im Samá-Park.

Constantí. Etwas über 1 km von diesem Ort entfernt liegt das Mausoleum von Centcelles aus der Römerzeit (4. Jh. n. Chr.). Es besteht aus zwei quadratischen Bauten mit schönen Mosaiken im Innern.

Falset. Bedeutender Weinort zu Füßen einer Burgruine. Die Kirche Santa Mariá stammt aus dem 18. Jh.; die Casa Consistorial ist ein ehemaliges Schloß im Renaissance-Stil, und die Genossenschaftskellerei verdankt ihre auffallende Gestalt dem Architekten César Martinell, einem Schüler von Gaudí. In La Vinícola, dem Laden neben der Genossenschaft, stehen Weine der Region zum Verkauf.

Miravet. Ort mit einer maurischen Burgruine im Ebro-Tal.

Tarragona. Die Hauptstadt der gleichnamigen Provinz hat 110 000 Einwohner. Der älteste Teil liegt auf einem felsigen Hügel und ist reich an Baudenkmälern, vor allem aus der Römerzeit. Der Paseo Arqueológico ist ein Weg am Fuß der auf römischen Ursprüngen beruhenden, 1000 m langen Stadtmauer mit Toren und Türmen. Im Park stehen römische Statuen, ferner finden sich hier die Reste eines Forums und eines Amphitheaters. Viele römische Funde sind im Museo Arqueológico zu sehen, darunter Skulpturen und Mosaiken sowie das berühmte «Haupt der Medusa». Die römisch-christlichen Grabstätten und das dazugehörige Museum zeigen Grabmäler, Sarkophage und viele Gegenstände aus dem 3. und 4. Jh., u. a. eine schöne Puppe aus Elfenbein. Die Kathedrale von Tarragona stammt aus dem Mittelalter. Neben dem romanisch-gotischen Hauptbau gehört zu ihr ein großer, reich verzierter Kreuzgang sowie ein Museum mit Gemälden und Dutzenden von Brüsseler Tapisserien. Etwa 4 km nördlich der Stadt an der N420 befindet sich El Puente de Diablo (Teufelsbrücke), ein herrlich erhaltener, 217 m langer römischer Aquädukt.

Tivissa. Freundlicher Weinort auf einem Hügel im Teilbereich Ribera d'Ebre.

WEINSTRASSE

Die Route verläuft durch den interessanteren Westteil der DO Tarragona. Während der Fahrt bemerkt man deutlich, wie unterschiedlich die Landschaft in den drei Teilbereichen ist. Die Weinberge erstrecken sich von Küstennähe bis in eine Höhe von 360 m bei Falset, und dazwischen liegen schroffe Gebirgszüge. Ein Teil der Weinstraße fällt mit jener durch das Priorato zusammen, die letztere aber führt weiter in die Berge hinauf.

Eine Alternativroute verläuft über die von dem Architekten César Martinell erbauten Genossenschaftskellereien. Er lebte von 1888 bis 1973 und war ein Schüler von Gaudí. Die bemerkenswerten Genossenschaftsbauten schuf er im Modernista-Stil, dem spanischen Pendant zum *art-nouveau*-Stil. Sie befinden sich alle sieben in der Provinz Tarragona, über mehrere Weinbaubereiche verteilt. Von Osten nach Westen findet man sie in Rocafort de Queralt, Sarral, Barberà de la Conca und Montblanc (alle DO Conca de Barberà), Falset (DO Tarragona) sowie El Pinell de Brai und Gandesa (beide DO Terra Alta).

Cabra del Campo
Pont de Armentera
Zaragoza
864
Figuerola
Plá de Santa María
Lérida
Lilla
Puerto de Lilla
Fontscaldes
A2 E90
N240
T200
Vilavert
La Riba
Lerida
Tarragona
Ulldemolins
Prades 1201
Prades
Farena
Arroyo Brugent
Picamoixóns
Vilarrodona
Albarca
Capafóns
Montreal
Alió
C246
Margalef
Bisbal de Falset
Sierra de Montsant
Montsant
Febró
Valls
Puigpelat
Rodoña
Barcelona
La Morera de Montsant
Cornudella
Ciurana
Ayxabega
Alcover
Bráfim
Masllorens
Cabacés
Scala Dei
Embalse de Ciurana
Arbolí
Musara 1051
Albiol
Bonretorn
Sierra de la Musara
Tosagrosa 387
Nulles
Vilabella
Vallmoll
La Milá
Vilella Alta
Poboleda
C242
Vilaplana
La Masó
Salomó
La Figuera
Vilella Baja
Torroja del Priorat
Rourell
Renau
Gloriosa
Selva del Campo
Alforja
Garidells
Vilallonga
Aleixar
La Secuita
Gratallops
Almoster
Vespella
Porrera
Morell
rre del Español
Tormo 521
Lloá
Corbella
Puerto de la Teixeta
Maspujols
Castellvell
Perafort
La Nou de Gayá
Gayá
N420
Riudecols
Borjas del Campo
Pobla de Mafumet
Francolí
Catllar
Pobla de Montornés
Molá
Bellmunt del Priorat
C240
Pallaresos
La Riera
Barcelona
Sitges
Pradell
Reus
Constanti
A7
Torredembarra
García
Falset
Dosaiguas
Botarell
Riudoms
Molnás
N340
Altafulla
Masroig
Marsá
Torre de Fontaubella
Argentera
Riudecañas
Montbrió de Tarragona
N420
Torreforta
Guiamets
Vilanova de Escornalbou
Viñols
E15
Vilaseca de Solcina
Tarragona
Mora la Nueva
Capsanes
Colldejou
Mora de Ebro
Llaveria
Llaveria 914
Montroig
A7
Salou
Serra de Almos
Cambrils
N340
enisanet
C233
Tivisa
Sierra de Montalt
Pratdip
Cabo de Salou
nestar
Fatgés
Casalot
Sierra de la Creu
Mas Riudoms
Vandellós
MAR MEDITERRANEO
Miami Platja
Hospitalet del Infante
Sierra de Esteve
Almadraba
Masía de Pons
A7 E15
N340
La Ametlla de Mar
Perelló
Amposta
Castellón de la Plana
N
1:317 000
Miles 0 5 10 15
Km 0 5 10 15 20
Batea
Weinzentrum
Vorgeschlagene Weinstraße
Grenze der DO Tarragona
Grenze der DO Priorato
Grenze der DO Terra Alta
Autobahn
Hauptstraße
Sonstige Straßen
Eisenbahnlinie
Provinzgrenze
Provinzhauptstadt
Höhenlinienabstand 200 m
3
4
5
6
A
D
E

Priorato

Im Verkaufsraum der Cellers Scala Dei wird eine große Auswahl an Weinen angeboten.

Das Priorato hat seinen Ursprung in prähistorischer Zeit; später trieben die Römer hier Weinbau und gruben nach Blei und Silber. Ihres natürlichen Reichtums wegen war die Gegend einst eine der am stärksten bevölkerten in Katalonien: Die Gebirgsbäche lieferten klares Wasser und reichlich Forellen, die Wälder waren voller Wild. Eine lange Ära des Wohlstands begann im 12. Jh., nachdem ein Dorfbewohner aus Poboleda eine Erscheinung hatte – Engel schwebten auf einer in den Himmel führenden Stiege auf und nieder. Daraufhin gründete 1163 Alfonso II. von Aragón an dieser Stelle ein Kartäuserkloster. Es erhielt den Namen Scala Dei (Gottesstiege). Das Kloster bezog seine Einkünfte aus dem Verkauf von Heilkräutern und Gebirgsquellwasser und befaßte sich auch mit dem Weinbau. 1835 verließen die Mönche schließlich das Priorat, das der Gegend den Namen gab und heute nur noch eine Ruine ist. Das Dorf Scala Dei steht noch ganz in der Nähe und zählt gerade 30 Einwohner. An die Legende von der Gottesstiege wird auf jeder Flasche Priorato-Wein erinnert: Das Siegel des Consejo Regulador zeigt die in den Himmel führenden Stufen, flankiert von Engeln und Trauben.

Kleine Parzellen

Der Weinbau wurde in Priorato im 18. Jh. zu einem lukrativen Gewerbe, denn der Export nach Italien, Rußland und in andere Länder blühte. Am Ende des 19. Jh. wurde dann Frankreich, wo die Reblaus die Weinberge verwüstete, ein bedeutender Abnehmer. Die stattlichen Häuser wohlhabender Familien in Poboleda und anderen Orten legen Zeugnis für diese Zeit der Prosperität ab. Heute jedoch ist das Priorato eine stille, weithin verlassene Gegend. Die meisten Einwohner der 11 Orte, aus denen der DO-Bereich besteht, sind Rentner. Nur an den Wochenenden kommt Leben in die Gegend, wenn die Familien zu Besuch kommen, nicht nur zum traditionellen Sonntagsessen, sondern auch, um das Land zu bestellen – die 1850 ha Weinbaufläche im Priorato sind in der Hauptsache in kleine Parzellen unterteilt. Das meiste Lesegut wandert deshalb in die Genossenschaftskellereien, die etwa 85 % der Weinerzeugung beherrschen.

Rauhe Schönheit

Die Landschaft des Priorato mit ihren Bergen und den tief eingeschnittenen Tälern der Siurana und ihrer Nebenflüsse war einst ein großer Binnensee. Ihre rauhe Schönheit wird unterstrichen von der reichen Vegetation auf fast allen Hängen, über denen im Sommer der Duft von Wildkräutern liegt. Die Straßen sind ausnahmslos eng und gewunden; in den mittelalterlich anmutenden Dörfern sind es schmale Gassen – keineswegs für das Auto geschaffen. Oliven, Mandeln und Trauben sind die wichtigsten landwirtschaftlichen Erzeugnisse. Es gedeihen hier kaum andere Feldfrüchte, denn der felsige Unterboden ist karg und besteht meist aus Schiefer mit Glimmer- und Eisengehalt. Das Klima ist sehr trocken mit Niederschlagsmengen von unter 400 mm im Jahr. Der *seré,* ein trockener Wind, weht von Norden her, und im Juli und August kommen am Tag Temperaturen bis zu 40 °C vor, die in der Nacht auf 10 bis 12 °C fallen können. Diese großen Schwankungen sind für die Weintrauben ideal, denn dadurch bewahren sie ihr Aroma. Auch der Schiefer trägt dazu bei – er ist ja ein hervorragendes Medium für das Gedeihen der Weinrebe, wie man beispielsweise aus dem Moseltal weiß.

Sehr kleine Erträge

Wein wird in dieser Gegend seit eh und je unter schwierigsten Voraussetzungen gebaut. An den steilen Hängen sind Terrassen notwendig; und wo sich solche nicht anlegen ließen, mußten Seile gespannt werden, um zu verhindern, daß Reben, Tiere (Mulis und Pferde) und Menschen kopfüber in die Tiefe stürzten. Nach wie vor lassen sich viele Weinberge nur mühsam von Hand bearbeiten. Darüber hinaus muß sich das Priorato mit extrem geringen Erträgen begnügen; an vielen Stellen sind es lediglich 5 bis 15 hl/ha. Nur in hochrationell angelegten und mit jungen, wuchskräftigen Reben besetzten Weinbergen werden 40 hl/ha erreicht; doch Lagen solcher Art bilden eher die Ausnahme als die Regel. Auch die Höhenlagen sind sehr unterschiedlich. Es gibt Weinberge auf Talsohlen bei 200 m und an Hängen in über 1000 m Höhe.

Ungeheure Kraft

Ebenso wie Boden und Klima bringt auch der geringe Ertrag Vorteile. Er trägt viel zum besonderen Charakter des Priorato-Weins bei, vor allem in der roten Form, die zu den konzentriertesten und stärksten Spaniens und vielleicht sogar der ganzen Welt zählt. Als Alkoholgehalt fordern die gesetzlichen Vorschriften mindestens 13,5 %, doch in der Praxis wird dieser vollkommen natürlich und ohne die geringste Schwierigkeit weit überschritten und erreicht manchmal 18 %. Die Weine sind tintendunkel und haben sonnengereifte Frucht, aber auch Holz im Aroma, und der Geschmack füllt den Mund auf höchst massive Weise. Manche Rotweine neigen zu zarter Süße und nehmen sich aus wie trockener Port. Praktisch alle Rotweine werden von Garnacha- und Cariñena-Trauben gewonnen; auch die Garnacha Peluda wird hier, obgleich in kleineren Mengen, angebaut. Die meisten Winzer halten unbeirrbar an diesen Rebsorten fest. Allerdings gibt es hier auch einen neuen Trend im Weinbau, bei dem fremden Rebsorten Platz eingeräumt und der Alkohol in den Weinen möglichst nahe dem vorgeschriebenen Mindestwert gehalten wird. In Gang gesetzt wurde er von den Cellers Scala Dei. Einer der Rotweine dieser Kellerei besteht zu 70 % aus Garnacha und zu 30 % aus Cabernet Sauvignon, und der Alkoholgehalt beträgt genau 13,5 %. Neue Weine dieser Art gelten bei den traditionellen Winzern und auch bei manchen Kennern als Ketzerei. Objektiv betrachtet jedoch gehören sie zu den allerbesten der Region, und sie sind nicht gar so einschläfernd schwer. Leicht sind sie allerdings nur relativ, denn immer noch zählen sie zu den stärksten und gehaltvollsten des ganzen Landes.

Verschiedenartige Rosé- und Weißweine

Für die in kleinen Mengen erzeugten Rosé- und Weißweine ist ebenfalls ein hoher Alkoholgehalt vorgeschrieben – 13,5 bzw. 13,75 %. Auch hier gibt es Unterschiede zwischen den klassischen Typen und der neuen Welle. Den ersteren fehlt es an Frucht und Frische, oft sind sie mehr oder weniger stark oxidiert. Manche Weißweine entwickeln Flor wie bestimmte Sherry-Typen. Der Solera aus dem stark traditionsgebundenen Weingut Masía Barril erinnert an einen leichten trockenen Amontillado. Die Cellers Scala Dei dagegen bereiten ihre Rosé- und Weißweine bei kühlen Gärtemperaturen, so daß in ihnen Frucht und Frische erhalten bleiben. Der trockene Weißwein des Hauses enthält einen gewissen Teil Chenin Blanc. Die verbreitetsten Weißwein-Rebsorten sind Garnacha Blanca, Macabeo und Pedro Ximénez. Im Priorato werden auch gespritete Weine in süßer, lieblicher und trockener Ausführung produziert. Der Export aus diesem faszinierenden, weltabgeschiedenen Bereich hat bisher noch geringen Umfang; seit 1988 gestattet der Consejo Regulador lediglich den Export von Flaschenwein, und das ist sehr vernünftig, denn auf diese Weise gelangen nur echte Priorato-Weine ins Ausland, deren Köstlichkeit hierzulande als nichts weniger denn himmlisch gilt.

Das Kartäuserkloster Scala Dei aus dem 12. Jh., dessen Mönche den Weinbau in dieser Gegend förderten. Die Abtei im Schatten der sich ringsum auftürmenden Berge steht seit 1835 leer.

Lesezeit im Priorato: Bei den Cellers de Scala Dei werden Garnacha-Blanca-Trauben angeliefert.

BEDEUTENDE ERZEUGER

Masía Barril, 43738 Bellmunt del Priorat. Das Weingut liegt versteckt in den Bergen zwischen Falset und Bellmunt del Priorat und umfaßt mehrere Lagen mit zusammen 15 bis 20 ha. Es steht unter der energischen Leitung von Rafael Barril aus Madrid, dessen Vater das Gut 1931 kaufte. Seit 1980 wird hier unter eigener Regie ein Teil der Weine abgefüllt, die fast alle zum traditionellen Typ gehören, mit Ausnahme lediglich des Masía Barril Virgen, der zwar wie ein Rotwein aussieht, im Geschmack aber frisch und Rosé-ähnlich ist. Die Schalen der Garnacha- (70 bis 80 %) und Cariñena-Trauben werden 36 bis 48 Stunden im Most eingemaischt, bevor die Gärung beginnt. Der ungefilterte En Rama ist ein geschmeidiger, angenehmer und ziemlich ausgereifter Wein, dessen Alkoholgehalt von 16 % kaum spürbar ist. Meist ist der jeweils jüngste Jahrgang am besten; nach 4 bis 5 Jahren läßt der Wein Anzeichen von Oxidation erkennen. Der Clasico des Hauses ist wahrhaft ein klassischer Priorato: tiefdunkel und ungeheuer vollmundig im Geschmack, mit reifer Frucht und um 16,5 % Alkohol. Er besteht aus 75 % Garnacha und 25 % Cariñena. Die gleichen Verhältnisse gelten für den Extra, einen kraftvollen Wein mit großer Geschmacksfülle, viel Tannin und »nur« 14 % Alkohol.

Rafael Barril ist fest überzeugt, daß Würzwein eine Zukunft hat, und bietet deshalb einen lieblichen Vino Aromatizado an, der von altem Weißwein und Kräutern aus dem betriebseigenen botanischen Garten bereitet wird. Der interessanteste unter den Weißweinen ist der Solera, ein unter Flor reifender, aus mehreren Jahrgängen zusammengestellter Aperitif. Die Familie Barril ist bestrebt, in ihrem Weingut weitestgehend naturnahe Verhältnisse zu wahren und Masía Barril zu einer Bodega zu machen, die viele Aspekte des Lebens und der Kultur im Priorato verkörpert.

Cellers Scala Dei, 43379 Scala Dei. Der Empfangsbereich des fortschrittlich geführten Betriebs befindet sich neben der De-Muller-Kellerei und wird an Wochenenden viel von Ausflüglern besucht. In den Edelstahltanks der Bodega werden die Moste aus eigenen 100 ha Weinbergen vergoren. Daneben sind auch Keller vorhanden, in denen die Weine in Fässern und Flaschen lagern. Das als Flaschenkeller dienende Gewölbe stammt aus dem Jahr 1692.

Die Weine der Cellers Scala Dei zeichnen sich allgemein durch vorbildliche Qualität aus. Der Blanc Scala Dei von Garnacha Blanca und 35 % Chenin Blanc ist sauber im Geschmack, hat schöne Gewürznuancen und den gesetzlich vorgeschriebenen Mindestalkoholgehalt (manchmal sogar etwas weniger). Der Rosat Scala Dei (100 % Garnacha) paßt gut zu Speisen und zeichnet sich durch festen, fruchtigen, saftigen Geschmack aus. Der Negre Scala Dei enthält außer Garnacha inzwischen auch 30 % Cabernet Sauvignon. Er ist ein fester Wein mit fleischiger Frucht und geschmeidiger Art und mit Holz im Aroma (er reift 6 Monate im Faß). Klassischeren Charakter weist der Cartoixa de Scala Dei auf, eine Gran Reserva sortenrein von Garnacha-Trauben. Dieser Wein zeigt kräftiges Holz- und Vanillearoma mit einiger Würze und einem festen, vollmundigen, schön abgerundeten Geschmack.

De Muller, 43004 Tarragona. Das in Tarragona beheimatete Haus De Muller besitzt eine Kellerei am Dorfplatz von Scala Dei. Unter anderem werden hier die Trauben aus den firmeneigenen 5 ha Weinbergbesitz in Priorato zum Legitimo Priorato de Muller verarbeitet. Er ist tief dunkelpurpurrot und hat bei 15,5 % Alkohol runden, kräftigen, sehr nachhaltigen Geschmack von sonnengereifter Frucht. Meist besteht er je zur Hälfte aus Garnacha und Cariñena.

Reise-Informationen

HOTELS UND RESTAURANTS

Hotel Sport, 43202 Falset (siehe Tarragona). Ein Teil der Gemarkung Falset fällt in den Bereich Priorato, daher ist der Ort ein guter Ausgangspunkt für eine Rundfahrt.
Antic Priorat, 43376 Poboleda, Tel. (77) 827006. Angenehmes, sehr ruhiges Hotel mit 15 Zimmern und Restaurant. Die Aussicht ist schön, der Swimmingpool erfrischend.
Racó del Priorato, 43374 La Vilella Baja, Tel. (77) 839065. Hier wird eine schmackhafte ländliche Küche gepflegt. Sie zieht vor allem am Wochenende zahlreiche Gäste an: Sonntags zur Mittagessenszeit müssen viele warten, bis endlich ein Tisch frei wird. Das Auto parkt man am besten am anderen Ortsende in der Nähe der Winzergenossenschaft.

SEHENSWERTES

Bellmunt del Priorat. Alter Ort mit einem verlassenen Bleibergwerk, das einst von den Römern betrieben wurde. Hier sollte man umkehren, weil die asphaltierte Straße endet.
Gratallops. Der Ort liegt im Herzen des Weinbaubereichs. In der Konditorei La Pastera gibt es Gebäck mit Wein der Gegend, und am Dorfplatz befindet sich eine Küferwerkstatt. Auf einem Berg nicht weit von Gratallops liegt eine Eremitage, die der Virgen de la Consolación – der Schutzheiligen des Priorato – geweiht ist.
El Lloà. Mittelalterliche Atmosphäre und ein schöner Blick in die Umgebung.
Poboleda. Elegante Häuser mit verzierten Portalen weisen auf den einstigen Wohlstand der Stadt hin.
Scala Dei. Hinter dem Dorf mit 30 Einwohnern und mehreren Bodegas liegt die Ruine der Abtei, die als Muster für viele weitere Kartäuserklöster in Spanien diente. An einer Wand beim Parkplatz ist ein Lageplan angebracht.
Torroja del Priorat. In der Kirche San Miguel befindet sich eine 1880 eingebaute Orgel aus dem 18. Jh. Außerdem gibt es einige schöne Häuser zu sehen.
La Vilella Baja. Mittelalterlicher Ort an einer alten Brücke.

WEINSTRASSE

Auf der Landkarte sieht die Strecke insgesamt recht kurz aus, da aber die Straßen im Priorato derart eng und gewunden sind, braucht man fast einen ganzen Tag, um den Weinbaubereich zu erkunden – vor allem dann, wenn man unterwegs einen Rundgang durch ein Winzerdorf machen oder Bodegas besichtigen möchte. Der südliche Teil der Route fällt mit Tarragona zusammen. Der Consejo Regulador des Priorato hat eine eigene, durch gelbe Wegweiser mit der Aufschrift »Ruta del vi« ausgeschilderte Weinstraße festgelegt, doch ihr Verlauf ist nicht immer ganz eindeutig.

Terra Alta

Den besten Überblick über Terra Alta hat man vom Colle del Moro, einem Berg bei Gandesa. Franco stand 1938 hier, als er seine Truppen in eine der blutigsten und bedeutendsten Auseinandersetzungen des Spanischen Bürgerkriegs, die Schlacht am Ebro, führte. Der Fernblick wird allerdings durch die Bergketten begrenzt, die von allen Seiten Terra Alta umgeben. Die höchsten Gipfel erheben sich im Süden auf 1000 bis 1400 m. Zwischen den schroffen, grauen Bergmassen liegt die jetzt friedliche Landschaft als eine grüne Oase mit vielen Weingärten, Mandel- und Olivenbäumen. Weizenfelder bilden hier und dort gelbe Flecken. Terra Alta (Hochland) ist ein welliges Plateau in 400 m Höhe: flaches Gelände, unterbrochen von sanften Hängen und niedrigen Hügelketten.

Die Iberer waren wohl die frühesten Bewohner; Überreste ihrer Kultur wurden am Colle del Moro gefunden. Lange Zeit später kam das Gebiet dann in den Besitz der Tempelritter. Jahrhundertelang fristete Terra Alta ein äußerst abgeschiedenes Dasein; erst in unserem Jahrhundert haben bessere Straßen und das Auto die Verbindung zur Außenwelt erschlossen.

Weinbaugemeinden

Das Klima ist in Terra Alta nicht so freundlich wie an der Küste. Im Sommer wird es sehr heiß, und im Winter gibt es Frost. Die Winde, die hier wehen, sind stets trocken, der warme *autan* aus dem Osten ebenso wie die kalte *bise* aus dem Norden. Die Regenmenge beträgt im Jahresdurchschnitt 400 mm. Die Weinstöcke wachsen flach am Boden, als wollten sie so viel Feuchtigkeit wie nur möglich festhalten. In den durchlässigen tieferen Bodenschichten kommt fast überall Kalkstein vor; Lehm ist an verschiedenen Stellen in sehr unterschiedlichem Maß vorhanden. Der 1982 eingerichtete DO-Bereich umfaßt 12 Weinbaugemeinden mit 10 800 ha. Batea und Gandesa sind die bedeutendsten Orte mit je einem Drittel der gesamten Rebfläche; der Rest verteilt sich auf

Der alte Weinort Corbera de Ebro liegt am Fuß eines Hügels, auf dem die Pfarrkirche thront.

die übrigen 10 Gemeinden. Gandesa ist zugleich das kommerzielle Zentrum der Gegend.

Weiße Trauben

Lange Zeit hindurch brachte Terra Alta sogenannte *rancios* hervor – trockene oder süße gespritete Weine, die 12 Monate in großen Fässern lagerten. Teils dienten sie als Meßwein, teils wurden sie mit Kräutern versetzt. Die ungespriteten Weine waren mit mindestens 15 % Alkoholgehalt umwerfend schwer. Das Hauptgewicht lag auf Weißwein; auf ihn entfielen 80 % der Produktion. Nur knapp ein Drittel der Gesamtmenge wurde in der Gegend in Flaschen abgefüllt. Die Ausrüstungen waren veraltet, und die ebenfalls sehr alten Reben – im Durchschnitt 60 Jahre – erbrachten nur 11 hl/ha. Alle diese Faktoren zusammengenommen ergaben ein entmutigendes Bild. Einerseits war die Nachfrage nach gespriteten oder alkoholstarken Weißweinen im Schwinden, und anderseits machten die geringen Hektarerträge jede wirtschaftlich sinnvolle Nutzung von vornherein unmöglich. Drastische Maßnahmen waren also nötig, wenn Terra Alta in der modernen Welt des Weins eine Überlebenschance haben sollte.

Drastischer Wandel

Es spricht für den regionalen Consejo Regulador, daß solche Maßnahmen tatsächlich ergriffen wurden. So wurde beschlossen, den Rebbestand grundlegend zu verändern, wobei das Hauptziel darin bestand, das Durchschnittsalter auf 20 Jahre zu senken und gleichzeitig den Ertrag nach und nach auf 25 bis 30 hl/ha anzuheben. 1990 waren bereits 22 hl/ha und damit das Doppelte der früheren Ausbeute erreicht. Die Umstrukturierung betraf nicht allein das Alter der Weinstöcke, sondern auch die Rebsorten. Zu Beginn der 80er Jahre entfielen 77 % des Rebbestands auf Garnacha Blanca; daneben wurde auch Macabeo angebaut. Für Rot- und Roséweine standen Cariñena, Garnacha und deren kleintraubige enge Verwandte Garnacha Peluda zur Verfügung. Knapp 10 Jahre später sah alles ganz anders aus. Der Gesamtbestand an weißen Traubensorten war auf die Hälfte geschrumpft, und viele Garnacha-Blanca-Reben waren durch Macabeo ersetzt worden. Zudem trat auch Parellada in Erscheinung. Bei den dunklen Trauben hatte sich der Anteil von Garnacha vergrößert. In bescheidenem Umfang war Cabernet Sauvignon hinzugekommen, und es sind Bestrebungen im Gang, ihn in die DO aufzunehmen. Bisher wurden durch dieses Vorgehen 4000 ha neu geordnet.

Leichtere Weine

Auch in der Kellertechnik wurden die nötigen Veränderungen vorgenommen. Den Beweis hierfür bildet die Einführung leichterer Weine um die Mitte der 80er Jahre. Pionierdienste leistete das Haus Pedro Rovira, das in Terra Alta wie in Tarragona äußerst aktiv ist. Die Firma bestand auf früherer Lese, als sie in der Gegend üblich war. Traditionell begann die Weinlese um den 12. Oktober, Pedro Rovira jedoch verlegte den Termin um etwa einen Monat vor, denn die Frucht war ja schon um den 10. bis 12. September völlig ausgereift. Aufgrund der früheren Lese entstanden nun Weine mit geringerem Alkoholgehalt. In der Bodega von Pedro Rovira wurden Edelstahltanks und Kühlanlagen installiert – sie ermöglichten niedrigere Gärtemperaturen. Die Firma beschloß außerdem, für ihren Weißwein nur reinen Most zu verarbeiten; in Terra Alta war es zuvor Sitte gewesen, die Traubenschalen mit zu vergären. Inzwischen sind weitere Erzeuger dem Beispiel von Pedro Rovira gefolgt.

Ermutigende Ergebnisse

Der Erfolg der Weine des neuen Stils war sowohl im kommerziellen als auch im qualitativen Sinn äußerst ermutigend. Vor allem die Weißweine zeigten eindrucksvolle Qualitätsverbesserungen; ein hervorragendes Beispiel hierfür ist der eingängig frische, sehr angenehme und leicht fruchtige Blanc de Belart von Pedro Rovira. Dieser Wein von 75 % Macabeo und 25 % Garnacha kam 1989 heraus – im ersten Jahr waren es 5000 Flaschen; drei Jahre danach verkaufte Pedro Rovira bereits 250 000 Flaschen. In den 90er Jahren werden auch die Terra-Alta-Rotweine in jung zu trinkenden und faßgereiften Versionen von sich reden machen. Und wenn die Cabernet-Sauvignon-Reben erst voll herangewachsen sind, wird sich herausstellen, wieweit sie den Charakter der Rotweine beeinflussen. Alle Bodegas werden aber auch künftig kleinere Mengen gespriteter Weine produzieren, wenn auch nur für den katalonischen Markt.

1990 verkauften nur drei von elf Genossenschaften und drei von dreizehn privaten Erzeugern Flaschenwein; noch vor der Jahrtausendwende wird mit einem beträchtlichen Zuwachs bei den selbstabfüllenden Bodegas gerechnet, so daß der Anteil der Faßweine zurückgehen wird. Alle Anzeichen deuten darauf hin, daß Terra Alta auf dem Weg zu neuen Höhen ist.

Ein typisches altes Bauernhaus in Terra Alta. Das «Hochland» hatte bis zum Beginn des 20. Jh. nur wenig Berührung mit der Außenwelt.

BEDEUTENDE ERZEUGER

Cellers J. Pedrola, 43006 Gandesa. Das 1850 gegründete, bescheidene Haus befindet sich in einem sehr alten Gebäude mit ebenso alten Kellern, aber es hat viel Geld in neue Ausrüstungen investiert. Neben den traditionellen gespriteten Weinen umfaßt das Programm auch ungespritete Weiß-, Rot- und Roséweine im neuen Stil. Die besten kommen unter dem Namen der Firma auf den Markt; für die einfacheren Qualitäten werden die Marken Compte Rei und Viña Daurada benützt.

Pedro Rovira, 43006 Gandesa. Die Bodega der Firma Pedro Rovira außerhalb von Gandesa wurde in den 1980er Jahren gründlich modernisiert und verfügt jetzt über eine Batterie von Edelstahl-Gärtanks. In den Kellern liegen große und kleine Fässer. Direktor Pedro Rovira Solé experimentiert mit dem Vergären von Weißwein in neuen Eichenfässern. Trauben und Weine werden hauptsächlich bei Winzergenossenschaften in 11 der 12 Terra-Alta-Gemeinden eingekauft. Allerdings besitzt die Firma auch ein Gut, El Mas, mit 22 ha Land in der Nähe von Gandesa. Im Rahmen des regionalen Umstrukturierungsprogramms wurden 14 ha neu bestockt. Der Star des Programms ist der Blanc de Belart in stilvoller Flasche. Er hat etwas von exotischer Frucht in Duft und Geschmack und ist dabei geschmeidig, elegant, frisch und gefällig; er besteht aus 75 % Macabeo und 25 % Garnacha. Ein ebenfalls ansprechender Weißwein ist der liebliche, saubere Alta Mar mit Melonen im Aroma. Der bisher bedeutendste Rotwein ist der Viña d'Irto, eine ausgesprochen reife Reserva mit festem Alkoholkern und einer deutlichen Holznuance. Mit der Zeit sollen weitere Rotweine in das Programm aufgenommen werden. Auch gespritete Süßweine gehören dazu, insgesamt 7 Typen, darunter ein Meßwein und der aromatisierte Mas dels Frares.

Reise-Informationen

HOTELS UND RESTAURANTS

Hostal Piqué, 43006 Gandesa, Tel. (77) 420068. Das einfache Hotel mit 50 Zimmern ist eines der besten in Terra Alta. Das Restaurant bietet gute Küche mit regionaler Note.
Fonda Miralles, 43596 Horta de San Juan, Tel. (77) 435114. Vorzüglicher, preiswerter Mittagstisch. Lamm steht oft auf der Speisekarte.
Parador Castillo de la Zuda, 43500 Tortosa, Tel. (77) 444450. Tortosa liegt 40 km südlich von Gandesa und eignet sich gut als Ausgangspunkt für Exkursionen. In diesem *parador*, einem früheren maurischen Schloß, wohnt man ruhig und komfortabel.

SEHENSWERTES

Corbera de Ebro. Alter, am Hang gelegener Weinort. Die Kirche steht auf dem Berg, die Genossenschaftskellerei an seinem Fuß.
Gandesa. Die Hauptstadt von Terra Alta hat rund 3000 Einwohner. Hier gibt es eine romanisch-gotische Kirche aus dem 13. Jh. und die 1919 gegründete älteste Winzergenossenschaft im Bereich. Ihr Sitz ist ein auffallendes Gebäude, das damals, als es von dem Architekten César Martinell – einem Gaudí-Schüler – entworfen wurde, seiner Zeit weit voraus war. 4 bis 5 km außerhalb von Gandesa liegt an der N420 der Berg Colle del Moro, von wo man eine wundervolle Aussicht genießt.
Pinell de Bray. Auch die hiesige Genossenschaftskellerei wurde von César Martinell erbaut; ihre farbenprächtigen Fliesen sind das Werk von Xavier Nogués.
Horta de San Juan. Picasso lebte in diesem malerischen Weinort am Fuß der Berge; gotische Kirche.
Tortosa. Die Stadt mit 31 000 Einwohnern liegt 24 km vom südlichsten Punkt der Terra-Alta-Weinstraße entfernt. Sehenswert ist hier u. a. die gotische Kathedrale mit ihrem eindrucksvollen Innenraum, die Lonja (Markthalle) – ein markanter Bau aus dem 14. Jh. –, der Bischofspalast (14. Jh.) und der Convento Santo Domingo aus der Renaissance mit dem Museo Municipal de Arqueología.

WEINSTRASSE

Vom Weinbaubereich Tarragona aus gelangt man ganz einfach zur Terra-Alta-Weinstraße, indem man in Mora la Nueva den Ebro überquert und auf der N420 in Richtung Gandesa fährt. Auch in Pinell de Bray kann man den Anschluß über die T324/N230 finden. Die Straße von Mora de Ebro her ist enger und kurvenreicher, sie hat aber den Vorteil, daß sie über Miravet mit seiner Maurenburg führt. Die Terra-Alta-Weinstraße berührt 7 der 12 Weinbaugemeinden.

Oben: *Die Weinstraße durch Terra Alta berührt Miravet mit seiner maurischen Burgruine.*
Links: *An der Weinstraße liegen auch viele schöne alte Häuser wie dieses in Corbera de Ebro.*

Costers del Segre

Als Manuel Raventós im Jahr 1914 das Gut Raimat, 15 km westlich der Stadt Lérida, besuchte, stieß er dort auf eine weite Brachlandfläche um ein Schloß aus dem 17. Jh., das auf einem kahlen Hügel stand. Jahrhundertelang waren hier Reben gewachsen, das belegten nicht nur alte Aufzeichnungen, sondern auch ein verwitterter Grabstein auf dem maurischen Friedhof, der die Abbildung einer Traube und einer Hand zeigt – der Name des Guts leitet sich von den arabischen Worten *raim* bzw. *mat* für Traube bzw. Hand her. In der Landwirtschaftskrise im 19. Jh. war dieser Boden aufgegeben worden. Raventós machte diese Reise nach Raimat, weil er Land für die Stillweinerzeugung suchte; Schaumwein lieferte seine Bodega Codorníu in Penedès. Er wußte, daß der neue Canal de Aragón y Cataluña mitten durch diesen Besitz gebaut werden sollte und Schmelzwasser aus den Pyrenäen herbeiführen, also Bewässerung ermöglichen würde. Das aber war in dieser überaus trockenen Gegend mit einer jährlichen Regenmenge von nur 300 mm unerläßlich.

Das Weingut Raimat

Daß sich Manuel Raventós entschied, die ganzen 3200 ha samt Schloß zu kaufen, spricht sowohl für seinen Weitblick als auch für seinen Optimismus. Der Salzgehalt des Bodens war so hoch, daß etwas dagegen getan werden mußte: Zunächst wurde der gesamte Grund mit Luzerne (der bekannten Futterpflanze) eingesät und dann mit Föhren bepflanzt. Rund 20 Jahre nach dem Erwerb war das Schloß Raimat von dichten Wäldern umgeben. Nun wurden die Bäume gefällt, und das Gelände wurde großflächig planiert: Von den Hügeln wurden bis zu 90 cm Erde abgetragen, um tiefer gelegene Geländeteile aufzufüllen. So entstand ein riesiges Plateau. Dann wurde ein Be- und Entwässerungssystem angelegt. Für seine Arbeiter schuf Raventós ein Dorf mit Kirche, Schule, Sportanlagen, Bahnstation und Café. Alles das steht noch heute und bietet 150 Familien Wohnung. Eine Weinkellerei wurde gleich zu Anfang gebaut. Raventós wünschte eigentlich, daß Gaudí der Architekt sein sollte, doch mußte er sich mit einem seiner Schüler begnügen – der sich dieser Aufgabe jedoch glänzend entledigte. Das Gebäude sieht fast aus wie eine Kathedrale, und die gestufte Bauweise des Dachs ermöglicht es, Wasser darüber zu leiten und so den darunterliegenden Raum zu kühlen. Dieses 1918 errichtete Gebäude war das erste aus Stahlbeton in Spanien.

Guter Rat aus Amerika

Ein Teil des Landes wurde mit Getreide und Obstbäumen bepflanzt, und von der ursprünglichen Gesamtfläche von 3200 ha wurden 200 ha der Kirche und der Armee gestiftet – damals eine übliche Spendenpraxis. Die ersten Experimente mit Reben schlugen fehl. Die traditionellen Rebsorten aus Penedès, die hier angepflanzt worden waren, wollten nicht recht gedeihen. Vincent Petrucci von der Fresno University in Kalifornien führte eine tiefgreifende Studie der in Raimat gegebenen Verhältnisse durch und gab in seinem Abschlußbericht exakte Empfehlungen. Übrigens unterhält Raimat noch mit einer weiteren amerikanischen Universität enge Beziehungen, nämlich mit Davis – ebenfalls in Kalifornien.

Die Familie Raventós beschloß, den Rat aus Amerika zu befolgen, und so wurden 1975 die ersten Anpflanzungen mit amerikanischen Unterlagen vorgenommen; heute benutzt Raimat auf dem eigenen Gut gezüchtete Unterlagen. Codorníu kann sich ebenfalls auf die Dienste des eigenen Tochterbetriebs Agro 2001 stützen, der weinbautechnische Studien über Themen wie Klone und Veredelungsunterlagen durchführt. Heute umfaßt die Rebfläche von Raimat rund 1250 ha – das entspricht etwa einem Drittel der Gesamtrebfläche der DO Costers del Segre von 3700 ha. Daß diese DO überhaupt ins Leben gerufen wurde, ist weitgehend das Verdienst von Raimat und der Familie Raventós. Zum ersten Mal in der Geschichte dieser Gegend wurde nachgewiesen, daß hier in Raimat Weine mit besonderem Charakter entstehen können – Weine, die den besten Spaniens in nichts nachstehen.

Canyeret am Segre ist ein Stadtteil von Lérida aus dem 18. Jh

Bei einer Besichtigung des Gutsgeländes, das in einer mittleren Höhe von 330 m liegt, findet man weite Flächen mit hocherzogenen Reben, umgeben von niedrigen Hügeln. Rückhaltebecken und Pumpenanlagen ermöglichen es, die Reben zu beregnen, und zwar geschieht dies automatisch, wenn die Temperatur 35 °C über- bzw. 1 °C unterschreitet. Dann schützt die Beregnung gegen Verbrennen bzw. Erfrieren. Diese Anlagen treten regelmäßig in Funktion, denn die Sommer sind heiß, während von Dezember bis Mitte Mai Nachtfröste vorkommen, und im Winter gibt es oft Schnee. Der nördliche Teil von Raimat ist flacher und kühler als der südliche. Deshalb wachsen dort vor allem weiße Rebsorten, während die dunklen im wärmeren Südteil kultiviert werden. Cabernet Sauvignon und Chardonnay werden bei weitem am meisten angebaut. Zusammen machen sie 60 % der Gesamtanpflanzung aus. Es folgen Tempranillo und die weißen Sorten Parellada und Macabeo; sie alle mit jeweils unter 100 ha. Weitere hier angebaute Rebsorten sind Merlot, Pinot Noir und Monastrell sowie Xarel-lo (weiß). Andere Erzeuger in der Gegend sind mit Anpflanzungen von Cabernet Sauvignon und sonstigen importierten Rebsorten dem Beispiel von Raimat gefolgt.

Der Eingang zum futuristischen Kellereikomplex von Raimat.

Neue Kellerei

Die erste volle Ernte gab es in Raimat im Jahr 1978 – rund 60 Jahre nach der Erwerbung des Guts. Anfänglich wurden die Weine in der alten Bodega bereitet, mit steigender Produktion jedoch entschloß sich die Familie Raventós zu weiteren Investitionen in einen ganz neuen Kellereikomplex. Er wurde 1988 fertiggestellt und erinnert an eine Pyramide ohne Spitze. Ein Hügel wurde abgetragen, das Gebäude errichtet und die Erde zum Teil wieder aufgeschüttet – heute wachsen Reben obenauf. Der von einem künstlichen See flankierte Eingang ist ein hochmoderner rechteckiger Bau mit spiegelnden Glasflächen. Der eigentliche Kellerraum hat eine Grundfläche von 120 auf 90 m und eine Höhe von 20 m. Ein Teil davon dient für den Ausbau des Weins in Fässern – die meisten aus amerikanischer Eiche. Die Größe 300 l wird hier dem üblichen 225-l-Faß vorgezogen, damit der Wein nicht zuviel Holzaroma annimmt. «Wir wollen ja vergorenen Traubensaft verkaufen und keinen Eichensaft», scherzte einmal ein Familienmitglied. Ein bei Codorníu entwickeltes Förderbandsystem ermöglicht rasche Faßreinigung; das Verfahren dauert nur 5 bis 10 Minuten pro Faß.

Vier Teilbereiche

Costers del Segre erhielt die eigene Denominación de Origen in dem Jahr, als die neue Bodega von Raimat fertiggestellt wurde – die Qualität der Weine dieses Guts gab besonderen Anstoß dazu. Hierin zeigt sich die Weisheit der spanischen Weinbaubehörden, daß sie nämlich Raimat offizielle Anerkennung zugestehen und damit eine lächerliche Situation vermeiden, die sich in anderen Weinbauländern oft genug ergibt, weil dort so mancher «vino da tavola» oder «vin de pays» andere unter dem Schutzmantel einer Appellation oder dergleichen geborgene Weine weit überragt. Innerhalb der neuen DO wurde speziell für Raimat ein Teilbereich eingerichtet, der einzige westlich von Lérida; die drei übrigen liegen östlich der Stadt. Von Norden nach Süden sind es Artesa, Valls de Riu Corb und Les Garrigues. Die beiden letzteren grenzen aneinander; Artesa ist zweiteilig und von den anderen getrennt.

Sonst nur wenige bedeutende Erzeuger

Während die Qualität der Raimat-Weine im Durchschnitt sehr hoch ist, läßt sich das von den Erzeugnissen der übrigen Teilbereiche, wo weit weniger nicht-traditionelle Rebsorten angebaut werden, nicht behaupten. Die Erzeuger der drei östlichen Teilbereiche verkaufen ihren Wein meist faßweise; die Cava-Häuser von Penedès sind verläßliche Abnehmer. Zielbewußte Bodegas mit eigener Abfüllung sind hier eine Rarität. Unbestrittener Stern in dieser Finsternis ist das Haus Cellers Castell del Remei in La Fuliola. Seit 1992 umfaßt sein Besitz 100 ha, und der Rebbestand enthält Cabernet Sauvignon, Merlot, Tempranillo, Chardonnay und Sauvignon Blanc. Darüber hinaus sind hier große Investitionen zur Verbesserung der Kellerei und ihrer Ausrüstungen geschehen. Sicherlich werden auch aus der Gegend östlich von Lérida in zunehmendem Maß gute Weine kommen, vorerst jedoch verdankt der Weinbaubereich beiderseits des Segre seinen Ruf überwiegend den Köstlichkeiten aus dem Haus Raimat.

Die malerische Bodega von Cellers Castell del Remei.

BEDEUTENDE ERZEUGER

Cellers Castell del Remei, 25333 La Fuliola. In La Fuliola lebte die Familie Cusiné vom Luzerne-Anbau. Als dann 1982 die Bodega Castell del Remei zum Verkauf stand, beschlossen die Cusinés, sie zu erwerben. Der südwestlich der Stadt gelegene Komplex besteht aus einem Schloß, einer Kapelle, einem Park, einem Restaurant, geräumigen Kellern und 400 ha Land.

Sowohl in die Bodega als auch in das Land mußte viel investiert werden. 1983 nahmen die Brüder Tomaś und Manuel Cusiné ein intensives Neubestockungsprogramm in Angriff. Zugleich wurden die Keller vollständig renoviert und modernisiert sowie die 6000 Fässer größtenteils durch bessere ersetzt. Der erste Wein der neuen Besitzer war der 1985er Castell del Remei. Damals hatte der Bereich Costers del Segre noch keinen DO-Status, dennoch wurde dieser erste Wein (70 % Tempranillo, 20 % Cabernet Sauvignon und 10 % Garnacha) von einem großen spanischen Weinclub ausgewählt. Der gegenwärtige Gotim Bru Crianza hat ungefähr dieselbe Zusammensetzung und reift 6 Monate im Faß. Er ist ein hochfeiner Wein mit Holzaroma und Frucht. Die ersten Cabernet-Sauvignon-Trauben des Weinguts wurden 1988 gelesen. Auch dieser Jahrgang enthält 15 % Tempranillo und zeichnet sich durch wundervollen Geschmack mit Vanille- und Toastnote aus. Der Merlot steht noch nicht in Ertrag. Von den 100 ha Weinbergfläche sind 7 ha u. a. mit Chardonnay und Sauvignon Blanc bepflanzt. Weitere weiße Trauben werden zugekauft.

Raimat, 25111 Raimat. Vor einigen Jahrzehnten, als Raimat noch in der Entwicklung begriffen war, verlieh ihm die spanische Regierung ein Diplom als Musterweingut. Heute noch kann Raimat nicht nur im eigenen Bereich, sondern auch für Bodegas anderer Gegenden – sogar im Ausland – als Vorbild dienen. Die Anpflanzung ist bestens durchdacht, und die Reben wurden mit größter Sorgfalt und Sachkenntnis gewählt. An Rebsorten stehen auf den 1250 ha in der Reihenfolge des Umfangs Cabernet Sauvignon, Chardonnay, Tempranillo, Parellada, Macabeo, Xarel-lo, Merlot, Pinot Noir und Monastrell. Neben der alten, inzwischen modernisierten Kellerei von 1918 verfügt die Bodega über einen sieben Jahrzehnte später erbauten ultramodernen Komplex. 1995 sollen hier rund 15 000 Fässer mit je 300 l Inhalt lagern.

Bei Raimat werden exzellente Weine, u. a. auch Schaumweine, in wachsender Zahl produziert, darunter der hellgoldene stille Chardonnay (fest, mit Nußaroma) sowie der Chardonnay Selección Especial (in neuen Fässern vergoren und ausgebaut, komplex in Duft und Geschmack). Der mengenmäßig bedeutendste Wein ist der rote Clos Abadia von 50 % Cabernet Sauvignon, 35 % Tempranillo, 12 % Merlot und 3 % Garnacha (die Anteile sind variabel) – eine milde, geschmeidige Crianza mit kräftigem Körper bei fast pfefferigem Geschmack und mit deutlichen Nuancen von Holz und Vanille. Seit 1987 produziert Raimat auch reinen Tempranillo. Neben Holz und Vanille zeigt dieser saubere, gefällige Wein einen Anflug von reifen Brombeeren. Günstige Beurteilung verdienen auch der vollmundige Merlot, der überraschend gelungene Pinot Noir (eine bekanntermaßen schwierige Traube) sowie der exzellente, feingefügte Cabernet Sauvignon (88 % dieser Sorte und 12 % Merlot). Diese drei Weine reifen alle im Faß. Der qualitativ hervorragende Chardonnay-Schaumwein – eine Cava mit sauberem, hochinteressantem Geschmack und exotischer Frucht – feiert große Erfolge. Der Brut Raimat (50 % Chardonnay, 20 % Parellada, 20 % Macabeo, 10 % Xarel-lo) ist etwas einfacher; gegenwärtig kommt er nur in Spanien selbst auf den Markt.

Weine von jungen Reben laufen unter der Marke Parnàs. Aus diesem Programm sind der weiße Garbi, der Rosado und die Cava Brut Nature empfehlenswert.

Vall de Baldomar, 25737 Baldomar. Die 1990 entstandene Bodega verarbeitet vorwiegend Trauben aus eigenen 25 ha Weinbergen. Der erste Wein war ein trockener, fruchtiger Rosé unter dem Markennamen Cristiari; er besteht je zur Hälfte aus Cabernet Sauvignon und Monastrell. Weißweine, z. B. ein Riesling, sowie faßgereifte Rotweine mit Cabernet Sauvignon und Merlot sind in Vorbereitung. Die Firma verfügt über moderne Ausrüstungen und benutzt die Keller des jahrhundertealten Castell de Montsonis, 4 km von Baldomar entfernt.

Reise-Informationen

HOTELS UND RESTAURANTS

Restaurant del Remei, Castell del Remei, 25333 La Fuliola, Tel. (73) 718165. Einfaches Restaurant neben der Bodega Cellers Castell del Remei. Spezialität: Fleisch vom Grill.
Fonda del Nastasi, N240, 25001 Lérida, Tel. (73) 249222. Das Restaurant liegt 3 km nordwestlich von Lérida, an der Straße nach Raimat. Die Küche ist zuverlässig und sehr katalonisch.
Forn del Nastasi, Salmerón 10, 25004 Lérida, Tel. (73) 234510. Das in der Gegend berühmte Restaurant bietet traditionelle und moderne Küche. Große Weinkarte.
Sansi Park Hotel, Avenida Alcalde Proqueras, 25008 Lérida, Tel. (73) 244000. Außerhalb von Lérida gibt es mehrere Hotels; dieses hier ist das größte im Stadtzentrum. Es hat moderne Zimmer mit Doppelglasfenstern und Klimaanlage und ein Restaurant.
El Molí de la Nova, 25690 Villanueva de la Barca, Tel. (73) 190017. Exzellentes Restaurant in einer alten Mühle. Die Gerichte beruhen auf frischem Fisch, Rindfleisch (Tournedos al Cabernet), Wild und Früchten aller Art. Villanueva de la Barca liegt 15 km nordöstlich von Lérida.

SEHENSWERTES

Balaguer. Teilweise ummauerte Stadt mit schönem mittelalterlichem Marktplatz. Die romanische Kirche San Salvador enthält schöne Wandmalereien. Santo Domingo besitzt einen gotischen Kreuzgang.
Bellpuig de las Avellanas. Unmittelbar südlich liegt die Abtei Santa María aus dem 12. Jh.
Lérida. Die oft umkämpfte Hauptstadt der gleichnamigen Provinz; ihr Übername lautet *ciudad de los nombres* (Stadt der Namen); früher hieß sie nämlich Iltírda, Ilerda und Lareda, und auf katalanisch wird sie Lleida genannt. Die Skyline von Lérida wird von den Überresten der Festung Azuda beherrscht. Innerhalb ihrer Mauern steht die alte Kathedrale, Seu Vella. Der Baustil ist romanisch und gotisch; besonders beachtenswert die schönen Portale und der Kreuzgang. Lérida besitzt auch eine «neue» Kathedrale aus dem 18. Jh., in der sich eine Gemäldesammlung befindet. Im früheren Hospital Santa María sind zwei Museen untergebracht: das Museo Arqueológico Provincial mit zahlreichen prähistorischen und sonstigen Funden und das Museo Jaime Morera mit über 500 Werken katalonischer Maler (u. a. von Jaime Morera).
Raimat. Für Weinliebhaber ist ein Besuch des Weinguts obligatorisch, schon allein wegen des außerordentlichen Kontrasts zwischen der alten Kellerei von 1918 und der neuen Anlage von 1988 (s. Seite 55).

WEINSTRASSE

Die Route ist so angelegt, daß die beiden bedeutendsten Erzeuger von Costers del Segre berührt werden – Raimat im Teilbereich gleichen Namens sowie Cellers Castell del Remei im Teilbereich Artesa. Raimat liegt an der N240 und ist an Wegweisern und Weinbergen leicht zu erkennen. Cellers Castell del Remei befindet sich an der Straße von Bellpuig de las Avellanas nach Castellserà, einige Kilometer südlich von der Kreuzung mit der C148.

Aragón

Hauptstadt: Zaragoza
Provinzen: Huesca, Teruel, Zaragoza
Fläche: 47 669 km²
Einwohnerzahl: 1 215 000

Die Ursprünge Aragoniens gehen zurück auf die Stadt Jaca, strategisch günstig am Fuß der Pyrenäen auf dem linken Ufer des Flusses Aragón gelegen. Hier entstand im Jahr 824 n. Chr. die Grafschaft Aragón, und als Ramiro I. Sánchez 1035 Aragón in ein Königreich umwandelte, war Jaca die Hauptstadt. Dann aber gab der Umzug des Hofs nach Saragossa, einer zentraler gelegenen, 1118 den Mauren abgenommenen Stadt, der künftigen Entwicklung Aragoniens die Richtung. Denn der damalige Herrscher Alfonso I., genannt El Batallador (der Schlachtenkämpfer), verfolgte für das kleine Königreich weitreichende expansionistische Pläne und suchte dazu ein Bündnis mit Navarra.

Das Königreich Aragón

Alfonso starb, bevor ein Thronerbe geboren war, und deshalb wurde sein Bruder – ein Mönch – als Nachfolger aus dem Kloster geholt. Der neue König, Ramiro II., entledigte sich seiner Aufgabe mit Erfolg; seine Erbin war eine Tochter, Petronilla. Sie wurde 1137 mit dem Grafen Ramón Berenguer IV. von Barcelona vermählt. So verschmolzen Aragón und Katalonien zu einem einzigen Königreich, dessen Einflußsphäre sich mit der Zeit auf Murcia, die Balearen, das Roussillon, Montpellier, Neapel und Sizilien ausdehnte. Jaime I., El Conquistador, vergrößerte das Königreich im 13. Jh. beträchtlich, indem er die Mauren aus weiten Teilen Ostspaniens vertrieb. Im Lauf des 15. Jh. wurde Aragón schließlich mit Kastilien vereinigt, und zwar wiederum durch eine Heirat, diesmal zwischen Ferdinand II. von Aragón und Isabella von Kastilien, im Jahr 1469.

Vielseitige Landschaft

Die heutige *autonomía* Aragón hat ungefähr dieselbe Größe wie das Königreich im 11. Jh. Sie besteht aus drei Provinzen: Huesca im Norden, Teruel im Süden und Zaragoza dazwischen. Die Landschaft zeigt scharfe Gegensätze. Der gesamte Norden wird von

Das flache, intensiv kultivierte Ebro-Tal, umgeben von schroffen Gebirgszügen.

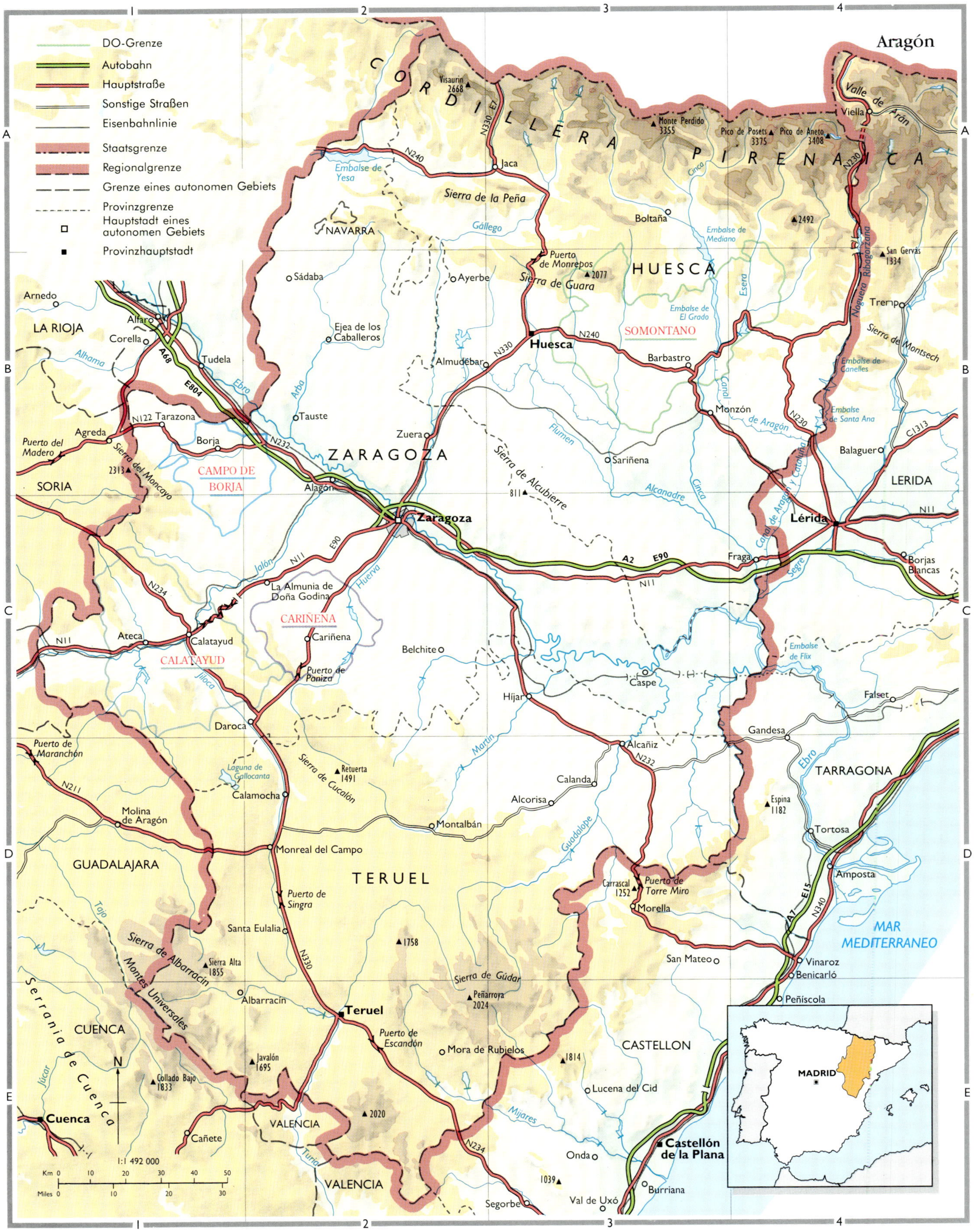
Aragón
DO-Grenze
Autobahn
Hauptstraße
Sonstige Straßen
Eisenbahnlinie
Staatsgrenze
Regionalgrenze
Grenze eines autonomen Gebiets
Provinzgrenze
Hauptstadt eines autonomen Gebiets
Provinzhauptstadt
CORDILLERA PIRENAICA
HUESCA
ZARAGOZA
TERUEL
NAVARRA
LA RIOJA
SORIA
GUADALAJARA
CUENCA
VALENCIA
CASTELLON
TARRAGONA
LERIDA
SOMONTANO
CAMPO DE BORJA
CARIÑENA
CALATAYUD
Zaragoza
Huesca
Teruel
Lérida
Cuenca
Castellón de la Plana
MAR MEDITERRANEO
MADRID
Sierra de la Peña
Sierra de Guara
Sierra de Alcubierre
Sierra del Moncayo
Sierra de Cucalón
Sierra de Albarracín
Montes Universales
Serranía de Cuenca
Sierra de Gúdar
Sierra de Montsech
Valle de Arán
1:1 492 000
Km 0 10 20 30 40 50
Miles 0 10 20 30

den Pyrenäen und ihren Ausläufern beherrscht; Bäche, Flüsse, Stauseen und Wasserfälle sorgen zusammen mit reichlichem Regen für grüne Wälder, aber die kleinen Bauern hier haben ein hartes Leben. Weiter südlich trifft man dann immer größere Plateaus an, und an manchen Stellen – so im Distrikt Somontano – wächst Wein. Noch weiter im Süden erstreckt sich die steppenartige Ebene am Ebro; schon die Mauren erkannten, daß Ackerbau hier der Bewässerung bedarf. Ihr allein ist es zu verdanken, daß im Flußtal reichlich Gemüse und Obst wachsen. Es herrscht ein kontinentales Klima mit langen, strengen Wintern und sengender Sommerhitze. Die Stadt Zaragoza mitten im Ebro-Tal wird oft von einem kalten Wind aus den Bergen geplagt. Wie es in dieser Ebene ohne Bewässerung aussehen würde, zeigt sich am Monégros, einem wüstenähnlichen Gebiet zwischen Zaragoza und Lérida; man glaubt sich hier in Nordafrika. Südlich des Flußtals wird das Gelände dann wiederum sehr unwirtlich, dem Gebirge sind jedoch in den Weinbaubereichen Cariñena und Calatayud flache Hügel vorgelagert, und in den Flußtälern wachsen neben Trauben viele weitere Früchte, u. a. Birnen, Kirschen und herrliche Pfirsiche.

Mudéjar-Architektur

Neben den landschaftlichen weist Aragón auch architektonische Gegensätze auf. Einen Teil des Nordens haben die Mauren nie erobert, vielmehr wurden sie 760 bei Jaca zurückgeschlagen. Auch kamen jahrhundertelang die Pilger auf dem Weg von und nach Santiago de Compostela durch den Norden, daher herrscht hier der romanische Stil in der Architektur eindeutig vor. Südlich des Ebro dagegen, der oft die Grenze zwischen Christen und Mauren bildete, zeigt die Architektur starke arabische Einflüsse. Insbesondere trifft man überall auf den Mudéjar-Stil, das Werk von Muselmanen unter christlicher Herrschaft. Die Backstein-Kirchtürme in den Provinzen Teruel und Zaragoza gehören zu den schönsten Beispielen der Mudéjar-Kunst in Spanien. Es führt sogar eine Mudéjar-Straße durch das Gebiet.

Ländliche Küche

Die Küche Aragoniens ist recht rustikal und verwendet hauptsächlich einfache Zutaten. Berühmt ist *chilindrón*, eine gehaltvolle Sauce aus Paprika, Tomaten, Zwiebeln und Knoblauch – an Festtagen wird sie zu Huhn und Lamm serviert. *Esparragos montañés* ist ein Gericht, das falsche Erwartungen wecken kann; es handelt sich nämlich nicht um «Spargel aus den Bergen», sondern um mit Tomaten geschmorten Lämmerschwanz. Knoblauchsuppe mit Eiern und Mandeln ist eine wärmende Speise für den Winter, dazu schmecken *migas*, knusprige Brotstückchen, ganz herrlich. In vielen Restaurants stehen *costillas*, Rippchen, auf der Speisekarte. Der Schinken aus Teruel (mit eigener DO) ist eine Delikatesse, die auf verschiedene Art zubereitet wird.

Weinbau

Die Weingeschichte Aragoniens geht mehr oder weniger ohne Unterbrechung sehr weit zurück, mit Sicherheit bis in die Römerzeit. Im Sinne von Qualitätswein macht die *autonomía* allerdings erst seit den 1980er Jahren wirklich von sich reden. Zuvor entstanden hier recht schwere Weine, vor allem jene von Cariñena mit einem natürlichen Alkoholgehalt von mindestens 17–18 %. Charakteristisch war auch die dunkle, purpurrote Färbung. Die Rotweine wurden deshalb ausschließlich für Verschnitte mit leichteren Weinen benutzt. Auf der Höhe der Reblausplage in Frankreich im 19. Jh. wurde viel solcher Wein nach Bordeaux geliefert.

Bis noch vor kurzem wurde der Wein größtenteils faßweise verkauft, und die meisten Bodegas (zu 90 % Genossenschaftsbetriebe) arbeiteten mit längst veralteten Einrichtungen. Alles das

Oben: *Storchennester sind in Nordspanien ein vertrauter Anblick.*
Unten: *Ornamente im maurischen Aljafería-Palast aus dem 11. Jh. in Zaragoza.*

Castillo de Loarre, Aragón.

hat sich rasch geändert. Viele Erzeuger haben sich inzwischen moderne Ausrüstungen zugelegt und streben in ihren Weinen zunehmend Frucht, Frische und feine Art an. Sie haben erkannt, daß die alkoholstarken, schweren Weine von einst für den Export untauglich sind, und so wurde der Mindestalkoholgehalt für roten Cariñena auf 12 % herabgesetzt.

Neue Rebsorten

Neue Trauben verdrängen oder ergänzen die Garnacha, deren hoher Zuckergehalt bisher für die starken Weine verantwortlich war. Am meisten trifft man die neuen Sorten in Somontano an, aber auch in Cariñena wächst der Anteil an Tempranillo und Mazuela. Tempranillo ist ebenfalls in den beiden anderen DO-Bereichen, Campo de Borja und Calatayud, vertreten. Dadurch sind die Weine aus Aragón gegenüber früher interessanter geworden. Landwirtschaftliche Versuchsanstalten führen Beratungen, aber auch Experimente innerhalb und außerhalb der DO-Bereiche durch. In Valdejalón, einem Distrikt zwischen Cariñena, Campo de Borja und Calatayud, hat das bereits sehr vielversprechende Ergebnisse gezeitigt. Die Garnacha herrscht hier vor, scheint aber erstaunlich gute Weine erbringen zu können, wenn sie mit etwa 25 % Tempranillo vermischt wird. In Bajo Aragón, dem größten Bereich ohne DO-Status, beginnen leichte Rot- und Roséweine Aufmerksamkeit zu erregen. In Alto Jiloca-Daroca und Muniesa (beide Rotwein) sind die Zeichen des Fortschritts noch nicht so deutlich.

Weinberg bei Barbastro, unterhalb des Monasterio del Pueyo.

Somontano

Im Jahr 1100 wurde das an einer Kreuzung römischer Straßen entstandene Barbastro von der Maurenherrschaft befreit. 37 Jahre später fand hier ein Treffen zwischen den Herrschern Aragoniens und Kataloniens statt, auf dem die Vereinigung der beiden Länder zu einem Königreich beschlossen wurde. Gleichzeitig wurde die Heirat zwischen Prinzessin Petronilla von Aragón und dem Grafen Ramón Berenguer IV. von Barcelona vereinbart. Später erhielt die Stadt eine Kathedrale und wurde Erzbischofssitz. Bis in das 19. Jh. war der Viehmarkt in Barbastro weithin berühmt. Seither hat sich der einstige Glanz verdunkelt, und jahrzehntelang fand die Stadt wenig Beachtung. Dem Wein mag es zu danken sein, daß sich das vielleicht bald ändert, denn heute ist Barbastro das Zentrum von Somontano, dem aussichtsreichsten Weinbaubereich Aragóns.

Somontano bedeutet «unter dem Gebirge», was ein vollkommenes Bild vom Charakter dieser Gegend vermittelt, die ein natürliches Amphitheater am Fuß der Pyrenäen bildet. Die Rebfläche von 2000 ha liegt größtenteils auf einem weiten Plateau nördlich von Barbastro, wo der lockere Boden vielfach bräunliches Kalkgestein enthält. An manchen Stellen wachsen Oliven- und Mandelbäume zwischen den Reben. Im Süden steht auf einem steilen Berg das Monasterio de Pueyo als markantes Wahrzeichen. Der Vero windet sich durch das Plateau, das im Osten und Westen von zwei weiteren Flüssen, Cinca und Alcanadre, begrenzt wird. Berge von 700 bis 1100 m Höhe bilden nach Norden hin eine Barriere, die den Bereich vor dem eisigen Wind aus den Pyrenäen schützt, so daß es in Somontano meist nicht so kalt wird wie in anderen Teilen Aragóns – z. B. in Zaragoza. Die Sommer sind trocken, im Winter und Frühjahr jedoch fällt genug Regen für problemlosen Weinbau. Die durchschnittliche Jahresniederschlagsmenge beträgt fast 500 mm, und zudem bringen die Flüsse ausreichend Feuchtigkeit mit. Dem kühlenden Einfluß der Pyrenäen entgeht der Bereich freilich nicht – die jährliche Durchschnittstemperatur von 11 °C liegt gut 2 bis 3 Grad tiefer als in den anderen Weinbaubereichen Aragóns.

Rebsorten

In Somontano können dank des kühleren, feuchteren Klimas ohne weiteres andere Rebsorten angebaut werden als im übrigen Aragón. Seit dem Ende der 1980er Jahre hat die Compañía Vitivinícola del Somontano große Flächen mit Cabernet Sauvignon, Merlot und Pinot Noir sowie mit Chardonnay und Gewürztraminer besetzt. Die Firma verfügt über ultramoderne Kellereiausrüstungen und brachte die ersten Weine aus den neuen Weinbergen Anfang 1990 auf den Markt. Ihre hohe Qualität löste Überraschung aus. Seither baut die Firma ihre Reputation – und zugleich die des ganzen Bereichs – stetig weiter aus.

Das Weingut Bodegas Lalanne, das im 19. Jh. von Franzosen gegründet worden war, verfügte bereits über Bestände an Cabernet Sauvignon, Merlot und Chardonnay. Doch bisher waren die Resultate enttäuschend; das liegt zweifellos an der Verarbeitung mit veralteten Ausrüstungen. Es kann jedoch mit technischen Verbesserungen gerechnet werden, denn der aufklärerische Einfluß der Compañía Vitivinícola del Somontano ist so stark, daß die fünf übrigen Erzeuger im Bereich einfach nicht zurückstehen können. So hat die Genossenschaft Somontano de Sobrarbe – bei weitem der größte Erzeugerbetrieb – in eine Batterie von Edelstahlgärtanks und die dazugehörigen Kühlanlagen investiert. Und von den 900 ha Weinbergbesitz ihrer Mitglieder wurden inzwischen 25 % mit Cabernet Sauvignon neu bestockt.

Tausende von Pilgern besuchen Jahr für Jahr das Santuario de Torreciudad.

Moristel

Der Vormarsch der fremden Rebsorten in Somontano bedeutet freilich nicht, daß alle einheimischen Trauben ausgemerzt werden. Der Anteil der Garnacha wird zwar zurückgehen, dafür aber wird der bereits in großem Umfang angebaute Tempranillo weiter stark zunehmen. Auch Moristel bleibt reichlich erhalten; die Genossenschaftsmitglieder verfügen über Bestände von rund 400 ha. Die Winzer in Somontano meinen, daß der Moristel zwar mit der Monastrell-Traube eng verwandt, jedoch bestimmt nicht mit ihr identisch ist, wie oft behauptet wird. Der Wein dieser Lokalsorte hat ausgeprägt eigenen Charakter mit markantem Beerenduft, einem Hauch Gewürz und schöner Geschmeidigkeit. Er oxidiert leichter als Tempranillo und eignet sich deshalb in reiner Form nicht für langen Ausbau im Faß. Daher wurde Moristel bis in die Mitte der 80er Jahre stets mit anderen Traubensorten verschnitten. Als jedoch der amerikanische Weinimporteur Steve Metzler einmal reinen Moristel aus einem Tank der Genossenschaft kostete, änderte sich das grundlegend. Metzler, ein Spezialist für spanischen Qualitätswein, war so begeistert, daß er gleich mehrere tausend Flaschen reinen Moristel bestellte. Dieser Wein und auch die nachfolgenden Jahrgänge wurden in den USA von Fachleuten und Verbrauchern gut aufgenommen und oft mit Beaujolais verglichen. Mit Moristel und den neuen Rebsorten hält Somontano alle Trümpfe im Weinbau Aragóns in der Hand. Die Art und Weise, wie diese Vorteile in den kommenden Jahren genutzt werden, wird für den Erfolg dieses Weinbaubereichs entscheidend sein.

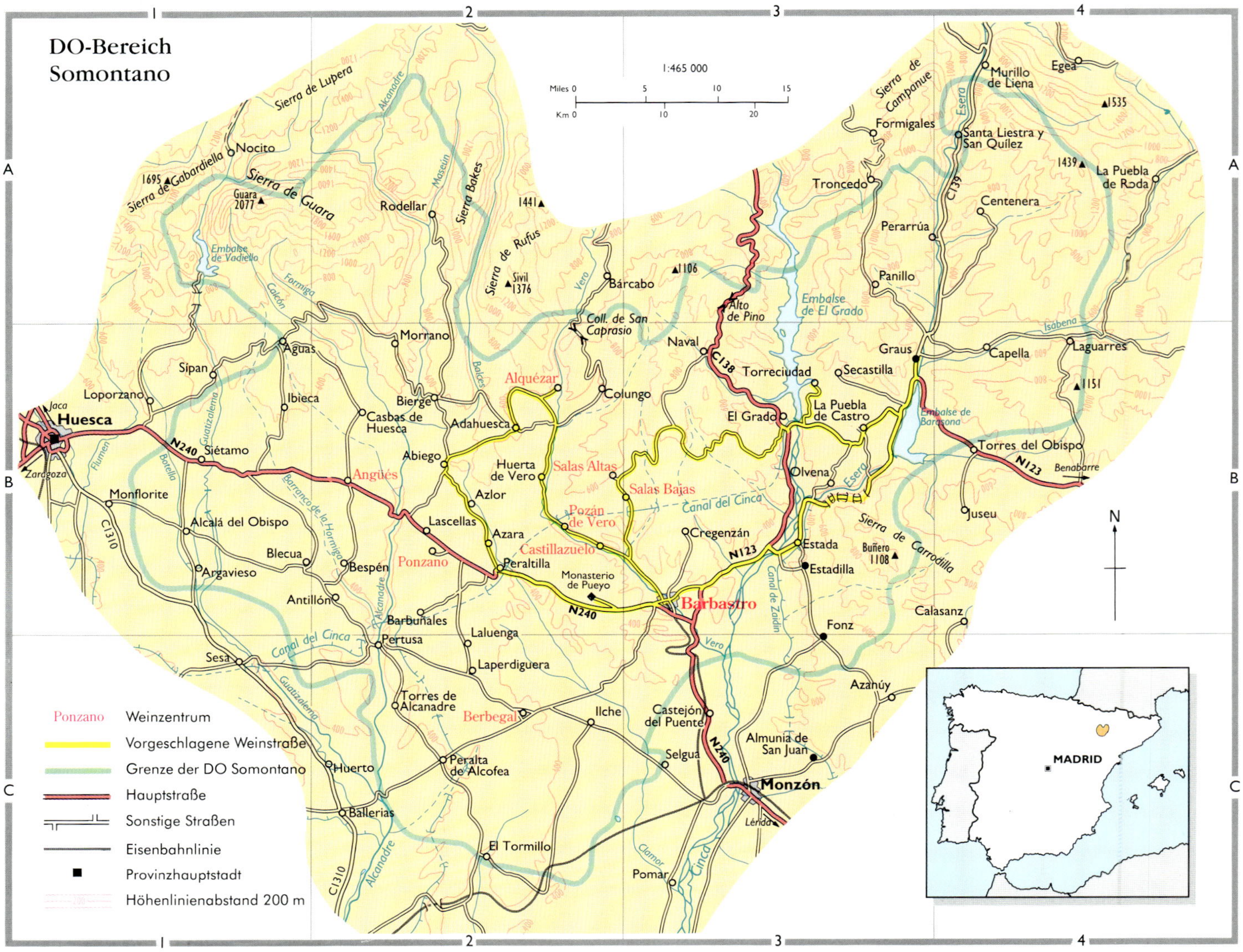

Maurische Burg über dem Weinort Alquezar, dessen Plaza Mayor (Dorfplatz) höchst sehenswert ist.

BEDEUTENDE ERZEUGER

Bodega Cooperativa Somontano de Sobrarbe, 22300 Barbastro. Die etwa 30 Jahre alte Genossenschaftskellerei wurde Anfang 1990 mit Edelstahlgärtanks und anderen modernen Ausrüstungen verjüngt. Außerdem hat sie sich einen unterirdischen Lagerkeller gebaut. 500 Mitglieder mit zusammen 900 ha machen die Genossenschaft zum größten Erzeugerbetrieb von Somontano. Um die 400 ha sind mit Moristel besetzt und über 25 ha mit Cabernet Sauvignon. Gegenwärtig entfällt etwa 1/3 der Produktion auf Flaschenwein. Der beste Rotwein ist der jung genußreife Moristel mit Beerengeschmack und einem Hauch von Gewürz, der unter der Marke Montesierra angeboten wird. Derselbe Name steht auch für einen Wein mit 50–60 % Moristel, der Rest ist Tempranillo. Eine neuere Kreation vereint Cabernet Sauvignon mit Tempranillo.

Traditioneller ist dagegen der rote Señorío de Lazán, eine Crianza mit etwa 80 % Tempranillo und 20 % Moristel. Dieser Wein wird vielleicht seine rustikale Art mildern und an Qualität gewinnen, wenn die Genossenschaft beschleunigt ihre etwa 500 Fässer durch neue ersetzt. Sowohl der weiße Montesierra (100 % Macabeo) als auch der Rosé (verschiedene Trauben) haben seit der Einführung von Stahltanks an Frucht und Frische gewonnen.

Bodegas Lalanne, 22300 Barbastro. 1894 ließ sich die Familie Lalanne aus Bordeaux in Somontano nieder. Ihr Weingut lag einige Kilometer von Barbastro entfernt, und der Rebbestand enthielt Bordeaux-Trauben wie Cabernet Sauvignon und Merlot. Die Familie produzierte Schaum- und Stillweine. Heute gehören den Bodegas Lalanne 16 ha Weinberge, und es müssen Trauben zugekauft werden. Die ober- und unterirdischen Kellereiräume weisen schöne Atmosphäre auf, lassen aber auch erkennen, daß die Ausrüstungen der Modernisierung bedürfen – die Weine würden zweifellos an Qualität gewinnen.

Im gegenwärtigen Programm sind die Rotweine bei weitem am meisten zu empfehlen, u. a. der von vier Traubensorten bereitete Laura Lalanne (wobei die Hälfte auf Cabernet Sauvignon und Merlot entfällt), der Lalanne Crianza (rund 40 % Moristel, 30 % Cabernet Sauvignon, 20 % Merlot) sowie der achtjährige Viña San Marcos (60 % Moristel, 30 % Tempranillo, 10 % Cabernet Sauvignon). Den im Faß ausgebauten Weiß- und Roséweinen fehlt es an Frische.

Bodegas Borruel, 21124 Ponzano. Der kleine Erzeugerbetrieb produziert einen gefälligen Rotwein San Lorenzo (80 % Moristel). Der größte Teil der Trauben stammt aus eigenem Weinbergbesitz (knapp 15 ha).

Compañía Vitivinícola del Somontano, 22314 Salas Bajas. Die junge, seit 1987 bestehende Firma ist in Somontano in der Qualität führend. Die Ausrüstungen sind hochmodern und umfassen Edelstahltanks, eine pneumatische Traubenpresse und eine Einrichtung, die es ermöglicht, die Schalen der weißen Trauben bei niedriger Temperatur im Most einzumaischen.

Die zur Daysa-Gruppe gehörende Firma verfügt über eine Kellerkapazität für 2500 Fässer, alle aus amerikanischer und französischer Eiche. Die Gesamtrebfläche beträgt 600 ha und ist zu 1/4 mit einheimischen Rebsorten wie Moristel besetzt. Ferner gehören Cabernet Sauvignon (20 %), Chardonnay (15 %), Tempranillo (10 %), Merlot (10 %), Pinot Noir (10 %) und etwa 10 % sonstige Rebsorten, darunter Gewürztraminer, zum Bestand. Wenn die Weinberge voll in Ertrag stehen, kann ein Volumen von 400 000 Kisten erreicht werden.

Die ersten Weine der Marke Viñas del Vero zeigten vorbildliche Qualität, und zwar die Rotweine (u. a. eine Cabernet Sauvignon Crianza) wie die Weißweine (Chenin Blanc, Gewürztraminer, Riesling sowie zwei Chardonnays – einer normal und einer in neuen Fässern ausgebaut).

Reise-Informationen

HOTELS UND RESTAURANTS

Flor, Goya 3, 22300 Barbastro, Tel. (74) 311056. Elegantes Restaurant mit regionaler wie auch internationaler Küche. Das beste Speiselokal in Somontano.
Rey Sancho Ramírez, N120, 22300 Barbastro, Tel. (74) 310050. Hotel westlich von Barbastro mit freundlicher Bedienung. Man sollte auf Zimmer weit von der Straße – und der Diskothek – achten. Swimmingpool und Restaurant.
Hostería El Tozal, 22390 El Grado, Tel. (74) 304000. Kleines, sehr ruhig gelegenes Hotel und Restaurant an der Straße nach Artasona. Schöne Aussicht auf die Umgebung.
Tres Caminos, 22390 El Grado, Tel. (74) 304052. Einfaches Hotel und Restaurant mit traditioneller Küche (Wildschwein, Rebhuhn und frischer Fisch); sehr preiswert.

SEHENSWERTES

Alquézar. Schön gelegener Weinort zu Füßen einer von den Mauren errichteten und später umgebauten Burg. Neben ihr eine kleine Kirche mit Kreuzgang und Fresken. Malerischer Dorfplatz.
Barbastro. In der Nähe der schattigen «rambla» im Zentrum der Stadt mit 15 000 Einwohnern stehen die spätgotische Kathedrale und das Rathaus aus dem 16. Jh. Im Erzbischofspalast hängen zwei flämische Tapisserien. Seit 1989 wird in Barbastro die Traubenlese in der 2. Oktoberhälfte gefeiert und dadurch der Aufstieg von Somontano als Weinbaubereich dokumentiert.
Graus. Fotogener Ort mit zahlreichen alten Häusern, deren Fassaden mit Wappen oder anderen Zieraten geschmückt sind (insbesondere an der Plaza de España).
Monasterio de Pueyo. Besuchenswert, vor allem wegen der Aussicht über ganz Somontano. Das Kloster steht auf einem steilen Felsen westlich von Barbastro an der N240.
Torreciudad. Auf Initiative eines Priesters aus Barbastro wurde hier zu Ehren der Virgen de los Angeles ein riesiges Sanktuarium errichtet. Es zieht jährlich Tausende von Pilgern an und bietet einen Panoramablick auf den El-Grado-Stausee.

WEINSTRASSE

Die beiden eingezeichneten Routen erfassen verschiedene Aspekte von Somontano, darunter das Plateau mit den Weinbergen, die bedeutendsten Weinorte, einige der schönsten Dörfer sowie die Berglandschaft rund um die Stauseen El Grado und Barasona.

Romanischer Kreuzgang in der Kirche San Pedro El Viejo, Huesca.

Cariñena

Seit Generationen wurden in Cariñena Weine erzeugt, die nur zum Verschneiden mit leichteren Gewächsen gedacht waren. Sie waren so dunkel, daß einmal jemand die Bodegas jener Zeit als «Färbereien» bezeichnete. Hinzu kam ein Alkoholgehalt von meist 17 bis 18 %, der auf völlig natürliche Weise dadurch zustandekam, daß die Trauben möglichst spät gelesen wurden. Bis 1990 war für den roten Cariñena ein Mindestalkoholgehalt von 14 % vorgeschrieben. Inzwischen wurde er auf 12 % herabgesetzt, aber viele Erzeuger können nur schwer die Gewohnheiten vergangener Zeiten ablegen. So verkostete ich einmal in einer kleinen Bodega für frühe Genußreife gedachte Weiß-, Rot- und Roséweine. Das einzige, was ich zu bemängeln hatte, war der zu hohe Alkoholgehalt. Hierauf erwiderte der Besitzer: «Alkohol gehört nun einmal zum Cariñena.» Daraufhin führte er mich in seinen Keller, wo große Holzfässer lagen, in denen sich oxidierte Rosés befanden. Stolz eröffnete mein Gastgeber mir, daß sie 18,4 % und gar 19,5 % Alkohol enthielten – der letztere schmeckte fast wie Likör.

Das Klima

Daß in Cariñena dermaßen starke Weine entstehen, ist zum Teil dem trockenen Klima Aragóns zu verdanken. Darüber hinaus ist der Bereich von Gebirgen umgeben, die einen Schutzwall bilden. Der strenge, kalte *el scherzo*, der von den Pyrenäen her nach Zaragoza weht – wobei das Galileo-Tal so recht als Windtunnel wirkt –, ist in Cariñena weniger scharf zu spüren. Der Bereich und die gleichnamige kleine Stadt liegen 50 km südwestlich von Zaragoza in einer Höhe von rund 300 m. Die durchschnittliche Jahresniederschlagsmenge beläuft sich auf 480 mm. Ein großer Teil der Rebfläche erstreckt sich über ein rötliches, leicht welliges Plateau mit hartem, steinigem Boden. Es ist hauptsächlich mit Garnacha bepflanzt, deren Trauben einen hohen Zuckergehalt besitzen und somit starke Weine liefern. Auch auf den äußeren Hängen der Sierra de Algairén, einem Gebirgszug mit Gipfeln bis zu 1200 m Höhe unmittelbar westlich von Cariñena, befinden sich Weinberge. Hier ist der Boden leichter und ermöglicht den Anbau fast aller anderen landesüblichen Rebsorten.

Weine aus Cariñena.

In Cariñena wie anderswo in Spanien ist die Weinwirtschaft dabei, mit der Vergangenheit zu brechen. Ein Schritt in diese Richtung war die Herabsetzung des Mindestalkoholgehalts. Außerdem wird die bisherige Praxis, Rotwein allein von Garnacha zu bereiten, allmählich durch Mischungen von Garnacha mit anderen Traubensorten verdrängt. Der Anteil der Garnacha – am Ende der 80er Jahre noch immer 52 % – wird daher allmählich kleiner. Die Genossenschaften spielen in diesem Veränderungsprozeß eine Schlüsselrolle, denn sie produzieren über drei Viertel des Weins dieser Gegend. Die große Cooperativa San Valero mit ihren modernen Anlagen ermutigt ihre rund 950 Mitglieder zur Anpflanzung von Tempranillo. Zu Beginn der 90er Jahre verfügten sie bereits über 35 bis 40 % Tempranillo, also bedeutend mehr als den Bereichsdurchschnitt von 10 %. Die Genossenschaft hofft, um 1995 60 % zu erreichen. Ebenfalls aussichtsreich ist der Cabernet Sauvignon, der seit 1990 für die Denominación de Origen offiziell zugelassen ist. Die Bodegas Martínez Gutiérrez haben 4 ha dieser Sorte angepflanzt, und die Cooperativa San Valero experimentiert in kleinem Umfang mit ihr. Auch andere Bodegas prüfen die Möglichkeiten des Cabernet Sauvignon. In der Versuchsanstalt in Zaragoza durfte ich einen überaus schmackhaften, fruchtigen und eleganten Cabernet Sauvignon Rosé aus Cariñena probieren. Allerdings ist der Anbau dieser Sorte problematisch, denn in den heißen, trockenen Sommern muß sie in Cariñena regelmäßig bewässert werden. Außerdem gedeiht Cabernet Sauvignon besser auf höher gelegenem Grund mit leichterem, frischerem, kalkhaltigem Boden, so daß der Zuwachs dieser Sorte eher bescheiden bleiben wird.

Mazuelo

Eine ebenfalls für Cariñena charakteristische Traubensorte ist Mazuelo (manchmal auch Mazuela genannt). In der Gegend heißt sie oft Cariñena, vermutlich weil sie von dort stammt. In kleinerem Umfang ist sie auch in Rioja und anderswo anzutreffen; mit der französischen Traubensorte Carignan ist sie eng verwandt, wenn nicht gar identisch. Mazuelo hat den Vorteil, einen Wein mit viel Säure und Tannin zu erbringen; Garnacha-Weinen verleiht er Struktur und Lebensdauer. Der Nachteil der Sorte liegt in ihrer Anfälligkeit für Mehltau und andere Krankheiten. Derzeit entfallen 18 % des Rebbestands auf Mazuelo, und voraussichtlich wird dieser Anteil wachsen. Reine Garnacha-Weine werden immer weniger und höchstens noch für baldigen Verbrauch produziert, und zwar sowohl die Rot- als auch die Roséweine. Die Zukunft scheint in Verschnitten von Garnacha mit Tempranillo oder Mazuelo zu liegen, in denen der Garnacha-Anteil immer weiter sinkt. Schon gibt es Weine, die nur zur Hälfte aus Garnacha bestehen und bei den faßgereiften Crianzas, Reservas und Gran Reservas wird ihr Anteil am schnellsten zurückgehen. Die Verschnitte haben offenbar mehr Tiefe, als Garnacha allein bieten kann, und sie sind einer längeren Ausbauzeit im Faß auch besser gewachsen.

Weißweine

Wenn in Cariñena um den 15. September die Weinlese mit einer Weinprämierung gefeiert wird, dann gibt es zu den Festlichkeiten neben Rot- und Roséweinen auch Weißweine. Ein Fünftel der Gesamtrebfläche von 21 600 ha ist mit Weißweinreben besetzt, wobei der Schwerpunkt auf Macabeo liegt. Garnacha Blanca und Moscatel Romano werden ebenfalls angebaut, und seit 1990 ist auch Parellada zugelassen. Wird Macabeo kühl vergoren, dann erbringt die Traube frische, leichte, fruchtige und lebendige Weine. Das einzige, was ihnen fehlt, ist Persönlichkeit. Vielleicht kann diesem Mangel durch Techniken wie Schalenmaischung und Verschneiden mit Parellada abgeholfen werden.

BEDEUTENDE ERZEUGER

Bodega Cooperativa San José, 50408 Aguarón. Die weißen Gebäude dieser Genossenschaft sind auf dem Weg zu dem friedlichen Ort Aguarón inmitten von Weinberghängen nicht zu übersehen. Die 400 Mitglieder bewirtschaften etwa 2000 ha. Bis 1989 waren die Weine bestenfalls mittelmäßig, inzwischen aber hat sich die Qualität dank der Einführung von Edelstahltanks etwas gebessert. Die besten Erzeugnisse laufen unter der Marke Monasterio de las Viñas.

Manuel Moneva Muela y Hijos, 50108 Almonacid de la Sierra. Der größte Teil des von der Familienfirma verarbeiteten Leseguts stammt aus eigenem Weinbergbesitz von 40 ha. Die Neuanpflanzungen zeigen, daß der Wandel im Rebbestand schon weit vorangeschritten ist: auf Tempranillo und Mazuelo entfallen zusammen 24 ha, genau doppelt soviel wie auf Garnacha. Die Bodega verfügt über Betontanks, Kühleinrichtungen und seit 1989 über eine funkelnagelneue Abfüllanlage. Der Rosé und der Weißwein aus diesem Jahrgang erhielten auf dem Weinlesefest erste Preise. Beide zeichnen sich durch schöne Frucht in Duft und Geschmack aus, vereint mit einer angenehmen Frische. Der Alkoholgehalt liegt um 18 %, und das trifft auch für den festen, recht fleischigen und ebenfalls mit Frucht versehenen Rotwein zu. Diese jung zu trinkenden Weine tragen den Markennamen Viña Vadina. Tío Manuel steht für einen Garnacha-Wein der alten Art mit 15 % Alkohol.

Bodegas Martínez Gutiérrez, 50108 Almonacid de la Sierra. Die Kellerei aus dem Jahr 1780 besteht aus einer großen Halle mit Nebengebäuden oberhalb des Orts Almonacid de la Sierra. Hier entstehen Weine aus dem Eigenbesitz von 15 ha sowie aus ein paar Dutzend weiteren Weinbergen, die unter Liefervertrag stehen. Darüber hinaus wird noch Wein bei Genossenschaften zugekauft. In den eigenen Weinbergen hat der Besitzer, Jesús Martínez, 3 ha mit Tempranillo und 4 ha mit Cabernet Sauvignon angepflanzt. Die Reben der letzteren Sorte wachsen ziemlich weit oben am Hang, und im Bedarfsfall steht eine Beregnungsanlage für sie zur Verfügung. Martínez ist Befürworter von nicht allzu schweren Weinen, deshalb läßt er die Trauben früher lesen, als es in der Gegend üblich ist (normalerweise wird in Cariñena vom 10. September bis Mitte Oktober geerntet). Der Viña Valerma ist ein sehr gefälliger, jung zu trinkender Rotwein, eine recht würzig-fruchtige Mischung aus 70 % Garnacha und 30 % Mazuelo. Zu Beginn der 80er Jahre war der faßgereifte Señorio de la Obra noch ein reiner Garnacha; inzwischen besteht er aus 60 % Garnacha, 30 % Tempranillo und 10 % Mazuelo, was der Qualität zugute kommt. Für Enthusiasten gibt es den 70jährigen Rancio Gran Paulet.

In Cariñena findet jedes Jahr Mitte September ein Weinmarkt statt. Während der Fiesta fließt Wein aus diesem Brunnen vor dem Renaissance-Rathaus aus dem 16. Jh.

Bodega Cooperativa San Valero, 50400 Cariñena. Ungefähr die Hälfte des aus Aragón exportierten Weins stammt aus dieser 1944 gegründeten Genossenschaft, die in einem großen, unregelmäßigen Gebäude am Rand von Cariñena ihren Sitz hat. Ihre rund 950 Mitglieder verfügen zusammen über 1300 ha Weinberge. Die Genossenschaft fördert den Anbau hochwertiger Rebsorten, vor allem Tempranillo. 1995 sollen darauf 60 % der Produktion entfallen. In einem eigenen Versuchsweinberg werden Cabernet Sauvignon und andere Sorten erprobt.

Trotz der hier verarbeiteten beträchtlichen Mengen bringt die Genossenschaft erfolgreiche, oft preisgekrönte Weine hervor, u. a. Don Mendo Rosé (100 % Garnacha) und den noch frischeren, lebendigeren Monte Ducay Rosé (90 % Garnacha, 10 % Tempranillo). Der weiße Monte Ducay (100 % Macabeo) hat ebenfalls lobenswerte Qualität.

Unter den Rotweinen zeichnet sich der Don Mendo (Garnacha mit 30 % Tempranillo und etwas Mazuelo) durch gefälliges, fast marmelade-ähnliches Aroma und milden Geschmack aus. Der rote Monte Ducay Crianza (55 % Garnacha, 35 % Tempranillo, 10 % Mazuelo) reift 6 Monate im Faß und weitere 6 Monate in der Flasche. Er ist ein ansprechender, sanfter Wein mit einem Anflug von Holzaroma und staubiger Frucht. Unter demselben Namen wird auch eine Gran Reserva geführt (40 % Tempranillo), die neben größerer Reife mehr Holz- und Vanillearoma bietet. Der Marqués de Tosos Reserva stellt eine Zwischenqualität dar. San Valero produziert ferner einen Schaumwein Gran Ducay von Trauben, die im Penedès eingekauft werden. Ihm fehlt es allerdings an Klasse, und sein Geschmack ist recht erdig.

Vinícola Cariñena (Vincar), 50400 Cariñena. Das modern ausgerüstete Haus arbeitet ausschließlich mit eingekauften Trauben und Weinen. Der weiße Viña Oria (100 % Macabeo) und der Rosé (100 % Garnacha) zählen zu den besseren Gewächsen der Gegend. Die leicht fruchtige rote Crianza (80 % Garnacha, 20 % Mazuelo) weist recht eleganten Bau und feinen Geschmack mit Holz- und Vanillearoma auf.

Reise-Informationen

HOTELS UND RESTAURANTS

Mesón El Escudo, 50400 Cariñena, Tel. (76) 620081. Das Restaurant an der Straße nach Zaragoza ist das beste Speiselokal in der Gegend. Gut zubereitete regionale Küche zu sehr akzeptablen Preisen.
Hostal Cariñena, 50400 Cariñena, Tel. (76) 620250. Einfaches Hotel an der N330, fast gegenüber der Genossenschaft San Valero. Im Restaurant gibt es bodenständige Gerichte.
El Balcón, 50480 Paniza, Tel. (76) 620518. Die Lage am Puerto-de-Paniza-Paß bietet herrliche Aussicht. Einfache Küche mit guten Fleischgerichten.

SEHENSWERTES

Aguarón. Von Cariñena aus auf einer schönen Straße durch eine wellige Weinlandschaft zu erreichen. Teile einer alten Burgmauer sind in dem friedlichen Weinort noch erhalten. Einige Kilometer weiter im Gebirge liegt rechts der Straße der Konvent Nuestra Señora de las Viñas.
Almonacid de la Sierra. Der Ort zu Füßen einer Burgruine hat einige sehr alte Häuser, einen schönen Kirchplatz mit einer Markthalle aus dem Jahr 1904 und viele an ihren Lüftungsschächten erkennbare Kellergewölbe.
Cariñena. Die Ursprünge der kleinen Stadt gehen auf die prähistorische Zeit zurück. Gegen Ende des 19. Jh. exportierte Cariñena so viel Wein nach Frankreich, daß das Bordeaux-Haus Violet hier eine Niederlassung eröffnete. Einer der Altäre in der Barock-Kirche La Asunción trägt Reliefs mit Abbildungen der Rosenkranzmysterien. Das im Renaissance-Stil erbaute Rathaus aus dem 16. Jh. besitzt eine Galerie und Rundbogenportale. Zum Weinlesefest (15. September) sprudelt aus dem davorstehenden Brunnen kein Wasser, sondern Wein. Die Kapelle Santiago war früher eine Moschee.
Cosuenda. Malerisches Dorf an einem Berghang, überragt von den Ruinen einer Burg.
Fuendetodos. Hier wurde 1746 Francisco de Goya geboren. Das Geburtshaus des großen Malers steht noch und ist heute Museum.
Longares. Altes Dorf mit einer schönen Kirche, darin eine sehenswerte Ecce-Homo-Darstellung. Der Turm ist im Mudéjar-Stil erbaut.
Muel. Der Ort war bereits im 15. und 16. Jh. durch seine Töpferwaren berühmt. In der Nähe des Parks am Río Huerva liegt die Ermita de Nuestra Señora de la Fuente, wo der junge Goya vier Fresken malte.
Puerto de Paniza. Der etwa 900 m hohe Paß bietet einen herrlichen Blick über die Weinberglandschaft und auf die Stadt Cariñena.
Zaragoza. Die nur 50 km von Cariñena entfernte Großstadt besitzt viele Baudenkmäler. Am eindrucksvollsten ist die in mehreren Stilen erbaute Kathedrale Nuestra Señora del Pilar am Ebro. Ihre Silhouette wird von hohen Ecktürmen, einer großen und mehreren kleinen Kuppeln gekennzeichnet. Ein Fresco über dem Chor stammt von Goya. La Aljafería war ursprünglich ein maurischer Palast mit vielen Bogen und Gewölben, wie man ihn eher in Andalusien als in Aragón anzutreffen erwartet. Der Kerker wurde durch Verdis «Troubadour» berühmt. Die Lonja ist die schöne Börse aus dem 16. Jh. in der Nähe der Kathedrale; hier finden regelmäßig Ausstellungen statt. Bis zu der in mehreren Stilen erbauten früheren erzbischöflichen Kirche La Seo, wo u. a. flämische und französische Tapisserien zu bewundern sind, ist es nicht weit.

WEINSTRASSE

Cariñena bildet den Mittelpunkt der Weinstraße, die durch die schönsten Teile der Gegend und die hübschesten Ortschaften führt. Drei kurze Abstecher zu Stellen außerhalb des Weinbaubereichs sind zu empfehlen: nach Fuendetodos (dem Geburtsort Goyas), zum Kloster Nuestra Señora de las Viñas und zum Aussichtspunkt am Puerto de Paniza. Der Anschluß zur Calatayud-Weinstraße läßt sich über die sehr kurvenreiche C221 herstellen. Die gleichnamige Stadt ist außerdem über La Almunia de Doña Godina und die N11 zu erreichen.

Weinbaulandschaft zwischen Cariñena und Aguarón.

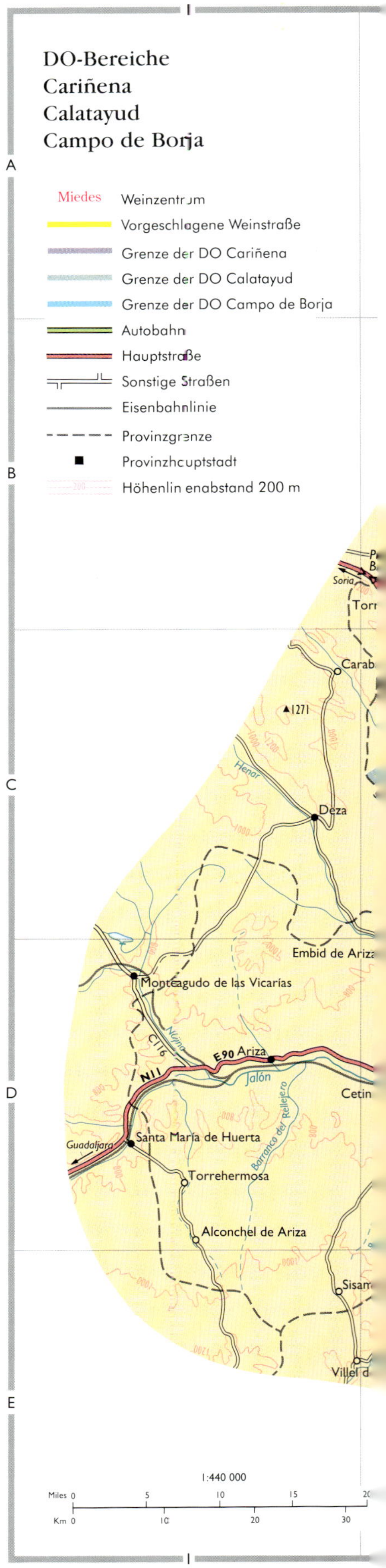

Tarazona de Aragón
El Buste
Santuario de Nuestra Señora de la Misericordia
Vera de Moncayo
Monasterio de Veruela
Bulbuente
Maleján
Borja
Agón
Bisimbre
Albeta
Magallón
Alberite de San Juan
Ainzón
Bureta
Ambel
Añón
El Pozuelo de Aragón
Fuendejalón
Sierra del Moncayo
Llano de Plasencia
Talamantes
Tabuenca
Beratón
Calcena
Pomer
Sierra de Nava Alta
Tierga
Oseja
Embalse de Maidevera
Aranda de Moncayo
Jarque
Mesones de Isuela
Illueca
Sierra de la Virgen
Clarés de Ribota
Brea de Aragón
Arándiga
Ricla
Torrijo de la Cañada
Villarroya de la Sierra
Viver de la Sierra
Morés
Morata de Jalón
Aniñón
Savinán
Cervera de la Cañada
Torralba de Ribota
Embid de la Ribera
El Frasno
Moros
Calatayud
Bilbilis
Cavero
Sierra de Vicort
Sediles
Ateca
Terrer
Villalba de Perejil
Belmonte de Calatayud
Paracuellos de Jiloca
Bubierca
Castejón de las Armas
Valtorres
Alhama de Aragón
Orera
Maluenda
Mara
Ruesca
Carenas
La Vilueña
Velilla de Jiloca
Munébrega
Embalse de la Tranquera
La Tranquera
Morata de Jiloca
Miedes
Olvés
Fuentes de Jiloca
Ibdes
Nuévalos
Monasterio de Piedra
Alarba
Montón
Monterde
Castejón de Alarba
Acered
Sierra de Pardos
Abanto
Campillo de Aragón
Cubel
Santa Cruz 1423
ZARAGOZA GUADALAJARA
NAVARRA ZARAGOZA
Cortes
Mallén
Tauste
Gallur
Boquiñeni
Luceni
Remolinos
Alcalá de Ebro
Cabañas de Ebro
Pedrola
Alagón
Figueruelas
Torres de Berrellén
Cìtura
Pinseque
Bárboles
Casetas
Utebo
Monzalbarba
Garrapinillos
Urrea de Jalón
Lumpiaque
Rueda de Jalón
Epila
ZARAGOZA
Lucena de Jalón
Sierra de la Muela
María de Huerva
Calatorao
Botorrita
La Almunia de Doña Godina
Muel
Jaulín
Alfamén
Alpartir
Mezalocha
Almonacid de la Sierra
Longares
Sierra de Algairén
Santa Cruz de Grío
Cosuenda
Campo de Cariñena
Villanueva del Huerva
Fuendetodos
Aguarón
Cariñena
Nuestra Señora de las Viñas
Puerto de Aguarón
Tobed
Tosos
Codos
Encinacorba
Paniza
Aguilón
Puerto de Paniza
Aladrén
Puerto de Mainar
Langa del Castillo
Cerveruela
Herrera de los Navarros
Mainar
San Bartolomé 1297
Daroca
Puerto de Villafeliche
Teruel
Llanos de la Plana
MADRID

Calatayud

Die keltische Siedlung Bilbilis erhielt von den Römern den Namen Bilbilis Augusta. Ausgrabungen haben einen Tempel, ein Theater und Bäder freigelegt. Marcus Valerius Martial wurde hier im 1. Jh. n. Chr. geboren. Mit 23 Jahren kam er nach Rom, wo er nicht nur das Leben der herrschenden Klasse in satirischen Versen beschrieb, sondern er pries auch die Weine von Bilbilis, wohin er schließlich an seinem Lebensabend zurückkehrte. Im 8. Jh. bauten die Mauren hier eine Burg, die *calat* des Herrschers Ayub, auf einem Berg nicht weit von Bilbilis. Um sie entstand die Stadt Calatayud, heute das staubige und unübersichtliche Zentrum des Weinbaubereichs, der Anfang 1990 den Status einer Denominación de Origen erlangte. Damit fanden die Weine dieser Gegend 20 Jahrhunderte, nachdem ein Römer ihr Lob gesungen hatte, in Spanien offizielle Anerkennung.

Fruchtbare Täler

Die Stadt Calatayud liegt im Tal des Jalón an der verkehrsreichen N11, der Verbindung zwischen Madrid und Barcelona. Die Entfernung nach Zaragoza im Nordosten beträgt knapp 90 km. Cariñena liegt nur 35 km entfernt, aber das Klima der beiden Weinbaubereiche ist unterschiedlich. In Calatayud ist es mit einer durchschnittlichen Jahresniederschlagsmenge von 510 mm etwas feuchter und um ein halbes Grad kühler, daher findet die Weinlese hier später statt. Die Weinberge liegen in 500 bis 700 m, ja sogar 1000 m Höhe. Zumeist befinden sie sich in den Tälern der kleinen Nebenflüsse des Jalón, die größtenteils mit Obstbäumen dicht besetzt sind. Calatayud bringt u. a. Äpfel, Birnen und Kirschen hervor und ist vor allem durch seine saftigen Pfirsiche in ganz Spanien berühmt. Die 11 000 ha Rebfläche erstrecken sich meist an den Talrändern. Auch auf den Hochflächen wächst Wein an hügeligen Stellen – so an der C202 von Calatayud zum Monasterio de Piedra. Manchmal sind Mandelbaumpflanzungen dazwischen eingestreut. Parallel zu den Flußläufen ziehen sich beträchtliche Gebirge hin, die zum Iberischen Massiv gehören. Die Sierra de la Virgen (1427 m), die Sierra de Vicort (1411 m) und die Sierra de Algairén (1279 m) schirmen den Bereich zum Ebro-Tal hin ab. Die Sierra del Caballero (1147 m) und die Sierra de Pardos (1423 m) bilden im Süden eine natürliche Grenze.

Die Rebsorten

Im lockeren, steinigen Boden des Bereichs werden vor allem dunkle Trauben angebaut. An erster Stelle steht Garnacha mit etwa 60 % Anteil, während auf Tempranillo 20 % entfallen. Im Gegensatz zu vielen anderen Weinbaubereichen wird die Anpflanzung von Ersatzsorten hier kaum gefördert. Die Bodega Langa hat zwar etwas Cabernet Sauvignon angepflanzt, ich aber habe den Wein dieser Sorte (der auch etwas Tempranillo enthält) enttäuschend gefunden; Cabernet Sauvignon ist in der DO übrigens nicht anerkannt. Die drittmeistverbreitete Traube ist Macabeo, hier Viura genannt, und für verschiedene andere Sorten verbleiben noch 4 %.

Modernisierung

Zwar ist der Consejo Regulador mit dem gegenwärtigen Verhältnis im Anbau der Rebsorten zufrieden – außer daß vielleicht der Tempranillo-Anteil angehoben werden könnte –, in den Kellern aber werden zahlreiche Veränderungen vorgenommen. Das führt vor allem bei den Genossenschaften, auf die über 80 % der Weinproduktion entfallen, zu beträchtlichen Investitionen. Edelstahlgärtanks und Kühlanlagen sind bereits in großem Umfang entstanden, und diese Entwicklung wird weitergehen. Anderseits werden keine großen ober- oder unterirdischen Räume für die Lagerung von Fässern gebaut, denn im ganzen Bereich werden fruchtige Weine angestrebt, die jung getrunken werden sollen.

Roséweine

Die Vorliebe für junge Weine führt dazu, daß der Schwerpunkt sich mehr und mehr auf Roséweine verlagert. Auf sie entfällt derzeit etwa ein Drittel der Produktion, doch wird dieser Anteil wohl steigen, vor allem wenn der Inlandsmarkt mehr trockene *rosados* aufnimmt und die internationale Nachfrage wächst. Die Garnacha gibt einen guten Grundstoff für Rosés ab, schon deshalb, weil sie in Calatayud nicht so schwere Weine produziert wie beispielsweise in Cariñena. Dazu muß man die Garnacha-Trauben nur in optimalem Zustand lesen (das erfordert exakte Informationen für die Winzer) und sie dann in bestmöglicher Weise verarbeiten.

In der Bodega Cooperativa San Alejandro in Miedes konnte ich den Unterschied zwischen einem in üblicher Art bereiteten Rosé und einem aus Edelstahltanks kosten. Der zweite Wein hatte mehr Frucht und schmeckte leichter, frischer – und bedeutend besser als der erste. Auch beim Rotwein haben moderne Techniken Verbesserungen gebracht. Bei den besten Beispielen ist die so sehr angestrebte Frucht eindeutig vorhanden, und zudem entwickelt sich bald geschmeidige Art. Charme ist das treffende Wort für Rotwein aus Calatayud, und natürlich kommt auch den Weißweinen die kühle Gärung in Edelstahltanks zugute.

Flaschenwein

Lange Zeit konzentrierte sich der Bereich auf Faßwein. Seit der Einrichtung der schützenden DO jedoch steigt der Anteil der Flaschenweine stetig an. Ein großer Schritt vorwärts wurde mit der Eröffnung von Embico getan, einer Gemeinschafts-Abfüllanlage von 6 Genossenschaften und den Bodegas Gabriel Ibarra. Sie befindet sich neben der Genossenschaftskellerei Miedes und wurde Ende 1990 in Betrieb genommen. Da es in Calatayud nur 11 Bodegas gibt, bedeutet dies, daß für zwei Drittel aller Erzeuger ausreichende Abfüllkapazität zur Verfügung steht; einige Privatfirmen, beispielsweise Langa, besaßen schon vorher Ausrüstungen dieser Art. Als nächste Aufgabe steht Calatayud nun der Vertrieb des Flaschenweins bevor, denn noch ist er außerhalb der eigenen Grenzen nur wenig bekannt.

Ein Tal bei Miedes mit Weinbergen, Obstbäumen und anderen Feldfrüchten.

BEDEUTENDE ERZEUGER

Bodegas Gabriel Ibarra, 50300 Calatayud. Die mit großem Eifer betriebene Firma verkauft viel von ihrem Wein in Fässern (sie besitzt rund 10 000), jedoch immer mehr auch in Flaschen. Die Weine sind denen der Genossenschaft San Alejandro in Miedes, mit der ein Vertriebsabkommen besteht, sehr ähnlich. Der Rot-, Weiß- und Roséwein ist gute Durchschnittsqualität, angenehm fruchtig und für raschen Verbrauch bestimmt. Der Markenname lautet Marqués de Sandañon.

Bodegas Langa Hermanos, 50300 Calatayud. Das Familienunternehmen an der N11 wurde 1982 gegründet und verfügt über fast 20 ha Weinberge, die 30 % des Traubenbedarfs liefern. Die Besitzer, José Langa Fuentes und seine Schwester María Teresa, haben neben den üblichen Rebsorten auch Cabernet Sauvignon, Chardonnay und Chenin Blanc im Bestand. Die beiden weißen Traubensorten werden zu einer Cava verarbeitet, die zwar schön aufgemacht, im Glas aber nicht standfest ist (ein besonderer unterirdischer Keller ist dafür gebaut worden). Der Cabernet Sauvignon mit Tempranillo ergibt einen nicht gerade brillanten Wein, aber das ist charakteristisch für alle Weine des Hauses, auch für die einfachen unter dem Markennamen Portalet. Dabei sind die Bodegas Langa Hermanos technisch gut ausgerüstet; das Potential wird hier wohl nicht voll genutzt.

Cooperativa del Campo San Isidro, 50340 Maluenda. Die 1000 Mitglieder besitzen zusammen 4000 ha Weinberge und bilden damit die größte Genossenschaft von Calatayud. Das Unternehmen hat stark in Edelstahltanks für seine jung zu trinkenden Rot-, Weiß- und Roséweine investiert und verfügt inzwischen über eine eigene Abfüllanlage. Der Rosé Viña Alarbra mit seinem sanften, fruchtigen Geschmack ist meist der beste Wein des Hauses. Der Weißwein derselben Marke ist nicht ganz so lebhaft, aber dennoch ein sehr anständiges Gewächs. Der für frühen Verbrauch bestimmte Rotwein kommt allmählich in Schwung.

Cooperativa Comarcal del Campo San Alejandro, 50330 Miedes. Die Genossenschaft installierte als erste im Bereich Edelstahlgärtanks und Kühlanlagen. Seit dem Jahrgang 1990 werden hier nun alle Weine bei relativ niedrigen Temperaturen vergoren und zeichnen sich durch Frucht und Frische aus. Der Rosado ist ausgezeichnet, der Weißwein sauber, und der charmante Rotwein enthält 25 % Tempranillo. Der Markenname lautet Marqués Nombrevilla. Die 500 Mitglieder kultivieren zusammen 1400 ha. In der Nähe wurde die Gemeinschaftsabfüllanlage Embico errichtet, wo die Weine von fünf weiteren Genossenschaften sowie der Bodegas Gabriel Ibarra auf Flaschen gezogen werden.

Cooperativa Comarcal del Campo Virgen del Mar y de la Cuesta, 50219 Munébrega. Die 450 Genossenschaftsmitglieder bewirtschaften zusammen 450 ha. Garnacha beherrscht den Bestand mit etwa 75 %, doch der Tempranillo-Anteil steigt stetig. In den Edelstahltanks werden die besseren Weine verarbeitet und dann in Miedes abgefüllt. Der Weißwein ist sehr anständig, der Rosé dagegen lebendiger und fruchtiger. Der Rotwein wird vorwiegend von Garnacha mit etwas Tempranillo gewonnen; er ist ein geschmeidiger, runder Wein mit schöner Frucht. Die Genossenschaft benutzt den Markennamen La Olmedilla.

Oben: *Dank Edelstahlgärtanks und Kühleinrichtungen ist der jung genußreife Wein von Calatayud merklich besser geworden. Diese Anlage steht neben der Cooperativa Comarcal del Campo San Alejandro.*
Rechts: *Spiel von Licht und Schatten im 1195 gegründeten Monasterio de Piedra, das von einem herrlichen Park mit Wasserfällen umgeben ist.*

Reise-Informationen

HOTELS UND RESTAURANTS

Hotel Calatayud, N11, 50300 Calatayud, Tel. (76) 881323. Typisches Hauptstraßenhotel am Nordende der Stadt an der N11. Am besten verlangt man Zimmer auf der Rückseite (obschon dort eine Bahnlinie vorüberführt). Die Zimmer sind laut, und es mangelt ihnen an Charakter. Im Restaurant ist die Küche ebenso gleichgültig wie die Bedienung.
Lisboa, Paseo Calvo Soleto 10, 50300 Calatayud, Tel. (76) 882535. Traditionelle, schmucklose Gerichte, einige auf der Basis von frischem Fisch. Ein frischer Rosé der Gegend paßt sehr gut zum schmackhaften *cordero asado* (Lammbraten). Zum Dessert sollte man sich in der Saison *melocotón con vino* (Pfirsiche in Wein) bestellen.
Monasterio de Piedra, 50210 Nuévalos, Tel. (76) 849011. Hier ist man in der Gegend am besten untergebracht. Die ungefähr 60 Zimmer befinden sich in einem ehemaligen Kloster, das in einem andern Teil auch ein Museum beherbergt. Man hat Aussicht über einen schönen Park (siehe auch unter «Sehenswertes»). Im Restaurant Reyes de Aragón wird neben einer großen Auswahl anderer Gerichte auch Lachsforelle aus dem See im Park serviert.

SEHENSWERTES

Belmonte de Gracián. Der Schriftsteller Baltasar Gracián wurde in diesem schönen, an einem Berghang gelegenen Weinort geboren. Der Kirchturm hier ist auffallend schön.
Calatayud. Die Stadt gehört nicht gerade zu den attraktivsten oder malerischsten, aber in der Altstadt gibt es einige sehenswerte Gebäude, u. a. die Colegiata de Santa María la Mayor im Mudéjar-Stil. Ihr bemerkenswerter achteckiger Turm ist ein Überbleibsel der Moschee, die hier einst stand. Ein weiterer schöner Turm – ebenfalls aus der Mudéjar-Zeit – gehört zur Kirche San Andrés. Im Museo Municipal wird die Geschichte der Stadt und ihrer Umgebung durch archäologische Funde und andere Gegenstände anschaulich gemacht.

Hoch über der Stadt sieht man die Überreste einer maurischen Burg (*calat Ayub*), der die Stadt den Namen verdankt. Einige Kilometer entfernt befinden sich die Ausgrabungen der römischen Siedlung Bilbilis Augusta.
Cervera de la Cañada. Die Kirche Santa Tecla ist im gotischen Mudéjar-Stil gebaut.
Maluenda. Auf einer Anhöhe über dem Ort stehen die Ruinen einer Burg aus dem 10. Jh. Die hiesige Winzergenossenschaft ist die größte im Bereich Calatayud.
Mara. Hier sind eine Kirche im Mudéjar-Stil, ein Dorfplatz mit schöner Atmosphäre und ein Brunnen, aus welchem man trinken kann, zu bewundern.
Miedes. Enge Gassen führen in das Herz des Orts, wo die Kirche zwischen uralten Häusern steht. Ein wenig hinter der Winzergenossenschaft genießt man von der Straße aus einen herrlichen Blick auf beide Seiten des Tals.
Monasterio de Piedra. Etwa 30 km von Calatayud befindet sich die größte Touristenattraktion der Gegend. Das Kloster wurde 1195 von Zisterziensern auf Befehl Alfonsos II. von Aragón gegründet; ein Turm stammt noch aus jener Zeit. Das Gebäude, heute teilweise ein Hotel, hat noch seinen schönen Kreuzgang, doch die meisten Besucher kommen, um den herrlichen Park zu sehen.

Auf zwei Rundgängen durch den Park sieht man mehrere Wasserfälle, von denen der größte rund 50 m hoch ist, sowie Forellenzuchtteiche. An Wochenenden sollte man nicht hierher kommen, weil man dann lange auf einen Parkplatz warten muß; aber auch an Werktagen kann es hier sehr belebt sein. Die Straße zum Kloster führt an einem großen Stausee, Embalse de la Tranquera, entlang.

WEINSTRASSE

Die Weinstraße verläuft von Calatayud zum Monasterio de Piedra und wieder zurück. An drei Stellen sind Abstecher nach dem antiken Bilbilis, nach Maluenda und nach Miedes eingezeichnet. Von dem letzteren Ort aus findet man über den Puerto de Aguarón Anschluß an die Weinstraße durch Cariñena.

Campo de Borja

Der Weinbaubereich hat seinen Namen von der kleinen Stadt Borja, wo eine Burgruine daran erinnert, daß hier bis in das 14. Jh. der Sitz der Familie Borja war. Diese zog dann nach Italien, wo sich der Name in Borgia veränderte. 1492 wurde ein Mitglied dieser Familie schließlich sogar zum Papst gewählt – es war der berüchtigte Alexander VI.

Weinbau wurde in der Gegend vermutlich zuerst nicht in Borja, sondern weiter westlich um das Monasterio de Veruela aus dem 12. Jh. getrieben. Heute freilich besitzt das Kloster keine Weinberge mehr und liegt sogar außerhalb der DO Campo de Borja. Deren Weine stammen vielmehr aus einer Gegend um das Huecha-Tal im Westen der Provinz Zaragoza. An einigen Stellen grenzt der neue Weinbaubereich an die DO Navarra an.

Das Klima

Die Rebfläche von rund 11 000 ha liegt in der Übergangszone zwischen dem Iberischen Massiv und dem Ebro-Tal. Zum großen Teil besteht die Landschaft aus offenem, welligem, hier und dort mit Olivenbäumen bestandenem Terrain. Das Dunkelgrün der Weinberge wechselt sich ab mit dem Blaßgelb von Weizenfeldern, aber auch Gemüse wie Spargel und Bohnen werden hier angebaut. In den niedriger gelegenen, flacheren Teilen von Campo de Borja beträgt die durchschnittliche Jahresniederschlagsmenge 350 mm gegenüber 450 mm in den höher gelegenen Teilen. Trotzdem leidet das tiefere Land nicht unter sommerlicher Dürre, denn in den Wintermonaten bringen Nebel aus dem Ebro-Tal zusätzlich Feuchtigkeit heran. Nachtfröste kommen hier bis ins Frühjahr vor. Im tiefer gelegenen Teil wird vor allem Garnacha angebaut, während an den Hängen und auf den höheren Plateaus Tempranillo und Macabeo vorherrschen. Die Weinlese ist zweigeteilt, weil die Trauben in den tiefer gelegenen Weinbergen früher reifen als in den höheren. Traditionsgemäß findet in Borja um den 21. September zwischen den beiden Erntezeiten ein Weinlesefest statt. Dieses dauert fünf Tage und bietet neben den üblichen Feierlichkeiten einen Weinumzug und *encierros,* bei denen Stiere durch die Straßen laufen.

Bis in die 1970er Jahre wuchsen auf dem lockeren, mit Kies und Kalkstein durchsetzten Boden von Campo de Borja vor allem schwere Rotweine für Verschnittzwecke. Noch heute wird viel Wein im Faß verkauft, aber schon bedeutend weniger als früher. Die Genossenschaftskellerei in Borja, eine der führenden und einflußreichsten Weinfirmen des Bereichs, füllt inzwischen über die Hälfte ihrer Produktion in Flaschen ab. Auch die größte regionale Genossenschaft in Fuendejalón gibt seit 1983 ein gutes Beispiel, indem sie nun Wein selbst abfüllt, nachdem sie 30 Jahre lang nicht einen Tropfen in der Flasche verkaufte. Campo de Borja hat insgesamt etwa 10 Erzeugerbetriebe, meist Genossenschaften, aufzuweisen. Bis in die 80er Jahre hinein arbeiteten sie mit Ausrüstungen aus den 50er und 60er Jahren, der Zeit ihrer Gründung. Inzwischen sind die meisten nach beträchtlichen Investitionen wenigstens zum Teil mit Abfüllanlagen, Edelstahltanks und Kühleinrichtungen modern ausgerüstet. Und auch die privaten Bodegas stehen nicht zurück.

Neue Rebsorten

Gleichzeitig mit diesen notwendigen technischen Veränderungen hat sich auch draußen in den Weinbergen ein Wandel abgespielt. Die Vorherrschaft der Garnacha mit bisher 80 % wird durch die Anpflanzung anderer dunkler Traubensorten, vor allem Tempranillo, der in Campo de Borja bereits eine wichtige Stellung erlangt hat, zurückgedrängt. So ist von den 1800 ha der Mitglieder der Genossenschaft Borja bereits ein Viertel mit Tempranillo besetzt. Und 1989 brachte die Genossenschaft in Fuendejalón ihren ersten Rotwein heraus, der neben Garnacha auch Tempranillo enthielt. In kleinem Umfang treten auch Cabernet Sauvignon und Merlot in Erscheinung. Als erste haben wohl die Bodegas Ruberte in Magallón diese beiden Rebsorten gepflanzt. Ob die Bordeaux-Trauben aber in dieser Gegend überhaupt eine Zukunft haben, bleibt abzuwarten, denn ihre Leistungen sind hier bisher nicht bemerkenswert.

Ausbau im Faß

Die meisten in Campo de Borja produzierten Rotweine sind für baldigen Verbrauch bestimmt. Die besten Beispiele zeichnen sich durch Festigkeit und Frucht aus und sind angenehm sanft. Vor allem Tempranillo-Weine entstehen oft nach der Beaujolais-Technik, und ihr Alkoholgehalt ist auf 12 bis 13 % beschränkt. Allerdings werden im Bereich auch faßgereifte Weine produziert. Der Ausbau findet in 225-l-Fässern in Bordeaux-Bauart oder auch in sehr viel größeren Gebinden, beispielsweise von 2000 l, statt.

Die Versuchsanstalt in Zaragoza hat den Beweis erbracht, daß selbst einem reinen Garnacha-Wein eine gewisse Zeit im Faß guttun kann. Ich durfte dort einen solchen Wein kosten, der zwei Jahre in kleinen *barricas* aus neuer amerikanischer Eiche und anschließend zwei Jahre in der Flasche gelegen hatte. Er war höchst gelungen und zeigte nicht die sonst bei Garnacha häufige Oxidation. Dieser Wein war nun freilich wissenschaftlich gepflegt worden; draußen im Bereich bin ich nirgendwo auf solche Qualität gestoßen. Dort waren die meisten faßgereiften Weine entweder nichtssagend oder streng traditionsverhaftet: alkoholstark (13,5–14 %), sehr reif und mit kräftigem Aroma von altem Holz nach rustikaler Art. Die Genossenschaft in Borja ist wahrscheinlich das einzige Haus, das anständige Crianzas und Reservas zuwegebringt. Sie hat einen speziellen unterirdischen Keller für ihre Fässer angelegt und ersetzt sie alle vier Jahre durch neue.

Weißweine

Neben der Entstehung des neuen, jung genußreifen und nicht für Verschnitte gedachten Rotweinstils von Campo de Borja wurde nun auch den Rosé- und Weißweinen mehr Aufmerksamkeit gewidmet. Rosados aus diesem Bereich – auf sie entfällt knapp ein Fünftel der Produktion – sind oft angenehm und erfrischend und zeigen einen kräftigen Schuß Frucht. Weiße Trauben wurden früher vor allem angebaut, um rote Weine etwas leichter zu machen, und in manchen Bodegas wird das heute noch so gehandhabt.

DO für Weißwein

Übrigens galt die Denominación de Origen ursprünglich nicht für Weißwein. Das änderte sich erst 1989, als der weiße Campo de Borja offiziell geboren wurde. Er wird fast immer ausschließlich von Macabeo-Trauben gewonnen; andere etwa beteiligte weiße Traubensorten sind kaum erwähnenswert. Immerhin finden Versuche mit Chardonnay und Riesling und anderen neuen Sorten statt. Wenn die Macabeo-Traube kühl vergoren wird, kann sie schmackhafte, saftige Durstlöscher liefern – die besten kommen aus höheren Lagen. Der erste Schaumwein Aragóns entstand in den Bodegas Bordejé in Ainzón, später folgte die dortige Genossenschaft diesem Beispiel. Beide schmecken etwas zu rauh und erdig und sind deshalb nicht weiter interessant; die Zukunft von Campo de Borja liegt in stillen Weinen.

Magallón besitzt Reste eines Kreuzgangs im Mudéjar-Stil sowie eine Kirche auf einer Anhöhe.

BEDEUTENDE ERZEUGER

Bodegas Bordejé, 50570 Ainzón. Die Familienfirma besitzt eine Kellerei am Hang gegenüber Ainzón. Die eigenen ca. 80 ha Weinberge erstrecken sich dahinter. In den malerischen alten Gebäuden entstehen wuchtige, rustikale Reservas und Gran Reservas (Don Pablo), aber auch jung trinkreife Weine. Der rote Abuelo Nicolas zeigt meist schöne Frucht und gute Qualität. Sein Alkoholgehalt schwankt zwischen 13,5 und 14 %. Die rein von weißen Trauben hergestellte Cava ist recht nichtssagend und schmeckt rauh und erdig.

Sociedad Cooperativa Agricola Limitada de Borja, 50540 Borja. Daß die Genossenschaft Borja ihre Sache ernst nimmt, beweisen die vielen Preise, die ihre Weine bereits im Bereich und außerhalb errungen haben. Die 1200 Mitglieder mit zusammen 1000 ha werden zum Anbau von Tempranillo ermutigt, und so entfällt auf diese Sorte inzwischen ¼ des Bestands. Außerdem stehen etwa 5 % Cabernet Sauvignon in den Weinbergen. Der rote Borsao besteht aus 50 % Garnacha, 30 % Tempranillo (zur Hälfte durch Kohlensäuremaischung) und 20 % Cabernet Sauvignon. Der Geschmack ist sanft und vollmundig, mit fruchtiger und blumiger Art, und kommt am schönsten zum Ausdruck, wenn der Wein frisch im Glas steht.

Der weiße und der rosé Borsao (von Macabeo bzw. Garnacha) zeichnen sich durch Frucht und Frische sowie klaren, sauberen Geschmack aus und gehören zu den ansprechendsten und besten Weinen der Gegend. Gran Campellas (50 % Garnacha, 50 % Tempranillo) ist ein milder, ausgewogener Wein mit einem leichten Anflug von Holzaroma. Mehr Holz und mehr Alkohol zeigt der rustikale Señor Antares, ein reicher Garnacha-Wein. Die Genossenschaft verfügt über unterirdische Keller mit 250 *barricas.* Wer hier Wein kauft, sollte auch von dem feinen, fruchtigen Olivenöl des Hauses, das außerdem Getreide, Spargeln und anderes produziert, mitnehmen.

Cooperativa del Campo San Juan Bautista, 50529 Fuendejalón. Der Grundbesitz der 400 Mitglieder beläuft sich auf insgesamt 3000 ha; damit ist die Genossenschaft die größte im Bereich. Zu Beginn der 1990er Jahre verfügte sie über nur einige wenige Edelstahltanks für die Produktion von Rosé, ansonsten werden Betontanks benutzt. Die 1952 gegründete Genossenschaft füllt seit 1983 Wein in Flaschen ab. Der Verkauf erfolgt meist unter dem Namen eines Zweigbetriebs, Bodegas Aragonesas, der mit mehreren Marken arbeitet: Einfache Rot-, Weiß- und Roséweine laufen als Viña Tito und Don Ramón Perez Juan. Von ihnen zeigt der Rotwein den besten Standard; seit dem Jahrgang 1989 enthält er neben Garnacha 20 % Tempranillo. Eine wirklich hohe Qualität haben jedoch alle diese früh trinkreifen Weine noch nicht erreicht.

Der Rotwein Marke Duque de Sevilla kam früher aus Cariñena, stammt jetzt aber aus Campo de Borja. Er wird in einer Mattglasflasche geliefert und zeichnet sich durch gefälligen, milden Geschmack und unprätentiöse Persönlichkeit aus. Er liegt 1 Jahr im Tank, 9 Monate im Faß und 2 Jahre in der Flasche. Der vor allem in Aragón selbst verkaufte Mosén Cleto hat Sandkörner auf der Flasche.

Bodega Cooperativa Santo Cristo, 51520 Magallón. Bis auch diese Genossenschaft über Edelstahltanks und Kühlanlagen verfügt, bleibt allein ihr Rotwein Magallón oder Molilla von Interesse. Er ist mild im Geschmack, recht fest und zeigt einen Schuß Frische und Frucht. Neben Garnacha enthält er auch etwas Tempranillo, dessen Anteil in den kommenden Jahren kräftig steigen soll. 1990 lieferten die rund 760 Mitglieder aus ihren 1300 ha Weinbergen 50 Tonnen Tempranillo-Trauben gegenüber 300 Tonnen Garnacha. Zwei weitere Erzeugnisse der Genossenschaft sind Getreide und Olivenöl.

Bodegas Ruberte Hermanos, 51520 Magallón. Auf 50 ha Weinbergen hat die Familie Ruberte Bestände an Tempranillo (30 ha), Merlot (8 ha) und Cabernet Sauvignon (2 ha) sowie Garnacha (10 ha). Im Prinzip müßte es hier also möglich sein, eine interessante Auswahl an Weinen zu produzieren. Leider sind Bereitung und Ausbau der Weine offenbar nicht ganz makellos. Alles, was ich hier zu kosten bekam – vom roten und rosé Vino Joven bis zum Cabernet Sauvignon (ohne DO-Status und mit 60 % Cabernet, 30 % Tempranillo, 10 % Merlot), zur Crianza Viña Bona und zur Gran Reserva – hätte besser sein können. Mit wachsender Erfahrung haben die Bodegas Ruberte Hermanos jedoch durchaus das Potential, sich positiv von den übrigen Erzeugern der Gegend abzuheben. In derselben Kellerei produziert die Firma La Magallonera einen Tafelwein. Den Besuchern werden außerdem Holzpuppen und andere Nippsachen zum Kauf angeboten.

Reise-Informationen

HOTELS UND RESTAURANTS

La Bóveda, 50540 Borja, Tel. (76) 868251. Das beste Restaurant der Gegend mit einfallsreichen Gerichten; die traditionelle Küche von Aragón darf man hier aber nicht erwarten. Auch das Ambiente ist etwas Besonderes, teilweise wegen der Lage an der Plaza del Mercado mit ihren Arkaden.

Mesón Gabas, 50540 Borja, Tel. (76) 867295. Hier stehen traditionelle Gerichte auf der Speisekarte.

El Churro, 50529 Fuendejalón, Tel. (76) 862048. Restaurant in einem alten Weinkeller. Spezialitäten: *migas* (knusprige Brotstückchen) und *costillas* (Rippchen).

Rodi, 50529 Fuendejalón, Tel. (76) 862030. Restaurant mit recht eleganter Einrichtung und bodenständigen Genüssen wie *conejo escabechado* (mariniertes, kaltes Kaninchen), *costillas* und Pfirsiche in Weißwein.

La Corza, 50592 Monasterio de Veruela, Tel. (76) 649036. Restaurant gegenüber dem Kloster. Hier gibt es sowohl regionale Spezialitäten als auch Standardgerichte.

Hotel Brujas de Bequer, 50500 Tarazona, Tel. (76) 640404. Das einzige anspruchsvollere Hotel in Campo de Borja; es liegt außerhalb des Weinbaubereichs, östlich von Tarazona. Gut geführt; ziemlich kleine – und laute – Zimmer. Des Verkehrslärms wegen sollte man ein Zimmer auf der Rückseite verlangen. Das Restaurant bietet gute Küche und würzigen Käse der Gegend zum letzten Glas Rotwein.

Man kann aber auch in Navarra oder im östlichen Rioja Quartier nehmen (u. a. in Alfaro; s. dort).

SEHENSWERTES

Ainzón. Schöne Pfarrkirche aus dem 17. Jh. Um den 14. September ist Weinlesefest.

Borja. Das Städtchen mit 4500 Einwohnern hat eine reiche Geschichte. In der Burg, deren Ruinen noch stehen, lebte einst die Familie Borja (später als die Borgias bekannt). In den Burghügel hinein wurden Weinkeller gegraben, die zum Teil heute noch in Gebrauch sind; man erkennt sie an ihren Eingängen und gemauerten Luftschächten. Im Herzen von Borja befinden sich zwei kleine Plätze; an dem einen steht das Rathaus aus dem 16. Jh., der andere ist die mit Bogengängen geschmückte Plaza del Mercado. Hier ist die Bibliothek mit ihrem figurenreichen Portal und der schönen, in blaugrauen Farbtönen gehaltenen Halle besonders zu erwähnen. Außerdem hat Borja die restaurierte Kirche Santa María, ein altes Stadttor, die Casa de las Conchas aus dem 16. Jh. und den Convento de la Concepción zu bieten. Auf der um den 21. September gefeierten «Fiesta de la Vindimia» werden die besten Weine der Gegend prämiert.

Fuendejalón. Um den friedlichen Ort herum gibt es kleine Keller, wo die Winzer früher ihren Wein bereiteten. Manche davon werden noch benutzt. Die gotische Kirche San Juan Bautista aus dem 16. Jh. besitzt einen schönen Altar. Auf den Resten einer alten Festung steht die Ermita de la Virgen del Castillo aus dem 18. Jh.

El Pozuelo de Aragón. Weinort mit einem freistehenden Turm im Mudéjar-Stil auf dem Platz bei der Kirche.

Magallón. Der Ort ist berühmt durch seine Töpfereien. Eine der Kirchen steht auf einer Anhöhe. Auf der Ostseite sind die Reste eines Klosters im Mudéjar-Stil zu sehen.

Monasterio de Veruela. Das Kloster wurde im 12. Jh. von Zisterziensern gegründet. Hier nahm vermutlich der Weinbau in Campo de Borja seinen Anfang. Zwar gibt es an dieser Stelle keine Weinberge mehr, geblieben aber sind die große romanisch-gotische Abtei und der Kreuzgang mit seinen Skulpturen.

Santuario de Nuestra Señoría de la Misericordia. Zu diesem Berg, einige Kilometer von Borja, pilgern an Sommersonntagen die Menschen der Kühle wegen. Den schönsten Blick hat man von der Terrasse der Bar aus. Hier oben befindet sich auch eine runde Kapelle, die Ermita Calvario.

WEINSTRASSE

Die vorgeschlagene Route verläuft über die bedeutenderen Weinbaugemeinden von Campo de Borja, durch die Hügel, Hochflächen und Täler dieser Landschaft. Ein Abstecher zum Santuario de Nuestra Señoría de la Misericordia ist ebenfalls eingezeichnet.

Oben: *Klassizistische Figuren am Portal der Kathedrale von Zaragoza.*
Rechts: *Blick in die Altstadt von Zaragoza mit der von Häusern rings umschlossenen alten Plaza de Toros. Die Kathedrale im Hintergrund steht am Ebro-Ufer. (Näheres über die Hauptstadt Aragóns auf Seite 66.)*

Rioja

Hauptstadt: Logroño
Provinzen: La Rioja ist eine *autonomía*
Fläche: 5034 km²
Einwohnerzahl: 262 000

Junge Tempranillo-Reben bei Baños de Ebro.

Die ältesten Worte, die uns in Kastilisch, der heutigen spanischen Hochsprache, überliefert sind, bestehen aus vier Verszeilen, die mit *un vaso de bon vino* (ein Glas guten Weins) enden. Sie stammen vom Anfang des 13. Jh. aus der Feder von Gonzalo de Berceo, einem Mönch, der im Kloster San Millán de Suso in Rioja lebte. Diese Zeilen sind nur einer von vielen Belegen für die lange Weinbaugeschichte Riojas, die auf die Zeit vor der römischen Besetzung zurückgeht. Unter den Römern erlebte der Weinbau hier eine Blüte, was die große Zahl von Weinkeltern beweist, die aus jener Zeit erhalten sind und denen ähneln, die auch heute noch von kleinen Winzern benutzt werden. Nachdem später die Mauren aus Nordspanien vertrieben waren, erholte sich der Weinbau erneut, diesmal unter dem belebenden Einfluß der Klöster. Die ersten Weingesetze wurden in Rioja wahrscheinlich schon im 9. Jh. von Bischof Abilio erlassen.

Der Name Rioja tritt erstmals in einer schriftlichen Urkunde als «Rioxa» in einem Ortsstatut oder *fuero* von 1092 aus Miranda de Ebro in Erscheinung. Damals bezog er sich vermutlich auf Land im engeren Becken des Flüßchens Oja, das bei Haro in den Tirón fließt, kurz bevor diese beiden zusammen in den Ebro münden. Später kam der Name für die ganze Region in Gebrauch, die rund 100 km südlich von Bilbao, San Sebastián und der Atlantikküste um das Ebro-Tal liegt. Trotz der Nähe des Ozeans hat Rioja kein maritimes Klima, denn eine Reihe von Gebirgszügen bilden eine natürliche Schranke gegen den kühlen Wind und Regen vom Meer. Von Rioja aus sieht man oft Wolken entlang der Sierra de Cantabria. Das deutet darauf hin, daß es nördlich dieser Berge kühl und dunstig ist, während Rioja im Sonnenschein brütet. Die Vegetation ist in Rioja denn auch südlicher und üppiger als in der Umgebung. Im Sommer kommen viele Basken hierher in ihre Ferienwohnungen; sie sagen, ihre Kinder bekämen hier nicht nur eine bessere Hautfarbe, sondern auch mehr Appetit.

Geographisch gesprochen gibt es zwei Riojas, die Provinz und das Weinbaugebiet, die aber durchaus nicht übereinstimmen müssen: Manche Teile der Provinz eignen sich nicht für den Weinbau, dafür umfaßt das Weinbaugebiet kleinere Bereiche anderer Provinzen (Alava und Navarra). Es erstreckt sich über 120 km von Nordwesten nach Südosten. Stark bevölkert ist es nicht; allein die Hälfte seiner rund 250 000 Einwohner leben in der Hauptstadt Logroño. Ein Massentourismus hat sich hier nicht entwickelt, deshalb ist Rioja in weiten Teilen still und unberührt.

Rioja Alavesa

Das Weinbaugebiet Rioja unterteilt sich in drei Bereiche: Rioja Alavesa, Rioja Alta und Rioja Baja. Die beiden ersteren stellen den westlichen, der dritte den östlichen Teil dar. Die Grenze zwischen ihnen verläuft bei Logroño. Die Bodenzusammensetzung ist je nach Gegend verschieden, und auch das Mikroklima zeigt stellenweise ausgeprägte Eigenheiten. Wie der Name schon sagt, gehört Rioja Alavesa zur baskischen Provinz Alava. Hier erstreckt sich die Rebfläche vom Fuß der Sierra de Cantabria bis zum steilen Nordufer des Ebro. Das Gelände steigt terrassenähnlich von knapp 400 bis auf fast 800 m Höhe an. An vielen Stellen zeigt der Boden weißliche Färbung von Kalkstein und Lehm. Wegen des hohen Kalkgehalts fallen die Rotweine hier heller aus als in den anderen Bereichen; auch sind sie eleganter in der Art und frischer im Geschmack. Mit rund 10 000 ha ist Rioja Alavesa der kleinste der drei Bereiche.

Rioja Alta

Im westlichen Teil liegt Rioja Alavesa in den Windungen am Nordufer des Ebro, während sich Rioja Alta am Südufer hinzieht, mit Ausnahme einiger Gemeinden von Rioja Alta, die aus politischen oder verwaltungstechnischen Gründen eine Enklave in Rioja Alavesa bilden. Die bedeutendsten dieser Gemeinden auf dem Nordufer sind Abalos und San Vicente de la Sonsierra. Weite Teile von Rioja Alta bestehen aus Lehm mit Kalkstein, es kommen aber auch Schwemmland sowie lehm- und eisenhaltige Böden vor. Deshalb ist es so gut wie unmöglich, von einem spezifischen Charakter der Weine aus Rioja Alta zu sprechen: Manchmal sind die Böden von Gemarkung zu Gemarkung, ja von Weinberg zu Weinberg ganz verschieden und erbringen unterschiedliche Weine. Es gibt viele hohe Lagen – im Süden erstrecken sich die Weinberge bis in 600 oder 700 m Höhe. Das Klima ist in Rioja Alavesa und Rioja Alta recht ähnlich, lediglich wird es um so wärmer und trockener, je weiter man nach Süden kommt. In der Weinstadt Haro im Westen beträgt die jährliche Durchschnittstemperatur 12,7 °C bei einer Regenmenge von 500 mm. In Logroño, 50 km weiter südöstlich, lauten diese Werte 13 °C und 390 mm. Unterschiede im Mikroklima gehen zum Teil auf Höhenunterschiede zurück: Haro liegt auf 480 m, Logroño fast 100 m tiefer. Die Gesamtrebfläche von Rioja Alta ist fast doppelt so groß wie die von Rioja Alavesa.

Rioja Baja

Rioja Baja beginnt östlich von Logroño. Das Terrain verliert weiter an Höhe: Alfaro ganz drüben im Osten, wo sich das Tal weitet und die Landschaft flach wird, liegt noch 300 m über dem Meer. Vom Fluß herabgeschwemmter Lehm ist hier die verbreitetste Bodenart. Hinzu kommen große Abschnitte mit Lehm und eisenhaltigem Unterboden. In Rioja Baja ist das Klima relativ warm und trocken. Alfaro hat Durchschnittswerte von 14,4 °C und nur 280 mm Regen; hier kann es Dürreprobleme geben. Außer Trauben werden auf der fruchtbaren Talsohle in großem Umfang Obst und Gemüse angebaut, u. a. Pfirsiche, Kartoffeln, Artischocken, Spargeln, Bohnen, Paprika, Rosenkohl, Zuckerrüben, Tomaten, Zwiebeln und Karotten. Vieles davon wird von der hier florierenden Konservenindustrie verarbeitet. Die Weine aus Rioja Baja sind allgemein die stärksten der Region. In Rioja Alavesa und Rioja Alta erreichen die Rotweine einen natürlichen Alkoholgehalt von 10 bis 13 %, dagegen sind in Rioja Baja 13 bis 15 % durchaus normal. Allerdings streben immer mehr Erzeuger inzwischen leichtere Weine an. Dem Umfang der Rebfläche nach ist Rioja Baja mit etwa 15 000 ha der zweitgrößte der drei Bereiche.

Ein goldenes Zeitalter

Aufgrund der natürlichen Verhältnisse ist Rioja für den Weinbau hervorragend geeignet, und deshalb hat er sich hier wohl auch so früh entwickelt. Doch erst im 19. Jh. wurde der Wein Riojas auch außerhalb der eigenen Region bekannt, als zuerst durch Straßen und dann durch die Eisenbahn bessere Verkehrsverbindungen zustande kamen. 1852 wurde als erstes Weinbauunternehmen die Bodega Marqués de Murrieta gegründet. In der zweiten Hälfte des 19. Jh. trat dann ein dramatischer Anstieg der Nachfrage aus Frankreich ein, als dort der Mehltau und dann die Reblaus den Weinbau praktisch zum Erliegen brachten. Damals kamen Kaufleute aus Bordeaux in Scharen nach Spanien, und nachdem 1880 die Eisenbahnverbindung zwischen Haro und Bilbao eröffnet war, stiegen die französischen Einkäufe in Rioja stark an. Zuweilen lieferte Rioja damals monatlich bis zu 50 Millionen Liter nach Frankreich. Bis zur Jahrhundertwende entstanden viele neue Bodegas, oft nach französischem Vorbild, und viele Franzosen ließen sich in der Gegend nieder. Die Rebfläche wuchs auf 52 000 ha – der größte Umfang, den sie je erreicht hat.

Während des Erntefests in San Vicente de la Sonsierra findet in dieser Kirche hoch über dem Ort ein Festgottesdienst statt.

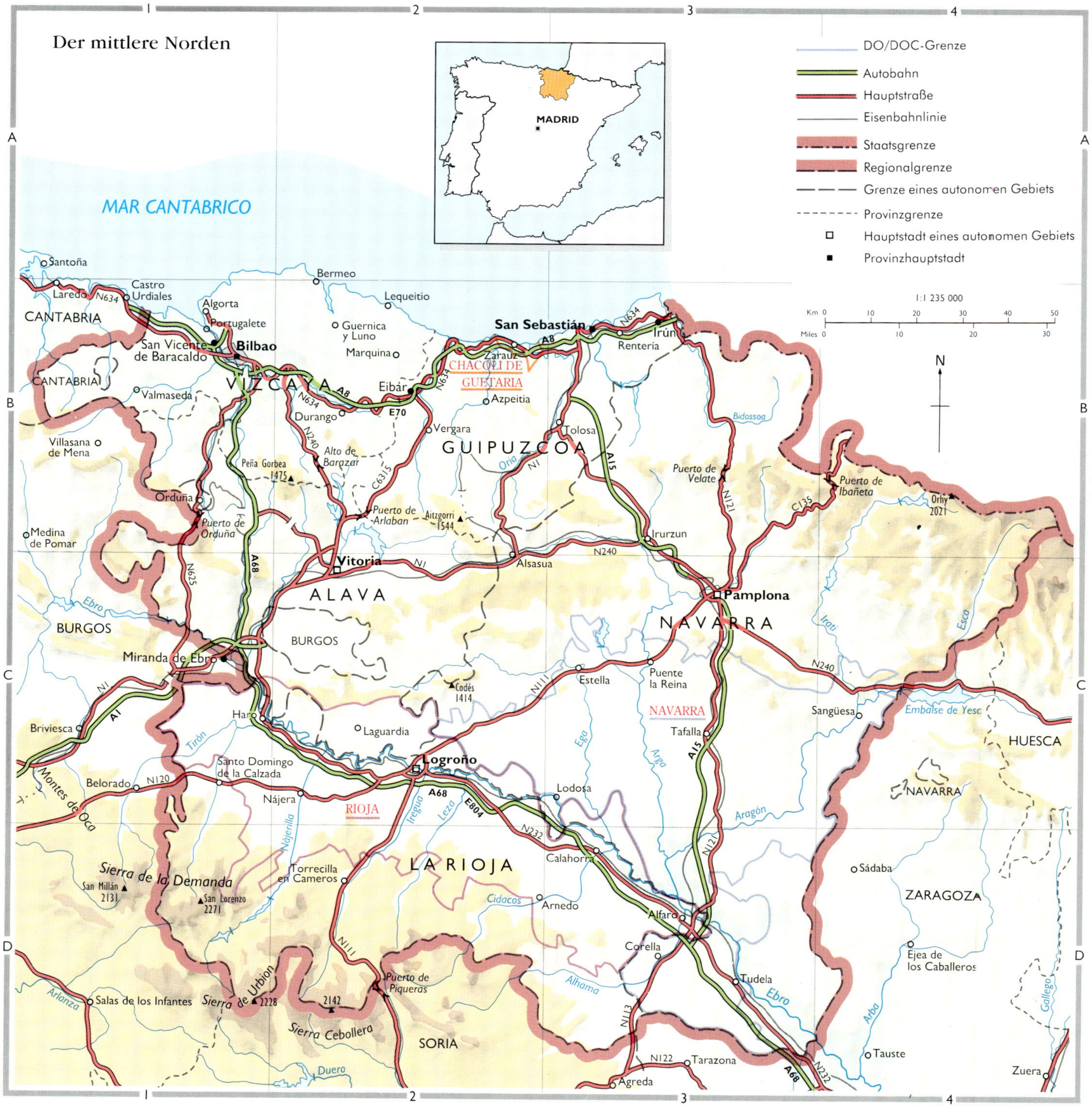

Niedergang und Wiederaufstieg

Um 1900 ging dieses goldene Zeitalter jedoch zu Ende. Die Franzosen hatten endlich das Mittel gegen die Reblaus gefunden – durch Aufpfropfen von Edelreben auf amerikanische Wurzelstöcke, wie es heute noch geschieht –, und inzwischen war der Schädling auch nach Rioja gekommen. Gleichzeitig wurden die französischen Einfuhrzölle angehoben, und obendrein verlor Spanien seine kolonialen Exportmärkte wie Kuba und die Philippinen. So entstand eine allgemeine Misere. Nach einem vorübergehenden Wiederaufleben in den 30er Jahren wurde die Entwicklung durch den Spanischen Bürgerkrieg und dann durch den Zweiten Weltkrieg unterbrochen. Erst in den 60er und 70er Jahren stellte sich ein deutlicher Aufschwung ein. In den 70er Jahren führte das zur Schaffung neuer Bodegas mit modernen Ausrüstungen; als Beispiele seien genannt: Berona, El Coto, Domecq, Lan, Olarra und Unión Viti-Vinícola/Marqués de Cáceres. Zur gleichen Zeit wurde eine Anzahl bestehender Häuser durch große Konzerne, darunter auch multinationale, übernommen. Wiederum neue, oft kleine Bodegas wurden gegen Ende der 80er Jahre ins Leben gerufen, nachdem Spanien der EG beigetreten war, wodurch Rioja der Weinexport erleichtert wurde.

Blick über den Ebro und Rioja Alta mit Weinbergen zwischen abgeflachten Hügeln.

Kleine Winzer

Zwar gibt es in Rioja etwa 15 Erzeugerbetriebe mit 100 bis 500 ha Weinbergbesitz, aber etwa 85 % aller Trauben stammen von kleinen Winzern. Zu Tausenden kultivieren sie nebenberuflich ihre Weinberge; eigene Ausrüstungen zur Weinbereitung besitzen sie nicht. Daraus erklärt sich auch die bedeutende Rolle der Genossenschaften. Es gibt etwa 30, und sie nehmen zusammen rund 45 % des gesamten Leseguts ab. Die meisten Genossenschaften verkaufen dann den weitaus größten Teil ihrer Produktion in Form von Most oder Wein an die Handels-Bodegas weiter, die übrigens auch über Lieferverträge mit privaten Winzern verfügen und überdies Wein von selbstverarbeitenden Winzern aufkaufen. Alles in allem beherrschen diese Handelshäuser über 90 % der Erzeugung. Nichtsdestoweniger haben inzwischen auch einige Genossenschaften guten Erfolg mit eigenem Flaschenwein.

Tempranillo

Es gab Zeiten, da wurden in der Region an die 40 verschiedene Traubensorten angebaut, heute sind nur noch sieben anerkannt; dabei nimmt Cabernet Sauvignon eine Sonderstellung ein. Am typischsten und am verbreitetsten ist der dunkle Tempranillo, auf den etwa die Hälfte des Bestands entfällt. Er reift auf den Lehm- und Kalkböden im relativ kühlen Rioja Alavesa und Rioja Alta sehr schön, wird aber auch in Rioja Baja immer mehr angebaut, und der Consejo Regulador empfiehlt bei Neupflanzungen im Bereich eine Quote von mindestens 25 % Tempranillo. In den tiefer gelegenen Gegenden von Rioja Baja kann es allerdings für ihn zu heiß und trocken werden, in den höheren, etwas kühleren Lagen aber gedeiht die Sorte offenbar vorzüglich. Das Gut Monte Yerga südwestlich von Alfaro hat 60 % seiner bis in 640 m Höhe reichenden Rebfläche mit Tempranillo besetzt.

Sonstige Rebsorten

Die zweitwichtigste Traube Riojas ist die dunkle Garnacha. Sie ist vor allem in Rioja Baja anzutreffen, wo ihr Witterungsverhältnisse und Lehmboden ideale Voraussetzungen bieten. Garnacha Tinta ist reich an Zucker und liefert daher Weine mit viel Alkohol. Farbe ist allerdings nicht ihre starke Seite, Säure noch weniger, und obendrein oxidiert sie ziemlich rasch. Daher wird Garnacha allein meist zu Roséwein verarbeitet (s. a. Navarra, Seite 95). Als Rotwein wird sie prinzipiell mit Tempranillo verschnitten, ebenso wie zwei weitere Rebsorten, Mazuelo und Graciano, die jedoch nur beschränkt angebaut werden, weil sie sehr krankheitsanfällig sind.

Grundsätzlich erbringt Tempranillo für sich allein schon köstlichen Rotwein mit einfachem, nicht ausgeprägt aromatischem Geschmack bei schöner Frucht, relativ wenig Säure, ausreichend Alkohol und kräftiger, stabiler Farbe. Viele Erzeuger mischen ihn aber mit anderen Sorten, um ihm noch weitere Qualitäten zu verleihen. Garnacha bringt zusätzliche Fülle und Alkoholstärke, Mazuelo Säure und Tannin und Graciano Aroma. Oft wird auch etwas weiße Viura bzw. Macabeo beigemischt, um die Säure noch weiter zu kräftigen. Bei der Zusammensetzung achten die Bodegas nicht nur auf die verwendeten Traubensorten, sondern auch auf deren Herkunft, denn bei den einzelnen Sorten kann es zwischen den verschiedenen Lagen beträchtliche Unterschiede geben. Die meisten Bodegas verarbeiten Lesegut aus allen drei Bereichen.

Traditionelle Weinbereitung

Außer mit den heute üblichen Produktionstechniken werden in manchen Teilen Riojas Rotweine nach traditionellen Methoden hergestellt. Schätzungsweise hängen noch über die Hälfte der kleinen Winzer in Rioja Alavesa, die ihren Wein selbst bereiten, an den alten Gebräuchen. Das System ist sehr einfach: Die dunklen Trauben werden nicht entrappt oder gemahlen, sondern so, wie sie sind, also mit Schalen, Stielen und Kernen, in einen offenen Gärbehälter aus Beton, den sogenannten *lago,* geschüttet. Am Boden des Behälters sammelt sich ein wenig Saft von Trauben, die beim Hineinkippen oder vom Eigengewicht der Frucht verletzt wurden. Er beginnt zu gären, und das dabei freiwerdende Kohlendioxid hüllt die Trauben ein und verhindert den Zutritt von Sauerstoff. Die in der Frucht vorhandenen Enzyme beginnen nun zu arbeiten, und es setzt Gärung in den geschlossenen Beeren ein. Auf diese Weise bleibt das frische Aroma in den Zellen der Schalen gefangen, so daß ein überaus duftiger, fruchtiger Wein entsteht. Der Winzer (*cosechero*) schaut alledem freilich nicht untätig zu, sondern rührt die Traubenmasse regelmäßig durch und fördert das Unterste zuoberst (*remonta*), um einen optimalen Verlauf der Gärung zu erreichen. Während des Gärvorgangs schwellen die Beeren an und platzen nach 9 bis 10 Tagen schließlich auf. Auf diese Weise nimmt die Menge des gärenden Mosts und damit des Weins ständig zu. Die Methode ähnelt der *macération carbonique,* also der Beaujolais-Technik, ist aber nicht dasselbe: In Rioja bleiben die Gärbehälter offen, und es wird kein Kohlendioxid zugeführt.

Die so entstehenden fruchtigen, milden und vollmundigen Rotweine (fast immer rein von Tempranillo) werden in ihrer Heimat mit größter Begeisterung getrunken. Überall sind sie als *vino de cosechero* im Ausschank; frisch serviert und gut gekühlt sind sie wahrhaft köstlich. Liebhaber dieser jungen, fruchtigen Spezialität bedauern allerdings, daß sie außerhalb von Rioja nur selten zu haben ist. Das hat vor allem mit dem Image des Rioja bei Importeuren, Restaurateuren und Verbrauchern zu tun: Für sie muß ein guter roter Rioja unbedingt eine Faßreife hinter sich haben. Bisher hat sich kaum Interesse oder Verständnis für einen etwas weniger «seriösen» Wein aufgetan.

Fässer nach dem Vorbild von Bordeaux

Es ist kaum erstaunlich, daß roter Rioja und Faßreife zwei so eng miteinander verknüpfte Begriffe sind: Nur in wenigen Gegenden der Welt lagern ebensolche Mengen an Wein in Eichenfässern. Den ersten Schritt in diese Richtung tat Manuelo Quintano, der 1780 ein gewisses Quantum Wein in einigen großen Holzfässern reifen ließ. Sein Experiment verlief erfolgreich, doch der Ortsbürgermeister gab Quintano nicht die Erlaubnis, seinen dergestalt verbesserten und mit höheren Kosten produzierten Wein zu einem höheren Preis zu verkaufen. 1850 wurde die Idee von Luciano de Murrieta, dem späteren Marqués de Murrieta, erneut aufgegriffen. Er ließ eine Anzahl kleiner Fässer von Bilbao nach Logroño bringen und verschickte in ihnen Rioja-Wein nach Kuba. Später lagerte dieser Pionier dann im eigenen Keller Wein in Fässern. Nicht lange danach kam unter dem Einfluß von Bordeaux das dort gebräuchliche Maß von 225 l auch in Rioja in Gebrauch. Die *barrique bordelaise* wurde zur *barrica bordelesa.* Noch heute heißen diese Fässer *barricas* und sind in Form und Fassungsvermögen gesetzlich festgelegt.

Amerikanische und französische Eiche

In den Bestimmungen steht auch genau, wie lange die verschiedenen Weintypen im Faß ruhen müssen. Bei Crianza und Reserva wird mindestens 1 Jahr verlangt, für Gran Reserva sind es 2 Jahre. Da nun über 40 % der Rioja-Weine unter diese Kategorie fallen, sind bei den 110 Firmen, die sie hervorbringen, viele tausend Fässer auf Lager. Zu Luciano de Murrietas Zeit gab es in ganz Rioja keinen Küfer. Heute trifft man überall kleine und große Faßbauerwerkstätten an, und manche Bodegas beschäftigen eigene *toneleros.* Wie auch in anderen Gegenden Spaniens wird vor allem amerikanische Eiche benutzt. Ihr Holz ist besonders dicht, also nicht stark porös, und meist werden die Dauben sehr dick gesägt. Dadurch besteht weniger Berührung mit Sauerstoff, und der Wein entwickelt sich langsamer als in Fässern aus französischer Eiche, die allerdings immer beliebter werden, weil ihr Holz dem Wein ein milderes, edleres Aroma verleiht. In manchen Bodegas – beispielsweise Unión Viti-Vinícola/Marqués de Cáceres und Montecillo – machen französische Fässer bereits mindestens die Hälfte des Bestands aus. Der Faßausbau in so großem Umfang und über so lange Zeit beruht beim roten Rioja darauf, daß der Tempranillo so außerordentlich oxidationsbeständig ist.

Flaschen mit Reserva 904 – einer Gran Reserva übrigens – werden in der Bodega La Rioja Alta mit einem Drahtgeflecht versehen.

Große Flaschenlager

Die Weingesetze bestimmen aber auch, daß faßgereifter Rioja anschließend noch im Tank oder in der Flasche oder in beiden ruhen muß. Diese zusätzliche Reifezeit beträgt für Crianza 1 Jahr, für Reserva 2 Jahre (in Tank und/oder Flasche) und für Gran Reserva 3 Jahre (in der Flasche). Es müssen also außer Fässern auch Flaschen in großen Mengen – bei etlichen Bodegas sind es Millionen – eingelagert werden. Hinter diesen Reife- und Ruhezeiten steht der Gedanke, den Wein dann auf den Markt zu bringen, wenn er auf dem Höhepunkt und wirklich genußreif ist. In vielen Weinbaugebieten wird davon ausgegangen, daß der Verbraucher den Wein jahrelang aufbewahrt und reifen läßt, dabei kann im Prinzip jeder rote Rioja, wenn er zum Verkauf gelangt, auch sofort getrunken werden. Natürlich muß man das nicht unbedingt tun: Viele Rioja-Weine haben so viel Rückgrat, daß sie jahre- und gar jahrzehntelang genießbar bleiben, ja von längerer Flaschenreife auch noch profitieren. Ein weiterer Aspekt ist, daß es bei diesen Weinen, selbst bei sehr reifen, nur selten einen Bodensatz gibt; sie brauchen daher nicht dekantiert zu werden – die Trubstoffe bleiben in den *barricas* zurück.

Ausgiebige Jahrgänge

Bedingt durch die verschiedenen Arten faßgereifter Riojas, halten die einzelnen Jahrgänge lange vor. So kann eine Bodega immer wieder Weine desselben Jahrgangs in langen Zeitabständen herausbringen: Zunächst kommt die Crianza auf den Markt, anschließend erscheint dann eine Reserva aus demselben Jahrgang – und schließlich einige Zeit danach eine Gran Reserva. Die meisten Bodegas unterscheiden ihre Weine nach Typen und wählen die kräftigsten, meist die mit dem höchsten Tempranillo-Anteil, für den längsten Ausbau. Es kann aber auch vorkommen, daß alle Weine einer Bodega in der Zusammensetzung gleich sind und jeweils nur die Länge der inzwischen abgelaufenen Reifezeit die Zugehörigkeit zu der einen oder anderen Kategorie bestimmt. Jede Bodega hegt eigene Vorstellungen bezüglich Wahl der Trauben, Weinbereitung sowie Dauer und Art des Ausbaus. Infolgedessen sind die verschiedensten Rotweine im Angebot: von purpurrot bis leicht bräunlich, von fruchtig und frisch bis vollreif, von elegant bis wuchtig usw.

Weiß- und Roséweine

Neben dem roten Rioja gibt es auch weißen, der zur Hauptsache aus Viura bereitet wird; auf diese Traube entfällt etwa ein Fünftel des Rebbestands. Wie schon erwähnt, wird sie auch Rotweinen beigemischt, um ihnen kräftigere Säure zu verleihen, doch ein beträchtlicher Teil des Ertrags wird zu Weißwein verarbeitet. Manchmal kommen Malvasía und Garnacha Blanca dazu, aber diese beiden Traubensorten werden so wenig angebaut, daß der weiße Rioja meist sortenreiner Viura sein dürfte. Bis in die 1960er Jahre fehlte es ihm an Frische und Frucht. Er war flach im Geschmack und gelblich in der Farbe, weil er nach derselben Methode gekeltert wurde wie der Rotwein. Dann aber kamen moderne Techniken in Gebrauch, und einige fortschrittliche Firmen wie Unión Viti-Vinícola/Marqués de Cáceres übernahmen hierbei die Führung. Nun wurden die weißen Trauben auch früher als bis anhin gelesen, und das wirkte sich bemerkenswert günstig aus. Die einst nichtssagenden und uninteressanten Viura-Weine wurden lebendig und fruchtig bei heller Farbe, feinem Duft und reinem Geschmack.

Die Technik der langsamen Gärung bei kühler Temperatur, die für die meisten Weißweine angewendet wird, ist inzwischen auch bei vielen Roséweinen gebräuchlich, und auch sie haben dadurch an Frische und Frucht gewonnen. Die Haupttraube für den größten Teil der Roséweine ist Garnacha.

Faßgereifter weißer Rioja

Der neue, kühl vergorene weiße Rioja war ein großer Erfolg, und so fand das Beispiel der Pioniere viele Nachahmer. Die meisten dieser modernen Weine sind für baldigen Verbrauch bestimmt,

Rotwein reift in Fässern in den Bodegas Muga.

Ein Art-Nouveau-Turm von 1892 schmückt die Bodega R. López de Heredia Tondonia in Haro.

eine Faßreife kommt bei ihnen nicht in Betracht. Allerdings gibt es in Rioja noch in bescheidenem Umfang Weißweine, die im Faß ausgebaut werden. Sie haben im allgemeinen mehr Charakter, Tiefe und Komplexität. Unter anderem führen CVNE, Federico Paternina, López de Heredia, Marqués de Murrieta und Palacio noch solche Weine. Eine bislang sehr seltene Variante ist weißer Rioja, der in frischen Eichenfässern vergoren wird. Martínez Bujanda und Bretón arbeiten seit einigen Jahren auf diese Weise.

Qualitätskontrolle

Schon vor Jahrhunderten wurde in Rioja viel getan, um die Qualität des Weins zu gewährleisten. 1560 entstand in Logroño eine Winzerzunft, die das Einführen von Wein aus Arnedo und anderen Orten untersagte, ihre Mitglieder zur Offenlegung ihrer Ernte (Gewicht und Art der Trauben) verpflichtete und ein Monogramm als Echtheitszeichen schuf. Der Umfang der Bestimmungen nahm im 20. Jh. sehr zu, und 1925 entstand für Rioja die erste Denominación de Origen Spaniens, fünf Jahre nachdem das Weinbaugebiet offiziell anerkannt worden war. 1928 legte der damals erst zwei Jahre alte Consejo Regulador das genaue Gebiet fest, in dem Rioja-Wein angebaut und produziert werden durfte, und diese Grenzziehung wurde in den spanischen Weingesetzen 1933 anerkannt. Allerdings hatte damals der Consejo Regulador noch keine wirkliche Zuständigkeit, vor allem nicht in seiner überwachenden Funktion. 1945 wurde seine Aufwertung erfolglos versucht. Erst 1953 erlangte der Consejo seine jetzige Bedeutung, und deshalb gilt jenes Jahr als der offizielle Gründungstermin.

Gestützt auf das neue *Estatuto de la Viña* (als Ersatz für das von 1933) und einen Erlaß von 1976, wuchs der Consejo Regulador zu einem mächtigen Gremium heran, das den Wein von Rioja reguliert, verwaltet, überwacht und fördert. Die wichtigste dieser Funktionen ist die Überwachung. Der Consejo hat nicht nur Register aller Weinberge und Bodegas sowie hauptamtliche Inspektoren, ihm steht auch ein leistungsfähiges Computersystem zur Verfügung. Es wurde nach langem Drängen einer Gruppe qualitätsbewußter Weinerzeuger rechtzeitig zur Weinlese 1981 in Betrieb genommen. Von nun an war es nicht mehr möglich, den Begriff «Jahrgang» flexibler als erwünscht zu interpretieren. Wird ein Rioja mit Jahrgangsangabe verkauft, dann dürfen höchstens 15 % des Inhalts aus einem anderen Jahr stammen. Das Computersystem arbeitet in Verbindung mit der sogenannten *cartilla del viticultor,* einem Formular, das praktisch jeden Liter Wein von der Lese bis zur Abfüllung begleitet. Jährlich bekommt jeder Winzer seine *cartilla,* aus der hervorgeht, wieviel Lesegut er von welchen Rebsorten in seinen Weinbergen ernten darf. Dieses Formular geht an die Genossenschaft oder Bodega über, wenn sie das Lesegut beim Winzer kauft. Nach der Ernte berechnet der Consejo Regulador anhand der *cartillas,* wie viele Flaschen Wein produziert werden dürfen, und gibt dementsprechend numerierte Hals- oder Rückenetiketten aus. Seit 1982 muß jede Flasche Rioja ein solches Etikett tragen und darf nicht ohne dieses verkauft werden. Die Formulare und der Computer ermöglichen es dem Consejo Regulador auch, den Weinen über die Ausbauzeit hinweg und bei allen Bewegungen zwischen den Bodegas nachzuspüren. Der Gebrauch gesetzlich festgelegter Begriffe wie Crianza, Reserva und Gran Reserva wird ebenfalls von diesem Gremium überwacht.

Zwei Prüfstellen

Der Consejo Regulador befaßt sich auch mit der Qualitätskontrolle des Endprodukts. Hierfür werden chemische Analysen und Geschmacksprüfungen vorgenommen. Den strengsten Kontrollen unterliegen Weine für den Export. Aus politischen Gründen gibt es in der Region zwei Weinbauversuchsstationen. Weine aus Rioja Alta und Rioja Baja werden in Haro geprüft, wo die Station schon seit 1892 besteht. Rioja Alavesa besitzt eine eigene, 1982 in Laguardia eingerichtete Station. Beide sind modern ausgerüstet und verfügen über Fachberater. In Haro werden alle für den Export bestimmten Weine von einem Komitee mit 6 bis 8 Mitgliedern geprüft und erst nach mehrheitlichem Beschluß freigegeben.

Die erste DOC

Alle diese Maßnahmen zur Qualitätssicherung bildeten die Grundlage für den Antrag des Consejo Regulador auf eine «Denominación de Origen Calificada» (DOC) – eine höhere Version der Denominación de Origen. Am 3. April 1991 erhielt Rioja als erstes spanisches Weinbaugebiet diesen Status. Freilich war dem eine lange Zeit der Ungewißheit vorausgegangen. Die Idee zur Schaffung der DOC war zuerst in den 1970er Jahren aufgekommen, worauf der Consejo Regulador von Rioja die Voraussetzungen zu klären versuchte, unter denen die neue Qualifikation erteilt werden sollte. Erst 1988 jedoch kamen die fertig formulierten Regeln in Madrid heraus. Die wichtigsten Voraussetzungen waren überdurchschnittlich hohe Traubenpreise, der Verkauf der gesamten Erzeugung als Flaschenwein sowie wirksame Überwachungsverfahren. Die letzte Bedingung erfüllte Rioja bereits, und der Consejo Regulador erklärte sich im Prinzip auch mit den beiden anderen einverstanden. Die höheren Traubenpreise – 200 % des Landesdurchschnitts – waren leicht zu akzeptieren, denn die Trauben von Rioja gehörten schon zu den teuersten in Spanien. Die langwierigsten Diskussionen entspannen sich um die obligatorische Abfüllung in der Region. Schließlich wurde vereinbart, daß alle Rioja-Weine ab 1. Januar 1993 nur noch in der Flasche verkauft werden, damit die Herkunft überall garantiert werden kann.

BEDEUTENDE ERZEUGER

Bodegas de la Real Divisa, 25339 Abalos. In der jetzigen Form geht die kleine Bodega auf das Jahr 1972 zurück, doch wie der Keller aus dem 14. Jh. beweist, wird hier schon sehr viel länger Weinbau getrieben. Real Divisa ist auf faßgereifte Rotweine spezialisiert; alle stammen aus den eigenen 40 ha Weinbergen und reifen in rund 900 Fässern aus amerikanischer Eiche. Die beste Qualität bietet derzeit der Marqués de Legarda Reserva mit Aroma von Holz, Frucht und Gewürzen, aber auch die gleichnamige Crianza hat vieles für sich.

Bodegas Campo Burgo, 26540 Alfaro. Das Haus hat seit seiner Gründung 1895 viele Namen getragen, den jetzigen erhielt es in den 1980er Jahren, und seither hat sich auch die Qualität des Weins gebessert. Nur ein kleiner Teil der Jahresproduktion von 5 Millionen Flaschen stammt von eigenem Lesegut. Knapp 80 % der verarbeiteten Trauben und Weine werden in Rioja Alta und 20 % in Rioja Baja eingekauft. Die umfangreiche Kellerei (eine ehemalige Zuckerfabrik) beherbergt 7000 Fässer, davon etwa 500 aus französischer Eiche. Die Marke Campo Burgo steht für Rot-, Weiß- und Roséweine.

Bodegas Berberana, 26350 Cenicero. Das von Martínez Berberana 1877 in Ollauri gegründete bescheidene Haus hat sich in einem knappen Jahrhundert zu einem der größten und modernsten in Rioja ausgewachsen. Sein Sitz befindet sich heute in Cenicero, wo Melquíades Entrena eine neue, geräumige Bodega baute. Nach mehrfachem Besitzerwechsel ging die Mehrheit der Anteile 1989 an den spanischen Zweig des italienischen Hauses Carlo de Benedetti über, und die meisten übrigen Anteile sind im Besitz von Winzergenossenschaften der Umgebung, von denen Berberana 70 % des Bedarfs an Trauben, Most und Wein bezieht. Für den Faßausbau stehen 30 000 *barricas* zur Verfügung. Obwohl Berberana mit großen Mengen arbeitet, ist die Weinqualität sehr gut. Der weiße Carta de Plata wird nicht im Faß ausgebaut, der Carta de Oro dagegen ruht 6 Monate im Faß und hat daher mehr Körper und viel Charme. Der Name Carta de Plata steht auch für einen gefälligen Rosé und eine elegante, milde Crianza mit 12 Monaten Faßreife. Der rote Carta de Oro ist ebenfalls eine Crianza, ruht aber länger (24 Monate) im Faß und ist breiter und reifer im Geschmack. Die Reservas und Gran Reservas von Berberana weisen angenehmen Charakter bei viel Holz- und Vanillearoma sowie makelloser Qualität auf. Bodegas Mariscol, Viña Arisabel, Viña Canda und Viña Mara sind Zweitmarken; ein Zweigbetrieb heißt Bodegas de Abalos.

Bodegas Riojanas, 26350 Cenicero. 1990 feierte die Firma nach umfangreicher Modernisierung und Renovierung ihr 100jähriges Jubiläum. Die Bodega in der Hauptstraße von Cenicero empfängt ihre Besucher in einem imitierten Schloßturm mit gotischen Fenstern und Zinnen. Bei der Technik ist alles in bester Ordnung. Im Keller liegen 18 000 Fässer, bald sollen es 24 000 sein. Die Besitzerfamilie Artacho verfügt über 200 ha, die rund 1/3 des Traubenbedarfs liefern. Das übrige wird als Lesegut oder Wein zugekauft. Einen guten Ruf hat sich das Haus v. a. mit roten Reservas und Gran Reservas unter zwei Marken erworben: Viña Albina hat recht elegante Art; Monte Real ist kräftiger und hat mehr Tannin und Alkohol. Es gibt auch einen ansprechenden weißen Monte Real Crianza. Für junge Rot-, Weiß- und Roséweine steht v. a. die Marke Canchales. Die Modernisierung hat hier dazu geführt, daß seit dem Jahrgang 1990 die jungen Weine in der Qualität attraktiver sind als früher.

Bodegas Velázquez, 26350 Cenicero. Die neuen Gebäude des mittelgroßen Familienbetriebs in der Straße zum Bahnhof wurden 1973 fertiggestellt. Ein Teil der Produktion stammt von eigenen 45 ha Land; der Rest wird als Lesegut oder Wein zugekauft. Das Haus erzeugt nur Rotwein von nicht gerade bemerkenswerter, aber doch anständiger Qualität. Die Hauptmarke ist Monte Velaz. Für den Ausbau sind über 2200 *barricas* vorhanden.

Compañía Internacional de Vinos, 26350 Cenicero. Das Haus ist ein Zweigbetrieb der Bodegas Montecillo und gehört demzufolge zu Osborne. Seine Erzeugnisse, v. a. unter der Marke Brigadier Miranda, sind nur für den Export bestimmt und stammen von zugekauften Weinen sowie selbstverarbeitetem Lesegut. Die Weine sind meist nicht so fein wie die von Montecillo.

Unión Viti-Vinícola/Bodegas Marqués de Cáceres, 26350 Cenicero. Nach einer erfolgreichen Karriere in Bordeaux beschloß Enrique Forner Ende der 1960er Jahre nach Spanien zurückzukehren und eine Bodega zu gründen. Er entschied sich für Rioja und ließ, beraten von Professor Emile Peynaud, 1970 in Cenicero eine Kellerei bauen – teils wegen der hohen Qualität der hier angebauten roten und weißen Trauben. Um ausreichende Belieferung mit Lesegut zu sichern, gründete Forner die Unión Viti-Vinícola mit 16 Mitgliedern, die zusammen über 70 bis 80 ha Weinberge verfügen. 1975 brachte das Haus die ersten Weine unter dem Namen Marqués de Cáceres heraus. Im ersten Jahr belief sich die Produktion auf 28 000 Kisten; heute sind es 520 000 bis 550 000. Dieses spektakuläre Wachstum ist vor allem der hohen Qualität der Weine zu verdanken. Enrique Forner und seine

Der Weinort Elciego ist an seiner Kirche mit zwei verschiedenen Türmen leicht zu erkennen.

Experten schreiben den Winzern genau den Lesebeginn vor, und die Gärtemperaturen werden exakt geregelt. Die Bodega führte als erste die kühle Gärung für weißen und rosé Rioja ein, die sich infolgedessen durch Lebendigkeit und Frucht auszeichnen. Für den Ausbau der besseren Rotweine stehen 22 000 Fässer bereit, zur Hälfte aus amerikanischer und zur Hälfte aus französischer Eiche. Außerdem sind einige *barricas* aus spanischer Eiche vorhanden. Forner meint, im Rioja dürfte das Holzaroma nicht vorherrschen, sondern es müsse durch Frucht ausgewogen sein. Er plädiert daher für kürzere Faßlagerung, ergänzt durch eine längere Flaschenreife. Marqués de Cáceres Crianza, Reserva und Gran Reserva zeichnen sich durch schönes Gleichgewicht zwischen Holz und Frucht, große Reinheit und kräftiges Rückgrat für längere Lagerzeit aus. Sie gehören zum Besten, was Rioja zu bieten hat. Enrique Forner ist eine Zweitmarke; für junge Weine stehen die Namen Rivarey und Costanilla.

Reben umgeben die Ermita de San Juan in Rioja Alavesa, dem nördlichsten Teilbereich von Rioja.

Castillo de Cuzcurrita, 26214 Cuzcurrita de Río Tirón. Diese Bodega verfügt über eines der schönsten Anwesen in Rioja, denn sie befindet sich in der gleichnamigen Burg aus dem 14. Jh. Sie ist seit 1945 Eigentum des Grafen von Alacha, der sie geschmackvoll restauriert hat. Die Weine – nur faßgereifte Rotweine – stammen von den eigenen 12 ha und sind meist karg und reserviert in der Art.

Bodegas Domecq, 01340 Elciego. 1973 beschloß das Haus Pedro Domecq aus Jerez den Bau einer Bodega in Rioja und kaufte einen 500-ha-Besitz in Rioja Alavesa – kein anderer Erzeuger in diesem Bereich verfügt über so viel Land. In der modern ausgestatteten Kellerei ist Rationalisierung Trumpf. Es wurde ein System für verbesserte Farbextrahierung entwickelt, um dunkleren Alavesa zu erzielen. Der eigene Besitz kann dennoch nicht den gesamten Bedarf an Lesegut decken, es müssen noch Trauben und Weine (v. a. rote) zugekauft werden. Die Marke Viña Eguia wird (nur in Spanien) für die einfachsten Weine im Programm benutzt. Die besseren Qualitäten tragen den Namen Marqués de Arienzo. Sie sind stets im Faß ausgebaut – dafür stehen 15 000 Fässer zur Verfügung. Allgemein zeichnen sie sich durch milden, eleganten und feinen Geschmack, u. a. mit Nuancen von Holz und Frucht, aus.

Herederos del Marqués de Riscal, 01340 Elciego. Um die Mitte des 19. Jh. kehrte Camilo Hurtado de Amázaga, Marqués de Riscal, nach langem Exil in Bordeaux nach Rioja zurück. Er setzte 200 ha mit französischen und einheimischen Rebsorten an und baute eine für die damalige Zeit hochmoderne Kellerei. Die Weine seiner Bodega errangen sich im In- und Ausland einen großen Ruf. Heute sind die Erben des Marqués, vier Familien, Besitzer des Guts. Die Rebfläche ist gleichgeblieben und liefert 40 % des Traubenbedarfs. Auf Cabernet Sauvignon und Graciano entfallen je $^1/_8$ der Fläche. Die französische Traube wird meist zu Reservas verarbeitet. Gegen Ende der 70er und zu Anfang der 80er Jahre gab es eine Reihe von mittelmäßigen, enttäuschenden Weinen. Seither wurde renoviert und investiert, u. a. durch Ersatz von 8000 der 21 000 Fässer. Danach hat sich die Qualität beträchtlich verbessert, wie der Marqués de Riscal Reserva, ein lebhafter, durch und durch sauberer und eleganter Wein mit noblem Holzaroma, beweist. Auch die Crianza ist besser geworden. Seit 1988 entsteht hier außerdem ein frischer, interessanter Rosé rein von Tempranillo. Baron de Chirel ist ein klassischer Rioja, der über 2 Jahre im Eichenfaß reift.

Viña Salceda, 01340 Elciego. Das Anwesen an einer Ebro-Brücke zwischen Elciego und Cenicero besteht seit 1976 und gehört einer Gruppe von Anteilseignern. Hier werden zwei Rotweine produziert: Viña Salceda Crianza und Conde de la Salceda Gran Reserva. Beide sind von zuverlässiger Qualität; die Gran Reserva weist deutlich mehr Gehalt und Klasse auf. Für den Ausbau stehen knapp 7000 Fässer bereit. Die eigenen 30 ha liefern nur $^1/_8$ des Traubenbedarfs, daher müssen Lesegut und Weine zugekauft werden.

Bodegas Heredad de Baroja, 01309 Elvillar de Alava. In den Kellern der seit 1988 bestehenden Bodega kann in den dort vorhandenen 23 000 Fässern mehr Wein eingelagert werden als in Tanks. Deshalb kommt selbst der für alsbaldigen Verbrauch bestimmte Baroja-Rotwein mit Holz in Berührung – und er ist in seiner Art höchst erfolgreich und angenehm. Der Viña Baroja wird nach der Beaujolais-Methode bereitet und erhält keine Faßreife. Die Spitzensorte ist Rincón de Baroja Crianza, ein saftiger Wein mit ausgeprägter Holz- und Vanillenote. Die Eigentümer der Bodega sind ein Großhändler und zwei weitere Mitbesitzer. Eigene 40 ha liefern 10 % des Traubenbedarfs; der Rest wird als Fertigwein zugekauft. Als Kuriosität gehört eine kleine nachgebaute Burg bei Fuenmayor zur Bodega.

AGE Bodegas Unidas, 26360 Fuenmayor. Jahrelang war AGE der größte Weinexporteur in Rioja. Das 1967 durch Fusion von drei Erzeugern gegründete Haus hat seither mehrfach die Besitzer gewechselt. 1987 erwarb Guinness einen Mehrheitsanteil, investierte einige Millionen Pfund und schuf damit eine der modernsten Produktionsanlagen Spaniens. Drei Jahre danach zog sich Guinness wieder zurück, und AGE wurde von der spanischen Banesto-Gruppe übernommen. Etwa 60 % der Weine laufen unter der Marke Siglo. Der Spitzenwein dieses Programms ist der in einer Jutehülle verpackte «Saco», ein milder, vollmundiger Rioja mit zwei Jahren Faßreife – AGE besitzt 30 000 *barricas.* Mehr Qualität und Persönlichkeit bietet der Marqués del Romeral Gran Reserva. Die eigenen Weinberge von 50 ha liefern nur einen Bruchteil des Traubenbedarfs. AGE verfügt über eine Reihe von Zweitmarken, u. a. Bodegas Romeral, Bodegas Las Veras, Viña Tere, Agessimo und Credencial.

Bodegas Lagunilla, 26360 Fuenmayor. Aus der Ferne sehen die weißen Gebäude von Lagunilla (im Besitz des britischen Konzerns International Distillers and Vintners IDV) eher wie Getreidesilos aus. Das 1885 gegründete Haus verarbeitet nur gekaufte Weine, die in der Kellerei verschnitten und sodann in 10 000 Fässern ausgebaut werden. Die Rotweine sind meist mild und gefällig, ohne besondere Tiefe – nicht schlecht, aber auch nichts Aufregendes. Am interessantesten sind der Viña Hermina Reserva und der Lagunilla Gran Reserva. Von den jungen Weinen ist der Lagunilla Rosé empfehlenswert.

Bodegas Lan, 26360 Fuenmayor. Der Name Lan ist aus den Anfangsbuchstaben der drei Rioja-Provinzen Logroño, Alava und Navarra gebildet (allerdings gibt es keine Provinz Logroño mehr). Die funktional wirkende, technisch hochmoderne Bodega wurde 1973 gegründet und kam nach mehrfachem Besitzerwechsel in die Hände eines baskischen Industriellen. 70 ha Rebfläche erbringen 1/8 des Traubenbedarfs. Die Produktion umfaßt drei Typen: junge Weine unter der Marke Lan – hier zeichnet sich der Lan Rosé durch schmackhafte Frucht aus; etwas reifere unter dem Namen Lander – fast alle recht elegant und sauber im Geschmack, der sehr erfolgreiche rote Lander Crianza weist neben schönem Holzaroma auch Frucht und sanfte Frische auf; und schließlich die mit kräftigerem Holzaroma ausgestatteten Reservas und Gran Reservas der Marke Viña Lanciano. Daß alle Lan-Weine mit Sorgfalt bereitet sind, erweist sich am hohen Qualitätsstand des gesamten Programms. Die Bodega verfügt über rund 10 000 Fässer. Zweitmarken sind u. a. Lancorta und Señorío de Ulla.

Bodegas Marqués del Puerto, 26360 Fuenmayor. Knapp 20 Jahre nach der Gründung 1968 ging das Haus an die Gruppe Bodegas y Bebidas über. Daraus haben sich Verbesserungen ergeben, u. a. wurden 2000 Fässer angeschafft. Die Weine sind inzwischen in die mittlere Qualitätsklasse aufgestiegen. Vor allem der Marqués del Puerto Reserva und Gran Reserva ist eine rechte Entdeckung. 22 ha eigene Weinberge liefern etwa 1/6 des Traubenbedarfs.

Bodegas Montecillo, 26360 Fuenmayor. Der gute Ruf der Bodegas Montecillo und ihrer Weine in Spanien veranlaßte 1973 die Übernahme durch die Brandy- und Sherry-Firma Osborne. Zwei Jahre danach wurde ein neuer Kellereikomplex fertiggestellt. Er sieht aus wie ein Chalet, ist aber für die Produktion von Qualitätswein bestens ausgerüstet. Prinzipiell kauft das Haus nur Trauben – keine Weine –, um die Verarbeitung selbst durchführen zu können. Über 3/4 der 14 000 Fässer sind aus französischer Eiche – ein für Rioja ungewöhnlich hoher Anteil. Die höheren Qualitäten werden vorwiegend in *barricas* aus französischer Eiche ausgebaut, der Viña Monty Reserva, ein ausgewogener, schön ausgereifter und charmanter Wein in feinster Qualität, sogar ausschließlich; bei einer Prämierung trug er einmal mehr Punkte davon als manche hochberühmten Grands Crus aus Bordeaux. Ebenfalls köstlich ist der mit kräftigerem Holzaroma versehene Montecillo Gran Reserva. Auch die jungen Rot-, Weiß- und Roséweine der Marken Montecillo und Viña Cumbrero verdienen Beachtung.

Bodegas Berceo, 26200 Haro. Die Familie Gurpegui hat die 1872 gegründete Bodega in der Calle de las Cuevas im Herzen von Haro geschmackvoll restauriert. 1983 wurden neue Gärfässer aus Holz installiert, damit der Stil der Gesamtanlage gewahrt blieb. Der Rotwein wird zum Teil in Kellern am Berghang ausgebaut, in denen 3200 Fässer, davon 40 % aus französischer Eiche, lagern. Am besten sind meist der Viña Berceo Reserva und der nur gelegentlich produzierte Gonzalo de Berceo Gran Reserva. Der Viña Berceo Crianza ist oft ebenfalls hervorragend. 1/5 des Traubenbedarfs stammt aus eigenen 50 ha Weinbergen. Die Familie Gurpegui besitzt ferner die Bodegas Gurpegui in San Adrián, die Bodegas y Viñedos de la Plana in Andosilla, und sie produziert Wein in Navarra.

Bodegas Bilbaínas, 26200 Haro. Es heißt, daß der bekannteste Rotwein dieser Bodega, der Viña Pomal, am spanischen Hof getrunken wurde und daß auch Winston Churchill und Salvador Dalí ihn sehr mochten. Er wird auch als Crianza mit breitem, schön ausgereiftem und durch Holzaroma abgerundetem Geschmack sowie als Gran Reserva für Liebhaber von altem Rioja angeboten. Noch besser ist der Gran Zaco, ein vollmundiger Wein mit ausgeprägterer Frucht und Tiefe und hervorragender Haltbarkeit. Viña Zaco heißt eine gefällige, aber nicht wirklich gehaltvolle Reserva. Neben einigen jüngeren Weinen produziert das 1901 gegründete Haus im Besitz der Familie Ugarte auch eine Cava und einen Brandy. Etwa die Hälfte der gesamten Produktion stammt aus eigenen 250 ha Weinbergen. Der Rest wird als Lesegut oder Wein zugekauft. Für den Ausbau stehen 13 000 Fässer bereit.

Bodegas Carlos Serres, 26200 Haro. Diese streng funktional gebaute Kellerei steht auf der Südwestseite von Haro. Seit 1987 gehört die Bodega zur Monthisa-Gruppe, dem Qualitätsstand nach ist sie Mittelklasse. Die Weine werden erst nach Faßausbau interessant – so der schön abgerundete Carlos Serres Crianza. Der beste Wein des unspektakulären Programms ist der Reserva Onomástica mit 3 Jahren Faßreife. Das 1896 gegründete Haus Carlos Serres verfügt über 3000 *barricas* aus amerikanischer Eiche.

Bodegas Martínez Lacuesta, 26200 Haro. Trotz moderner Ausstattung macht die Kellerei insgesamt einen traditionsbewußten Eindruck. Für die Lagerung des Weins werden große Holzfässer sowie 7000 *barricas* benutzt; eine eigene Küferwerkstatt steht zur Verfügung. Der berühmteste Rioja des 1895 gegründeten Hauses ist die Reserva Especial, die an den spanischen Hof geliefert wird und oft bei Staatsbanketten die Tafel ziert. Dieser Wein gehört eigentlich in die

Marqués de Riscal ist eine der ältesten Bodegas – sie entstand im Jahr 1860.

Oben: *Seit 1979 steht Guillermo de Aranzabel an der Spitze der Bodega La Rioja Alta, die 1990 ihr 100jähriges Bestehen feierte.*
Rechts: *1984 besuchte das spanische Königspaar Pedro López de Heredia in seinem malerischen Keller mit feuchten Wänden und Spinnweben an der Decke.*

Gran-Reserva-Kategorie, ist aber trotz seines Alters – mindestens 10 Jahre – quicklebendig und entfaltet sich im Glas meist wundervoll. Der nur in guten Jahren produzierte Bestseller Campeador Reserva ist vollmundig und fest im Geschmack. Auch der Martínez Lacuesta Crianza hat vieles für sich. Die Bodega, die übrigens keine eigenen Weinberge hat, ist im Besitz von Nachfahren des Gründers.

Bodegas Muga, 26200 Haro. Es gibt nur noch wenige Bodegas, die auf ebenso handwerkliche Art betrieben werden wie diese: Die Gärung findet in Holzfässern statt, und der Wein wird mit Eiweiß geschönt. Der Schwerpunkt liegt auf Rotwein in drei faßgereiften Typen guter Qualität. Das im Besitz der Familie Muga befindliche Haus verfügt über 7300 Fässer, je zur Hälfte aus amerikanischer und französischer Eiche. Der Muga Crianza zeichnet sich durch seidig-zarten Geschmack mit schöner Frucht und verhaltenem Holzaroma aus. Der Prado Enea Reserva und Gran Reserva hat stärkeres Holzaroma, mehr Wucht und Charakter. Ferner produziert das Haus einen Weißwein, einen Rosé und einen Schaumwein. Etwa $^1/_3$ der Produktion stammt von eigenen 35 ha, der Rest wird in Form von Trauben zugekauft.

Bodegas Ramón Bilbao, 26200 Haro. Der mittelgroße Betrieb im Westen von Haro wurde 1924 gegründet und besitzt rund 10 ha Weinberge, die nur einen Bruchteil des Traubenbedarfs liefern; es werden meist Weine zugekauft. Der Bestand an Fässern ist seit 1981 von 2500 auf 4500 angewachsen. Der beste darin ausgebaute Wein ist der Viña Turzaballa Gran Reserva – allerdings würden ihm mehr Tiefe und Charakter guttun. Die übrigen Weine sind anständige Durchschnittsqualität.

Bodegas Rioja Santiago, 26200 Haro. Angel Santiago Munilla eröffnete 1870 in Labastida eine kleine Bodega und verlegte 1904 seine Tätigkeit nach Haro. Hier gedieh sein Haus stetig und verblieb bis 1970 im Besitz der Familie Santiago, dann ging die Bodega an die amerikanische Pepsico-Gruppe über. Diese war allerdings nicht so sehr an Wein als vielmehr an Sangria, einem hochbeliebten Nebenprodukt, interessiert. Unmittelbar bei Labastida wurde dafür ein riesiger Produktionsbetrieb gebaut. Ende der 80er Jahre ging jedoch in Amerika die Nachfrage nach Sangria zurück, und Pepsico verkaufte an die Julián-Cantarero-Gruppe (s. a. Bodegas Campo Burgo). Rioja Santiago verfügt über keine eigenen Weinberge und verarbeitet auch keine Trauben, sondern baut ausschließlich gekaufte Weine aus. Dem jüngeren Rotwein fehlt es an Klasse, doch die Reserva hat angenehmen Duft, milden Geschmack und gerade das richtige Maß an Holzaroma. Das Programm umfaßt zwei Gran Reservas, eine normale und eine nur in besonders guten Jahren erzeugte Version namens Gran Fino Enológia. Die Weine erscheinen unter mehreren Marken, u. a. Rioja Santiago, Gran Condal, Vizconde de Ayala, Bilibio und Castillo de Ezpeleta.

CVNE, 26200 Haro. Nach ihrer Gründung durch die Familie Eusebio Real de Asúa und deren Freunde im Jahr 1879 wuchs die Bodega so rasch, daß sie drei Jahre später stark erweitert werden mußte. Um Kapital zu beschaffen, mußte die Firma geändert werden und erhielt dabei einen neuen Namen: Compañía Vinícola del Norte de España, abgekürzt CVNE. Unter der Leitung der Familie Real de Asúa, die auch über die Mehrheit der Anteile verfügt, hat sich die Bodega zu einer der führenden und einflußreichsten in Rioja entwickelt. Über die Grenzen Spaniens hinaus ist ihr Name gleichbedeutend mit Qualität. Kennzeichnend für CVNE sind stetige Investitionen in bessere Anlagen und in die eigenen 500 ha Weinberge, die etwa die Hälfte des Traubenbedarfs liefern. In den Kellern liegen 25 000 Fässer, zu $^1/_3$ aus französischer Eiche. Einer der Bestseller ist der frische, ausgewogene weiße Monopole mit 1 Jahr Faßreife. Keinen Faßausbau erhält dagegen der erfrischende weiße Cune Lanceros. Gute Beispiele für die Zuverlässigkeit der Rotweine sind der Rioja Clarete 3er Año Crianza, der reifere, festere Viña Real Plata, der fast einer Reserva ähnelnde Cune 5° Año, der volle, feinwürzige Viña Real Oro Reserva und Gran Reserva und der samtige Imperial. Der letztere ist eine Auslese der besten Jahrgänge und wird als Reserva und Gran Reserva angeboten.

Federico Paternina, 26200 Haro. Das Haus verfügt über die wahrscheinlich größte Weinlagerhalle Europas mit rund 35 000 *barricas*, in denen Federico Paterninas Bestseller Banda Azul reift. An anderer Stelle in diesem Riesenkomplex liegen 12 000 Fässer für andere Weine. Die Bodega trägt noch den Namen ihres Gründers aus dem Jahr 1898, sie hat aber inzwischen mehrfach den Besitzer gewechselt. Seit 1985 gehört sie der Gruppe Marcos Eguizábal, der auch Franco-Españolas sowie Sherry-Beteiligungen gehören. Die Firma arbeitet nur mit gekauftem Most (für Weißwein und Rosé) bzw. Grundwein (für Rotwein). Der weiße Banda Dorada schmeckt etwas neutral. Der Federico Paternina Reserva hat dagegen mehr Persönlichkeit, Frische, Geschmacksfülle und feines Holzaroma. Der rote Banda Azul Crianza ist mild, recht fest und anständig, und der Viña Vial Reserva bietet noch bessere Qualität. Der Federico Paternina Gran Reserva und der nur in besonders guten Jahren erzeugte Conde de los Andes werden in unterirdischen Kellern in Ollauri ausgebaut. Ihr dunkeltöniges Aroma enthält viel Holz, und sie bleiben jahrzehntelang lebenskräftig.

La Rioja Alta, 26200 Haro. Wie einige andere Rioja-Spitzenerzeuger – u. a. CVNE, López de Heredia und Muga – befindet sich auch La Rioja Alta in der Nähe des Bahnhofs von Haro, und zwar schon seit 1890. Die heutigen Besitzer sind Nachfahren der Gründer. Etwa die Hälfte der Produktion stammt aus den eigenen 300 ha Weinbergen, der Rest von zugekauften Trauben. Rund 85 % der Erzeugung entfallen auf Reservas und Gran Reservas, die in 32 000 Fässern heranreifen. Viña Ardanza ist ein runder, harmonischer und duftiger Wein, der in drei Jahren Faßlagerzeit schöne Fülle erlangt. Die Reserva 904 (eine Gran Reserva) reift sieben und die Reserva 809 acht Jahre. Der 904 zeichnet sich durch Holz- und Vanilletöne bei kräftigem Tannin aus und darf als traditioneller, robuster Rioja gelten, der sich in der Flasche gut hält. Letzteres trifft auch für den 890 zu, der große Reife aufweisen kann, ohne müde zu wirken; er entsteht nur in ausnehmend guten Jahren. 1990 brachte das Haus eine weitere spezielle Gran Reserva heraus, den Centenario 1890–1990. Als gute Weine sind ferner erwähnenswert: Viña Arana Reserva und Viña Alberdi Crianza. Die Firma besitzt auch Weinbeteiligungen in Ribera del Duero und Riás Baixas.

R. López de Heredia Viña Tondonia, 26200 Haro. Das auffallendste unter den Gebäuden dieser Bodega ist ein kleiner Turm im Art-Nouveau-Stil. Er stammt aus dem Jahr 1892, als Rafael López de Heredia aus Chile hier neue Keller, Büros und ein Wohnhaus errichtete. Wer heute die noch immer im Besitz der Familie befindliche Bodega López de Heredia besucht, hat oft das Gefühl, in die Vergangenheit zurückversetzt zu sein. Sie ist ein Bollwerk alter Tradition: Gärfässer aus Holz sind hier noch in Gebrauch, und sämtliche Weine werden im Faß – in 15 000 *barricas* – ausgebaut. Das Abstechen geschieht von Hand in feuchten Kellern, und alle Reservas werden mit Eiweiß geschönt. Die Weinbereitung erfolgt stets unter eigener Regie; 170 ha Weinbergbesitz liefern die Hälfte des Traubenbedarfs, der Rest wird zugekauft.

Stil und feine Art sind die Merkmale der Rotweine. Viña Tondonia Reserva aus der gleichnamigen Lage zeichnet sich durch Eleganz und schönes Gleichgewicht zwischen Frucht und Holzaroma aus. Die Gran Reserva gleichen Namens bietet mehr Festigkeit und Reife. Feine jüngere Weine sind die eleganten Crianzas Viña Cubillo und Viña Bosconia – letzterer mit mehr Reife und Gehalt. Etwa 1/4 der Produktion entfällt auf Weißwein; erwähnenswert sind der sanft-frische Viña Gravonia und der komplexe Viña Tondonia mit ausgeprägtem Bukett.

Bodegas Martínez de Ayala, 01330 Labastida. Hier spürt man die Atmosphäre einer kleinen, 1870 gegründeten Familien-Bodega, wo alles in streng handwerklicher Art und Weise geschieht. Verarbeitet werden Trauben aus eigenen 10 ha sowie zugekaufte Weine. Nach einer Reifezeit in 400 Fässern und in der Flasche entstehen elegante, frische Rotweine, die sich oft 30 bis 40 Jahre halten. Neben der Marke Martínez de Ayala stehen Viña Mediate oder Viña Mendiguria für die ältesten Weine.

Granja Nuestra Señora de Remelluri, 01330 Labastida. Die am Fuß der Sierra de Cantabria idyllisch gelegene Bodega arbeitet vorwiegend (85 %) mit Lesegut von eigenen 60 ha. Der Besitzer Jaime Rodriguez Salis und seine Familie haben viel Zeit und Geld in die Restaurierung der *granja* (Bauernhof) investiert, die Weinberge neu angepflanzt und Keller gebaut, in denen Edelstahl-Gärtanks neben 3000 Fässern – davon 1/5 aus französischer Eiche – stehen. Der rote Remelluri Crianza und Reserva weist vorbildliche Qualität mit feinen Nuancen, noblem Holzaroma, reifer Frucht und eleganter Festigkeit auf.

Unión de Cosecheros de Labastida, 01330 Labastida. Diese Genossenschaft gehört dem Qualitätsstand nach zu den besten in Rioja. Rund 160 Mitglieder verfügen zusammen über 450 ha Weinbergbesitz, und zu ihren Kunden zählen angesehene Häuser. Ein Teil der Produktion wird jedoch hier selbst abgefüllt, u. a. unter den Namen Montebuena (für jungen Wein), Viña Solaguën, Castillo Labastida und Castrijo. Für den Ausbau der besseren Weine wurden 1000 *barricas* angeschafft.

Bodegas Alavesas, 01300 Laguardia. 1972 brachte der Industrielle Miguel Angel Alonso Samaniego eine Gruppe von Winzern zusammen und gründete eine Bodega. Alonso steuerte das Kapital bei, die Winzer das Land. Nach dem Tod des Gründers gingen alle Anteile auf seine Familie über. Das Lesegut stammt von eigenen 100 ha sowie von weiteren 200 bis 300 ha in der Umgebung. Am bedeutendsten ist die Marke Solar de Samaniego; sie steht sowohl für junge als auch für faßgereifte, zumeist typische Rioja-Alavesa-Weine, die sich mehr durch Eleganz als runde Art auszeichnen und selten dunkle Farbe aufweisen. Der fast immer fruchtige Geschmack ist sauber und das Holzaroma selbst bei den Reservas und Gran Reservas nie aufdringlich. Die Bodega verfügt über 6000 Fässer. Jüngere Weine und Crianzas laufen unter den Namen Solar de Iriarte und Señorío de Berbete.

Bodegas Campillo, 01300 Laguardia. Die Eröffnung dieser Bodega, eines Zweigbetriebs der Martínez-Zabala-Gruppe, fand im September 1990 statt. Das elegante, T-förmige Gebäude steht inmitten von 25 ha Weinbergen. Zur Gruppe gehören auch die Bodegas Faustino Martínez in Oyón, wo die ersten Jahrgänge der Bodegas Campillo produziert wurden, die jetzt neben eigenem Lesegut auch Trauben aus den 350 ha Weinbergen von Faustino Martínez verarbeiten. Dennoch sind die Weine der beiden Bodegas nicht gleich. Die Campillo-Weine – bisher ausschließlich rot – bestehen rein aus Tempranillo und sind deshalb etwas leichter; die Qualität der Reserva und Gran Reserva ist hoch. Für den Ausbau stehen in Laguardia 8000 Fässer bereit, davon 1/4 aus französischer Eiche. Der Name Campillo war früher eine Zweitmarke von Faustino Martínez.

Bodegas Palacio, 01300 Laguardia. 1987 wurde die Firma von der heutigen Leitung übernommen, die alle Anteile von Seagram aufgekauft hatte. Inzwischen ist viel investiert worden. Die 10 000 Fässer wurden zum Teil ersetzt, und es wird angestrebt, nur noch *barricas* aus französischer Eiche zu benutzen.

Bei López de Heredia wird noch heute mit Gärfässern aus Holz gearbeitet.

Im Jahr der Übernahme kamen zwei neue Weine heraus: roter und weißer Cosme Palacio y Hermanos, benannt nach dem ursprünglichen Gründer der Bodega im Jahr 1894. Beide Weine sind faßgereift, der weiße etwas kürzer als der rote; ihr Qualitätsstand ist sehr gut. Der Name Glorioso steht für eine sehr viel größere Produktion mit einer umfangreichen Auswahl. Die jungen Weine – auch der Weißwein und der Rosé – haben sich seit 1987 verbessert, und das dürfte auch für die faßgereiften Typen zutreffen. Die Qualität aus der Zeit vor 1987 ist nur einfach gut, wobei der Glorioso Gran Reserva die Spitze hält. Zu Anfang 1991 brachte das Haus den Mil Flores heraus, einen fruchtigen, blumigen Rotwein in einer Millefiori-Flasche.

Cosecheros Alaveses, 01300 Laguardia. 1985 richteten sechs selbständige Erzeuger gemeinsam eine Bodega ein, um einen Teil ihres Weins zu verarbeiten, abzufüllen und unter neuem Namen zu vertreiben. Die einzelnen Partner erzeugen Rotwein von 100 ha Rebfläche, aber nur eine Auslese hiervon geht an die Cosecheros Alaveses. Unter der Marke Artadi bietet die Bodega einen ausgezeichneten, jung genußreifen Rotwein mit kräftiger Farbe und Frucht und lebendigem Geschmack an. Auch der Viñas de Gain ist vorzüglich: ein vollmundiger, 1 Jahr im Faß gereifter Tempranillo. Der Bestand umfaßt 500 Fässer, davon 1/4 aus französischer Eiche. Die Artadi-Rosés und -Weißweine sind nicht so interessant, obwohl ebenfalls mit Sorgfalt bereitet. Die Zweitmarke Valdepomares steht für einfacheren Wein.

Viñedos del Contino, 01309 Laserna. 1974 wurde von CVNE und einer Gruppe von Privatleuten ein 52 ha großes, prachtvolles Weingut am Fuß eines Hügels zwischen Logroño und Laguardia errichtet. Teils wegen eines sehr niedrigen Hektarertrags entsteht hier eine hochkonzentrierte rote Reserva von tiefer Farbe, köstlichem Geschmack und mit sanftem Holzaroma. Ausgebaut wird sie je zur Hälfte in amerikanischer und französischer Eiche; insgesamt umfaßt der Bestand 1500 *barricas*.

Bodegas Bretón y Cía, 26000 Logroño. Die mit viel Begeisterung geführte Firma besteht seit 1985. Sie verfügt über 50 ha eigenes Land und kauft Lesegut von weiteren 50 ha zu. Die Besitzer, die Familie Bretón und eine Gruppe von Winzern, bringen duftige, elegante Rotweine – Loriñon Crianza und Reserva – hervor. Daneben gibt es weißen Loriñon, im Jahrgang 1990 auch in einer neuen, in frischen Fässern vergorenen Version; allerdings war dieses Experiment nicht erfolgreich, und man muß abwarten, ob es wiederholt wird.

Bodegas Campo Viejo, 26000 Logroño. Seit ihrer Gründung 1963 ist die Bodega zum größten Rioja-Erzeuger aufgestiegen: Sie verkauft jährlich über 5,5 Millionen Flaschen. Etwa 1/5 davon liefern die eigenen 300 ha Weinberge, von denen etwa 50 ha mit relativ jungen Reben besetzt sind. In den Anfangsjahren produzierte Campo Viejo vorwiegend einfache Weine ohne Faßausbau, doch in den 80er Jahren begann die Firma mit der Produktion von Crianzas und noch länger gelagerten Weinen; deshalb wurde der Bestand an Fässern auf nunmehr 45 000, davon etwa 80 % aus amerikanischer, der Rest aus französischer Eiche, erhöht. Ausschließlich in französischen Fässern reift der Marqués de Villamagna Gran Reserva, ein stilvoller, ausgewogener Wein mit wunderbar reifem, vornehmem Geschmack. Ebenfalls zu empfehlen sind aus dem umfangreichen Programm der elegante Viña Alcorta Reserva, ein reiner Tempranillo-Wein aus eigenem Lesegut, und der im Geschmack rundere, vielfach preisgekrönte Campo Viejo Reserva sowie der Selección José Bezares, ebenfalls ein reiner Tempranillo mit sehr viel Frucht. Der letzte Name steht auch für angenehmen Weiß- und Roséwein. Wie Marqués del Puerto und eine Reihe anderer Firmen befindet sich Campo Viejo im Besitz der Gruppe Bodegas y Bebidas. Castillo de San Asensio, Foncalada, Almenar, Tres Ducados und Marqués de Ciria sind Zweitmarken.

Bodegas Franco-Españolas, 26000 Logroño. 1890 kam der Franzose Frédéric Anglade nach Logroño und kaufte dort nicht nur Trauben für das Bordeaux-Haus Anglade, sondern auch Land für eigenen Anbau. 1901 richtete er mit spanischem Kapital ein eigenes Weinhandelshaus, Bodegas Franco-Españolas, ein. Die Firma betrachtet jedoch das Jahr 1890 als ihr Gründungsdatum, und deshalb konnten die derzeitigen Besitzer, die Gruppe Marcos Eguizabál (zu der auch Federico Paternina und einige Sherry-Häuser gehören), 1990 das 100jährige Jubiläum feiern. Die hauseigenen Weinberge wurden vor langer Zeit verkauft, so daß die 10 Weine des heutigen Programms von gekauftem Lesegut produziert werden müssen. Hierzu gehören sowohl klassische, faßgereifte Rot- und Weißweine als auch fruchtige, jung genußreife Weine, unter denen der weiße Diamante und der angenehm aromatische Viña Soledad in schlanken braunen Flaschen besonders zu erwähnen sind. Ferner gibt es einen Viña Soledad Reserva Tête de Cuvée. Er reift 4 Jahre im Faß und zeichnet sich durch ausgeprägtes Vanillearoma und zartfrischen, feinen Geschmack aus. Der Bestseller unter den Rotweinen ist der gefällige Rioja Bordón Crianza, Reserva und Gran

Oben: *Eigentümer der Bodegas Marqués de Murrieta ist Vicente Cebrián Sagarriga, Conde de Creixell.*
Links: *Ganz besonders schön ist die Landschaft bei Laguardia.*
Unten: *Ausschwefeln von Fässern bei CVNE.*

Reserva. Als etwas Besonderes darf der Excelso Gran Reserva gelten, der nur in sehr guten Jahren und in begrenzten Mengen produziert wird. In den Kellern liegen rund 25 000 Fässer. Zweitmarken sind u. a. Casa de la Reina, Conde Bel und Conde Lar.

Bodegas Marqués de Murrieta, 26000 Logroño. Bei Logroño liegt an der Straße nach Zaragoza das Weingut Ygay. Seit 1872 steht hier die Kellerei der 20 Jahre früher gegründeten Bodegas Marqués de Murrieta. Sie trägt den Namen ihres Gründers, Luciano de Murrieta, dem zu seinem 50. Geburtstag der Titel eines Marqués verliehen wurde. Diese dynamische Persönlichkeit zeichnete sich nicht nur durch Pionierarbeit im Weinbau, sondern auch auf sozialem Gebiet aus, weshalb in Logroño eine Straße nach ihm benannt wurde. Jetziger Besitzer ist Vicente Cebrián Sagarriga, Conde de Creixell. Heute liefert die eigene Rebfläche (300 ha) den gesamten Traubenbedarf für die Produktion und den Ausbau im Kellereikomplex, der in den 80er Jahren stark erweitert wurde. Alle Weine reifen mindestens 2 Jahre im Faß – dafür stehen 13 000 z. T. sehr alte Fässer zur Verfügung. Der rote Etiqueta Blanca ist eine zuverlässige Crianza; mehr Nuancen und Charme bietet die Reserva; der Castillo Ygay Gran Reserva gelangt meist erst nach etwa 40 Jahren zum Verkauf, zeigt dann aber noch immer keine Müdigkeit. Er ist ein wunderschöner, majestätischer Rioja der allerbesten Art. Unter dem gleichen Namen wird ein 20jähriger Weißwein verkauft, der im Bukett und Geschmack subtile Nuancen und Reife zugleich mit Frische, Saft und verhaltenem Vanillearoma bietet. Ebenfalls prachtvoll sind die Weißweine als Crianza, Reserva und Gran Reserva.

Bodegas Olarra, 26000 Logroño. Das Olarra-Anwesen wird scherzhaft «die Kathedrale von Rioja» genannt. Das revolutionäre Bauwerk hat die Form eines Y, wobei die drei Flügel symbolhaft für die drei Bereiche von Rioja stehen. Daneben befindet sich ein unterirdischer Faßkeller unter 111 sechseckigen Spitzdächern. Hier lagern 25 000 Fässer, 20 % davon aus französischer Eiche. Die 1973 fertiggestellte Bodega trägt den Namen des 1984 aus der Firma ausgeschiedenen Partners Luis Olarra. Heute ist sie im Besitz der Familien Guibert und Ucín. Das Haus hat keine eigenen Weinberge und verarbeitet in seinen modernen Anlagen nur gekaufte Trauben. Die Rot-, Weiß- und Roséweine werden größtenteils unter der Marke Añares vertrieben und zeichnen sich durch sauberen Geschmack und leicht fruchtige, anmutige Art aus, wobei in den Crianza-, Reserva- und Gran-Reserva-Versionen das Holz- und Vanillearoma jeweils zunehmend kräftiger zur Geltung kommt. Die Weine der Marke Cerro Añon haben dagegen festeren Charakter. Der Weißwein Reciente ist frisch und sauber im Geschmack. Das Zweitetikett Otoñal steht für einfachere Weine des Hauses.

Bodegas Palacios Remondo, 26000 Logroño. Zwar befindet sich der Sitz der Bodega in Logroño, aber die Weine werden in Alfaro und Haro produziert. Ursprünglich hatte José Palacios seinen Weinhandel 1947 in Alfaro gegründet, und sein Sohn Antonio errichtete 1990 ein Château-ähnliches Weingut bei Haro. Der Familie Palacio gehört ferner ein Hotel in Alfaro (siehe Reise-Informationen).

Die 150 ha Rebfläche des Hauses liefern 60 % des Traubenbedarfs. Darüber hinaus bestehen Lieferverträge mit Winzern, die jeweils die Anweisung zu Beginn der Lese von Antonio Palacios und seinen Mitarbeitern erhalten. Alle besseren Weine laufen unter der Marke Herencia Remondo. Die Rotweine sind stets harmonisch, mit mildem Geschmack, festem Kern, guter Frucht und einer angenehmen, aber nicht übertriebenen Holznote. Auch die Weiß- und Roséweine sind erfolgreich. Der Name José Palacios steht für einfachere Weine. 20 % der 2500 Fässer sind aus französischer Eiche.

Barón de Ley, 31587 Mendavia. Das prachtvoll restaurierte Jagdhaus Imaz aus dem 16. Jh. steht inmitten einer Rebfläche von 90 ha und dient als Firmensitz der in den späten 80er Jahren von den Eigentümern von El Coto errichteten Bodega Barón de Ley. Beide Firmen

Im Herbst feiert Laguardia wie fast alle Weinorte in Rioja ein Winzerfest.

gehören heute zur Gruppe Mercapital. Die Anlagen von Barón de Leys sind ultramodern, doch auch der Tradition wird die gebührende Ehre erwiesen, und zwar mit 4000 Fässern, davon 60 % aus französischer Eiche. Die Weine haben allgemein anmutige Art bei schönem Gleichgewicht zwischen Holz und beerenhafter Frucht. Im Rebbestand findet sich neben Tempranillo auch Cabernet Sauvignon.

Bodegas Corral, 26370 Navarrete. Dies ist die einzige Bodega in Rioja, die direkt an der alten Pilgerstraße zum heiligen Jacobus in Santiago de Compostela steht, und deshalb benutzt sie auch die Marke Don Jacobo. Das 1898 gegründete Haus besitzt 40 ha Rebfläche, die 20 bis 25 % des Traubenbedarfs liefern; der Rest wird zugekauft. In den Kellern liegen 6500 Fässer aus amerikanischer, französischer und jugoslawischer Eiche. Die rote Crianza und Reserva ist nicht übermäßig durch Holzaroma geprägt und weist festen, gehaltvollen Geschmack auf. Die Gran Reserva der Marke Corral ist reifer und runder.

Bodegas A. Navajas, 26370 Navarrete. Die kleine Bodega verfügt über Edelstahlgärtanks und rund 1200 Fässer. Ihre Produktion steigt stetig – größtenteils von zugekauften Trauben, denn die hauseigene Rebfläche beträgt lediglich 5 ha. Die Familie Navajas erzeugt gute, recht vollmundige Rotweine. Kräftiges Holz- und Vanillearoma kennzeichnet die Crianzas Navajas und Gustales. Ebenfalls empfehlenswert ist der weiße Navajas Crianza mit seinem lebendigen, köstlich-saftigen Geschmack und seinem noblen Holzaroma.

Bodegas Beronia, 26200 Ollauri. Nachdem die Sherry- und Brandy-Firma Gonzalez Byass 1982 die Bodega übernahm, wurde deren Kapazität auf das Vierfache gesteigert. Damals war Beronia 4 Jahre alt. Die 10 ha Rebfläche um das Gebäude stellen den gesamten Weinbergbesitz dar, deshalb müssen Trauben und manchmal auch Weine zugekauft werden. Die jüngeren Weintypen laufen unter dem Etikett Berón. Der Weiße hat frischen Geschmack mit Anklängen an exotische Frucht, und der Rotwein weist nach 12 Monaten im Faß einiges Holzaroma und milden, angenehmen Geschmack auf. Länger ausgebaute Weine tragen den Namen Beronia. Sie lagern in 7000 Fässern und erlangen dabei feste, elegante Sauberkeit, Milde und feines Holzaroma.

Bodegas El Coto, 01320 Oyón. Das Haus gehörte ursprünglich zur Alexis-Lichine-Gruppe, wurde aber 1991 vom spanischen Unternehmen Mercapital übernommen, das zugleich auch die Bodega Barón de Ley kaufte. Etwa ¹/₄ der Produktion stammt vom Lesegut der eigenen knapp 100 ha Rebfläche um Cenicero. In der technisch gut ausgestatteten Kellerei entstehen anmutige, ausgewogene, nicht allzu dunkle, aber mit schönem Holzaroma und Tannin versehene Weine. Die Crianza heißt El Coto oder Coto Mayor; die Reserva und Gran Reserva tragen den Namen Coto de Imaz, ebenso der frische Weiß- und Roséwein. In den Kellern liegen etwa 12 000 *barricas*.

Bodegas Faustino Martínez, 01320 Oyón. Die bekanntesten Weine des Familienbetriebs sind Faustino V und Faustino I, beides Rotweine in dunklen Mattglasflaschen. Der Faustino V ist eine sanfte Reserva mit kräftigem Holzaroma und einem Hauch Frische; der länger ausgebaute, aristokratische Faustino I gehört in die Gran-Reserva-Klasse. Mit diesen beiden Erzeugnissen ist Faustino Martínez vermutlich der größte Exporteur von faßgereiftem Rioja. Das bedeutet jedoch nicht, daß die Bodega keine anderen Weine produziert; vielmehr strebt sie größere Vielfalt an, u. a. mit prachtvollen, jung genußreifen Weiß- und Roséweinen (unter dem Namen Faustino V) sowie einer Reihe einfacherer Weine (Faustino VII) und Cavas, von denen der Faustino Martínez Brut Reserva mit einer Kellerreife von 27 Monaten, feinem Schaum und schöner Frucht am empfehlenswertesten ist. Die Trauben für die Cavas sowie für 40 % der übrigen Weine stammen aus den eigenen 350 ha Weinbergen. Der Bestand an Fässern beläuft sich auf 20 000 Stück. Die Familie Martínez ist seit 1860 in Oyón im Weinbau tätig; zu ihrem Besitz gehören auch die Bodegas Campillo in Laguardia. Señor Burgues ist eine Zweitmarke.

Bodegas Maese Joan, 01320 Oyón. Der große spanische Gin-Hersteller Larios verfügt über bedeutende Weinbeteiligungen, u. a. an einer Firma in Málaga sowie an den 1989 unter Mitwirkung von etwa 15 Winzern mit zusammen 170 ha Land gegründeten Bodegas Maese Joan in Rioja. Das Lesegut wird in einer hochmodern ausgerüsteten Kellerei verarbeitet. Junge Weine laufen in Spanien meist unter den Namen Viñalzada, die Crianzas heißen Armorial. In bestimmten Marktsegmenten finden die Namen Coro für junge Weine und Vega Vieja für faßgereifte Typen Verwendung. In der Serie Coro ist der Black Label ein charmanter, 2 Monate faßgereifter roter Rioja. Vega Vieja Crianza und Reserva sind gekennzeichnet durch ansprechenden Geschmack mit Holzaroma und einem Anflug von Frucht – insbesondere Himbeeren. Das noch junge Haus hat knapp 2000 Fässer im Bestand – vorgesehen sind etwa 3000.

Bodegas Martínez Bujanda, 01320 Oyón. 1991 nannte die spanische Zeitschrift «Gourmets» nicht weniger als acht Weine der Bodegas Martínez Bujanda unter den besten des Landes. Das ist nur ein Beispiel für die vielen Anerkennungen und Ehrungen, die dem hervorragend ausgerüsteten Betrieb und seinem Leiter, Jesús Martínez Bujanda, zuteil geworden sind. 1984 ersetzte er die alte, heute als Museum eingerichtete Bodega von 1890 durch einen ganz neuen Komplex. Hier können Weine aller Art produziert und in 11 000 Fässern in zwei mit Temperatur- und Luftfeuchtigkeitsregelung versehenen Hallen gelagert werden. Die dafür nötigen Trauben kommen ausschließlich von 270 ha firmeneigener Rebfläche. Alle Martínez-Bujanda-Weine zeichnen sich durch hohen Qualitätsstand aus. Der jung genußreife Rotwein ist dunkel, hat Beerenfrucht und vorzüglichen Geschmack. Auch der Weiß- und der Roséwein weisen Frucht und Geschmacksfülle auf. 1989 wurde ein Teil des Weißweins in neuen Fässern vergoren und anschließend 7 Monate gelagert. Das Experiment war erfolgreich und wurde anschließend in größerem Maßstab fortgesetzt. Der rote Conde de Valdemar zeichnet sich in seinen verschiedenen Versionen von Crianza bis Gran Reserva durch vitalen, ausgewogenen Geschmack, sanfte Frucht, das rechte Maß an Tannin, angenehmes Holzaroma und guten Abgang aus.

Bodegas Otañon, 26570 Quel. 1985 beschloß die Familie Perez Marco, nachdem sie jahrelang die großen Firmen mit Trauben beliefert hatte, eine eigene Bodega aufzumachen. Die Trauben kommen von 70 ha Weinbergbesitz, die Ausrüstung der Bodegas Otañon ist modern, und im Keller liegen 1000 Fässer. Die Weine, z. B. Artesa Crianza und Reserva, sind anständig in der Qualität. Weitere Marken lauten Boyante, Comportilla, Senorio de Villoslada und Valliciergo.

Bodegas Virgen del Valle, 01307 Samaniego. Strenge Auslese der gekauften Trauben ist seit 1987 das Prinzip dieser Bodega. Der Cincel Crianza zeigt nach 1 Jahr Ausbau im Faß – bei einem Bestand von 850 Stück – saftige, weder zu schwere noch zu leichte Art und ansprechendes Holz- und Vanillearoma. Daneben wird nach der Beaujolais-Technik ein junger Rotwein namens Chocante produziert.

Bodegas Gurpegui, 31570 San Adrián. Das Haus produzierte als erstes in Rioja in großem Umfang Roséwein. Luis Gurpegui, dessen Vater 1921 die Bodega gründete, wurde in der Gegend «Rosé-König» genannt. Der Weinbergbesitz umfaßt 150 ha in San Adrián und Umgebung; er liefert rund 8 % des Traubenbedarfs. Alles übrige wird in Form von Trauben oder Wein zugekauft. In der gesamten Produktion – v. a. Jungweine ohne Faßreife meist unter dem Namen Viñadrián – bleibt der Traubencharakter erhalten. Die in den 6000 *barricas* ausgebauten Weine stammen zum Teil aus dem Zweigbetrieb Bodegas Berceo in Haro, der nicht über ausreichende Lagerkapazität verfügt. Aplauso, Don Quintiliano und Riazán werden als Zweitmarken benutzt. 1990 wurden die Bodegas y Viñedos La Plana in Andosilla als weiterer Zweigbetrieb gegründet. Ferner produziert die Familie Gurpegui auch in Navarra Wein.

Bodegas Muerza, 31570 San Adrián. 1986 wurde die weißgetünchte, mit grünen Fensterläden und Türen versehene Kellerei der Bodegas Muerza von der Cenalsa-Gruppe aus Navarra übernommen. Der 1882 gegründete Betrieb verfügt über 26 ha Weinbergbesitz, der jedoch für die Produktion nicht ausreicht; deshalb müssen Trauben und Weine zugekauft werden. Es wird angestrebt, die Produktion faßgereifter Weine nach und nach zu steigern; dafür stehen 1500 Fässer bereit. Die Rotweine sind mild und fruchtig, besitzen Holzaroma und oft leicht erdigen Geschmack. Die jungen Weine sind relativ neutral, stets aber sauber und gefällig. Als Hauptetikett wird Rioja Vega benutzt, als Zweitetikett Bodegas Ugaldes (mit Señorial).

Bodegas Antigua Usanza, 26338 San Vicente de la Sonsierra. 1989 gründete die Brennerei Licorera Albendense eine eigene Bodega und nannte sie Antigua Usanza. Sie wurde mit Edelstahltanks und 500 Fässern (zur Hälfte französische) ausgestattet. Verarbeitet werden hauptsächlich in Rioja Alavesa eingekaufte Weine. Die jung genußreifen Weine der Marke Viña Azai sind fruchtig und sauber, der Antigua Usanza Crianza ist meist mild und sanft mit zarter Frucht. Als Zweitetikett dient Peña Bajenza.

Bodegas Sierra Cantabria, 26338 San Vicente de la Sonsierra. Der 1979 als Bodegas Eguren gegründete Betrieb erhielt in den 80er Jahren seinen heutigen Namen. Die Besitzer, Mitglieder der Familie Eguren, verfügen über 100 ha. Die (vorwiegend roten) Weine sind mit größter Fachkompetenz bereitet und haben mehr Farbe und Kraft als in Alavesa sonst üblich. Der nach der Beaujolais-Technik produzierte junge Rotwein Murmurón ist fruchtig und vollmundig. Der eher rustikale Sierra Cantabria wird in den Versionen Crianza, Reserva und Gran Reserva angeboten.

Bodegas Sonsierra, 26338 San Vicente de la Sonsierra. In den 1990er Jahren stellte sich die Genossenschaft zunehmend auf Flaschenwein um und schaffte 650 *barricas* an. Unter dem Namen Sonsierra werden jung genußreife Rot-, Weiß- und Roséweine angeboten, aber auch eine gefällige Crianza, die qualitativ vom Viña Mindiarte noch überboten wird. Die fast 250 Genossenschaftsmitglieder kultivieren insgesamt 640 ha.

Bodegas Valgrande, 26338 San Vicente de la Sonsierra. Gregorio García, Besitzer der Bodegas Valduero in Ribero del Duero, ist der größte Teilhaber dieses 1983 gegründeten Betriebs. Hier liegt der Schwerpunkt auf faßgereiften Rotweinen. Etwa 30–40 % der Produktion stammen aus den eigenen 40 ha Weinbergen, der Rest wird als Lesegut zugekauft. Die meisten Rotweine zeichnen sich durch eleganten Geschmack und kräftiges Holzaroma aus, v. a. der Rincón de la Navas und der Viña Saseta. Mehr Tiefe zeigt der feine Rincón de la Navas Reserva. Der Azkueta ist

In den Bodegas Muga wird der Weißwein mit Eiweiß geschönt.

Der porrón *ist ein traditionelles Trinkgefäß.*

ein gefälliger, mild-fruchtiger junger Rotwein. Der gegenwärtige Bestand von 1500 Fässern soll in den kommenden Jahren sukzessive aufgestockt werden.

Bodegas Amézola de la Mora, 26359 Torremontalbo. 1986 baute der Rechtsanwalt Iñigo Amézola de la Mora inmitten seiner 70 ha Weinberge einen neuen Kellereikomplex. Von dort gingen sodann gute Rotweine auf den Markt. Sie sind alle faßgereift und zeichnen sich durch recht feste, lebendige Art mit leichter Frucht sowie Holz- und Vanillearoma aus. Etwa 1/3 der 2500 Fässer sind aus französischer Eiche. Diese Bodega ist ein aufsteigender Stern unter den kleineren Weingütern Riojas. Als Markennamen werden Viña Amézola und Señorío Amézola benutzt.

Bodegas Ondarre, 31230 Viana. 1985 eröffneten drei junge Leute ihre eigene, hochmoderne Bodega. Nachdem sie in finanzielle Schwierigkeiten geraten war, wurde sie 1987 von den Besitzerfamilien der Bodegas Olarra, Guibert und Ucín, übernommen. Der rote Ondarre Crianza und Reserva zeigt schönes Gleichgewicht von Holz- und Fruchtaroma. Das Haus verfügt über 1500 Fässer, z. T. aus französischer Eiche. Neben faßgereiften Weinen werden auch jung genußreife (unter den Namen Ondarre und Tidon) produziert, sowie verschiedene Cavas (Añares) – ein frischer, fruchtiger Brut und Brut Nature und ein Rosé.

Bodegas SMS, 01307 Villabuena de Alava. Die Bodega wurde Ende des 19. Jh. gegründet und erhielt 1943 den heutigen Namen. Sie verarbeitet nur Lesegut aus dem eigenen Weinbergbesitz, der von 35 auf 50 ha erweitert werden soll. Alle Weine (ausnahmslos rote) reifen in den dafür bereitstehenden 900 Fässern. Der Valserrano Reserva ist in gewissem Ausmaß durch das Aroma von (altem) Holz beherrscht. Die sehr gefälligen Reserva und Crianza gleichen Namens haben saftigere und fruchtigere Art. Ein Teil der Keller ist unterirdisch in den Fels getrieben und stammt vermutlich aus dem 17. Jh.

Reise-Informationen

HOTELS UND RESTAURANTS

Asador San Roque, 26540 Alfaro, Tel. (41) 182888. Restaurant mit guter regionaler Küche und einer Bar.
Hotel Palacios, 26540 Alfaro, Tel. (41) 180100. Den Besitzern gehören auch die Bodegas Palacios Remondo nebenan. Anständige Zimmer, freundliche Bedienung und ein gutes Restaurant, an dessen Wänden Gemälde hängen, die auf den Weinetiketten der Bodega abgebildet sind. Im Keller ein interessantes Weinmuseum.
Sopitas, 26580 Arnedo, Tel. (41) 380266. Stimmungsvolles Speiselokal in einer ehemaligen Bodega. Spezialität: Zickelbraten.
Hotel Virrey, 26580 Arnedo, Tel. (41) 380150. Das Restaurant ist sehr preiswert und deshalb hochbeliebt. Einfache Zimmer.
Casa Mateo, 26500 Calahorra, Tel. (41) 130009. Gemütliches, schlichtes Restaurant. Ausgezeichnete Lammkoteletts und gute Weine.
Chef Niño, 26500 Calahorra, Tel. (41) 133104. Regionale Küche; seit 1988 auch kleines Hotel.
Montserrat 2, 26500 Calahorra, Tel. (41) 130017. Empfehlenswert für Fisch und Schalentiere.
Parador Marco Fabio Quintiliano, 26500 Calahorra, Tel. (41) 130358. Säulen und andere Überreste aus der Römerzeit stehen im Garten, von dem man einen herrlichen Blick über das weite Ebro-Tal hat. Im Restaurant regionale Küche.
La Taberna de la Cuarta Esquina, 26500 Calahorra, Tel. (41) 134355. Einfallsreich zubereitete und präsentierte Gerichte.
El Valenciano, 26360 Fuenmayor, Tel. (41) 450227. *Cabrito asado* ist hier vorzüglich, ebenso die Reisgerichte auf Valencia-Art.
Los Agustinos, 26200 Haro, Tel. (41) 311308. Mit Abstand das beste Hotel im westlichen Rioja, in einem wundervoll restaurierten Konvent.
Beethoven II, 26200 Haro, Tel. (41) 311181. Regionale Kost wird hier liebevoll zubereitet. In der vielbesuchten Bar neben dem Restaurant gibt es gute *tapas*.
La Kika, 26200 Haro, Tel. (41) 311447. Sehr klein, daher Vorbestellung zu empfehlen. Zutaten frisch vom Markt, meist keine Speisekarte. Mittagessen nur an Werktagen.
Mesón Terete, 26200 Haro, Tel. (41) 310023. Bekanntestes Speiselokal am Ort. Hier werden Lammkeulen in einem gemauerten Ofen gebraten.
Jatorrena, 01330 Labastida, Tel. (41) 331050. Bodenständige Küche. Einige Zimmer.
Mesón los Claveles, 01330 Labastida, Tel. (41) 331053. Lammkoteletts *al sarmiento* (über Rebholz gegrillt) und fruchtiger roter *vino de cosechero* – ein Hochgenuß.
Hostal Marixa, 01300 Laguardia, Tel. (41) 100165. Hochangesehenes Restaurant mit bodenständiger, auch baskischer Küche.
Avenida 21, Avenida Portugal 21, 26000 Logroño, Tel. (41) 228602. Angenehme Atmosphäre, schmackhaftes Essen, gute Weinkarte.
Los Bracos Sol, Bretón de los Herreros, 26000 Logroño, Tel. (41) 226608. Das komfortabelste und teuerste Hotel in Logroño. Zentrale Lage.
El Cachetero, Laurel 3, 26000 Logroño, Tel. (41) 228463. Berühmtes, fast 100jähriges Restaurant. Traditionelle Küche, schlichtes Ambiente.
Carabanchel, San Augustín 2, 26000 Logroño, Tel. (41) 223883. Regionale Küche in hoher Qualität.
Carlton Rioja, Gran Vía del Rey Don Juan Carlos I, 26000 Logroño, Tel. (41) 212100. Etwas charakterloses, aber ordentliches Hotel nahe der Altstadt.
Ciudad de Logroño, Menéndez Pelayo 9, 26000 Logroño, Tel. (41) 250244. Angenehmes neues Hotel neben einem Park.
Gran Hotel, General Vara del Rey 5, 26000 Logroño, Tel. (41) 252100. Vor kurzem renoviert; in zentraler Lage.
Machado, Portales 49, 26000 Logroño, Tel. (41) 282456. Zeitgemäße Küche, stilvolles Interieur. Befindet sich in der ersten Etage.
Mesón la Merced, Marqués de San Nicolás 109, 26000 Logroño, Tel. (41) 221166. Unbestreitbar das beste und schönste Restaurant in der Stadt, wenn nicht gar in ganz Rioja. Fabelhaft eingerichtete Räume auf drei Stockwerken, raffinierte, einfallsreiche Küche und eine beachtliche Weinkarte.
Murrieta, Marqués de Murrieta 1, 26000 Logroño, Tel. (41) 224150. Teilrenoviertes Dreisterne-Hotel und Restaurant im Zentrum.
San Remo, Avenida de España 2, 26000 Logroño, Tel. (41) 230838. Dieses Lokal ist berühmt für sein Entrecôte «Avión».
Mesón la Cueva, 01320 Oyón, Tel. (41) 110022. Gutes regionales Restaurant; schöner Ausblick von der Terrasse aus.

Hostal Tony, 26338 San Vicente de la Sonsierra, Tel. (41) 334001. Regionale Küche.
Parador, 26250 Santo Domingo de la Calzada, Tel. (41) 340300. Hotel mit Restaurant in einem ehemaligen Hospiz gegenüber der Kathedrale, das an der Stelle eines königlichen Palasts erbaut worden war.
El Rincón de Emilio, 26250 Santo Domingo de la Calzada, Tel. (41) 340990. Sorgfältig zubereitete Gerichte auf Rioja-Art.
Mesón Borgia, 31230 Viana, Tel. (48) 645781. Kreative Küche auf hohem Niveau und ausgezeichnete Weinkarte.

SEHENSWERTES

Abalos. Die Pfarrkirche hat einen Barockturm. Im Palast des Marqués de Legarda gibt es eine Reihe schöner Gemälde zu sehen.
Aldeanueva de Ebro. Wird auch «Stadt der drei Lügen» genannt, denn sie ist kein Dorf (*aldea*), genausowenig neu (*nueva*), und sie liegt auch nicht am Ebro. In der Pfarrkirche ein Altargemälde von Pedro de Toras aus dem 16. Jh.
Alfaro. Die größte Weinbaugemeinde in Rioja. Stiere spielen bei den *fiestas* von Mitte August bis Anfang September eine große Rolle – die *corridas* von Alfaro sind berühmt. In der Altstadt Adelshäuser sowie die Kirche San Miguel Arcángel aus dem 16. Jh. mit einer ungewöhnlichen Backsteinfassade – Tauben und Störche fühlen sich hier heimisch.
Anguiano. Ort in der Sierra de la Demanda. Bei Festen um den 22. Juli und am letzten Sonntag im September sind Tänzer auf Stelzen zu sehen.
Arnedillo. Badeort mit heilkräftigem Wasser gegen Rheuma, Knochenleiden und Ischias.
Arnedo. Die Stadt wird überragt von einem steilen Hügel mit einer von Tauben bewohnten maurischen Burgruine. Arnedo hat drei interessante Kirchen, u. a. Santo Tomás aus der ersten Hälfte des 16. Jh., sowie eine Reihe von Schuhfabriken; auf einem Fest Ende September wird ein goldener Schuh als Trophäe vergeben. Bei Arnedo liegt das Kloster Vico, dessen Kirche ein reiches Barock-Interieur besitzt. Hier gibt es auch bemalte Keramik zu kaufen.
Briñas. In der Nähe des Orts windet sich der Ebro durch die enge Schlucht Conchas de Haro.
Briones. Der Ort liegt auf einem Berg, daher ist die Straße dorthin sehr steil. Von einer Stelle neben der Kirche mit ihrem hohen Turm samt Storchennest genießt man einen herrlichen Blick über das Ebro-Tal. Die Winzer hier behaupten, daß der Tag, an dem die Störche eintreffen, die Güte des kommenden Jahrgangs erkennen läßt. In Briones gibt es auch noch eine Burgruine und das wahrscheinlich älteste Wohnhaus der Region.
Calahorra. Hier befand sich schon 200 Jahre vor Beginn unserer Zeitrechnung ein großer Ort. 189 v. Chr. kamen die Römer und benannten ihn von Calagorios in Calagurris um. Er wurde dann zu einer der bedeutendsten Städte des römischen Weltreichs und hatte sogar eigenes Münzrecht. Um Calahorra sind viele Reste aus der Römerzeit gefunden worden, darunter die Dame von Calahorra, ein Marmorkopf aus dem 1. Jh. Der römische Redner Marcus Fabius Quintilianus und der Dichter Aurelius Clemens Prudentius wurden hier geboren. Oben auf dem Berg steht die gotische Kathedrale, deren Bauzeit sich vom 12. bis zum 18. Jh. erstreckte. Die Säulenkapitelle sind mit Trauben verziert. Weitere Bauwerke von Interesse sind die Kirchen San Andrés und Santiago sowie der Bischofspalast aus dem 18. Jh.
Cañas. Der Bau des Konvents Santa María wurde im 12. Jh. begonnen. Die Fenster sind besonders schön; sehenswert auch das Grabmal der Äbtissin Urraca López de Haro und eine Krippe aus dem 18. Jh. Die Nonnen im Kloster bemalen Keramik und fertigen Stickereien an.
Cenicero. Vielleicht hat der Ort seinen seltsamen Namen (wörtlich: Aschengefäß) davon, daß die Römer hier ihre Toten verbrannten. Er könnte aber auch deshalb entstanden sein, weil sich die Viehhändler hier nachts an Dungfeuern wärmten, wobei es viel Asche gab. In einem kleinen Park steht eine Miniatur-Nachbildung der New Yorker Freiheitsstatue. Manchmal sieht man Frauen in den Straßen beim Versilbern der *alambrados*, der Drahtgeflechte für die Flaschen der Bodegas Berberana.
Clavijo. Im Jahr 844 wurden hier die Mauren in einer berühmten Schlacht geschlagen; der Legende zufolge verdankten die Christen ihren Sieg dem heiligen Jakobus, der ihnen auf einem Schimmel erschien. Ein enormes Gemälde dieser Schlacht hängt in der Basilika. Über dem Ort stehen die Ruinen einer stolzen Festung.

Friedliche Landschaft bei Briones.

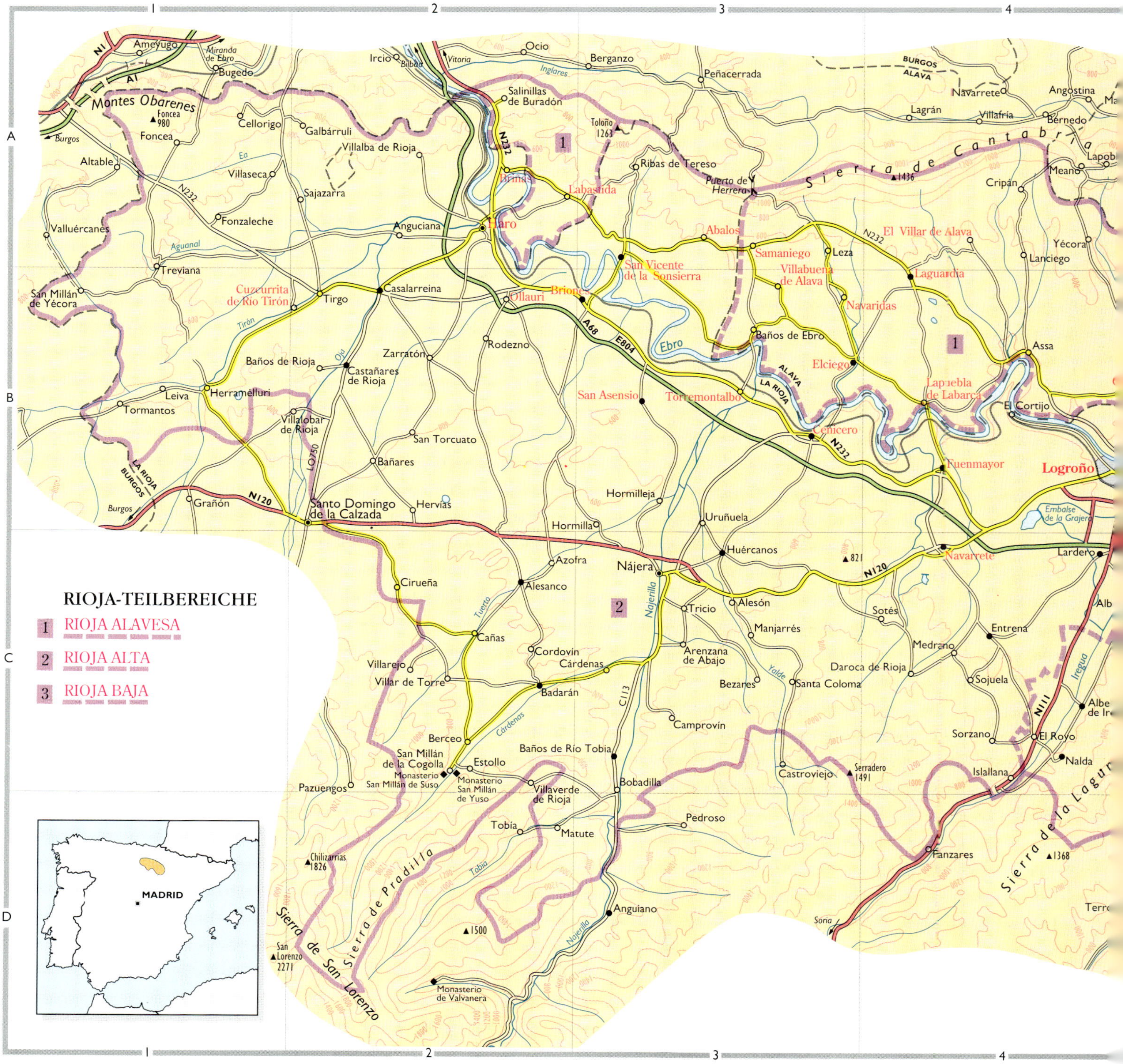

El Cortijo. Weiler an einem Steilhang auf dem Südufer des Ebro mit herrlichem Blick über Rioja Alavesa. In der Nähe befinden sich die Reste des Puente Mantible, einer großen römischen Brücke über den Ebro.

Elciego. Ort mit zwei Kirchen auf einem Hügel. Die größere Kirche hat zwei verschiedene Türme und dazwischen, über dem Hauptportal, eine eindrucksvolle Arkade. Einige Adelshäuser tragen heraldische Verzierungen an den Fassaden.

Fuenmayor. Es geht die Legende, daß der Mörtel für die Pfarrkirche (die Retabel sind sehenswert) mit Wein gemischt worden sei.

Haro. In der reichen Geschichte der Weinbau-Hauptstadt von Rioja hat der Wein stets eine wichtige Rolle gespielt. Bereits im 14. Jh. war er die bedeutendste Einkommensquelle und brachte Haro den Übernamen *ciudad de jarreros* (Stadt der Krugmacher) ein. Als die Bahnlinie nach Bilbao eröffnet wurde, zogen viele Bodegas aus der Calle de Las Cuevas, wo die Keller in die Felsen getrieben waren, in die Nähe des Bahnhofs um. Dort finden sich noch heute viele berühmte Namen, u. a. CVNE, López de Heredia, Muga und La Rioja Alta. Im Zentrum von Haro zeugen etliche *palacios* für den Wohlstand, den der Wein mit sich brachte: Palacio de Paternina, Palacio de la Cruz und Palacio de los Condes (heute ein Kulturzentrum). Späteren Datums sind die eindrucksvollen *Fin-de-siècle*-Bauten u. a. um die Plaza de la Paz, wo sich auch das Rathaus aus dem späten 18. Jh. befindet. Die schönste Kirche in Haro ist Santo Tomás, ein gotisches Bauwerk mit Skulpturen aus dem 16. Jh. um die beiden Portale. In der letzten Juniwoche wird in der Stadt ein Fest mit der Batalla del Vino gefeiert, wobei man sich gegenseitig mit Wein bespritzt. In der 2. Septemberwoche findet dann die Fiesta für die Virgen de la

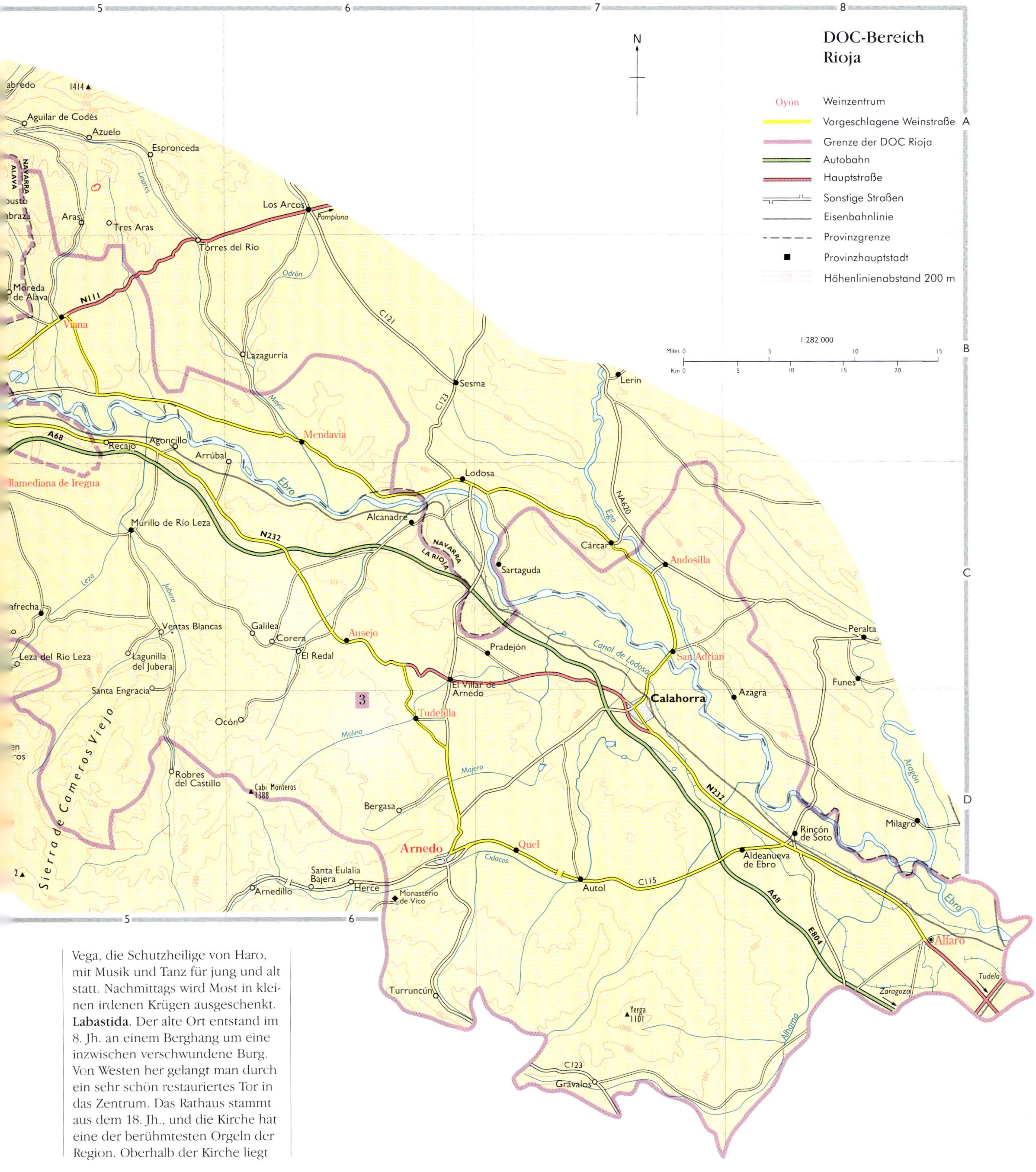

Vega, die Schutzheilige von Haro, mit Musik und Tanz für jung und alt statt. Nachmittags wird Most in kleinen irdenen Krügen ausgeschenkt. **Labastida.** Der alte Ort entstand im 8. Jh. an einem Berghang um eine inzwischen verschwundene Burg. Von Westen her gelangt man durch ein sehr schön restauriertes Tor in das Zentrum. Das Rathaus stammt aus dem 18. Jh., und die Kirche hat eine der berühmtesten Orgeln der Region. Oberhalb der Kirche liegt

die Kapelle Nuestra Señora de la Piscina, die erbaut wurde, nachdem Jerusalem bei einem Kreuzzug erobert worden war. In der Nähe des kleinen Baus stehen Bänke, von denen aus man eine herrliche Aussicht genießt. Leider wird sie nach Osten hin durch eine riesige Sangria- und Weinfabrik gestört.
Laguardia. Der schiffsförmige Ort war früher eine Festung zur Verteidigung Navarras gegen Einfälle der Mauren. Auch heute liegt Laguardia noch größtenteils hinter seinen Mauern. Die Gassen sind z. T. so eng, daß sie für Autos gesperrt bleiben müssen. Hinter vielen Häuserfassaden verbergen sich Keller, wo in großen Betonbehältern der Most mit Traubenschalen, Kernen und Stielen gärt und seinen süßlichen Dunst durch die Straßen strömen läßt. Die großartige Kirche Santa María de los Reyes aus dem 12. Jh. besitzt einen herrlichen Portalvorbau aus dem 14. Jh. mit lebensgroßen Statuen der Apostel. In Laguardia lebte der Fabeldichter Félix de Samaniego, dessen Büste unter einer offenen Kuppel in einem kleinen Park steht. Sein ehemaliges Wohnhaus dient heute als Weinbau-Versuchsstation für Rioja Alavesa. Einige hundert Meter von Laguardia entfernt liegt die Ausgrabung des prähistorischen Dorfs La Hoya; viele dort gemachte Funde sind im örtlichen archäologischen Museum ausgestellt. Ebenfalls in der Umgebung von Laguardia befinden sich eine Reihe von Dolmen und Grabkammern aus der Bronzezeit.
Logroño. Die Provinzhauptstadt mit 115 000 Einwohnern ist sehr verkehrsreich und hat eine von Hochhäusern geprägte Skyline. Atmosphäre scheint zu fehlen – bis man in die Altstadt mit ihren engen Gassen zwischen dem großen Platz Paseo de Espolón und dem Ebro-Ufer kommt. Hier trifft man auch auf Kirchen, die zu einer Zeit gebaut wurden, als Logroño noch Rastplatz der Pilger auf dem Weg nach Santiago de Compostela war. Eine dieser Kirchen ist Santa María de Palacio aus dem 12. und 13. Jh. mit einem 50 m hohen Turm. Noch imposanter ist die Kathedrale Santa María de la Redonda aus dem 15. bis 17. Jh. mit gotischem Schiff und zwei Barocktürmen, die San Pablo und San Pedro genannt werden. Kunstschätze sind im Provinzmuseum ausgestellt, einem Bau aus dem 18. Jh., einst Wohnung des Generals Baldomero Espartero, dessen Statue auf dem Paseo del Espolón steht. Das stattliche Postamt gegenüber dem Museum stammt aus den 1930er Jahren.

Rioja Alavesa mit der Sierra de Cantabria. Im Vordergrund die Kirche von San Vicente de la Sonsierra.

Die Altstadt ist besonders reizvoll am Abend, wenn in den Bars und Restaurants der Calle Laurel fröhliches Leben und Treiben herrscht. Die Bodegas sind aus dem Zentrum von Logroño fast ganz verschwunden und befinden sich jetzt draußen am Stadtrand.
Monasterio de Valvanera. In 1000 m Höhe steht in einem Seitental der Najarilla die Benediktiner-Abtei mit Kirche aus dem 15. Jh. und einer Madonnenstatue aus dem 12. Jh. Auch ein Hotel mit Restaurant, Cafeteria und Bar findet sich hier.
Nájera. In der einstigen Hauptstadt von Rioja hielten die Könige von Navarra hof, und später war sie Residenz kastilischer Monarchen. Die ersten Münzen Navarras wurden im «Nájera der Könige» geschlagen, und in der 1032 gegründeten Abtei Santa María la Real befinden sich die Grabstätten vieler Könige, Königinnen, Prinzen und Prinzessinnen. Das schönste Grabmal ist das von Doña Blanca von Navarra, eine Steinmetzarbeit aus dem 12. Jh. Auch der gotische Kreuzgang ist einen Besuch wert. Die Benediktiner-Mönche der Abtei sollen «mysteriöse» Kräuter für den von ihnen hergestellten Likör gepflanzt haben.
Navaridas. Etwa 70 % der Nutzfläche hier sind mit Reben besetzt – mehr als in irgendeiner anderen Gemeinde von Rioja Alavesa. Nach einer Besichtigung der alten Pfarrkirche empfiehlt sich ein Abstecher zum Balcón de la Rioja, einem Aussichtspunkt in 1100 m Höhe.
Navarrete. Die Pfarrkirche aus dem 15. Jh. besitzt einen flämischen Flügelaltar aus dem 16. Jh. sowie Goldschmiedearbeiten. In den Gassen nebenan üben Töpfer noch ihr Handwerk aus. Seit 1875 steht die Pforte des früheren Pilgerhospitals von 1185 am Kirchhof. Jeanne d'Arc übernachtete einmal in diesem Hospital.
Oyón. Der Ort hat eine reichverzierte Kirche und beherbergt eine wachsende Zahl von Pendlern aus Logroño sowie mehrere bedeutende Weinfirmen. Die Straße von Oyón nach Logroño führt durch eine schöne Weinberglandschaft.
Salinillas de Buradón. Die einst blühende Gemeinde verdankte ihren Wohlstand einem (noch vorhandenen) Salzbergwerk. Sehenswert sind das Stadttor und die auf hölzernen Säulen stehende Galerie dahinter.
Samaniego. Der Ort war einst Festungsvorposten für Laguardia; selbst die Kirche ist wehrhaft gebaut.
San Millán de la Cogolla. Der Ort ist nach einem Heiligen benannt, der etwa zwischen 473 und 574 hier lebte. Zwei bedeutende Klöster sind zu besichtigen: San Millán de Suso aus dem 10. Jh. liegt an einem bewaldeten Hang. Das karge Innere verrät eindeutig maurische Einflüsse. Ein romanisches Grabmal aus dem 12. Jh. erinnert an den Stadtheiligen. In diesem Kloster wurden die ersten in Kastilisch, dem heutigen Hochspanisch, geschriebenen Worte entdeckt. Am Fuß desselben Hangs steht die Abtei San Millán de Yuso. Die imposante Größe und das einzigartige Interieur dieses Klosters aus dem 15. bis 17. Jh. haben ihm zum Namen «Escorial von Rioja» verholfen. Ein Besuch hier ist ein Erlebnis für Auge und Geist, wobei die Kirche mit ihren Kunstschätzen den Höhepunkt bildet. Hier liegen die Gebeine von San Millán in einem monumentalen Grabmal mit Elfenbeinornamenten.
San Vicente de la Sonsierra. Eine Burg und eine Kirche stehen auf dem Hügel, der sich hoch über die Dächer des Orts erhebt. Bei einem Fest im September wird hier oben ein feierlicher Gottesdienst abgehalten, und anschließend zieht eine Prozession den Berg hinab. Unten ist dann großer Tanz, und zum guten Schluß findet sich manch ein Festteilnehmer in einem der vielen Brunnen wieder. An Ostern geht es ganz anders zu: Büßer mit hohen, spitzen Hüten ziehen in einer Prozession durch die Straßen und geißeln sich.
Santo Domingo de la Calzada. Die kleine, in der zweiten Hälfte des 11. Jh. gegründete Stadt trägt den Namen des Heiligen, der damals für die Pilger Brücken und bessere Wege baute. Die vorwiegend aus dem 13. Jh. stammende Kathedrale besitzt einen schönen Barockturm. Im Inneren erinnert ein Käfig mit einem weißen Hahn und einer Henne an eine alte Legende: Ein zu Unrecht des Diebstahls beschuldigter Pilger wurde verurteilt und gehängt. Als vier Wochen später seine Eltern hierher kamen, zeigte es sich, daß ihr Sohn noch lebte. Sie flehten nun den Richter an, er solle ihn abnehmen lassen. Der aber saß gerade zu Tisch und meinte, nach vier Wochen sei ein Gehenkter ebensowenig lebendig wie das gebratene Huhn, das vor ihm stehe. Da wuchsen dem Huhn augenblicklich Federn, und es erhob sich und lief umher. In der Stadt sind ferner zwei schöne Klöster und eine Kapelle zu besichtigen. Das Stadtfest wird vom 10. bis 15. Mai gefeiert.
Villabuena de Alava. Weinbauort mit mehreren Adelshäusern.

WEINSTRASSE

Die vorgeschlagene Route vermittelt einen ausgezeichneten Eindruck von den drei Teilen Riojas. Die Fahrt führt durch die meisten bedeutenden Weinbaugemeinden und bietet manch schönen Blick in die Landschaft, v. a. in Rioja Alavesa. Ein Tag ist jedoch zu kurz für die ganze Region; man sollte mindestens zwei oder besser drei Tage vorsehen. Dann ist es auch möglich, Sehenswürdigkeiten abseits der Weinroute zu besuchen, z. B. das Kloster in Valvanera und die Burg in Clavijo.

Navarra

Hauptstadt: Pamplona
Provinzen: Navarra ist eine *autonomía*
Fläche: 10 421 km²
Einwohnerzahl: 512 700

In den nördlichen Weinbaubereichen Navarras sorgen reichliche Niederschläge und ein gemäßigtes Klima für das saftige Grün der Landschaft – wie hier bei Ayegui.

Navarra ist Spanien *en miniature:* Im Norden erheben sich die Pyrenäen mit grünen Tälern und wilden Gebirgsbächen, und im Süden dehnt sich das Ebro-Tal mit trockenem Mittelmeerklima. Nördlich der Hauptstadt Pamplona ragen die Gipfel bis 1400 m hoch auf, während Tudela am Ebro nur in 275 m Höhe liegt. Aus dem Gebirge kommt u. a. der kräftige Schafkäse Roncal, dagegen beherrschen unten im Flachland Weinberge, Obstgärten und bewässerte Felder, auf denen Bohnen, Artischocken und die berühmten Navarreser Spargeln gedeihen, das Bild.

Die Geschichte Navarras ist überaus bewegt. Am Ende des 8. Jh., als Karl der Große die Mauren aus Pamplona vertrieben hatte, wurde es Königreich. In seiner Blütezeit unter Sancho III., dem Großen, erstreckte es sich von León bis Bordeaux, doch nach dessen Tod im Jahr 1035 begann der Zerfall. Von 1234 bis 1512 war Navarra unter französischer Herrschaft. Der spanische Teil kam dann zwar zu Kastilien, doch die Könige Frankreichs schmückten sich noch bis zur Französischen Revolution mit dem Titel «König von Navarra».

Die Pilgerstraße

Durch die Region verlief die Pilgerroute nach Santiago de Compostela; sie hatte für die politische, soziale und künstlerische Entwicklung Navarras größte Bedeutung. Insbesondere vom 11. bis zum Ende des 16. Jh. wallfahrteten Tausende auf diesem Weg. Jedes Jahr kamen rund eine halbe Million Pilger aus allen Teilen Europas nach Navarra, und es wurden Wirtshäuser, Klöster, Kirchen und Kapellen gebaut, um für ihr körperliches und geistiges Wohl zu sorgen. Allein schon das Kloster Roncevalles an der

Die Brücke in Puente la Reina wurde im 11. Jh. für die Pilger auf dem Weg nach Santiago de Compostela erbaut. Sie mündet in die Calle Mayor ein.

Grenze zu Frankreich versorgte die Pilger jährlich mit 40 000 l Wein. Offenbar bildete der Durst der Pilger einen starken Anstoß für den Weinbau; jahrhundertelang war in Navarra der Wein nach Getreide die zweitwichtigste Einkommensquelle. Die Römer hatten den Weinstock mitgebracht. In Olite wurde ein Grabstein aus dem 2. Jh. v. Chr. mit Abbildungen von Trauben, in Cascante eine Amphore aus dem 1. Jh. v. Chr. und in Funes die Reste eines großen römischen Weinkellers aus dem 1. oder 2. Jh. n. Chr. gefunden. Nach einem Niedergang in der Maurenzeit blühte der Weinbau im Mittelalter wieder auf. Schon im 13. Jh. wurde unter König Teobaldo I., der Reben aus seiner Heimat, der Champagne, mitbrachte, streng auf Qualität geachtet.

Der Ruhm des Roséweins aus Navarra

Der Export begann im 14. Jh. unter anderem mit Lieferungen in die Normandie. Freilich war das nichts im Vergleich mit den Mengen, die nach 1492 in die Neue Welt verschifft wurden. Die Güte des Weins aus Navarra wurde von spanischen Dichtern des 16. Jh. oft besungen, und aus jener Zeit stammen auch die ersten Hinweise auf Roséweine. 1592 besuchten Philipp II. und sein Schatzkämmerer Enrique Cock das Dorf Puente la Reina, wobei von den reichen Vorräten an Roséwein die Rede war.

Zu Beginn des 17. Jh. gab es in Navarra 18 500 ha Weinberge, in der ersten Hälfte des 19. Jh. waren es 30 000 ha und 1891 schließlich 49 000 ha. Damals wurde viel Wein nach Frankreich geliefert, weil dort die Reblaus wütete. Doch auch Navarra hatte unter ihr zu leiden; der erste Befall wurde 1896 gemeldet. Trotz vollständiger Vernichtung der Rebfläche erholte sich der Weinbau aber bald: 1906 waren es wieder 10 000 und 1920 über 26 000 ha. Zwischen 1952 und 1968 gab es einen weiteren Aufschwung, und es entstanden in Navarra viele neue Genossenschaften. Um diese Zeit belief sich die Rebfläche auf 40 000 bis 45 000 ha, ging dann aber infolge zunehmender Konkurrenz und anderer Probleme bis etwa 1980 wieder zurück. Heute hat sich die Fläche der DO Navarra bei 18 000 ha stabilisiert.

Die nördlichen Teile

Die Rebfläche erstreckt sich über 5 Teilbereiche, alle südlich von Pamplona. Im Nordosten liegt Baja Montaña mit 20 % dieser Fläche. Der Teilbereich umfaßt 14 Gemeinden auf vorwiegend rötlichem oder gelblichem Boden, der oft mit Kies oder Kalkstein untermischt ist. Die durchschnittliche Jahresniederschlagsmenge beträgt 600 mm, die Durchschnittstemperatur 11,7 °C. Hier entstehen die besten *rosados* bei den höchsten Hektarerträgen. Im mittleren Norden liegt der Teilbereich Valdizarbe. Das Klima ist ganz ähnlich wie in Baja Montaña – höchstens ein klein wenig wärmer. Der kalkhaltige Boden hat oft rötlichgraue Färbung. Der Teilbereich besteht aus 24 Gemeinden und umfaßt 6 % der Rebfläche. In Tierra Estella im Nordwesten sind Boden und Klima praktisch gleich wie in Valdizarbe. Die Weinberge verteilen sich auf 26 Gemeinden und tragen mit 12 % zur Gesamtfläche bei.

Die südlichen Teile

Im Gegensatz zum gebirgigen Norden wird die Landschaft im Süden immer flacher. Der größere der beiden Teilbereiche hier, Ribera Alta, ist das eigentliche Herz der DO Navarra. Außer in den Flußtälern mit ihren sandigen Lehmböden herrscht hier Kalkstein vor. Die Niederschlagsmenge ist von Ort zu Ort unterschiedlich, aber stets geringer als im Norden. In Olite im Nordosten sind es jährlich 513 mm, weiter westlich in Lerín 472 mm und in Marcilla im Süden 444 mm. Die Jahresdurchschnittstemperatur liegt um 13,5 °C. 24 Gemeinden teilen sich in 30 % der Gesamtrebfläche. In dieser Hinsicht ist Ribera Alta der zweitgrößte Teilbereich – dagegen ist hier der durchschnittliche Hektarertrag am niedrigsten. Am weitesten südlich liegt um Tudela der Teilbereich Ribera Baja, wo es mit einer jährlichen Niederschlagsmenge von 448 mm sehr trocken und mit durchschnittlich 14 °C am wärmsten ist. Im Ebro-Tal herrscht Schwemmland vor, während weiter im Norden des Teilbereichs rötlicher Kalkstein verbreitet ist. Mit 32 % der Rebfläche ist Ribera Baja der größte Bereich. Allerdings dürfte sich dieser Anteil auf lange Sicht verringern, denn im etwas kühleren, feuchteren Norden sind umfangreiche Neuanpflanzungen im Gang. Ein gutes Beispiel hierfür ist Señorío de Arínzano, wo die Bodegas Julián Chivite im Bereich Tierra Estella ein Weingut von 150 ha schaffen.

Garnacha

Im Südwesten grenzt Navarra an Rioja, und 6 Gemeinden in Navarra fallen unter die DO Rioja. Das heißt aber nicht, daß die Verbreitung der Rebsorten in beiden Gebieten gleich wäre. In Rioja ist Tempranillo die häufigste Sorte, und Garnacha steht auf dem zweiten Rang. In Navarra dagegen beherrscht die süße, purpurrote Garnacha die Szene. Zu Beginn der 1990er Jahre entfielen auf sie über 85 %, Tempranillo folgte weit abgeschlagen mit 5 %; die weiße Viura (Macabeo) trug 3 % und Graciano 1 % bei. Der Anteil weiterer Rebsorten lag jeweils unter 1 %. Das alles wird mit Bedacht in der Vergangenheitsform berichtet, denn es sind umfangreiche Neuanpflanzungen im Gang, und der Cosejo Regulador von Navarra hofft, bis zur Jahrtausendwende den Garnacha-Anteil auf die Hälfte zu verringern, vor allem zugunsten von Tempranillo und Cabernet Sauvignon. Auch der Chardonnay taucht auf: Señorío de Sarría verfügt über 30 ha.

Die Weinbauforschungsstation

Bei der Auswahl der als Ersatz zu pflanzenden Rebsorten werden der Consejo Regulador und die ihm angeschlossenen Erzeuger von der Estación de Viticultura y Enología de Navarra (Evena) hervorragend beraten. Sie wurde 1981 in Olite gegründet und seither ständig erweitert und modernisiert. Fünf Versuchsweinberge und ein voll ausgestatteter Kellereikomplex ermöglichen Experimente im kleinen Maßstab. Forschungen über einheimische Hefen werden zwangsläufig zu einer Hefebank führen.

Neue Rebsorten

Es werden Experimente mit über 35 für die Gegend neuen Rebsorten durchgeführt. Die Forschungsstation hat herausgefunden, daß neben Tempranillo auch Cabernet Sauvignon und Chardonnay sowie Merlot und Ruby Cabernet (eine Kreuzung Cabernet Sauvignon × Carignan) hervorragende Aussichten bieten. Die Evena kann den Erzeugern zeigen, wie diese neuen Traubensorten für sich allein und im Verschnitt mit anderen schmecken, ob mit oder ohne Faßausbau. Einer der aussichtsreichsten Verschnitte ist Tempranillo mit Cabernet Sauvignon (eventuell auch mit etwas Merlot). Das Haus Guelbenzu hat mit dieser Mischung bereits Erfolg.

Navarra geht aus mehreren Gründen zu neuen Rebsorten über. Einer davon ist, daß reine Garnacha-Rotweine von Natur aus kaum über mittelmäßige Qualität hinauskommen. Oft sind sie auch blaß und oxidationsanfällig. Bei der scharfen Konkurrenz aber ist es für die Weinerzeuger in Navarra lebenswichtig, ihren *tintos* eigene Statur und Identität zu verleihen – mit Garnacha allein wäre da alle Mühe von vornherein vergeblich. Für Roséweine hingegen eignet sich Garnacha außerordentlich gut – wie der Tavel in Frankreich schon beweist. Traditionsgemäß produziert Navarra große Mengen Rosé; diese Weine sind trocken und recht fest, und kühl vergoren können sie sogar Frische und Lebendigkeit aufweisen. Sie verkaufen sich in der engeren Heimat und auf dem spanischen Inlandmarkt recht gut, doch die internationalen Aussichten sind gering. Um im Ausland Fuß fassen zu können, will der Consejo Regulador von Navarra deshalb den Anteil der Roséweine von 45 auf 30 % senken. Diese strategische Entscheidung hat großen Einfluß auf die zukünftige Stellung der Garnacha-Traube.

Die Genossenschaften

Eine Reihe von Erzeugern haben sich der Umstellung bereits mit Enthusiasmus angeschlossen. Ein Beispiel gibt Navarras größter Exporteur, Julián Chivite, der für hochwertiges Lesegut bis zu 60 % mehr bezahlt; so werden bei Winzern, die durch langfristige Lieferverträge mit dieser Bodega verbunden sind, Neuanpflanzungen stark gefördert. Im neuen Weingut Señorío de Arínzano nehmen Tempranillo, Cabernet Sauvignon, Merlot und Chardonnay großen Raum ein. Die Zukunftspläne werden jedoch nur Erfolg haben, wenn die Genossenschaften mitmachen, denn sie liefern rund 90 % aller Trauben. In Navarra ist der Genossenschaftsgedanke stark. 1911 wurde in Olite eine der ersten spanischen Winzergenossenschaften gegründet; auf der Fassade stehen die Worte *Unos por otros Dios por todos* (die einen für die anderen, Gott für alle). In den 1950er und 60er Jahren machte die Bewegung besondere Fortschritte, und in der nachfolgenden schwierigen Zeit bewahrten die Genossenschaften einen großen Teil der seither stark zurückgegangenen Rebfläche. Ob sie in ihrer oft recht konservativen Art nun aber bereit sein werden, die vor Navarra liegende neue Aufgabe anzupacken, bleibt abzuwarten. Es gibt bereits hoffnungsvolle Anzeichen. Eine Schlüsselrolle kommt hier wohl den Bodegas Cenalsa, einem modernen Großunternehmen mit engen Bindungen an die Genossenschaften, zu.

Technischer Fortschritt

Navarras Qualitätsbemühungen beschränken sich jedoch nicht auf die Rebsorten, auch in der Kellertechnik muß viel geschehen. Manche Bodegas haben bereits einige 100 Millionen Pesetas in moderne Anlagen investiert, andere sind jetzt mit der Planung soweit. In den 80er Jahren wurden dank dieser Investitionen in Navarra bessere Weine hervorgebracht als je zuvor in der langen Geschichte. Meist sind sie nicht mehr so alkoholstark, zudem fruchtiger, ausgewogener und ausgeprägter als früher. Das gilt besonders für Rot- und Roséweine, bei denen sich Navarra offenbar positiv von anderen Weinbaugebieten abzuheben versteht, nicht so sehr dagegen für Weißwein. Hier ist auch – ausgenommen einige Chardonnays – kaum mit Überraschungen zu rechnen. Die Erzeuger Navarras sehen in den Rot- und Roséweinen ihre stärksten Trümpfe und wenden deshalb ihr ganzes Augenmerk auf sie – und damit handeln sie wohl auch am klügsten.

BEDEUTENDE ERZEUGER

Bodegas Irache, 31240 Ayeguí. 1991 wurde zum 100jährigen Bestehen der Bodega die Kapazität verdoppelt, u. a. durch Edelstahlgärtanks und den Bau eines eindrucksvollen Faßkellers, mit dem jetzt Raum für 10 000 Fässer verfügbar ist. Der Familienbetrieb besitzt 40 ha und kauft noch Trauben zu. In den 70er Jahren waren die Weine meist nichtssagend, inzwischen aber hat sich die Qualität durchweg gebessert. Das gilt insbesondere für den jung genußreifen Castillo Irache in Weiß (100 % Viura) und Rosé (100 % Garnacha). Der rote Viña Irache wird von Tempranillo, Garnacha und Graciano mit unterschiedlichen Anteilen produziert; er bietet meist viel Frucht bei mildem Geschmack. Nach der Anschaffung von einigen tausend neuen Fässern kann mit Verbesserungen beim faßgereiften Gran Irache (Crianza), Castillo Irache (Reserva) und Real Irache (Gran Reserva) gerechnet werden.

Bodegas Magaña, 31532 Barillas. Das Weingut wurde von den Brüdern Juan, Carlos und Luis Magaña nach dem Vorbild eines Châteaus in Bordeaux gestaltet. Die Rebsorten auf den 60 ha stammen aus Frankreich, z. B. Merlot (ca. 40 %), Cabernet Sauvignon, Cabernet Franc und Malbec. Überdies reifen die Weine in Fässern aus französischer Eiche. Den ersten Jahrgängen fehlte es an Tiefe, weil die Reben noch zu jung waren; trotzdem zählten sie schon zu den besseren Rotweinen Navarras. Der Viña Magaña wird heute von Merlot, Cabernet Sauvignon, Cabernet Franc und Malbec produziert. Die Merlot-Reserva derselben Marke ist sortenrein; ihre vollmundige Art und ihr Holzaroma erinnern an Pomerol.

Vinícola Navarra, 31397 Las Campanas. Große Fässer aus dem 19. Jh. sind Reminiszenzen an die Gründungszeit der Bodega, ansonsten aber macht sie mit mehreren Dutzend Edelstahlgärtanks einen höchst zeitgemäßen Eindruck. Die zur Gruppe Bodegas y Bebidas gehörende Firma ist eine der größten in Navarra. Sie verarbeitet vorwiegend zugekaufte Trauben; der eigene Besitz von 12 ha liefert nur einen kleinen Teil. Die Qualität der meisten Weine ist weit mehr als nur korrekt. Der fruchtige Rosé Las Campanas beruht auf Garnacha und hat Anklänge an Himbeeren in Aroma und Geschmack. Der weiße Las Campanas besteht rein aus Viura und zeichnet sich durch kühle Fruchtigkeit aus. Unter derselben Marke läuft auch eine rote Crianza mit samtigem Geschmack, ebenfalls einem Schuß reifer Himbeeren, abgerundet durch eine Spur Gewürz. Sie besteht aus 80 % Tempranillo und 20 % Garnacha. Der Castillo de Tiebas Reserva war bisher mittelmäßig, das aber dürfte sich jetzt, nach der Anschaffung neuer kleiner Fässer, ändern.

Bodegas Beamonte, 31520 Cascante. Von der Klasse her entsprechen die hier produzierten Weine jenen der Bodegas Julián Chivite – und zwar einfach deshalb, weil Beamonte ein Zweigbetrieb von Chivite ist. Die Stars im Programm sind Beamonte Crianza und Reserva, beide von 70 % Tempranillo und 30 % Garnacha, wohlversehen mit Holz- und Vanillearoma, wobei die Reserva reiferen Geschmack bietet. Die 1938 gebaute Kellerei wurde 1986 vollständig modernisiert. Neben Beamonte wird auch der Name Viña Sempronia benutzt.

Bodegas Guelbenzu, 31520 Cascante. Schon um die Mitte des 19. Jh. bot die Familie Guelbenzu in London ihren Wein zum Kauf an. Dann verschwand der Name vorübergehend von der Bildfläche, weil das Weingut sich der Genossenschaft Cascante anschloß. In den 1980er Jahren beschlossen jedoch die acht Geschwister Guelbenzu, unter ihrem Namen weiterzumachen. Sie investierten in eigene Weinberge – etwa 40 ha, davon über 25 ha bereits bestockt – und in eine Kellerei. Außerdem wurde ein in Frankreich geschulter Önologe eingestellt. Die in Edelstahltanks vergorenen Trauben stammen sämtlich aus dem eigenen Besitz. Der rote Guelbenzu (50 % Cabernet Sauvignon, 40 % Tempranillo und 10 % Merlot) reift in Fässern aus französischer Eiche und ist zugleich intensiv und elegant; er hat das Zeug zu einem Spitzenwein. Außerdem produziert die Bodega einen besonderen Wein der oberen Preiskategorie auf der Grundlage von Cabernet Sauvignon und Merlot. Auch er zeigt echte Klasse.

Bodega Nuestra Señora del Romero, 31520 Cascante. Diese Genossenschaft ist eine der wenigen, die auf eigene Rechnung exportieren. Sie besteht seit 1951 und ist mit 1200 Mitgliedern und mit rund 1800 ha die größte Genossenschaft in Navarra. Der Nuevo Vino (rot) und der Malon de Echaide (rosé) sind angenehme, jung trinkreife sortenreine Garnacha-Weine, denen noch etwas mehr Lebendigkeit und Tiefe guttun würden. Der Plandenas Reserva und der Señor de Cascante Gran Reserva schmecken beide recht rustikal – es fehlt ihnen an feiner Art. Dennoch ist das Grundmaterial hier gut, wie ich bei der Kostprobe eines reinen Tempranillo aus einem der Tanks feststellen konnte.

Bodegas Julián Chivite, 31592 Cintruénigo. Dieser Firma ist es zu verdanken, daß der hiesige Wein im Ausland ein gutes Image hat; schon seit Jahren entfällt die Hälfte des Weinexports von Navarra auf das qualitätsbewußte Haus Julián Chivite, und davon profitiert die ganze Region. Die Familie ist seit 1779 im Weinbau tätig, die Bodega wurde jedoch erst 1860 gegründet. Die 1990 total renovierte und modernisierte Anlage verarbeitet Trauben aus den eigenen 115 ha Weinbergen sowie von Winzern unter langfristigen Lieferverträgen. Genossenschaften im Norden der DO liefern Weine, die unter Aufsicht von Chivite dort bereitet wurden (die Bodega nimmt meist die Hälfte der Produktion ab). Die Rotweine werden bei Julián Chivite in über 5000 *barricas* ausgebaut.

Makellose Qualität ist das Kennzeichen der Chivite-Weine. Der weiße Gran Feudo (100 % Viura) und der Rosé (100 % Garnacha) – einer der besten in Navarra – werden bei niedriger Temperatur vergoren und weisen lebendigen Geschmack mit Frucht und Frische auf. Der rote Gran Feudo ist eine sehr angenehme, ausgewogene Crianza von 70 % Tempranillo und 30 % Garnacha. Ein exquisiter Rotwein ohne Faßreife ist der Viña Marcos (50 % Tempranillo, 50 % Garnacha). Unter dem Namen Parador Chivite entsteht eine vornehme Reserva (70 % Tempranillo, der Rest Garnacha und ein wenig Mazuelo). Das schönste Gewächs von Chivite ist die Gran Reserva 125 Aniversario, ein konzentrierter, nachhaltiger Jubiläumswein aus bisher zwei Jahrgängen (1981 und 1985), der rein von Tempranillo gekeltert wurde.

Die Silhouette von Pamplona, wo jedes Jahr im Juli die berühmte Fiesta San Fermín stattfindet.

Zum Besitz der Familie Chivite gehört auch Beamonte in Cascante; im Bereich Estella entsteht bei Aberín ein neues Weingut mit 150 ha Rebfläche, wo exzellenter Wein wachsen dürfte.

Bodegas Bardón, 31591 Corella. Nachdem Luis Olarra die von ihm mitbegründeten Bodegas Olarra in Rioja verlassen hatte, errichtete er mit einigen Partnern eine neue Weinfirma in Navarra. Sie erhielt den Namen Bodegas Bardón, arbeitet aber auch unter «Luis Olarra». Die Trauben stammen von eigenen 10 ha sowie von Winzern in der Umgebung; außerdem wird Wein zugekauft. Als Marken werden Togal, Larums und Don Luis benutzt. Den milden, sanften, aber mittelmäßigen Rotweinen fehlt es meist an Tiefe. Besseren Qualitätsstand bietet der 1 Jahr lang in amerikanischer Eiche gereifte Viña Arcadia, ein Cabernet Sauvignon mit Nuancen von Holz und Vanille, Frucht und einer Spur Pfeffer.

Bodegas Camilo Castilla, 31591 Corella. Im Innenhof steht die Büste des Mannes, der diese Bodega 1856 gründete, doch seit 1987 gehört sie der Firma Arturo Beltrán in Aragón. 60 ha Weinberge decken etwa 60 % des Traubenbedarfs, insbesondere Muskateller, denn darauf ist das Haus seit jeher spezialisiert. Den Rest liefern Genossenschaften in Form von Trauben und Wein. Der rote Conde de Castillo ist ein anständiger, aber nicht weiter bemerkenswerter Wein (halb Garnacha, halb Tempranillo); dasselbe gilt für den Rosé (90 % Garnacha, 10 % Tempranillo). Von den drei gespriteten Moscatel-Weinen (ohne DO-Status) bietet der Goya am meisten.

Vinos Catalán Bozal, 31591 Corella. Diese Firma entstand 1940 und erhielt 1983 ihren heutigen Namen nach Soledad Bozal, der Tochter des Gründers, und ihrem Gatten José Luis Catalán. Die Weine der Bodega zeigen mittlere Qualität; am angenehmsten sind der weiße Don Julián (100 % Viura) und der gleichnamige Rotwein (früher 100 % Garnacha, heute auch mit 10 bis 15 % Tempranillo). Weitere Marken sind Don Fermín, Marqués de Bajamar und Señorío de Urdaix.

Bodegas Vicente Malumbres, 31591 Corella. 1940 gegründeter Familienbetrieb mit modernen Anlagen seit 1987. Die Trauben stammen ausschließlich von eigenen 60 ha, wo 1990 neue Tempranillo- und Chardonnay-Reben gepflanzt wurden. Dem Rotwein und dem Rosé Don Carví und Viña Otinar fehlt es an Charakter, dagegen ist der weitgehend auf Viura beruhende Weißwein sehr gefällig und anregend. Faßgereifte Weine werden bisher nicht produziert, ein Faßkeller ist jedoch geplant.

Ein langer, gedeckter Gang führt zur Kirche des Weinorts Cascante.

Bodegas Cenalsa, 31521 Murchante. Seit seiner Gründung Anfang der 1980er Jahre hat sich das bedeutende Haus zu einem der größten und dynamischsten Erzeuger entwickelt. Trauben und Wein werden bei Genossenschaften eingekauft und in modernen Anlagen verarbeitet. Die Spezialität ist jung genußreifer Navarra-Wein – als Kontrast zu den oft faßgereiften Rioja-Weinen (Bodegas Muerza in Rioja gehört zur Gruppe). Das einfache Grundprogramm Campo-Nuevo umfaßt einen Rotwein (100 % Garnacha) mit mildem, angenehmem Geschmack und einem Schuß Kirschenfrucht. Mehr Farbe und Tiefe bietet der rote Agramont (60 % Garnacha, 40 % Tempranillo). Der Weißwein (100 % Viura) und der Rosé (100 % Garnacha) sind sehr anständig in der Qualität. Der nach der Beaujolais-Technik bereitete Rotwein Verjus (50 % Tempranillo, 50 % Garnacha) besitzt milden, fruchtigen, fast zarten Geschmack. Bodegas Braña Vieja und Pleno sind Zweitmarken.

Bodegas Príncipe de Viana, 31521 Murchante. Zweigbetrieb der Bodegas Cenalsa mit allgemein etwas höherem Qualitätsstand – besonders beim Rotwein Príncipe de Viana, der seit 1990 von 70 % Tempranillo und 30 % Cabernet Sauvignon produziert wird. Faßlagerung erfolgt nur kurzzeitig, meist 7 oder 8 Monate. 1989 wurde ein reiner Cabernet Sauvignon ins Programm aufgenommen; ein Chardonnay soll demnächst folgen.

Bodegas Carricas, 31390 Olite. Dieses Unternehmen war ursprünglich die erste Winzergenossenschaft Navarras (und Spaniens), ging aber vor einigen Jahrzehnten an Cecilio Carricas über. Die meisten Rotweine, so der faßgereifte Teobaldo I. und der Domaine Mont-Plané, zeichnen sich durch frischen Kern und rustikalen Charakter aus. Der nach der Beaujolais-Technik von Garnacha und Tempranillo produzierte rote Viña Mont-Plané hat dagegen milde Frucht. Der Traubenbedarf wird durch eigene 60 ha Weinberge und durch selbständige Winzer gedeckt; auch fertiger Wein wird zugekauft.

Bodegas Ochoa, 31390 Olite. Javier Ochoa ist Leiter der Forschungsstation Evena und zugleich Besitzer dieser Bodega. Knapp $^{1}/_{5}$ der hier verarbeiteten Trauben kommt von eigenen 17 ha; das übrige wird zugekauft. Die Weine unter den Marken Ochoa und Viña Chapitel sind durch ihre Reinheit bemerkenswert. Der Weißwein (100 % Viura) und der Rosé (100 % Garnacha) werden kühl vergoren und weisen Frische und Frucht auf. Die Rotweine (60 % Tempranillo, 40 % Garnacha) werden in Fässern ausgebaut. Die recht schlichte Crianza und die mit mehr Kraft und Tiefe versehene Reserva sind mild und ausgewogen im Geschmack. 1990 kamen ein lebendiger sortenreiner Tempranillo und ein durch Beerenfrucht geprägter sortenreiner Cabernet Sauvignon heraus.

Bodegas de Sarría, 31100 Puente la Reina. Das große Gut Señorío de Sarría ging zu Beginn der 1950er Jahre in den Besitz des wohlhabenden Bauunternehmers Félix Huarte über. Er vergrößerte die Rebfläche, die heute 200 ha umfaßt, und baute einen Kellereikomplex. Beides wurde 1981 von der Caja de Ahorros de Navarra übernommen. Sie gab den neuen finanziellen Anstoß mit dem Ziel, die bisherige Jahresproduktion von 400 000 Kisten zu verdoppeln. Hierzu wurden Edelstahltanks angeschafft, und der Bestand an kleinen Fässern wurde auf 9000 vergrößert. In den Weinbergen traten Chardonnay und Cabernet Sauvignon mit je 30 ha in Erscheinung. Großes Verdienst hat sich der mit einer der feinsten Nasen in Navarra begabte Önologe Francisco Moriones um die ausnehmend zuverlässige Qualität der Weine erworben. Prinzipiell werden alle Rotweine in Eichenfässern ausgebaut. Der Viña Ecoyen Crianza (50 % Garnacha, 40 % Tempranillo, 10 % Mazuelo und Graciano) ist dunkeltönig und recht intensiv im Geschmack; der Señorío de Sarría Reserva (60 % Tempranillo mit 20 % Garnacha und je 10 % Graciano und Mazuelo) ist fein, aromatisch und vollmundig mit Spuren von Holz und Frucht. Eine etwas höherwertige Version entsteht unter dem Namen Viña del Perdón, und der rote Señorío de Sarría Gran Reserva macht einen reifen und dennoch lebendigen Eindruck. Der gefällige, jung genußreife Rosé Viña Ecoyen (80 % Garnacha, 10 % Tempranillo, 10 % Viura) dürfte mehr Frucht haben. Dasselbe gilt für den Weißwein (60 % Viura, 40 % Malvasia).

Luis Gurpegui Muga /Bodegas Villafranca de Navarra, 31330 Villafranca de Navarra. Seit 1970 ein Zweigbetrieb der Bodegas Gurpegui in San Adrián, Rioja. Es werden meist einfache Weine von gekauften Trauben und Grundweinen produziert. Eine Ausnahme macht der Monte Ory Crianza (Garnacha und Tempranillo) mit gefälligem, recht vollem Geschmack, in dem sich Frucht- und Holzaroma zeigen. Zweitmarken: San Aciselo, Sestero und Monte Bravo.

Reise-Informationen

Das Weingut Señorío de Sarría.

HOTELS UND RESTAURANTS

Parador Príncipe de Viana, 31390 Olite, Tel. (48) 740000. Teilweise in einem mittelalterlichen Königsschloß untergebracht. Durch seine zentrale Lage ist der friedliche Ort Olite ein guter Ausgangspunkt für Fahrten durch die Region.
Casa Mauleón, Calle Amaya 4, 31000 Pamplona, Tel. (48) 228474. Das richtige Lokal für Frühstück oder Mittagessen nach dem *encierro* beim San-Fermín-Fest im Juli.
Hartza, Calle Juan de Labrit 19, 31000 Pamplona, Tel. (48) 224568. Die Gebrüder Hartza erfreuen ihre Gäste mit traditionellen baskischen und Navarreser Gerichten aus frischen Zutaten, u. a. *merluza* (Hecht).
Josetxo, Plaza Príncipe de Viana 1, 31002 Pamplona, Tel. (48) 222097. Stilvoll eingerichtetes Lokal mit regionaler Küche in eleganter Version.
Hostal del Rey Noble «La Pocholas», Paseo Sarasate 6, 31000 Pamplona, Tel. (48) 222214. In diesem traditionellen Restaurant war Ernest Hemingway oft zu Gast.
Sarasate, Calle García Castañon 12, 31002 Pamplona, Tel. (48) 225102. Einfallsreiche, zeitgemäße Küche.
Hotel Tres Reyes, Jardines de la Taconera, 31001 Pamplona, Tel. (48) 226600. Komfortables, recht modernes Hotel am Rand der Altstadt.
Atalaya, 31350 Peralta, Tel. (48) 750152. Navarreser Küche im neuen Stil neben traditionellen Gerichten.
La Conrada, 31100 Puente la Reina, Tel. (48) 340052. Gute Adresse für ein ländliches Mittagessen.
Mesón del Peregrino, 31100 Puente la Reina, Tel. (48) 340075. Kleines Hotel/Restaurant mit rustikalem Dekor am Dorfrand.
Hostal Tafalla, 31300 Tafalla, Tel. (48) 700300. Traditionelle regionale Küche und umfangreiche Weinkarte.
Tubal, 31300 Talfalla, Tel. (48) 700852. Feines Restaurant, das oft von den Gästen des Parador in Olite besucht wird.
Casa Ignacio, Calle Cortadores 11, 31500 Tudela, Tel. (48) 821021. Eher Bar als Restaurant. Hier gibt es höchstoriginelle *tapas* mit allen erdenklichen Gemüsen der Region.

SEHENSWERTES

Ayeguí. In diesem Weinort bei Estella steht das Benediktinerkloster Irache, das einst eine Universität beherbergte. In der Nähe befinden sich die Bodegas Irache mit kleinem Weinmuseum.
Carcastillo. Das Monasterio de la Oliva wurde im 12. Jh. von den Zisterziensern erbaut. Wie ehedem produziert es aus einem 17 ha großen Weinberg Tisch- und Meßweine, die im Kloster verkauft werden. Architektonisch am interessantesten sind die Kirche und der Kreuzgang.
Cascante. In diesem Weinort führt ein langer Bogengang bergauf zu einer Kirche aus dem 18. Jh. und einem kleinen Park.
Corella. Historischer Ort mit vielen wappengeschmückten Häusern; Sitz von etwa 10 Bodegas.
Estella. Die auf römische Ursprünge zurückgehende Stadt hat so viele Kirchen und Sehenswürdigkeiten, daß sie auch «Estella la Bella» oder «Toledo des Nordens» genannt wird. Die älteste Kirche ist San Pedro de la Rúa aus dem 12. und 13. Jh. mit imposantem Innenraum und schönem Kreuzgang. Auch die Kirchen San Miguel und Santo Sepulcro sowie die Basilika El Santuario de la Virgen del Puy mit dem Schwert von Carlos III. sind sehenswert. Eines der ältesten (weltlichen) Gebäude Spaniens ist der Palacio de los Duques de Granada et Ega (12. Jh.) an der malerischen Plaza de San Martín.
Fitero. Das Kloster Santa María la Real wurde im 12. und 13. Jh. von den Zisterziensern erbaut. Der Klosterschatz ist sehr reich.
Funes. Reste eines römischen Weinkellers.
Mendigorría. Der Sage nach wurde für den Bau der hiesigen Kirche der Mörtel mit Wein gemischt.
Olite. Der alte Ort wird beherrscht von einem Schloß, das Carlos III. 1406 auf den Fundamenten einer Burg aus dem 13. Jh. errichtete. Der vieltürmige gotische Bau dient teilweise als Parador. Vor dem Schloß liegt ein entzückender Platz, an dem die Kirche Santa María mit reichverziertem Portal steht.
Pamplona. Das San-Fermín-Fest wurde durch Ernest Hemingway weltbekannt. In der zweiten Juliwoche finden Stierkämpfe statt. Beim *encierro* werden die Stiere durch die Gassen getrieben. Neben einer Reihe anderer Kirchen ist vor allem die Kathedrale (14. und 15. Jh.) am Rand der Altstadt und das Museo de Navarra mit einer eindrucksvollen Sammlung von Gemälden, Skulpturen, Fresken und Mosaiken zu bewundern.
Puente la Reina. Dieser Ort hat seinen Namen von einer für die Pilgerzüge erbauten Brücke über die Arga. Auf der Nordseite steht die Bronzestatue eines Pilgers. Schön ist ein Gang entlang der an der Brücke beginnenden Calle Mayor.
Tafalla. Hier gibt es die Ruine eines Königspalasts sowie den Convento de la Purísima Concepción (herrliches flämisches Altargemälde), die romanische Kirche Santa María (schöner Altaraufsatz) und den Convento de San Francisco zu besichtigen.
Tudela. Die Stadt im fruchtbaren Ebro-Tal hat eine recht nüchtern wirkende Kathedrale (12.–13. Jh.) und daneben einen Bischofspalast. Im nahegelegenen Rathaus ist eine reichverzierte Kutsche zu sehen.
Ujué. Der mittelalterliche Ort liegt auf einem Berg, der die Umgebung beherrscht. Die romanische Kirche Santa María mit ihren Wehrtürmen und mit Figuren von Traubenleserinnen am Portal ist für Hochzeiten weitherum beliebt.

WEINSTRASSE

Wie weit sich Navarra hinzieht, merkt man an der 200 bis 300 km langen Weinroute. Sie verläuft durch die fünf Weinbaubereiche und die meisten bedeutenden Weinorte. Olite ist ein sehr guter Ausgangspunkt.

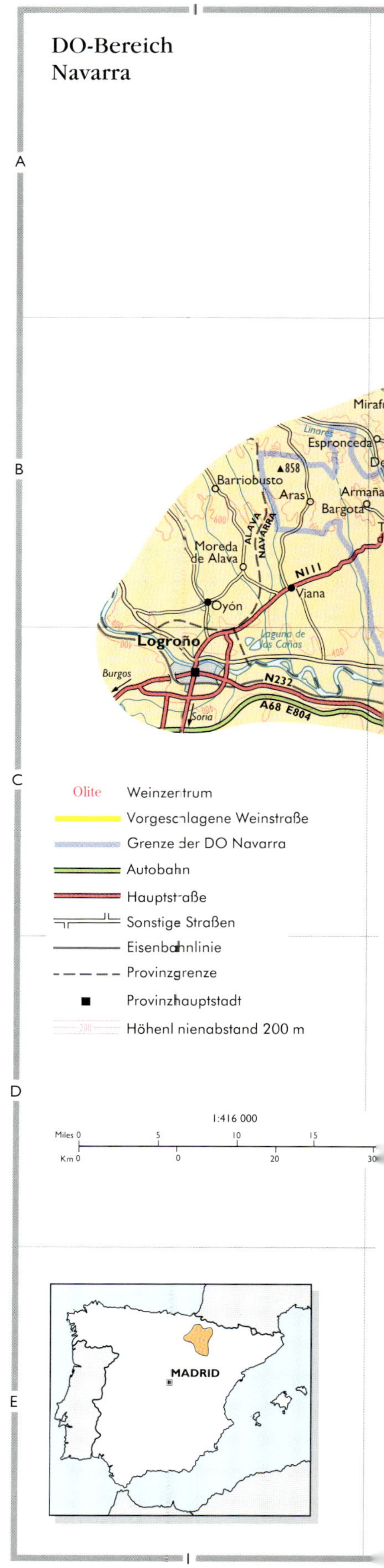

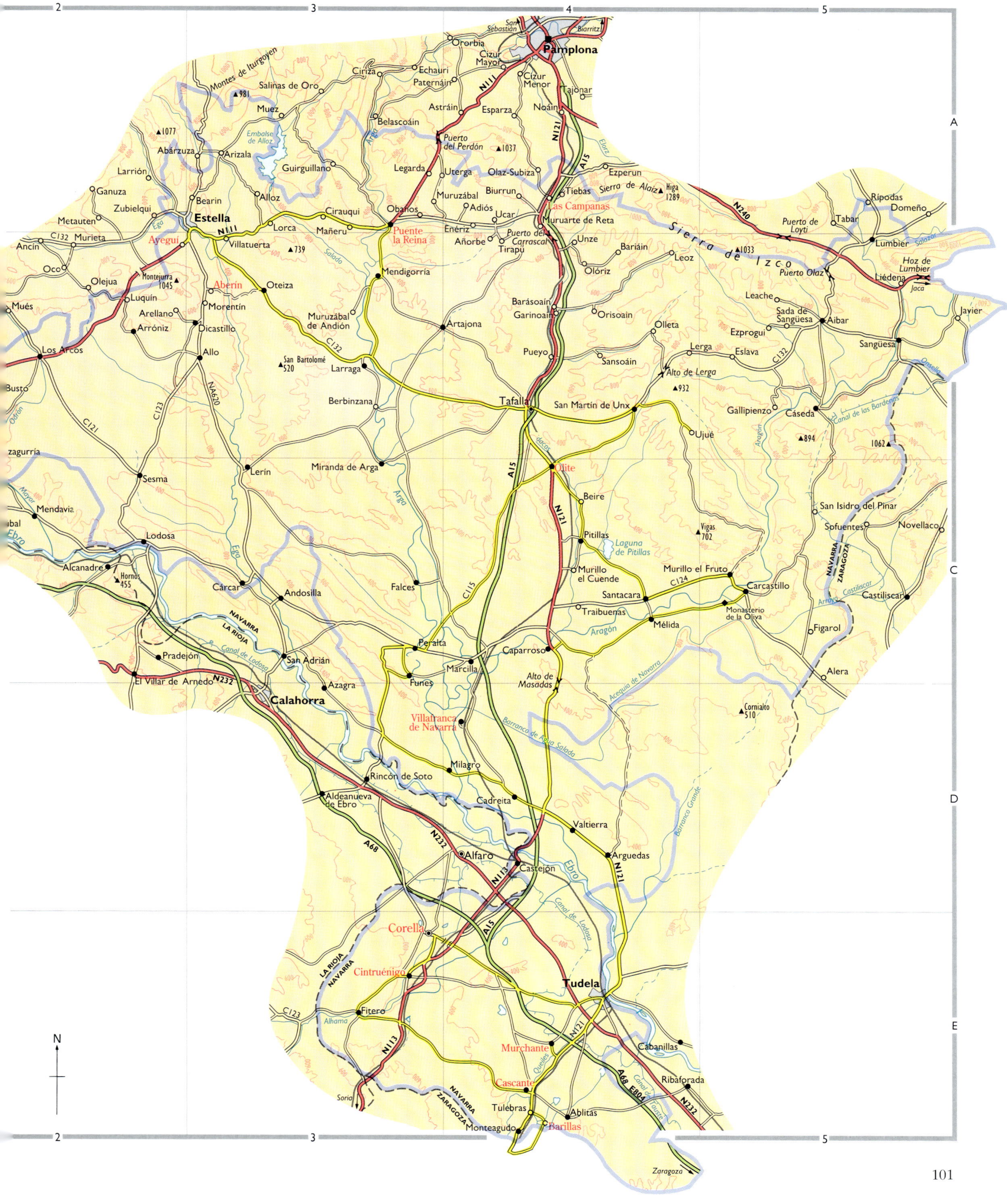

Pamplona
San Sebastián
Biarritz
Ororbia
Cizur Mayor
Cizur Menor
Echauri
Paternáin
Ciriza
Salinas de Oro
Montes de Iturgoyen
981
Muez
Tajonar
Noáin
Esparza
Astráin
Belascoáin
Puerto del Perdón
1037
Legarda
Uterga
Olaz-Subiza
Muruzábal
Biurrun
Adiós
Ucar
Obanos
Enériz
Añorbe
Puerto del Carrascal
Tirapu
Tiebas
Las Campanas
Muruarte de Reta
Unze
Bariáin
Olóriz
Leoz
Ezperun
Sierra de Alaiz
Higa 1289
Sierra de Izco
1033
Puerto de Loyti
Tabar
Rípodas
Domeño
Lumbier
Hoz de Lumbier
Salazar
Liédena
Jaca
Javier
Puerto Olaz
Leache
Sada de Sangüesa
Aibar
Ezprogui
Eslava
Lerga
Alto de Lerga
932
Sangüesa
Onsella
Olleta
Orisoain
Sansoáin
Gallipienzo
Cáseda
Canal de las Bardenas
894
1062
Ujué
San Martín de Unx
Barásoain
Garinoain
Pueyo
Tafalla
Artajona
Mendigorría
Puente la Reina
Cirauqui
Mañeru
Lorca
Villatuerta
739
Salado
Estella
Ayegui
Ega
Bearin
Alloz
Embalse de Alloz
Guirguillano
Arizala
Abárzuza
1077
Larrión
Ganuza
Zubielqui
Metauten
Murieta
Ancín
Oco
Olejua
Montejurra 1045
Luquín
Arellano
Arróniz
Aberin
Morentín
Dicastillo
Oteiza
Muruzábal de Andión
Allo
San Bartolomé 520
Larraga
Berbinzana
Los Arcos
Mués
Busto
Odrón
Zagurría
Sesma
Lerín
Miranda de Arga
Arga
Mendavia
Mayor
Ebro
Lodosa
Alcanadre
Hornos 455
Cárcar
Andosilla
Falces
Olite
Beire
Cidacos
Pitillas
Laguna de Pitillas
Vigas 702
Murillo el Cuende
Murillo el Fruto
Carcastillo
Santacara
Traibuenas
Mélida
Monasterio de la Oliva
Aragón
San Isidro del Pinar
Sofuentes
Novellaco
Castiliscar
Figarol
Alera
Navarra
Zaragoza
Peralta
Marcilla
Funes
Caparroso
Alto de Masadas
Acequia de Navarra
Cornialto 510
Villafranca de Navarra
Barranco de Agua Salada
Milagro
Rincón de Soto
Cadreita
Valtierra
Arguedas
Barranco Grande
Navarra
La Rioja
Canal de Lodosa
Pradejón
San Adrián
Azagra
El Villar de Arnedo
Calahorra
Aldeanueva de Ebro
Alfaro
Castejón
Corella
Cintruénigo
Fitero
Alhama
Soria
Tudela
Murchante
Cascante
Queiles
Tulebras
Monteagudo
Barillas
Ablitas
Cabanillas
Ribaforada
Canal de Tauste
Zaragoza
N
N111
N121
N240
N232
N113
A15
A68
A68 E804
C132
C121
C123
C124
C115
NA620
2
3
4
5
A
B
C
D
E

Chacolí de Guetaria (Baskenland)

Hauptstadt: Vitoria
Provinzen: Alava, Guipúzcoa, Vizcaya
Fläche: 7261 km²
Einwohnerzahl: 2 133 000

Spaniens Nordküste bietet manch aufregenden Anblick, aber für den Weinbau ist sie – abgesehen von Chacolí – kaum geeignet.

Die Nordküste Spaniens hat für den Weinbau geringe Bedeutung. Nicht nur ist das Terrain außerordentlich rauh und gebirgig, es ist hier auch relativ kühl und feucht: Die jährliche Niederschlagsmenge beläuft sich auf 1500 mm. Aber mit der für sie typischen Hartnäckigkeit trotzen die Basken seit Jahrhunderten den Elementen und stellen eigene Weine her. 1990 wurde einem davon DO-Status zuerkannt, nämlich dem weißen Chacolí de Guetaria, den die Basken selbst in *euskera*, ihrer eigenartigen Sprache, Getariako Txkolina nennen.

Die kleinste DO

Wie der Name sagt, kommt der Chacolí aus Guetaria, einem Fischerdorf auf einer schmalen, felsigen Landzunge, 25 km westlich von San Sebastián in der Provinz Guipúzcoa. Außerdem gehören noch Teile der Gemarkung des Badeorts Zarauz und das Bergdorf Aia zur DO. Die Rebfläche besteht aus kleinen Weinbergen, die zusammen nicht einmal ganz 50 ha ausmachen; damit ist Chacolí de Guetaria bei weitem der kleinste DO-Bereich Spaniens. Die Jahresproduktion liegt in der Größenordnung von 250 000 Flaschen, die fast alle im Ursprungsgebiet konsumiert werden.

Die Rebsorten

Zwei Traubensorten, von denen außerhalb des Baskenlands wohl niemand je gehört hat, sind für den Chacolí zugelassen: die weiße Hondarribi Zuri (85 % des Rebbestands) und die dunkle Hondarribi Beltz (15 %). Angebaut werden sie von einem Dutzend Winzern, davon acht in Guetaria selbst. Weitaus der größte ist Txomín Etxaníz mit 12 ha Weinbergbesitz. Chacolí leitet sich angeblich vom arabischen *chacalet* her, das etwas Schwaches, Dünnes bezeichnet. Wahrhaftig sind diese Weine meist leicht und karg, oft mit kräftiger Säure und starkem Perlieren. Die besten schmecken saftig, sauber und belebend; sie passen gut zu Fisch und Schalentieren, eignen sich aber auch als Aperitif. Allerdings sind nicht alle gleich in der Qualität: Es gibt welche mit derart herbem Geschmack und starkem Prickeln, daß man meinen könnte, man habe Stecknadeln im Mund.

Links: *In Pasajes de San Juan an der Atlantikküste wird viel Fisch an Land gebracht; der weiße Chacolí de Guetaria schmeckt hervorragend dazu.*
Unten: *Im Bereich Guetaria werden die Reben hoch aufgebunden, damit sie gut durchlüftet sind und bei der hohen Luftfeuchtigkeit vor Pilzbefall bewahrt bleiben.*

BEDEUTENDE ERZEUGER

Txomín Etxaníz, 20808 Guetaria. Mit etwa 12 ha der bei weitem größte Erzeuger von Chacolí de Guetaria. Die Keller sind z. T. mit modernen Edelstahlgärtanks ausgestattet. Der Wein besteht aus 85 % Hondarribi Zuri und 15 % Hondarribi Beltz und gehört zu den besten im Bereich. Beim Ausschenken perlt er deutlich, und auch im belebenden, angenehmen und frischen Geschmack mit einer Spur Frucht ist die Kohlensäure unverkennbar.

Ameztoy, 20800 Zarauz. Der Familienbetrieb ist dabei, seinen bescheidenen Weinbergbesitz auf 10 ha zu erweitern. Der charakteristische Wein ist frisch und perlend und weist einen Anflug von Frucht auf.

Reise-Informationen

HOTELS UND RESTAURANTS

Elkano, 20808 Guetaria, Tel. (43) 831614. Hier ißt man frischen Fisch und Schalentiere in rustikalem Rahmen mit Blick auf das Meer und die Küste.
Kaia y Asador Kai-Pe, 20808 Guetaria, Tel. (43) 832414. Im Erdgeschoß gibt es einfach zubereitete Fisch- und Fleischgerichte (gebraten, fritiert, gegrillt); Feineres wird in der oberen Etage serviert.
Aiten Etxe, Carretera de Guetaria 3, 20800 Zarauz, Tel. (43) 831825. Traditionelle baskische Küche mit frischem Fisch und *mariscos*, den hier gezüchteten Schalentieren. Vom Restaurant hat man Aussicht aufs Meer.
Karlos Arguiñano, Mendilauta 13, 20800 Zarauz, Tel. (43) 130000. Das Restaurant mit sehr gutem Ruf interpretiert die traditionelle baskische Küche in zeitgemäßer Weise – natürlich kredenzt man auch Chacolí. Einen Versuch wert ist die wundervolle Meeresfrüchte-Terrine.
Hotel Zarauz, Avenida de Navarra 26, 20800 Zarauz, Tel. (43) 830200. Gute Unterkunft nicht weit vom Strand; mit Restaurant.

SEHENSWERTES

Guetaria. Das Fischerdorf (2500 Einwohner) auf einer Landzunge lebte früher weitgehend vom Walfang, deshalb ist auf dem Siegel des Consejo Regulador auch ein Wal zu sehen.

Die gotische Kirche San Salvador mit Teilen aus dem 13. und 14. Jh. ist eines der bedeutendsten Baudenkmäler der Provinz. Im Inneren steht ein Schiffsmodell, und unterirdische Gänge führen zum Fischerhafen. Wandgemälde des baskischen Malers Ignacio Zuloaga (s. auch unter Zumaya) schmücken das Rathaus. Sie stellen die Weltreise des in Guetaria geborenen Juan Sebastián Elcano im Jahr 1519 mit Magellan dar. Als Magellan auf den Philippinen ermordet wurde, übernahm Elcano den Befehl über die «Vitoria», die als einziges von fünf Schiffen die Reise vollendete. Elcano kehrte 1522 zurück und starb 1526. Sein Denkmal steht in Guetaria.
Zarauz. In einer einst berühmten hiesigen Werft wurde die «Vitoria» gebaut, mit der Elcano (s. oben) die Welt umsegelte. Am Ende des 19. Jh. wählte Königin Isabella II. Zarauz als Sommerresidenz. Damals wuchs die Stadt zum exklusivsten und teuersten Badeort Spaniens heran. In jüngerer Zeit nahmen König Baudouin und Königin Fabiola von Belgien hier Aufenthalt. Der Glanz der früheren Jahre ist inzwischen verblaßt, aber es gibt noch immer einen schönen Sandstrand und feine Villen. Die Stadt mit 15 000 Einwohnern liegt in einem natürlichen Amphitheater und besitzt einen der eindrucksvollsten Türme im Baskenland: den gotischen Luzea-Turm an der Calle Mayor. Die gotische Kirche Santa María besitzt einen Barockaltar. Der Palacio de Narros aus dem 15. Jh. steht nahe am Strand.
Zumaya. Zarauz liegt östlich von Guetaria, Zumaya dagegen ein paar Kilometer westlich. Die Stadt mit knapp 8000 Einwohnern ist römischen Ursprungs. An einem schönen Sommertag lohnt sich ein Spaziergang auf dem von Bäumen gesäumten *paseo* zum Leuchtturm. Die Villa des baskischen Malers Ignacio Zuloago (1870–1945) ist heute ein Museum. Die Sammlung umfaßt neben Werken von Zuloago auch Gemälde von El Greco, Goya und anderen. Nebenan steht die Kapelle Santiago Echea, die einst den Pilgern auf dem Weg nach Santiago de Compostela diente. Die Kirche San Pedro aus dem 15. Jh. enthält schöne Flügelaltäre.

Kastilien und León

Hauptstadt: Valladolid
Provinzen: Avila, Burgos, León, Salamanca, Segovia, Soria, Palencia, Valladolid, Zamora
Fläche: 94 147 km²
Einwohnerzahl: 2 600 000

Die Autonomía Castilla y León umfaßt nicht weniger als neun Provinzen und nimmt etwa ein Fünftel Spaniens ein. Avila, Burgos, Segovia, Soria, Palencia und Valladolid gehörten zu der 951 von Fernán González gegründeten Grafschaft Kastilien, dagegen waren León, Salamanca und Zamora Teile des ebenfalls im 10. Jh. entstandenen Königreichs León, bis Ferdinand I. im Jahr 1037 Kastilien, León und Asturien unter einer Krone vereinigte. Die heutige *autonomía* erhielt 1983 ihren Namen; davor hieß die Gegend Castilla la Vieja (Alt-Kastilien) und umfaßte noch die Provinzen Logroño und Santander.

Befestigte Wacht

Auf Ferdinand I. folgte sein Sohn Sancho II., der unter dubiosen Umständen ums Leben kam und dadurch seinem streitbaren Bruder Alfonso IV. den Weg freimachte. Nachdem 1085 Toledo den Mauren wieder abgenommen worden war, legte dieser Monarch am Duero eine Reihe von zum Teil auf maurische Ursprünge zurückgehenden Befestigungen an. Am bekanntesten sind die Burgen Berlanga de Duero, Peñafiel (mitten im Weinbaubereich Ribera del Duero), Peñaranda de Duero und San Esteban de Gormaz. Die «Kastelle» waren es auch, die Kastilien zu seinem Namen verhalfen.

Kultureller Reichtum

Castilla y León ist dünn bevölkert, hat aber viele schöne Städte. Die meisten davon waren einmal mehr oder weniger lange Königsresidenz – so Avila mit seinen mächtigen Stadtmauern samt 88 Türmen; die hiesige Kathedrale ist die höchstgelegene Europas. Das gotische Burgos war die erste Hauptstadt Kastiliens. In Vivar, unweit von hier, wurde im 11. Jh. der legendäre Kriegsmann Rodrigo Díaz, genannt El Cid, geboren. León entstand aus einer Siedlung der römischen VII. Legion, war Hauptstadt des gleichnamigen Königreichs und besitzt eine herrliche Kathedrale. Auch Segovia hat, wie ein zweigeschossiger Aquädukt beweist, eine römische Vorgeschichte. Alfons X. (der Weise) hatte hier im 13. Jh. seine Residenz, und auch die spanische Münze stand von 1586 bis 1730 in Segovia. Salamanca wurde 220 v. Chr. von Hannibal erobert; die 1218 gegründete Universität ist die älteste Spaniens – auch Kolumbus hatte sie besucht. Salamanca besitzt eine prächtige Plaza Mayor und zwei Kathedralen. In Valladolid, der am zentralsten gelegenen Stadt Kastiliens, residierte oft der königliche Hof. Hier feierten Ferdinand und Isabella ihre Hochzeit, herrschte Karl V., bis er zugunsten seines Sohnes, Philipps II., abdankte – und schrieb Cervantes das erste Kapitel seines «Don Quixote». Das kleine Haus, in dem Cervantes von 1603 bis 1606 lebte, ist heute ein Museum.

Hügeliges Hochland

Die großen Städte mit ihren Baudenkmälern und ihrer interessanten Geschichte, aber auch die vielen kleineren Orte bilden einen scharfen Kontrast zum Land ringsumher, denn hier gibt es selten etwas Besonderes. Zwei Drittel von Castilla y León bestehen aus Plateaus in unterschiedlicher Höhenlage. In diesem hügeligen Land wird viel Getreide angebaut, aber es gibt auch weite Landstriche, die brachliegen und lediglich großen Schafherden als Weide dienen. Nur hie und da wird die Eintönigkeit durch vereinzelte Berge und Flußtäler unterbrochen. Am Duero entlang (Castilla y León fällt größtenteils in sein Einzugsgebiet) zeigt die Landschaft mehr Profil, vor allem zwischen Peñafiel und Pesquera sowie in der Nähe der Stadt Toro. Das Klima ist allgemein rauh – heiße Sommer wechseln mit kalten Wintern. Angenehmer ist es im Nordwesten, in der Gegend des Weinbaubereichs Bierzo, wo das Meer etwas mehr Feuchtigkeit bringt.

Der Konvent Santa Clara in Tordesillas, Rueda.

Nahrhafte Kost

Die Küche von Castilla y León bietet nahrhafte Kost, gedacht für eine schwerarbeitende Landbevölkerung. Bohnen und andere Hülsenfrüchte spielen in vielen Rezepten eine Rolle. Ein berühmtes Gericht aus Kichererbsen und Kohl sowie Stücken von Rind- und Schweinefleisch ist *olla podrida,* auch als *cocido madrileño* bekannt. Weitere Spezialitäten sind Lammbraten und Spanferkel (dort genannt *tostón, lechón, lechoncito* oder *cochinillo asado*). Das Fleisch muß so zart sein, daß man es mit dem Tellerrand schneiden kann. Manche Restaurants, z. B. José María in Segovia, machen hieraus ein Ritual und fordern ihre Gäste auf, sich ruhig ein handliches Stück von einem Teller abzuschlagen. Kalbfleisch (*ternera*) ist eine Spezialität aus Avila. Im Hügelland lebt viel Wild – Kaninchen (*conejo*), Hasen (*liebre*) und Rebhühner (*perdiz*) –, und die Bergbäche liefern Forellen (*trucha*).

Weinbau mit und ohne DO

Der Weinbau in Castilla y León konzentriert sich in einem weiten Kreis um Valladolid. An DO-Bereichen liegt im Osten Ribera del Duero mit weltweit gutem Ruf für Rotwein, im Süden und Südwesten Rueda mit exzellenten Weißweinen und Toro mit feurigen Rotweinen, im Norden Cigales mit trockenen Rosés und etwas

weiter im Nordwesten schließlich Bierzo, das an Galicien grenzt und vor allem hervorragende Rotweine von der Mencína-Traube bietet. In Castilla-León entstehen aber nicht nur DO-Weine. In Cebreros im Süden der Region, etwas westlich von Madrid, werden vor allem schwere Garnacha-Rotweine produziert, die jenen aus Méntrida ähneln. Interessanter sind eigentlich die leichteren Sorten – auch die Weißweine. 1966 schlossen sich fortschrittliche Winzer aus Valdebimbre-Los Oteros südlich von León zusammen und investierten in moderne Ausrüstungen. Heute zeigen die Rot- und Roséweine der Bodegas Vinos de León (VILE) höchst ansprechende Qualität, vor allem der faßgereifte rote Don Suero, der vorwiegend von der Lokaltraube Prieto Picudo gekeltert wird. Ein rühriger Erzeuger ist hier auch die Winzergenossenschaft Valdebimbre. Der prickelnde *rosado de aguja* (wörtlich Nadel-Rosé) ist eine Spezialität der Gegend. Weniger interessante Weine wachsen dagegen in Benavente-Campos (Rosé und leichter Rotwein), in Fermoselle (Rotwein) sowie in La Ribera de Salamanca, La Ribera del Arlanza, La Ribera del Sea und La Sierra de Salamanca (jeweils Rosé und Rotwein).

Ribera del Duero

Auf halbem Weg zwischen Madrid und Santander liegt Ribera del Duero, ein Weinbaugebiet, das sich in besonders rascher Entwicklung befindet. Es erstreckt sich über vier Provinzen, unter denen Burgos mit rund 85 % der Rebfläche die bei weitem bedeutendste ist, gefolgt von Valladolid mit etwa 10 %, während Soria und Segovia sich in den Rest teilen. Der Duero durchströmt dieses Gebiet; am Rand seines Tals erheben sich an manchen Stellen Tafelberge. Die Rebfläche ist auf der Nord- und Südseite dieses Tals zu finden, meist höchstens 1,5 bis 3 km vom Fluß entfernt. Der Weinbaubereich selbst ist breiter, bis zu 35 km; seine Länge beträgt in der Luftlinie etwa 110 km. Auf der Fahrt durch Ribera del Duero bemerkt man bald, daß der Weinbau hier nicht die einzige Einkommensquelle ist. Man sieht Felder mit Mais, Gemüsen und Zuckerrüben, dazwischen von wandernden Schafherden abgeweidetes Brachland. Ebene Flächen prägen abwechselnd mit bewaldeten Hügeln das Landschaftsbild. Die eingestreuten Weinberge sind manchmal sehr klein, können aber auch sehr groß sein. Einige umfangreiche Weingüter findet man in Valbuena de Duero, Aranda de Duero, Pesquera de Duero und Roa. In manchem verschlafenen Dörfchen schmückt ein Storchennest den Kirchturm.

Kalte Nächte

Zwar ist das Klima in diesem Teil des Duero-Tals gemäßigter als im umgebenden Land, aber wirklich behaglich ist es auch hier nicht. Auf einen trockenen Sommer mit Temperaturen bis zu 36 °C folgen ein vergleichsweise nasser Herbst und ein kurzer, harter Winter, wo das Thermometer bis −10 °C sinkt; Spätfrostgefahr besteht noch bis Mitte Mai. Bei den oft kalten Nächten im Frühjahr und Sommer ist ein Pullover im Gepäck durchaus nicht überflüssig. Auf das Aroma der Trauben und damit des späteren Weins wirken sich solche Temperaturschwankungen allerdings günstig aus. Die Niederschlagsmenge liegt zwischen 450 und 500 mm im Jahr, und der oft aus dem Fluß aufsteigende Nebel sorgt für zusätzliche Feuchtigkeit.

Die meisten Weinberge liegen in 700 bis 800 m Höhe auf lockerem, leicht bearbeitbarem Grund mit viel Kalkstein, der oft auch Eisen enthält und deshalb rötlich gefärbt ist. Die näher am Fluß gelegenen Weinberge haben stärker lehmhaltigen Boden. Die natürlichen Klima- und Bodenverhältnisse machen Ribera del Duero bestens für die Produktion hochwertiger Weine geeignet – nur dauerte es ziemlich lange, bis dies erkannt wurde.

Vega Sicilia

Vermutlich trieben die Römer hier schon Weinbau, konkrete Hinweise gibt es jedoch erst aus dem 9. Jh. Im Mittelalter sorgten die Mönche für einen neuen Aufschwung, nachdem im 12. Jh. in Valbuena de Duero ein Zisterzienser-Kloster gegründet worden war und auch die Benediktiner aus Cluny in Burgund Reben nach Ribera del Duero brachten. Aus Urkunden geht hervor, daß schon im 13. Jh. viele Bodegas bestanden, und am Ende des 18. Jh. kümmerte sich Carlos III. auf Ersuchen der Winzer von Aranda de Duero persönlich um den Weinbau. Alles das änderte freilich nichts daran, daß sich die Region kaum vom übrigen Spanien unterschied. Erst als die Familie De Lecanda 1846 auf dem Südufer des Duero gegenüber Valbuena ein Weingut errichtete, das den Namen Bodega de Lecanda trug, kam Bewegung in den Weinbau. Aus Bordeaux brachte sie erstmals Cabernet Sauvignon, Merlot und Malbec mit und pflanzte sie neben den traditionellen spanischen Rebsorten. 1890 wurde das Weingut von der Familie Herrero übernommen, die es nach ein paar Jahren in Vega Sicilia umtaufte. Vega bedeutet «fruchtbare Ebene», und Sicilia verweist auf die Kapelle Santa Sicilia, die etwa 1 km von der Kellerei entfernt auf dem Gutsgelände steht.

Die Burg von Peñafiel erhebt sich auf einem Bergrücken wie ein stolzes Schiff auf einem Wogenkamm. Die Winzergenossenschaft am Fuß des Bergs hat Stollen in den Fels getrieben und lagert dort Wein.

Ein legendärer Ruf

Jahrzehntelang war Vega Sicilia das einzige bedeutendere Weingut in der Gegend und wurde schließlich zur wohl berühmtesten Bodega ganz Spaniens. Die Weine hatten einen fast legendären Ruf – nicht nur wegen ihrer großartigen Qualität, sondern auch, weil sie rar und deshalb sehr teuer waren. Vega Sicilia war ein Riese unter Zwergen und stellte alles in den Schatten, was hier sonst noch wuchs. Die anderen, viel kleineren Winzer arbeiteten mit archaischen Methoden in Kellern, die eher Höhlen waren. Erst in den 1950er und 60er Jahren kamen Verbesserungen in Gang. Immer mehr Winzer schlossen sich in Genossenschaften zusammen, die nicht nur in größerem Umfang, sondern auch rationeller und moderner arbeiteten. Dennoch blieb der Wein meist uninteressant und wurde vorwiegend faßweise verkauft. Wirkliche Fortschritte gab es erst in den 70er Jahren, und dabei spielte ein Mann die Schlüsselrolle: Alejandro Fernández.

Pesquera

Als Alejandro seinem Vater in Pesquera de Duero beim Weinkeltern half, bemerkte er, daß viele Winzer ihre Reben rodeten, um Platz für Zuckerrüben zu schaffen. Die Zuckerrübe war wichtig für die Ernährung, also beschloß der junge Alejandro am Ende der 1940er Jahre, sich ihr ganz zu widmen. Er konstruierte und baute Zuckerrüben-Erntemaschinen und verkaufte sie bald im ganzen Land. Ein Vierteljahrhundert später hatte Alejandro so viel Geld zusammengespart, daß er sich eine eigene Bodega einrichten konnte. Durch das Beispiel von Vega Sicilia wusste er, wie gut Ribera del Duero geeignet war. Allerdings wollte er nicht etwa Vega Sicilia imitieren, er strebte vielmehr einen eigenen Stil an, ausschließlich mit einheimischen Trauben. Sein erster Jahrgang war der 1975er, und er machte sofort großen Eindruck. Heute noch ist die 1983 abgefüllte Reserva dieses Jahrgangs ein bemerkenswerter Wein. Bis 1982 arbeitete Alejandro «nach Römerart», d. h., die dunklen Trauben wurden nicht entrappt, und die Gärung dauerte bis zu 28 Tagen. Ab 1982 wurde dann entrappt (im ersten Jahr freilich nicht ganz), und die Gärdauer verkürzte sich nach und nach auf 8 bis 15 Tage. Seither haben seine Weine weltweit einen phänomenalen Erfolg.

Riesige Investitionen

Der Durchbruch kam 1986, als der 82er und der 83er Pesquera in Amerika hohes Lob ernteten. Der Weinpublizist Robert Parker schrieb über sie im «Wine Spectator», sie seien zwei der besten Rotweine, die er in dem betreffenden Jahr gekostet habe; er verglich den 82er mit einem großen Pomerol wie Château Pétrus oder L'Evangile und meinte schließlich: «Man muß Pesquera-Weine gekostet haben, sonst glaubt man es nicht.» Aufgrund der Initiative von Alejandro Fernández hatte der Bereich Ribera del Duero inzwischen den erforderlichen Entwicklungsstand erreicht, so daß nach der provisorischen Anerkennung von 1979 schließlich im Jahr 1982 der Status einer Denominación de Origen erteilt wurde. Neue Firmen waren entstanden, so 1979 die Bodegas Ismael Arroyo und 1980 Hermanos Pérez Pascuas. Auch hatten sich radikale technische Veränderungen vollzogen. Mit Vega Sicilia und Pesquera als leuchtende Vorbilder erkannten plötzlich alle das große Potential von Ribera del Duero.

Seit 1982 wurden gewaltige Investitionen getätigt: Aus ganz Spanien und aus dem Ausland – beispielsweise aus Schweden – strömte Kapital in das Duero-Tal. Dies hatte unter anderem zur Folge, daß die Bodenpreise nach oben schnellten. Eine Bodega aus Rioja soll ihre Pläne zum Landkauf hier nicht verwirklicht haben, weil die Kosten viel höher als erwartet ausgefallen wären.

Kleine Weinberge

In die Grenzen von Ribera del Duero fallen etwa 14 000 ha Ertragsrebfläche. Davon haben 8000 bis 9000 ha Anrecht auf die DO, bei steigender Tendenz. Kleine Weinbergbesitzungen sind für die Gegend typisch, denn 90 % der Winzer verfügen über weniger als 1 ha. Als logische Folge davon gibt es viele Winzergenossenschaften; allerdings verkauften zu Beginn der 1990er Jahre erst drei von ihnen Flaschenwein – aber auch hier ist die Tendenz wachsend. In den 80er Jahren gab es bereits einen Anstieg von fast einer halben Million auf 6 bis 7 Millionen Flaschen, und künftig wird sich der Anteil der Flaschenweine stetig vergrößern, denn darin liegt ja der Sinn der Investitionen.

Tinta del País

Während Vega Sicilia sich vorwiegend mit Weinen von französischen Traubensorten einen Namen gemacht hat, stützte sich Alejandro Fernández ausschließlich auf die Tinta del País, auch Tinto Fino genannt. Diese Rebsorte ist – auch nach Überzeugung des Consejo Regulador – mit Tempranillo so gut wie identisch. Zwar gibt es Erzeuger, die meinen, Tinta del País bringe im Unterschied zu Tempranillo etwas größere Beeren, aber man muß dabei bedenken, daß Klima und Boden einer Traube jeweils bestimmte Eigenschaften verleihen. Verglichen mit Tempranillo-Wein aus Rioja Alavesa – dem Erzrivalen – sind die Weine der Tinta del País anscheinend weniger oxidationsanfällig und haben vollere, festere Struktur, mehr Substanz, tiefere Farbe und etwas kräftigere Säure. Alles zusammen ergibt dunkelrote Weine mit großer Spannkraft, jedoch nicht übermäßig viel Alkohol, die sich sehr lange halten. Immer wieder wurde mir versichert, daß die Rotweine aus Ribera del Duero wohl die langlebigsten ganz Spaniens seien.

Weiße Trauben

Auf die Tinta del País entfallen rund 60 % der Rebfläche, und dieser Anteil ist im Wachsen. In die übrigen 40 % teilen sich etwa 10 andere Traubensorten, darunter auch weiße, die in kleinen Mengen in den Rotweinen mit verarbeitet werden, um diese leichter und duftiger zu machen. Einen weißen Ribera del Duero gibt es nicht. Am bemerkenswertesten ist unter den weißen Trauben der Albillo, ein Synonym für Pardina. In Toro und anderswo wird diese Sorte nicht nur für Wein, sondern auch als Tafeltraube angebaut (die Weinleser naschen gern davon). Übrigens dürfen nach den Regeln der DO Ribera del Duero französische Rebsorten, also Cabernet Sauvignon, Merlot und Malbec, nur dort angebaut werden, wo sie bereits früher gepflanzt wurden.

Die Tatsache, daß Alejandro Fernández mit der Tinta del País so Spektakuläres geschaffen hat, darf nicht zu dem Schluß verleiten, alle übrigen Rotweine von Ribera del Duero seien in Charakter und Qualität ähnlich. Wer sich durch die rund 25 selbstabfüllenden Bodegas hindurchprobiert, bekommt Weine ganz unterschiedlicher Art zu schmecken – neutral oder originell, mild oder herb und verschlossen, fruchtig oder rustikal, mittelmäßig oder gut und noch viele Nuancen dazwischen. Rotwein aus Ribera del Duero sollte also mit Bedacht ausgewählt werden.

Auch bei den ebenfalls DO-anerkannten *rosados* zeigen sich große Unterschiede. Der Lokaltradition entsprechend werden sie weitgehend von Garnacha in trockener Form bereitet. Die besseren enthalten jedoch etwa 50 % Tinta del País. Die Bodegas Peñalba López produzieren relativ viel Rosé, nämlich 40 % der Gesamterzeugung. Ihr Rosé besteht aus 60 % Garnacha und 40 % Tinta del País. Freilich liegen zwischen den besten Rotweinen und den besten Rosés ganze Welten – die Stärke von Ribera del Duero ist der Rotwein.

BEDEUTENDE ERZEUGER

Bodegas Peñalba López, 09400 Aranda de Duero. Die Weinfirma Torremilanos entstand 1903 bei Aranda. Dieser alte Name ist heute als Hauptmarke des Hauses noch in Gebrauch. Wenn man zu der Bodega will, muß man ein Industriegebiet durchqueren. Seit der Übernahme durch Pablo Peñalba López 1974 wurde renoviert und stark vergrößert – auch die Weinberge, die von ein paar Dutzend auf inzwischen 200 ha angewachsen sind. Dabei wurden auch kleinere Mengen Cabernet Sauvignon und Merlot angepflanzt. Der Wein (60 % rot, 40 % rosé) wird in Edelstahltanks vergoren; für den Ausbau stehen 4500 Fässer bereit, davon 500 aus französischer Eiche (in den letzten Jahren wurden viele neue angeschafft). In der Qualität stellen die Weine guten Durchschnitt dar. Sie verfügen nicht ganz über die nötige Tiefe und Konzentration der Spitzenreiter, trinken sich aber sehr angenehm. Am besten sind der Torremilanos Crianza (18 Monate im Faß, 6 in der Flasche; 80 % Tinta del País, 20 % Garnacha) und Reserva (2 Jahre im Faß, 1 Jahr in der Flasche; 100 % Tinta del País). Ab und zu wird eine Gran Reserva (2 Jahre im Faß, 3 in der Flasche; 100 % Tinta del País) herausgebracht. Der einfache Torremilanos besteht aus 60 % Tinta del País und 40 % Garnacha, und aus denselben Trauben wird auch der recht lebendige, zart fruchtige *rosado* gemacht. Weil ausländische Kunden «Torremilanos» oft mit «Torremolinos» verwechseln, werden auf manchen Märkten die Namen Peñalba, Vega Lara und Monte Castrilla benutzt.

Viña Buena, 09400 Aranda de Duero. Die 1984 gegründete Kellerei verarbeitet zugekaufte Trauben und das Lesegut von eigenen 40 ha, und zwar nur Tinta del País. Die Rot- und Roséweine werden unter der Marke Mío Cid vertrieben. Die Qualität ist korrekt, der Geschmack meist mild und anspruchslos. Die Crianza wird allgemein am besten beurteilt.

SAT Los Curros, 09314 Boada de Roa. Der Zweigbetrieb der gleichnamigen Firma in Rueda produziert recht feste, gute Rotweine mit tiefer Farbe und schöner Frucht. Der Rosé ist schmackhaft und erfrischend.

Bodegas Valduero, 09440 Gumiel del Mercado. Der dynamische Betrieb verfügt über 100 ha Rebfläche und hat 1991 einen ganz neuen Keller gebaut. Der Faßbestand – derzeit 2500 – soll in den kommenden Jahren stark vergrößert werden. Der jung trinkreife rote Viña Valduero und die gleichnamige Crianza sind sehr ansprechende Beispiele ihrer Art. Auch der Valduero 1985 Reserva hat deutliche Vorzüge. Der El Buen Conde Gran Reserva wirkt etwas rustikal.

Bodegas Victor Balbás, 09442 La Horra. Seit dem Jahrgang 1988 verfügt die Bodega über moderne Weinbereitungsanlagen und einen unterirdischen Faßkeller. Die Trauben stammen von eigenen 50 ha und von anderen Winzern. In den meisten Weinen wird nur Tinta del País verarbeitet, lediglich die Reserva enthält etwas Cabernet Sauvignon. Die Qualität dieser schon vorher guten Weine hat sich seit 1988 weiter verbessert. Das gilt für den fruchtigen jungen Ardal (ein Teil der Trauben für diesen Rotwein wird nach der Beaujolais-Technik verarbeitet) ebenso wie für die Crianza Balbás (in Fässern aus amerikanischer und französischer Eiche gereift) und den erfrischenden Rosé. Seit 1984 steht das Haus unter der energischen Leitung von Juan José Balbás, dessen Familie schon seit 1777 in La Horra Weinbau treibt.

Bodegas Señorío de Nava, 09318 Nava de Roa. Seit 1986 hat die große Weinfirma VILE aus León viele Millionen Pesetas in die Bodegas Señorío de Nava investiert, so daß diese nun über hochmoderne Ausrüstungen verfügen. Auf den firmeneigenen 40 ha stehen Cabernet Sauvignon und Merlot neben einheimischen Rebsorten. Der frische Señorío de Nava Rosado (70 % Tinta del País und 30 % Garnacha) hat viel Frucht und gehört zu den besten in Ribera del Duero. Der junge Rotwein ist sortenreiner Tinta del País mit saftigem, mildem Geschmack; er reift ein Jahr in Fässern aus amerikanischer Eiche und erlangt dabei schöne Eleganz mit Holz- und Vanilletönen und reifer Frucht. Die Reserva hat weit größere Dimensionen; der erste Jahrgang war der 86er. Wenn alle Investitionen getätigt sind, soll der Faßbestand 3000 Stück betragen, davon ein Teil aus französischer Eiche. Neben Señorío de Nava wird für dieselben Weine auch der Name Vega Cubillas benutzt.

Bodega Hermanos Pérez Pascuas, 09315 Pedrosa de Duero. Der Familienbetrieb, ein aufsteigender Stern am Firmament von Ribera del Duero, besteht seit 1980 und hat in 60 ha Weinberge und einen neuen Kellereikomplex viel investiert. Etwa 80 % des Traubenbedarfs liefert der eigene Besitz hoch oben in Pedrosa, der Rest wird zugekauft. Weitaus am meisten wird Tinta del País, in kleinen Mengen aber auch Cabernet Sauvignon, Merlot und Graciano verarbeitet. Der junge Rotwein hat viel Frucht und recht vollen Geschmack; für ihn wie für die anderen Weine wird der Name Viña Pedrosa benutzt, er wird aber auch an spanische Restaurants unter deren eigenen Etiketten geliefert (z. B. Mesón José María in Segovia). Die Crianza zeichnet sich durch reifen, saftigen Geschmack, elegante Festigkeit und einen Anflug von Holzaroma und dunkler Frucht aus. Die Reserva ist noch samtiger. Die drei Gebrüder Pérez planen den Ausbau der Produktion in drei Stufen auf 60 000 Kisten im Jahr.

Bodega Ribera Duero, 47300 Peñafiel. Die 1927 gegründete Genossenschaft ist die älteste in der Gegend. Sie befindet sich am Fuß der Burg, und ihre Keller sind 1200 m tief in den Fels getrieben. 230 Mitglieder kultivieren insgesamt etwa 225 ha. Die Weine sind außergewöhnlich zuverlässig. Der junge *vino tinto* schmeckt vollmundig und schön fruchtig; dieselben Qualitäten sind auch im milderen Ribera Duero Crianza unverkennbar, der in 6 bis 7 Monaten Faßreife darüber hinaus ein zartes Vanillearoma erlangt. Der Peñafiel Reserva (Faßreife 12 bis 18 Monate) hat meist etwas gehaltvollere Struktur, ist aber manchmal sogar leichter als die Crianza. Der Protos Gran Reserva ist stets vollreif und wuchtig und erlangt durch 2 Jahre Faßlagerung eine kräftige Dosis Holz- und Vanillearoma.

Alejandro Fernández, 47315 Pesquera de Duero. Wenn man von Osten her nach Pesquera de Duero kommt, sieht man ein einfaches Tor, das den Eingang zu diesem weltberühmten Weingut bildet. Nach bescheidenen Anfängen 1972 baute Alejandro seine Bodega dergestalt aus, daß sie heute mehrere Hallen und einen unterirdischen Flaschenkeller umfaßt. Anfänglich bestritt er die Kosten mit Geld aus dem Verkauf seiner landwirtschaftlichen Maschinen. In den 80er Jahren erlangte sein Wein dann einen so exzellenten Ruf, daß er seither sehr hohe Preise erzielt. Alejandro nutzte in der Bodega seine technische Sachkenntnis, denn er baute alles selbst. Er erfand sogar eine Einrichtung, mit der sich gebrauchte Fässer so gut reinigen lassen, daß sie fast dieselbe Wirkung auf den Wein haben wie neue Fässer. Einige Weingüter in Bordeaux haben diese Einrichtung gekauft. Alejandros 65 ha Weinberge, die 9/10 des Traubenbedarfs decken, sind fast ausschließlich mit Tinta del País besetzt; auf Garnacha und Albillo entfallen nur etwa 2 %.

Bis 1982 ging hier alles noch in althergebrachter Weise vor sich. Die Trauben wurden nicht entrappt, und die Gärzeit betrug 4 Wochen. So entstanden sehr gute, doch recht rustikale Weine mit viel Tannin, aber wenig Frucht. 1982 beschloß Alejandro eine Änderung und bereitete den Janus Gran Reserva halb von entrappten, halb von nicht entrappten Trauben. Neben diesem schön ausgereiften, klassischen Wein entstand eine 1982er Crianza nur von entrappten Trauben, die später auch noch als Reserva und Gran Reserva verkauft wurde. Zusammen mit dem noch besseren Jahrgang 1983 wurde der Pesquera im neuen Stil begeistert aufgenommen. Selbst die strengsten Kritiker zollten ihm höchstes Lob. Auch die darauffolgenden Jahrgänge fanden beste Anerkennung. Ein typischer Tinto Pesquera ist dunkel und hat intensiven, reichhaltigen Geschmack mit viel Beerenfrucht, zartem Vanillearoma, kräftigem, lebendigem Charakter und minutenlang anhaltendem Abgang. Selbst der 1987er, ein eher dünner Jahrgang, war eine Köstlichkeit. Diese eindrucksvolle Qualität beruht einerseits auf besten Weinberglagen, in denen die Trauben früh reifen, und anderseits auf sorgfältiger Bereitung und Pflege. Meist bleiben die Traubenschalen 8 bis 15 Tage in dem bei ziemlich niedriger Temperatur gärenden Most. Der Ausbau findet vorwiegend in gebrauchten, aber gründlich gereinigten Fässern statt. Alejandro und sein begabter Önologe Teófilo Reyes ziehen die neutralere amerikanische Eiche der ausdrucksstärkeren französischen vor, was sich im Faßbestand von 90 % amerikanischer und 10 % französischer Eiche widerspiegelt. Die Crianzas reifen meist 14 Monate, die Reservas 2 Jahre. Allerdings ist die Reifezeit je nach Jahrgang verschieden, denn Alejandro arbeitet gern nach Maß. Eine zweite Bodega ist im Bau – in Roa de Duero, wo 100 ha Weinberge neu angelegt wurden. Von diesem neuen Weingut sagt Alejandro, es werde das schönste in ganz Ribera del Duero, so schön wie ein Château in Bordeaux. Wer würde daran zweifeln?

Bodegas Federico Fernández Pérez, 47315 Pesquera de Duero. Ein Bruder von Alejandro Fernández produziert ebenfalls sehr guten Wein, der sich durch tiefrote Farbe und gehaltvollen Geschmack mit mehr Holz- und Vanillearoma als Frucht auszeichnet.

Bodegas Ismael Arroyo, 09441 Sotillo de la Ribera. 1979 beschlossen Ismael Arroyo und seine Söhne Ramón und Miguel, eine eigene Bodega zu gründen. Sie bauten eine Halle mit Edelstahltanks und schafften 500 Fässer an, die in einem jahrhundertealten, in den Felsen getriebenen Keller untergebracht wurden. Die Trauben werden zum größten Teil zugekauft, weil die familieneigenen 10 ha den Bedarf nicht decken. Die Weine sind weder zu schwer noch zu leicht; im Mesoneros de Castilla Crianza und Reserva herrscht schönes Gleichgewicht zwischen Holzaroma und Frucht. Der Tinto Joven ohne Faßreife ist ebenfalls gefällig.

Bodegas Mauro, 47320 Tudela de Duero. Da Tudela etwas außerhalb der DO-Grenze liegt, kann der hiesige Wein nicht als Ribera del Duero verkauft werden. Das hinderte Luciano Suárez nicht daran, hier eine kleine, ganz auf Qualität ausgerichtete Weinfirma zu gründen. Die Bodega ist in einem Gebäude aus dem 17. Jh. untergebracht und verfügt über 10 ha Weinberge. Außerdem wird Lesegut zugekauft. Nach einer Reifezeit von 3 Jahren (z. T. in neuen französischen Eichenfässern) wird der rote Mauro (85 % Tinta de País, 10 % Garnacha und 5 % Albillo) als *vino de mesa* verkauft. In Duft und Geschmack vermittelt er milde, reife Frucht, einen Anflug von Gewürz und Vanille sowie dunklere Töne, die an Kaffee erinnern. Von 500 Kisten im Jahr 1978 ist die Produktion auf 4500 gestiegen.

Vega Sicilia, 47359 Valbuena de Duero. Über ein Jahrhundert lang strahlte der Stern von Vega Sicilia allein im Duero-Tal. Das 1846 gegründete Weingut war einsamer Weltklasseprofi inmitten von berühmten Amateuren. Nach 1970 begannen hier auch andere Erzeuger guten, ja sogar sehr guten Wein zu produzieren, was aber dem einzigartigen Ruf von Vega Sicilia keinen Abbruch tat. Zu verdanken ist diese Reputation vor allem den Besitzern, die weder Geld noch Mühe sparten, um das Gut auf hohem Qualitätsstand zu halten oder diesen gar noch zu verbessern. Von 1965 bis 1982 befand es sich in der Hand von Hans Neumann, einem Venezolaner tschechischer Herkunft, und seit 1982 gehört es dem spanischen Unternehmer David Alvarez Diaz, dessen Sohn Pablo es heute leitet. In den 80er Jahren wurde die Kellerkapazität verdoppelt, und es wurden Edelstahltanks, Druckluftpressen und neue Fässer angeschafft. Ein graues, einem Château ähnliches Haus neben dem niedrigen Backsteinkomplex der Kellerei wurde für einige Millionen Pesetas renoviert.

Panoramablick über die weite Ebene und die Tafelberge von Ribera del Duero, wo die Weinrebe nur eine von vielen Nutzpflanzen ist.

Gegenüber der Bodega befindet sich an einem rebenbewachsenen Hang ein Keller mit einem Teil des Bestands von insgesamt 6000 *barricas* (70 % amerikanische, 30 % französische Eiche). Die Fässer werden in der gutseigenen Küferwerkstatt gebaut und gepflegt. Der Gutsbesitz umfaßt 1000 ha, davon 130 ha Rebfläche. 60 bis 65 % des Rebbestands entfallen auf Tinto del País; es folgen weitere einheimische sowie französische Rebsorten. Cabernet Sauvignon (20 %), Malbec und Merlot (je 5 %) stehen hier schon seit der Gründung des Weinguts, als Eloy Lecanda sie aus Bordeaux bringen ließ. Lange Zeit wuchsen sie zwischen anderen Sorten, nach und nach wurden sie jedoch an separaten Stellen neu angepflanzt. Bis gegen Ende der 1960er Jahre war die Produktion von Vega Sicilia mit 40 000 Flaschen im Jahr so bescheiden, daß die Weine außerhalb Spaniens kaum je anzutreffen waren. Heute sind es jährlich 250 000 Flaschen, und bald sollen es 300 000 sein; aber immer noch ist die Nachfrage weit höher als das Angebot, daher auch die z. T. sehr hohen Preise. Nach der Lese (von Hand) und dem Vergären wird eine Qualitätsauswahl getroffen. Der einfachste Wein ist der Tinto Valbuena 3.o, der etwa 18 Monate im Faß verbringt und im 3. Jahr nach der Lese zum Verkauf gelangt. Als nächster kommt der Valbuena 5.o und schließlich der Unico – das Flaggschiff der Bodega –, der stets etwa 20 % Cabernet Sauvignon enthält und meist 10 Jahre reift, zuerst in großen, dann in immer kleineren Fässern und schließlich noch in der Flasche. Alle Vega-Sicilia-Weine haben eine recht verhaltene Persönlichkeit. Sie zeichnen sich weder durch übersprudelnde Frucht noch durch große Aufgeschlossenheit, sondern vielmehr durch einen vornehmen, festgegründeten Geschmack mit fast immer einer gewissen Würze, einem Anflug von etwas rauchigem Holz, kompakter Beerenfrucht und anhaltendem komplexem, eine Spur Toast aufweisendem Nachgeschmack aus. Die Farbe ist immer dunkel und tief. Der Unico zeigt die größte Tiefe und die längste Lebensdauer, aber auch die beiden Valbuena-Weine sind exzellent mit ihrer etwas gelösteren, offeneren Struktur, auch sind sie abgerundeter und haben mehr Frucht. Alle diese Weine wollen mit größter Aufmerksamkeit gekostet werden, denn nur dann geben sie ihre manchmal subtilen Nuancen preis.

In dieser Kellerei entstehen die legendären Vega-Sicilia-Weine.

Reise-Informationen

HOTELS UND RESTAURANTS

Casa Florencio, Arias de Miranda 14, 09400 Aranda de Duero, Tel. (47) 500230. Berühmt für *asados* (Braten), insbesondere Lamm.
Casa Rafael Corrales, Obispo Velasco 2, 09400 Aranda de Duero, Tel. (47) 500277. Spanferkel und Lammbraten. Der Käse der Gegend ist sehr zu empfehlen.
Mesón de la Villa, Plaza Mayor 3, 09400 Aranda de Duero, Tel. (47) 501025. Restaurant mit schöner Atmosphäre. Neben traditioneller Küche ist auch Ausgefalleneres zu haben.
Asador Mauro, 47300 Peñafiel, Tel. (83) 880816. Einfaches Speiselokal; perfekter Lammbraten direkt aus dem Ofen. Überraschend gute Weine zu attraktiven Preisen (Pesquera, Vega Sicilia u. a.).
El Chuleta, 09300 Roa, Tel. (47) 540312. Sehr zu empfehlen für Fleisch- und Fischgerichte, besonders *besugo* (Meerbrassen).
Hostal Sardón, 47240 Sardón de Duero, Tel. (83) 680307. Gasthaus mit einfachen Hotelzimmern. Kastilische Küche, gut und preiswert.
Parador, 47100 Tordesilla: s. Rueda.
Mesón La Fragua, Paseo de Zorilla 10, 47006 Valladolid, Tel. (83) 338785. Balkendecke, Fliesenboden, Ledersessel, Rinderfelle: In dieser maskulinen Atmosphäre gibt es Spanferkel, Lammbraten und andere kastilische Gerichte sowie frischen Fisch.
Mesón Panero, Marina Escobar 1, 47001 Valladolid, Tel. (83) 301673. Heiteres, vielbesuchtes Lokal mit regionaler, aber auch internationaler Küche.
Hotel Mozart, Menédez Pelayo 7, 47001 Valladolid, Tel. (83) 297777. Sehr komfortables Hotel in der Altstadt. Es wurde vor einigen Jahren vollständig renoviert.
Olid Meliá, Plaza de San Miguel 10, 47003 Valladolid, Tel. (83) 357200. Modern wirkendes, komfortables, aber recht lärmiges Hotel nicht weit von der Plaza Mayor.

SEHENSWERTES

Aranda de Duero (28 000 Einwohner). An der Stadtgrenze grüßt ein Schild *Tierra de vino y cordero* (Land des Weins und des Lamms). Neben diesen kulinarischen Genüssen bietet die Stadt auch manche Augenweide, so die Kirchen Santa María (15. Jh., gotisch) und San Juan Bautista (13. Jh., romanisch).
Clunia. In der Nähe findet man die Reste einer Römerstadt mit Theater und genießt eine phantastische Aussicht.
Fuentecén. Bemerkenswerter zinnenbewehrter Kirchturm mit einer Statue.
Peñafiel. Die kleine Stadt wird von der Burg beherrscht, die wie ein Schiff auf hoher Woge daherzusegeln scheint. Der Bau aus dem 10. bis 14. Jh. ist gut erhalten. Ne-

ben einer Reihe von Kirchen, u. a. San Pablo im Mudéjar-Stil (14. Jh.) hat Peñafiel seine Plaza del Coso aufzuweisen. Dieser weite, typisch kastilische Sandplatz ist von alten Häusern umgeben. Ursprünglich wurde er für Stierkämpfe angelegt.

Peñaranda de Duero. Im Zentrum befindet sich außer der Plaza Mayor der im Renaissance-Stil erbaute Miranda-Palast aus dem 16. Jh. Er ist für Besucher geöffnet.

Roa de Duero. Seit Alejandro Fernández hier sein zweites Weingut eingerichtet hat, ist Roa so etwas wie die inoffizielle Weinhauptstadt von Ribera del Duero geworden. Viele der 2500 Einwohner sind Winzer und Mitglieder der hiesigen Genossenschaft. Die Kirche Santa María aus dem 16. Jh. steht an der Plaza Mayor.

Sardón de Duero. Von der N122 aus ist die Abtei Santa María de Retuarta schon aus einiger Entfernung zu sehen. Sie stammt aus dem 12. Jh., wurde aber später umgebaut und erweitert. Das Innere kann nicht besichtigt werden.

Sotillo de la Ribera. Typischer kleiner Weinort. Sehenswert die vielen in den Berg San Jorge getriebenen Weinkeller. Die größte Bodega des Orts, Ismael Arroyo, besitzt einen solchen mit 1200 m² Fläche. Viele schöne Landschaften auf der Fahrt zwischen Sotillo und La Horra.

Valbuena de Duero. Hier befinden sich eine bemerkenswerte Zisterzienser-Abtei aus dem 13. Jh. sowie eine Kirche und eine Kapelle mit Fresken. Das berühmte Weingut Vega Sicilia liegt auf dem Südufer des Duero zwischen der N122 und dem Fluß. Man sieht hier viele Aufsichtskräfte, nicht nur, weil im Anwesen 900 000 Flaschen teurer Wein lagern, sondern weil den Besitzern die Wach- und Schließgesellschaft gehört.

Valladolid. Die stetig wachsende Stadt mit 340 000 Einwohnern hat eine reiche Geschichte. Oft war sie Residenz der Grafen und später der Könige von Kastilien; manche Königshochzeit fand hier statt, und Philipp II. und Heinrich IV. wurden hier geboren. Mehr als einmal war Valladolid die Hauptstadt Spaniens. Viele Baudenkmäler zeugen von der glanzvollen Vergangenheit, u. a. die Kathedrale (15.–19. Jh.) mit einer Cervantes-Statue davor, die Kirche San Pablo mit ihrer schönen gotischen Fassade (15. Jh.) und das reichverzierte Colegio de San Gregorio (gegründet im 15. Jh.), das die größte Skulpturensammlung Spaniens beherbergt. Das Haus, in dem Cervantes seinen Lebensabend verbrachte, ist für Besichtigungen geöffnet. Einen Besuch lohnt auch der Rosengarten am Paseo de la Católica. Valladolid ist außerdem Universitätsstadt und Bischofssitz.

WEINSTRASSE

Die in die Karte eingezeichnete Route erfaßt vor allem den westlichen Teil von Ribera del Duero, denn dort befinden sich die meisten bedeutenden Weinerzeuger und Weinbaugemeinden. Valladolid liegt zwar nicht im Weinbaubereich, doch die vielen Sehenswürdigkeiten machen einen Besuch der Stadt sehr empfehlenswert. Die Landschaft ist nördlich des Duero im allgemeinen schöner. Wunderschön ist die Fahrt von Pesquera ostwärts sowie die Strecke zwischen La Horra und Sotillo de Ribera. Südwestlich von Valladolid findet man Anschluß an die Weinstraße durch Rueda.

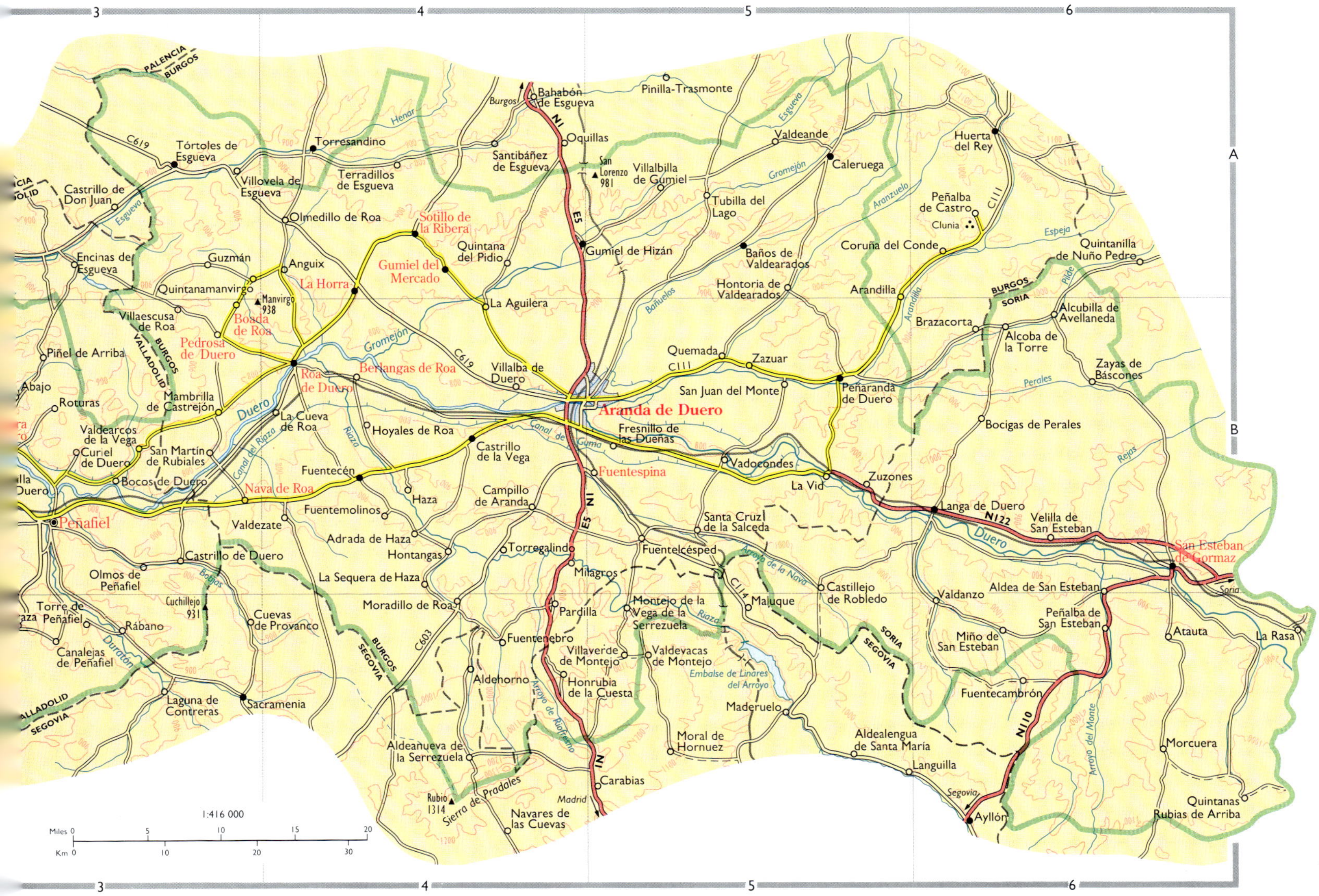

Rueda

Im 15. und 16. Jh. erlebte die Stadt Medina del Campo, 155 km nördlich von Madrid, eine Zeit höchster Blüte als Residenz der Könige von Spanien; Isabella die Katholische verbrachte hier ihre letzten Jahre. Die Anwesenheit des Hofs wirkte auf den Weinbau sehr anregend, und so gab es in der Stadt und deren Umgebung 500 Bodegas. Am Ende des 16. Jh. kamen Weine aus der Tierra de Medina auch am Hof Philipps II. in Valladolid auf die Tafel. Dieser Monarch erließ sogar ein Dekret gegen Panscherei bei seinen Lieblingsweinen. Auch als der Hof nach Madrid zog, behielten die Weine aus Medina ihre Bedeutung. Bis in die Mitte des 18. Jh. verfügte der Bereich über eine Rebfläche von 29 000 ha. Am Ende desselben Jahrhunderts gab Carlos IV. persönlich die Erlaubnis, Wein aus Rueda, einem Ort zwischen Medina und Tordesillas, nach London zu versenden. Seither hat der ganze Bereich und sein Wein den Namen Rueda angenommen, der schließlich 1980 auch offiziell als Denominación de Origen anerkannt wurde.

Hochflächen und niedere Hügel

Heute ist Rueda ein farbloses Straßendorf an der N6, die Madrid mit Galicien verbindet. Auf beiden Seiten befinden sich Bodegas, wo man Wein kosten und kaufen kann, im Ort selbst aber gibt es nur wenige Weinläden. Dem Vorüberfahrenden verborgen bleiben die vielen unterirdischen Stollen und Keller tief im Fels, wo früher Wein bereitet wurde. SAT Los Curros besitzt ein 20 m tiefes Kellergewölbe aus dem 14. Jh., das heute nur noch für Empfänge und Bankette benutzt wird.
Rings um Rueda erstreckt sich ein Patchwork aus Weingärten, Feldern und Äckern, ansonsten besteht die Landschaft aus ziemlich öden Hochflächen und niedrigen Hügeln. Die 5100 ha Weinberge liegen zumeist in 500 bis 750 m Höhe auf kalkhaltigen Sandböden, manche mit einem hohen Kiesanteil. In den Tälern des Zapardiel und anderer kleiner Flüsse kommt auch Lehm vor. Die Regenmenge beläuft sich auf 400 mm im Jahr, der größte Teil fällt innerhalb von 80 Tagen im Herbst. Den Rest des Jahres über ist es meist trocken – der Sommer heiß, der Winter streng. Fröste gibt es bis ins Frühjahr.

Verdejo – die Entdeckung

Nachdem die Reblaus die Gegend verwüstet hatte, erfolgte die Wiederanpflanzung vorwiegend mit Palomino, einer aus Jerez stammenden Traubensorte; sie erbringt, oft unter Mitwirkung von Florhefe, Sherry-ähnliche Weine. Häufig wurde auch ein gewisser Anteil Verdejo, eine einheimische Traubensorte, beigemischt. Die so produzierten *vinos generosos* aus Rueda waren kein großer Erfolg: In der Qualität kamen sie nicht an den Sherry heran, und ihre Beliebtheit blieb überwiegend auf die nähere Umgebung beschränkt. Höchstens als billige Faßweine waren sie abzusetzen. So kam Rueda (zu deutsch «Rad») zum Stillstand.

Daß es wieder in Bewegung kam, verdankt es Francisco («Paco») Hurtado de Amézaga und dem Professor, dessen Lehren er an der Universität Bordeaux lauschte: Emile Peynaud. Pacos Familie leitete die Bodega Marqués de Riscal in Rioja und wollte Weißwein in das Programm aufnehmen, die einheimische Viura-Traube aber hatte dafür zu wenig Charakter. Deshalb gingen Paco und Peynaud auf die Suche nach brauchbaren Traubensorten: in Penedès, Galicien, La Mancha, schließlich auch in Rueda – und dort entdeckten sie den Verdejo, der nach Peynauds Meinung großes Qualitätspotential besaß. Der trockene Wein erinnerte ihn an Sauvignon Blanc aus dem Bordeaux-Bereich Graves.

Ein neuer Weinstil

Nach der Verarbeitung von gekauftem Most im Jahr 1971 beschloß die Firma Marqués de Riscal den Bau einer eigenen, modernen Bodega bei dem Dorf Rueda. Sie war als erste in der Gegend mit Edelstahltanks ausgestattet, in denen der Wein bei niedriger Temperatur vergoren werden konnte. Paco bezahlte den Winzern für Verdejo-Trauben beträchtlich höhere Preise und legte auch selbst einen Weinberg an. Der neue Weinstil von Rueda wurde in aller Welt begeistert aufgenommen; heute sind nicht nur die USA, sondern auch Frankreich bedeutende Abnehmer. Mit Stolz ließ die Bodega sogar wissen, daß der französische Importeur den ganzen Jahrgang 1990 aufkaufen wolle. Dem Beispiel des Hauses folgten bald die anderen 16 Erzeuger im Bereich, so daß die Anpflanzungen von Verdejo stark zugenommen haben. Inzwischen muß ein Weinberg zur Hälfte mit Verdejo besetzt sein, ehe ein Winzer die Genehmigung erhält, auch andere Rebsorten anzusetzen, z. B. Viura (Macabeo), die dritte weiße Traube von Rueda.

Rueda und Rueda Superior

Auch die Bezeichnungen der Weintypen beruhen auf dem Anteil an Verdejo. Einfacher Rueda muß mindestens 25 %, Rueda Superior mindestens 60 % dieser Traube enthalten; erscheint gar der Name Verdejo auf dem Etikett, dann beträgt der Mindestanteil 85 %. Manche führende Erzeuger produzieren auch sortenreinen Verdejo – ein vorzügliches Beispiel ist der Martínsancho von Angel Rodríguez Vidal. Gute Verdejo-Weine zeichnen sich durch gehaltvollen Geschmack mit viel natürlichem Glyzerin, eine Spur Anis, bescheidene Frucht und unverkennbare Finesse aus. Zweifellos gehören sie zum Besten, was Spanien zu bieten hat.

Experimente

Obwohl dieses Grundmaterial an sich schon hervorragend ist, wird doch versucht, den Weinen der Verdejo-Traube eine weitere Dimension zu verleihen, sie noch komplexer zu machen. Experimente in der Bodega Marqués de Riscal haben zur Entwicklung einer Reserva Limousin geführt – das ist ein in neuen oder fast neuen französischen Eichenfässern gereifter Rueda. Bei Castilla la Vieja, wo der weiße Marqués de Griñon entsteht, wurde reiner Verdejo in neuen Fässern vergoren und dann 5 Monate lang darin gelagert. Dabei wurden die Traubenschalen im Most eingemaischt, so daß kräftigere Duft- und Geschmackselemente in den Wein kamen. Eine besondere Herausforderung ist es, den Wein möglichst lange frisch zu halten. Die hiesige Weinbau-Forschungsstation hat dazu Versuche mit «Hyper-Oxidation» gemacht. Der Wein wird unter Mitwirkung von reichlich Sauerstoff gründlich geklärt und durch Oxidation geschützt. Die Ergebnisse dieses Experiments sind sehr ermutigend. In Anbetracht dieser Entwicklungen darf man damit rechnen, daß die Weine aus Rueda künftig noch an Tiefe und Qualität gewinnen.

Sauvignon – der Aufstieg

Noch ein zweiter Weißwein ist auf dem Weg nach oben: Er beruht auf Sauvignon Blanc. Auch bei ihm kam der Anstoß von der Bodega Marqués de Riscal. Die Sauvignon-Traube scheint hier gut zu gedeihen und erbringt fruchtige, ansprechende, festgefügte Weine mit zarter Frische. Das sonst übliche, leicht vegetabil-blumige Aroma mit einer Tendenz zu Stachelbeeren fehlt. Die Sauvignons aus Rueda haben eigene Persönlichkeit. Bei Marqués de Riscal ist man von dieser Sorte überzeugt und vermehrt deshalb die Anpflanzungen in den eigenen Weinbergen. Castilla la Vieja, Sanz, Los Curros, Lagar Noble und andere Bodegas bringen inzwischen ebenfalls Sauvignon-Weine hervor. Außerdem verfügt Marqués de Riscal auch über Parzellen mit Chardonnay sowie mit Pinot Gris, Riesling, Albariño und Treixadura – die beiden letzteren

Typische Landschaft in Rueda. Diese Felder erstrecken sich unmittelbar hinter der Bodega Marqués de Riscal.

Sorten stammen aus Galicien. Der starke Anbau von Verdejo und die Zunahme neuer Rebsorten bedeuten jedoch nicht, daß die traditionellen Trauben der Gegend verschwunden wären. Viura wird noch immer in großen Mengen angebaut; sie bildet die Grundlage für alle einfachen Rueda-Weine und ist in geringerem Maß auch am Rueda Superior beteiligt. Castilla la Vieja hat sogar Versuche unternommen, rein von Viura einen marktgängigen Wein mit viel Restsüße und Kohlensäure zu erzeugen. Marqués de Riscal bietet Viura-Wein z. T. unter einem Zweitetikett an.

Rotweine

Aber auch der Palomino ist noch da, obschon in viel kleinerem Umfang als früher. Die DO Rueda erstreckt sich auch auf *vinos generosos* (in denen mindestens 25 % Verdejo enthalten sein müssen). Der Pálido muß Flor entwickeln und mindestens vier Jahre, davon die drei letzten in Eichenfässern, reifen. Der Mindestalkoholgehalt ist auf 14 % festgesetzt (demnächst wahrscheinlich 15 %). Die Farbe ist meist blaßgolden, der Geschmack trocken – einem sehr einfachen Sherry nicht unähnlich. Brauner und durch stärkere Oxidation ausgereifter ist der Dorado; er ähnelt entfernt einem Amontillado aus Jerez. Der Mindestalkoholgehalt beträgt 15 %. Auch bei dieser Version sind vier Jahre Lagerung, die beiden letzten im Faß, vorgeschrieben. Der beim Dorado häufige *rancio*-Charakter wird dadurch erzielt, daß man den Wein in Korbflaschen in die Sonne stellt. Bislang hat sich Rueda allein mit Weißwein einen Namen gemacht. Der Consejo Regulador bemüht sich jedoch um die DO-Anerkennung von Rotweinen, die bereits von mehreren Erzeugern als *vinos de mesa* (Tafelweine) angeboten werden, und die Forschungsstation macht Versuche nicht nur mit Tempranillo, sondern auch mit Cabernet Sauvignon und Merlot. Natürlich ist Rotwein in Rueda nichts Neues, wurde er doch schon im 10. Jh. neben Weißwein erwähnt.

Oben: *Die weiße Verdejo-Traube ist die feinste in Rueda. Die Winzer müssen die Hälfte ihrer Weinberge mit ihr besetzt haben, bevor sie andere Sorten pflanzen dürfen.*
Links: *Auf diesem Platz im einst bedeutenden Weinort Medina del Campo wurde die erste bekannte Geldwechselbörse abgehalten.*

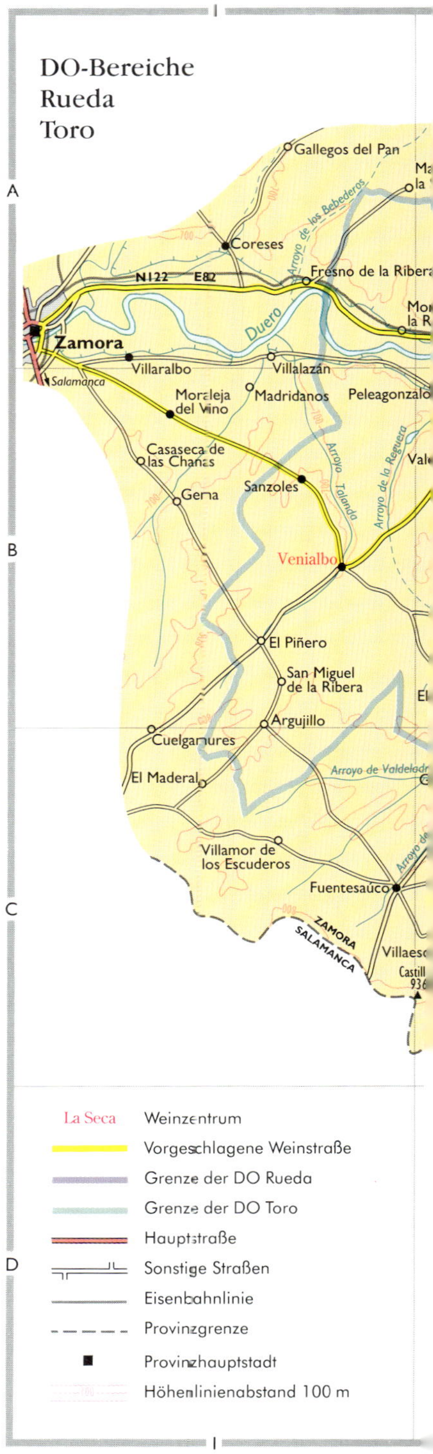

BEDEUTENDE ERZEUGER

Alvarez y Diez, 47500 Nava del Rey. Das Haus arbeitet mit traditionellen Methoden und produziert Wein nur von Lesegut aus eigenen 70 ha. Am wenigsten interessant aus dem Rueda-Programm sind der organische Mantel Nuevo (leicht Sherry-ähnlich) und der faßgereifte Mantel Blanco (Vanillearoma). Die *generosos* zeigen bessere Art, z. B. der 5jährige Mantel Pálido und der zart süße Dorado.

Angel Lorenzo Cachazo, 47220 Pozáldez. Der Rueda Superior Martinvillí aus der gut ausgerüsteten Bodega ist ein sortenreiner Verdejo und gehört mit seiner leicht blumigen und fruchtigen Art und seinem vornehmen Geschmack zu den besten aus dem Bereich. Der einfache Rueda Lorenzo Cachazo ist anständig in der Qualität. Den Traubenbedarf decken 20 ha Weinberge sowie zugekauftes Lesegut.

Bodegas de Crianza de Castilla la Vieja, 47490 Rueda. Die Bodega wurde 1976 von Antonio Sanz aus der 4. Generation einer Winzerfamilie gebaut. Sanz verfügt über 26 ha Weinberge, kauft aber noch Lesegut zu. Die Trauben von 50- bis 60jährigen Verdejo-Weinstöcken werden getrennt zum Marqués de Griñon verarbeitet, der sich durch Tiefe und Charakter auszeichnet. Castilla la Vieja produziert ferner einen Rueda Superior mit recht lebendigem, festem Geschmack; die Markennamen lauten Mirador (mit Etikett von José Peñin) und Castilla la Vieja. Ein gehaltvoller Castilla la Vieja Sauvignon, ein frischer, aber nicht übermäßig feiner Verdejo-Schaumwein Palacio de Bornos (Brut und Brut Nature) sowie verschiedene Rot- und Roséweine ohne DO-Status vervollständigen das Programm. Im Most für den Rueda Superior werden vor dem Vergären Traubenschalen eingemaischt, um kräftigen Duft und Geschmack im Wein zu erreichen. Auch werden Versuche mit Faßgärung gemacht.

SAT Los Curros, 47490 Rueda. Die Familie Gonzalez Vilera baute 2 km nördlich von Rueda eine neue Bodega an der Stelle einer alten mit 20 m tiefem Keller. Etwa ²/₃ der Produktion entfallen auf Rueda Superior. Die Spitze des Programms hält der Castical, ein sortenreiner, recht vollmundiger Verdejo. Der Terra Buena ist ein ordentlicher Rueda, doch die übrigen Weine enttäuschen gelegentlich. Ende 1989 wurde der Schaumwein Cantosan (100 % Verdejo) herausgebracht. Die Bodega hofft, um die Mitte der 90er Jahre über 50 ha Weinberge zu verfügen, gegenüber 6 ha im Jahr 1990.

Marqués de Riscal/Vinos Blancos de Castilla, 47490 Rueda. Das Rioja-Haus Marqués de Riscal hat in Rueda Pionierarbeit geleistet, nachdem es die großen Qualitäten der Verdejo-Traube erkannt und eine Bodega zu ihrer Verarbeitung gebaut hatte. Später brachte es auch Sauvignon nach Rueda und experimentiert mit anderen weißen Traubensorten, u. a. Chardonnay, weiter. Am besten sind hier der Rueda Superior (80 % Verdejo), ein angenehmer, vollmundiger Wein, und der komplexere Rueda Reserva Limousin, ein Sauvignon, der überhaupt nicht an Sauvignon erinnert. Er ist mild und fest und hat schöne Frucht (die eher nach Birnen schmeckt). Der Traubenbedarf wird von hauseigenen 60 ha und einer gleich großen Vertragsfläche gedeckt. Marqués de Riscal führte hier die kühle Gärtechnik in Edelstahltanks ein und verwendet ausgewählte Hefen. Im Keller liegen etwa 300 Fässer; eine Erweiterung des Bestands ist möglich. Ein preiswerter sortenreiner Verdejo-Wein wird unter der Marke Viña Calera angeboten.

Vinos Sanz, 47490 Rueda. Der Önologe Juan Carlos Ayala möchte in der Familienfirma südlich von Rueda künftig ³/₄ des Traubenbedarfs aus eigenem Lesegut decken. Deshalb wurde die Weinbergfläche von 50 auf 80 ha vergrößert; sie soll um die Mitte der 90er Jahre in Ertrag kommen. Der Rebbestand umfaßt 75 % Verdejo und 25 % Sauvignon. Moderne Einrichtungen, u. a. Edelstahltanks, sind vorhanden. Der Rueda Superior ist recht würzig, dabei leichter und frischer als andere seiner Art. Das hat seinen Grund darin, daß Vinos Sanz die Traubenlese früh, oft als erste Bodega in der Gegend, durchführt.

Vinos Vega de la Reina, 47490 Rueda. Die mittelgroße Bodega produziert zwar hauptsächlich Rot- und Roséweine ohne DO-Status, daneben aber auch einen anständi-

gen Rueda Superior Marke Vega de la Reina. Mit dem leichten Anisaroma gibt er sich als sortenreiner Verdejo zu erkennen.

Agricola Castellana, 47491 La Seca. Zusammen mit dem Haus Marqués de Riscal beherrscht diese Genossenschaft 3/4 der Produktion in Rueda. Die Mitglieder verfügen über rund 2000 ha. Der Cuatro Rayas ist ein etwas neutraler, aber durchaus annehmbarer Rueda Superior (100 % Verdejo). Außerdem werden größere Mengen an Pálido (Marke Campo Grande) und Dorado produziert.

Angel Rodríguez Vidal, 47491 La Seca. Das Haus füllt seit 1981 seinen sortenreinen Verdejo Martínsancho ab und verkauft ihn mit großem Erfolg bis nach Amerika. Er ist ein zart blumiger, fruchtiger Wein mit Tiefe, Nachhaltigkeit und viel Charme. Der Traubenbedarf wird weitgehend aus eigenen 15 ha in hohen Lagen gedeckt.

Bodegas Los Curros, 47494 Fuente el Sol. Der auf Qualität ausgerichtete Familienbetrieb verfügt über 50 ha Weinbergbesitz (80 % Verdejo). Der sortenreine Verdejo Castical ist saftig, frisch und sauber.

Olmedo. Ein alter Spruch besagt, die ummauerte Stadt habe sieben Klöster, sieben Kirchen, sieben Plätze, sieben Brunnen, sieben Tore, sieben große Häuser und sieben Dörfer ringsherum. Die schönste Kirche ist San Miguel (13. Jh.). Berühmtheit erlangte die Stadt durch Lope de Vegas Stück «El Caballero de Olmedo».
Pozaldéz. Der Ort hat zwei schöne Kirchen, San Boal und Santa María.
Rueda. Neben Wein- und Souvenirläden steht in der Hauptstraße die Barockkirche Santa María, deren Fassade von zwei Rundtürmen flankiert ist; im Inneren sind Goldschmiedearbeiten zu sehen. Etwas weiter südlich befindet sich ein ansehnliches Gebäude, in dem die Estación Enológica de Castilla y León untergebracht ist. Seit 1990 feiert Rueda im September ein Weinlesefest.
La Seca. Außer Wein kann der Ort zwei Kirchen bieten, San Francisco (Barock) und die Pfarrkirche (Renaissance).
Tordesillas. In dieser kleinen Stadt am Duero teilten Portugal und Spanien die noch zu entdeckenden neuen Weltteile unter sich auf. Hoch über dem Fluß erhebt sich der im Mudéjar-Stil erbaute Konvent Santa Clara. Bei einer Führung kann der Besucher die vielen Kunstschätze und den reichverzierten Innenhof besichtigen. Johanna die Wahnsinnige, die Tochter von Isabella der Katholischen, zog sich nach dem Tod ihres Gemahls, Philipps des Schönen, 1506 in dieses Kloster zurück. Sie lebte 44 Jahre in Trauer und überließ die Staatsgeschäfte ihrem Vater Ferdinand und dann ihrem Sohn Carlos I. (dem späteren Kaiser Karl V.). Nicht weit von dem Konvent befindet sich die Kirche San Antolín, die heute als Museum für Skulpturen und andere Kunstschätze dient. Die Plaza Mayor ist ein typischer kastilischer Platz.

WEINSTRASSE

Die vorgeschlagene Route erfaßt einen großen Teil des Weinbaubereichs. Sie verläuft nicht nur über die bedeutenderen Weinorte (Nava del Rey, Rueda, La Seca), sondern berührt auch die interessantesten historischen Stätten im Bereich und unmittelbar außerhalb seiner Grenzen. Nach Westen hin läßt sich die Route um einen Abstecher nach Toro erweitern, während Ribera del Duero im Nordosten liegt.

Reise-Informationen

HOTELS UND RESTAURANTS

La Pinilla, 05200 Arévalo, Tel. (18) 300063. Lammbraten und Spanferkel sind die Spezialitäten dieses Lokals.
El Buen Yantar, 47009 Fuente el Sol, Tel. (83) 824212. Regionale Gerichte wie *sopa de ajo* (Knoblauchsuppe) und gegrillte Lammkoteletts. Das Lamm aus dieser Gegend ist berühmt.
Mónaco, 47400 Medina del Campo, Tel. (83) 801020. Restaurant an der Plaza Mayor, in der ersten Etage über einem Arkadengang. Gut gewählte Einrichtung und Küche. Frischer Fisch wird praktisch jeden Tag aus La Coruña angeliefert. Empfehlenswerte Vorspeise: *croquetas de merluza* (Hecht).
Parador, 47100 Tordesillas, Tel. (83) 770051. Der zweigeschossige *parador* unter Pinien wurde 1958 eröffnet. Er befindet sich etwas außerhalb der Stadt an der N620. Die Zimmer sind komfortabel, und im Speisesaal werden regionale Gerichte wie *conejo* (Kaninchen) *al vino de Rueda*, *sopa de ajo* und *perdiz de la region escabechada* (kaltes mariniertes Rebhuhn) angeboten. Guter Ausgangspunkt für Fahrten durch Rueda, aber auch durch Toro, Ribera del Duero und Cigales.
El Torreón, 47100 Tordesillas, Tel. (83) 770123. Exzellente Braten. Empfehlenswert als Dessert: *tarta de Juana la Loca* oder *dulce de leche*.

SEHENSWERTES

Arévalo. Die alte Stadt außerhalb des Weinbaubereichs liegt am Zusammenfluß von Arevalillo und Adaja, über die sich eine Brücke im Mudéjar-Stil spannt. Auch die an ihren zwei imposanten Türmen erkennbare Kirche San Martín ist in diesem Stil erbaut. Ebenfalls sehenswert ist die Kirche La Lugareja, ein reiner Mudéjar-Bau aus dem 13. Jh. Arévalo besitzt ferner fünf *palacios*, zwei davon an der Plaza Mayor, sowie schöne Portale und Eingänge um die Plaza Real. Die kleine Burg wurde im 14. Jh. erbaut. Das Interieur des Glockenturms stammt aus dem 16. Jh.
Coca. Eine der schönsten spanischen Zitadellen, vor 500 Jahren im gotischen Mudéjar-Stil aus Backstein erbaut, steht auf einem Berg.
Madrigal de las Altas Torres. In der Stadt mit Mauern aus dem 13. Jh. befindet sich der Konvent der Madres Agustinas de Nuestra Señora de Gracia, wo Isabella die Katholische geboren wurde. San Nicolás de Bari ist eine interessante Mudéjar-Kirche aus dem 12. Jh.
Medina del Campo. Seit dem 16. Jh. sind hier alle Geschäfte donnerstags geschlossen und sonntags geöffnet, denn dann ist auch Markttag. In der ehemaligen Königsresidenz wurde auch die erste Geldwechselbörse abgehalten. Im 15. und 16. Jh. gehörten die Märkte (z. B. für Wolle) und die alljährliche Messe zu den bedeutendsten Europas. Isabella die Katholische verbrachte hier ihre letzten Jahre und starb 1504 in einem Haus an der Plaza de España, wo auch die Kollegienkirche San Antolín aus dem 16. Jh. steht; an ihrem Turm werden die Stunden von einer Männer- und einer Frauenfigur geschlagen. Die eindrucksvolle Burg Mota, in der Isabella die Katholische hofhielt, liegt auf einem Berg über der Stadt.
Nava del Rey. Ein Weinort mit vielen unterirdischen Kellern. Die meisten gehören der Weinfirma Alvarez y Diez. Die Kirche Los Santos Juanes läßt mehrere Baustile erkennen und hat eine prachtvolle Sakristei.

Toro

Die vielen Pilger, die einst nordwärts nach Santiago de Compostela zogen, tranken unterwegs große Mengen Rotwein aus Toro, einer Stadt auf halber Strecke zwischen Tordesillas und Zamora. Dieser Wein war nicht nur seiner Farbe und Stärke wegen geschätzt, sondern man sprach ihm auch Heilkräfte zu. Um die nötigen Vorräte sicherzustellen, kauften Mönchsorden im 13. Jh. Land um Toro; manchmal wurde es ihnen auch gestiftet, so im Jahr 1208, als König Alfonso IX. von León der Kathedrale von Santiago de Compostela viele Weinberge schenkte. Lobende Erwähnung finden die Weine von Toro auch im 14. Jh. im «Libro de Buen Amor» und an anderen Stellen. Wie es heißt, hat Kolumbus diesen Wein nicht nur gelobt, sondern auch davon bestellt. Ob er aber wirklich einige Fässer mit auf seine Entdeckungsreise genommen hat, ist nicht sicher. Sein Schiff «Pinta», von dem aus am 12. Oktober 1492 erstmals Land gesichtet wurde, soll seinen Namen deshalb erhalten haben, weil der aus Toro gebürtige Höfling Diego de Deza ihn Isabella der Katholischen vorgeschlagen hatte (*pinta* war früher ein Maß für Flüssigkeiten).

Verheerung durch die Reblaus

Im 16., 17. und 18. Jh. blieb Toro ein bedeutendes Weinbauzentrum. Jährlich wurden hier zwischen 15 000 und 30 000 hl erzeugt. Nachdem jedoch die Weinberge von Toro von der Reblaus verwüstet worden waren, ging der Weinbau stark zurück und erholte sich erst in der Mitte der 1980er Jahre wieder – die Denominación de Origen Toro wurde 1987 geschaffen. Gegenwärtig verfügt die Gegend über 6100 ha, von denen 3200 ha Wein erbringen, der als Toro bezeichnet werden darf. Die Jahresproduktion schwankt um 25 000 hl. Der Consejo Regulador nimmt an, daß Rebfläche und Produktion sich vorerst wenig verändern werden.

Zwei Teilbereiche

Der Weinbaubereich von Toro liegt in einer Höhe von 620 bis 750 m auf meist ebenem, eintönigem Gelände. Weingärten wechseln ab mit Gemüse- und Getreidefeldern, die manchmal von Pappeln oder anderen Bäumen gesäumt sind. Hier und dort weidet eine Schafherde. Man empfindet es wie eine Erlösung, wenn man dann vom Turm der Kollegiatkirche in Toro aus eine abwechslungsreichere Aussicht auf das Duero-Tal geboten bekommt.

Für den Weinbau werden hier zwei Teilbereiche unterschieden. Der erste, um Toro, umfaßt etwa 1700 ha und hat einen relativ hohen Anteil an Kies im kargen Boden, der lediglich Erträge von 2500 bis 3000 kg pro ha gestattet. Einige Kilometer weiter östlich liegt der Teilbereich Morales de Toro. Dort besteht der Boden aus feinem Sand mit etwas Lehm, und die Erträge sind etwa doppelt so hoch: 5000 kg pro ha. Einheimische Experten meinen jedoch, daß diese erheblichen Ertragsunterschiede kaum Einfluß auf die Qualität der Weine haben. Sowohl Toro als auch Morales de Toro fallen wie die meisten Weinbaugemeinden der Gegend in die Provinz Zamora; nur 3 der 15 Orte gehören in die Provinz Valladolid. Einer davon, San Román de Hornija, darf sowohl die Bezeichnung Toro als auch Rueda benutzen.

Eine Verwandte des Tempranillo

Die vielen kleinen Winzer von Toro – die durchschnittliche Besitzgröße beträgt 0,8 ha – müssen unter ungünstigen Witterungsbedingungen arbeiten. Regen gibt es gewöhnlich nicht einmal an 60 Tagen im Jahr; die Niederschlagsmenge beträgt 350–500 mm. Im Sommer ist es trocken und heiß – bis 40 °C –, und die Winter sind hart. Fröste können von Ende Oktober bis Anfang Mai vorkommen. In diesem Klima wird nunmehr seit Jahrhunderten die Tinta de Toro angebaut. Sie ist eine enge Verwandte des Tempranillo. «Wenn nicht seine Schwester, dann doch eine Kusine ersten Grades», erklärte ein Winzer. Der Wein der Tinta de Toro ist anders als das, was die Tempranillo-Familie an anderen Stellen Spaniens, beispielsweise in Ribera del Duero und Rioja, zuwege bringt. Der rote Toro, der mindestens 75 % Tinta de Toro enthalten muß, ist ein Wein mit tiefer Farbe und so viel Kraft und Substanz, daß es schwierig war, ihn den EG-Regeln anzupassen.

Frühere Lese

Die Stärke des Toro ist sprichwörtlich. So heißt es: *Tomando vino de Toro, más que comer devoro* (Wer Toro-Wein trinkt, nimmt mehr zu sich, als wenn er essen würde). Nicht umsonst hat der Consejo Regulador den Alkoholgehalt für den roten Toro auf 12,5 bzw. maximal 15 % festgesetzt. Aber selbst das bedeutet eine Einschränkung, denn in dieser Gegend kommen 16 und 17 % ganz natürlich zustande. Beim Consejo Regulador herrscht aber die Überzeugung, daß schwere Weine sich heutzutage schlechter verkaufen als leichtere. Daher wurden in Zusammenarbeit mit der Weinbau-Forschungsstation in Rueda Richtlinien für alkoholschwächere Weine ausgearbeitet. Der konkreteste Ratschlag lautet auf frühere Lese.

Traditionsverhaftete Winzer beginnen die Lese erst nach dem 10. Oktober, doch der Consejo meint, ein früherer Lesebeginn erbringe nicht nur niedrigere Alkoholwerte, sondern auch kräftigere Säure. Die vier Privatbodegas haben diesen Rat mehr oder weniger befolgt. Die beiden Genossenschaften aber, auf die zusammen etwa 70 % der Produktion entfallen, zögern noch. Zu

In Toro wachsen die Trauben auf ebenen Feldern, wo Bäume wie diese Pinie selten sind.

frühe Lese hat nämlich den Nachteil, daß unter Umständen das Traubenaroma noch nicht voll entwickelt ist. Manuel Fariña meint dazu, es komme eben darauf an, «das richtige Gleichgewicht herauszufinden». Er vertritt die Meinung, daß der rote Toro weiterhin 13 bis 13,5 % Alkohol haben müsse.

Toro in Weiß und Rosé

Die Tinta de Toro ist aber nicht die einzige Traubensorte hier. Auf sie entfallen etwa zwei Drittel des Rebbestands, während Garnacha (die sich mit Tinta de Toro sehr gut verträgt) 16 % beisteuert. Die restlichen 18 % sind vorwiegend weiße Rebsorten, unter denen Malvasía den ersten Platz einnimmt. Auch Verdejo, Palomino und Albillo kommen in geringen Mengen vor, letztere wie in Ribera del Duero als Tafeltraube.

Ein Teil der weißen Trauben wird wie in anderen Gegenden dazu verwendet, die Rotweine leichter und duftiger zu machen. Es gibt aber auch weißen Toro. Kühl vergoren ist er manchmal sehr gut, mit dem Wein aus dem Nachbarbereich Ruedo kann er sich jedoch nicht messen. Da ist der Toro *rosado* schon um einiges interessanter, obschon er an den Rotwein nicht heranreicht. Der Cabernet Sauvignon übrigens glänzt durch fast völlige Abwesenheit. Die sechs Toro-Erzeuger glauben, daß ihr Rotwein im nationalen und internationalen Rahmen nur dann mit Erfolg konkurrieren kann, wenn seine Persönlichkeit voll bewahrt wird: Der Toro ist ein Original, und das muß er bleiben.

BEDEUTENDE ERZEUGER

Bodegas Fariña, 49800 Toro. Nach den Bestimmungen der 1987 geschaffenen DO Toro müssen die Erzeuger in diesem Bereich ansässig sein. Infolgedessen mußte der 1942 gegründete Familienbetrieb von Casaseca de la Chanas bei Zamora nach Toro umziehen. Es wurde, teilweise unterirdisch, eine ganz neue Bodega gebaut und 1988 in Betrieb genommen. Der Besitzer, Manuel Fariña, ist sehr auf gutes Gleichgewicht zwischen Holzaroma und Frucht bedacht und will auch den Alkoholgehalt von jetzt 14 allmählich auf 13–13,5 % senken.

Seine Weine bestehen ausschließlich aus Tinta de Toro. Der Colegiata ist ein strammer, dunkler Wein mit einiger Frische und milder, reifer Frucht. Er bringt meist 2 Jahre im Tank und 8 Monate in der Flasche zu, ehe er auf den Markt kommt. Der Gran Colegiata Crianza und Reserva bietet mehr Tiefe und Körper mit einem Anflug von Vanille- und Holzaroma und schmeckt an einem kalten Wintertag herrlich zu einem Schmorgericht nach der Tradition der Gegend. Diese beiden Versionen erhalten neben Tank- und Flaschenlagerung 9 bis 14 Monate Faßreife in amerikanischer Eiche (zu 20 % neue Fässer). Der Gran Cordelero Crianza liegt zwei Monate kürzer im Faß.

Die Bodegas Fariña produzieren Toro-Weine nur von gekauftem Lesegut. Die eigenen 30 ha Weinberge liegen außerhalb des eigentlichen Bereichs und liefern daher lediglich Tafelweine (*vinos de mesa*).

Bodegas Luis Mateos, 49800 Toro. Luis Mateos begann 1942 in Toro Wein zu bauen. 30 Jahre später wurde seine Bodega in eine GmbH umgewandelt; seit 1978 ist sie in der Hand der Familie Marcos, die

Die Stadt Toro hoch über dem Duero wurde im 3. Jh. v. Chr. gegründet.

auch einen Käsehandel betreibt. Die Trauben stammen aus eigenen 18 ha in Villafranca de Duero sowie von Winzern mit Lieferverträgen. Betontanks dienen als Gärbehälter, und für die Crianza und Reserva stehen 450 meist gebrauchte Fässer verschiedener Größe zur Verfügung. Die besten Weine sind die jung trinkreifen, z. B. der Valdevi (in Rot und Rosé). Die faßgereiften Versionen, die ich zu kosten bekam, waren sämtlich etwas rustikal und manchmal mostig. Die relativ interessanteste Qualität bot der Vega de Toro Gran Reserva, ein dunkeltöniger, schwerer Wein mit einem Anflug von sonnengedörrter Frucht.

José María Fermoselle, 49153 Venialbo. Um die Bedingungen der DO Toro zu erfüllen, mußte die Bodega einen Zweigbetrieb im Bereich eröffnen. 1985 kaufte und renovierte sie deshalb eine Kellerei in Venialbo, einem Dorf bei Toro. Fermoselle verfügt über 40 ha Eigenbesitz und kauft außerdem Lesegut zu. Zu den erfolgreichsten Weinen des Hauses gehört der jung genußreife, angenehm fruchtige Novissimo Señorio in roter (80 % Tinta de Toro, 20 % Malvasía), weißer und rosé Version. Von den übrigen verdient der El Señorío de Toro Etiqueta Negra Beachtung. Er ist eine praktisch undurchsichtige Crianza (12 bis 18 Monate Faßreife) mit vollmundigem, mildem, recht lebendigem Geschmack und nicht zuviel Alkohol – meist 13 %.

Friedliche Straßenszene in Toro. Der Untergrund ist von Stollen durchzogen, die früher als Weinkeller dienten.

Reise-Informationen

HOTELS UND RESTAURANTS

Restaurante Alegría, 49800 Toro, Tel. (88) 690085. Einfaches Speiselokal; empfehlenswert die Knoblauchsuppe, der Stockfisch und der Ziegenbraten.
Catayo, 49800 Toro, Tel. (88) 690060. Restaurant und Bar. Regionale Küche, u. a. Lammbraten.
Juan II, 49800 Toro, Tel. (88) 690300. Angenehmes, komfortables Hotel in ruhiger Lage neben der Kollegiatkirche. Spektakulärer Blick über das Duero-Tal. Anständiges Restaurant.
Parador, 47100 Tordesillas: s. Rueda.
Parador Condes de Alba y Aliste, Plaza Viriato 5, 49001 Zamora, Tel. (88) 514497. Den äußeren Rahmen bildet ein ehemaliger Palast aus dem 15. Jh. Die Zimmer liegen um einen Innenhof und sind mit allen Bequemlichkeiten ausgestattet. Regionale Küche im Restaurant.

SEHENSWERTES

Toro. Mit 10 000 Einwohnern die drittgrößte Stadt in der Provinz Zamora nach Zamora selbst und Benavente. Die Ursprünge gehen wahrscheinlich auf das 3. Jh. v. Chr. zurück. Die Stadt liegt auf einem Hügel an einer Schleife des Duero, über den eine römische Brücke führt. Im Berg befindet sich ein Netz von Stollengängen: Dort wurde früher der Wein bereitet. Die schönste Kirche von Toro ist die am Stadtrand gelegene Colegiata de Santa María la Mayor (12. Jh.) mit dem prächtigen, skulpturenreichen Pórtico de la Gloria. Vom Rosengarten neben der Kirche hat man einen herrlichen Blick über das Duero-Tal. Die Backsteinkirche San Lorenzo ist ein schönes Beispiel für den Mudéjar-Stil, ebenso die Kirche San Salvador. Die Kirche San Sebastián dient als Museum; hier sind auch Fresken aus dem 14. Jh. zu sehen. Die Erinnerung an die Mönchsorden, die früher in Toro Wein erzeugten, wird u. a. durch den Convento del Sancti Spiritus aus dem 14. Jh. wachgehalten. In die Altstadt fährt man durch einen Uhrturm (Torre del Reloj) von 1833, den ein gemauertes Bild schmückt. Am Hauptplatz sind Bogengänge mit Bars sowie das Rathaus aus dem 18. Jh. zu sehen. Die Malerin Delhy Tejero lebte und arbeitete in Toro; ihr Haus ist heute ein kleines Museum mit über 100 Gemälden von ihrer Hand. Toro verfügt über eine der ältesten spanischen *plazas de toros* (Stierkampfarena) aus dem Jahr 1828.
Zamora. Von Toro bis Zamora sind es nur 33 km; man kann die Provinzhauptstadt (60 000 Einwohner) also leicht erreichen. In dem dortigen Parador ist man gut aufgehoben.

Viele Baudenkmäler bezeugen, daß Zamora im Mittelalter eine Blütezeit erlebte. Auf einem Stadtrundgang im Bereich zwischen dem Parador und der romanischen Kathedrale kommt man an einer Reihe von Kirchen vorüber, darunter San Isidoro aus dem 12. Jh. mit einem Storchennest, La Magdalena aus dem 12. Jh., Corpus Christi aus dem 17. Jh. und San Ildefonso aus dem 12. bis 15. Jh. Im gleichen Stadtteil befinden sich Santa María de la Horta aus dem 13. Jh. sowie Santo Tomé und Santiago del Burgo, beide aus dem 12. Jh. Unweit der Kathedrale liegen die Ruinen einer alten Burg, davor ein freundlicher Park; von diesem *castillo* aus öffnet sich der Panoramablick in die Umgebung. Auf der Plaza Mayor mit ihren Bäumen, Terrassen und Bogengängen ist es besonders am Abend sehr gemütlich.

WEINSTRASSE

Die Weinroute besteht aus drei Schleifen um Toro. Die östliche verläuft am rechten Duero-Ufer entlang durch die Teilbereiche Morales de Toro und Toro und durch die Stadt selbst. Die südliche Schleife folgt dem linken Flußufer (Aussichtspunkt in Castronuño). Die westliche Schleife führt nach Zamora. Auf dieser Fahrt kommt man auch in den Weinort Venialba. Über Tordesillas oder Nava del Rey findet man bequem Anschluß an die Weinroute durch Rueda.

Bierzo

In der Römerzeit wurde in Asturien, im Nordwesten Spaniens, die Stadt Bergidum gegründet. Später nahm das ganze Gebiet – ein weites Becken um das Tal des Sil und seiner Nebenflüsse – nach ihr den Namen El Bierzo an. Gegen Galicien im Westen und Norden wird es durch die Cordillera Cantábrica und nach Osten hin durch die Montes de León abgeschirmt. Die Südgrenze wird von der Sierra Cabrera und dem unteren Sil-Tal gebildet. Infolge dieser Lage – nicht weit vom Meer und doch geschützt – hat El Bierzo ein milderes, behaglicheres Klima als die anderen Weinbaubereiche in Castilla-León, ist aber dennoch nicht so feucht wie Galicien. Die jährliche Niederschlagsmenge beträgt 650 mm, die Durchschnittstemperatur angenehme 13 °C, ebensoviel wie in Logroño, der Hauptstadt von Rioja. Schon dieses Klima macht El Bierzo für den Weinbau überaus geeignet.

Die Pilgerstraße

Auch der Boden ist dem Weinbau günstig, mindestens in El Bierzo Bajo, dem niedriger gelegenen östlichen Teil. Um Cacabelos (hier in der Nähe lag Bergidum), Camponaraya, Ponferrada und Villafranca del Bierzo liegen Hügel, Täler und Plateaus mit oft lehm- und eisenhaltigem Boden (daher die rötlich-braune Färbung), manchmal mit Granitschutt und Schiefer untermischt. Auf solchen Böden gedeiht die Weinrebe hervorragend. Die ersten Weinberge wurden hier vor 600 Jahren vermutlich von französischen Mönchen angelegt: Villafranca kommt von *villa francorum*, «Frankenstadt». Daß die Mönche gerade diese Gegend wählten, hat mit der Pilgerstraße nach Santiago de Compostela zu tun, die durch El Bierzo verlief. Oft rasteten hier Wallfahrer, um Kräfte für den mühsamen Weg über die hohen Gebirgspässe zu sammeln. Zu den Pilgerunterkünften zählte auch die im 12. Jh. von Zisterzienser-Mönchen aus Cluny gegründete Abtei Colegiata de Santa María in Villafranca.

Weinberge bei Villafranca del Bierzo.

Der Aufstieg der Genossenschaften

Hinweise auf den Weinbau in El Bierzo gibt es seit dem 12. Jh.; oft priesen Pilger die Güte dieses Weins. Ab dem 18. Jh. wurden immer größere Mengen nach Galicien geliefert, vor allem Rotwein, von dem es dort nicht viel gab, und dabei blieb es bis weit in das 20. Jh. hinein.

Der Wein von El Bierzo verkaufte sich in seiner Heimat und in Galicien so gut, daß die Winzer sich um Verbesserungen oder um weitere Abnehmer nicht zu kümmern brauchten. Erst in den 1960er Jahren wurde das allmählich anders. Unter dem Druck wachsender Konkurrenz aus anderen Gegenden schlossen sich nun viele kleine Winzer zusammen, und 1963 wurde in Camponaraya die erste Winzergenossenschaft gebildet. Vier weitere folgten, und heute entfallen auf sie drei Viertel der Produktion. Insgesamt gibt es im Bereich etwa ein Dutzend Erzeuger.

Eine Spur Metall

Den Status einer Denominación de Origen erlangte der Bereich erst im Dezember 1989, ein Vierteljahrhundert nach der Gründung der ersten Winzergenossenschaft (die DO heißt übrigens im Unterschied zu der Gegend nur Bierzo, nicht El Bierzo). Die Rebfläche umfaßt 7500 ha, davon sind 5800 ha für die DO anerkannt. Viele Weinstöcke sind schon alt, ihr Durchschnittsertrag ist daher niedrig. Die bedeutendste und auch charakteristischste Traubensorte ist die dunkle Mencía, vermutlich eine Verwandte des Cabernet Franc, den die Mönche im Mittelalter mitgebracht haben könnten. Inzwischen hat sich die Traube an den Boden und das Klima von El Bierzo angepaßt und dabei eigenen Charakter erlangt. Ihre Blätter sind fast durchsichtig, und ihren Wein kennzeichnet eine Spur Metall oder Mineralien im Geschmack. Oft zeigt er auch einen bescheidenen Anflug von Frucht neben einer von vornherein etwas grünen Art. Darüber hinaus sind Mencía-Weine außerordentlich haltbar und entfalten sich besonders schön in der Flasche.

Große Investitionen

Anderswo in Spanien wird Mencía kaum angebaut, man trifft sie nur noch im benachbarten Valdeorras in Galicien an. Aus gutem Grund hat daher der Consejo Regulador bestimmt, daß die Rotweine mindestens 70 % und die Rosés 50 % Mencía enthalten müssen. Die zweite dunkle Traube ist Garnacha, doch die besten Rotweine entstehen sortenrein von Mencía. Etwa ein Fünftel der Rebfläche der 22 Weinbaugemeinden entfällt auf weiße Traubensorten, die entweder zu Weißwein oder mit dunklen Trauben gemischt zu Rosé verarbeitet werden. Die meistangebaute weiße Sorte ist Malvasía, doch die Winzer haben mehr übrig für die Doña Blanca, eine aus Portugal stammende Rebsorte, die hier sehr fruchtige Weine liefert. Auch den Godello aus Valdeorras trifft man an, ebenso den langsam verschwindenden Palomino.

Rosados und Weißweine aus Bierzo sind nur selten von Interesse, das ist auch hier unumstritten. Man ist davon überzeugt, daß die Zukunft von Bierzo im Rotwein, natürlich aus Mencía-Trauben, liegt. Aus dieser Überzeugung heraus wurden seit dem Ende der 1980er Jahre von den Genossenschaften wie von privaten Erzeugern große Investitionen getätigt. 1990 wurde fast die Hälfte des Jahrgangs in Flaschen abgefüllt; bis zum Ende des Jahrhunderts wird mit einer erheblichen Steigerung des Anteils der Flaschenweine gerechnet.

Der Boden von El Bierzo ist oft rötlich gefärbt, denn an vielen Stellen gibt es Eisenerzvorkommen. Das Klima ist hier milder als in den südlicheren Teilen von Castilla y León.

BEDEUTENDE ERZEUGER

Bodega Comarcal Cooperativa Vinos del Bierzo, 24540 Cacabelos. Dies ist die größte der fünf Genossenschaften in Bierzo mit 2000 Mitgliedern und zusammen 1000 bis 1500 ha. Seit den 80er Jahren verfolgt die 1964 gegründete Kellerei qualitätsorientierte Ziele mit einem Programm ansprechender Weine. Am besten sind die Rotweine – alle 100 % Mencía –, die im unterirdischen Keller in 500 *barricas* aus amerikanischer Eiche ihre Faßreife erhalten. Der Name Vinos Guerra klingt nach recht heftigem Wein (*guerra* bedeutet Krieg), tatsächlich aber handelt es sich um eine recht gefällige Kreation mit typischem Mencía-Geschmack mit Metall, dunkler Frucht, etwas Holz und leichter Frische. Die Faßlagerzeit beträgt etwa 3 Monate. Reifer, milder, fester und mit kräftigerem Holz- und Vanillearoma versehen ist der etwas rustikale Guerra Gran Reserva, ein 5 Jahre alter Wein mit 12 Monaten Faßreife. Als ihren besten Wein nennt die Genossenschaft den Señorío del Bierzo – eine ausgereifte, saftige Gran Reserva mit ausgeprägtem Holzaroma und rustikaler Art.

Prada a Tope, 24540 Cacabelos. Der Weg zur besucherfreundlichsten Bodega in Bierzo ist nicht nur für Touristen, sondern auch für die Busfahrer, die mit Reisegesellschaften aus allen Gegenden Spaniens anrücken, klar ausgeschildert. Die größte Attraktion in diesem weiten Komplex ist eine Cafeteria, wo man Wein und einen Imbiß bekommt. Aber auch ein ausgewachsenes Restaurant gibt es hier, und auf der anderen Seite des Hofs befindet sich ein Laden (in dem es herrlich nach Schinken duftet), wo man neben Wein auch Spirituosen, Eingemachtes und Bücher kaufen kann.

In einem großen Raum befindet sich die Abfüllanlage. Das Lesegut, aus dem die Weine bereitet werden, stammt von eigenen 15 ha und aus Zulieferungen von Genossenschaften. Der jung trinkreife Joven en Rama wird weder gefiltert noch geklärt. Er ist gefällig, mild, nicht zu schwer und hat eine Spur Metall im Geschmack. Die faßgereiften Rotweine sind meist recht rustikal und in der Qualität durchschnittlich. Außer Wein produziert der Besitzer José Luis Rama (der die Firma 1984 gründete) auch Spirituosen und ausgezeichnete eingelegte Gemüse und Früchte, u. a. Paprika, Kastanien und Kirschen (in *aguardiente*).

Cooperativa Viñas del Bierzo, 24410 Camponaraya. Die 1963 gegründete älteste Genossenschaft des Bereichs modernisiert seit 1990 ihre Ausrüstungen. Sie zielt u. a. auf eine Steigerung des Anteils der Flaschenweine ab, der 1990 erst 10 % betrug.

Der Naraya ist ein milder, ordentlicher Wein mit 6 Monaten Faßreife, der vollere Gran Bierzo eine gute Crianza, die 15 Monate im Faß verbringt. Die 1600 Genossenschaftsmitglieder verfügen zusammen über rund 800 ha. Es werden aber auch noch Trauben, zu 90 % Mencía, zugekauft.

Palacio de Arganza, 24500 Villafranca del Bierzo. An einem großen Platz in Villafranca steht neben dem *colegio* der Palacio de Arganza aus dem 15. Jh. (die Flügel wurden später angebaut). Hier wird seit 1805 Wein produziert, und seit 1963 sind Palacio und Bodega im Besitz von Daniel Vuelta und seiner Familie. Hier eintreten zu dürfen, ist ein Privileg, denn das Innere des Palacio ist mit erlesenem Geschmack eingerichtet. Die komfortabel ausgestatteten Räume beherbergen eine reiche Kunstsammlung.

Die Bodega arbeitet nur mit gekauftem Most und Wein. Das Programm umfaßt 20 Typen, darunter 10–15 Jahre alte Weine. Die Rotweine bestehen meist aus 80 % Mencía und 20 % Garnacha – in den 1970er Jahren war der Garnacha-Anteil allerdings höher. Bei allgemein gutem bis sehr gutem Qualitätsstand zeichnen sich selbst die langgereiften Weine durch höchst vitalen Geschmack aus und verfügen über Rückgrat, Holz- und Vanillearoma sowie gutes Gleichgewicht. Der Bestand an Fässern beträgt rund 1000 Stück; die Hälfte aller Weine verbringt eine gewisse Zeit darin. Von den jung trinkreifen Weinen ist der Weißwein einer der schmackhaftesten im Bereich.

Unklar ist seit längerem der DO-Status, da Palacio de Arganza nicht dem Consejo Regulador von Bierzo angehört. Im Prinzip könnten also die Weine aus beliebigen Quellen stammen. Seit Ende 1990 tragen jedoch die jüngeren Weiß- und Roséweine den Namen Bierzo, und das soll ab Ende 1992 auch für die Rotweine gelten. Als Marke benutzt der Erzeuger zumeist Palacio de Arganza, manche Weine gelangen aber auch als Señorío de Arganza in den Verkauf.

Viñas y Bodegas del Bierzo, 24500 Villafranca del Bierzo. Die Schwestern Flor und Consuelo Alvarez de Toledo übernahmen das Unternehmen nach dem Tod ihres Vaters und bauten es zu einem der besten in Bierzo aus.

Etwa 80 % des Traubenbedarfs stammen aus dem eigenen Weinbergbesitz: Zwischen Villafranca und Cacabelos erstreckt sich die hügelige Lage Viña de los Pinos auf rund 35 ha mit rötlichem, eisenhaltigem Boden. Der Wein wird in der berühmtesten Straße von Villafranca, der Calle del Agua, bereitet. Dort verteilt sich die Kellerei auf mehrere gewaltige Gebäude. Neben den großen Fässern lagern hier auch etwa 200 kleine.

Die besten Weine kommen unter dem Etikett Valdeobispo auf den Markt. Normalerweise reifen die Rotweine höchstens 6 Monate im Faß, damit die Frucht und der charakteristische Mencía-Geschmack möglichst erhalten bleiben. Anschließend folgt eine Flaschenlagerzeit von mindestens 7 Monaten. Auf diese Weise entsteht köstlicher, schon jung genußreifer Wein, der sich aber auch ohne weiteres noch lange entfalten kann.

Seit der Einstellung eines hauptberuflichen Önologen im Jahr 1989 hat sich die Qualität der Weine im Durchschnitt noch gebessert. In wenigen anderen Bodegas in Bierzo wird das Potential der Mencía-Traube so voll ausgeschöpft.

Reise-Informationen

HOTELS UND RESTAURANTS

Casa Gato, 24540 Cacabelos, Tel. (87) 547071. Typische Gerichte der Gegend, aber auch Rezepte eigener Erfindung.
La Moncloa, 24540 Cacabelos, Tel. (87) 546101. Das Restaurant gehört zur Firma Prada a Tope. In rustikaler Atmosphäre genießt man Lammbraten, *chorizos al vino*, *pimientos* und andere ländliche Kost.
Azul Montearenas, N4 km 383, 24400 Ponferrada, Tel. (87) 417012. Lamm und Pfifferlinge sind zwei der angebotenen Spezialitäten.
Geräumiger, in hellen Brauntönen gehaltener Speisesaal.
Ballesteros, Fueros de Léon 12, 24400 Ponferrada, Tel. (87) 411160. Gute Adresse für Fisch- und Fleischgerichte.
Las Cuaras, Calle Gil y Carrosco 4, 24400 Ponferrada, Tel. (87) 411299. Keine Speisekarte: Hier ißt man nur *tapas*.
La Charola, 24500 Villafranca del Bierzo, Tel. (87) 540095. Anständiges Restaurant an der N6; regionale Küche.
Parador, 24500 Villafranca del Bierzo, Tel. (87) 540175. Nach den

Oben: *Prada a Tope in Cacabelos ist nicht nur eine der größten Genossenschaftskellereien in Bierzo, sondern auch die meistbesuchte Bodega des Bereichs. Deshalb wurde hier 1983 diese Statue eines Weinlesers errichtet.*
Links: *Das Sanctuario de las Augustinas ist das bedeutendste Bauwerk in dem Weinort Cacabelos.*

charakterlosen Hotels im betriebsamen Ponferrada ist der Parador am Weg nach Villafranca eine echte Erholung. Der recht moderne Bau liegt in einem schönen Garten. *Botillo*, ein seltsames einheimisches Gericht, steht öfters auf der Speisekarte; es ist eine Art Tasche, gefüllt mit kräftig gewürztem geschmortem Schweinefleisch.

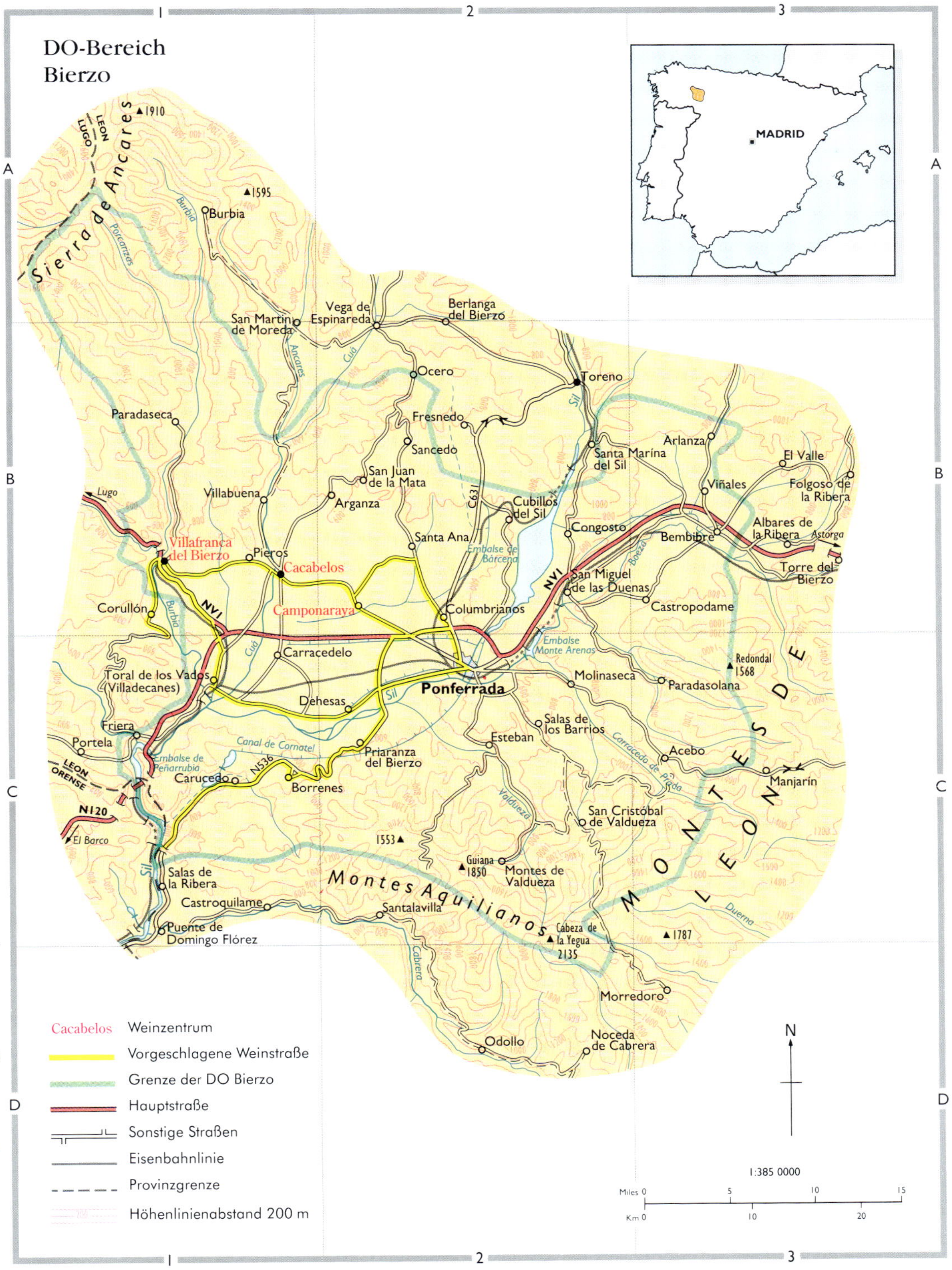

SEHENSWERTES

Cacabelos. Der Mann mit einem Korb voll Trauben auf dem Rücken, eine Statue aus dem Jahr 1983, zeigt an, daß man sich in einer der bedeutendsten Weinbaugemeinden befindet. Nicht weit entfernt ist ein hübscher Platz mit Bäumen in der Mitte und Bogengängen ringsum. In der Nähe des Cúa-Ufers steht das Santuario de las Angustinas mit klassizistischer Fassade – und einem Storchennest. Archäologische Funde, z. T. aus dem untergegangenen Bergidum Corullón, sind im Museum von Cacabelos zu sehen. Von einer überwucherten Burgruine bietet sich eine schöne Aussicht. Die beiden romanischen Kirchen San Miguel und San Esteban wurden vor einiger Zeit restauriert.
Pieros. In der Nähe des Orts zwischen Villafranca und Cacabelos erhebt sich ein Hügel mit Ruinen; es handelt sich um das *castro*, die Reste der befestigten Stadt Bergidum, von der El Bierzo seinen Namen herleitet. Es stehen noch Teile von Mauern und Türmen.
Ponferrada. In El Bierzo wird Eisenerz abgebaut, und um Ponferrada stehen Hochöfen und andere industrielle Anlagen. Hier herrscht starker Verkehr, und wer sich nicht auskennt, verirrt sich in einem Netz von Einbahnstraßen. Wohnblocks bilden einen eigenartigen Kontrast zu der verwitterten Tempelritterburg aus dem 13. Jh. In der Basilika Nuestra Señora de la Encina (die Schutzheilige von El Bierzo) befindet sich ein Altargemälde aus dem 16. Jh. Der Torre del Reloj ist das letzte Relikt der einstigen Stadtmauer. Jedes Jahr um den 8. September findet auf dem großen Platz vor dem Rathaus aus dem 17. Jh. ein Fest zu Ehren der Schutzheiligen von El Bierzo statt.
Villafranca del Bierzo. Die Stadt am Zusammenfluß von zwei Wasserläufen war einst ein wichtiger Rastplatz für Pilger auf dem Weg nach Santiago de Compostela. In der von Mönchen aus Cluny erbauten Abtei aus dem 12. Jh. konnten sie in Sicherheit ausruhen und neue Kräfte sammeln. Seit dem 16. Jh. befindet sich hier die Colegiata de Santa María; ein schönes Altargemälde ist zu besichtigen. Die Zisterzienser erbauten auch die Kirche Santa María de Cluniaco, die im 16. und 18. Jh. ihre gegenwärtige Form erhielt. In Villafranca gibt es ferner ein Jesuiten-Kolleg, das Colegio de la Compañía de Jesús, mit breiter Fassade aus dem 17. Jh. An derselben dreiseitigen Plaza steht die Bodega Palacio de Arganza. Villafranca besitzt drei Klöster und einen Konvent. Das von hohen Mauern umgebene Schloß ist für Besucher nicht zugänglich. Die bekannteste Straße in Villafranca ist die steile Calle de Agua (offiziell heißt sie Calle de Ribadeo) mit vielen stattlichen Häusern, teils mit Wappenschmuck an den Fassaden.

WEINSTRASSE

Die Route verläuft durch den interessanteren westlichen Teil des Weinbaubereichs; wenn man will, kann man das verkehrsreiche Ponferrada umfahren. Die am weitesten südlich führende Straße ist gleichzeitig Teil der Route durch Valdeorras (Galicien). Folgt man ihr, gelangt man nach El Barco de Valdeorras.

Cigales

Die seit März 1991 bestehende Denominación de Origen Cigales erstreckt sich nördlich von Valladolid über rund 30 km Länge und 15 km Breite entlang des Laufs der Pisuerga. Die ziemlich ebene Landschaft liegt in einer mittleren Höhe von 700 m. Bis auf eine fallen alle 12 Gemeinden in die Provinz Valladolid; nur Dueñas gehört in die Provinz Palencia. Imposante Kirchen und wappengeschmückte Adelshäuser sind Zeugen der einstigen Blüte dieses Gebiets, doch erst im 20. Jh. haben seine Weine Beachtung gefunden, und zwar seit 1990, als die Bodegas in Edelstahltanks und die dazugehörigen Kühleinrichtungen investierten. Das brachte für viele Weine große Qualitätsverbesserungen. Cigales produziert überwiegend trockene Rosés, die von langsamer Gärung bei kühlen Temperaturen besonders profitieren.

Tinta del País

In den besseren *rosados* von Cigales spielt die Tinta del País, wie der Tempranillo hier genannt wird, die Hauptrolle. Meist wird die dunkle Garnacha mitverarbeitet, außerdem eine oder zwei weiße Traubensorten, u. a. Albillo und Verdejo. Der Boden hat unterschiedliche Zusammensetzung, enthält aber meist Lehm mit Kalkstein und Kies. Das Klima ist vorwiegend kontinental, der Einfluß des Meeres wird kaum spürbar. Die Jahresniederschlagsmenge beträgt knapp 410 mm. Im Sommer steigt das Quecksilber bis 40 °C und fällt dann im Winter bis auf –12 °C. Oft sind die Winter lang und bringen außer Frost auch Nebel.

Die Weinbau-Forschungsstation in Rueda hat großen Anteil an der Qualitätsverbesserung des Weins von Cigales. Sie stellte alle erdenklichen Versuche mit verschiedenen Traubenmischungen, Weinbereitungsmethoden und Weinstilen an. Schließlich wurde ein aromatischer, bekömmlicher Rosé von leichterer Art als der von Navarra gewählt. Diese wünschenswerten Eigenschaften sind nur mit einem reichlichen Anteil von Tinta del País erzielbar. Auf der gegenwärtigen Rebfläche von 2300 ha wird denn auch bei Neuanpflanzungen dieser Sorte der Vorzug gegeben. Vom bisherigen Rebbestand entfallen bereits 60 % auf Tinta del País. Etwa ein Zehntel des Ertrags wird zu einem Rotwein verarbeitet, der sich aber mit dem aus dem Nachbarbereich Ribera del Duero nicht messen kann. Auf absehbare Zeit bleibt deshalb wohl der Rosé die Spezialität von Cigales.

BEDEUTENDE ERZEUGER

Bodega Cooperativa de Cigales, 47270 Cigales. Etwa die Hälfte aller Winzer arbeiten für die einzige Genossenschaft in Cigales; zusammen verfügen sie über rund 600 ha. Moderne Kellerausrüstungen gestatten die Produktion von vorbildlichem Roséwein Marke Torondos. Er zeichnet sich durch schöne Frische und Fruchtigkeit in Geschmack und Bukett aus und ist ganz einfach einer der besten Weine des DO-Bereichs.

Bodegas Frutos Villar, 47270 Cigales. Die modern ausgerüstete Bodega verarbeitet zu 70 % eigenes Lesegut von 80 ha und zu 30 % zugekaufte Trauben. Der Viña Calderona bietet erfrischenden, sauberen Geschmack mit ausreichender Frucht. Die Besitzer verfügen über weitere drei Weinfirmen: in Toro, in Ribera del Duero und in Cigales selbst (die letztere für einfachen Tafelwein).

Reise-Informationen

HOTELS UND RESTAURANTS

Hotels siehe unter Ribera del Duero und Rueda.
El Mesón de Cigales, 47270 Cigales, Tel. (83) 580110. Regionale Küche: Lamm und junger Rosé passen großartig zusammen.
La Sorbona, 47194 Fuensaldaña, Tel. (83) 583077. Kastilische Küche.
Bodega la Cuela, 47194 Mucientes, Tel. (83) 583084. Die Winzer aus der Gegend empfehlen dieses Restaurant.
Los Tres Arcos, 47194 Mucientes, Tel. (83) 58223. Regionale Gerichte und Weine.

SEHENSWERTES

Cabezón de Pisuerga. Häuser mit wappengeschmückten Fassaden. Die Kirche Santa María aus dem 15. Jh. hat einen hohen Turm und ein Altargemälde aus dem Rokoko. Spanische Patrioten geboten an der großen Brücke aus dem 16. Jh. dem Vormarsch der napoleonischen Truppen Einhalt. In Palazuela – 4 km von hier – findet man die Ruinen eines Zisterzienser-Klosters.
Cigales. Eine im 16. Jh. begonnene majestätische Hallenkirche, deren Bauzeit 200 Jahre währte. An den Hängen ringsumher gibt es mehrere geschäftige Bodegas.
Corcos del Valle. Pfarrkirche mit Gemälden von Gregorio Martínez.
Dueñas. Die größte Weinbaugemeinde des DO-Bereichs zählt rund 3200 Einwohner. Hier fand die erste Begegnung zwischen Isabella der Katholischen und Ferdinand von Aragón statt. Der Ort bietet viel Atmosphäre und schöne alte Bauten: die Kirche Santa María de la Asunción stammt zum Teil aus dem 12. Jh. 5 km weiter nördlich liegt die Abtei San Isidro de Dueñas, wo unter anderem selbstbereiteter Käse verkauft wird.
Fuensaldaña. Das Castillo de los Viveros (14.–15. Jh.) ist vollständig restauriert und hat einen Glockenturm mit vier runden Ecktürmchen. Die Kirche San Cipriano stammt aus dem 15. Jh.
Mucientes. Weinort mit einer an ihrem mächtigen Turm erkennbaren gotischen Kirche.
Trigueros del Valle. Adelshäuser, die Kapelle Santa María del Castillo aus dem 10. Jh., eine romanische Kirche und die Ruine einer Burg aus dem 15. Jh. sind hier die Sehenswürdigkeiten.
Valoria la Buena. Die sehr große Pfarrkirche zeigt an, welchen Wohlstand der Ort im 18. Jh. genoß. Der Stein ist hier goldfarben.

WEINSTRASSE

Cigales kann man gut kennenlernen, wenn man von Valladolid aus wie folgt fährt: Valladolid – Valoria la Buena – Dueñas – Trigueros del Valle – Corcos del Valle – Cigales – Mucientes – Fuensaldaña – Valladolid.

Galicien

Hauptstadt: Santiago de Compostela
Provinzen: La Coruña, Lugo, Orense, Pontevedra
Fläche: 29 434 km²
Einwohnerzahl: 2 785 000

Wenn sich die Einwohner Galiciens, die Gallegos, übermäßig lange fern von der Heimat aufhalten, dann überkommt sie *la morriña* – Heimweh –, und das nicht nur im Ausland, sondern auch in Spanien selbst. Galicien ist nämlich in vieler Hinsicht ganz anders als das übrige Land. Die *autonomía* Galicien mit ihren vier Provinzen liegt in Nordwestspanien zwischen dem Atlantik und der Nordgrenze Portugals. Kap Finisterre ist der westlichste Punkt Spaniens; früher glaubte man, hier sei das Ende der Welt. Als aber Kolumbus mit solchen Vorstellungen aufgeräumt hatte, wurde das Kap Wegweiser zu Abenteuer, Ruhm und Reichtum.

Weil das Meer so nahe ist, fällt hier viel Regen: Im Hafen Vigo werden im Jahr 1300 mm gemessen, und landeinwärts in Pontevedra noch immer 800 bis 1000 mm. Infolgedessen ist Grün in Galicien mit seinen von Wäldern bedeckten Bergen die vorherrschende Farbe. Trotz des vielen Regens ist das Klima behaglich: Die Jahresdurchschnittstemperatur liegt um 14 °C. Das ermöglicht nicht nur Weinbau, auch Zitrusfrüchte und Kiwis wachsen hier, und es gibt große Blumengärtnereien. Roggen und Mais stehen auf den Feldern; in den *hórreos*, offenen Scheunen auf Steinsockeln, wurde früher das Getreide getrocknet. Die Erbgesetze bringen es mit sich, daß der Landbesitz immer mehr zerstückelt und viel fruchtbares Land von Trennmauern eingenommen wird. Wie weit diese Aufsplitterung geht, läßt sich daran ermessen, daß die Bodega Morgadío in der DO Rías Baixas nicht weniger als 6 Jahre brauchte, um eine Lage von 2 ha Größe bei 30 verschiedenen Eigentümern zusammenzukaufen.

Von der Westküste mit ihren *rías*, fjordähnlichen Einschnitten, ziehen sich Gebirge weit ins Landesinnere. Mit durchschnittlich 500 m sind sie zwar nicht hoch, machen Galicien insgesamt aber zu einem Bergland.

Die felsige Küste Galiciens bei La Coruña.

Keltische Ursprünge

Wie das Baskenland und Katalonien hat auch Galicien eine zweite Amtssprache. Sie ist zwischen Spanisch und Portugiesisch anzusiedeln, aber Kultur und Tradition Galiciens sind im Ursprung nicht portugiesisch, sondern keltisch. Hierin erinnert es an die Bretagne, Schottland und Wales. An den Straßen stehen wie in der Bretagne oft Kruzifixe (*calvarios*), und wie in Schottland gibt es kein Fest ohne Dudelsack. Die hiesige Variante *gaita* spielt, begleitet von Castagnetten und Trommeln, zu lebhaften, beschwingten Tänzen auf. Die Architektur ist allgemein ziemlich nüchtern, wie man an den *pazos* sieht, den aus grauem Granit erbauten Adelshäusern, deren einziger Schmuck meist ein Wappen auf der Fassade ist. Im Inneren des Landes tragen diese Bauten manchmal Türme und Zinnen als Erinnerung an unfriedlichere Zeiten. Galicien bildet als Teil des Königreichs Asturien die Bastion, von der aus die Christen ihren Kampf gegen die maurischen Eindringlinge führten. Und hier befand sich auch einer der bedeutendsten Wallfahrtsorte Europas, Santiago de Compostela. Zwischen dem 8. und dem 16. Jh. kamen Millionen Pilger in die Kathedrale, wo man die sterblichen Überreste des heiligen Jakobus begraben glaubte. Noch heute unternehmen Jahr für Jahr einige tausend Menschen die Pilgerfahrt zu Fuß, mit dem Fahrrad oder hoch zu Roß.

Die Kathedrale von Santiago de Compostela.

Fisch und Meeresfrüchte

Santiago de Compostela liegt etwa in der Mitte zwischen den beiden größten Fischereihäfen Spaniens, La Coruña und Vigo. Von La Coruña aus stach 1588 die Armada zu ihrer verhängnisvollen Reise in See. Im 18. Jh. erwarb die Stadt das Recht auf den Handel mit den südamerikanischen Kolonien, und bald landeten hier Schiffe mit kostbaren Ladungen – zum großen Nutzen der Kirchen und Klöster Galiciens. Heute liefern Vigo und La Coruña etwa zwei Drittel des spanischen Bedarfs an Fisch und *mariscos* (Meeresfrüchten). Tag für Tag fahren reihenweise Lastzüge von La Coruña nach Madrid und beliefern den Groß- und Einzelhandel und die Restaurants der Hauptstadt mit frischem Fisch. Auch unterwegs halten sie öfters an und laden ab, so daß man überall an der N6 frische Meeresfrüchte bekommt. Natürlich gibt es auch in Galicien selbst viel Fisch, vom Kabeljau bis zur Seezunge, aber auch Krebse, Muscheln und andere Delikatessen. In den *rías* bei Vigo und anderswo werden Muscheln auf schwimmenden Plattformen, *mejilloneras* genannt, gezüchtet. Süßwasserfische gibt es vor allem im Miño, dem Grenzfluß zu Portugal. Der Weinort Arbo ist berühmt für seine Neunaugen, und gelegentlich wird hier auch Lachs gefangen.

Tüchtige Esser

Die Einwohner Galiciens sind unternehmungslustig und fleißig – und sie essen gern. Wer daran zweifelt, sollte sich im Restaurant ein *cocido gallego* bestellen, ein seit Jahrhunderten beliebtes Gericht aus Kartoffeln, Kraut, Bohnen, Wurst (*chorizo*), Kalb- und Schweinefleisch (oft Ohren und Schwanz) und Huhn. Aber nicht nur herzhaft essen können die Gallegos, sie sind auch trinkfest. Der Weinkonsum liegt hier bedeutend über dem spanischen Durchschnitt. Ein großer Teil des galicischen Weins wird im Land getrunken, und überdies wird noch viel aus anderen Gegenden eingeführt, vor allem Rotwein, denn in Galicien selbst wächst hauptsächlich Weißwein. Am Ende einer gehaltvollen Mahlzeit wird hier kein beliebiger Brandy, sondern stets ein weißer *aguardiente* serviert.

Ein spektakulärer Wandel

Der Weinbau Galiciens ist vorwiegend auf die Provinzen Orense und Pontevedra konzentriert. Der Küste am nächsten liegt die DO Rías Baixas; an sie grenzt im Osten die DO Ribeiro an. Als dritter DO-Bereich folgt weiter landeinwärts Valdeorras, von Ribeiro durch einige der höchsten Berge Galiciens getrennt. Die kurvenreiche Verbindungsstraße zwischen den Bereichen führt über einen fast 1000 m hohen Paß.

Bis um die Mitte der 1980er Jahre verdienten die meisten Weine Galiciens kaum Beachtung. Seither aber hat sich ein spektakulärer Wandel vollzogen. Kräftige Investitionen in moderne Kellertechnik haben den Weißweinen von Rías Baixas so sehr aufgeholfen, daß sie heute zu den besten Spaniens zählen. Auch in Ribeiro hat sich die Qualität der Rot- und Weißweine gebessert. In Valdeorras verläuft die Entwicklung schleppender, vielleicht weil dort die Weinerzeugung vorwiegend in der Hand der Genossenschaften liegt, die ihrer Natur nach nicht gerade die fortschrittlichsten Weinerzeuger sind. Dennoch wurde in diesem Bereich durch private Initiative die Godello-Traube wiederbelebt, eine hochwertige weiße Sorte, deren Weine so gut ausfallen, daß sich der Bestand an Godello-Reben in den letzten Jahren auch bei Genossenschaftsmitgliedern stark vergrößert hat.

Neben den drei DO-Bereichen gibt es in Galicien noch weitere, nicht so bedeutende Gegenden mit Weinbau. Am interessantesten ist Ribera del Sil zwischen Ribeiro und Valdeorras. Hier sind viele Weinberge an terrassierten Hängen angelegt. Um Sober erzeugt die Lapatena-Gruppe aus Valdeorras einen ansprechenden Rotwein namens Rectoral Amandi. Valle de Monterrey an der portugiesischen Grenze verfügte über provisorischen DO-Status, doch er wurde zurückgezogen, weil die Winzer in diesem abgelegenen Tal nicht an der Erzeugung von Qualitätswein interessiert waren. Hier ist es die Winzergenossenschaft, die am entschiedensten vorwärtsstrebt. Schließlich wird im Valle del Miño-Orense in sehr bescheidenem Umfang von verschiedenen Traubensorten hauptsächlich Weißwein gekeltert. Das schönste Beispiel ist der Conde de Lagariños aus den Bodegas Lagariños in Coles, einem Dorf nordöstlich von Orense am Nordufer des Miño.

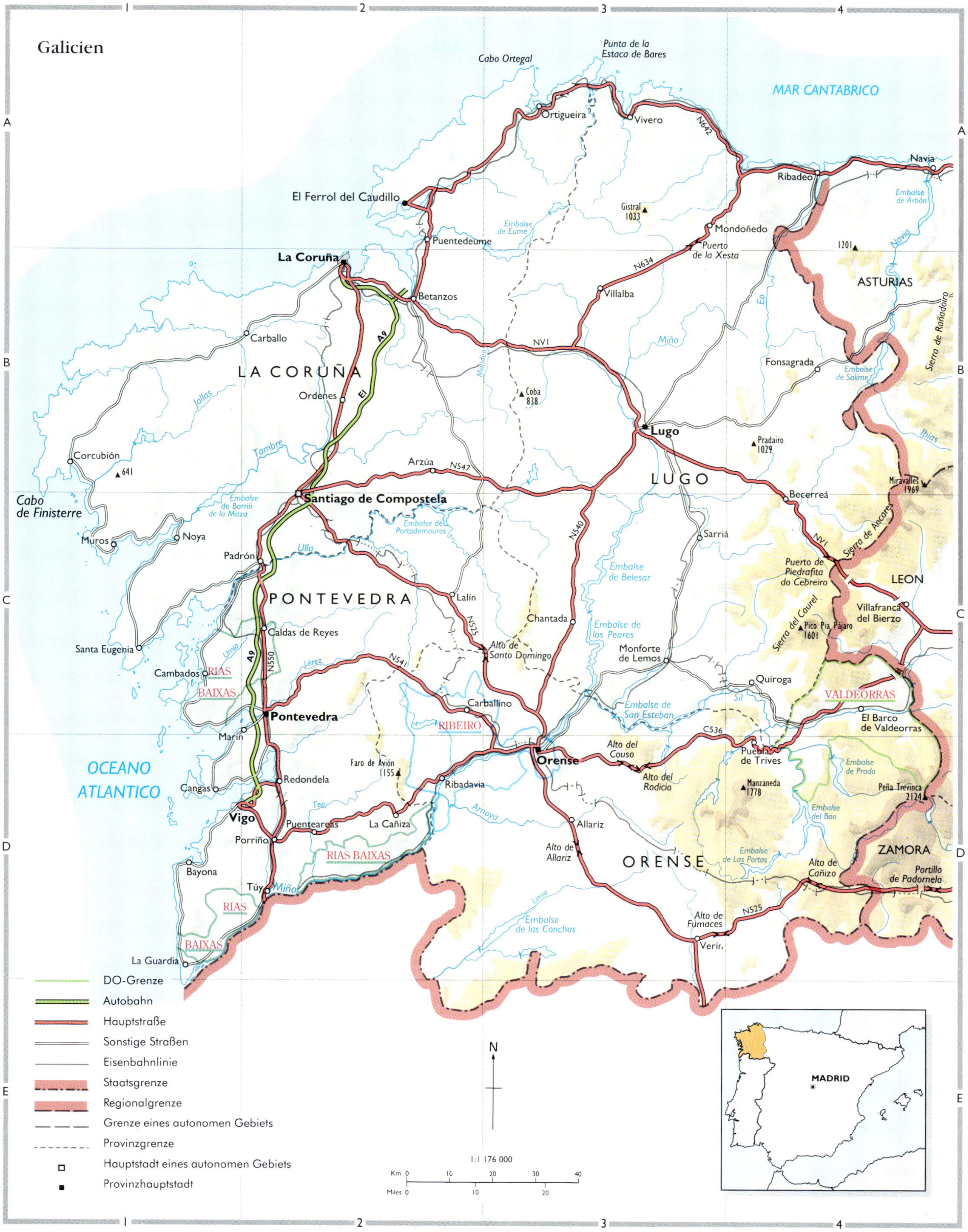
Galicien
1
2
3
4
A
B
C
D
E
Cabo Ortegal
Punta de la Estaca de Bares
MAR CANTABRICO
Ortigueira
Vivero
N642
Navia
Ribadeo
Embalse de Arbón
El Ferrol del Caudillo
Gistral 1033
Embalse de Eume
Mondoñedo
Puentedeume
Puerto de la Xesta
1201
N634
La Coruña
Betanzos
Villalba
ASTURIAS
Eo
Navia
Sierra de Rañadoiro
Carballo
A9
NVI
Miño
Fonsagrada
Embalse de Salime
LA CORUÑA
Mandeo
Coba 838
Ordenes
E1
Jallas
Lugo
Ibias
Tambre
Corcubión
641
Pradairo 1029
Arzúa
N547
LUGO
Miravalles 1969
Cabo de Finisterre
Embalse de Barrió de la Maza
Santiago de Compostela
Becerreá
Embalse de Portodemouros
Muros
Noya
Sarriá
N540
Sierra de Ancares
Ulla
NVI
Padrón
Embalse de Belesar
Puerto de Piedrafita do Cebreiro
LEON
PONTEVEDRA
Lalín
Villafranca del Bierzo
Chantada
Embalse de los Peares
Sierra del Caurel
Pico Pia Pájaro 1601
Caldas de Reyes
N525
Santa Eugenia
Umia
Alto de Santo Domingo
Monforte de Lemos
A9
N550
Lérez
N541
Cambados
RIAS BAIXAS
Quiroga
Carballino
Embalse de San Esteban
Sil
VALDEORRAS
Pontevedra
RIBEIRO
El Barco de Valdeorras
Marín
C536
Alto del Couso
Puebla de Trives
OCEANO ATLANTICO
Faro de Avión 1155
Orense
Embalse de Prada
Redondela
Alto del Rodicio
Manzaneda 1778
Cangas
Ribadavia
Peña Trevinca 2124
Embalse del Bao
Vigo
Tea
Arnoya
Puenteareas
La Cañiza
Allariz
Porriño
ZAMORA
Alto de Allariz
Embalse de Las Portas
RIAS BAIXAS
Bayona
ORENSE
Alto de Cañizo
Portillo de Padornelo
Túy
Miño
Limia
RIAS
Alto de Fumaces
N525
Embalse de las Conchas
BAIXAS
Verín
La Guardia
DO-Grenze
Autobahn
Hauptstraße
Sonstige Straßen
Eisenbahnlinie
Staatsgrenze
Regionalgrenze
Grenze eines autonomen Gebiets
Provinzgrenze
Hauptstadt eines autonomen Gebiets
Provinzhauptstadt
N
1:1 176 000
Km 0 10 20 30 40
Miles 0 10 20
MADRID

Valdeorras

Der Weinberg der Bodegas Godeval in El Barco de Valdeorras ist mit der Rebsorte Godello besetzt.

Fährt man aus dem Weinbaubereich Bierzo nach Valdeorras, dann überschreitet man die Grenze von einer *autonomía* zu einer anderen, von Castilla y León nach Galicia. Auf dem Weg am Peñarrubia-Stausee entlang und durch viele Tunnels bemerkt man dies an einem Schild und einer gewissen Veränderung des Straßenbelags. Die Weinberge von Valdeorras liegen hauptsächlich im Sil-Tal, dessen Zentrum El Barco de Valdeorras bildet. Man erkennt die Stadt mit 11 000 Einwohnern schon von weitem an den hohen rauchenden Schornsteinen des Schieferwerks. El Barco hat nicht viel Schönes zu bieten; die engen Gassen der Altstadt sind vom Verkehr verstopft. Man braucht aber nicht weit zu fahren, um sich in einer wunderschönen Landschaft wiederzufinden. Ganz nahe bei der Stadt liegt ein idyllisches Tal mit einem romanischen Kloster, das nach geschmackvoller Restaurierung heute Sitz der Bodegas Godeval ist. Die Vorderseite und eine Kapelle aus dem 11. Jh. lassen von außen kaum ahnen, daß sich hinter diesen Mauern nicht nur komfortable Empfangsräume, sondern auch hochmoderne Keller voller Edelstahltechnik verbergen. Das Weinbauland weiter westwärts bietet viel Erfreuliches, vor allem in La Rúa und in dem auf einem Berg liegenden Dorf Laroco. Oft sind die Hänge von der Straße bis weit hinauf mit Reben bewachsen.

Dunkle Trauben

Von den drei DO-Bereichen Galiciens – die beiden anderen sind Ribeiro und Rías Baixas – liegt Valdeorras am weitesten von der Küste entfernt: 150 km Luftlinie. Unmittelbar westlich erhebt sich ein gewaltiges Gebirge. Die kurvenreiche Straße führt hinauf auf Paßhöhen von 700 bis 950 m – z. B. auf den Barrio de Trives – und entlang an tief eingeschnittenen Tälern. Verlassene Terrassen zeigen an, wieviel Weinbau hier früher getrieben wurde; nur in einigen dieser hohen Lagen wächst heute noch Wein, jedoch nicht in DO-Qualität. Die Entfernung vom Meer und der Schutz der Gebirge machen das Klima von Valdeorras um einiges trockener und weniger gemäßigt als in den anderen beiden Weinbaubereichen Galiciens; die Temperaturextreme im Sommer und Winter sind größer. Dadurch wird der Anbau dunkler Traubensorten begünstigt, die denn auch drei Viertel des Rebbestands ausmachen. Etwa die Hälfte der Rebfläche – 2500 ha – besetzt die Alicante-Traube, wie die Garnacha hier genannt wird; sie liefert dunkle, feste Weine. An zweiter Stelle steht mit 15 % der Rebfläche die uns aus Bierzo schon vertraute Mencía. Sie soll auf Initiative der Genossenschaft La Rúa eingeführt worden sein. Drei weitere Sorten sind eher unbedeutend.

Weine für baldigen Verbrauch

Die meisten Rotweine aus Valdeorras, vor allem die von der Alicante-Traube, gelangen faßweise zum Verkauf. Die Mencía-Weine dagegen, meist mit einem gewissen Anteil Garnacha, werden in Flaschen abgefüllt und sind für baldigen Verbrauch bestimmt. Die besten haben dunkle Farbe, festen, vollmundigen Geschmack und ordentliche Frucht. Einige Erzeuger, beispielsweise die Genossenschaften in El Barco und La Rúa, verleihen einem Teil ihrer Mencía-Weine auch Faßreife; das bringt hie und da schöne Ergebnisse, manchmal aber auch zuviel flüchtige Säure. Den vorwiegend von der Garnacha-Traube produzierten Weinen der Gegend mangelt es an Charakter.

Godello – die Wiederentdeckung

Die weißen Trauben der Gegend liefern zwar weniger Quantität, sicherlich aber nicht weniger Qualität. Valdeorras hat es eigentlich seinen Weißweinen zu verdanken, wenn sein Name in Spanien und im Ausland allmählich bekannt wird. Die Zukunft des Bereichs hängt sicher davon ab, wie stark der Weißwein der Godello-Traube in den Vordergrund rückt. Bisher macht diese Rebsorte nur etwa 10 % des Bestands aus. Zu den übrigen weißen Trauben, auf die zusammen ein Viertel der Rebfläche Valdeorras entfällt, zählen Palomino und Doña Blanca. Wiederentdeckt wurde die Godello-Traube in den 1970er Jahren, als ein Fachausschuß in Valdeorras die bestgeeigneten Rebsorten für die Gegend suchte. Dabei wurden neben Kultivierung und Verarbeitung auch andere Aspekte berücksichtigt, und schließlich machte die schon fast ausgestorbene einheimische Godello-Traube das Rennen. Deshalb hat die erst 1986 gegründete Firma Godeval ausschließlich Godello in den Weinbergen stehen.

Dabei ist diese Rebsorte mit 12 000 bis 15 000 kg/ha, wovon sich 60 bis 70 % Wein gewinnen lassen, nicht einmal übermäßig ertragreich. Außerdem ist sie fäuleanfällig und gedeiht deshalb in zu feuchtem Klima nicht: Valdeorras ist so ziemlich die einzige Gegend in Galicien, wo diese Traube mit Erfolg angebaut werden kann. Ihr Weißwein zeichnet sich durch sehr kräftige Säure und durch fruchtigen, würzigen Geschmack bei 12 bis 13 % Alkohol aus und ist bei sorgfältiger Verarbeitung einer der ansprechendsten Weine Spaniens.

Starkes Comeback

Wie stark das Comeback der Godello-Traube ist, belegen Zahlenangaben der Genossenschaft El Barco. Dort stieg die verarbeitete Menge von 2000 kg (1976) auf 50 000 kg (1989), und es ist damit zu rechnen, daß sich diese Ziffer bis zur Jahrtausendwende verdreifacht. Bei den vielen kleinen Winzern – nur 1 % verfügt über mehr als 5 ha, während 87 % unter 1 ha besitzen – wurde die Umstellung auf Godello durch die hohen Preise für diese Traube beschleunigt. Zu Beginn der 1990er Jahre wurde für sie das Drei- bis Vierfache des Durchschnittspreises für normales Lesegut und das Doppelte des Preises für Mencía bezahlt. Solch hohe Preise sind gerechtfertigt durch die Begeisterung, die der Markt den Godello-Weinen entgegenbringt. Bisher ist die Nachfrage so groß, daß jeweils schon um die Jahresmitte alles ausverkauft ist.

Oben: *Joaquín Rebolledo ist Spezialist für Rot- und Weißweine bester Qualität.*
Links: *Die ersten Weinbauern in Valdeorras waren vermutlich die Mönche des Santuario de las Ermitas. Auf den Hängen der Umgebung sind noch einige Weinterrassen zu sehen. Während früher in Valdeorras der Weißwein an erster Stelle stand, wächst heute hier vorwiegend Rotwein.*

BEDEUTENDE ERZEUGER

Bodega Cooperativa Jesús Nazareno, 32300 El Barco de Valdeorras. Die 1963 gegründete Genossenschaft hat über 500 Mitglieder mit zusammen 200 ha. Die Produktion besteht zu 60 % aus Rotwein und zu 40 % aus Weißwein (letzteres ist überdurchschnittlich viel in dieser Gegend). Edelstahlgärtanks und Kühlanlagen haben zur Qualitätsverbesserung beigetragen, v. a. bei Weißweinen seit dem Jahrgang 1990.

Star des Programms ist der Viña Abad, ein sortenreiner Godello. Der rote Valdouro ist sehr gefällig, mit einem Anflug Gewürz und Vanilleduft infolge einer Reifezeit von rund 12 Monaten in Fässern aus amerikanischer Eiche. Der jung trinkreife, milde Menciño (100 % Mencía) zeigt ähnliche Würze, ebenso der anständige, gefällige, v. a. von Garnacha gewonnene Albar.

Bodegas Godeval, 32300 El Barco de Valdeorras. 1986 beschlossen sechzehn Männer, eine Kellerei aufzumachen mit dem Ziel, den bestmöglichen Wein zu produzieren. So entstanden die Bodegas Godeval. Kellerei und Empfangsräume wurden in dem schönen alten Kloster Xagoaza in einem friedlichen Tal bei El Barco eingerichtet. 1986 lag das Gebäude in Ruinen, doch es wurde vollständig und geschmackvoll restauriert. Das Lesegut von eigenen 12 ha – bis 1995 sollen es 16 ha sein – wird in einem gekachelten Keller mit Edelstahltanks und anderen modernen Ausrüstungen verarbeitet. Nach gründlicher Prüfung wurde entschieden, nur Godello-Reben anzupflanzen. Daher produziert die Bodega auch nur solchen Weißwein, wobei der Viña Godeval der beste im Programm ist. Er zeichnet sich durch klaren, frischen, äußerst sauberen Geschmack mit leichter Frucht und festem Kern von etwa 13 % Alkohol aus: ein köstlicher Wein.

Bodegas Medorras, 32356 Petín de Valdeorras. Diese in einem Chalet-ähnlichen Gebäude untergebrachte Bodega produziert den Godellón, einen guten Godello-Wein. Petín liegt bei La Rúa auf dem anderen Ufer des Sil.

Bodega Cooperativa Virgen de las Viñas, 32350 La Rúa. Zwar habe ich schon enttäuschende Weine aus diesem Haus erlebt, dennoch ist eine Verbesserung unverkennbar. Den Beweis erbringt der Pingadelo, ein Mencía-Wein mit etwas Frucht unter einem auffallenden Etikett. Die Marke Brisel wird für den weißen Godello benutzt.

Joaquín Rebolledo, 32350 La Rúa. Technisch gut ausgestattete Kellerei inmitten von 20 ha eigenen Weinbergen. Der Rotwein ist vollmundig, saftig, mit Frucht, ein sortenreiner Mencía und einer der besten Weine der Gegend. Auch der weiße Godello ist Spitzenqualität. Der Besitzer, ein Rechtsanwalt aus Orense, experimentiert mit Cabernet Sauvignon, Riesling und anderen Rebsorten.

Heuernte in Ribeiro auf gute alte Art.

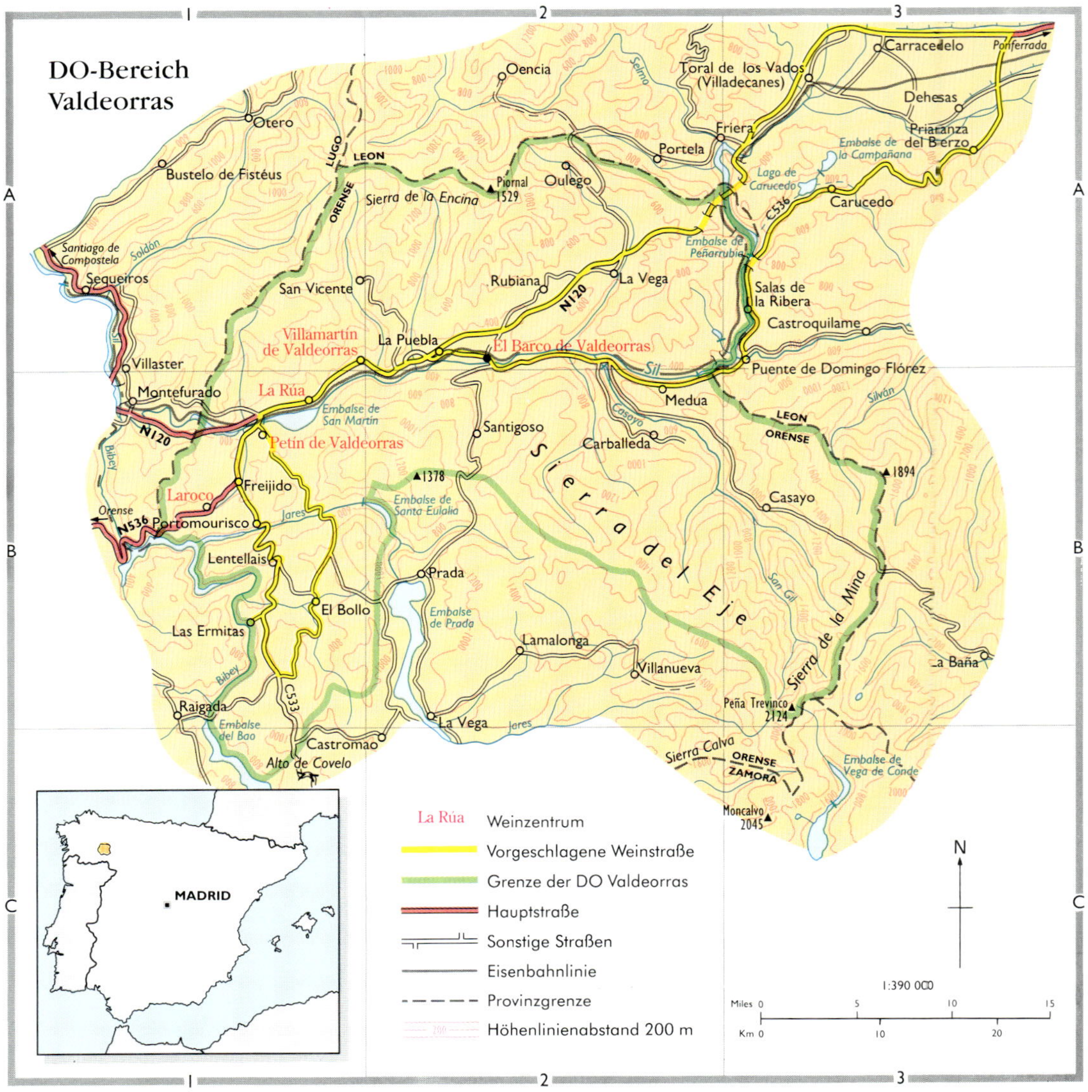

Reise-Informationen

HOTELS UND RESTAURANTS

Espada, 32300 El Barco de Valdeorras, Tel. (88) 322683. Modernes, 1990 eröffnetes Hotel an der N120 (das komfortabelste der Gegend) mit schöner Aussicht auf El Barco und das Sil-Tal. Ein ordentliches Restaurant ist dabei.
San Mauro, 32300 El Barco de Valdeorras, Tel. (88) 320145. Einfaches Restaurant mit regionaler Küche. Es liegt an der Plaza de la Iglesia.
Espada, 32350 La Rúa, Tel. (88) 310075. Dieselbe Familie betreibt auch das Espada in El Barco. Anspruchslos eingerichtete, aber saubere Zimmer; man sollte sich wegen des starken Verkehrs eines auf der Rückseite geben lassen. Einfaches Restaurant.
Os Pinos, 32350 La Rúa, Tel. (88) 311716. Mittelmäßiges Gasthaus; beim Mittagessen läuft das Fernsehgerät. Den Weißwein des Hauses sollte man meiden und lieber einen Godello oder einen roten Mencía bestellen.

SEHENSWERTES

El Barco de Valdeorras. Obwohl die nach einer Fähre benannte Stadt mitten im Weinbaubereich liegt, sollte man sie lieber meiden. Abgesehen von einigen *pazos*, also Stadthäusern, gibt es wenig zu sehen, und die Straßen sind oft durch den Verkehr verstopft. Außerdem ist der Qualm aus den Schornsteinen des Schieferwerks eine Plage. Die beste Zeit für einen Besuch in El Barco ist der erste Sonntag im September zur Fiesta del Cristo.
El Bollo. Ein kleines Dorf mit einer alten Burg.
Petín de Valdeorras. Das einsam gelegene Kloster Santa María befindet sich nicht weit von hier.
La Rúa. Die Römer transportierten einst Gold durch das Sil-Tal, daher Valdeorras. La Rúa war eine ihrer Siedlungen, erkennbar an der römischen Brücke von Westen her. Sonst gibt es hier nicht viel zu sehen. Die Weinberglandschaft ringsumher ist dagegen schön anzusehen.
Santuario de las Ermitas. Vermutlich wurde der erste Wein von Valdeorras von den Mönchen dieses wunderschön gelegenen, von Terrassen umgebenen Klosters bereitet. In einer alten Handschrift heißt es *su principal producción es el vino blanco y tinto de buena calidad* (seine Haupterzeugung ist weißer und roter Wein in guter Qualität).

Zu Beginn des 17. Jh. hatten die Mönche bereits eine Art offizielle Verwaltung der umliegenden Weinberge eingerichtet, und am Ende des 18. Jh. bewirtschaftete das Kloster über 200 Weinberge in der Gegend.

WEINSTRASSE

Ein Teil der vorgeschlagenen Route besteht aus einer «Wallfahrt» durch schöne Landschaft zum Santuario de las Ermitas, wo der Weinbau von Valdeorras schon vor Jahrhunderten gepflegt und zur Blüte gebracht wurde. Dieser Teil der Weinstraße beginnt in La Rúa und verläuft über enge, kurvenreiche Straßen (durch El Bollo mit seiner Burg) und schließlich zurück zur N120. Eine angenehme Fahrt führt von El Barco aus am Sil entlang nach El Bierzo und Ponferrada. Auch wenn man auf der N120 ostwärts fährt, kommt man nach El Bierzo.

Ribeiro

Die Weinberge von Rías Baixas und Ribeiro erstrecken sich entlang der gemeinsamen Grenze ihrer jeweiligen Provinzen Pontevedra und Orense. In Ribeiro regnet es weniger als an der Küste, aber doch immer noch viel für spanische Verhältnisse: 800 bis 1000 mm im Jahr. Im Museum der historischen und kulturellen Hauptstadt Ribadavia sieht man Figuren mit «Mänteln» aus Stroh, wie die Bauern sie früher als Regenschutz trugen. Der Weinbau konzentriert sich auf die grünen Flußtäler von Miño, Avía und Arnoya. Zwischen den kleinen Weinberglagen wird auch anderes angebaut – zum Beispiel Blumen, vor allem Nelken. Die Rebfläche von etwa 3600 ha verteilt sich auf Tausende von kleinen Winzern, von denen etwa 1200 ihr Lesegut zur Cooperativa Vitivinícola del Ribeiro bei Ribadavia bringen. Weitere 1000 Winzer verkaufen ihre Trauben an die futuristisch wirkende Kellerei Lapatena in Santa Cruz de Arrobaldo, einem Dorf auf halbem Weg zwischen Ribadavia und Orense. Etwa 25 kleinere Betriebe bringen ihren Wein selbst auf den Markt.

Ruhmreiche Vergangenheit

Der Weinbau hat in Ribeiro (von *ribera* – Ufer) eine ruhmreiche Vergangenheit hinter sich. Zur Zeit Philipps II. im 16. Jh. wurde der Wein in verschiedene Länder Europas, sogar nach Italien, exportiert. Ein Jahrhundert später war England ein großer Abnehmer. Aus Urkunden geht hervor, daß der Wein von Ribeiro schon im 13. Jh. einen guten Ruf genoß (*bon vino d'Ourens*). Auch ist es möglich, daß die Römer hier bereits Weinbau trieben; zumindest nutzten sie die heißen Quellen von Orense und legten die Fundamente für die vielbogige Brücke, die noch heute steht. Im schon erwähnten Museum von Ribadavia sind römische Funde zu besichtigen. Eine Reihe von Krisen, darunter der Reblausbefall, brachte die Blüte des Weinbaus von Ribeiro Anfang des 20. Jh. zum Erliegen.

Die Palomino-Traube

Als die von der Reblaus verheerten Weinberge neu angepflanzt wurden, fand die Palomino-Traube verbreitet Verwendung. Sie ist die Haupttraube für Sherry (und heißt deshalb in Ribeiro auch oft «Jerez»). Der Vorteil dieser Sorte liegt im hohen Ertrag – 20 000 kg/ha –, ihr Nachteil darin, daß sie recht neutralen Wein erbringt. Sie hat wenige Fehler, aber auch nur wenige Vorzüge. Die Genossenschaft von Ribeiro ersetzt den Palomino mit Nachdruck durch Rebsorten besserer Qualität, vorab durch die auch in Nordportugal anzutreffende Treixadura, die lebendige, saftige, durchaus interessante Weine in guter Qualität liefert.

Als zweite Sorte wird Torrontés gefördert, von der aromatische, mild-frische Weine gewonnen werden können. Die Erträge dieser beiden Sorten liegen zwischen 10 000 und 15 000 kg/ha, also beträchtlich niedriger als beim Palomino. Die Genossenschaft gleicht das aus, indem sie für Treixadura- und Torrontés-Trauben wesentlich mehr bezahlt. Zu Anfang der 90er Jahre brachte 1 kg Palomino 70 Pesetas, gegenüber 160 Pesetas für die beiden anderen Sorten. Auch Lapatena zahlt vergleichbare Preise. Von den 2500 ha, die in Ribeiro mit weißen Trauben besetzt sind, entfielen noch vor wenigen Jahren drei Viertel auf Palomino, doch die Genossenschaft von Ribeiro drängt ihre Mitglieder, diese Sorte ganz aufzugeben. Die Umstellung der Weinberge wird auch von der Forschungsstation in Cuñas gefördert, die sich schon seit Jahren mit der Selektion der bestgeeigneten Klone einheimischer Traubensorten, u. a. Treixadura und Torrontés, befaßt.

Technischer Fortschritt

Wie im Nachbarbereich Rías Baixas wird auch in Ribeiro viel in neueste Kellertechnik investiert. Lapatena ist hierfür das eindrucksvollste Beispiel. Die 1990 eröffnete Kellerei im Besitz der Firma Caves do Ribeiro verfügt über Edelstahlgärtanks, moderne Filter und Abfüllanlagen, klimatisierte Lagerräume und weitere Anlagen für höchste Ansprüche. Ende der 80er Jahre schaffte die Genossenschaft in Ribeiro eine Mostfilteranlage (die erste in Galicien) sowie Edelstahlgärtanks und sonstige Ausrüstungen im Wert von 400 Millionen Pesetas an. Auch die kleineren Bodegas standen nicht zurück, so zum Beispiel die hervorragend ausgestattete Sociedad Cooperativa de Viñas 2001. Sie wurde 1989 von vier Winzern in Féa gegründet.

Die Qualität des weißen Ribeiro hängt weitgehend von der verwendeten technischen Ausrüstung ab. Dort wo Edelstahltanks für die Gärung benutzt werden, entsteht eindeutig besserer Wein. Ebenfalls von Bedeutung ist der Palomino-Anteil. Je geringer er ist, desto besser ist gewöhnlich der Wein. Ganz allgemein hat ein Ribeiro mit etwa 60 % Palomino, ergänzt durch Treixadura und Torrontés, mehr zu bieten als einer mit beispielsweise 90 % Palomino.

Einer der meistgepriesenen Weißweine der Gegend ist der Amadeus aus der Genossenschaftskellerei. Er besteht weitgehend aus Treixadura (85 %) und Torrontés, wird in kleinen Mengen produziert (nur einige zehntausend Flaschen), und das auch nur in guten Jahren (1986 gab es keinen). Er zeichnet sich durch lebendigen Geschmack, Saft und Frische, elegante Struktur und zart vegetabiles Aroma aus. In der Versuchskellerei des Consejo Regulador in Ribadavia wurde ein guter Wein mit 60 % Treixadura, 30 % Torrontés und 10 % Loureira (ebenfalls eine in der Region heimische Traube) entwickelt. Daneben tritt auch Schaumwein in Erscheinung; die erste marktgängige Art stammt von Lapatena.

Rotwein

Fast ein Drittel der Rebfläche ist mit dunklen Traubensorten besetzt, doch ihre Weine gelangen kaum aus Galicien heraus. Das ist auch nicht weiter schade, denn sie sind in der Regel nicht interessant; die Spezialität des Bereichs Ribeiro ist nun einmal Weißwein. Nichtsdestoweniger bemühen sich einige Erzeuger um höheren Qualitätsstand ihrer Rotweine – und mit Erfolg. Die Garnacha erbringt hier Weine, die leichter und etwas frischer erscheinen als anderswo. Lapatena produziert eine Reihe ansprechender Rotweine, u. a. Viñao (rein von Garnacha), Teluro (90 % Garnacha) und Rectoral de Amandi (90 % Mencía). Sie alle zeichnen sich durch tiefrote Farbe und relativ wenig Alkohol, meist höchstens 10,5 %, aus. Die Garnacha-Weine zeigen schöne Frucht, der Mencía feine Würze. Offenbar haben die Rotweine aus Ribeiro doch eine Zukunft, wenn sie von sorgfältig ausgelesenen Trauben sachkundig bereitet werden.

DO-Bereiche
Ribeiro
Rías Baixas
OCEANO
ATLANTICO
PORTUGAL
Ría de Arosa
Ría de Pontevedra
Ría de Vigo
Isla de Arosa
Isla de Ons
Isla de Sálvora
Islas Cies
Isla de Monte Agudo o del Norte
Isla de San Martín o del Sur
Cabo de Home
Cabo Udra
Cabo Silleiro
Punta Perico
Península de Grove
Península de Morrazo
Sierra de Barbanza
Sierra del Candó
Sierra del Suido
Puerto del Són
Moimenta
Caamaño
Mosquete
Lesón
Oleiros
Olveira
Puebla del Caramiñal
Palmeira
Santa Eugenia (Ribeira)
Aguiño
Boiro
Rianjo
Abanqueiro
Pesqueira
Villagarcía de Arosa
Villanueva de Arosa
Carril
Bamio
Beluso
Burés
Dodro
Puente Valga
Santiago de Compostela
Catoira
Carracedo
Cuntis
Monte Giabre 647
Caldas de Reyes
Santa Lucía (Moraña)
Monte Cregos 793
Quireza
Laxtaño
Rubiáns
Tremoedo
Gombra
Meis
Cambados
Barrantes
Grove
San Vicente del Grove
Sisán
Castrove 613
Armentera
Outeiro (Meaño)
Gondar
Samieira
Sangenjo
Rajo
Combarro
Pontevedra
Lérez
Cerponzones
San Antoniño (Barro)
Alagoa (Campo Lameiro)
Serrapio
Folgoso
Sotelo
Cerdedo
Presqueira
Sacos
Caroy
Tenorio
Chan (Cotobad)
Aguasantas
Seijido
Tourón
Pedreira (Lama)
Caritel
Berducido
Figueirido
Marín
Bueu
Portela
Aldán
Hío
Vilanova
Cangas
Moaña
Domayo
Cobres
Cesantes
Arcade
Rial (Sotomayor)
Embalse de Eiras
Amoedo
Redondela
Cepeda
Piñeiro
Maceira
Puerto de Fuentefría
Covelo
Mondariz
La Cañiza
Lamosa
Villasobroso
Prado
Vigo
Lavadores
Tameiga
Beade
Mos
Canido
Panjón
Ría de Bayona
Nigrán
Bayona
Vincios
Gondomar
Porriño
Gulanes
Areas
Puenteareas
Mourigade
Fornelos
Leirado
Mourentán
Rubiós
As Nieves
Arbo
Sela
Salvaterra de Miño
Esfarrapada
Guillarey
Caldelas
Túy
Areas
Belesar
Area
Tebra
Barrantes
Burgueira
Seijo (Tomiño)
Arrabal (Oya)
Sanjián
Fornelos
El Rosal
Goyán
Tabagón
La Guardia
Salcidos
Santa Tecla
Villar
Creciente
Filgueira
Cortegada
Melón
Prexigueiro
Ribadavia
Puente (Arnoya)
Beiro
Leiro
Pazos
Cabanelas
Albarellos
Embalse de Albarellos
Avión
Faro de Avión 1155
Brués
Forja
Alto de Paraño
Dadin
Montes de la Magdalena
San Roque (Padrenda)
Puentebarjas
Cuñas
Ulla
Umia
Lérez
Miño
Tea
Louro
Verdugo
Oitavén
Almofrey
Chanca
Avia
Deva
CORUÑA
PONTEVEDRA
ORENSE
N640
N550
N541
N120
C550
C531
Arbo — Weinzentrum
Vorgeschlagene Weinstraße
Grenze der DO Ribeiro
Grenze der DO Rías Baixas
Autobahn
Hauptstraße
Sonstige Straßen
Eisenbahnlinie
Staatsgrenze
Provinzgrenze
Provinzhauptstadt
Höhenlinienabstand 200 m

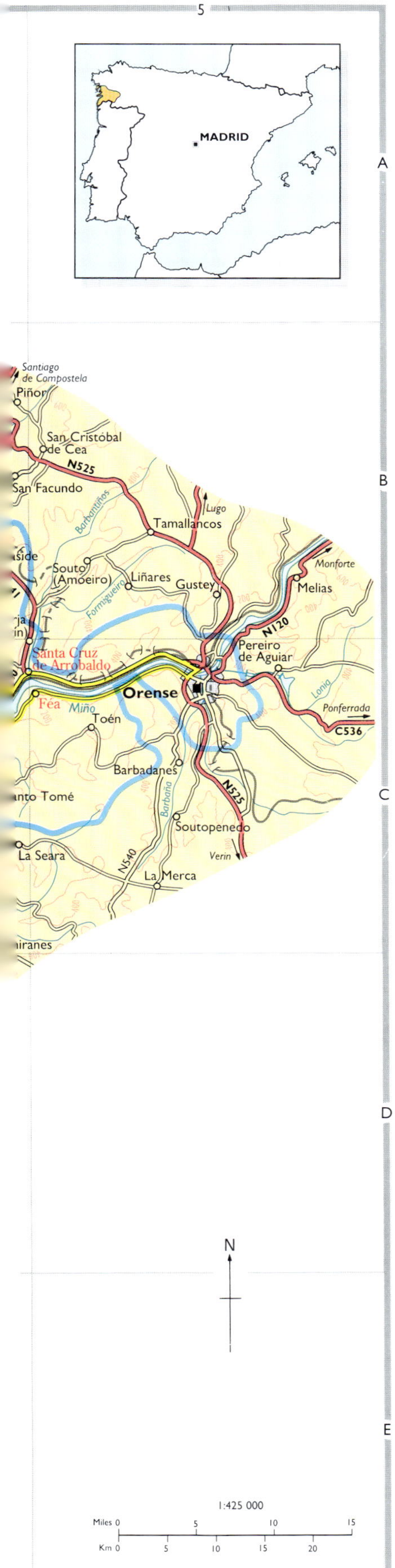

BEDEUTENDE ERZEUGER

Sociedad Cooperativa de Viñas 2001, 32940 Féa. In dem Weinort am Südufer des Miño kamen 1989 vier Männer zusammen und gründeten eine Bodega. Sie besitzen 7 ha Weinberge und kaufen noch Lesegut zu. Die besten Erzeugnisse aus der modernen Kellerei sind die Weißweine Viñas 2001 (v. a. Palomino) und Veiga Douro (60 % Torrontés, 30 % Treixadura, 10 % Loureira), letzterer mit angenehmem Bukett und vegetabil-blumiger, harmonisch zum frischen Geschmack passender Art.

Cooperativa Vitivinícola del Ribeiro, 32417 Ribadavia. Die aus den 1950er Jahren stammende Kellerei wurde ursprünglich in Leiro gegründet, zog aber nach dem Zusammenschluß mit einer weiteren Genossenschaft nach Valdepeira, einem Dorf bei Ribadavia, um. Kräftigen Investitionen Ende der 1980er und Anfang der 90er Jahre verdankt sie Edelstahltanks und weitere moderne Anlagen. Hier wird mit Sorgfalt gearbeitet: Die Filter- und Abfüllanlage wird jede Nacht sterilisiert.

Die Trauben stammen von 800 Mitgliedern mit zusammen 500 ha sowie von 400 anderen Winzern. Die Produktion beläuft sich auf rund 6 Millionen Liter im Jahr und besteht nur aus Flaschenwein. Um den Palomino-Anteil zu senken, fördert die Genossenschaft mit Hilfe der Bank den Anbau von Treixadura und Torrontés.

Als einer der besten Ribeiro-Weißweine entsteht hier von diesen beiden Traubensorten der vitale, frische, leicht vegetabile Amadeus. Leider werden von ihm nur einige zehntausend Flaschen produziert – und auch das nur in guten Jahren. Eine ansprechende Alternative ist der Viña Costeira (meist 50 % Palomino, 40 % Torrontés, 10 % Treixadura). Der milde, sanft-frische Wein hat Charme und leicht blumig-vegetabilen Duft. Von der Marke Pazo gibt es zwei Versionen: die eine anständig und schlicht (fast nur Palomino), die andere etwas lebendiger (vorwiegend Palomino, jedoch mit etwas Torrontés). Auch Schaumwein und Rotwein gehören zum Programm. Ein kleines Weinmuseum steht für Besucher offen.

Cosecheros de Vino del Ribeiro, 32414 Ribadavia. Wie Lapatena gehört auch diese Kellerei der Firma Caves do Ribeiro. Aber im Gegensatz zu Lapatena ist hier der Platz knapp, und die Ausrüstungen sind bei weitem nicht so modern. Es werden nur gekaufte Trauben verarbeitet. Am besten ist der meist gefällige, aber sonst nicht weiter bemerkenswerte Campo Hermoso (aus Treixadura, Palomino und Lado).

Bodega Valdomiño-Avia, 32400 Ribadavia. In der nüchtern wirkenden Kellerei der bescheidenen, 1986 gegründeten Bodega stehen Edelstahltanks, in denen die Gärtemperatur genau geregelt werden kann. Eigenes Lesegut von 3 ha und zugekaufte Trauben werden hier verarbeitet. Der Star des Programms ist der weiße Val de Reza, ein leichter, schön fruchtiger Wein von etwa sieben Traubensorten (wobei die Hälfte auf Torrontés und Treixadura entfällt). Der Valdomiño (70 % Palomino) hat Frische und guten Geschmack.

Lapatena, 32593 Santa Cruz de Arrobaldo. 1990 wurde in der Ostecke des Bereichs Ribeiro nahe der Einmündung des Barbantiño in den Miño eine der spektakulärsten Bodegas Spaniens errichtet. Das Gebäude wirkt mit seinen getönten Scheiben und den Marmorböden in den Empfangsräumen wie ein modernes Bürohaus.

Die Keller sind technisch hervorragend ausgestattet und ausbaufähig. Die gegenwärtige Kapazität von 7 Millionen Liter kann ohne weiteres vergrößert werden. Lapatena bezahlt den Winzern für alteingesessene Rebsorten wie Treixadura und Torrontés höhere Preise als für Palomino und verkauft ihnen zudem Jungpflanzen zu ermäßigten Preisen.

Der beste Weißwein ist der saftige, im Geschmack leichte und saubere sowie angenehm frische Fin

Grüne Weinbergterrassen an den Ufern des Miño.

de Siglo (60 % Palomino, 40 % Torrontés und Treixadura). Der Viñao und der interessantere Abilius bestehen überwiegend aus Palomino. 20 % der Produktion entfallen auf Rotwein, u. a. den Rectoral de Amandi (90 % Mencía) mit einem Anflug von Würze und viel Charakter, den fruchtigen, frischen, erfreulichen Teliro (90 % Garnacha) und den festen, aber durchaus nicht schweren Viñao (100 % Garnacha). Auch ein trockener Schaumwein gehört zum Programm. Lapatena-Weine sind an den ungewöhnlichen pastellfarbenen Etiketten erkennbar. Die mustergültige Kellerei gehört den fünf Besitzern der Caves do Ribeiro Holding-Gesellschaft, in deren Eigentum sich auch die Firma Cosecheros de Vino del Ribeiro befindet.

Reise-Informationen

HOTELS UND RESTAURANTS

Martín Fierro, Sáenz Diez 65, 32003 Orense, Tel. (88) 234820. Das Restaurant hat in der Gegend mindestens einen ebenso guten Ruf wie das viel bekanntere Sanmiguel. Hier gibt es guten Fisch, doch die Spezialität des Hauses sind Fleischgerichte.
Pingallo, San Miguel 6, 32005 Orense, Tel. (88) 220057. Regional-ländliche Küche.
San Martín, Curros Enriquez 1, 32003 Orense, Tel. (88) 235611. Das komfortabelste Hotel der Gegend mit Klimaanlage und eigener Garage.
Sanmiguel, San Miguel 12, 32005 Orense, Tel. (88) 221245. Das renommierte Restaurant verdient schon wegen seiner umfangreichen Weinkarte (mit manchem Tropfen aus Galicien) einen Besuch, aber auch die regional geprägte Küche ist lobenswert. Um Orense wachsen reichlich Eßkastanien; im Sanmiguel bekommt man sie in Gerichten wie *conejo con castañas* (Kaninchen mit Kastanien).
Sila, Avenida de la Habana 61, 32003 Orense, Tel. (88) 236311. Ordentliches Hotel ohne besonderen Charakter.
Plaza, Plaza Mayor, 32400 Ribadavia, Tel. (88) 470576. Restaurant und Bar im Herzen der Stadt. Schlichte Einrichtung mit viel Braun. Schmackhafte *entremeses de la casa* (u. a. *jamón serrano* sowie andere Schinkenarten, Oliven und Käse) und zartes *chuleton de ternera* (Kalbssteak). Selbstverständlich werden Ribeiro-Weine dazu serviert.

SEHENSWERTES

Castrelo de Miño. Ort bei Ribadavia mit Basreliefs aus dem 12. Jh. in der Kirche Santa María aus dem 18. Jh.
Cuñas. Hier befindet sich eine moderne Weinbau-Forschungsstation. In ihrem Weinberg wird mit Dutzenden von Rebsorten und deren Klonen experimentiert.
Féa. In diesem Weinort am Südufer des Miño ist vor allem das Portal der einschiffigen romanischen Kirche sehenswert.
Orense. Die Hauptstadt (100 000 Einwohner) der gleichnamigen Provinz ist einen Besuch wert. Eine der Brücken westlich der Altstadt, Puente Romano, deren Fundamente die Römer gelegt hatten, wurde von den Spaniern vollendet, später zerstört und schließlich wieder aufgebaut. Die malerische Altstadt hat schöne Plätze, z. B. die Plazuela de Magdalena (hier steht ein Kruzifix mit der trauernden Maria) oder die Plaza del Hierro mit einem Brunnen aus dem Kloster Osera. Die von engen Gassen umgebene Kathedrale ist eine der schönsten Kirchen Galiciens. Der vorherrschende Baustil ist gotisch; besonders schön der Pórtico del Paraíso mit seinen farbig gefaßten Figuren. In der Kirche San Francisco sind gotische Sarkophage zu besichtigen. Die Römer ließen sich in Orense wegen der heute noch sprudelnden heißen Quellen nieder. Funde aus der Römerzeit und anderen Perioden sind im Museo Provincial de Arqueología im ehemaligen Bischofspalast ausgestellt.
Ribadavia. Die Stadt mit 7000 Einwohnern war unter García I. Residenz und Hauptstadt Galiciens. Von den vielen Baudenkmälern ist das auffallendste die Ruine des Schlosses der Condes de Ribadavia (heute zum Teil Kongreßhalle). Die Kirchen Santiago (auch Museum; beachtenswert die Säulenkapitelle und Holzschnitzereien) und San Juan sind beide romanisch. Auch Santa María de Oliveira hat romanische Elemente. Die Stiftskirche Santo Domingo ist ein schönes Beispiel galicischer Gotik. Ferner gibt es ein altes Judenviertel mit Toren und Bogengängen, wie man sie auch an der Plaza Mayor sieht. Viele archäologische Funde, darunter ein sehr seltenes, bei einer Ausgrabung gefundenes Boot, sind im Museo de Artes y Costumbres Populares zu sehen, und das ländliche Leben von einst wird anhand von möblierten Räumen, alten Trachten – darunter «Regenmäntel» aus Stroh – sowie Werkzeugen und Töpfereien anschaulich dargestellt. Ende April/Anfang Mai findet in Ribadavia der größte Weinmarkt Galiciens – Feiro do Viño do Ribeiro – statt, und die Weinlese wird im September gefeiert. Darüber hinaus nennt sich Ribadavia mit Stolz auch die Theaterhauptstadt Galiciens.
San Clodio. Hier befindet sich ein berühmtes Zisterzienserkloster mit romanischer Kirche. Die Straße, die sich an ihm vorüberwindet, führt in ein Tal; rechter Hand steht ein schönes *pazo* (Herrenhaus).

WEINSTRASSE

Vorgeschlagen werden drei Routen um Ribadavia, zwei davon an den Ufern des Miño entlang, wobei die östliche mit einem Besuch von Orense verbunden werden kann. Die dritte Route führt durch das Avia-Tal zum Kloster San Clodio und in das dahinter liegende Tal; nordwärts gelangt man in den freundlichen Weinort Pazos.

Vom Platz in San Clodio sieht man auf das Kloster.

Rías Baixas

Die grüne Nordwestküste Spaniens ist gekennzeichnet durch tiefe Einschnitte, die sogenannten *rías*, die weit ins Land hineinreichen. Der nördliche Teil dieser Küste heißt Rías Altas, der südliche Rías Bajas. Die Trennungslinie geht vom Kap Finisterre aus, dem westlichsten Punkt Spaniens. Die galicische Form des Namens, nämlich Rías Baixas, wurde für die Denominación de Origen, eine der jüngsten im Land, gewählt.

Die Erhebung in den DO-Rang war der Lohn für intensive Verbesserungsbemühungen. Zwar wurde schon im 16. und 17. Jh. Wein nach England, Italien und Deutschland ausgeführt, doch zu Beginn des 20. Jh. begann in Rías Baixas der Niedergang. Nachdem die Reblaus die Weinberge verwüstet hatte, wurden diese mit Hybridreben und anderen minderwertigen Rebsorten neu bestockt. Erst Anfang der 80er Jahre wurden bessere Traubensorten wieder gefördert. Gleichzeitig investierten viele Weinerzeuger in moderne Ausrüstungen. Dies zog einen vollständigen Wandel nach sich. Bis 1986 gab es kaum fünf Bodegas, die guten Wein hervorbrachten, doch schon drei Jahre später befanden sich rund 50 vom Consejo Regulador genehmigte Marken im Handel.

Investition in Albariño

Eines der Elemente des Erfolgs ist eine hier seit Jahrhunderten angebaute Traubensorte namens Albariño. Sie soll deutschen Ursprungs und im 12. Jh. von Zisterzienser-Mönchen mitgebracht worden sein, als sie das Kloster Armenteira zwischen Pontevedra und Cambados besuchten. Cambados nennt sich die «Hauptstadt des Albariño» und feiert diese Traube jedes Jahr am ersten Sonntag im August mit einem eigenen Fest.

Dieselbe Sorte liefert in Nordportugal den Vinho Verde, aber es liegen Welten zwischen ihm und den Albariño-Weinen von Rías Baixas. Während der weiße Vinho Verde meist alkoholschwach, dafür aber säurereich und perlend ist, werden in Rías Baixas von Albariño Stillweine mit meist wenigstens 12 % Alkohol und ausgeprägtem Charakter gekeltert. Ein typischer Rías Baixas zeigt blumige und fruchtige Elemente mit einer würzigen Note, und er ist nicht so ausgesprochen scharf wie der Vinho Verde. Die meisten Erzeuger im Küstenbereich begünstigen die malolaktische Gärung und damit eine mildere Säure. Weiter landeinwärts, z. B. im Weingut Morgadío, wird das nicht für nötig gehalten.

Der Albariño-Anbau ist schwierig, denn Rías Baixas ist mit rund 1300 mm Niederschlag im Jahr eine der feuchtesten Gegenden Spaniens. Nur im Sommer ist es relativ trocken. Feuchtigkeit bedeutet aber, daß die Reben unter Pilzbefall zu leiden haben. Deshalb werden sie hoch auf eine Art Pergola erzogen, wobei die Triebe zunächst an 1,80 m hohen Granitpfosten aufwärts geführt und sodann auf Drähte geleitet werden. Unkraut hält die Feuchtigkeit fest, es muß also regelmäßig entfernt werden – manche Erzeuger pflügen ihre Weinberge bis zu zwanzigmal im Jahr um. Der Consejo Regulador erlaubt Erträge bis zu 66 hl/ha, in der Praxis sind jedoch 60 hl/ha für Weine guter Qualität am günstigsten. Verglichen mit anderen Weißweinbereichen ist das kein hoher Ertrag. Dies ist einer der Gründe dafür, daß Albariño eine der teuersten Trauben Spaniens ist.

Die moderne Technik hat hier dramatische Veränderungen gebracht. Oder wie ein Winzer es ausdrückte: «In drei Jahren hat sich unsere Weinerzeugung von der Handarbeit zu High-Tech gewandelt.» Druckluftpressen, Edelstahlgärtanks und Kühlanlagen wurden zur Regel. Viele Erzeuger arbeiten mit Schalenmaischung. Auch in den Weinbergen hat die Technik Einzug gehalten. Das

Der nördliche Teil von Rías Baixas liegt an der breiten Ría de Arosa.

Weingut Fillaboa verfügt beispielsweise über eine meteorologische Station, die genau anzeigt, wann gegen Mehltau gespritzt werden muß.

Neuer Optimismus

Der weitgehende Übergang zu Albariño und die Investitionen in technische Ausrüstungen haben in Rías Baixas das Selbstbewußtsein gestärkt. Die Winzer sind voller Optimismus, und so mehren sich die Neuanpflanzungen stetig. Gegenwärtig verfügt Rías Baixas über 1500 ha Rebfläche, doch bis zur Jahrtausendwende wird sie sich wohl stark vergrößert haben. Fast alle Erzeuger, die ich besucht habe, hegten Erweiterungspläne.

Zwar ist Rías Baixas einer der kleineren DO-Bereiche Spaniens, ihn zu erforschen braucht jedoch einige Zeit, weil sich die Rebfläche auf ein ziemlich großes Gebiet verteilt. Auch ist er kein kompaktes Ganzes, sondern besteht aus drei Teilbereichen. Die Bodenzusammensetzung ist in diesen Teilbereichen, ja von Weinberg zu Weinberg unterschiedlich. In der Regel jedoch sind die Böden sandig, leicht sauer und nicht sehr tiefgründig. Der nördlichste Teilbereich ist Val do Salnés auf einer Halbinsel zwischen der Ría de Arosa und der Ría de Pontevedra. Die «Albariño-Hauptstadt» Cambados ist hier das Zentrum der Weinproduktion. Der zweite Teilbereich heißt O Rosal und liegt an der Miño-Mündung an der Grenze zu Portugal. Hier wurden viele Terrassen angelegt. Flußaufwärts, wo Tea und Miño zusammenfließen, befindet sich als dritter Teilbereich Condado de Tea. Früher hatte Val do Salnés den besten Ruf, inzwischen aber hat das Condado de Tea eine wachsende Zahl führender Erzeuger aufzuweisen, u. a. Fillaboa, Marqués de Vizhoja und Morgadío. In allen drei Teilbereichen ist sortenreiner Albariño-Wein die Spezialität, aber es werden auch weiße Verschnitte (Bezeichnung nur Rías Baixas) produziert; sie müssen mindestens 70 % Albariño enthalten.

Oben: *Der Hafen von Cambados, der «Hauptstadt des Albariño».* Rechts: *Die Bodegas Marqués de Vizhoja befinden sich in einem* pazo *aus dem 18. Jh. mit Wachttürmen. Die eigentliche Weinkellerei liegt weiter unten am Fuß des Berges.*

BEDEUTENDE ERZEUGER

Bodega Morgadío, 36420 Albeos. José Antonio López Dominguez und seine vier Freunde wurden «die Verrückten von Albeos» genannt, als sie 1984 begannen, um das Dorf Albeos bei Creciente im Miño-Tal Land zu kaufen und zu bepflanzen. Die Leute hier sahen keine Zukunft im Anlegen neuer Weinberge für Qualitätswein. Doch die Skeptiker behielten nicht recht, denn die Weine des Guts Morgadío zählten bald zu den besten in Rías Baixas. Sie wurden u. a. sogar in die USA exportiert.

Die Rebfläche umfaßt knapp 30 ha in drei Lagen. Der Dünger für die Weinberge stammt von einer eigenen Schafherde. Das Lesegut wird in hochmodernen Anlagen verarbeitet. Sobald Kerne und Stiele aus dem Most entfernt sind, beginnt eine 14stündige Schalenmaischung bei 7 bis 8 °C. Dann schließt sich der eigentliche Gärvorgang bei 17 bis 19 °C an. Es erfolgt eine strenge Auswahl nach der Qualität der Trauben und des Mosts. Der einfachste, aber durchaus nicht etwa ungefällige Weißwein ist der Carballo do Rei mit 45 % Albariño. Die beiden anderen Weine bestehen rein aus Albariño: der geschmeidig-frische, recht substanzreiche Torre Fornelos und der in Qualität, Tiefe und Charakter noch höher stehende Morgadío, der sich durch feste, lebendige Art mit leicht würziger und blumiger Note und exotischer Frucht auszeichnet. Dieser köstliche Rías Baixas hat in Spanien und im Ausland zu Recht schon viel Anerkennung geerntet.

Bodegas Marqués de Vizhoja, 36438 Arbo. Auf der Nordseite des Miño-Tals steht ein elegantes Landhaus aus dem 18. Jh. mit Wachttürmen. 1976 begann Mariano Pelaez Lomana einen Weinberg darum herum anzulegen, der sich inzwischen auf 12 ha ausgewachsen hat und den sauberen, frischen sortenreinen Albariño-Wein Torre La Moreira mit zart fruchtig-blumigem Bukett liefert. Der Folla Verde ist ein einfacherer Rías Baixas mit 70 % Albariño. Das Weingut verfügt über moderne Ausrüstungen in der 1980 gebauten Kellerei. Der Name Marqués de Vizhoja steht auch für einen erfolgreichen Weißwein von Mariano Pelaez, der jedoch keinen DO-Rang hat und in der Qualität weit hinter den anderen einzuordnen ist. Bei einem Besuch des Weinguts sollte man sich die restaurierte Kapelle anschauen.

Benito Vázquez García, 36636 Barrantes. Kleines 3-ha-Gut. Wie der Besitz heißt auch der Wein Carballal. In guten Jahren ist er sanftfrisch, duftig und lebendig.

Bodegas Castro Martín, 36636 Barrantes. Das Haus verarbeitet Lesegut von den eigenen 14 ha wie auch von anderen Winzern. Die Marke lautet Casal Caeiro. Die Art des Albariño-Weins schwankt zwischen erfrischend und perlend bis nichtssagend und lieblich.

Bodegas Chaves, 36636 Barrantes. Die dynamische Bodega verarbeitet Lesegut von den eigenen 9 ha und kauft noch Frucht und fertigen Wein zu. Der Castel de Fornos (100 % Albariño) ist der Spitzenwein. Er hat gute Struktur, sanft fruchtigen Geschmack und schönen Abgang.

Bodegas Salnesur, 36639 Cambados. Die 1988 gegründete, in einem etwas nüchtern aussehenden weißen Gebäude in dem Dorf Castrelo untergebrachte Bodega ist technisch bestens ausgestattet und verarbeitet gekauftes Lesegut. Condes de Albarei lautet der Name des fruchtigen sortenreinen Albariño-Weins, der im Geschmack oft interessanter ist als im Duft.

Bodegas de Vilariño-Cambados, 36639 Cambados. Die 1986 eingerichtete Kellerei verarbeitet Lesegut von 140 Winzern im Val do Salnés. Als Marke wird der Name Martín Codax (Gründer von Vigo) benutzt. Heute ist dieser Albariño-Wein überdurchschnittlich gut.

Daniel Alonso González, 36760 Eiras. Ende der 1980er Jahre wurde die Bodega von Grund auf neu aufgebaut, wobei die Tradition der modernen Technik weichen mußte. Gleichzeitig vergrößerte Daniel Alonso seine Rebfläche von 7 auf rund 40 ha. Der O Aforado, ein kühl vergorener Wein (90 % Albariño), ist recht fest, saftig und erfrischend mit einer gewissen Frucht.

Limeres Rodríguez, 36770 El Rosal. Erzeugt den ausgeprägten Albariño La Val mit Nuancen von Frucht, Blumigkeit und Würze. Das 1985 gegründete 4-ha-Gut liegt in San Miguel Tabagón. Es wird auch Lesegut zugekauft.

Santiago Ruiz, 36770 El Rosal. Das Haus ist über 100 Jahre alt und verarbeitet praktisch nur gekauftes Lesegut. Der weiße Rías Baixas wird in Bordeaux-Flaschen mit auffallendem Etikett verkauft und besteht zu rund 80 % aus Albariño. Die Qualität dieses fruchtigen Weins ist gut.

Fernández Cervera Hermanos, 36847 Fornelos. 1982 gegründetes 26-ha-Gut; es gehört der bedeutenden Firma La Rioja Alta. Der Wein, ein sortenreiner Albariño, heißt Lagar de Cervera und ist angenehm vollmundig, mild, sanftfrisch mit einem Anflug von Frucht.

Valdamor, 36968 Meaño. Stilvoll präsentierter Albariño-Wein mit viel Charme und von makelloser Qualität.

Adega Mar de Frades, 36619 Rubiáns. Erzeuger zweier Albariño-

Weine: Casabella und Mar de Frades. Der letztere ist der bessere von beiden und bietet sauberen, vorzüglichen Geschmack, der herrlich zu Meeresfrüchten paßt.

Fillaboa, 36450 Salvaterra de Miño. Die *granxa* Fillaboa liegt an der Einmündung der Tea in den Miño. Der Eingang befindet sich neben einer römischen Brücke. Hier werden Kiwis angebaut, doch der Schwerpunkt liegt auf Albariño-Trauben; 19 ha sind mit dieser Sorte besetzt. Der Wein wird in einer schmucken, geräumigen Halle mit 1988 installierten Edelstahltanks produziert. Im Weinberg steht eine meteorologische Meßstation, die genau angibt, wann die Reben gegen Mehltau behandelt werden müssen. Der Fillaboa ist einer der besten aus Rías Baixas: hell, mit einem Anflug von Frucht und Würze und voll sanfter Frische. Den ersten Jahrgängen fehlte es noch etwas an Tiefe, doch dieser Fehler gab sich von selbst mit zunehmendem Alter der Weinstöcke. Im Empfangsraum hängen Jagdtrophäen an den Wänden. Ein feiner, milder Albariño-Branntwein gehört ebenfalls zum Programm.

Agro de Bazán, 36628 Tremoedo. Das 1988 gegründete Haus kauft Trauben als Ergänzung zum Lesegut von eigenen 15 ha und bringt zwei Albariño-Weine, beide unter dem Markennamen Granbazán, auf den Markt. Der in der braunen *flute* verkaufte ist der bessere, denn er wird ausschließlich von der ersten Pressung gewonnen.

Reise-Informationen

HOTELS UND RESTAURANTS

Parador Conde de Gondomar, 36300 Bayona, Tel. (86) 355000. Das L-förmige Hotel, das beste in Galicien, befindet sich in einem schönen alten, von einer Mauer umgebenen Gebäude. Es steht auf einer kleinen Halbinsel mitten zwischen Pinien und Eukalyptusbäumen und bietet schöne Aussicht über die Rías de Bayona und de Vigo. Neben Meeresfrüchten ist hier Kalbfleisch eine Spezialität.

Parador del Albariño, 36630 Cambados, Tel. (86) 542250. Ein recht nüchtern wirkendes Hotel in einem ehemaligen *pazo* (Herrenhaus). Im Restaurant gibt es viel frischen Fisch und natürlich Albariño-Weine.

O'Pozo, 36880 La Cañiza, Tel. (86) 651050. Einfaches Hotel, aber mit Bar, Restaurant und Swimmingpool, an der Straße zwischen La Cañiza und Orense. Die nach hinten gelegenen Zimmer sind am ruhigsten.

Reveca, 36880 La Cañiza, Tel. (86) 651426. In dem nüchtern eingerichteten Restaurant werden Gerichte der Region serviert, u. a. ein monumentaler *cocido gallego*, der traditionelle galicische Eintopf. Der Rotwein des Hauses paßt gut dazu. Fein sind hier Lamm und Spanferkel, aber auch der *jamón serrano*, eine Lokalspezialität.

Los Abetos, 36209 Nigran, Tel. (86) 368147. Restaurant an der Küstenstraße zwischen Vigo und Bayona. Schmackhafte Fleischgerichte vom Grill und aus dem Ofen. Der selbstgeräucherte Fisch ist empfehlenswert. Große Weinkarte mit vielen Weinen der Gegend und einer reichlichen Rioja-Auswahl.

Parador Casa del Barón, 36000 Pontevedra, Tel. (86) 855800. Hier ist man in einem galicischen *pazo* mit schönem Garten und imposanten Steintreppen untergebracht und kann im Restaurant nach Herzenslust Fisch und Meeresfrüchte genießen. Das Hotel befindet sich in der Altstadt.

Parador San Telmo, 36700 Túy, Tel. (86) 600309. Ziemlich kleines Hotel unterhalb der Stadt mit ihrer festungsähnlichen Kathedrale. Der ehemalige *pazo* bietet Aussicht auf das Miño-Tal bis nach Portugal. Traditionelle Küche, u. a. Neunaugen.

Amarante, Roupeiro 84, 36200 Vigo, Tel. (86) 224048. Kleines Restaurant mit gutem und preiswertem Essen. Viele Gerichte sind nach portugiesischer Art zubereitet.

Ciudad de Vigo, Concepción Arenal 5, 36201 Vigo, Tel. (86) 435233. Komfortables, recht modernes, aber ansonsten charakterloses Hotel mit Garage in Hafennähe.

Estoril, Lepanto 12, 36201 Vigo, Tel. (86) 436122. Einfaches, aber annehmbares (und billiges) Hotel in Bahnhofsnähe.

El Mosquito, Plaza Villavicencio 4, 36202 Vigo, Tel. (86) 433570. Am Ort sehr beliebt. Die Seezunge schmeckt hier vorzüglich, ebenso *cabrito asado* (Zickelbraten).

Sibaris, Avenida García Barbón 122, 36201 Vigo, Tel. (86) 221526. Der Eingang ist in einer kleinen Einkaufspassage versteckt, und das Restaurant selbst befindet sich in der ersten Etage. Es wirkt elegant, mit ruhigen Farben. Die größte Überraschung aber sind die von der schlanken Doña Antonia («Toñi») zubereiteten Gerichte. Sie ist eine der besten Köchinnen Spaniens (wenn nicht ganz Europas) und bewirtet ihre Gäste mit Kreationen von höchster Raffinesse. In meinem Gedächtnis geblieben sind ein köstlicher Salat mit marinierter *lubina* (Seebarsch), himmlische *croquetas de marisco* (Muscheln) und rosmarinduftige *merluza* (Seehecht) mit Tomatenmousse. Auf der Weinkarte stehen erstklassige Albariños.

El Timón Playa, Playa de Corujo, Corujo, 36200 Vigo, Tel. (86) 490815. Eine der besten Adressen für frische Meeresfrüchte.

SEHENSWERTES

Arbo. Um den Ort bieten sich ständig wechselnde Ausblicke über das Miño-Tal. Hier befindet sich auch die exzellente Bodega Marqués de Vizhoja. Die Spezialität von Arbo ist Neunauge, ein auch in der Gegend von Bordeaux vorkommender Süßwasserfisch.

Armentera. Wahrscheinlich wurden die ersten Albariño-Reben in dieses herrlich gelegene Kloster aus dem 13. Jh. gebracht.

Cambados. Der Fischerhafen bezeichnet sich auch als «Hauptstadt des Albariño» und hält deshalb zu dessen Ehren am ersten Sonntag im August ein Fest mit geschmückten Wagen, Musikkapellen, Tanzgruppen, Feuerwerk usw. ab. In Cambados gibt es viele schöne Stadthäuser (*pazos*); das imposanteste ist das Fefiñes an der gleichnamigen Plaza.

La Cañiza. Der 570 m hoch gelegene Ort ist berühmt für seinen herrlichen Schinken, dem hier am 15. August die *Festa do Xamón* gewidmet wird.

Combarro. An der *ría* entlang sieht man viele *horreos* aus Granit – Scheunen, in denen früher die Maiskolben zum Trocknen lagerten. Der Ort selbst besitzt gekachelte Balkone.

Hío. Im Atrium der romanischen Kirche San Andrés befindet sich der schönste *crucero* in Galicien – eine in Granit gemeißelte Kreuzabnahme.

Pontevedra. Die Altstadt der Provinzhauptstadt verdient einen Besuch schon wegen der Kirche der Virgen Peregrina (in Muschelform), der Basilika Santa María la Mayor (16. Jh.) sowie San Francisco (teilweise 14. Jh.), aber auch wegen der malerischen Plaza de la Leña mit Arkaden und verwittertem Kruzifix. Das Museo Municipal in zwei Stadthäusern aus dem 18. Jh. enthält prähistorische Funde, eine Admiralskajüte, eine antike Küche sowie Gemälde spanischer, holländischer und italienischer Meister.

Túy. Aus der Ferne wirkt die Kathedrale in der auf einem Berg erbauten Stadt eher wie eine Festung. Sie ist dreischiffig und stammt aus dem 12. bis 18. Jh., so daß mehrere Baustile vertreten sind. Jeden Donnerstag findet in der kleinen Stadt ein spanisch-portugiesischer Markt statt, wo auch Handwerkszeug angeboten wird. Außerdem ist Túy für seine Aale berühmt.

Vigo. Die geschäftige, immerfort wachsende Stadt mit 260 000 Einwohnern steht an der größten *ría* der Region. Sie ist Spaniens bedeutendster Fischereihafen und verfügt über viel Industrie. Vom Castillo del Castro und seinem Park hat man einen Blick über die Stadt und die Bucht. Die malerische Altstadt, das Viertel Barrio del Berbès, hat steile Gassen. Der Hafen liegt in der Nähe; bei schönem Wetter kann man dort an vielen Jachten vorüberspazieren. Das städtische Musem im Südwesten verfügt über eine reichhaltige Folkloresammlung. Der Zoo und der Mirador de la Madroa mit schöner Aussicht liegen 7 km außerhalb von Vigo.

WEINSTRASSE

Die vorgeschlagene Route verläuft durch die drei Teilbereiche von Rías Baixas. Der Abschnitt nördlich von Vigo und die Schleife südlich der Stadt benötigen jeweils einen ganzen Tag – wenn man sich die Städte und Dörfer ansehen, Weinerzeuger besuchen und unterwegs zu Mittag essen möchte. Hat man nur einen Tag zur Verfügung, dann empfehle ich die südliche Route allein, weil man hier immer neue Ausblicke über das grüne Tal des Miño genießen kann.

Die prächtige Bibliothek in dem von Philipp II. im 16. Jh. erbauten Kloster El Escorial.

Osten und Mitte

Während in Nordspanien mehrere Weinbaugebiete schon seit Jahrzehnten um Qualität und Export bemüht waren, versorgte Mittelspanien einen noch immer durch Protektionismus geschützten, unkritischen Inlandsmarkt massenweise mit einfachem, billigem Wein. Bis weit in die 1970er Jahre hinein hätte es wenig Sinn gehabt, diese Gegend zu durchforschen und zu beschreiben, denn die Weine waren kaum von Interesse und wurden auch nur zu einem kleinen Teil in Flaschen abgefüllt. In den 80er Jahren fand jedoch der große Kurswechsel in Richtung Qualität statt. Der Riese war endlich aufgewacht, und was dabei herauskam, ist bemerkenswert. Wer heute durch Zentralspanien reist, wird dort viele interessante, sachkundig bereitete Weine entdecken. Überall wurden die Kellereien renoviert und mit modernen Ausrüstungen versehen.

Der Wandel greift um sich

Am spektakulärsten sind die Fortschritte in La Mancha, wo aus dem nichtssagenden, flachen Wein der weißen Airén-Traube ein lebendiger, erfrischender, köstlicher Durstlöscher geworden ist. Gleichzeitig wurde hier und im benachbarten Valdepeñas das Niveau vieler Rotweine angehoben. Freilich verfügen noch nicht alle Erzeuger in diesen DO-Bereichen über moderne Ausrüstungen, aber auch die Nachzügler können nicht mehr lange auf sich warten lassen, denn für die Weine der alten Art gibt es immer weniger Abnehmer. Niemand kann mehr ohne die neue Technik auskommen, sie ist zur zwingenden Notwendigkeit geworden. Das hat man auch in den DO-Bereichen der Levante östlich von La Mancha erkannt. Fünf großen Bodegas ist es zu verdanken, daß Valencia jetzt gut gerüstet ist, und ähnliches gilt auch für viele Erzeuger in Utiel-Requena. In Alicante, Bullas, Jumilla und Yecla haben sich erst wenige zu dieser Einsicht bekehrt, doch es werden sicherlich noch mehr werden.

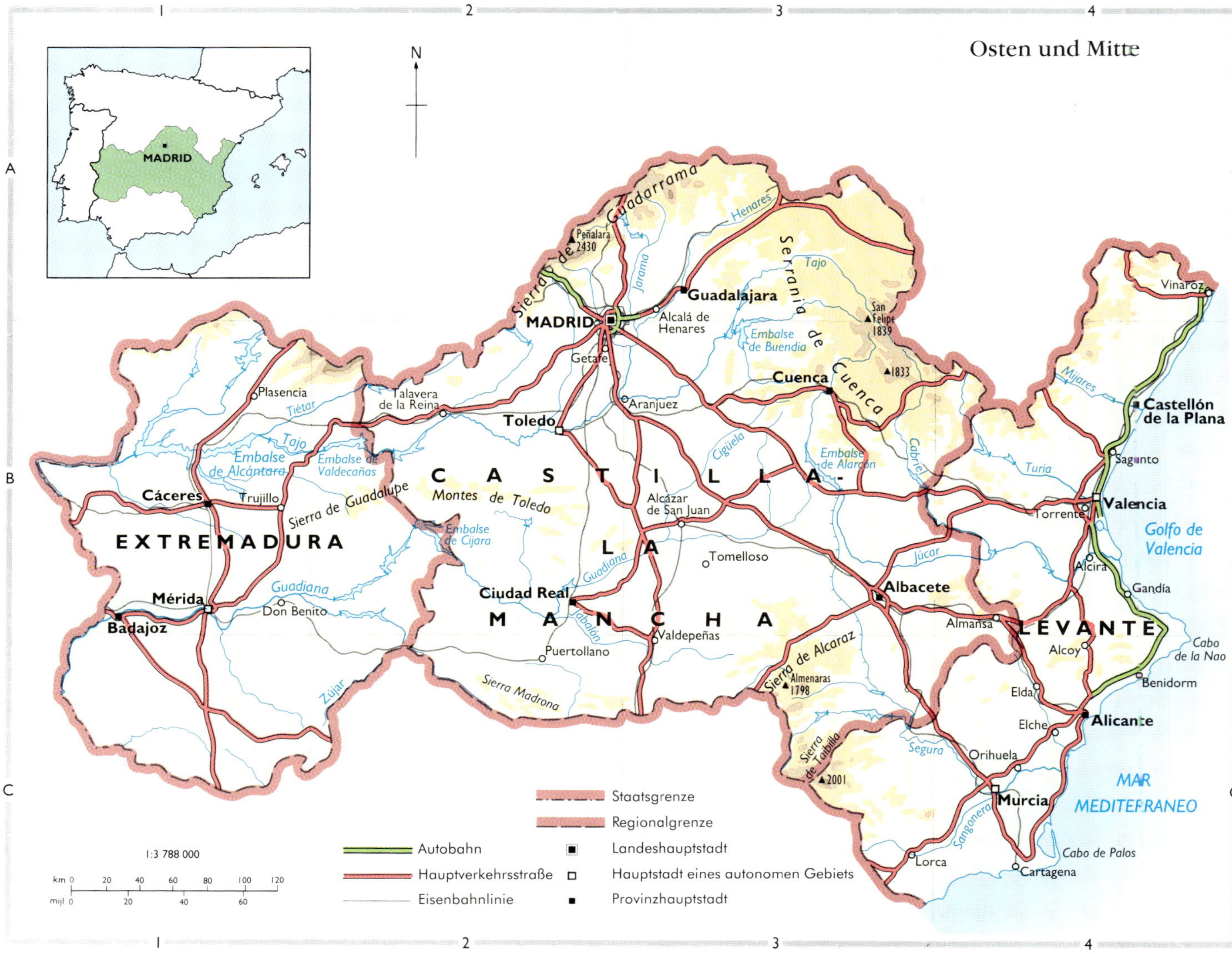

Der prachtvolle, reichverzierte Kreuzgang des Klosters San Juan de los Reyes in Toledo.

Nördlich von La Mancha liegen die DO-Bereiche Vinos de Madrid, wo die Entwicklung voll im Gang ist, und Méntrida, wo sich bisher nur sehr wenig tut. Dabei beweist Marqués de Griñon ganz eindeutig, daß auch hier hochwertiger Wein entstehen kann: Unmittelbar südlich von Méntrida erzeugt dieses Haus wundervolle, hochgepriesene Weine vorwiegend von französischen Traubensorten. Westlich von La Mancha wird, wenn auch in bescheidenem Umfang, ebenfalls Wein gebaut. Der führende Bereich ist Tierra de Barros bei Badajoz nahe der portugiesischen Grenze. Hier hält die Inviosa (Industrias Vinícolas del Oeste) in Almendralejo die Spitzenposition. Ihre faßgereiften Tempranillo-Rotweine der Marke Lar de Barros haben sich international schon einen guten Namen gemacht.

Reiches Erbe

Die Mitte Spaniens hält für den Besucher nicht nur Überraschungen in der Sphäre des Weins bereit, sie läßt ihn auch am großen Erbe des Landes teilhaben. Wenn man Toledo mit seinen großartigen Bauwerken und Kunstschätzen durchwandert, kommt das einer Reise in die Vergangenheit gleich, denn in dieser Stadt gelangte die christliche, islamische und jüdische Kultur gleichermaßen zu hoher Blüte. Unter den Mauren war die Stadt ein Zentrum der Gelehrsamkeit – Christen und Juden brachten sie größte Toleranz entgegen. Die Synagoge El Tránsito aus dem 14. Jh. mit ihrem

Ein römischer Aquädukt spannt sich über die Stadt Segovia.

reichen, durch hebräische Tradition und den Mudéjar-Stil zugleich geprägten Schmuck ist dafür ein großartiges Beispiel. Um diese Zeit entwickelte sich in Toledo die berühmte Übersetzerschule, die in der westlichen Welt das Wissen über die arabische Medizin, Kultur und Philosophie verbreitete. Toledo war auch die Heimat von El Greco – die prächtige Kathedrale enthält viele Werke von seiner Hand.

In Elche bei Alicante, wo Tausende von Palmen wachsen, glaubt man sich in Arabien. Nordwärts gelangt man in einen einstigen Feudalstaat, dessen Macht sich in mittelalterlichen Burgen wie Chinchilla de Monte Aragón, Sax und Villena spiegelt – Zeugen einer Zeit, in der sich Christen und Mauren bekämpften. Auch auf der Hochfläche von La Mancha sind sie zu finden, neben anderen aus der Zeit vor der Vereinigung von Kastilien und Aragón.

Der Mann von La Mancha

Die Gestalt, der man hier im Herzen Spaniens am meisten begegnet, stammt jedoch aus einem Buch: Don Quixote. Sein Name und sein Bild schmücken Gebäude, Reklameschilder, Weinetiketten und alle möglichen Touristenandenken. Don Quixote, der «Mann von La Mancha», entstammt der Feder von Miguel de Cervantes, der 1547 in Alcalá de Henares – damals eine Universitätsstadt – geboren wurde. Er führte ein Abenteurerleben, wurde als Soldat in Italien verwundet und brachte fünf Jahre als Sklave in der Türkei zu. Nach einer Reihe anderer Werke schrieb er 1605 den ersten Band seines «Don Quixote», einer brillanten Satire, in der er die Gesellschaftsordnung seiner Zeit in subtiler, oft humoriger Weise der Lächerlichkeit preisgab – die damaligen Edelleute mußten standesgemäß leben, auch wenn sie in Wahrheit hungerten und so mager waren wie Don Quixote. In dem Buch müht sich der ältliche fahrende Ritter in seiner idealistischen Weise darum, die Welt zu verbessern; begleitet wird er von seinem getreuen, einfachen, aber bauernschlauen Knappen Sancho Panza. Gemeinsam bestehen sie viele Abenteuer, darunter auch den berühmten Kampf mit den Windmühlenflügeln. 1615 schrieb Cervantes dann den zweiten Band des «Don Quixote», und ein Jahr später, am 23. April 1616, starb er – am gleichen Tag wie Shakespeare. Welche Wirkung Cervantes hatte und noch hat, zeigt sich nicht nur daran, daß sein Buch noch heute gelesen wird, sondern auch an den vielen Ausgaben, die inzwischen erschienen sind. Im Cervantes-Museum in El Toboso, La Mancha, sind allein 400 zu sehen; das Museum in Castillo de Perelada, Ampurdán-Costa Brava, zeigt sogar deren 1000 in 30 verschiedenen Sprachen.

Kunst und Handwerk

Ebenfalls charakteristisch für Zentralspanien sind Kunst und Handwerk in vielfältigen Ausdrucksformen. Kunsthandwerkliche Keramiken entstehen in der Provinz Valencia wie auch in den Städten Talavera de la Reina und Toledo, das auch für Schmuck und Stahl (insbesondere Degen) – ein maurisches Erbe – berühmt ist. Die Spitzenklöppelei ist in vielen Städten und Dörfern heimisch, v. a. in Almagro (La Mancha) und Monóvar (Alicante). Viele Kunstfertigkeiten dieser Art werden seit Jahrhunderten geübt, und sie vermitteln dem Besucher ein Gefühl dafür, wie tief verwurzelt hier historische Bindungen sind.

Landschaft bei Camporrobles, Utiel-Requena.

Castilla-La Mancha

Hauptstadt: Toledo
Provinzen: Albacete, Ciudad Real, Cuenca, Guadalajara, Toledo
Fläche: 29 226 km²
Einwohnerzahl: 1 665 000

Das frühere Neukastilien (Castilla la Nueva) ist heute *autonomía* mit fünf Provinzen: Albacete, Ciudad Real, Cuenca, Guadalajara und Toledo. Im Süden und Osten grenzt es an die *autonomía* Madrid. Das charakteristischste Element in der Landschaft von Castilla-La Mancha ist die *meseta* im Süden, eine weite Hochebene zwischen dem Tal des Tajo und der Sierra Morena. Im 18. Jh. schrieb der britische Major William Dalrymple auf dem Ritt von Gibraltar nach Galicien, dieses Plateau erinnere ihn an eine ruhige See. Die Mauren nannten die in einer mittleren Höhe von 700 m gelegene Hochebene *manxa,* «trockenes Land». Im Sommer herrscht hier sengende Gluthitze, und im Winter peitscht ein eisiger Wind über das Land. Die Temperaturextreme liegen bei +44 und −22 °C, und Regen fällt nicht oft. Angesichts so unwirtlicher Verhältnisse ist man überrascht, so viele Städte und Dörfer anzutreffen. Die Häuser drängen sich meist eng zusammen, als ob sie beieinander Schutz vor den Elementen suchten. Andererseits ist der Hauptplatz – die Plaza Mayor – oft sehr prachtvoll; besonders schöne Beispiele sieht man in Almagro und San Carlos del Valle, aber auch in Daimiel, La Solana, Tembleque und anderswo.

Blick über die Weinberge bei Almansa.

Jagdgefilde

Das Tafelland von La Mancha ist aber nicht die einzige Landschaft in dieser *autonomía,* fast den ganzen westlichen Teil nehmen die Montes de Toledo ein. Dieses stark verwitterte, einsame Gebirge ist durch ein weites Hügelland mit der Sierra Madrona im Süden verbunden. Im Osten erhebt sich die reich mit Naturschönheiten gesegnete Serranía de Cuenca, und im Südosten liegt die Sierra de Alcaraz, Quellgebiet vieler Flüsse, zum Beispiel des Mundo mit seinem hohen Wasserfall und der Guadiana, die den südlichen Teil der Hochfläche, an manchen Stellen unterirdisch, durchfließt. Im Gebirge gibt es viel Wild, und deshalb machen sich in der Saison große Jagdpartien – manchmal sogar aus dem Ausland – nach Castilla-La Mancha auf.

Windmühlen

Die durch Don Quixote berühmt gewordenen weißen Windmühlen sind zu Wahrzeichen der Hochebene geworden, man trifft sie aber nur an bestimmten Stellen an, so in Alcázar de San Juan, Campo de Criptana, Consuegra, Mota del Cuervo und Valdepeñas. Meistens stehen sie in Gruppen beisammen; die ältesten stammen aus dem 16. Jh. – bei ihrem Bau stand holländische Technik Pate. Sie erinnern an eine Zeit, als in La Mancha vor allem Getreide angebaut wurde. Heute aber wachsen auf der *meseta* auch Wein und Oliven, und die zylindrischen Silhouetten der Gärtanks sind inzwischen viel typischer für das Landschaftsbild.

Schwerpunkt Weißwein

Jahrhundertelang war La Mancha eine Art Niemandsland zwischen Christen und Mauren, und der Weinbau hatte hier wenig Bedeutung. Als dann im 13. Jh. die Mauren vertrieben waren und im Süden die Stadt Valdepeñas entstand, nahmen die Weinberge rasch zu – die streitbaren Mönche von Calatrava trugen viel dazu bei. Später kamen Weine aus dieser Gegend sogar am spanischen Hof auf die Tafel. Allerdings schrieb 1764 ein Franzose namens Fleuriot, für keinen Preis der Welt lasse er sich darauf ein, den Wein von La Mancha unverdünnt zu trinken, denn er schmecke nach Schwefel, sei tintenschwarz und so schwer, daß man von einem Glas schon betrunken werde. Ein Jahrhundert danach berichtete der Reverend Joseph Townsend, er habe in Manzanares exzellente Weine gekostet, die den Duft bester Burgunder mit der Stärke des Portweins vereinten. Seit dem Beginn des 20. Jh. wird hier nun allerdings vorwiegend die Airén-Traube angebaut, die einfachen Weißwein liefert, manchmal aber auch mit Rotwein verschnitten sowie in Jerez von der Brandy-Industrie verarbeitet wird. Interessant wurden sortenreine Airén-Weine jedoch erst in den 1980er Jahren, als moderne Kellertechniken ihnen zu besserer Qualität verhalfen. Die zweitmeist angebaute Traubensorte ist Tempranillo, hier als Cencibel bekannt. Die Rebfläche der beiden DO-Bereiche auf dem Plateau, La Mancha und Valdepeñas, ist zu 75 bzw. 85 % mit Airén besetzt. Mit insgesamt 170 000 ha und

Windmühlen sind auf der Hochfläche von La Mancha ein vertrauter Anblick.

rund 420 aktiven Bodegas ist La Mancha nicht nur das größte Weinbaugebiet in Castilla-La Mancha, sondern in ganz Spanien, ja sogar in Europa.

Weitere Bereiche

Die beiden anderen DO-Bereiche liegen am Rand des Tafellands, und hier herrschen andere Traubensorten vor. Der Bereich Méntrida nordwestlich von Toledo bringt schwere Rotweine von Garnacha hervor, und im äußersten Südosten trägt eine DO mit festen Rotweinen von Monastrell, Garnacha Tintorera und Cencibel den Namen der Stadt Almansa. Nur ein kleiner Teil der 80 000 Familien, die in Castilla-La Mancha vom Wein leben, ist in den zwei Weinbaugegenden ohne DO-Status ansässig. Die größere ist Manchuela zwischen La Mancha, Almansa und Utiel-Requena (Levante). Hier wird vorwiegend die dunkle Bobal-Traube angebaut, deren Weine meist anonym in Verschnitten untergehen; eine der wenigen Abfüllanlagen steht in der Genossenschaftskellerei Iniesta in der Provinz Cuenca. Das kleinere Gebiet ist Mondéjar-Sacedón in der Provinz Guadalajara. Die Grundlage bildet hier meist die Malvar-Traube für Weißweine bzw. die Cencibel-Traube für Rotweine. In dem 1990 eingerichteten DO-Bereich Vinos de Madrid sind Malvar für Weißwein sowie Tinto Fino (Tempranillo) und Garnacha für Rotwein am verbreitetsten.

Regionale Küche

Es heißt, König Philipp II. habe 1561 Madrid als Hauptstadt gewählt, weil hier viel bequemer Jagdpartien zu veranstalten seien als in Valladolid, denn es wurde damals in dieser Gegend ebensoviel gejagt wie heute. Es ist nur natürlich, daß Wild, vor allem der niederen Art, in der Küche des Landes einen wichtigen Platz einnimmt. Den Beweis dafür liefern die überall angebotenen *gazpachos manchegos* oder *galianos*. Mit dem kalten *gazpacho* Andalusiens haben sie nichts zu tun, vielmehr handelt es sich dabei um traditionelle Jäger- und Hirtengerichte aus Niederwild aller Art (oft auch Huhn), Wein, Kräutern, manchmal Tomaten, Zwiebeln und Paprika. Dazu gibt es *torta,* ein auf einem heißen Stein gebackenes Fladenbrot; oft benutzt man ein Stück davon als Löffel.

Weinberg in Valdepeñas.

Ein weiteres klassisches Gericht ist *pisto manchego,* ein schmackhafter Gemüseeintopf – die spanische Version der Ratatouille. Wild, sonstiges Fleisch und Gemüse zusammen ergeben *tojunto:* Es heißt, dieses praktische Gericht sei eine Erfindung der Frauen von Almagro, die dadurch Zeit für das Spitzenklöppeln sparten. Auch die als *cocidos* bezeichneten Eintopfgerichte sowie Knoblauchsuppe bekommt man hier oft. Manchmal eröffnet ein Stück Manchego-Käse eine Mahlzeit in La Mancha; sein Geschmack liegt zwischen mild und frisch bis pikant und trocken. Er ist der bekannteste und meistproduzierte spanische Schafskäse. Schließlich ist noch Marzipan als Spezialität von Toledo zu erwähnen; die ursprünglich arabische Delikatesse wird hier wahrscheinlich seit dem 13. Jh. hergestellt.

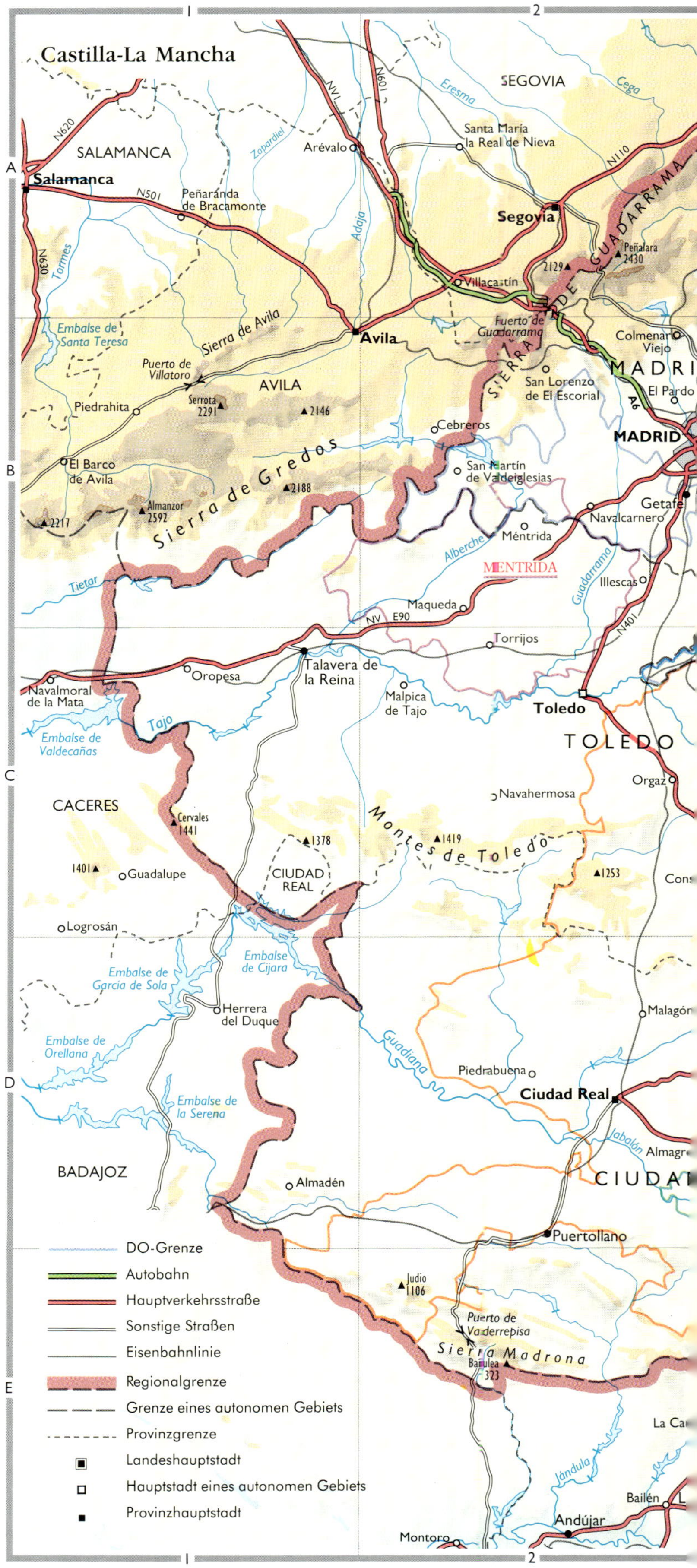

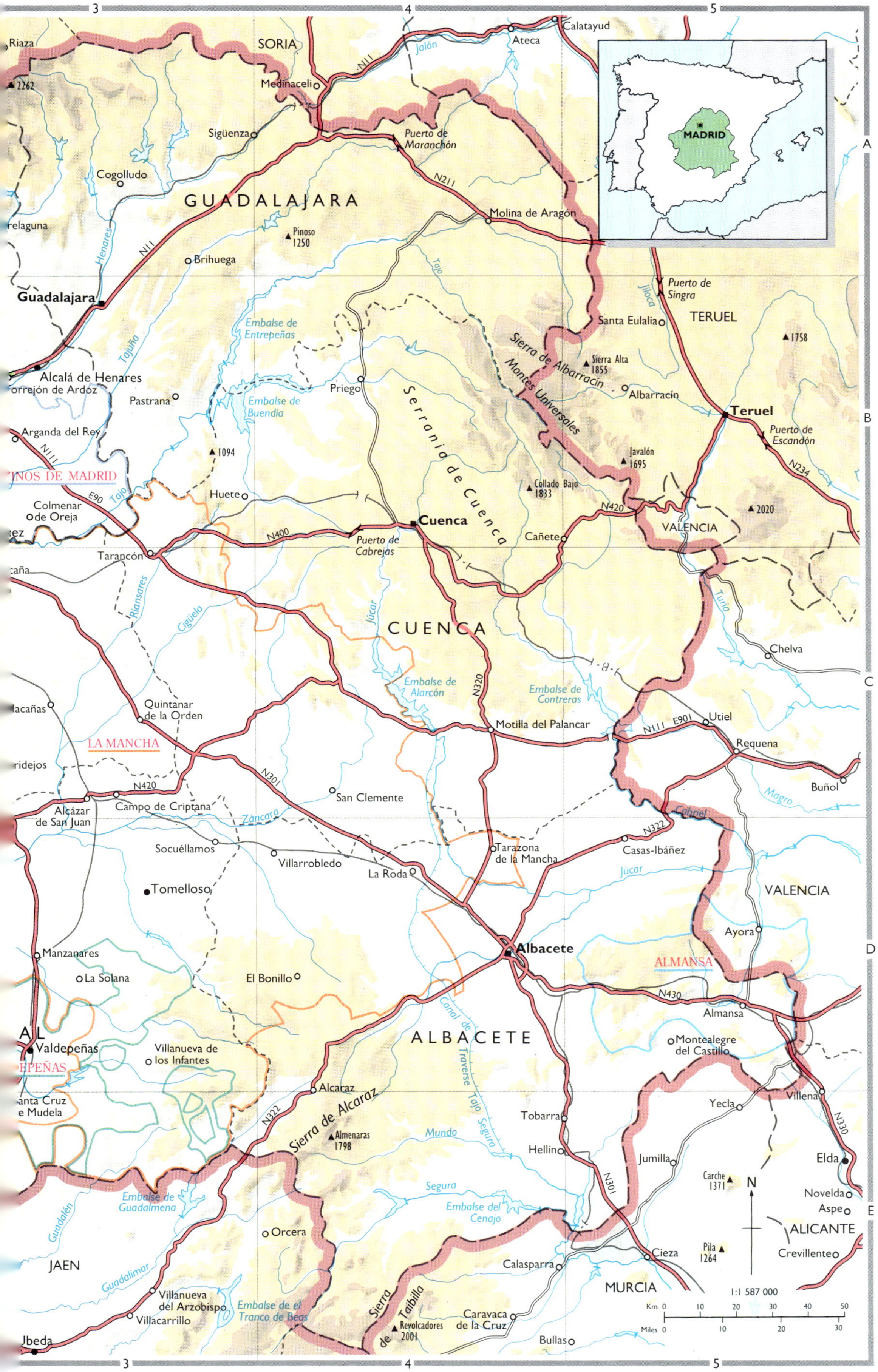

Im Frühjahr sind die Hänge mit Wildblumen übersät.

Vinos de Madrid

Das Erntefest am 7. Oktober 1990 auf der Plaza de Colón hatte für die Winzer des Bereichs Vinos de Madrid besondere Bedeutung: Sie feierten nämlich auch deshalb, weil sie nach sechsjährigen Bemühungen endlich den Status der Denominación de Origen erlangt hatten. Die engen Bindungen der Tierra de Madrid an die Hauptstadt gehen natürlich viel weiter zurück. Aus alten Urkunden erfährt man, daß die Einwohner von Madrid schon im 15. und 16. Jh. viel Wein aus den umliegenden Dörfern tranken. So hieß damals der Wein aus San Martín de Valdeiglesias *vino de reyes*, weil er, wie übrigens auch der Wein von Valdemoro, bei Hof getrunken wurde. Die spanische Literatur erwähnt ebenfalls den Wein aus der Umgebung von Madrid, und Casanova war einer seiner Bewunderer. Nach einer Zeit starken Wachstums im 17. Jh. gingen dann jedoch durch die Ausdehnung der Stadt viele Weinberge verloren. Zu beachten ist auch, daß die DO nur etwa 13 000 ha umfaßt, das ist nicht einmal die Hälfte der Rebfläche in dieser Gegend.

Der DO-Bereich

Der gegenwärtige DO-Bereich besteht aus 55 Gemeinden und erstreckt sich im Halbkreis südlich um die Hauptstadt und ihre Vororte. Zwischen den am weitesten östlich und westlich gelegenen Weinorten liegt eine Entfernung von gut 100 km. Südwärts zieht sich der Bereich knapp über Aranjuez hinaus; von dort ist es nicht mehr weit bis zur Hochebene von La Mancha. Es herrscht kontinentales Klima: Im Sommer steigen die Temperaturen oft bis auf 38 °C, und im Winter sinken sie bis auf –5 °C. Fröste kommen von Mitte Oktober bis Mitte Mai vor, aber alles in allem ist das Klima angenehmer als in La Mancha. Auch ist die Niederschlagsmenge mit 450 mm gegenüber 400 mm etwas höher.

Teilbereiche

Der Consejo Regulador des Bereichs Vinos de Madrid hat drei Teilbereiche festgelegt: Arganda (Osten), Navalcarnero (Mitte) und San Martín de Valdeiglesias (Westen). Auf den größten, Arganda, entfällt allein die Hälfte der Rebfläche des gesamten Bereichs. Der Boden ist reich an Lehm und vor allem Kalk, daher auch die weißliche Farbe. Arganda produziert im Gegensatz zu den anderen Teilbereichen Weißwein in größeren Mengen – mehr als Rot- und Roséwein zusammengenommen –, und zwar insgesamt über 95 % des Weißweins im DO-Bereich Vinos de Madrid. Die Vorschrift erlaubt zwei weiße Trauben, Malvar und Airén. Malvar ist die verbreitetere und traditionsreichere der beiden Sorten; sie wird nur um Madrid angebaut und trotz ihrer kleinen Beeren und harten Schalen auch als Tafeltraube geschätzt. Ihr Wein ist mild und fruchtig mit leichtem Nußgeschmack und einer gewissen Säure. Die Winzer von Arganda experimentieren darüber hinaus auch mit Macabeo, Parellada und anderen weißen Traubensorten. Aber nicht nur beim Weißwein ist dieser Teilbereich führend, sondern qualitativ auch beim Rotwein, der hier von Tinto Fino (Tempranillo) gewonnen wird, während die anderen beiden Teilbereiche ausschließlich Garnacha anbauen. Es gibt nur wenige sortenreine Tinto-Fino-Weine, wenigstens in Flaschen; sie sind in der Qualität oft hervorragend, mit tiefer Farbe, kräftigem Tannin, viel Frucht und schöner Säure. Die meisten Weine bestehen jedoch aus dem Most dunkler und weißer Trauben, sind also eher *claretes* als *tintos*. Ehrgeizige Bodegas in Arganda experimentieren inzwischen auch mit Cabernet Sauvignon und Syrah. Jesús Díaz e Hijos in Colmenar de Oreja kann bereits beste Erfolge vorweisen.

Navalcarnero

Während Arganda 27 Orte umfaßt, zählt der westlich davon gelegene Teilbereich Navalcarnero nur 19, und seine Rebfläche entspricht 15 % der Gesamtfläche. Der Boden ist hier ganz anders zusammengesetzt; er enthält nur wenig Kalk, ist rötlich-braun und hält die Feuchtigkeit gut. Die Landschaft ist im Gegensatz zu dem teilweise stark hügeligen Arganda sanft wellig. Hier wachsen fast nur Rot- und Roséweine, die im wesentlichen auf Garnacha beruhen und daher oft schwer sind. Nur wenn sie mit Temperaturregelung vergoren wurden, lohnen sie das Abfüllen in Flaschen. Frühe Lese wirkt sich günstig auf ihre Qualität aus. Der Mindestalkoholgehalt der *tintos* und *rosados* aus Navalcarnero liegt um ein halbes Prozent höher als in Arganda, d. h. 12 gegenüber 11,5 %, aber ebenso hoch wie in San Martín de Valdeiglesias, dem dritten Teilbereich.

San Martín de Valdeiglesias

Die westlichsten Weinberge dieses Teilbereichs liegen in den Ausläufern der Sierra de Gredos. Die Landschaft ist wie in Navalcarnero sanft wellig, doch der Boden besteht aus einer dünnen, recht unfruchtbaren Schicht brauner Erde über Granit. Hier liefert vorwiegend die Garnacha-Traube kräftige, säurearme Rot- und Roséweine. Sie werden größtenteils anonym in den Abfüllanlagen um Madrid verarbeitet. Auch Weißwein entsteht hier – er macht jedoch nur etwa 3 % der Erzeugung aus –, und zwar von der Albillo-Traube, einer typisch kastilischen Sorte, deren Weine recht aromatisch und sehr alkoholstark sind; in Flaschen werden sie nur selten abgefüllt. San Martín mit 9 Orten und etwa 35 % der Rebfläche steht quantitativ an zweiter Stelle. Die Bedeutung der Genossenschaften ist hier noch größer als in den anderen Teilbereichen; auf sie entfallen rund 90 % der Erzeugung gegenüber etwa 85 % in Navalcarnero und knapp 75 % in Arganda. Aus diesen Zahlen wird ersichtlich, daß die Zukunft des DO-Bereichs Vinos de Madrid weitgehend von den Genossenschaften abhängt.

Tanks und Tinajas

Es stimmt optimistisch, daß mehrere Genossenschaften inzwischen neben den bisherigen kunststoffbeschichteten Betonbehältern auch Edelstahlgärtanks und die dazugehörigen Kühlanlagen eingeführt haben. Auch einige Privatbodegas haben in moderne Ausrüstungen investiert. In den Kellern vieler Erzeuger findet man drei «Generationen» von Gärbehältern nebeneinander in Gebrauch: die traditionellen *tinajas* (riesige Tonamphoren, wie sie in La Mancha noch sehr verbreitet sind), Betonbehälter und Edelstahltanks. Genossenschaften und private Erzeuger investieren immer stärker in Abfüllanlagen; inzwischen können 20 oder 30 Bodegas Wein selbst abfüllen. Doch die Mengen sind noch gering: Weniger als 10 % aller Vinos de Madrid erreichen den Verbraucher als Flaschenwein mit einem numerierten Consejo-Etikett. Der Teilbereich mit der längsten Flaschenweintradition ist Arganda; der größte Teil der Produktion wird in Spanien verkauft, nur wenige Flaschen gehen ins Ausland.

Der Palast und die Statuen im Jardín del Príncipe verleihen Aranjuez eine an Versailles erinnernde Atmosphäre.

BEDEUTENDE ERZEUGER

Bodegas Castejón, 28500 Arganda del Rey. Das Haus mit 50 ha Weinbergen ist auf milde Rotweine, die oft mit 50 % weißen Trauben bereitet werden, spezialisiert. Der jüngste Rotwein, Viña Rey, ist häufig auch der beste.

Bodega Francisco Figueroa, 28380 Colmenar de Oreja. Weingut mit 35 ha Rebfläche. Der jung genußreife rote Figueroa besteht aus 50 % Tempranillo und 50 % Garnacha. Auf der jährlichen Weinprämierung im Bereich wurde er schon öfters als der Beste seiner Klasse ermittelt.

Jesús Díaz e Hijos, 28380 Colmenar de Oreja. Die bekannteste Bodega im Bereich Vinos de Madrid besitzt 60 ha Weinberge, die zu $^{2}/_{3}$ mit Malvar (weiß) und zu $^{1}/_{3}$ mit Tinto Fino (rot) besetzt sind. Der Rotwein (eigentlich ein *clarete*) besteht aus 60 % Malvar und 40 % Tinto Fino und zeichnet sich durch milde, doch feste Art und angenehmen Geschmack aus. Unter der Anleitung des Önologen Juan José Díaz experimentiert die Bodega ferner mit Rotweinen von Cabernet Sauvignon (80 % plus 20 % Malvar), Syrah (mit 30 % weißem Most) und sortenreinem Tinto Fino. Die Experimente haben beste Erfolge gebracht; zweifellos werden zum derzeitigen Programm neue Rotweine hinzukommen. Der Weißwein (100 % Malvar) und der Rosé (100 % Tinto Fino, nur erste Pressung) sind beide sehr zuverlässig mit belebender Frische und kräftiger Frucht. Die meistbenutzte Marke ist Jesús Díaz e Hijos, doch auf einigen Märkten, z. B. in den USA, lautet der Name Colmenar.

Cooperativa Nuestra Señora de la Concepción, 28600 Navalcarnero. Die 1957 gegründete Genossenschaft hat 200 Mitglieder und erbringt etwa 10 % der Produktion im Bereich Vinos de Madrid. Ihr gefälligster Wein ist der feste, nicht zu schwere und recht lebendige rote Valdecepa von Garnacha.

Bodegas Orusco, 28511 Valdilecha. Der rote Viña Main dieses Familienbetriebs ist eine faßgereifte Crianza mit mildem, gefälligem Geschmack und festem Körper; er besteht aus 85 % Tempranillo und 15 % Malvar. Der Bestand umfaßt 130 Fässer; ein Teil des Weins gärt in Edelstahltanks. Neben dem Lesegut aus eigenen 12 ha werden oft über 2000 t zugekaufte Trauben verarbeitet. Als einer von wenigen Erzeugerbetrieben exportiert die Bodega regelmäßig.

Laguna, 28360 Villaconejos. Rühriger Erzeuger mit 80 ha Weinbergen und teils moderner Ausrüstung. Der weiße Valdeguera (100 % Malvar) hat sauberen Geschmack und ist einer der Besten seiner Art aus dieser Gegend. Auch der Rosé hat gutes Niveau, und der Rotwein ist gefällig.

Algaco, 28590 Villarejo de Salvanés. Der fruchtige weiße Jeromín (100 % Malvar) und der trockene Rosé (70 % Tempranillo, 30 % Garnacha) zeigen schöne Klasse. $^{1}/_{4}$ des Leseguts stammt aus eigenen 50 ha.

Die örtlichen Bars beziehen große Mengen Vinos de Madrid.

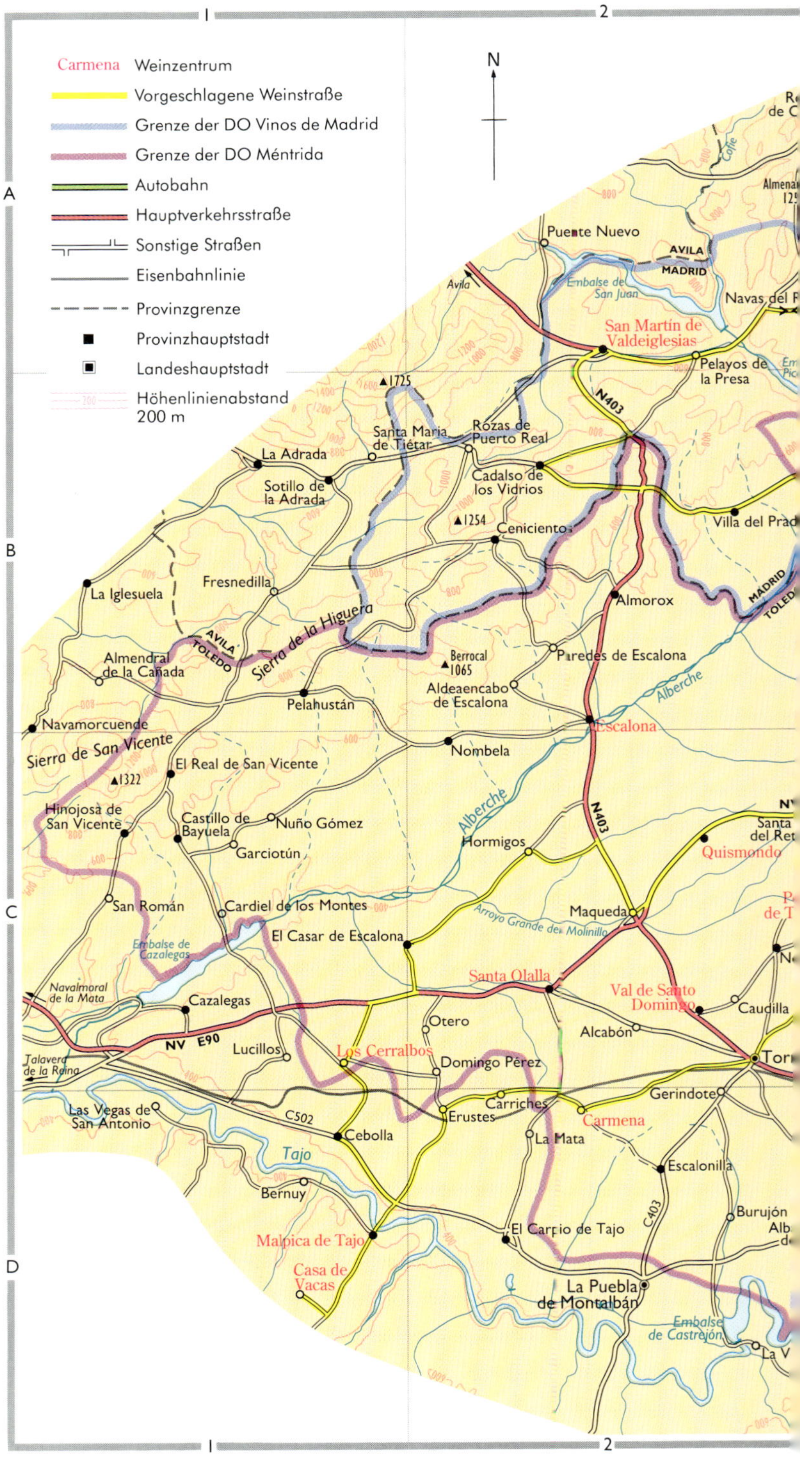

Reise-Informationen

HOTELS UND RESTAURANTS

Casa Pablo, Alímbar 42, 28300 Aranjuez, Tel. (1) 8911451. Sorgfältig zubereitete regionale Gerichte (Fasan), aber auch weniger spezifisch kastilische Küche in traditionellem Ambiente.
Cafe de la Iberia, 28370 Chinchón, Tel. (1) 8940998. Vermutlich das beste Speiselokal der Gegend, in schöner Lage an der Plaza Mayor.
Mesón Cuevas del Vino, 28370 Chinchón, Tel. (1) 8940206. Das Restaurant, das vor allem Weinliebhabern gefallen wird, besteht aus mehreren Räumen in einer ehemaligen Olivenölmühle. Regionale Gerichte, z. B. *chorizo asado*.
Parador, 28370 Chinchón, Tel. (1) 8940836. Augustinerkloster aus dem 17. Jh., umgebaut zu einem Hotel und Restaurant.
La Cantina, 28380 Colmenar de Oreja, Tel. (1) 8944426. Regionale und auch raffiniertere, kreativere Küche. Gute Weinkarte. Außerhalb von Chinchón gelegen.
Felipe IV, 28600 Navalcarnero, Tel. (1) 8110913. Idealer Aufenthalt für ein köstliches Mittagessen auf der vorgeschlagenen Weinstraße: Fisch und Lammbraten. Das Restaurant liegt östlich der Stadt.
Mesón Les Arcos, 28680 San Martín de Valdeiglesias, Tel. (1) 8610434. Bei gutem Wetter kann man auf der Terrasse speisen. Vorzüglicher Zickelbraten. Der Pfirsich *al vino tinto* wird mit Wein der Gegend zubereitet.
Carlos V, 45001 Toledo: s. Méntrida.
Parador Conde de Orgaz, 45000 Toledo: s. Méntrida.
La Ochava, 28511 Valdilecha, Tel. (1) 8738180. Typische kastilische Küche in einem echten Weinort.

SEHENSWERTES

Aranjuez. Die grüne Oase am Rand des Plateaus liegt am Zusammenfluß von Jarama und Tajo. Im 16. Jh. begann Philipp II. hier ein Schloß zu bauen, das von Carlos III. vollendet wurde. Es war im Stil von Versailles entworfen und mit einem prächtigen Thronsaal ausgestattet. Der Jardín del Príncipe zwischen Schloß und Tajo enthält die verschiedensten Baumarten, aber auch Statuen und einen kleinen Tempel. Außerdem ist hier die Casa del Labrador zu bewundern, die um 1800 nach dem Vorbild des Petit Trianon in Versailles gebaut und verschwenderisch ausgestattet wurde. Auch im Jardín de la Isla auf einer Insel im Tajo gibt es Statuen und Wasserspiele. Zu Ehren der schönen Stadt komponierte Joaquín Rodrigo sein «Concierto de Aranjuez».
Arganda del Rey. Die Pfarrkirche San Juan Bautista aus dem 16. Jh. hat ein schönes Altarbild aus einem Kloster in Calatayud.
Cadalso de los Vidrios. Kleine Stadt in einer Höhe von 800 m mit einem Schloß aus dem 16. Jh. (Palacio de Villena), umgeben von schönen Gärten. An der Calle Real stehen ansehnliche Stadthäuser, und am Ende der Straße befinden sich die Ruinen von zwei maurischen Türmen.
Chinchón. Die Plaza Mayor in dem freundlichen, malerischen Ort ist eine der schönsten in Spanien. Sie wird oft als Filmkulisse, aber auch als Stierkampfarena genutzt. Der Platz ist unregelmäßig angelegt und von Bogengängen und Balkonen umgeben. Außerdem sind hier zwei Burgruinen, Castillo de Casasola (14. Jh.) und Castillo de los Condes de Chinchón (15. Jh.), zu besichtigen. In der Kirche de la Asunción aus dem 16. Jh. befindet sich ein Gemälde von Goya mit einer Darstellung der Himmelfahrt. Chinchón ist übrigens auch durch seinen Anislikör bekannt. Interessant ist, daß das Chinin seinen Namen von Chinchón hat: Im 17. Jh. wurde in Peru die Gräfin von Chinchón damit geheilt, und sie brachte dann die Baumrinde mit nach Europa, wo sie damals als *chinchona* bekannt wurde.
Colmenar de Oreja. Die wahrscheinlich in der Römerzeit gegründete Stadt hat eine schöne Plaza Mayor mit Arkaden Im Rathaus aus

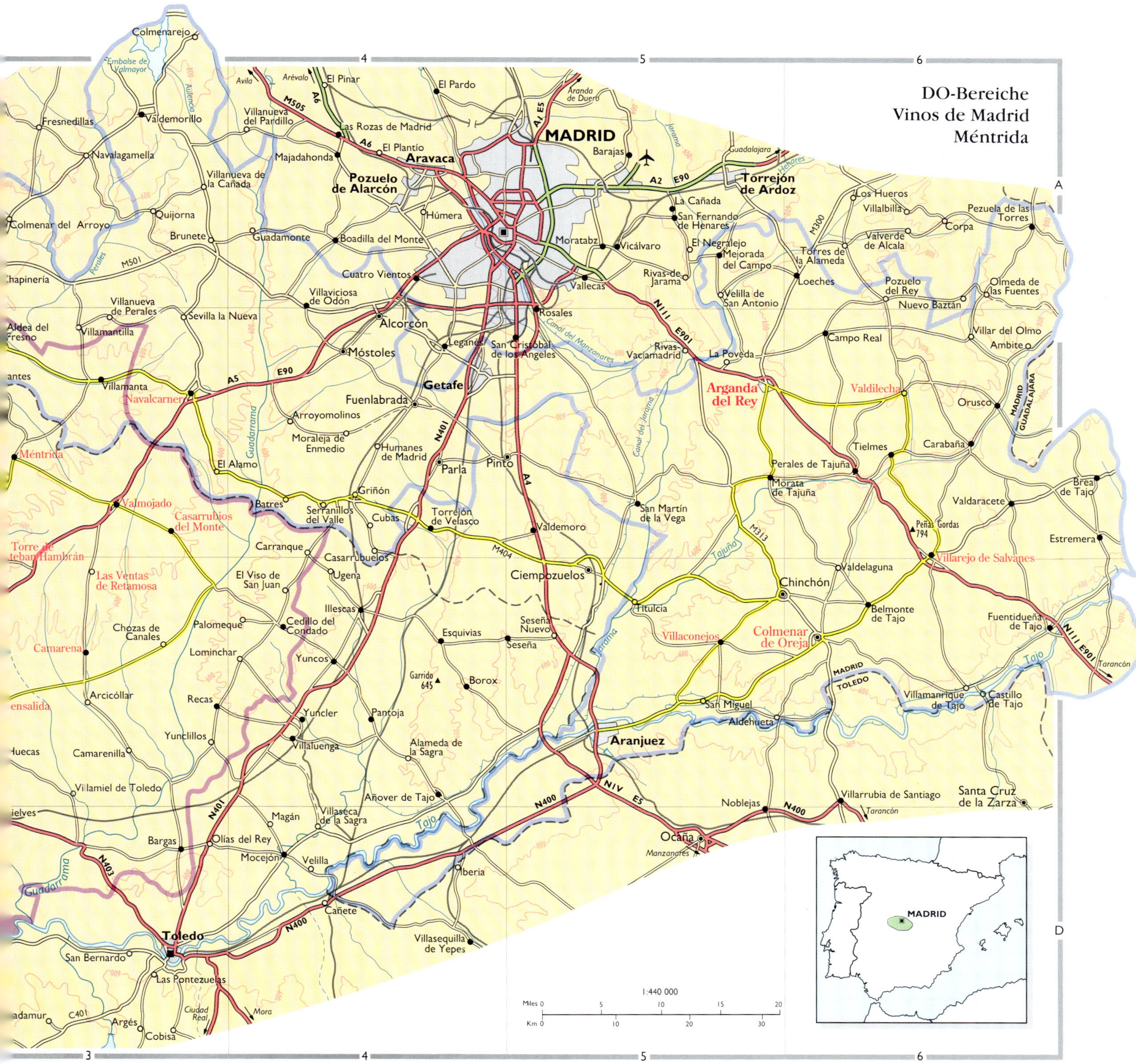

dem 18. Jh. an der Plaza sind viele Gemälde des einheimischen Malers Ulpiano Checa (1860–1916) zu sehen, darunter auch sein eindrucksvolles Werk «Die letzten Tage von Pompeji». Unter der Plaza Mayor verläuft der Arco de Zacatin, ein 1794 erbauter Tunnel. Die Pfarrkirche stammt aus dem 17. Jh.

Navalcarnero. Die 1499 gegründete Provinzhauptstadt besitzt eine große Plaza Mayor mit Kopfsteinpflaster. Die in mehreren Baustilen erbaute Kirche de la Asunción ist an ihrem barocken Turmhelm zu erkennen.

San Martín de Valdeiglesias. Marktort mit einer Burg aus dem 14. Jh., die jetzt restauriert wird. Die Kirche aus dem 16. Jh. ist eine von sieben, nach denen die Stadt ihren Namen erhielt: Valdeiglesias hieß früher «Val de las siete iglesias».

Villa del Prado. Der auf römische Ursprünge zurückgehende Ort hat eine Pfarrkirche aus dem 15. Jh.; ihre massive Eingangstür ist mit Metallspitzen besetzt.

Villarejo de Salvanés. Der Ort wird von einem gewaltigen Turm beherrscht, dem einzigen Überrest einer Burg.

WEINSTRASSE

Die vorgeschlagene Route führt durch den gesamten Weinbaubereich und ist ein idealer Tagesausflug – vor allem, wenn man unterwegs einige Sehenswürdigkeiten betrachten, ein paar Weinerzeuger besuchen und ein gutes Mittagessen genießen will. Die Fahrt läßt sich von Madrid oder Toledo aus unternehmen und führt ganz in die Nähe von Méntrida.

Méntrida

Mit über 30 000 ha ist Méntrida einer der größten Weinbaubereiche Spaniens, der außerdem von zwei Hauptverkehrsstraßen, der N5 (Madrid–Caceres) und der N401 (Madrid–Toledo), durchzogen wird. Dennoch haben nur wenige je von ihm gehört. Der Hauptgrund dafür ist, daß etwa drei Viertel der Gesamterzeugung im Großen verkauft werden und der wenige Flaschenwein über Méntrida, Madrid und Toledo kaum hinausgelangt. Die Schenken in Madrid sind seit Jahrhunderten große Abnehmer von Méntrida-Wein; früher wurde manchmal etwas Honig beigemischt, um den Geschmack dieses derben Gewächses zu verbessern.

Der Boden

Der Weinbaubereich Méntrida umfaßt 53 Gemeinden im Norden der Provinz Toledo und zwei Gemeinden im Südwesten der Provinz Madrid. Nicht weit von seiner Südgrenze fließt der Tajo vorüber. Die Landschaft von Méntrida besteht vorwiegend aus niedrigen Hügeln, an deren Hänge und in deren Täler sich ruhige Weinorte schmiegen. Der Boden ist meist rötlich-braun und kalkhaltig, im Norden eher sandig. Die Rebfläche setzt sich aus größeren und kleineren Weinbergen inmitten von Brachland oder zwischen anders genutzten Flächen zusammen. Bäume gibt es nur selten, daher ist im Nordwesten die graue Silhouette der Sierra de Gredos mit ihren über 2000 m hohen Gipfeln fast immer zu sehen. Dort entspringt das Flüßchen Alberche, das durch den Bereich zum Tajo strömt. Einige Kilometer weiter östlich verläuft ein weiterer Nebenfluß des Tajo namens Guadarrama.

Fast nur Garnacha

Der Weinbaubereich in rund 550 m Höhe hat kontinentales Klima mit heißen, trockenen Sommern (bis 35 °C) und kalten Wintern. Fröste kommen bis weit in das Frühjahr hinein vor und bringen manchmal ernstlichen Schaden. Hier ist die Garnacha die meistangebaute Traubensorte; auf sie entfallen 85 bis 90 % der Rebfläche. In den Rest teilen sich der bei den Winzern immer beliebter werdende Tempranillo (Cencibel, Tinto Fino) und der oft enttäuschende und daher langsam aussterbende Tinto Madrid. Das Durchschnittsalter der Weinstöcke beträgt über 30 Jahre, und das bedeutet kleine Erträge – meist nur 15 bis 20 hl/ha.

Farbe und Kraft

Seit jeher beruht der Preis, der den Winzern hier gezahlt wird, auf der Menge und der Alkoholstärke. Daher bleiben die Garnacha-Trauben so lange am Stock, bis der höchstmögliche Zuckergehalt erreicht ist. Auf diese Weise kommen schwerfällige, starke Rot- und Roséweine zustande. Die Vorschrift besagt, daß sie mindestens 13 % Alkohol enthalten müssen; es kommen aber bis zu 18 % vor. Die stärksten Weine dieser Art sind unverschnitten kaum für den Verbrauch geeignet, daher dienen sie meist dazu, leichteren Weinen aus anderen Gegenden mehr Farbe und Rückgrat zu verleihen. Méntrida bringt auch *doble pastas* hervor: Sie entstehen durch Vergären des Mosts mit der doppelten Menge Schalen. Solcher Wein wird nur für Verschnitte verwendet. Die sehr kleinen Mengen Méntrida-Wein, die in Flaschen abgefüllt werden, zeichnen sich nicht durch besondere Qualität aus. Das meiste ist robust, konzentriert, ja sogar fett – man kann ihn fast kauen. Am besten schmeckt der sehr dunkle Rotwein noch im Winter; die Einheimischen verwenden ihn auch zum Kochen, z. B. für Rebhuhn. Ob aber die übrige Welt auf den Geschmack an einem solchen Wein kommen wird, ist eine andere Frage.

Eine der schönsten Burgen Spaniens steht in Guadamur.

Ein neuer Anfang

Was Méntrida heute braucht, ist ein Erzeuger, der das Qualitätspotential dieses Weins erkennt und richtig nutzt, wie es in anderen Gegenden (Rueda, Ribera del Duero usw.) bereits geschehen ist. Méntrida hat einfach nicht Schritt mit der Zeit gehalten und bringt deshalb Wein hervor, der nicht dem heutigen Geschmack entspricht. Mit andern Worten: Der Bereich hat gegenwärtig wenig Aussicht auf kommerziellen Erfolg. Es ist sogar schon damit gedroht worden, ihm die DO abzusprechen, wenn nicht bald ein wesentlicher Fortschritt zustandekommt. Zweifellos kann auch in diesem Teil Spaniens guter Wein entstehen – der Beweis dafür findet sich in nächster Nähe: Am Südufer des Tajo bringt Carlos Falcó, Marqués de Griñon, einen spanischen Rotwein der Spitzenklasse hervor.

Marqués de Griñon

Nach dem Studium der Landwirtschaft in Leuwen (Belgien) und Davis (Kalifornien) beschloß Carlos Falcó im Jahr 1973, auf dem großen Familiengut bei Malpica de Tajo Reben zu pflanzen, darunter auch französische Sorten. In den 80er Jahren begann er dann (auf Anraten von Professor Emile Peynaud aus Bordeaux) Rotwein ausschließlich von Cabernet Sauvignon zu produzieren. Der erste, 1986 herausgekommene Jahrgang war ein voller Erfolg. Seither hat sich Falcós Wein, der inzwischen auch 10 % Merlot enthalten kann, durch seinen intensiven, vollmundigen Geschmack mit Nuancen von Holz und fruchtigem Beerenaroma in Spanien und im Ausland einen großen Ruf erworben. Sein offizieller Status lautet lediglich *Vino de mesa de Toledo*, seine Qualität aber steht himmelhoch über den Weinen der DO Méntrida. Die große Hoffnung liegt für Méntrida in dem von der Gruppe Cosecheros Abastecedores – die in Valdepeñas als Bodegas Los Llanos arbeitet – bezeugten Interesse, sich auch in Méntrida zu betätigen.

BEDEUTENDE ERZEUGER

Marqués de Griñon, 45692 Malpica de Tajo. 1973 beschloß Carlos Falcó, Marqués de Griñon, die Anpflanzung von Reben auf dem 1400 ha großen Familiengut Casa de Vacas. Der Gedanke kam ihm, als er an der Universität von Davis, Kalifornien, Landwirtschaft studierte und den Leiter des Weinbauinstituts kennenlernte. Die meisten Weinstöcke ließ er von einem Apfelanbauer illegal aus Frankreich einschmuggeln. Zunächst verstand der Marqués nicht viel vom Weinbau, doch zu Beginn der 1980er Jahre brachte Alexis Lichine ihn mit Professor Emile Peynaud zusammen, der nach Malpica kam und dort den von Cabernet Sauvignon mit Tempranillo bereiteten Wein sowie die sortenreinen Versionen verkostete. Peynaud war begeistert von dem rein aus Cabernet bestehenden Wein, daher konzentrierte sich Falcó auf diesen. Nach dem erfolgreichen Debüt des Jahrgangs 1982 brachte der Marqués de Griñon einen hervorragenden Jahrgang nach dem anderen hervor. Sein Wein – heute mit bis zu 10 % Merlot – reift 14 bis 26 Monate in französischen Fässern. Er hat tiefe Farbe, vollmundigen, intensiven Geschmack und ein komplexes Aroma von Holz, Vanille und Beeren. Die Trauben stammen von einer allmählich größer werdenden Rebfläche. Neben 13 ha Cabernet Sauvignon und 1 ha Merlot wurden etwa 5 ha mit Syrah und einige Parzellen mit Cabernet Franc bestockt. Das sehr trockene Klima der Gegend macht beim Cabernet Tropfbewässerung unumgänglich. Die Genehmigung hierfür erhielt Falcó vom Minister persönlich, denn «wir bewässern nicht, um Quantität, sondern um Qualität zu erzielen». Anfang 1990 erweiterte der Marqués sein seit 1793 bestehendes Haus um einen prachtvollen unterirdischen Keller und einen Speisesaal für 60 Personen.

Inzwischen produziert er auch in anderen Gegenden, z. B. in Rueda, wo er mit Antonio Sanz zusammenarbeitet, ausgezeichneten Wein: in Aragón den Tastavins, einen Weißwein von Garnacha Blanca; im Duero-Tal den roten Darius von der dortigen Tempranillo-Variante und in Almansa den Tagus, einen Monastrell/Garnacha-Verschnitt – und weitere sind geplant.

Cooperativa Nuestra Señora de la Natividad, 45930 Méntrida. Die 250 Mitglieder der Genossenschaft kultivieren zusammen 700 ha. Der

Das Weingut des Marqués de Griñon bei Malpica de Tajo.

1963 wiedererstandene Betrieb füllt seit Ende der 1980er Jahre 1/5 seiner Produktion – 75 % Rotwein, 25 % Rosé – in Flaschen ab. Einer der besten Weine ist der weiche, wärmende (15 % Alkohol) rote Vega Berciana. Finanzielle Unterstützung leistet die Caja Rural de Toledo.

Bodegas Garva, 45930 Méntrida. Der über 100 Jahre alte Familienbetrieb besitzt rund 30 ha Weinberge und kauft noch Trauben zu. Es wird ausschließlich Garnacha verarbeitet. Von den Weinen der Bodega ist der 3jährige Cuevas de Castillejo am erfolgreichsten.

Cooperativa Cristo de la Salud, 45920 La Torre de Estebán Hambrán. Der sortenrein von Garnacha gekelterte Rosé Señorío de la Torre der 1975 gegründeten Genossenschaft mit 190 Mitgliedern und insgesamt 1300 ha hat seine guten Seiten.

Bodegas Valdeoro, 45940 Valmojado. Der Betrieb, einer der rührigsten im DO-Bereich, verarbeitet ausschließlich gekauften Most. Neben herkömmlichen Gärbehältern stehen auch neu angeschaffte Edelstahltanks. Die Produktion verteilt sich gleichmäßig auf Rotwein und Rosé. Die roten Reservas, z. B. Ambicioso, Castillo de Maqueda und Tio Felipe, reifen 6 bis 12 Monate in Eichenfässern. Der Rosé Castillo de Maqueda gehört zu den besseren Weinen der Gegend.

Reise-Informationen

HOTELS UND RESTAURANTS

Mesón Gregorio II, 45180 Camarena, Tel. (25) 8174372. Dieses Restaurant in einem ehemaligen Kloster bietet regionale Küche.
Hotel Beatriz, Avenida de Madrid 1, 45600 Talavera de la Reina, Tel. (25) 807600. Modern, zentral gelegen, mit komfortablen Zimmern. Das Restaurant Anticuari gehört zu den besten der Gegend und hat eine exzellente Weinkarte.
Hostal del Cardenal, Recarredo 24, 45004 Toledo, Tel. (25) 224900. Das Hotel/Restaurant ist ein ehemaliger Kardinalspalast am Rand der Altstadt. Köstliches Rebhuhn.
Carlos V, Plaza Horno Magdalena 1, 45001 Toledo, Tel. (25) 222100. Freundliches, preiswertes Hotel in ruhiger Lage zwischen der Kathedrale und dem Alcázar.
Parador Conde de Orgaz, Paseo de los Cigarrales, 45000 Toledo, Tel. (25) 221850. Wunderbar am Tajo-Ufer gelegen mit unvergeßlichem Blick auf die Stadt.
El Mesón, 45500 Torrijos, Tel. (25) 760400. Gemütliches Hotel und Restaurant mit regionaler Küche.

SEHENSWERTES

Casarrubios del Monte. Burg aus dem 14. Jh. mit einem eleganten Turm mit Kuppel.
Cebolla. Ort zwischen Weinbaubereich und Tajo. Sehenswert sind hier die Ruinen des Castillo de Villalba (11. und 12. Jh.).
Erustes. Die Pfarrkirche aus dem 15. Jh. ist zum Teil im Mudéjar-Stil erbaut.
Escalona. Ummauerte Stadt mit großer Zitadelle, die auch als Schloß gedient hat. Ebenfalls sehenswert das Kloster de la Inmaculada Concepción (16. Jh.).
Fuensalida. Die Burg wurde im 16. Jh. restauriert; die Pfarrkirche zeigt gotische und Mudéjar-Einflüsse.
Guadamur. In der Nähe des Orts (südwestlich von Toledo) steht eine der schönsten und besuchenswertesten Burgen Spaniens.
Hinojosa de San Vicente. Ruine des Castillo San Vicente (12. Jh.).
Hormigos. Dreischiffige Pfarrkirche aus dem 16. Jh.
Illescas. Im Hospital Santuario de la Virgen befinden sich Gemälde von El Greco. Stadttor im Mudéjar-Stil.
Malpica de Tajo. Gut erhaltene Zitadelle aus dem 14. Jh. am Tajo, Wohnsitz des Neffen von Carlos Falcó, Marqués de Griñon. 6 km südlich von Malpica liegt das Gut Casa de Vacas, wo der Marqués Weinberge und Keller hat.
Maqueda. Burg aus dem 15. Jh. neben einer arabischen Zitadelle. Mauern und Türme zeigen Mudéjar-Einflüsse. Die darin ausgebauten Wohnräume sind neueren Datums.
Méntrida. Das Herz des Weinstädtchens ist die Plaza de España. Hier gibt es Kachelmosaiken mit zwei Brunnen, der eine für Wasser, der andere für Wein, zu bewundern. Um die Plaza stehen Gebäude aus dem 18. und 19. Jh.
La Puebla de Montalbán. Hier steht eine Burg mit einer schönen Decke aus dem 15.–16. Jh. Der Renaissance-Einfluß ist am Torre de San Miguel spürbar.
Talavera de la Reina. Der Ort ist berühmt durch Töpfereien (zu sehen im Museum Ruiz de Luna), hat aber auch interessante Kirchen und die Kapelle Nuestra Señora del Prado zu bieten.
Toledo. Araber, Juden und Christen schufen hier einen überwältigenden Reichtum an architektonischer Schönheit: Die Altstadt von Toledo ist ein einziges großes Museum. Enge Gassen und kleine Plätze vermitteln überaus malerische Eindrücke. Die überwiegend im 15. Jh. in französischer Gotik entstandene Kathedrale enthält viele Kunstschätze. Ferner sind zwei Synagogen, viele Kirchen, das in flämischer Gotik erbaute Monasterio de San Juan de los Reyes und der imposante, auf dem höchsten Punkt der Stadt errichtete Alcázar unbedingt sehenswert. Um 1577 kam El Greco nach Toledo. Sein Wohnhaus kann besichtigt werden, und das Museo del Greco ist ganz ihm und seiner Arbeit gewidmet. Von der Straße, die auf dem Südufer des Tajo um Toledo herumführt, hat man einen herrlichen Blick auf die Altstadt.

WEINSTRASSE

Die Route verläuft durch den mittleren Teil von Méntrida, wo die bedeutenderen Weinorte liegen. Die Abzweigung nach Süden führt uns nach Malpica de Tajo und zum Weingut des Marqués de Griñon.

La Mancha

Die Weite von La Mancha ist überwältigend. Im Bereich, der auf einer Hochebene liegt, fährt man Kilometer um Kilometer an Weinfeldern vorüber, die sich bis zum Horizont erstrecken. Die Monotonie dieser vom Wein beherrschten Landschaft wird nur unterbrochen durch weißgetünchte Scheunen, vereinzelte Baumgruppen, Maisfelder und hier und dort, auf einem Hügel, ein paar Windmühlen, gegen die einst schon Don Quixote gekämpft hat. Manchmal leuchtet an den Hängen das silbrige Grün von Olivenbäumen auf. Die alten Dörfer sind fast stets flankiert von hochaufragenden Bauten, die von fern wie Wachttürme aussehen, in Wirklichkeit aber große Weintanks sind. Tatsächlich wachsen in dieser Gegend unvorstellbare Mengen Wein. Aber auch der Schafskäse Manchego ist weithin bekannt, denn neben den Menschen sind die Schafe die wichtigsten Bewohner dieses Landstrichs.

«Winter und Hölle»

Das Hochplateau wird begrenzt vom Tajo im Norden und von den Ausläufern der Sierra Morena im Süden. Die Mauren nannten es *manxa*, trockenes Land. Hier regnet es sehr wenig, lediglich 400 mm pro Jahr. Die Sommer sind überaus heiß mit Temperaturen von 44 °C und mehr. Im Winter kann es dagegen mit bis zu –22 °C eisig kalt werden. Man versteht die Redensart, die das Klima von La Mancha als «neun Monate Winter und drei Monate Hölle» beschreibt. Der Boden des sanft welligen, nur selten wirklich hügeligen Landes ist lehmig und stark kalkhaltig. Manchmal liegt Kalkgestein als Unterschicht vor.

Europas größtes Weinbaugebiet

Der Weinbaubereich, der 1976 seine heutige Form erhielt, umfaßt Teile von vier Provinzen: Albacete, Ciudad Real, Cuenca und Toledo. Die Rebfläche beläuft sich auf 170 000 ha, und damit ist La Mancha das größte Weinbaugebiet Europas – größer als die Gesamtrebfläche einiger kleinerer weinbautreibender Länder. Wein wird hier deshalb auch immer im großen Maßstab produziert. Es gibt Genossenschaften, deren Mitglieder 10 000–15 000 ha bewirtschaften, und Bodegas mit einer Jahresproduktion von 15–20 Millionen Liter.

Der größte Teil dieser Rebfläche liegt in der Provinz Ciudad Real (45 %), gefolgt von Toledo (25 %), Cuenca (20 %) und schließlich Albacete (10 %). Selbst der letztgenannte Teil umfasst noch 16 000–17 000 ha und läßt damit rund 20 andere DO-Bereiche Spaniens hinter sich.

Brandy

Der Ozean von Wein, der Jahr für Jahr in La Mancha wächst, gelangt nur teilweise bis zum Verbraucher. Sehr große Mengen werden destilliert und zur Herstellung von Brandy nach Jerez geschickt. La Mancha produziert außerdem Industrialkohol aus Wein; in Tomelloso steht die größte Brennerei der Gegend.

Aufgrund des trockenen Klimas, des Alters der Weinstöcke und der relativ geringen Pflanzdichte liegt der Ertrag in La Mancha nur bei 21 bis 25 hl/ha. Durch Bewässerung könnte die Menge beträchtlich gesteigert werden, doch daran sind die Weinbauern nicht interessiert. Eine Produktionssteigerung würde nur große Probleme schaffen – und einen neuen Weinsee in der EG.

Airén

Daß ein Teil der Produktion zu Brandy verarbeitet werden kann, ist darauf zurückzuführen, daß in La Mancha vor allem Weißwein wächst. Über drei Viertel (rund 77 %) liefert die weiße Traubensorte Airén; der Rest entfällt überwiegend auf dunkle Traubensorten wie Cencibel (Tempranillo) mit rund 17 % und Garnacha mit rund 6 %. Daneben gibt es noch sehr kleine Bestände von Macabeo, Pardilla und Verdoncho sowie blauem Moravia und dem immer beliebter werdenden Cabernet Sauvignon.

Mit einer Anbaufläche von 130 000 ha allein in La Mancha dürfte Airén nicht nur die meistangebaute Rebsorte Spaniens, sondern der ganzen Welt sein. Ihre Trauben sind dickschalig, und die Reben wachsen niedrig und tief am Boden, um die spärliche Feuchtigkeit so gut wie nur möglich festzuhalten. In Gegenden mit mehr Niederschlag würde das bestimmt zu Fäule und anderen Problemen Anlaß geben, im sehr trockenen Klima von La Mancha kommt so etwas aber kaum vor. Nur 1989 verursachte das Auftreten von Mehltau massive Ernteeinbußen. In der Regel produziert die Genossenschaft Nuestro Padre Jesús del Perdón in Manzanares 14–15 Millionen Liter Wein im Jahr, doch 1989 sank die Ziffer auf 8 Millionen Liter.

Spektakuläres Wachstum

Schon zur Zeit der Wiedereroberung durch die Christen wurde in La Mancha Wein gebaut. Das geht aus der Urkunde von 1150 über die Schenkung weiter Ländereien durch König Alfonso VII. an den

Die berühmten Windmühlen, gegen die Cervantes' Don Quixote loszog.

Tempelritterorden hervor, in der auch von Wein die Rede ist. Die dunklen Traubensorten wurden wahrscheinlich von Mönchen aus Frankreich hierhergebracht (s. a. das Kapitel Valdepeñas); das erklärt, warum in La Mancha jahrhundertelang überwiegend rote und hellrote Weine, sogenannte *claretes*, entstanden. Das waren die Weine, deren Lob die spanischen Dichter im 16. und 17. Jh. sangen. Die Erwähnungen der Weine von Ciudad Real, Manzanares und Membrilla in der spanischen Literatur sind höchst schmeichelhaft, während Gabriel Téllez die Weine von Ocaña als «die besten Spaniens» beurteilt. Auch die Airén-Traube wurde schon angebaut – sie hieß damals Lairén –, doch man warf ihr gelegentlich vor, ihrem Wein fehle es an Kraft. Erst im 20. Jh., nach dem Reblausbefall um 1900 und der darauffolgenden Krise, wurde Airén in großem Umfang gepflanzt. Nach dem Bürgerkrieg stieg die Airén-Anbaufläche dann nochmals spektakulär an, und La Mancha begann enorme Mengen an billigem Weißwein zu produzieren; Madrid war Hauptabnehmer dafür. Der Weinpublizist José Peñin schreibt in einer Geschichte des Bereichs, daß man in den 1950er Jahren recht häufig Bauarbeiter in der Hauptstadt mit einer Flasche weißem La Mancha und einem Strohhalm darin antreffen konnte.

Gigantische Amphoren

Der damals produzierte Weißwein hatte nicht viel an sich, was ihn empfahl. Die Trauben wurden meist zu spät gelesen und dann bei zu hohen Temperaturen vergoren, als daß Frucht und Frische erhalten bleiben konnten. Überdies lag der Alkoholgehalt gewöhnlich um 13 bis 14 %, so daß der Wein stark einschläfernd wirkte. Zum Vergären und Lagern der Weine dienten *tinajas*, riesige Amphoren aus Ton. Sie sind in La Mancha und den Nachbarbereichen sowie in Montilla-Moriles heute noch häufig anzutreffen. Diese 3 m hohen Gefäße, die zwischen 3000 und 7000 l fassen, werden aus einem besonderen Ton hergestellt, der vor allem um Villarrobledo vorkommt. An der Umfahrungsstraße um die Stadt sieht man oft reihenweise neue *tinajas* stehen. Es gibt auch Versionen aus Beton, die aber zylindrisch sind. Inzwischen jedoch haben viele Weinbauern auf Edelstahltanks umgestellt, und vor allem seit den 1980er Jahren ist die Tanklagerkapazität um etliche hunderttausend Hektoliter gestiegen. Auch in moderne Kühlanlagen wurde viel investiert. Der Grund dafür war, daß die Airén-Weine der alten Art beim Verbraucher immer weniger Interesse fanden und die Nachfrage sich auf leichte, frische, fruchtige Weine verlagerte. In La Mancha konnten solche jedoch nur mit moderner Technik entstehen. Auf diesem Gebiet gehörten Rodriguez & Berger zu den ersten Pionieren. Die Trauben werden nun auch früher geerntet, damit der Wein nicht mehr so schwer wird. Die Lese beginnt Ende August und nicht mehr Ende September. Die fortschrittlicheren Bodegas arbeiten mit Zuchthefen und verhindern die malolaktische Gärung, um möglichst viel Frische zu bewahren.

Neuer Schwung

Alles das hat La Mancha neuen Schwung verliehen. Die Zeit der stumpfsinnigen Massenproduktion gehört der Vergangenheit an. La-Mancha-Weißweine des neuen Stils erringen sogar bei Prämierungen schon Preise und sind beim Verbraucher bereits sehr beliebt. Es kommt vor, daß sie ausverkauft sind, ehe noch der neue Jahrgang auf dem Markt ist. Das wachsende Selbstbewußtsein von La Mancha spiegelt sich überdies in der steigenden Produktion von Schaumweinen – ebenfalls von der Airén-Traube, entweder sortenrein oder im Verschnitt mit Macabeo. Die technischen Fortschritte in der Wissenschaft der Weinbereitung ermöglichen zudem bessere Roséweine. Ein Beispiel hierfür ist der Zagarrón, der von der Genossenschaft Nuestra Señora de Manjavacas in dem Windmühlendorf Mote del Cuervo aus dem Most dunkler und weißer Trauben als ansprechender, leicht fruchtiger, frischer Wein gewonnen wird.

Bessere Rotweinqualität

Die Qualität der Rotweine hat sich ebenfalls stark verbessert. Jung trinkreife Arten haben an Frucht und Lebendigkeit gewonnen und schmecken viel angenehmer als die nichtssagenden, schweren Gewächse von früher. Die besseren Weine dieser Art entstehen stets von der Cencibel-Traube, oft in Beaujolais-Technik. Aber es werden auch mehr Weine im Faß ausgebaut. Die Bodegas Fermín Ayuso in Villarrobledo produzierten nicht nur als erste in diesem Ort Rotwein, sondern bauten auch als erste in ganz La Mancha unterirdische Lagerkeller, in denen heute rund 7000 *barricas* liegen. Diesem Beispiel folgten bald andere Erzeuger, so der größte Betrieb des Bereichs, Vinícola de Castilla in Manzanares, mit 2500 Fässern.

Cabernet Sauvignon

Während die Traubensorte Cencibel im Lauf der letzten Jahrzehnte stark aufgewertet worden ist, sind die Erzeuger in La Mancha auch an neuen Sorten sehr interessiert, insbesondere am Cabernet Sauvignon; manche experimentieren schon seit längerer Zeit

Gelegentlich lockert ein einsamer Bauernhof oder eine Burg die eintönige Landschaft von La Mancha auf.

damit. Die Bodegas Cueva del Granaro legten bereits zu Beginn der 1970er Jahre Cabernet-Sauvignon-Pflanzungen an; Fermín Ayuso dagegen hat erst 1990 mit Versuchen angefangen. Die erwartete hohe Qualität wird mit Cabernet Sauvignon zwar nicht immer erreicht, doch die Resultate sind ermutigend genug für die fast sichere Annahme, daß die bisher nur geduldete Traube demnächst in den DO-Rang aufgenommen wird.

Mehr Flaschenwein

La Mancha produzierte immer viel Massenwein. Noch Ende der 1980er Jahre wurden erst knapp 30 % der Produktion in Flaschen abgefüllt. Angesichts der Erfolge des neuen Weißweinstils sowie der verbesserten Rosés erscheinen jedoch die Absatzaussichten für Flaschenwein recht vielversprechend. Deshalb steigt die Zahl der Abfüllanlagen stetig; fast ein Viertel der 415 Erzeugerbetriebe verfügt bereits über derartige Einrichtungen. Das betrifft nicht nur die privaten Bodegas, auch die Genossenschaften füllen ihren Wein vermehrt selbst ab.

BEDEUTENDE ERZEUGER

Rodriguez & Berger, 13720 Cinco Casas. Die Bodega wurde 1919 in der Nähe des Bahnhofs von Cinco Casa eröffnet und befindet sich auch heute noch im Besitz derselben Familien. Zu über 80 % besteht die Produktion aus Weißwein von gekauften Trauben (nur erste Pressung). Nach dem Abkühlen des Mosts werden ausgewählte Hefen beigemischt. Anschließend findet der Gärvorgang bei niedriger Temperatur statt. Rodriguez & Berger arbeiteten als einer der ersten Erzeugerbetriebe nach dieser Methode. Eine malolaktische Gärung wird nicht zugelassen. Der beste Flaschenweißwein der Bodega ist der Viña Santa Elena. Ferner wird viel Weißwein en gros verkauft. Die Abnehmer, darunter einige englische Weinhändler, können «maßgeschneiderten» Wein bestellen, weil Rodriguez & Berger mit einer großen Zahl relativ kleiner Tanks arbeiten. Der ebenfalls unter dem eigenen Etikett angebotene Rotwein Viña Santa Elena wird fertig eingekauft und ist etwas weniger lebendig als der Weißwein.

Bodegas Cueva del Granaro, 16417 Los Hinojosos. Die Landschaft östlich von Quintanar de la Orden ist hügeliger als anderswo in La Mancha. Dort findet man das Weingut Cueva del Granaro mit ungefähr 1000 ha. Rund 500 davon sind mit Reben besetzt, z. T. mit Jungpflanzen. Es ist zu erwarten, daß sie bis Mitte der 90er Jahre alle in Ertrag stehen. Die rührigen, vorausschauenden Besitzer haben auch neue Rebsorten wie Chardonnay (30 ha), Merlot (40 ha) und Cabernet Sauvignon (120 ha; erste Anpflanzungen bereits in den 70er Jahren) angesetzt und experimentieren ferner mit Syrah, Ruby Cabernet (Kreuzung Carignan × Cabernet Sauvignon) u. a. m. Nur die alten Airén-Weinstöcke wurden beibehalten (134 ha), und ein gewisser Cencibel-Bestand (140 ha) ist ebenfalls vorhanden. Es wurden moderne Weinbereitungsanlagen angeschafft, und bald soll die Hälfte der Produktion in Flaschen abgefüllt werden können. In den Verkauf gelangen die Weine unter dem Etikett Cueva del Granaro, und zwar meist noch als Jungwein. Die Cencibel- und Cabernet-Sauvignon-Rotweine liegen zwischen anständig und gut. Auch eine in Tank und Flasche gereifte Cencibel-Crianza, ein fester, tanninherber Wein, ist im Programm.

Die Genossenschaft Majacavas gehört zu den zahlreichen Betrieben, die kräftige Investitionen in moderne Technik getätigt haben.

Cooperativa Nuestra Padre Jesús del Perdón, 13200 Manzanares. Die Qualität des Weins von La Mancha wäre im Durchschnitt viel höher, wenn alle rund 100 Genossenschaftskellereien so ausgerüstet wären wie diese hier. Weiße Trauben von 8250 ha, zu 99 % Airén, werden in hochmodernen Anlagen verarbeitet. Die Hälfte der Produktion entfällt auf Vorlaufmost ohne Pressen; er wird zunächst gekühlt und geklärt, und zwar in gefliesten Spezialtanks, die bei dieser Genossenschaft als erster in La Mancha gebaut wurden. Die Gärung findet dann bei etwa 16 °C statt. Zuerst wird der weiße Lazarillo in Flaschen abgefüllt – er ist für unmittelbaren Verbrauch bestimmt, recht fest, frisch und fruchtig. Nach 8 bis 9 Monaten ist er oft schon ausverkauft. Zum Programm gehört auch ein köstlich fruchtiger Rotwein, der unter demselben Etikett ebenfalls jung abgefüllt wird. Die bedeutendste Serie im Produktionsprogramm heißt Yuntero. Im Charakter liegen diese Weine zwischen dem alten und dem neuen Stil. Der Weißwein reift 18 Monate in Tank und Flasche und bietet sauberen, angenehmen Geschmack: ein guter, schlichter Wein; auch der einfache Rotwein gehört in diese Kategorie. Dagegen reift die Selección Limitada 30 Monate im Tank und 20 Monate in der Flasche. Auf sie sind die 840 Mitglieder besonders stolz: vollmundig, schön abgerundet, mit milder Frucht und einem Anflug von Braun in der Farbe. Es werden nur 20 000 Flaschen produziert. Die Auswirkungen einer Faßreife werden mit 50 neu angeschafften Fässern untersucht. Eine noch nicht erwähnte weitere Marke ist Casa la Teja.

Vinícola de Castilla, 13200 Manzanares. Die 1977 von der Rumasa-Gruppe gegründete Bodega arbeitet höchst effizient. Die Gebäude sind nüchtern und modern, keine Spur Romantik ist zu entdecken. 1982 wurde sie von einer wohlhabenden Familie übernommen und erweitert. Die Kellerei ist peinlich sauber und mit neuester Technik, z. B. Bandpressen für Weißwein und rotierenden Edelstahltanks für Rot- und Roséweine, ausgestattet. Es ist unverkennbar, daß die hier benutzte Technik selbst bei einer Jahresproduktion von 14 Millionen Liter guten Wein erbringt. Die Weiß- und Rotweine der Reihe Señorío de Guadianeja (manchmal mit S&G abgekürzt) gehören zu den besten in La Mancha. Der Weißwein zeichnet sich durch außerordentlich sauberen Geschmack mit bemerkenswert frischer, leichter und charmanter Art aus, während der 14 bis 18 Monate in frischen Fässern aus amerikanischer Eiche reifende Rotwein nobles Holzaroma mit festem, anregendem, leicht fruchtigem Geschmack vereint. Auch der unter dem gleichen Etikett verkaufte Cabernet Sauvignon (rund 30 000 Flaschen) wird im Faß ausgebaut. Ein billigeres Programm unter der Marke Castillo de Alhambra bietet sehr gefälligen Weißwein und vor allem einen schlichten Rotwein (100 % Cencibel), der nach der Beaujolais-Technik entsteht und milde, ansprechende Art mit leichter Frucht aufweist. Die Serien Finca Vieja und Gran Verdad sind nicht ganz so interessant, und den Schaumweinen Marke Cantares mangelt es noch an Klasse und eigener Art. Den Traubenbedarf decken Weinbauern unter langfristigen Lieferverträgen. Das Haus ist im Inland und als größter Exporteur von La Mancha auch im Ausland überaus erfolgreich.

Cooperativa Nuestra Señora de Manjavacas, 16630 Mota del Cuervo. Mota del Cuervo ist schon von fern an den weißen Windmühlen zu erkennen, die auf einem Hügel über dem Ort stehen. Die 1948 gegründete Genossenschaftskellerei ist auf Weiß- und Roséwein im neuen Stil spezialisiert. Weine im alten Stil werden zwar auch noch produziert, meist aber en gros abgesetzt. Der weiße Zagarrón ist frisch und leicht; der *rosado* gleichen Namens, der von Airén- und Cencibel-Most gewonnen wird, wobei die Schalen der dunklen Trauben 24 Stunden eingemaischt bleiben, schmeckt markant fruchtig. Die 2200 Mitglieder verfügen zusammen über 8000 ha.

Bodegas Julián Santos Aguado, 45800 Quintanar de la Orden. Der Familienbetrieb wurde schon 1900 gegründet, begann aber erst in den 60er und 70er Jahren in größerem Umfang zu expandieren, nach dem Erwerb einer Rebfläche von 1200 ha. Diese deckt nun fast $^1/_3$ des Traubenbedarfs. Eine Steigerung steht in Aussicht, da jetzt nochmals 500 ha hinzugekauft werden sollen. Eigene Abfüllung betreibt die Bodega seit 1984. Die Weine sind bisher Durchschnittsqualität; am besten ist meist der Don Fadrique Crianza mit 12 Monaten Faßreife, der sich durch samtige Art, festen Körper und eindeutiges Holz- und Vanillearoma auszeichnet.

Fermín Ayuso, 02600 Villarrobledo. Der sehr industriell wirkende Komplex, in dem die 1947 gegründete Bodega untergebracht ist, liegt etwas außerhalb der Stadt. Die Familie Ayuso war schon immer fortschrittlich eingestellt; als erste produzierte sie in Villarrobledo Rotwein, baute in La Mancha einen unterirdischen Lagerkeller für die Fässer und installierte im Bereich eine Abfüllanlage. Fast die gesamte Produktion von 15 Millionen Liter, davon 40–50 % Rotwein, wird in Flaschen abgefüllt. Der Vertrieb erfolgt unter mehreren Etiketten mit und ohne DO, z. B. Mirlo, Viña Q, Armiño, Don Nino, Ayuso, Castillo de Utrera und Estola. Die letztere Marke hat am meisten zum guten Ruf des Hauses im In- und Ausland beigetragen. Der kühl vergorene Weißwein ist gefällig und bietet viel Frische und Frucht. Der Rotwein

(100 % Cencibel) wird in zwei Versionen produziert: als Reserva (12–18 Monate Faßreife) – meist tiefrot, samtig, vollmundig mit Holzaroma und feiner Frucht – und als Gran Reserva (36–42 Monate Faßreife) – dunkler im Aroma und reifer im Geschmack, aber dennoch lebendig. Für diese Weine werden 7000 Fässer, größtenteils aus amerikanischer Eiche, jeweils 10 Jahre lang benutzt.

Bodegas Torres Filoso, 02600 Villarrobledo. Der 1921 gegründete, nach Begriffen von La Mancha bescheidene Familienbetrieb (Produktion «nur» 1 Million l) vereint moderne Kellertechnik mit klassischem Ausbau der Rotweine in Holzfässern. Mit dieser interessanten Methode entstehen auch interessante Weine. Der Arboles de Castillejo (100 % Cencibel) gehört zu den besseren Reservas von La Mancha, ebenso der Juan José (100 % Cencibel), den es nur in begrenzten Mengen gibt. Der samtige, schön nachhaltige Torres Filoso wird etwas kürzer ausgebaut und besteht gewöhnlich aus 60 % Cencibel, 30 % Garnacha und 10 % Airén. Im neuen Stil wird von Airén ein gleichnamiger Weißwein in guter, anregender Qualität gekeltert.

Die gewaltige Burg von Belmonte. Die Feste aus dem 15. Jh. ist innen und außen gut erhalten.

Reise-Informationen

HOTELS UND RESTAURANTS

Ercilla Don Quijote, 13600 Alcázar de San Juan, Tel. (26) 543800. Recht gemütliches Hotel mit gutem Komfort; das Restaurant Sancho ist wahrscheinlich das beste in der Gegend. Regionale und baskische Küche.
Parador, 13270 Almagro, Tel. (26) 860100. Das prachtvolle Hotel im Südwesten der Stadt befindet sich in einem ehemaligen Franziskanerkloster. Das Restaurant ist auf die regionale Küche spezialisiert.
Granada, 31200 Manzanares, Tel. (26) 610400. Ziemlich moderner Bau, etwas außerhalb der Stadt (am Südrand). Die Zimmer sind gut, doch dem im Restaurant angebotenen «Grand Buffet» mangelt es an kulinarischer Finesse.
Venta de Quichote, 13650 Puerto Lápice, Tel. (26) 576110. Das große, jedoch stimmungsvolle Restaurant ist ganz auf Touristen eingestellt. Dennoch sind die typisch kastilischen Gerichte vorzüglich.
Hotel Castillo, 02600 Villarrobledo, Tel. (67) 143311. Modern, schön, anheimelnd, aber langweilig.
Ideal, 02600 Villarrobledo, Tel. (67) 140009. Nahe beim Hauptplatz (und bei einem Parkhaus). Lamm, Rebhuhn und andere Gerichte der Gegend, auch Manchego-Käse. Eine Bar ist angeschlossen.

SEHENSWERTES

Alcázar de San Juan. Das archäologische Museum von Fray Juan Cobo beherbergt eine Sammlung römischer Mosaiken, während der Torre de Don Juan de Austria heute ein heraldisches Museum ist. Die Kirche Santa María la Mayor geht teilweise auf das 13. Jh. zurück. Etwas südlich der Stadt, in der sich der Sitz des Consejo Regulador befindet, stehen mehrere Windmühlen.
Almagro. Die Stadt ist römischen Ursprungs. Im 16. Jh. wurde hier eine Universität gegründet, deren Hauptgebäude schöne Steinmetzarbeiten zieren. Die Plaza Mayor ist eine der schönsten und sehenswertesten in ganz Castilla-La Mancha. Sie ist länglich und auf zwei Seiten von steinernen Säulen gesäumt, auf denen fensterreiche Holzfassaden ruhen. In Nr. 11 kann man den in Rechteckform gebauten Corral de Comedias, Spaniens ältestes noch in Betrieb befindliches Theater, besuchen (es beherbergt auch ein Museum). Ebenfalls sehenswert ist der Convento de Calatrava.
Belmonte. Den Ort überragt eine imposante, von zwei Türmen flankierte Zitadelle aus dem 15. Jh. Sie ist gut erhalten und weist schön verzierte Decken auf. Auch die gotische Pfarrkirche geht auf das 15. Jh. zurück (interessante Seitenkapellen und Gemälde). Viele Wohnhäuser in Belmonte tragen Wappenschmuck.
Campo de Criptana. Es heißt, Don Quixote habe seinen berühmten Kampf gegen die Flügel der weißen Windmühlen in der Nähe dieses überaus reizenden Orts geführt. Hier ist auch der Sitz der 1901 gegründeten ersten Genossenschaft Spaniens.
Ciudad Real. Die Stadt mit fast 52 000 Einwohnern wurde 1255 an der Grenze zwischen der maurischen und der christlichen Zivilisation gegründet. Der maurische Einfluß ist an der Puerta de Toledo deutlich zu erkennen; dieses Tor gehörte zur Stadtmauer aus dem 14. Jh. Die gotische Kathedrale María del Prado aus dem 15. Jh. ist ein seltener einschiffiger Bau. Noch älter ist die Kirche San Pedro mit dem schönen Grabmal des Präzentors Coca. Im Palast der Diputación Provincial ist eine Sammlung von Gemälden einheimischer Künstler untergebracht.
Consuegra. Die Ruinen einer Burg aus dem 12. Jh. und einige Windmühlen beherrschen den Ort. In Consuegra gibt es viele Töpfer, noch berühmter aber ist der Ort wegen des Safrans. Das sündhaft teure Gewürz wird im Herbst von einer hellviolett blühenden Krokusart gewonnen.

Daimiel. Schöne Arkaden an der Plaza Mayor und zwei alte Kirchen, Santa María (14. Jh.) und San Pedro (16. Jh.). Weiter nordwestlich liegt der Parque Nacional de las Tablas de Daimiel mit vielen Wasservogelarten.
Horcajo de Santiago. In der Kirche befinden sich Gemälde eines unbekannten Künstlers aus dem 14. Jh., genannt der «Meister von Horcajo».
Manzanares. Betriebsame Kleinstadt mit schöner Plaza Mayor. Die Pfarrkirche Nuestra Señora de Altagracia geht in Teilen bis auf das 14. Jh. zurück. Die Burg Pilas Bornas stammt aus dem 13. Jh.
Mota del Cuervo. Ort an einem Hügel mit Windmühlen, eine davon sehr alt. Teile der Pfarrkirche aus dem 13. Jh. sind im Mudéjar-Stil.
Puerto Lápice. Hier soll Don Quixote zum Ritter geschlagen worden sein. Windmühlen, Ruinen aus der Römerzeit und ein sehr beliebtes Restaurant mit regionaler Küche.
Ruidera. Ort an den Lagunas de Ruidera, einer 60 km langen Reihe kleiner Seen; im Sommer ein beliebter Ferienort.
El Toboso. Das hiesige Cervantes-Museum zeigt mit Stolz 400 verschiedene «Don-Quixote»-Ausgaben in 30 Sprachen.
Villarrobledo. Kleinstadt ohne große Persönlichkeit. An der Plaza Mayor befinden sich das Rathaus aus dem 16. Jh. und die Kirche San Blas mit schönem Hauptaltar. An der Umfahrungsstraße im Südwesten der Stadt sieht man oft reihenweise neue *tinajas* stehen; diese gewaltigen Amphoren werden aus dem Ton von Villarrobledo hergestellt.

WEINSTRASSE

Die vorgeschlagene Route verläuft hauptsächlich durch den mittleren und interessanteren Teil von La Mancha. Dabei kommt man nicht nur durch die bedeutenderen Weinorte, sondern auch an Stellen von allgemeinem touristischem Interesse. Auch viele der berühmten Windmühlen bekommt man zu sehen. Von Almagro, Manzanares und La Solana aus läßt sich die Rundfahrt ohne weiteres auch auf Valdepeñas ausdehnen.

Ländliches Wohnhaus mitten in den Weinfeldern von La Mancha.

Die mit Steinsäulen gesäumte Plaza Mayor von Almagro ist einer der malerischsten Plätze in ganz Castilla-La Mancha.

Valdepeñas

Der Weinbaubereich Valdepeñas ist mit Ausnahme seiner Südgrenze ganz von La Mancha eingeschlossen und war früher auch Teil davon. Erst 1968 wurde er selbständig, obwohl er und sein Wein schon lange vorher bekannt waren. Es heißt, die Stadt sei von der Mutter Ferdinands III., Doña Beringuela von Navarra, gegründet und *val de peñas* – «Tal der Felsen» – getauft worden. Die Gegend unterstand der Herrschaft der Zisterzienser auf der Burg Calatrava bei Calzada de Calatrava, die wohl auch die ersten Rotweinreben mitbrachten.

Höfische Einflüsse

Unter den Mönchen von Calatrava, die bis 1582 hier herrschten, entwickelte sich der Weinbau in Quantität und Qualität. Unter Philipp II. und seinen Nachfolgern war der Hof in Madrid ein großer Abnehmer des Weins von Valdepeñas, und auch die Einwohner der Hauptstadt hielten sich an den höfischen Geschmack. Deshalb erhob Carlos III. in der zweiten Hälfte des 18. Jh. eine Steuer auf diesen Wein, deren Erlös zur Finanzierung von Bauten in Madrid diente.

Im Spanischen Unabhängigkeitskrieg leistete Valdepeñas im Jahre 1808 tapfere Gegenwehr gegen die Franzosen und erlitt schwere Verluste, während sich Manzanares (La Mancha) 30 km weiter nördlich kampflos ergab. Deswegen verspotten die Leute von Valdepeñas noch heute die Einwohner von Manzanares als «Franzosen».

Im 19. Jh. besuchte der englische Reisende Richard Ford Valdepeñas und konnte den dortigen Wein nur loben. Er berichtet auch von einem Holländer namens Muller, der seinen Wein so teuer machte, daß wütende Einwohner seine Keller plünderten und ihn dabei fast umbrachten. Seit Jahrhunderten ist der *clarete*, ein aus dunklen und weißen Traubensorten gemischter Wein, eine Spezialität von Valdepeñas. Aber auch echter Rotwein wird hier schon lange produziert: 1840 erwähnt der französische Schriftsteller Théophile Gautier einen Wein «so dick wie Brombeersirup».

Nach der Eröffnung der Eisenbahnlinie von Valdepeñas nach Madrid im Jahr 1861 stieg der Absatz in der Hauptstadt gewaltig an; Luis Palacios, der größte Weinerzeuger in Valdepeñas, schickte jeden Tag einen Güterzug mit 25 Waggons voll Wein nach Madrid. Bis zum spanischen Bürgerkrieg war die Gegend um Valdepeñas außerordentlich wohlhabend, was schon daraus hervorgeht, daß zwischen 1885 und 1936 in der Stadt Valdepeñas mindestens 62 Zeitungen erschienen. Außerdem erhielt die Stadt schon 1906 eine Elektrizitätsversorgung, kurz darauf folgte ein Telefonnetz und 1925 ein Wasserleitungssystem. Die Reblaus befiel die Weinberge hier wie anderswo, und zwar 1911, doch dank seiner großen Reserven hatte das Gebiet weniger darunter zu leiden als andere. Noch heute wird in Madrid viel Valdepeñas getrunken; allein Luis Megía verkauft dort täglich 1600 Kisten.

DO-Bereich

Der heutige DO-Bereich erstreckt sich auf 10 Orte und eine Rebfläche von 34 600 ha. Ein großer Teil davon, nämlich 60 %, liegt in der Gemarkung Valdepeñas selbst. Die Reben wachsen vorwiegend auf ebenem Gelände in einer Höhe von 700 bis 750 m. Nur im Süden sind die Weinberge hügeliger. Die Farbe des Bodens ist sand- bis rostbraun; in den tieferen Schichten kommen oft Lehm und mit Ton vermischter Sand vor. Das Klima ist in Valdepeñas sehr ähnlich wie in La Mancha, nämlich kontinental: Im Sommer wird es manchmal bis über 40 °C heiß und in sehr strengen Wintern bis –10 °C kalt. Die Niederschlagsmenge beträgt durchschnittlich 400 mm, in manchen Jahren regnet es aber viel mehr, so 1979, als der Jabalón, der das Gebiet von Osten nach Westen durchfließt, über die Ufer trat und in Valdepeñas viele Keller überschwemmte.

Vermehrte Cencibel-Anpflanzungen

Für die Erzeugung von Valdepeñas-Wein sind nur zwei Traubensorten zugelassen: Airén (weiß) und Cencibel – übrigens nur ein Synonym für Tempranillo – (rot). Dabei herrscht Airén mit 85 % der Rebfläche vor. Das wird sich freilich nach und nach ändern, denn bei Neuanpflanzungen wird nur Cencibel zugelassen. Dadurch ist in den 1980er Jahren der Cencibel-Anteil kräftig gestiegen (um etwa die Hälfte), und der Trend hält weiter an. Das ist für Valdepeñas von großer Bedeutung, denn der Bereich mußte, um die Nachfrage befriedigen zu können, zwischen 1989 und 1990 rund 3000 t Cencibel-Trauben von anderswo «importieren». Der Beschluß dazu wurde zwar vom Consejo Regulador mit Stimmenmehrheit gefaßt, erregte aber viel Aufsehen. Während nun die meisten Erzeuger um Cencibel kämpfen müssen, sind andere reichlich versorgt. Die Casa de la Viña beispielsweise besitzt fast 1000 ha dieser Sorte und beherrscht damit ein Fünftel der Gesamterzeugung. Und über zwei Drittel der 270 ha, die Mitte der 90er Jahre für die Domaine Pozo Blanco in Ertrag stehen werden, sind mit Cencibel besetzt.

Allerdings erwägt der Consejo Regulador auch die Zulassung anderer Rebsorten, z. B. Cabernet Sauvignon. Die Bodegas Los

Eine alte tinaja *steht als Wahrzeichen in diesem Weinberg.*

Llanos verfügen über 20 ha und die Casa de la Viña über 10 ha dieser Sorte; die Bodegas Espinosa haben bereits einen reinen (aber nicht gerade brillanten) Cabernet auf den Markt gebracht. Auch Félix Solís experimentiert mit Cabernet Sauvignon und mit der Weißweintraube Macabeo. Außerdem hat die Casa de la Viña etwas Pinot Noir und Merlot angepflanzt, und die Domaine Pozo Blanco verfügt über Garnacha und Aragón.

Weißwein

Bis Anfang 1990 waren 55 % des in Valdepeñas produzierten Weins weiß. Viele Erzeuger haben in moderne Ausrüstungen investiert, um ihn möglichst erfrischend und fruchtig bereiten zu können. So stehen nun Edelstahlgärtanks neben den alten Betonbehältern und *tinajas*. Die Bodegas Luis Megía leisten Pionierarbeit in der kühlen Gärtechnik, und der Marqués de Gastañaga des Hauses gehört denn auch zu den besseren Weißweinen der Gegend. Er wird einer malolaktischen Nachgärung unterzogen, die von Félix Solís beim Viña Albali allerdings unterbunden wird. Oft werden die Airén-Trauben früher als üblich gelesen, um dem Wein mehr Säure zu verleihen. Trotzdem fallen selbst die besten Weißweine eher durchschnittlich aus. Das liegt daran, daß die Airén-Traube keinen wirklich edlen Charakter hat. Und deshalb ist es auch nur gut, daß sich Valdepeñas immer mehr auf Rotwein konzentriert. Roséwein hat in Valdepeñas keine große Bedeutung; er macht lediglich 3 % der Gesamterzeugung aus. Das ist auch verständlich, weil ja der eng mit Rosé verwandte *clarete* noch immer in großen Mengen produziert wird.

Clarete

Wie früher wird der *clarete* noch heute von dunklen und weißen Trauben bereitet. Es ist zwar nicht zulässig, fertige rote und weiße Weine miteinander zu mischen, beim Most – also noch vor der Gärung – ist das jedoch erlaubt. Die Mischung muß mindestens 20 % Cencibel enthalten. Ein typischer *clarete* aus Valdepeñas ist mild, recht erfrischend, leicht, süffig und preiswert. Er eignet sich hervorragend als Tischwein und wird in Bars und Gaststätten viel ausgeschenkt. Der einfache Valdepeñas-Rotwein, der einen sehr hohen Anteil Cencibel enthält, hat bedeutend dunklere Farbe, mehr Kraft und Persönlichkeit. Er wird meist jung abgefüllt und ist für baldigen Verbrauch gedacht. Es gibt dabei große Unterschiede – von nichtssagend bis fruchtig und lebendig. Erstaunlich ist, daß selbst bessere Weine noch in der unteren Preisklasse liegen.

Dem Consejo Regulador und den großen Erzeugern erscheint diese Basis zu schmal, um auf ihr die Reputation und Identität des Weins von Valdepeñas gegenüber dem sehr viel größeren Weinbaubereich La Mancha aufzubauen. Deshalb konzentrierten sich in den 1980er Jahren die Erzeuger mehr auf faßgereiften als auf jung trinkreifen Wein. Das erforderte natürlich große Investitionen in Fässer. Luis Megía benutzt noch immer gebrauchte Sherry-Fässer, experimentiert aber auch mit französischen *barriques*. Bei Félix Solís mußte neben den Tausenden schon vorhandenen auch Platz für 1000 neue Fässer geschaffen werden. Die Genossenschaft La Invencible (die fast 20 % des gesamten Valdepeñas-Weins abfüllt), die Casa de la Viña, Visan und Bodegas Aranda verfügen ebenfalls über etliche hundert Fässer. Bei weitem die größten Bestände können allerdings die Bodegas Los Llanos vorweisen: In den unterirdischen Kellern des Hauses lagern rund 12 000 Fässer und stellen damit die größte Faßlagerkapazität in ganz Castilla-La Mancha dar.

Durch Crianzas, Reservas und Gran Reservas hat der Wein von Valdepeñas inzwischen eine neue Dimension erlangt. Hier wie in anderen Gegenden Spaniens zeigt der Wein der Cencibel-Traube gute Oxidationsbeständigkeit, so daß er lange Zeit im Faß reifen kann. Das Problem (oder vielmehr die Kunst) besteht darin, das rechte Gleichgewicht zwischen gebrauchten und neuen Fässern (was auch einen finanziellen Aspekt hat) und die richtige Dauer der Reifezeit herauszufinden. Bei allzu langer Faßlagerung kann nämlich das Holzaroma auf Kosten der Frucht in den Vordergrund treten. So hat der Pata Negra Gran Reserva von Los Llanos mehr Klasse und Frucht als der Señorío aus dem gleichen Haus, weil der erstere kürzer im Faß liegt. Im Vergleich mit anderen faßgereiften Weinen sind die aus Valdepeñas sehr preisgünstig, und das verschafft dem Bereich auf den in- und ausländischen Märkten einige Vorteile.

Die Plaza de Toros von Las Virtudes ist eine der ältesten im Land.

BEDEUTENDE ERZEUGER

Domaine Pozo Blanco, 13345 Cózar. Als das Haus 1968 von drei Franzosen und einem Spanier übernommen wurde, besaß es 40 ha Airén-Reben durchsetzt mit Olivenbäumen. Die neuen Besitzer rodeten fast alle vorhandenen Weinstöcke und pflanzten stattdessen Cencibel an. Dann begann ein großes Erweiterungsprogramm. Bis Mitte der 90er Jahre sollen rund 270 ha in Ertrag stehen, davon 180 ha Cencibel (100 ha ältere Stöcke, 80 ha Jungpflanzen). Weitere Rebsorten im Bestand sind Airén (11 ha), Garnacha und Aragón. Die beiden letzteren werden vom Consejo Regulador toleriert. Die Weinbereitung geschieht auf wissenschaftlicher Basis unter der Leitung eines Önologen aus Bordeaux. Es wird nur Wein für baldigen Verbrauch produziert. Am besten ist der Finca Corlita, ein reiner Cencibel mit Beerenaroma, vollmundig, sauber und zart tanninherb. Er wird von Trauben aus einer Lage mit ziemlich alten Weinstöcken gewonnen. Auch der einfache Valdepeñas (rund 70 % Cencibel, 10 % Airén und 20 % Garnacha sowie etwas Aragón) ist gut gelungen, mild und fest mit angenehmem Nachgeschmack. Es werden verschiedene Marken benutzt, u. a. El Pozo, Pozo Blanco, Bodega Castillo la Serna und Bodega Corlita. Die Produktion ist bei einer Gutsfläche von 660 ha noch erweiterungsfähig.

Visan, 13730 Santa Cruz de Mudela. *Limpieza, limpieza, limpieza* (Sauberkeit, Sauberkeit, Sauberkeit) heißt es auf einem Schild in der Nähe der Kellerei dieses Guts – so wichtig nimmt man hier gute hygienische Verhältnisse bei der Weinbereitung. Die Bodega liegt in der Nähe eines alten, etwas heruntergekommenen, aber überaus malerischen Stadtviertels und produziert anständige Weine, wobei die eigenen 165 ha 60 % des Traubenbedarfs decken. An der Spitze stehen zwei Reservas, beide ausschließlich von Cencibel: Der recht frische und elegante Castillo de Calatrava erhält nur Flaschenreife, der etwas komplexere Villa del Duque dagegen auch Faßreife (das Haus verfügt über 250 bis 300 *barricas*). Auch alle übrigen Visan-Weine bestehen aus Cencibel. Zur Gruppe gehören ferner die Bodegas Castillo de Mudela, Viñedos y Bodegas San Miguel und Bodegas Morenito.

Casa de la Viña, 13240 La Solana. Das Gut ist mit der größten Anpflanzung von Cencibel-Reben (950 von 1000 ha) zweifellos das bedeutendste in Valdepeñas. Bis 1986 wurde das Lesegut größtenteils an andere Erzeuger geliefert; 1987 übernahm dann die Gruppe Bodegas y Bebidas den Besitz, und seither werden die Trauben im eigenen Haus verarbeitet. Auch die Keller wurden erweitert, um genügend Raum für Fässer, eine Abfüllanlage und ein Flaschenlager zu schaffen. Die Qualität der Weine liegt, insbesondere seit 1986, zwischen gut und sehr gut (allerdings war bereits der 1985er Casa de la Viña Reserva vorzüglich). Die älteren der zurzeit auf dem Markt befindlichen Weine sind gehaltvoll und gefällig; mit Spannung werden nun die unter der neuen Leitung produzierten Crianzas und Reservas erwartet. Der Vertrieb erfolgt unter drei Namen: Señorío de Val (jung trinkreife Rot- und Weißweine), Vega de Moriz (jung trinkreife Rot-, Rosé- und Weißweine sowie eine rote Reserva) und Casa de la Viña (ausgewählte Crianzas und Reservas). Das etwas abgelegene Weingut lohnt einen Besuch, denn trotz starker Investitionen in moderne Technik blieb das alte Bild der Bodega äußerlich unberührt, und die kleinen und größeren Innenhöfe bewahren die Atmosphäre einer guten alten Zeit. Das Gutsgelände von 2900 ha bietet zudem Weideflächen für 2000 Schafe sowie Jagdgründe für die Besitzerfamilien und ihre Freunde.

Cooperativa La Invencible, 13300 Valdepeñas. Die 220 Mitglieder der Genossenschaft bewirtschaften zusammen 9900 ha Weinberge. Die Produktion macht etwa 1/5 der Gesamterzeugung im Bereich aus.

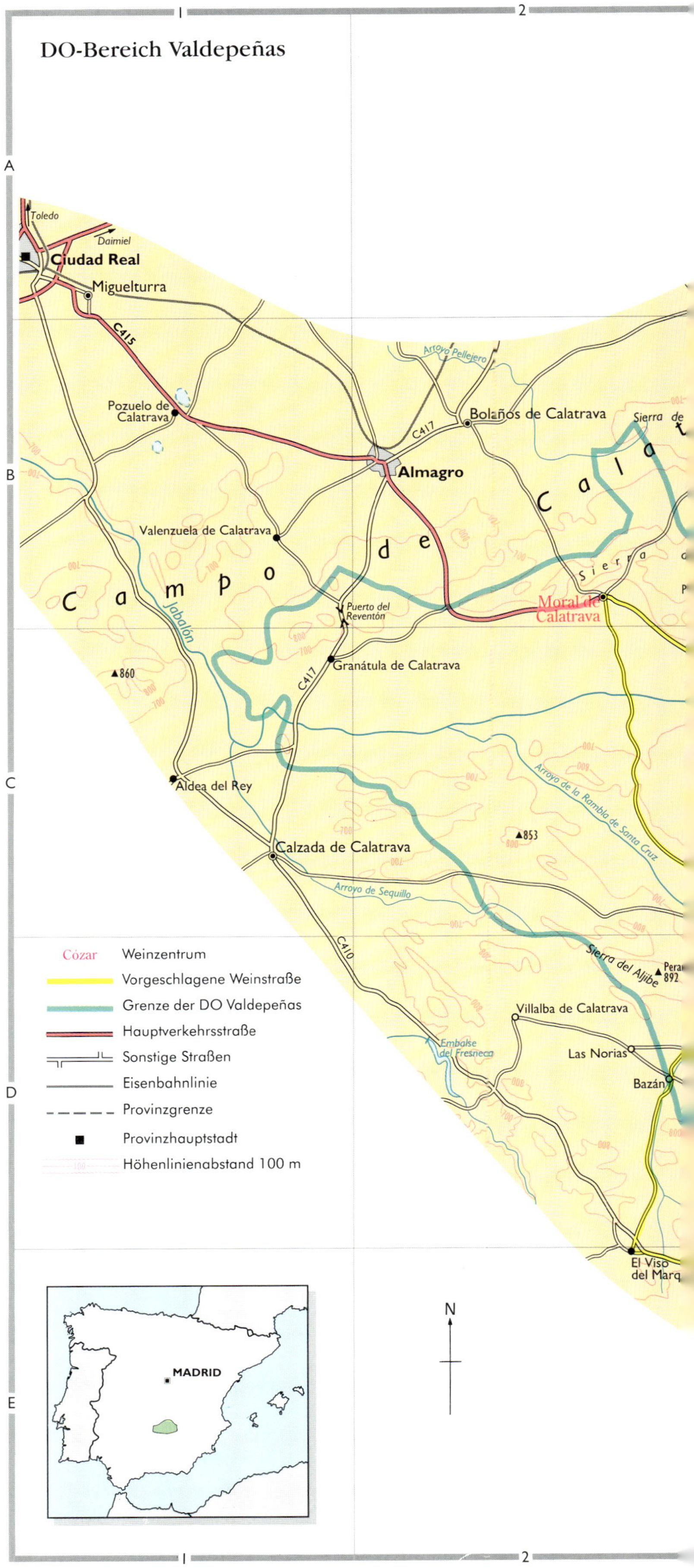

Pantano de Peñarroya
Embalse de Peñarroya
Aranjuez
N310
Daimiel
Manzanares
Membrilla
N430
NIV E5
La Solana
El Lobillo
Albacete
Ruidera
Los Villares
Lagunas de Ruidera
Los Almendros
Alhambra
Casas Blancas
ALBACETE
CIUDAD REAL
Villanueva de Franco
Azuer
Arroyo de Alhambra
Bolos 1088
Sierra de Alhambra
Embalse del Puerto de Vallehermoso
San Carlos del Valle
1010
Sierra del Cristo
Sierra del Peral
Carrizosa
Cañamares
Pinilla
Campo de Montiel
Azuer
Tortilla
C415
Pozo de la Serna
CR643
Alcubillas
C415
Valdepeñas
Feunllana
Villanueva de los Infantes
Villahermosa
Cañamares
Santa María
Alcaraz
Embalse de la Cabezuela
Arroyo del Oregon
Montiel
Jabalón
Jabalón
Cózar
Santa Cruz de Mudela
Torrenueva
Cabeza de Buey 1155
Santa Cruz de los Cañamos
Almedina
Guadalén
Castellanos 1041
Albaladejo
Casas del Relumbrar
Terrinches
Sierra del Acebucbe
Las Virtudes
986
Rambla de Castellar
Las Tejoneras
Torre de Juan Abad
Pilas Verdes 1151
Sierra del Relumbrar
Guadalmena
Sierra Lóbrega
Puebla del Príncipe
Castellar de Santiago
La Guadineja
Villamanrique
1073
Rambla de la Peralosa
de las Tejeras
ALBACETE
JAÉN
Sierra de Cambrón
1068
Barranco Hondo
Dañador
Guadalén
CIUDAD REAL
JAÉN
960
920
902
Embalse del Guadalmena
Embalse del Dañador
1:339 000
Miles 0 5 10 15 20
Km 0 10 20 30
3
4
5
6
A
B
C
D
E

Zum Teil findet die Gärung noch in *tinajas* statt: ein höchst eindrucksvolles Bild. Die Lagerung erfolgt in Beton- und Stahltanks sowie in 300 Fässern. Die Weine sind von mittlerer Qualität, mild und einfach. Viña Lastra ist ein Rotwein von 50 % Cencibel und 50 % Airén, dagegen besteht der rote Valdeazor nur aus Cencibel-Trauben, deren Schalen nicht länger als 24 Stunden mitgären dürfen.

Bodegas Félix Solís, 13300 Valdepeñas. Der große, 1945 gegründete Familienbetrieb westlich von Valdepeñas ist an der stattlichen Anzahl von Tanks leicht zu erkennen. Die Bodega verfügt über eine Lagerkapazität von 40 Millionen Liter. Sie kauft Trauben, Most und Wein zu, während die eigenen 1300 ha etwa 20 % des Bedarfs an Lesegut für die moderne Anlage decken. Die Standard-Rot- und -Weißweine werden unter den Marken Soldepeñas und Los Molinos (für robustere Weine) vertrieben. Auf höherer Qualitätsstufe steht die Marke Viña Albali; die Reservas lagern in Fässern in einem eigenen Keller an anderer Stelle der Stadt. Weißer Viña Albali ist frisch, sauber und recht leicht: ein gefälliger Wein für den Frühling und den Sommer. Die Trauben für ihn werden relativ früh gelesen. Die rote Reserva (7–10 Monate Faßreife) zeigt kräftigen Körper und Einfluß amerikanischer Eiche, dazu dunkles Aroma und samtigen Geschmack. Manchmal wird auch eine Gran Reserva erzeugt. Einfachere Weine kommen unter verschiedenen Namen wie Bonus, Rucio, Cerro de los Pastores, Viña Grand Chaparral und Diego de Almagro auf den Markt. Die Schwesterfirma Bodegas Cruzares produziert ausschließlich *vino de mesa*.

Bodegas Los Llanos, 13300 Valdepeñas. Die alten Gebäude der 1875 gegründeten Bodega befinden sich in der Stadt, beherbergen jetzt aber nur noch ein Museum. Die Weinproduktion findet in einem am Stadtrand gelegenen großen Komplex mit Edelstahltanks und anderen modernen Einrichtungen statt, der sich seit 1973 im Besitz der Gruppe Cosecheros Abastecedores befindet. Diese hat stark in Los Llanos investiert; heute liegt der Schwerpunkt auf Qualitätswein.

Der besondere Stolz der Bodega, die als eine der ersten im Bereich Fässer in größerem Umfang benutzt hat, ist ein unterirdischer Keller mit etwa 12 000 Fässern. 10 bis 15 % des Traubenbedarfs werden von eigenen 250 ha gedeckt; der Anteil soll jedoch vergrößert werden. 20 ha sind mit Cabernet Sauvignon besetzt. Spezialität des Hauses sind faßgereifte Reservas und Gran Reservas. Der Señorío de los Llanos Reserva ist ein milder, schön abgerundeter, etwas rustikaler Wein mit einer charakteristischen Holznote. Die samtige Gran Reserva zeichnet sich durch reife, ausgewogene Art mit Kirschen im Geschmack und mehr Distinktion und Festigkeit als die Reserva aus. Fruchtiger ist der Pata Negra Gran Reserva, der eine kürzere Faßreife durchmacht. Die anspruchsloseren Weiß- und Roséweine stehen unter der Marke Señorío de los Llanos auf dem Programm, und unter den Namen Don Opas und Toreo wird eine Reihe noch einfacherer Weine angeboten. Armonioso ist die Marke für junge Weißweine.

Für die Erzeugung von Valdepeñas-Wein sind bisher nur zwei Traubensorten zugelassen: Airén (weiß) und Cencibel (rot).

Bodegas Luis Megía, 13300 Valdepeñas. Die Gebäude der 1946 gegründeten, heute im Besitz von Collins befindlichen Bodega sind über die ganze Stadt verteilt. Luis Megía konzentriert sich seit jeher auf den heimischen Markt (vor allem Madrid), hat kürzlich aber auch zu exportieren begonnen. Das Haus besitzt keine eigenen Weinberge, sondern kauft zu 90 % Trauben und zu 10 % fertigen Wein ein. Als erster Erzeuger in Valdepeñas experimentierte Megía schon 1970 mit kühler Gärtechnik, die heute für die jung trinkreifen Weiß- und Roséweine genutzt wird. Der weiße Marqués de Gastañaga ist ein lebendiger, frischer, wunderschöner Wein von so guter Qualität, daß der Consejo Regulador ihn bei Proben als Muster aufstellt. Die Rotweine gleichen Namens sind ein Jahr nach der Lese am besten. Als Spitzenrotwein darf der saftige, vollmundige zart-frische Duque de Estrada als Reserva und Gran Reserva gelten, wobei die Gran Reserva abgerundeter ist. 2jährige Weine werden unter dem Namen Tenorio und 3jährige als Luis Megía verkauft. Liebliche Art zeigt der weiße Isolero.

Reise-Informationen

HOTELS UND RESTAURANTS

Parador, 13270 Almagro: s. La Mancha.
Parador, 13200 Manzanares: s. La Mancha.
La Aguzadera, N4 in Richtung Norden, 13300 Valdepeñas, Tel. (26) 323208. Das Restaurant ist auf regionale, z. T. sehr traditionelle Gerichte spezialisiert.
El Baviera, Calle 6 de Junio 30, 13300 Valdepeñas, Tel. (26) 324050. Über einer Bar (wo es gute *tapas* gibt) serviert man im Restaurant köstliche Lamm- und Kaninchengerichte.
Hotel Gala, Arpa 3, 13300 Valdepeñas, Tel. (26) 323857. Zentrale, aber ruhige Lage, einfaches Hotel mit Restaurant.
Melía El Hidalgo, N4 in Richtung Norden, 13300 Valdepeñas, Tel. (26) 323254. Motel-Komplex mit recht rustikal wirkenden, aber komfortablen (und teuren) Zimmern. Das Restaurant hat einen guten Ruf für regionale Küche, aber es fehlt ihm an Atmosphäre.
Melody, Calle 6 de Junio 26, 13300 Valdepeñas, Tel. (26) 320021. Altväterisches Speiselokal. Regionale Küche.
Molino El Gobernador, N4 in Richtung Norden, 13300 Valdepeñas, Tel. (26) 320757. Umgebaute alte Mühle. Ländliche Küche.
El Tigre, El Peral (Weiler an der Straße nach La Solana), 13300 Valdepeñas, Tel. (26) 325000. Gutes Restaurant. Cuisine mit französischem Einschlag – die Frau des Inhabers ist Französin.

SEHENSWERTES

Alhambra. Zu diesem Dorf (der Name bedeutet ganz einfach «befestigter Ort») gehört die Ruine einer maurischen Burg.
Calzada de Calatrava. Südwestlich des Orts an der CR504 liegen die Reste der Burg Calatrava und des gleichnamigen Klosters. Von hier aus herrschten die Zisterzienser einige Jahrhunderte lang über Valdepeñas.

San Carlos del Valle. Die Plaza Mayor aus dem 18. Jh. wurde von Baumeistern von König Carlos III. entworfen. In der Nähe steht eine Barockkirche mit runden Türmen.
Santa Cruz de Mudela. Der von Kreuzrittern gegründete Ort hat eine sehr alte Plaza de Toros und eine Pfarrkirche aus dem 16. Jh. Parallel zur Straße nach Torrenueva verläuft (noch vor dem Bahnhof) eine breite Straße mit niedrigen Häusern, an deren Ende die Bodega Visan liegt.
La Solana. Schöner, geräumiger, von Arkaden umgebener Kirchplatz. Auch die Kirche aus dem 15. Jh. weist oben an der Fassade Arkaden auf. Das Weingut Casa de la Viña liegt zwischen La Solana und Villanueva de los Infantes, einige Kilometer hinter einem kleinen Stausee.
Valdepeñas. An den verschiedenen Straßen, die in die kleine Stadt (25 000 Einwohner) führen, stehen Bodegas, unter denen sich ein ganzes Netz von unterirdischen Kellern erstreckt. Die Zufahrt von Norden her ist die breite, von *tinajas* gesäumte N4 (Avenida de Tinajas). Im Norden der Stadt befindet sich ein Gebäude, wo sich Touristen mit Informationen, Wein und Käse eindecken können. Im Süden steht eine imposante weiße Mühle, die ein Museum mit Werken des einheimischen Malers Gregorio Prieto beherbergt. Weitere Gemälde und Skulpturen, aber auch Kuriositäten sind im städtischen Museum zu sehen. Den Mittelpunkt von Valdepeñas bildet die Plaza de España, die von der teilweise gotischen Kirche La Asunción beherrscht wird. Auf dem Brunnen des Platzes sind Winzerszenen dargestellt. In den alten Gebäuden der Bodega Los Llanos ist ein Weinmuseum untergebracht.

Nördlich der Stadt erhebt sich auf einem Hügel ein Denkmal aus der Zeit Francos (er war in der Stadt nicht sehr beliebt), während im Süden, auf dem Berg San Cristobal, eine weiße Windmühle steht.
Villanueva de los Infantes. Der Ort hat viele historische Gebäude und einen Platz im Renaissance-Stil, an dem die spätgotische Pfarrkirche steht. Außerdem gibt es hier drei Klöster und das Grab des Dichters und Satirikers Francisco Gómez Quevedo (1580–1645).
Las Virtudes. Hier kann man eine der ältesten Plazas de Toro des Landes besuchen (1641).
El Viso del Marqués. Das Schloß des Marqués de Santa Cruz, in dem es herrliche Deckengemälde gibt, beherbergt auch das Marinearchiv.

WEINSTRASSE

Weil die Straßen in Valdepeñas nicht genau den Grenzen des Weinbaubereichs folgen, liegen an der Route auch einige Orte, die eigentlich zum Bereich La Mancha gehören (z. B. La Solana und Villanueva de los Infantes). El Viso del Marqués fällt sogar in keinen der beiden Bereiche. Die vorgeschlagene Rundfahrt vermittelt jedoch ein ausgezeichnetes Bild vom Weinbaubereich Valdepeñas, seiner Landschaft und seiner sehenswerten Ortschaften.

Burgruine in Calatrava. Die Mönche des hiesigen Klosters pflanzten wahrscheinlich die ersten Rotweinreben in dieser Gegend.

Almansa

Der 1200 m hohe Berg, der die Stadt Almansa und ihr Umland überragt, hat in der Geschichte der Region eine bedeutende Rolle gespielt. Während der Besetzung durch die Mauren bauten diese eine Zitadelle an den steilen Felshang, wo dann manche Schlacht geschlagen wurde. Jaime I. vertrieb die Mauren erstmals 1233, aber schon 1265 mußte der König sie erneut aus der Burg verjagen. In den darauffolgenden Jahrhunderten gab es bei den Besitzern der Burg – einmal waren es auch die Tempelritter – häufigen Wechsel. Im 15. Jh. wurde die Festung wieder aufgebaut, nachdem sie während einer Belagerung beschädigt worden war. 1707 endete der Spanische Erbfolgekrieg mit der Schlacht von Almansa und dem Sieg der Bourbonen, und Philipp V. gelangte auf den spanischen Thron. Heute ist Almansa eine friedliche kleine Provinzstadt mit rund 20 000 Einwohnern und ein wenig Industrie. Die Burg, die schon lange keine militärische Bedeutung mehr hat, wurde 1921 durch königliches Dekret unter Denkmalschutz gestellt.

Massenwein

Der Weinbau um Almansa geht auf das 16. Jh. zurück und hat sich seitdem stetig entwickelt. Der Bereich in 700 m Höhe ist der östlichste von Castilla-La Mancha und liegt den Weinbauzonen der Levante näher als etwa Valdepeñas und La Mancha, denn er grenzt an Jumilla und Yecla in der Levante an. Deshalb stehen drei Weinerzeuger von Almansa auch in engem Kontakt mit den Kaufleuten von der Küste, insbesondere aus Tarragona. Der größte Teil des Weins von Almansa wird seit jeher nicht als eigenständiges Gewächs, sondern für Verschnitte produziert. Nur eine Firma, die Bodegas Piqueras, füllt seit einigen Jahren Wein in größerem Umfang in Flaschen ab. Zwei weitere Bodegas verkaufen ebenfalls Flaschenweine, die aber vom Ende der 1980er Jahre stammen bzw. noch ein Jahrzehnt älter sind. Die Winzer haben kein Interesse an eigener Abfüllung, also bleibt es beim Massenwein. Ihr Lesegut werden sie allemal los, und auch von Überschüssen ist keine Rede.

Der Boden

Die 1975 geschaffene DO erstreckt sich auf 9 Gemeinden mit rund 7600 ha Rebfläche. Der Boden ist kalkreich und enthält hier und dort etwas Lehm. Das Klima von Almansa ist nicht ganz so extrem wie in La Mancha, aber auch hier wird es im Sommer sehr heiß – das Thermometer erreicht ohne weiteres 40 °C –, und die jährliche Regenmenge beträgt nur 400 mm. Die Reben wachsen meist auf ebenem Gelände, ab und zu auch an den Hängen der Umgebung. Am verbreitetsten angebaut wird Monastrell, eine Traube, die eigentlich eher für die Weinbaubereiche der Levante (wie Jumilla und Yecla) charakteristisch ist; auf sie entfällt die Hälfte des Bestands. Seit eh und je wird Monastrell mit der in Almansa am zweitmeisten angebauten Traubensorte, Garnacha Tintorera, verschnitten, die etwa 35 % des Rebbestands ausmacht. Sie verleiht den Almansa-Weinen ihren spezifischen Charakter und macht sie für die Weinhändler an der Küste so attraktiv.

Die Weinfelder von Almansa liegen meist auf ebenem Gelände.

Garnacha Tintorera

Garnacha Tintorera bringt Wein von undurchdringlicher Schwärze hervor, denn sie ist eine der wenigen blauen Trauben, bei der auch das Fruchtfleisch dunkel gefärbt ist. Die Weine haben starkes Aroma, viel Tannin, hohen Alkoholgehalt und wenig Säure. Für sich allein sind sie kaum genießbar, aber zum Kräftigen von leichteren Weinen eignen sie sich vorzüglich – auch noch nach dem Verschneiden mit Monastrell. Dabei dürfen die Trauben nicht zu lange am Weinstock bleiben, weil sie sonst zu leicht von den Stielen abfallen. Deshalb findet die Lese meist Ende September/ Anfang Oktober statt. Um die Zukunft der DO Almansa zu sichern, hat der Consejo Regulador angeordnet, daß mehr Flaschenwein erzeugt werden muß, und deshalb wird nun vermehrt Cencibel (Tempranillo) angepflanzt. Der Vorsitzende, Mario Bonete (von Bodegas Piqueras), gibt den übrigen Weinerzeugern ein gutes Beispiel, indem er für die eigenen Rotweine vorwiegend Cencibel verwendet. Außerdem versucht der Consejo, die Erzeuger dazu zu bewegen, Weine mit weniger Alkoholgehalt, d. h. 12 bis 12,5 % anstatt 14 bis 15 %, zu produzieren.

Die Bemühungen um die Verbesserung der Weinqualität sind nicht vergeblich, denn schon hat Cencibel einen Anteil von 15 % erreicht und wird vermutlich noch zunehmen. Der Consejo empfiehlt, daß der Flaschenwein vorwiegend aus Cencibel mit einem gewissen Anteil an Monastrell und Garnacha Tintorera bestehen soll. Nach Meinung von Mario Bonete dürfen es höchstens 10 % Garnacha sein. Er selbst produziert seine Weine mit 65 % Cencibel, 25 % Monastrell und 10 % Garnacha Tintorera. Angesichts des großen Erfolgs der Weine aus den Bodegas Piqueras ist es eigentlich verwunderlich, daß die anderen Erzeuger dem Beispiel bisher nicht gefolgt sind. Noch können sie es tun – und wäre es nur, um das Überleben der DO Almansa zu sichern.

Die imposante Burg von Almansa und davor der Palacio de los Condes de Cirat.

WEINSTRASSE

Die Landschaft von Almansa ist nicht sehr reizvoll, und sie bietet auch nicht viele Sehenswürdigkeiten. Bodegas, die ihren Wein in Flaschen abfüllen, sind hier so gut wie keine zu finden. Trotzdem ist es möglich, eine erfreuliche Rundfahrt durch den Bereich zu unternehmen.

Von Almansa aus fährt man auf der C3212 südwestwärts nach Montealegre del Castillo (Burgruine) und biegt dann rechts nach dem Weinort Bonete ab. In Bonete geht es westwärts weiter nach Pétrola und dann über Horna nach Estación de Chinchilla. Einige Kilometer weiter im Westen erhebt sich ein Felsen mit dem sehr sehenswerten Ort Chinchilla de Monte Aragón.

Von hier aus geht es auf der N430 in Richtung Almansa, jedoch links ab nach Higueruela, wo fast alle Weinberge mit Garnacha Tintorera besetzt sind, dann weiter über Casillas nach Alpera, wo sich nördlich des Orts prähistorische Höhlen befinden. Schließlich führt unser Weg von Alpera zurück nach Almansa. Von hier aus kann man südwärts eine Rundfahrt durch Jumilla und Yecla unternehmen.

BEDEUTENDE ERZEUGER

Bodegas Piqueras, 02640 Almansa. Diese Bodega ist die einzige, die dem DO-Bereich Almansa mit Flaschenweinen in eindrucksvoller Qualität eigenen Charakter verleiht. Die Gebäude stehen in einer anonym wirkenden Straße, nicht weit vom Stadtzentrum.

Das 1915 gegründete Haus besitzt keine eigenen Weinberge, hat aber Verträge mit mehreren Weinbauern, die zusammen über fast 40 ha verfügen. Die Bodegas Piqueras verlangen früheren Lesebeginn als sonst üblich, damit die Weine keinen übermäßig hohen Alkoholgehalt erlangen. Mario Bonete und sein im Fach ausgebildeter Sohn Juan Pablo verwenden 65 % Cencibel, 25 % Monastrell und 10 % Garnacha Tintorera. Seit 1991 verläuft der Gärvorgang zum Teil in Edelstahltanks.

Die Bodega ist auf faßgereifte Weine spezialisiert und hat deshalb in Katalonien 1500 Fässer aus amerikanischer Eiche gekauft, die aber anstelle der üblichen 225 l das von den Bonetes bevorzugte Fassungsvermögen von 300 l haben. Das größte Faß dient allerdings nicht zum Lagern von Wein, sondern ist als Probierstube eingerichtet.

Die milde, nicht zu schwere, fast samtige Crianza mit zarter Frische, leichtem Holzaroma, reifer Frucht (v. a. Beeren) und schönem Gleichgewicht wird unter dem Namen Castillo de Almansa vermarktet. Die gleichnamige Reserva ist fester in der Art, schmeckt kräftiger und zeigt Nuancen von Gewürz, Schokolade und Beeren. Beide liegen meist 18 Monate im Faß, während der Marius Reserva nur 14 bis 15 Monate Faßreife erhält, was ihm sehr gut zu bekommen scheint, denn er ist saftiger und lebendiger als der Castillo de Almansa, hat ausreichend Holz- und Vanillearoma und eine feine Toastnote.

Reise-Informationen

HOTELS UND RESTAURANTS

Parador de la Mancha, N301, 02006 Albacete, Tel. (67) 229450. Äußerlich ebenso reizlos wie Albacete selbst, aber ruhig und für einen Besuch in Almansa günstig gelegen. Ein Restaurant ist angeschlossen.
Mesón de Pincelín, Calle Las Norias 10, 02640 Almansa, Tel. (67) 340007. Für die Gegend typische regionale Küche, u. a. *gazpacho manchego* und frische Fischgerichte. Hier kann man auch die Weine der Bodegas Piqueras probieren.
Los Rosales, 02640 Almansa, Tel. (67) 340750. Touristenhotel mit Restaurant und Bar. Derzeit noch an der Umfahrungsstraße gelegen, der Umzug an die Autobahn ist jedoch geplant.

SEHENSWERTES

Albacete. Große, aber nicht besonders malerische Stadt mit rund 100 000 Einwohnern, bekannt für ihre Messer- und Scherenindustrie sowie für Artischocken und Safran. Das Museo Arqueológico Provincial beherbergt eine umfangreiche Sammlung prähistorischer und römischer Funde.
Almansa. Auf dem Mugrón im Osten der Stadt, nur ein paar Straßen vom Zentrum entfernt, steht die Burg aus dem 15. Jh. und daneben die Pfarrkirche Santa María de la Asunción mit ihrem prachtvollen Renaissance-Portal. Nahe der Kirche befindet sich der Palacio de los Condes de Cirat, auch Casa Grande genannt, mit einer herrlichen Barockfassade. Einige Kilometer westlich der Stadt liegt der Embalse de Almansa, der älteste Stausee Spaniens aus dem Jahr 1348.
Alpera. Etwas nördlich des Weinorts befinden sich prähistorische Höhlen mit farbigen Wandmalerien. Eine dieser Höhlen ist als Cueva de la Vieja bekannt.
Chinchilla de Monte Aragón. Alter, sehr malerischer Ort am Fuß eines Felsens, in dem sich viele Wohnhöhlen befinden; oben steht eine Burg. Die Pracht und Eleganz der Bauten spiegelt den Reichtum der einstigen Provinzhauptstadt. Das Rathaus wurde Ende des 16. Jh. fertiggestellt.

Levante

Hauptstadt: Valencia
Provinzen: Alicante, Castellón, Murcia *(autonomía)*, Valencia
Fläche: 34 622 km²
Einwohnerzahl: 4 786 000

Die Kirche Santa María Magdalena in Novelda, einem hübschen kleinen Dorf südlich von Monovar.

Die an der Ostküste Spaniens gelegene Levante umfaßt zwei *autonomías*, nämlich Murcia, bestehend aus der gleichnamigen Provinz, und Valencia, zusammengesetzt aus den Provinzen Alicante, Castellón und Valencia. Wie in Katalonien haben sich auch hier im Lauf der Zeit viele Völker niedergelassen, unter anderem Phöniker, Griechen, Römer, Westgoten und Mauren. Der legendäre El Cid nahm den Mauren Valencia vorübergehend ab und herrschte dort fünf Jahre bis zu seinem Tod 1099. Murcia und Valencia waren aus früheren islamischen Herrschaftsbereichen hervorgegangene Königreiche. In Murcia blieb der maurische Einfluß lange lebendig, deshalb enthält der dort gesprochene Dialekt auch viele arabische Wörter. Valencia war lange Zeit Teil des Königreichs Aragón sowie Kataloniens, und daher sprechen die Menschen hier eine eigene Art von Katalanisch. Überdies haben die Valencianer mit den Katalanen noch einen intensiven Lokalpatriotismus gemeinsam. Immer wieder erhoben sie sich gegen die Herrscher in Madrid, so gegen Karl V. und Philipp V.

Blaue Kirchenkuppeln

In Murcia wie auch in Valencia gibt es schöne Barockbauwerke, darunter die Kathedrale in Murcia, die als gotischer Bau begonnen, dann stark beschädigt und schließlich nach den Entwürfen eines Barockbaumeisters aus Valencia fertiggestellt wurde. Typisch für den Valencianer Barock sind die blauglasierten Dachziegel, mit denen die Kirchenkuppeln gedeckt sind; man sieht sie überall in der Region, u. a. auch auf der Kathedrale von Murcia. Bunte Mosaikbilder sind ebenfalls oft anzutreffen. Die Kunst der Herstellung von Keramikfliesen wurde von den Mauren ins Land gebracht, und überall in Spanien, wo sie heute noch nach traditionellen Methoden gefertigt werden, trifft man prachtvolle Beispiele an. Ein berühmter Vertreter des Barocks von Murcia war der Bildhauer Francisco Salzillo (1707–1783), dessen farbenprächtige Holzschnitzereien in vielen Kirchen, Kapellen und Klöstern zu bewundern sind. In seiner Geburtsstadt Murcia ist ihm ein Museum gewidmet.

Fruchtbare Ebenen

Die Küste der Levante besteht eigentlich aus zwei weiten Buchten um Valencia und Alicante. Zu beiden Seiten dieser großen Industriehäfen dehnen sich Sandstrände, die Jahr für Jahr eine Invasion von Hunderttausenden von Touristen erleben. An manchen Stellen schieben sich Felsformationen in den Strand vor; am weitesten östlich ist es das Cape Nao, das die Grenze zwischen der Costa del Azahar nach Norden hin und der Costa Blanca mit Benidorm im Süden bildet. Zwischen dem Meer und dem gebirgigen Landesinneren liegen die *huertas*: früher steppenähnliche, trockene Ebenen, die durch Bewässerung in fruchtbare Kultur-

Levante
Santa Eulalia
TERUEL
Sierra de Albarracín
Sierra Alta 1855
Albarracín
Montes Universales
Sierra de Gúdar
Peñarroya 2024
Teruel
Puerto de Escandón
Mora de Rubielos
Javalón 1695
Collado Bajo 1833
Júcar
Turia
Cuenca
Puerto de Cabrejas
Cañete
Torre Baja
2020
VALENCIA
Cabriel
N420
CUENCA
Carrascal 1252
Morella
N232
San Mateo
Vinaroz
Benicarló
N340
Peñíscola
CASTELLON
1814
E15
Lucena del Cid
Mijares
A7
Castellón de la Plana
Onda
1039
Burriana
N234
Segorbe
Vall de Uxó
MAR MEDITERRANEO
Embalse del Generalísimo
Chelva
Villar del Arzobispo
VALENCIA
Sagunto
Liria
Embalse de Alarcon
Embalse de Contreras
Motilla del Palancar
N111
E901
Utiel
UTIEL-REQUENA
Hierbas 1042
Requena
Cheste
Burjasot
Valencia
Torrente
Buñol
Catarroja
Golfo de Valencia
Cabriel
N322
VALENCIA
Magro
Tarazona de la Mancha
Casas-Ibáñez
La Roda
N301
Júcar
Embalse de Tous
Sueca
Algemesí
Cullera
Alcira
Carcagente
Tabernes de Valldigna
N
1028
Ayora
Albacete
Canal de Trasvase Tajo Segura
Enguera
Játiva
Gandía
Oliva
Almansa
N430
VALENCIA
Puerto de Albaida
Denia
Cabo de San Antonio
ALBACETE
Montealegre del Castillo
Onteniente
ALICANTE
Cabo de la Nao
N340
Alcoy
N332
N330
Villena
ALICANTE
Tobarra
Yecla
ALICANTE
E15
Mundo
Hellín
JUMILLA
YECLA
Jijona
Benidorm
N301
Jumilla
A7
Villajoyosa
Elda
Carche 1371
Monóvar
Segura
Embalse del Cenajo
Novelda
Aspe
Alicante
Calasparra
Cieza
Pila 1264
Crevillente
Elche
Santa Pola
Sierra de Taibilla
Revolcadores 2001
Caravaca de la Cruz
Callosa de Segura
Bullas
Molina de Segura
Orihuela
Segura
Mula
MURCIA
Alcantarilla
Murcia
N340
Puerto de la Cadena
Torrevieja
BULLAS
Sangonera
N332
1585
1066
Totana
Alhama de Murcia
E15
Vélez Rubio
Lorca
Cabo de Palos
881
Cartagena
La Unión
ALMERIA
Huércal-Overa
Aguilas
1:1 660 000
km 0 10 20 30 40 50 60
mijl 0 10 20 30
DO-Grenze
Autobahn
Hauptverkehrsstraße
Sonstige Straßen
Eisenbahnlinie
Regionalgrenze
Grenze eines autonomen Gebiets
Provinzgrenze
Hauptstadt eines autonomen Gebiets
Provinzhauptstadt
MADRID
A B C D E
1 2 3 4

landschaften umgewandelt wurden (es waren wiederum die Mauren, die in Spanien Bewässerungstechniken einführten). Hier wachsen erstaunliche Mengen an Gemüse und Obst, auch verschiedene Zitrusfrüchte, nebst Mandeln und Zuckerrohr. Der Weinbau hat vor allem an den Rändern der *huertas* und weiter landeinwärts seine Domäne.

Die Weinbaubereiche

Alles in allem verfügt die Levante über sechs große Weinbaubereiche. Der nördlichste ist Valencia mit überwiegend leichten, frischen, jung trinkreifen Weinen, wobei der Schwerpunkt auf Weißwein von der Merseguera-Traube liegt. Im Hafen von Valencia werden jedoch viel mehr Weine verschifft, als in der eigenen Denominación de Origen wachsen. Die hier etablierten Handelshäuser versenden viele hunderttausend Hektoliter Faßwein aus allen Gegenden Spaniens. Westlich schließt an die DO Valencia die DO Utiel-Requena an, wo von der dunklen Bobal-Traube köstliche Rosés gekeltert werden und zunehmend interessante Rot- und Weißweine entstehen. Die dunkle Monastrell-Traube beherrscht in den DO-Bereichen Alicante, Yecla und Jumilla die Szene. Die auf ihr beruhenden Rotweine sind je nach Erzeuger höchst unterschiedlich, von mild, frisch und fruchtig bis faßgereift, rustikal und schwer. Auch in Bullas, dem südlichsten Weinbaubereich, dominiert Monastrell, hier aber werden zwei Drittel des Ertrags zu Rosé verarbeitet. Hinsichtlich Quantität und Qualität liegen die drei weiteren Weinbaugegenden der Levante weit zurück; ihre Chance, eine eigene DO zu erlangen, ist minimal. Beniarrés ist ein kleines Gebiet nördlich der DO Alicante – hier wird die eigene, vorwiegend aus Rotwein und ein wenig Moscatel bestehende Produktion gleich an Ort und Stelle verbraucht. Campo de Cartagena um die Hafenstadt Cartagena produziert unbedeutende Weiß- und Rotweine. San Mateo schließlich ist ein Gebiet im Norden der Provinz Castellón, dessen Weiß- und Rotweine allerlei Mängel aufweisen.

Blick über die Landschaft von Jumilla.

Gebirgiges Terrain bei Jumilla.

Das Land der Paella

Seit der Maurenzeit wird um Valencia neben Obst und Gemüse auch Reis angebaut, der deshalb in dieser Gegend ein wichtiger Bestandteil vieler Gerichte, vor allem der weltbekannten Paella, ist. In den Restaurants von Valencia gibt es sie in allen nur erdenklichen Varianten, beispielsweise mit großen Garnelen. In Chiva findet sogar jährlich ein Wettbewerb um die beste Paella statt. Aber die Küche Valencias hält auch herrliche Rezepte mit Aal und Ente (beides vom Stausee Albufera) und mit frischen Meeresfrüchten jeglicher Art bereit. Murcia lockt mit vielerlei Salaten und Spezialitäten wie *pastel murciano*, einer schmackhaften Fleischpastete, *dorada a la sal*, Fisch in Meersalzkruste gebacken, und *olla gitana*, einem Zigeunereintopf.

Bullas

Der Weinbaubereich Bullas liegt im Westen der Provinz Murcia zwischen Jumilla und dem Mittelmeer. Sein Name stammt von der unscheinbaren Provinzhauptstadt Bullas, die im Verein mit sechs weiteren Gemeinden die provisorische Denominación de Origen bildet. Der nach Fläche und Einwohnerzahl größte dieser Orte ist die historische Stadt Lorca. Ein Drittel der Bevölkerung in dieser von der Landwirtschaft geprägten Gegend lebt vom Anbau von Mandeln, Äpfeln, Aprikosen, Getreide, Oliven und Pfirsichen. Das Obst wird zum großen Teil in Konservenfabriken an Ort und Stelle verarbeitet. Daneben gibt es eine kleine Möbelindustrie. Der Weinbau nimmt eine Fläche von 7500 ha ein; Monastrell ist die meistangebaute Sorte, auf sie entfallen 95 % der Gesamtfläche. Das Land ist stark hügelig mit eingestreuten größeren Hochflächen und umfaßt drei Teilbereiche. Der am weitesten westlich gelegene befindet sich in einer mittleren Höhe von 400 bis 500 m und hat mit 300 bis 350 mm die geringste Niederschlagsmenge; hier beginnt die Weinlese am frühesten. Der zweite Teilbereich liegt weiter landeinwärts in einer Höhe von 500 bis 600 m und ist etwas feuchter; der Lesebeginn ist 9 bis 10 Tage später. Im dritten Teilbereich unmittelbar südlich der Städte Bullas und Cehegín beträgt die mittlere Höhe 600 bis 800 m; die Niederschlagsmenge beläuft sich auf 450 bis 500 mm, und die Lese beginnt drei bis vier Wochen später als im ersten Teilbereich. Der Consejo Regulador (bis 1991 «Centro Gestor» genannt) hat im gesamten Bereich den Lesebeginn allmählich vorgezogen, um den Alkoholgehalt der Weine zu senken. Der Boden ist fast durchwegs stark kalkhaltig. Die Anpflanzung von Tempranillo und sogar Cabernet Sauvignon wird gefördert.

Vier Erzeuger

Die Weinerzeugung in Bullas erstreckt sich vorwiegend auf Rosé (65 %) und Rotwein (35 %). Es wird auch Weißwein produziert, aber nur in geringem Umfang. Ende der 1980er und Anfang der 90er Jahre investierten die vier Erzeugerbetriebe – zwei in der Gegend von Bullas und zwei in Cehegín – stark in moderne Kellerausrüstungen, was zu einer Verbesserung der allgemeinen Weinqualität führte. Das ändert aber nichts daran, daß es selbst den besten Weinen aus Bullas an eigener Art fehlt, die nationales und internationales Interesse wecken könnte. Es mangelt ihnen an Frucht und Finesse, und die faßgereiften Varianten sind recht rustikal. Dennoch ist ein Potential für gute Weine vorhanden, vor allem wenn Trauben aus den höher gelegenen und relativ feuchteren Gegenden verwendet werden.

Die imposante Burg von Caracava de la Cruz im Nordwesten des Bereichs. Die Stadt ist für ihre religiösen Feste bekannt.

Reise-Informationen

BEDEUTENDE ERZEUGER

Bodegas Carrascalejo, 30180 Bullas. 140 ha Rebfläche liefern 60 % des Bedarfs. Die Produktion umfaßt Rosé- und Rotwein sortenrein von der Monastrell-Traube. Die Rosés sind recht fest und fruchtig. Auf höherem Niveau stehen die wuchtigen Rotweine, u. a. der jung trinkreife Carrascalejo und die 1 Jahr im Faß gereifte Reserva.

Cooperativa Agro-Vinícola Nuestra Señora del Rosario, 30180 Bullas. Etwa die Hälfte der Gesamtproduktion im Bereich stammt von dieser Genossenschaft. Ihre 1200 Mitglieder verfügen zusammen über 5000 ha. Die Kellerausrüstung ermöglicht u. a. die Weinbereitung durch Kohlensäuremaischung. Bei Anlieferung der dafür bestimmten Trauben spätestens eine halbe Stunde nach der Lese und in unversehrtem Zustand wird den Anbauern ein Preiszuschlag von 15 % gewährt. Der milde, feste und schnell trinkreife Don Hidalgo wird größtenteils in dieser Technik bereitet. Der Señorío de Bullas Crianza verbringt 8 Monate in gebrauchten Fässern und erlangt dabei rustikaleren Charakter.

HOTELS UND RESTAURANTS

Avenida, 30180 Bullas, Tel. (68) 652345. Regionale Küche; viele Eintopfgerichte.
Flipper, 30180 Bullas, Tel. (68) 652987. Ein in der Gegend unüblicher Name, aber ein gutes, bei den Winzern beliebtes Restaurant.
Restaurante El Sol, 30403 Cehegín, Tel. (68) 740064. Restaurant in einem von Touristen vielbesuchten Viertel. Regionale Küche.
Alameda, Musso Valante 8, 30800 Lorca, Tel. (68) 467500. Im Zentrum von Lorca liegt das einzige komfortablere, mit einer Klimaanlage ausgestattete Hotel der Gegend.
Los Naranjos, Jerónomo Santa Fé 43, 30800 Lorca, Tel. (68) 465942. Speiselokal mit schöner Atmosphäre und guter Küche, v. a. Spezialitäten der Gegend. Es verfügt über eine treue Stammkundschaft.

SEHENSWERTES

Bullas. Das Herz des gleichnamigen Weinbaubereichs zählt knapp 11 000 Einwohner. Das einzige bedeutendere Bauwerk ist die romanische Kirche.
Caravaca de la Cruz. Die Stadt, 15 km westlich von Cehegín, gehörte früher zur DO Bullas; bekannt ist sie durch religiöse Feste und einen Nachbau des Escorial mit einer Reliquie vom Wahren Kreuz.
Cehegín. Die stark von Landwirtschaft geprägte Stadt ist durch bedeutende prähistorische Höhlenmalereien in ihrer Umgebung bekannt geworden. Sie besitzt ferner eine maurische Burgruine, die Ermita de la Concepción aus dem 15. Jh. mit farbigen Dächern im Mudéjar-Stil, die Kirche Santo Cristo und die etwas später entstandene Santa María Magdalena mit Barockfassade, holzgeschnitzter Statue, schönen Gemälden und anderen Schätzen religiöser Kunst, das völkerkundliche Museum Duque de Ahumada mit einer Sammlung von Kutschen, das Museo Arqueológico mit prähistorischen Funden und das Barockkloster San Esteban aus dem 18. Jh. Daneben sind auch sehenswerte Adelshäuser zu erwähnen. Viele Gebäude sind mit rötlichem Marmor aus den nahegelegenen Steinbrüchen gebaut.

Die Kollegiatkirche San Patricio in Lorca.

Lorca. Die ausgedehnte Stadt blickt auf eine lange Geschichte zurück. Die Reste des maurischen Castillo de Lorca (im 19. Jh. restauriert) überragen die am Hang gelegene Altstadt. Naturkatastrophen und Kriege haben Lorca übel mitgespielt, dennoch sind schöne Gebäude erhalten, darunter das zweiflügelige barocke Rathaus, die reichverzierte Casa de los Guevara mit prächtiger Fassade und Innenhof sowie die Kollegiatkirche San Patricio aus dem 16. Jh. – die einzige in Spanien, die nach dem irischen Nationalheiligen benannt ist. Ihr imposanter Turm zeigt verschiedene Baustile. Im 17. Jh. gab es in Lorca eine bedeutende Malerkolonie.

WEINSTRASSE

Mit Lorca als Ausgangspunkt durchfährt man auf der folgenden Route einen großen Teil des Weinbaubereiches: Lorca – Zarzadilla de Totana – dann über die kurvenreiche Gebirgsstraße nach Bullas – Cehegín – Caravaca de la Cruz – und schließlich zurück nach Lorca.

Blick über das malerische Dächergewirr von Cehegín.

Yecla

Die Stadt Yecla liegt auf halbem Weg zwischen Albacete und Alicante an der Kreuzung von zwei Fernstraßen. Infolgedessen herrscht hier ständig dichter Verkehr. Im 17. Jh. führte Yecla den Übernamen *Bodega Mayor*, denn damals war der Wein sein wichtigstes Gut. Heute ist Yecla vor allem durch seine Möbelindustrie bekannt. An den Straßen, die in die Stadt führen, steht eine Reihe entsprechender Fabriken, und jedes Jahr im März wird eine große Möbelmesse abgehalten.

Noch mehr Menschen kommen aber zwischen dem 5. und 8. Dezember nach Yecla, wenn die Fiesta stattfindet. Dann laufen die Leute in Kostümen aus dem 19. Jh. herum, und manch einer trägt eine *arcabuz* – ein altes Steinschloßgewehr – mit sich. An den Fiesta-Tagen wird sogar der Verkehrslärm übertönt.

Das Weinbaugebiet

Obwohl der Weinbau früher für die Wirtschaft von Yecla größere Bedeutung hatte als heute, sind doch immer noch rund 29 000 ha mit Reben besetzt. 20 000 ha bringen Wein hervor, der die Denominación de Origen Yecla tragen darf. Die Weinberge liegen ungefähr in einem Rechteck um die Stadt, alle innerhalb der Gemarkung – es ist der einzige DO-Bereich Spaniens, der in die Grenzen nur einer Gemeinde fällt. Die Winzer unterscheiden zwei etwa gleich große Teile. Der nördliche heißt Campo Arriba und liegt 750 m über dem Meer. Der Boden hier ist steinig und enthält wenig Lehm. Der südliche Teil, Campo Abaja, liegt 630 bis 650 m hoch, ist ziemlich eben und hat viel Lehm. Bei besonders starken Regenfällen – etwa am Ende des Sommers – wird der Wasserabzug zum Problem. Im nördlichen Teil sind die Hektarerträge niedriger, Qualität und Alkoholgehalt aber höher als im südlichen Teil. Im gesamten Bereich Yecla nimmt der Weinbau 40 bis 45 % der landwirtschaftlichen Nutzfläche ein. Es werden hier auch Äpfel und Oliven angebaut, und die örtliche Genossenschaft produziert neben Wein auch größere Mengen an Olivenöl.

Die Rebsorten

Im Gegensatz zur dichtbebauten Stadt bietet das Weinbauland um Yecla einen offenen Anblick. Die Hänge sind sanft und liegen vor allem im Norden, aber ringsumher erheben sich im Hintergrund hohe Berge. Das Klima ist ziemlich trocken, die Niederschlagsmenge beträgt lediglich 300 mm. Die Verhältnisse sind ähnlich wie im Nachbarbereich Jumilla, aber es fällt etwas mehr Regen, die Sommer- und Wintertemperaturen sind nicht so extrem, und das Jahresmittel beträgt 15,8 °C. Weiße Traubensorten werden in Yecla etwas mehr angebaut als in Jumilla. Offiziell sind nur Merseguera und Verdil zugelassen, aber auch Airén wird noch geduldet. Die Bodegas Castaño produzieren einen Wein von 70 % Airén und 30 % Merseguera.

Dennoch ist Weißwein nur ein Nebenprodukt: Der Schwerpunkt liegt in Yecla eindeutig auf Rotwein, der weitgehend auf Monastrell beruht. Diese Sorte nimmt denn auch 80 % der Rebfläche ein. Sie wird in vielen Fällen sortenrein verarbeitet, kann aber auch mit Garnacha gemischt werden, deren Anteil zwischen 10 und 30 % liegen darf. Garnacha wird stets nach der traditionellen Methode vergoren, doch die Monastrell-Traube wird von vielen Erzeugern auch mit Kohlensäuremaischung verarbeitet, wobei

Yecla ist fast auf allen Seiten von Gebirgen umschlossen.

Jung und alt bei der Weinlese im nördlichsten Teil des Bereichs Yecla, Campo Arriba.

sich erweist, daß diese Sorte hervorragend für diese Methode geeignet ist. Die Bodegas Castaño haben diese Technik als erste angewandt; andere Erzeuger, auch die Genossenschaft, folgten bald ihrem Beispiel.

Während Generationen war hoher Alkoholgehalt der große Vorzug der Weine aus Yecla. 14 bis 16 % waren durchaus üblich, und zwar bei normalen Rotweinen ebenso wie bei *vinos de doble pasta* (mit doppelter Menge an Traubenschalen vergoren). Die letzteren waren aber nicht als Getränke, sondern nur zum Stärken schwächerer Weine bestimmt. Eine Reihe von Erzeugern bemühen sich nun um leichtere Weine im modernen Stil, aber noch immer wird in vielen Fällen der Preis für das Lesegut nach dem potentiellen Alkoholgehalt berechnet. Das hat z. B. Ramón Castaño dazu veranlaßt, möglichst viel Weinbergland aufzukaufen, denn nur so konnte er zu Trauben kommen, die den von ihm gewünschten Zuckergehalt aufwiesen. Nun gibt es also neben der traditionellen schweren Art von Yecla auch eine elegantere Version mit nur 12 bis 13 % Alkohol, deren Anteil stetig zunimmt. Diese Art eignet sich für den Verkauf als Flaschenwein in Spanien und im Ausland, ändert aber noch nichts daran, daß der größte Teil des Weins von Yecla tankweise versandt und zu anonymen Verschnitten mit anderen Weinen verarbeitet wird. So füllt die Genossenschaft La Purísima, deren Mitglieder 7000 ha kultivieren, nur ein Fünftel ihrer Produktion in Flaschen ab. Allerdings soll in diesem Betrieb wie auch in anderen Bodegas der Flaschenweinanteil bis zum Jahr 2000 wesentlich gesteigert werden.

Der Charakter der Yecla-Flaschenweine hängt stark vom Erzeuger und vom Typ ab; von Einheitlichkeit kann keine Rede sein. Für baldigen Konsum – vorzugsweise innerhalb eines Jahres – sind besonders die durch Kohlensäuremaischung gewonnenen Weine mit ihrer milden, fruchtigen, recht runden Art und 12 bis 12,5 % Alkohol sehr angenehm. Traditionell bereitete Weine fallen recht unterschiedlich aus: einmal lebendig und harmonisch, ein andermal nichtssagend und unausgewogen. In kleinerem Umfang entstehen in Yecla auch faßgereifte Weine, sowohl Crianzas als auch Reservas. Ihr Charakter geht von fein und elegant bis rustikal und robust. Die Weißweine sind nur dann zu empfehlen, wenn sie nach modernen Methoden gewonnen wurden, und dasselbe gilt auch für die Rosés.

BEDEUTENDE ERZEUGER

Bodegas Castaño, 30510 Yecla. Der dynamische, modern eingerichtete Familienbetrieb liegt in der Nähe der Plaza de Toros. Um möglichst genaue Kontrolle über die Traubenqualität zu haben, wurde ein 280-ha-Gut geschaffen. Auf dieser Fläche wächst etwa die Hälfte der benötigten Trauben; der Rest wird zugekauft. Rund 10 bis 15 % der Produktion entstehen durch Kohlensäuremaischung, die festen, fruchtigen Wein unter dem Castaño-Etikett erbringt. Für die nach der üblichen Methode bereiteten Weine wird die Marke Viña Las Gruesas benutzt. Die einfache Version ist gut und gefällig; sie besteht aus Monastrell mit 10 bis 15 % Garnacha. Den Namen Pozuelo trägt eine Crianza, die durch Faß- und Flaschenreife feine Art, eine verhaltene Vanillenote und gute Qualität erlangt. Sie besteht aus 70 % Monastrell und 30 % Garnacha.

Cooperativa La Purísima, 30510 Yecla. Die 1300 Mitglieder der Genossenschaft bewirtschaften zusammen rund 7000 ha. Der Rebbestand umfaßt 85 % Monastrell. In den letzten Jahren wurde viel in moderne Ausrüstungen investiert, und das kommt der allgemeinen Qualität des Weins zugute. Die Flaschenrotweine bestehen meist rein aus Monastrell; Estio und Iglesia Vieja sind Marken für milde, unkomplizierte Gewächse. Eine Qualitätsstufe höher steht der fruchtige, recht vollmundige Alfeizar, der durch Kohlensäuremaischung gewonnen wird. Die Weine unter dem Etikett Calp sind etwas rustikal in der Art.

Dominio de las Torres, 30510 Yecla. Das Weingut südlich von Yecla ging Ende der 1980er Jahre an französische Besitzer aus Bordeaux über. Durch umfangreiche Neuanpflanzungen wurde die Rebfläche auf rund 100 ha erweitert. Den

größten Teil des Bestands macht die Monastrell-Traube aus. Außerdem werden in bescheidenem Umfang Versuche mit Cabernet Sauvignon und anderen Rebsorten gemacht. Der Leiter, Michel Jaubert, beginnt mit der Lese, wenn die Trauben einen potentiellen Alkoholgehalt von 12,5 bis 13 % besitzen. Auch beläßt er die Traubenschalen ziemlich lange im Most, und so entsteht ein tiefdunkelroter, ausgewogener, robuster Wein mit Vitalität und Tannin. Als Marken werden Dominio de las Torres, Moro, Torrepaloma, Castel Real und Châteauvalon benutzt.

Reise-Informationen

HOTELS UND RESTAURANTS

Hostal Avenida, San Pacual 5, 30510 Yecla, Tel. (68) 790189. Das bessere der beiden Hotels in Yecla hat saubere, aber etwas kärglich eingerichtete Zimmer. Die Lage in einer Fußgängerzone im Zentrum ist leider nicht ruhig. Hinter der Bar im Untergeschoß befindet sich das Restaurant Aurora, dessen Interieur an ein Zelt in einem Gewächshaus erinnert. Die Küche bietet sorgfältig zubereitete ländliche Gerichte, z. B. *gazpacho yeclano-manchego* und Zickelkoteletts. Gute Auswahl an Weinen der Gegend.
Arabí, 30510 Yecla, Tel. (68) 790525. Lokale Spezialitäten, zum Beispiel Lammkeule.
La Parra, 30510 Yecla, Tel. (68) 792908. Viele Fleischgerichte, u. a. Braten.
Club de Tenis, 30510 Yecla, Tel. (68) 792502. Der örtliche Tennisclub liegt am Rand von Yecla in Richtung Maneta. Das Restaurant in einem modernen Bau ist auch Nichtmitgliedern zugänglich. Fischgerichte und regionale Küche. Ein Großbild-Fernsehgerät ist um die Mittagessenszeit meist eingeschaltet.

SEHENSWERTES

Yecla. Die recht graue Stadt am Fuß eines Berges wird von einer Basilika und einer Burgruine überragt. Im Zentrum befinden sich die Kirchen La Asunción (16. Jh.) und San Francisco (mit einer Figurengruppe des Bildhauers Francisco Salzillo aus dem 18. Jh.). Im Rathaus aus dem 17. Jh. sind Gemälde des einheimischen Malers Andrés Ginés de Aguirre zu sehen, der im 18. Jh. lebte. Archäologische Funde sind in der Casa de la Cultura ausgestellt. Am besten lernt man Yecla kennen, wenn man durch die Fußgängerzone schlendert.

WEINSTRASSE

Wenn man den aus nur einer Gemeinde bestehenden Weinbaubereich besichtigen möchte, fährt man am besten die Straßen entlang, die ringsherum durch die Weinberge verlaufen. Im Süden findet man Anschluß an die Weinstraße durch Jumilla, im Südwesten ist die Weinstraße durch Alicante nicht fern, und im Norden bildet die Weinbaustadt Almansa mit ihrer Burg eine große Attraktion.

Jumilla

Von Yecla aus erreicht man die 25 km entfernte, fast gleich große Stadt Jumilla über den Puerto de Jumilla, einen 800 m hohen Paß. Die beiden Weinbaubereiche grenzen direkt aneinander und weisen so ziemlich dasselbe Klima auf, nur sind in Jumilla die Temperaturextreme mit 41 °C im Sommer und –5 bis –7 °C im Winter etwas ausgeprägter. Die Jahresniederschlagsmenge beträgt im Durchschnitt knapp 300 mm; im Sommer ist es in der Regel überaus trocken. Der Oktober ist der feuchteste Monat, und meist fällt auch im Frühjahr etwas Regen. Auf den oft kalkreichen Böden wächst schon seit Jahrhunderten die Rebe als wichtigste Nutzpflanze. Bereits die Römer trieben hier Weinbau, und aus dem Archiv der Kathedrale in Murcia geht hervor, daß Jumilla im 17. Jh. seinen Zehnten in Wein entrichtete. Neben dem Wein produziert Jumilla heute nur Oliven und Mandeln.

Eine herrliche Landschaft

Die Weinberge von Jumilla erstrecken sich auf welligen Hochflächen. Sie sind ringsum von imposanten Gebirgsketten eingeschlossen, die sehr steil aufragen und parallel zueinander von Südosten nach Nordwesten verlaufen. Während einer Fahrt durch den Weinbaubereich eröffnen sich dem Reisenden immer wieder herrliche Ausblicke. Am schönsten ist es im Herbst, wenn sich das staubige Grün des Weinlaubs rötlich-braun verfärbt und wunderbar mit dem Braungrün der nahegelegenen Anhöhen und dem Blaugrau der fernen Berge harmoniert. Die Stille wird nur vom Dröhnen der Traktoren unterbrochen, die das Lesegut in die Bodegas transportieren.

Die meisten Weinfirmen haben ihren Sitz in und um Jumilla. Diese Stadt mit 21 000 Einwohnern liegt am Fuß einer Burg aus dem 12. Jh.; die niedrigen, weißverputzten Häuser der Altstadt reichen bis an ihre Mauern heran. In anderen Stadtteilen stehen Gebäude aus dem 15. Jh. und aus der Renaissance, aber auch moderne Wohnblocks. Seit 1972 feiert Jumilla in der zweiten Augusthälfte ein vielbesuchtes Weinfest, die *fiesta de la vendimia*. Im Pavillon des Consejo Regulador stehen dann Weine aller Art zum Verkosten bereit. Den echten Durst aber kann man im Jardín de la Glorieta an einem Brunnen aus dem Jahr 1801 löschen, aus dem eine Woche lang Wein strömt. Zu den Festivitäten gehört auch das Traubenstampfen sowie die feierliche Darbringung und Verkostung des neuen Mosts. Den Höhepunkt bildet jedoch die *cabalgata del vino*, ein Umzug mit 50 geschmückten Festwagen am letzten Samstag der Veranstaltung.

Monastrell

Etwa ein Dutzend Bodegas in Jumilla bringen Flaschenweine auf den Markt, die etwa ein Drittel der Gesamterzeugung ausmachen; der Großteil des Jumilla-Weins wird noch faßweise abgesetzt. Wie in anderen Gegenden Spaniens geht jedoch auch hier der Trend immer mehr zur Selbstabfüllung. Den stärksten Einfluß auf den Weinbau in Jumilla übt die 1934 gegründete Genossenschaft San Isidro aus. Ihre 2000 Mitglieder bewirtschaften 20 000 von den insgesamt 47 000 ha Rebfläche des Bereichs. Die Genossenschaft verfügt zunehmend über moderne Ausrüstungen und hat 2500 Eichenfässer angeschafft. Rund 90 % der jährlich von ihr verarbeiteten etlichen tausend Tonnen Trauben entfallen auf Monastrell. Auf den gesamten Bereich Jumilla bezogen, macht diese dunkle Sorte 85 % des Rebbestands aus. Der Önologe der Genossenschaft hatte also recht mit seiner Bemerkung: «Monastrell ist unsere einzige Liebe.»

Umstrukturierung

Monastrell ist eine robuste Traubensorte, die mit dem oft strengen Klima von Jumilla fertig wird und auch der Reblaus die Stirn bietet. In vielen Weinbergen erscheint die übliche Abwehrmaßnahme gegen diesen Schädling, das Pfropfen auf amerikanische Unterlagen, wahrhaft überflüssig. Trotzdem wird sie bei Neuanpflanzungen heute immer angewandt. Der Grund dafür ist nicht nur der Schutz vor Reblausbefall, sondern auch der höhere Ertrag. Im Durchschnitt bringt die Monastrell-Rebe lediglich 17 hl/ha, auf der Genossenschafts-Rebfläche sogar nur 12 hl/ha. Mit gepfropften Reben läßt sich der Ertrag drastisch anheben. Es besteht die Hoffnung, daß bis zum Jahr 2000 mit finanzieller Hilfe der EG 6000 bis 7000 ha auf diese Weise umstrukturiert werden können.

Die Forschungsanstalt in Jumilla sucht nach den besten Monastrell-Klonen und empfiehlt, mit der Lese zu beginnen, sobald die Trauben voll ausgereift sind, und nicht erst wie bisher üblich Mitte September. Dadurch läßt sich leichterer, besserer Wein erzielen. Im Jahr 1990 begann die Station am 24. August mit der Lese, aber die übrigen Winzer folgten erst am 10. September. Auch in der Kellertechnik berät die Forschungsstation. Für jung zu trinkende Rotweine empfiehlt sie Kohlensäuremaischung; für Rotweine, die in traditioneller Weise bereitet werden sollen, rät sie zu längerem Einmaischen der Trauben, nämlich 6 bis 7 Tage anstatt bisher 2 bis 4. Die Gärtemperatur soll 25 bis 28 °C nicht überschreiten. Und als Faßreife sind 5 bis 6 Monate meist genug. Längerer Aufenthalt im Holz bringt nur Oxidationsprobleme. Die Forschungsstation wendet diese Techniken selbst an und kann anhand der exzellenten Resultate das Potential von Jumilla als Qualitätsweinbaubereich nachweisen. Auch mit für den Bereich neuen

Die stille Weinberglandschaft von Jumilla ist von schroff aufsteigenden Bergketten umgeben. Auf einer Fahrt durch den Bereich bieten sich dem Auge herrliche Landschaftsbilder.

In schönster Lage befindet sich das Kloster Santa Ana del Monte südlich von Jumilla. Es birgt viele religiöse Kunstschätze.

Trauben werden Versuche gemacht, so mit Cabernet Sauvignon, der hier offenbar gut gedeiht, wenn er Tropfbewässerung erhält; das allerdings ist in Jumilla noch nicht zulässig. Auch für Weiß- und Roséweine werden Beratung und Empfehlungen angeboten; den besten *rosado* von Jumilla habe ich in der Forschungsstation gekostet.

Unterschiedliche Qualität

Der größte Teil aller Jumilla-Rotweine besteht rein aus Monastrell, denn die anderen dunklen Traubensorten – Garnacha und Cencibel (Tempranillo) – spielen kaum eine Rolle. Das ist an sich nicht schlecht, denn wie die Forschungsstation und einige Bodegas beweisen, lassen sich von Monastrell eigenständige Weine bereiten. Leider schöpfen nicht alle Erzeuger, ja nicht einmal alle Bodegas, die Flaschenwein anbieten, das Potential aus. So entstehen viele nichtssagende, charakterlose oder schwere, rustikale, oft auch oxidierte Jumilla-Weine. Zusammen mit den ihrer Natur nach billigen Massenweinen erweisen sie dem Image von Jumilla keinen Dienst, und so hat der Bereich in Spanien keinen guten Ruf. Deshalb brachte Vitivino, einer der besten Erzeugerbetriebe, seinen sehr guten Monastrell nicht unter dem Bereichsnamen, sondern unter einer etwas verschwommenen Markenbezeichnung auf dem Inlandmarkt heraus. Neben Vitivino streben auch die Genossenschaft San Isidro und die Bodegas Viña Umbría gute Qualität an.

Verschiedenartige Weine

Daß die Monastrell-Traube sehr unterschiedliche Weine hervorbringen kann, zeigt sich nicht nur an den normalen Jumillas. Manche Erzeuger gewinnen von dieser Traube natursüße Weine: Ein köstliches Beispiel ist der Lacrima Christi der Genossenschaft, ein dunkelbrauner, faßgereifter Wein mit Kaffee und Kakao im Aroma. Auch für trockenen, bei kühler Gärtechnik lebendig und fruchtig ausfallenden Rosé eignet sich Monastrell. Für besondere Liebhaber bieten manche Bodegas auch faßgereifte Rosés an. So wurde mir bei Asencia Carcelén ein neun Jahre alter *rosado* präsentiert, der zwei Jahre im Faß verbracht hatte – und infolgedessen völlig oxidiert war.

Schließlich wird auch noch ein Teil Monastrell zu *doble-pasta*-Weinen für Verschnittzwecke verarbeitet. Sie entstehen durch Vergären mit der doppelten Menge an Traubenschalen und erlangen dadurch tiefe Farbe und strenges Tannin.

BEDEUTENDE ERZEUGER

Asencio Carcelén, 30520 Jumilla. Das 1876 gegründete Haus besitzt 1200 ha Weinberge, die etwa 70 % des Traubenbedarfs liefern; der Rest wird zugekauft. Obwohl manchmal von einem hohen Anteil an Cabernet Sauvignon, Cencibel usw. die Rede ist, bestehen die Rotweine in der Praxis aus 98 bis 99 % Monastrell. Sie sind rustikal im Charakter, v. a. die faßgereiften Typen wie Bullanguero, Acorde und Con Sello. Von extrasüßen Trauben wird ein likörähnlicher süßer Rotwein namens Sol y Luna bereitet. Sehr sehenswert ist das reizvolle Weinmuseum in einem Hintergebäude.

Bodegas Cooperativas San Isidro, 30520 Jumilla. Die ursprünglich unter dem Namen El Progreso gegründete Genossenschaft hatte früher ihren Sitz im Zentrum von Jumilla, zog aber in den 1960er Jahren an den Stadtrand um. Die fast 2000 Mitglieder bewirtschaften 20 000 ha (90 % davon Monastrell). Bei den Flaschenweinen wird mit Nachdruck Qualität angestrebt. Zwei kühl vergorene Weine, der weiße Sabatacha (100 % Airén) und der gleichnamige Rosé (100 % Monastrell), zeigen ansprechende, saubere Art und kräftige Frucht. Am besten schmecken sie bis 1 Jahr nach der Lese. Der lebendige, saftige rote San Isidro entsteht in Kohlensäuremaischtechnik und schmeckt im ersten Frühjahr nach der Lese am besten. Er wird rein von Monastrell gekeltert, und das trifft auch auf den Casa Alta zu, der bei 25 °C vergoren wird, wobei die Traubenschalen 12 Tage lang eingemaischt bleiben, so daß Wein mit festem, mildem Geschmack entsteht. Traditionelleren Stil repräsentieren der faßgereifte Sabatacha Crianza (2 Jahre im Faß und bis zu 15 % Alkohol) und der natursüße Lacrima Christi mit Kaffee und Kakao im Aroma, der 2 bis 3 Jahre im Faß reift und in der Regel 15 % Alkohol hat.

J. García Carrión, 30520 Jumilla. Die große Bodega ist im Export, aber auch in Spanien selbst mit Flaschenwein und insbesondere mit Tetrapaks aktiv. Die Fachkenntnisse für die Erzeugung oder Auswahl guter Weine sind durchaus vorhanden, aber selbst die besten im Programm, die unter der Marke Castillo San Simón angeboten werden, sind kaum Mittelklasse. Es werden jedoch Qualitätsverbesserungen ins Auge gefaßt, z. B. durch Kohlensäuremaischung.

Altes Gebäude im Zentrum von Jumilla bei der Kirche Santiago.

Bodegas Viña Umbría, 30520 Jumilla. Das relativ junge, 1983 gegründete Haus hat 1000 ha Eigenbesitz und kauft Lesegut zu. Die Ausrüstung mit Edelstahltanks ist modern; in unterirdischen Kellern liegen 600 Fässer. Die jung trinkreifen Weine tragen die Marke Umbría Novel. Der Rotwein ist würzig, mit Pflaumenaroma, und der Rosé einer der besten in Jumilla; beide bestehen rein aus Monastrell.

Bodegas Vitivino, 30520 Jumilla. Das kleine Weinprogramm des Hauses bietet im Schnitt die beste Qualität in Jumilla. Das 225-ha-Weingut liegt mit seinen Kellern 10 km von Jumilla entfernt. Die meisten Weinstöcke sind über 30 Jahre alt, aber seit 1987 – dem Jahr der Übernahme durch den Winzer und Weinhändler Jacques Germain aus Bordeaux – wurde auch viel neu angepflanzt. Für den Betrieb der Bodega wurde ein in Bordeaux ausgebildeter Önologe eingestellt, der mit den traditionellen Jumilla-Methoden aufräumte und Bordeaux-Techniken einführte. Dazu gehören lange Maisch- und Gärzeiten – 13 bis 20 Tage. Vitivino produziert zudem von sehr alten Reben mit einem Ertrag von nur 9 hl/ha kleine Mengen an faßgereiftem Rotwein. Der einfache Rotwein reift nicht im Faß, sondern 1 Jahr im Tank. Er besteht zu 100 % aus Monastrell und zeichnet sich durch tiefe Farbe und vollmundige Art mit Frucht, lebendiger Frische und gutem Nachgeschmack aus. Die Bezeichnungen lauten Altos de Pio, Dominio de Alba und Taja (exklusiv bei Mähler-Besse). Das Programm umfaßt ferner einen gefälligen, mild-frischen, duftigen Weißwein von Airén-Trauben.

Jumilla Unión Vinícola, 30520 Jumilla. Das Haus entstand durch Zusammenschluß mehrerer Bodegas, darunter Pedro Gil. Der Eigenbesitz umfaßt 400 ha; weiteres Lesegut wird zugekauft. Am erfolgreichsten ist der rein von Monastrell in Kohlensäuremaischtechnik bereitete Cerrillares.

Reise-Informationen

HOTELS UND RESTAURANTS

In Jumilla gibt es kein empfehlenswertes Hotel. Bessere Unterbringung ist in Yecla, Almansa und Hellín möglich.
Hellín, Antigua Carretera N301, 02400 Hellín, Tel. (67) 300142. Einfaches Hotel in einem etwas langweiligen Ort, 40 km von Jumilla.
Bar Central, 30320 Balsa-Pintada (bei Fuente Alamo), Tel. (68) 597835. Am Dorfplatz gelegen; der Koch ist Baske.
Fuente del Pino, 30528 Fuente del Pino, Tel. (68) 780354. Gutes Restaurant am Kirchplatz. Man serviert lokale Spezialitäten.
Campo Nuevo, 30520 Jumilla, Tel. (68) 782698. An der C3213 am Rand von Jumilla. Spezialität: Lamm vom Grill.
Casa Sebastián, Avenida de Levante, 30520 Jumilla, Tel. (68) 780194. Einfaches, preiswertes Lokal; regionale Küche.
Mesón San Agustín, Avenida la Asunción 64, 30520 Jumilla, Tel. (68) 781314. Regionale Küche, oft mit frischem Fisch, z. B. Schwertfisch vom Grill.

SEHENSWERTES

Jumilla. Schon von weitem erblickt man auf einem Berg über der Stadt die gut erhaltene, auf maurische Ursprünge zurückgehende Burg aus dem 12. Jh.; der Bergfried stammt aus dem 15. Jh. Das älteste Bauwerk in Jumilla ist die im 5. Jh. entstandene Begräbniskapelle El Casón am Ende der Avenida de la Libertad. Im ältesten Stadtteil unter der Burg gibt es Höhlenwohnungen, die noch heute benutzt werden.

In der Nähe liegt die zwischen dem 15. und 19. Jh. erbaute Kirche Santiago. Der älteste Teil ist spätgotisch und der Altar Renaissance (1583). Es wird erzählt, der obere Teil des Turms sei in einem anderen Baustil ausgeführt als der untere, weil ein Kardinal zunächst den Weiterbau untersagt habe, damit der Turm nicht höher würde als jener von der Kathedrale in Murcia.

Der Antiguo Consejo y Longa aus dem 16. Jh. wird vollständig restauriert und soll später das Amtsgericht aufnehmen. Ebenfalls im Zentrum liegt das städtische Museum mit archäologischen Funden, religiöser Kunst und römischen Mosaiken. Das Rathaus aus dem 19. Jh. ist ein ehemaliges Gefängnis. Aus demselben Jahrhundert stammt das stattliche Vico-Theater; es wurde 1883 eröffnet.

Auf einem Spaziergang durch Jumilla kann man schöne Häuser aus dem 15. und 16. Jh. bewundern. Dem Weinliebhaber bieten sich zwei Weinmuseen an: Das städtische befindet sich in einem früheren Bahnhof (am Ende des Paseo Lorenzo Guardiola), und die Bodega Asencio Carcelén verfügt über ein eigenes kleines Museum; eine Besichtigung ist nach Vereinbarung möglich.
Embalse de Talave. Westlich und südwestlich von Hellín liegen mehrere Stauseen, in denen man an heißen Sommertagen Kühlung finden kann.
Monasterio Santa Ana del Monte. Das Franziskaner-Kloster steht auf einer Anhöhe 6 km südlich von Jumilla. Seine Kirche stammt von 1580 und ist mit schönen Skulpturen geschmückt, u. a. «Christus an der Säule» von Francisco Salzillo.

WEINSTRASSE

Westlich von Jumilla verläuft die Route durch eine herrliche Landschaft; im Osten findet man Anschluß an die Weinstraßen von Yecla und Alicante. Eine schmale Straße zieht sich am Südhang des Carche-Gebirges entlang, vorbei an einem Salzbergwerk. Von dieser Straße aus (in der Karte nicht eingezeichnet) hat man den schönsten Blick über die Umgebung.

Alicante

Das archäologische Museum in Alicante zeigt griechische und römische Kunstgegenstände als Zeugen einer langen Vergangenheit. Das Licht muß in dieser Stadt schon immer eine besondere Bedeutung gehabt haben: Die Griechen nannten sie *Akra Leuka*, «weiße Burg», bei den Römern lautete ihr Name *Lucentum*, «leuchtende Stadt», und die Araber machten daraus *Al Lucant*. Heute ist Alicante vor allem als Badeort am Meer bekannt. Jahr für Jahr kommen Tausende von Touristen hierher in die geschützte Bucht wie auch an die Strände von Benidorm, 45 km weiter nördlich. Die vielen Besucher in Alicante flanieren gerne über die Explanada de España, einen breiten, von Palmen beschatteten Boulevard mit Mosaikpflaster beim Hafen. Das Castillo de Santa Bárbara, eine gewaltige Festung auf einer Felsenklippe 200 m über der Stadt, ist zu Fuß, mit dem Auto oder mit einem Aufzug zu erreichen. Daß Alicante auch etwas mit Wein zu tun hat, ist für viele Fremde eine Überraschung, denn nur sehr wenig davon, meist unter 1 % der exportierten Gesamtmenge, verläßt Alicante in Flaschen. In Spanien selbst bleiben drei Viertel der Produktion, aber auch davon werden nur 20 bis 25 % in Flaschen verkauft.

Die Rebfläche

Wer seinen Urlaub am Strand oder in der Stadt verbringt, bekommt von den Weinbergen kaum etwas zu sehen. Sie liegen weiter landeinwärts, jenseits der fruchtbaren *huerta*, wo Mandeln und andere Feldfrüchte gedeihen. Die bedeutendsten Weinorte der Denominación de Origen Alicante sind Pinoso und Villena, beide rund 55 km von der Hafenstadt entfernt. Tafeltrauben dagegen wachsen näher an der Küste, und zwar reichlich. Bei seiner Schaffung im Jahr 1975 bestand der DO-Bereich nur aus einem Gebiet um die Stadt Alicante und westlich davon. 10 Jahre danach kam ein zweiter Teilbereich dazu: La Marina, etwa 75 km von Alicante und nördlich von Benidorm. Dort befinden sich die Weinberge auf dem Landvorsprung, der den Golf von Alicante vom Golf von Valencia trennt. Hier wächst rund ein Sechstel der Alicante-Produktion mit Schwerpunkt auf süßem weißem Moscatel. Im ursprünglichen Teilbereich herrscht die dunkle Monastrell-Traube vor: Von den 17 000 ha der DO Alicante sind 13 000 mit dieser Sorte besetzt.

Unterschiede in Klima und Boden

Während im Küstenstreifen die Temperatur im Jahresmittel 18 °C beträgt, sinkt sie weiter landeinwärts auf 13 °C ab. Das hat mit den unterschiedlichen Höhenlagen zu tun. Pinoso liegt 570 m, Villena ebenfalls über 500 m hoch. Im Landesinneren gibt es zwischen Dezember und Februar öfters Fröste. Es ist hier also kühler als an der Küste, aber die Extreme sind nicht so groß wie im benachbarten Jumilla und Yecla, wo ebenfalls Monastrell die wichtigste Traube ist. Nach Meinung der Winzer von Alicante sind deshalb ihre Weine anders als die in Yecla und Jumilla. Auch die Unterschiede im Boden tragen hierzu bei. Hier sind die kalkhaltigen Sand- und Lehmböden tiefgründiger und fruchtbarer als in den Nachbarbereichen. Das gilt vor allem für die tiefergelegenen Teile der DO Alicante, die weiten Täler im Hinterland. Wie der Direktor der Genossenschaft Mañan erläutert, kommen dadurch «Rotweine mit mehr Farbe, mehr Aroma und mehr Qualität» zustande.

90 % der Erzeugung werden hier von Genossenschaften verarbeitet. Sie produzieren nicht nur Rot- und Roséweine von der

Weinberge bei Villena, Sitz der Bodegas Eval.

Monastrell-Traube, sondern auch beträchtliche Mengen an *tintos doble pasta,* die nicht für den direkten Verbrauch, sondern für Verschnittzwecke bestimmt sind. Die normalen Rotweine aus den selbstabfüllenden Bodegas zeigen große Unterschiede in Charakter und Qualität. Mehrere bringen traditionelle, ziemlich rustikale Weine hervor, die sich bestenfalls als annehmbar bezeichnen lassen. Manche aber sind modern ausgerüstet, und ihre Weine erreichen höheren Qualitätsstand.

Eine Musterbodega

Das beste Beispiel bieten die Bodegas Eval in Villena. Sie verfügen über 260 ha Eigenbesitz und kaufen viel Lesegut zu; dabei verlegt sich der Besitzer Augustin de la Torre möglichst auf den Ankauf von Tempranillo, weil diese Traube mit Monastrell gemischt bessere Rotweine ergibt als Monastrell allein. Außerdem werden Experimente mit anderen Rebsorten, u. a. Cabernet Sauvignon, gemacht, und dabei hat sich herausgestellt, daß ⅓ Monastrell, ⅓ Tempranillo und ⅓ Cabernet Sauvignon sogar noch besser schmeckt. Ein so zusammengesetzter Wein eignet sich – wie das Beispiel des Jahrgangs 1985 zeigt – auch für den Ausbau im Faß, wodurch er eine zusätzliche Dimension erlangt. Rein oder vorwiegend von Monastrell gewonnene Weine sind für den Faßausbau weniger geeignet, weil sie zu rasch oxidieren. In der mit Edelstahltanks ausgerüsteten Kellerei der Bodegas Eval wird übrigens u. a. auch an Cabernet Sauvignon mit der Kohlensäuremaischtechnik experimentiert. Die Firma füllt seit dem Ende der 1980er Jahre Wein in Flaschen ab und dürfte damit dazu beitragen, die DO Alicante verbreiteter bekannt zu machen. Zwei um Qualität bemühte Häuser sind Gutiérrez de la Vega in Parcent (auf dem Vorgebirge zwischen den beiden Golfen) und Salvador Poveda in Monóvar.

Eine Spezialität aus Alicante

Daß von der Monastrell-Traube frische, fruchtige Rosés entstehen können, hat die Forschungsstation Jumilla bereits bewiesen. Eine Voraussetzung dafür ist allerdings kühles Vergären, was nicht bei allen Genossenschaften in der DO Alicante möglich ist. Die Qualität bestimmter *rosados* ist deshalb nicht die allerbeste – das aber hindert die unkritischen Touristen nicht, große Mengen davon zu vertilgen. Viña Vermeta von Salvador Poveda ist wahrscheinlich der Bestseller unter den Rosés aus der DO Alicante. Neben einigen kraftvollen, üppig-süßen Moscatels bringt der Bereich auch trockenen Weißwein hervor, meist von der Merseguera-Traube allein oder kombiniert mit Airén. Hier ergibt sich dasselbe Problem wie bei den Rosés.

Fondillón

Eine Weinspezialität von Alicante ist Fondillón. Als ich gemeinsam mit dem Önologen des Consejo Regulador in Gärung befindliche Rotweine verkostete, kündigte er, als er zu dem süßesten kam, an: «In 15 Jahren ist das ein wunderbarer Fondillón». Dieser Wein von Monastrell-Trauben mit sehr hohem Zuckergehalt liegt 6 bis 10 Jahre im Faß und anschließend längere Zeit in der Flasche. Sein Alkoholgehalt beträgt 16 bis 18 %, und sein reifer, mit einer starken Holznote versehener Geschmack kann süß oder trocken sein. In seiner Heimat wird er als Verdauungstrunk anstelle von Brandy oder Likör geschätzt.

BEDEUTENDE ERZEUGER

Salvador Poveda, 03640 Monóvar. Die 1919 gegründete Familienfirma besitzt 20 ha eigenes Land, das etwa die Hälfte des Traubenbedarfs für DO-Weine liefert. Für die andere Hälfte bestehen Verträge mit der Genossenschaft Mañan und anderen Zulieferern. Spezialität des Hauses sind sortenreine Monastrell-Weine wie der milde Viña Vermeta mit leicht würzigen Nuancen, der etwas rustikale Viña Vermeta Reserva mit seiner reifen Frucht und der ausgezeichnete liebliche, 18 Monate im Faß gereifte Fondillón. Die etwa 200 Fässer in Salvador Povedas Keller haben 1500 l Inhalt. Touristen sind in der Bodega willkommen und können dort auch Flaschenwein kaufen.

Gutiérrez de la Vega, 03792 Parcent. Der Ort Parcent liegt in der Moscatel-Zone der DO Alicante auf dem Vorgebirge nördlich von Benidorm. Gutiérrez de la Vega (benannt nach dem Eigentümer) bringt markant geformte Flaschen mit Etiketten, die verschiedenen Dichtern gewidmet sind, auf den Markt. Seine trockenen, lieblichen und süßen Moscatels unter dem Etikett Casta Diva haben beste Qualität. Probierenswert ist auch der charaktervolle Rosé Viña Alejandria. Er besteht aus mehreren Traubensorten, darunter auch etwas Cabernet Sauvignon.

Bodegas Eval, 03400 Villena. Seit 1985 ist Augustin de la Torre aus Madrid Besitzer der größten Privatbodega in der DO Alicante. Sie liegt etwa 10 km von Villena an der Straße nach Yecla mitten in den Weinbergen. Die eigenen 260 ha liefern ⅓ des Traubenbedarfs, der Rest wird zugekauft. Die meisten Gärtanks in der geräumigen Kellereihalle sind aus Edelstahl, und auch die übrigen Ausrüstungen sind modern. Nach Experimenten wurde beschlossen, zunehmend mehr Wein im Faß auszubauen. Außerdem werden auch Versuche mit Kohlensäuremaischung an Cabernet Sauvignon und Monastrell gemacht. Der einfache rote Lopez de la Torre ist ein anständiger, wenn auch nicht aufregender Wein; die Qualität der Version von 70 % Monastrell und 30 % Tempranillo liegt schon etwas höher, denn sie hat bedeutend mehr Frucht. Eine noch interessantere Variante beruht auf dem Rezept ⅓ Monastrell, ⅓ Tempranillo und ⅓ Cabernet. Sie zeigt mehr Tiefe als die beiden anderen Varianten und überdies ein angenehmes Bukett mit Holz und Vanille. Die Reifezeit beträgt 6 Monate in frischer Eiche und 6 Monate in gebrauchten Fässern. Diese Variante wird aber nur in guten Jahren produziert. Ferner ist auch ein faßgereifter Monastrell im Programm, ihm fehlt es aber an echter Klasse. Besucher sind bei den Bodegas Eval sehr willkommen; in der Saison werden sogar Besichtigungen für Reisegruppen arrangiert.

In der Nähe der Bodegas Eval liegt das Santuario Virgen de las Virtudes.

Die Burg Santa Bárbara hoch über Alicante.

Reise-Informationen

HOTELS UND RESTAURANTS

Curricán, Canalejas 1, 03001 Alicante, Tel. (96) 5140818. Verfeinerte mediterrane Küche.
Delfín, Explanada de España 12, 03001 Alicante, Tel. (96) 5214911. Das berühmteste Speiselokal der Gegend. Elegantes Interieur und bevorzugt frische Meeresfrüchte, z. B. im attraktiven Menú Alicantino.
La Goleta, Explanada de España 8, 03002 Alicante, Tel. (96) 5214392. Besonders für gute Paellas bekannt.
Meliá Alicante, Playa de El Postiguet, 03001 Alicante, Tel. (96) 5205000. Großes, luxuriöses modernes Hotel.
Palas, Cervantes 5, 03002 Alicante, Tel. (96) 5209211. Angenehmes, gemütliches Hotel in einem alten Gebäude.
Palas, Plaza Ayuntamiento 6, 03002 Alicante, Tel. (96) 5206511. Drei-Sterne-Komfort im Herzen der Stadt.
Racö del Plaä, Calle Dr Nieto 42, 032001 Alicante, Tel. (96) 5219373. Regionale wie auch mediterrane Gerichte (z. T. mit Reis) sowie gute *tapas*.
Ramón, Carretera Estación, 03640 Monóvar, Tel. (96) 5473319. Chalet-ähnliches Restaurant mit Garten an der Straße nach Elda. Guter *arroz con conejo* (Hase mit Reis), *gazpacho* und andere traditionelle Gerichte.
Xiri, Parque de la Alameda, 03640 Monóvar, Tel. (96) 5472910. Interessante Kreationen aus frischen Zutaten. Das Restaurant liegt in einem Park mit Pinien.
Doñana, Calle Marqués de Villores 11, 03400 Villena, Tel. (96) 5808252. Gut zubereitete regionale Gerichte.
Vary-Messy, Calle Isabel La Católica 17, 03400 Villena, Tel. (96) 5801047. Bürgerliche, stark regional geprägte Küche mit einigen internationalen Gerichten.

SEHENSWERTES

Alicante. Die Hauptstadt der gleichnamigen Provinz zählt 250 000 Einwohner. Beherrscht wird sie von der Burg Santa Bárbara auf einem über 200 m hohen Felsen am Meer. Der älteste Teil soll von dem karthagischen General Hamilcar Barca im 3. Jh. v. Chr. erbaut worden sein. Zum Castillo gelangt man entweder zu Fuß, per Auto oder mit einem Aufzug. Im Burgmuseum sieht man satirische Figuren, die während des Frühlingsfests, das Ähnlichkeit mit *Las Fallas* in Valencia aufweist, «aus den Flammen gerettet» werden. Im Norden der Stadt liegt eine zweite Festung, das kleinere Castillo de San Fernando (Anfang 19. Jh.). Das Rathaus von Alicante besitzt eine imposante Fassade mit Barockportalen, und auch das Innere ist sehenswert. Die bedeutendste Kirche ist San Nicolás de Bari aus dem 17. Jh. Im archäologischen Museum ist eine anregende Sammlung von Kunstgegenständen aus ferner Vergangenheit zu besichtigen. Die berühmte Promenade Explanada de España mit Terrassen, Palmen und farbigem Mosaikpflaster verläuft am Hafen entlang. In den Sammlungen des Museo de Arte befinden sich Werke von Braque, Miró und Picasso.
Biar. Besuchenswert wegen der mittelalterlichen Burg und der sehr schönen Straße Calle Jesús.
Elche. In der ansehnlichen Stadt befindet sich Spaniens größte Palmenanpflanzung. In der Huerta del Cura sind im öffentlich zugänglichen Teil auch andere mediterrane Bäume, Sträucher und Blumen zu sehen.
Ibi. Hier gibt es viele Spielwarenfabriken, die gern Besucher empfangen und ihnen ihre Produkte zu attraktiven Preisen verkaufen.
Monóvar. Eines der ansehnlichsten Bauwerke hier ist die Ermita de Santa Bárbara, eine weißverputzte Klosterkapelle mit blauer Kuppel. Der Torre del Reloj, ein Glockenturm aus dem 16. Jh., überragt die Stadt, die u. a. über ein dem Schriftsteller Azorín (José Martínez Ruiz) gewidmetes Museum und ein schönes Museo de Artes y Oficios verfügt, in dem eine alte Küche, eine Schreinerwerkstatt sowie mit dem Weinbau zusammenhängende Gegenstände ausgestellt sind. Das Handwerk steht hier hoch in Ansehen: Es gibt auch eine Spitzenklöppelschule.
Pinoso. Der Weinbauort nicht weit von der Grenze zum Bereich Jumilla ist auch durch seinen roten und rosa Marmor bekannt.
Salinas. Der Ort an der Weinstraße liegt in einem der schönsten Täler. Der Kirchturm hat eine Kuppel.
Sax. Der Ort wird beherrscht von einer steilen Klippe, auf der eine guterhaltene Burg steht.
Villena. Ansehnliche Stadt mit reicher Vergangenheit. Sie liegt am Fuß eines Berges, auf dem sich eine maurische Burg erhebt. Im Museo Arqueológico, das sich im Rathaus befindet, wird der «Schatz von Villena» aufbewahrt: bronzezeitliche Kunstgegenstände aus Gold. Die Kirche Santiago aus dem 16. Jh. ist ein gotischer Bau.

WEINSTRASSE

Die vorgeschlagene Route stellt zwar schon eine beträchtliche Strecke dar, sie kann aber noch um Abstecher in die «Spielzeugstadt» Ibi und nach Elche mit seinen berühmten Palmen erweitert werden. Westlich von Villena endet die Route bei den Bodegas Eval, kann hier jedoch auch in Richtung Yecla fortgesetzt werden. Die Schleife westlich von Monóvar um Berge von 900 bis 1000 m Höhe herum fällt mit der von dieser Gemeinde mehr oder weniger offiziell festgelegten *ruta del vino* zusammen.

Valencia

Die heutige Stadt Valencia war ursprünglich eine griechische Siedlung namens Thuris, die später von den Römern Valentia genannt wurde und unter der Mauren-Herrschaft die Hauptstadt eines wohlhabenden Königreichs wurde. Im Lauf der Jahrhunderte hatte Valencia wiederholt unter Kriegswirren zu leiden, zuletzt im Spanischen Bürgerkrieg, als hier viele Kirchen geplündert wurden. Dennoch gibt es in der Altstadt mit ihren engen, krummen Gassen viele schöne Gebäude und Denkmäler zu sehen, darunter die Kathedrale, die spätgotische Lonja de la Seda (Seidenbörse) und eine große Markthalle. Außerhalb der Altstadt liegen moderne Stadtviertel mit Wohnblocks und dichtem Verkehr. Das alte Flußbett des Turia durchzieht noch immer die Stadt, obwohl der Fluß selbst nach den Überschwemmungen im Jahr 1957 durch die Vororte umgeleitet wurde.

750 000 Einwohner machen Valencia zur drittgrößten Stadt Spaniens. Sie hat nicht nur viel Industrie – Autos, Computer und Jeans werden u. a. hier hergestellt –, sondern ist auch ein bedeutendes Zentrum des Orangenanbaus. In der *huerta,* dem ebenen, fruchtbaren Land westlich der Stadt, wachsen Millionen von Zitrusbäumen. Vor dem Bürgerkrieg war hier Reis die wichtigste Nutzpflanze, daher auch die vielen Reisgerichte in der valencianischen Küche, vor allem Paella, und auch heute noch gibt es südlich der Stadt in der Gegend von Albufera viele Reisfelder. Einen Teil seines Wohlstands verdankt Valencia seinem Hafen, El Grao – der größte Hafen Spaniens. Manche der alten Lagerhallen dort sind mit Bildern von Orangen und Weintrauben geschmückt. Seit Generationen werden von El Grao aus ungeheure Mengen an Wein verschifft – derzeit ein Viertel der in Spanien produzierten ungespriteten und stillen Weine.

Eine lange Geschichte

Als Hans Christian Andersen um 1860 Valencia besuchte, schrieb er von «Trauben so groß wie Pflaumen, der Wein feurig und stark». Schon damals war der Weinbau in Valencia uralt; die Griechen und Römer betrieben ihn hier, und selbst unter den Mauren wurde Wein erzeugt. Als Valencia dann ein christliches Königreich geworden war, wurde hier der erste Versuch einer Weinklassifizierung unternommen. Präziser wurde sie 1626 in einer Urkunde des Monzón-Parlaments gefaßt, die drei Kategorien mit verschiedenen Abgabentarifen unterschied.

Ende des 18. Jh. war die Gegend um Valencia mit Brennereien durchsetzt, doch wieder ein Jahrhundert später hatte der Wein die Herrschaft zurückgewonnen. Während der Reblausplage suchten die Franzosen nach farbstarken, kräftigen Weinen für Verschnitte. Zwischen Frankreich und Spanien wurde ein Handelsabkommen geschlossen, worauf der Weinexport von Valencia aus dramatisch anstieg. 1883 verließen über 1 Million hl den Hafen El Grao; noch 20 Jahre zuvor waren es nur 30 000 hl gewesen.

Aber nicht nur der Weinexport erreichte ein eindrucksvolles Volumen, auch die Rebfläche wuchs stark an. Der große Rückschlag kam dann um die Jahrhundertwende, als auch in Valencia die Reblaus erschien. Vor allem in der fruchtbaren *huerta* mußten viele tausend Hektar Reben gerodet und u. a. durch Orangen- und Mandelbäume ersetzt werden. Der Weinbau zog sich landeinwärts zurück – und dort ist er noch heute konzentriert.

Vor der Reblaus hatte jedoch der blühende Weinhandel von Valencia nicht nur spanische, sondern auch ausländische Unternehmer angezogen; deshalb fand man hier Firmen mit Namen Steiner und Teschendorff. Viele sind inzwischen wieder verschwunden, es fällt aber auf, daß drei von den fünf noch bestehenden großen Handelshäusern Schweizer Firmen sind: C. Augusto Egli, Schenk und Cherubino Valsangiacomo; die beiden anderen, Vicente Gandía Pla und Vinival, haben spanische Besitzer.

Das Hafengebiet

Ursprünglich hatten alle diese Firmen ihren Sitz im Hafenviertel. Vicente Gandía Pla ist inzwischen in eine ultramoderne Bodega bei Chiva umgezogen, und mindestens zwei weitere Firmen erwägen einen Umzug. Früher gab es bei den Docks viel Platz, doch die Entwicklung der Stadt macht es immer schwieriger, die Gewerbegebiete mit Lastwagen und Tankfahrzeugen zu erreichen. Allerdings brauchen die Touristen sich über den Abzug der Weinfirmen aus dem Hafengebiet nicht aufzuhalten, denn auf Besucher sind diese sowieso nicht eingerichtet, und keine der Bodegas könnte mit ihrem Anwesen einen Schönheitspreis gewinnen.

Die großen Erzeuger

Die fünf großen Firmen leben vom Massenweinverkauf. Vier von ihnen füllen nur 15 bis 20 % ihrer Weine in Flaschen ab; nur bei Vicente Gandía Pla ist der Anteil höher. Anfang der 1970er Jahre verkaufte diese Firma als erste Flaschenwein; heute sind es über 1 Million Kisten im Jahr. Mehrere Bodegas der Gegend verfügen über ansehnlichen Weinbergbesitz, doch bei weitem der größte Teil des von ihnen verarbeiteten Weins stammt nicht vom eigenen Lesegut, sondern sie kaufen Trauben, Most oder Wein bei Dutzenden von Genossenschaften ein.

In Valencia sind die Winzergenossenschaften oft nur unzulänglich ausgerüstet, und so ist es für sie lukrativer, Trauben zu verkaufen anstatt Flaschenwein; ihre Modernisierung wäre also

Der Hafen von Valencia.

wünschenswert. Aus dem verfügbaren Grundmaterial schaffen die fünf großen Firmen eine Vielfalt an Weinen, oft nach den Wünschen ihrer Kunden: So können die Einkäufer aller Einzelhandelsketten Europas bei ihnen nach Maß und zu angemessenen Preisen ordern. Sangria und Most sind ebenfalls Exportartikel. Eine der Firmen beispielsweise liefert Most nach England (dort wird er zu einem alkoholfreien Getränk verarbeitet) und nach Japan (für die Bereitung von Wein). Den fünf Großen fehlt es nicht an Markennamen: Allein bei Schenk kann man als Käufer zwischen 40 oder 50 Marken wählen.

DO Valencia

Durchaus nicht alle Weine haben DO-Status, und auch nicht alle mit DO kommen aus Valencia. Bei Vinival, der größten Bodega der Gegend, entfallen nur 15 % des Gesamtvolumens auf Wein aus Valencia, und bei den anderen Bodegas ist der Anteil ähnlich. Die meisten Weine, die von Valencia aus in die Welt gehen, stammen aus anderen Gegenden. Innerhalb der DO Valencia sind Qualität und Charakter der Weine sehr unterschiedlich. Die Weißweine liegen zwischen dürftig, lieblich und anspruchslos einerseits und lebendig, sauber, frisch und ansprechend anderseits; auch bei den Rot- und Roséweinen sind die Unterschiede groß. Alles das tut Valencias Image und Identität nicht gut. Aber die großen Firmen sind sich dessen bewußt und bemühen sich deshalb vermehrt um Flaschenwein und um die Anhebung des Prestiges der DO Valencia.

Drei Teilbereiche

Die gegenwärtige DO erstreckt sich auf 19 000 ha in drei Teilbereichen. Bei weitem am größten mit 60 % der Rebfläche ist Valentino westlich der Stadt Valencia im Zentrum der gleichnamigen Provinz. Chiva ist der Mittelpunkt dieses Teilbereichs. Auf kalkhaltigem Boden wachsen hier die Weißweinsorten Merseguera, Malvasía und Pedro Ximénez und für Rotwein Bobal und Garnacha. Valentino unterteilt sich nochmals in vier Zonen in Höhen von 175 bis 550 m.

Nordwestlich von Valentino liegt Alto Turia, ein hügeliger Bereich mit 10 % der Rebfläche. Von hier stammen die besten Weißweine Valencias, vorwiegend gekeltert von der Merseguera-Traube. Der Boden besteht aus Sand mit Kalkgestein. Wegen der Höhenlage – um 625 m – ist es hier etwas kühler als in den anderen Gegenden. Die bedeutendste Stadt des landschaftlich schönen Teilbereichs ist Chelva. Alto Turia und Valentino grenzen aneinander, dagegen liegt Clariano mit 30 % der Rebfläche für sich allein im Süden der Provinz, westlich von Gandía. Das wellige Terrain ist 100 bis 400 m hoch; der Hauptbestandteil des Bodens ist Kalkstein, nur in einer bestimmten Zone stärker mit Lehm untermischt. Die Weinberge liegen zum Teil auf Terrassen. Clariano hat einen guten Ruf für seine Rotweine von der Monastrell-Traube, aber auch Bobal und Garnacha sowie verschiedene Weißweinsorten werden hier angebaut. Die Namen der Teilbereiche und Zonen erscheinen selbst bei unverschnittenen Weinen nur selten auf dem Etikett, sie sind also für den Besucher eher von Interesse als für den Verbraucher.

Weißwein

Auf Weißweine entfällt der größere Teil der Produktion in der DO Valencia. Die besseren Ausführungen enthalten stets einen größeren Anteil Merseguera oder sind sortenrein von dieser Traube gekeltert, die hier 40 % des Rebbestands ausmacht. Kühle Gärtechnik verleiht diesen Weinen einen klaren, saftigen, erfrischenden Geschmack mit schöner Frucht, sie sollten aber innerhalb eines Jahres getrunken werden. Der Castillo de Liria von Vicente Gandía Pla ist ein gutes Beispiel für den sortenreinen Merseguera. Augusto Egli erzielt durch Mischen von Merseguera mit Planta Nova und Macabeo einen großartigen, zart-frischen Wein unter der Marke Rey Don Jaime, ebenfalls mit erfreulichen Nuancen. Schenk verbindet Merseguera mit Moscatel zum leichten Cavas Murviedro mit deutlichem Muskateller-Aroma. Als köstliche Dessertweine gibt es auch reine Moscatels; die besten sind üppig süß, oft mit 14 % Alkohol.

Rosé

Die Bobal-Traube, die auch im Nachbarbereich Utiel-Requena vorherrscht, wird am meisten für die Roséweine verwendet, die zart hellrot bis orange, trocken und frisch, aber nie säuerlich sind, dabei schöne Frucht und schlanken Körper aufweisen. Sie sind im Sommer ideale Durstlöscher. Zu meinen Favoriten zählen der Castillo der Liria von Vicente Gandía Pla, Cavas Murviedro von Schenk und Perla Valenciana aus dem Haus Augusto Egli, das auch den vollendeten *rosado* Rey Don Jaime anbietet. Dieser Wein erlangt durch Beimischung von Garnacha und Tempranillo eine zusätzliche Dimension.

Rotwein

Auch in vielen Rotweinen Valencias ist Bobal die meistverwendete Traube, oft ergänzt durch Garnacha, Tempranillo und Monastrell. Es gibt aber auch Weine sortenrein von Monastrell (Schenk), Garnacha Tintorera (Cherubino Valsangiacomo) oder Tempranillo (Vinival) sowie Kombinationen von Tempranillo und Garnacha (Augusto Egli) und viele andere. Alles in allem entsteht so eine

Die Kathedrale von Valencia zeigt verschiedene Baustile, von Romanik und Gotik bis Renaissance und Barock.

große Vielfalt. Die meisten Versionen sind für Genußreife innerhalb von zwei Jahren nach der Lese ausgelegt, es gibt aber auch einige faßgereifte Crianzas. In den Kellern von Schenk liegen beispielsweise einige hundert gebrauchte Fässer aus Bordeaux, und Cherubino Valsangiacomo verfügt über 1700 Fässer; in einigen davon ruht eine Reserva, nämlich der Marqués de Caro aus Valle de Albaide im Teilbereich Clariano. Die Kombination von Bobal mit anderen Traubensorten zeitigt ebenfalls erfreuliche Resultate. Jung trinkreife Weine dieser Art zeichnen sich durch milden, zart fruchtigen Geschmack mit lebendiger Frische aus. Die faßgereiften Versionen haben gewöhnlich mehr Wucht; neben reifen Fruchtnuancen bieten sie oft tiefere, dunklere Töne sowie eine Holz- und Vanillenote. Daß in der DO Valencia gute Rot-, Rosé- und Weißweine entstehen, ist also gewiß. Man kann nur wünschen, daß der Verbraucher mehr davon zu sehen bekommt.

BEDEUTENDE ERZEUGER

Vicente Gandía Pla, 46018 Chiva. Das dynamische Familienunternehmen hat als erste der großen Bodegas von Valencia das Hafengebiet verlassen. In Chiva, etwa 30 km weiter westlich, wurde ein ultramoderner Komplex mit einer großen Abfüllanlage errichtet. Anfang der 1970er Jahre füllte Vicente Gandía Pla als erste größere Firma Wein aus Valencia ab. Inzwischen ist der Absatz auf über 1 Million Kisten angestiegen. Die Kapazität der neuen Bodega beträgt 30 Millionen Liter. Rosé- und Weißweine werden in Chiva vorwiegend von zugekauftem Most produziert, Rotweine dagegen fertig von den Genossenschaften bezogen. Die Spezialität des stark exportorientierten Hauses ist jung trinkreifer Wein.

Zu den besten Produkten gehören der erfrischende weiße Castillo de Liria (100 % Merseguera), der fruchtige Rosé Castillo de Liria (100 % Bobal) und der saftig-milde, zart fruchtige Rotwein gleichen Namens (Bobal, meist mit Monastrell, manchmal aber auch Garnacha und Tempranillo). Dieselben Weine gibt es auch unter der Marke Marqués del Turia. Der goldene, vollfruchtige Moscatel ist ebenfalls beachtenswert. 1985 feierte Vicente Gandía Pla sein 100jähriges Bestehen. Mit der Eröffnung der High-Tech-Anlage in Chiva geht man voll Zuversicht ins zweite Jahrhundert.

C. Augusto Egli, 46000 Valencia. Nach der Gründung seines Weinhandelshauses in Zürich im Jahr 1894 eröffnete der Schweizer C. Augusto Egli 1903 in Valencia eine Zweigniederlassung, die noch heute unter der Leitung der Schweizer Muttergesellschaft an der alten Stelle im Hafenviertel blüht und gedeiht. Edelstahl-Lagertanks und andere moderne Ausrüstungen stehen zur Verfügung. Einen starken Kontrast zur klinisch rein wirkenden Kellerei in Valencia bildet Casa lo Alto, das firmeneigene Weingut in Utiel-Requena (s. dort). Die Produktion umfaßt eine Reihe guter Weine, u. a. den sauberen weißen Perla Valenciana (von Merseguera), den zart frischen, nuancenreichen weißen Rey Don Jaime (Merseguera, Planta Nova, Macabeo), die feinen, fruchtigen *rosados* Perla Valenciana (Bobal) und Rey Don Jaime (Bobal, Garnacha, Tempranillo) sowie den milden, gefälligen roten Perla Valenciana (Tempranillo, Garnacha). Der rote Rey Don Jaime hat mehr Fülle und Kraft – doch er stammt aus Utiel-Requena.

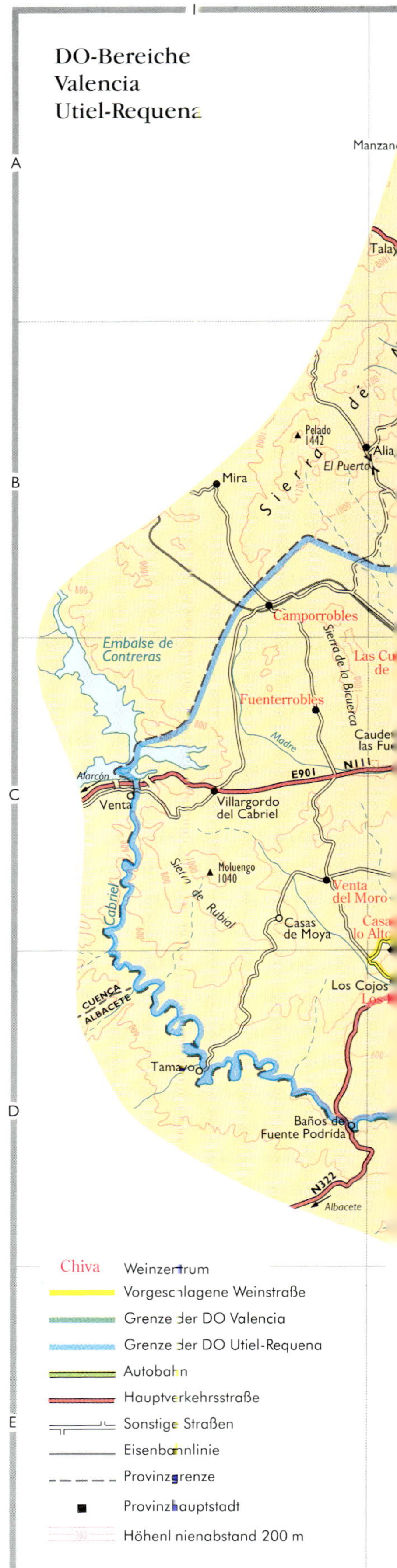

Sierra de Javalambre
Losilla
El Collado
Muela 1511
Aras de Alpuente
C234
TERUEL
VALENCIA
CASTELLON
TERUEL
Torás
Palancia
Salada 1586
La Yesa
Alpuente
Titaguas
Turia
Rambla de Arquela
Rambla de Ahillas
Rambla de Abejuela
Sacañet
Andilla
Rambla de Andilla
La Cueva Santa
Ahillas
Higueruelas
Alcublas
Rambla de Alcublas
CUENCA
VALENCIA
Casas de Enmedio
Castellano 1055
Gátova
Tuéjar
Chelva
Villar del Arzobispo
CASTELLON
VALENCIA
Marines
Sinarcas
Embalse del Generalisimo
Calles
Domeño
Canal Principal del Embalse
Casinos
Olocau
798
Serra
Porta-Coeli
Cortes
Losa del Obispo
Embalse de Loriguilla
Rambla Castellana
Rambla Primera de Liria
Náquera
Sierra
Chulilla
Vanacloig
Castellón de la Plana
Sierra del Negrete
Villar de Tejas
Sot de Chera
Liria
Benisanó
Puzol
Casas de Medina
Turia
Gestalgar
Bugarra
Pedralba
Puebla de Vallbona
Bétera
Puig
A7
E15
Chera
Embalse de Buseo
Benaguacil
C234
Puebla de Farnals
Villar de Olmos
Masamagrell
Masalfasar
N330
Utiel
Sierra de Utiel
Villamarchante
Moncada
Sierra de Santa María
Sierra de los Bosques
Ribarroja del Turia
N340
Meliana
Reatillo
Ceja
1250
Sierra de Tejo
Barranco Grande
C3322
Burjasot
San Juan
San Antonio
Paterna
Alboraya
Magro
Manises
Cheste
Loriguilla
Derramador
Requena
Siete Aguas
VALENCIA
Ruices
Pontón
N111
E901
Chirivella
Chiva
El Rebollar
Sierra de las Cabrillas
Aldaya
El Grao
N322
Venta Quemada
Alacuás
Torrente
El Portillo
Buñol
Picaña
MAR MEDITERRANEO
Campo Arcis
Godelleta
Masanasa
Benetúser
Sierra de Malacara
Catarroja
La Portera
Barranco de Carcheltes
Calabarra
Alborache
Yátova
Mijares
Turís
Beniparrell
El Saler
Macastre
Puerto de Cruz de Cofrentes
Los Sardineros
C3322
Silla
Picasent
Magro
Embalse de Forata
Monserrat
Sierra de Martés
Pedrones de Abajo
Viñuelas
Montroy
Real de Montroy
La Albufera
Martés 1086
Benidorm
Casas del Río
Venta de Gaeta
El Oro
Alicante
Llombay
Dos Aguas
Sierra del Caballón
Catadau
N330
Magro
Balsa de Ves
Embalse de los Embarcaderos
Júcar
ALBACETE
VALENCIA
Los Hervideros
Cortés de Pallás
Cofrentes
Almansa
N
MADRID
1:435 000
Miles 0 5 10 15 20
Km 0 10 20 30
A
B
C
D
E
2
3
4
5

Cherubino Valsangiacomo, 46000 Valencia. Die schweizerische Firma wurde 1830 in Monóvar (Alicante) gegründet und zog später in das Hafenviertel von Valencia um. Sie ist die kleinste der «Großen Fünf», setzt aber nichtsdestoweniger jährlich etwa 100 Millionen Liter um. Neben sehr verschiedenen Weinen produziert sie u. a. auch Wermut. Der faßgereifte Rotwein Vall de Sant Jaume (60 % Garnacha, 20 % Bobal, 20 % Tempranillo) zeichnet sich durch korrekte Qualität aus. Die Marke Marqués de Caro – Weißwein von Merseguera, Rosé von Bobal (aus Utiel-Requena) und Rotwein v. a. von Garnacha Tintorera – steht für ein anspruchsvolleres Niveau. Cherubino Valsangiacomo hat mit Platzproblemen zu kämpfen, wodurch die Modernisierung der Anlagen behindert wird. Deshalb plant die Firma den Umzug in einen Neubau außerhalb der Stadt.

Bodegas Schenk, 46023 Valencia. Das große Schweizer Haus hat seit 1927 eine Niederlassung im Hafen von Valencia. Wie die anderen großen Bodegas ist auch sie auf Wein in Großmengen spezialisiert, aber inzwischen findet Flaschenwein zunehmend Beachtung. Den besten Qualitätsstand bietet das Haus unter dem Namen Cavas Murviedro, früher eine Marke, jetzt aber eine eigene Firma. Die meisten Weine der Cavas Murviedro laufen unter der DO Valencia, doch auch gute Weine aus Utiel-Requena, wo Schenk eine eigene Kellerei besitzt, gehören zum Programm. Der weiße Cavas de Murviedro wird von Merseguera und Moscatel bereitet, wobei das fruchtige Muskateller-Bukett deutlich spürbar ist; dagegen wurde auf der Basis von Merseguera, Moscatel und Malvasía ein Wein nach deutschem Vorbild gestaltet. Der recht feste Rosé besteht rein aus Bobal. Diversität bietet der lebendige, jung trinkreife Rotwein von Bobal mit Garnacha, Monastrell und ein wenig Tempranillo. Es gibt auch eine faßgereifte Crianza-Version mit robusterem, dunkler getöntem Geschmack; sie wird von Bobal und Monastrell produziert. Sortenrein von Monastrell wird ein ebenfalls faßgereifter Rotwein namens Tinto Monastrell bereitet. Die Fässer kauft Schenk gebraucht in Bordeaux und benutzt sie weitere 3 bis 4 Jahre. Estrella heißt ein mit 11,5 % ziemlich leichter, natursüßer Moscatel-Wein; der Real Copero ist schwerer, mehr sirupartig und traditioneller in der Art. Aus Utiel-Requena kommt ein vorzüglicher Rotwein rein von Tempranillo.

Die alte Lonja de Seda (Seidenbörse) in Valencia.

Bodegas Vinival, 46120 Alboraya. Die mehrheitlich im Besitz der Gruppe Bodegas y Bebidas befindliche, bei weitem größte Bodega von Valencia versendet jährlich rund 100 Millionen Liter per Schiff, Tanklastwagen und Bahn. Das Unternehmen wurde 1969 von mehreren Privatfirmen gegründet, die sich dann 1975 fest zusammenschlossen. Im Hafengebiet wurde für die Lagerung und Verarbeitung von Wein ein großes Gebäude errichtet; die dicken, halbrunden Türme aus braunen Klinkern tragen mehrere Spottnamen. Bei Vinival werden rund 15 % der Produktion in Flaschen abgefüllt. Der größte Vorzug dieser Weine ist meist ihr günstiger Preis; für die DO Valencia sind sie aber bestimmt keine Empfehlung. Am interessantesten ist noch der Viña Calderón in Rot und Rosé; allerdings kommt er aus Utiel-Requena, wo Vinival mit dem 100 ha großen Dominio del Arenal ein eigenes Weingut besitzt. Der milde, sanfte Rotwein wird von Bobal, Garnacha und Tempranillo gewonnen, der *rosado* von Bobal und Garnacha.

Reise-Informationen

HOTELS UND RESTAURANTS

Levante, 46181 Benisanó, Tel. (6) 2780721. Berühmt für Paellas. Viele Weine der Gegend.
Hotel Sidi Saler, 46012 El Saler, Tel. (6) 1610411. Sehr komfortables Strandhotel in ruhiger Lage, 8 km von Valencia.
Parador Luis Vives, 46012 El Saler, Tel. (6) 1611186. Modernes Hotel mitten in einem 18-Loch-Golfplatz; 7 km südlich von El Saler.
Bergamonte, 46137 Puebla de Farnals, Tel. (6) 1461612. Am Meeresufer in einer typischen Valencianer *barraca*. Preiswerte Küche mit regionalen und internationalen Gerichten. Der Ort liegt 18 km nördlich von Valencia.
Taberna Alcazar, Mosen Fermades 9, 46002 Valencia, Tel. (6) 3529575. Im Süden der Altstadt; im Sommer kann man im Freien speisen. Spezialität: frischer Fisch. Auch die *tapas* sind gut.
Astoria Palace, Plaza Rodrigo Botet 5, 46002 Valencia, Tel. (6) 3526737. Gediegener Komfort in der Nähe der Kathedrale. Die erste Etage sollte man meiden, denn unter ihr befindet sich eine Disco.
Don Ramón, Calle Salva (nicht weit von der Calle Poeta Querol), Valencia. Bar mit köstlichen *tapas*.
La Hacienda, Navarro Reverter 12, 46004 Valencia, Tel. (6) 3731859. Das berühmteste Restaurant in Valencia; gute Küche, eleganter Service. Spezialität u. a. *langosta a la mostaza*.
Ma Cuina, Gran Vía Germanías 49, 46006 Valencia, Tel. (6) 3417799. Typische Gerichte aus Valencia und anderen Gegenden Spaniens.
Larrad, Navarro Reverter 16, 46004 Valencia, Tel. (6) 3742002. Empfehlenswert die *paella de langosta*.

SEHENSWERTES

Alpuente. Ort mit einer alten Burg hoch oben in Alto Turia.
Benisanó. Die Altstadt ist noch zum Teil von einer Mauer umgeben. In Richtung Liria liegt eine gut erhaltene Ritterburg. Ferner gibt es hier eine Heilquelle.
Calles. Malerischer Ort mit einem Aquädukt.
Chiva. Die Pfarrkirche hat die für die Gegend charakteristische blaue Kuppel und im Inneren Fresken von José Vergara. Auch eine maurische Burgruine mit einer Kapelle ist zu besichtigen. In der ersten Augusthälfte wird ein dreitägiger Kochwettbewerb abgehalten, bei dem es z. B. um die beste Paella geht; die Veranstaltung ist ein großes Fest. Die ultramoderne Bodega des Hauses Vicente Gandía Pla liegt zwischen Chiva und Cheste.
Domeño. Der Ort in Alto Turia wurde von den Mauren erbaut. Im alten Teil der Stadt war früher der vordere Raum im Haus ein Kuh- oder Eselstall. Bei Domeño befindet sich die Ruine einer von Christen erbauten Befestigung.
Liria. «Stadt der Musik», in der es drei miteinander rivalisierende Orchester gibt. Die Kirche ist sehenswert.
Tuéjar. Tief in Alto Turia genießt man hier die Atmosphäre des alten Spaniens. Im Ort gibt es eine berühmte Quelle.
Valencia. Die Altstadt ist eine kulturelle Schatzkammer mit vielen eindrucksvollen Bauwerken, darunter etliche Kirchen. Am größten ist die Kathedrale, die mehrere Baustile aufweist: Spätromanik, Gotik, Renaissance und – am deutlichsten im prachtvollen Inneren – Barock. An Sonntagabenden findet am Fuß des großen achteckigen Turms ein Markt statt. Hinter der Kathedrale liegt ein großer Platz mit Terrassen und einem Springbrunnen. Durch ein Gewirr von Gassen, in denen man sich ohne Stadtplan leicht verirrt, kommt man zur Lonja de Seda (Seidenbörse), einem sublimen spätgotischen Bau. Ihr gegenüber befindet sich eine der größten Markthallen Spaniens. Das Nationale Keramikmuseum ist im prächtigen Palacio del Marqués de Dos Aguas untergebracht. Spanische und speziell valencianische Gemälde werden im Museo Provincial de Bellas Artes gezeigt, das sich außerhalb der Altstadt auf der anderen Seite des ursprünglichen Turia-Laufs befindet. Daneben liegen die Jardines del Real, die früheren königlichen Gärten, heute der größte Park von Valencia. Nordwestlich der Stadt ist der Jardín Botánico, einer der besten botanischen Gärten Europas, zu besichtigen. Mitte März feiert Valencia das berühmte Fest *Las Fallas*, bei dem gigantische Pappmaché-Figuren durch die Straßen getragen und dann verbrannt werden.
Villar del Arzobispo. Typischer Weinort mit vielen Quellen in Alto Turia.

WEINSTRASSE

Der größte Teil der vorgeschlagenen Route führt über enge, kurvenreiche Straßen im gebirgigen Alto Turia. Hier empfindet man die Stille und die Schönheit der Natur als Erholung vom Gedränge in Valencia und von der intensiv kultivierten *huerta*. Zudem findet man in Alto Turia viele Orte – oft maurischen Ursprungs –, in denen die Atmosphäre des alten Spanien noch spürbar ist.

Utiel-Requena

Wenn man von Valencia kommend auf der N111 fährt, beginnt nicht weit hinter Buñol die Straße steil anzusteigen. Hier weicht das fruchtbare Flachland einer schroffen Gebirgslandschaft. Sie bildet die Grenze zwischen den Denominaciones de Origen Valencia und Utiel-Requena. Fährt man auf derselben Straße ostwärts weiter, erblickt man zu beiden Seiten an den Hängen und in den Tälern Weinberge. Zuerst sind es nur vereinzelte Stellen, aber in der Gegend von Requena weitet sich die Landschaft, und die Rebberge ziehen sich praktisch ohne Unterbrechung hin. Anders als in Valencia, wo auch Orangen und viele andere Feldfrüchte angebaut werden, herrscht in Utiel-Requena fast Monokultur.

Früher lebte die Gegend vorwiegend vom Getreideanbau und von der Seidenraupenzucht, doch der Weinbau nahm seit dem 16. Jh. stetig an Bedeutung zu; im 18. Jh. betrug die Rebfläche bereits über 20 000 ha. Nach dem Reblausbefall um die Jahrhundertwende nahm der Weinbaubereich seine heutige Gestalt an, nur waren es zunächst zwei getrennte Teile, Utiel und Requena, die dann zu einem Bereich mit zurzeit 39 000 ha Rebfläche zusammengefaßt wurden. Er liegt zwischen zwei Gebirgsketten und den Tälern von Turia und Cabriel in einer mittleren Höhe von 800 m im östlichen Teil der Provinz Valencia. Das Klima ist allerdings hier nicht mehr so stark mediterran, sondern weist ziemlich kalte Winter und relativ kurze, frische Sommer auf. Der Boden besteht weitgehend aus porösem Kalkgestein und ist hell- bis fast orangebraun gefärbt.

Die vorherrschende Rebsorte

Die Städte Utiel und Requena liegen 15 km voneinander entfernt an der N111. Diese verkehrsreiche Straße verläuft parallel zum Magro, der die Achse des Gebiets bildet, und mitten durch ein großes Plateau voller Weinstöcke. Etwa die Hälfte der Rebfläche fällt in die Grenzen von Requena, in Utiel befindet sich ein Viertel, und das restliche Viertel verteilt sich auf sieben Gemeinden, von denen Camporrobles auf 907 m die höchstgelegene ist.

Die in Utiel-Requena meistverbreitete Traubensorte ist der blaue Bobal, der hier ausgezeichnete Roséweine erbringt.

Vom Rebbestand entfallen etwa 85 % auf Bobal. Die Traube wächst hier schon seit dem 9. Jh.; sie gedeiht am besten in hohen Lagen, wo es im Sommer nicht zu heiß wird – diese beiden Voraussetzungen erfüllt Utiel-Requena aufs beste –, und sie eignet sich hervorragend für frische, fruchtige Roséweine. So sind die Winzer der Gegend stolz darauf, daß sie die besten *rosados* in Spanien hervorbringen. Früher war der Anteil der Bobal-Traube sogar noch größer; er wurde inzwischen durch Anpflanzung anderer Sorten absichtlich verringert. Reine Bobal-Weine halten sich nämlich nicht gut, was beim Rosé nichts ausmacht, bei roten Crianzas dagegen viel bedeutet. Deshalb wurden als weitere Traubensorten vor allem Garnacha und Tempranillo eingeführt. Die Forschungsstation und die Weinbaufachschule in Requena experimentieren ferner erfolgreich mit Cabernet Sauvignon und Syrah, und auch im wunderschön gelegenen Weingut Casa lo Alto der Firma C. Augusto Egli aus Valencia werden Versuche mit ausländischen Rebsorten gemacht. Dort sieht man neben Bobal, Tempranillo und Garnacha auch kleine Parzellen mit Cabernet Sauvignon, Cabernet Franc, Graciano und Syrah.

Auch Weißwein wird in Utiel-Requena produziert, wenn auch in bescheidenen Mengen. Die besten Beispiele enthalten stets Macabeo – z. B. kombiniert mit Planta Nova. Der weiße Casa lo Alto ist dagegen sortenreiner Macabeo, obwohl in den Weinbergen des Guts auch Chardonnay, Sauvignon Blanc und Verdejo wachsen.

Enge Verbindung mit Valencia

Daß Utiel-Requena das Potential für einen Qualitätsweinbereich hat, beweisen die Rosé- und Rotweine z. B. von C. Augusto Egli (mit dem Weingut Casa lo Alto und dem Rotwein Rey Don Jaime), Cherubino Valsangiacomo (Rosé Marqués de Caro), Schenk (Tempranillo von Cavas Murviedro) und Vinival (Viña Calderón rosé und rot). Es ist kein Zufall, daß es sich hierbei durchweg um Firmen aus Valencia handelt, denn sie haben Utiel-Requena fest im Griff. Dafür gibt es mehrere Gründe. Zunächst gehört Utiel-Requena zur gleichen Provinz und grenzt an die DO Valencia an. Außerdem ergänzen sich die Weine von Utiel-Requena und Valencia gegenseitig in schönster Weise – der eine Bereich bringt vorwiegend Rosé- und Rotwein, der andere Weißwein hervor. Schließlich produzieren die Genossenschaften in Utiel-Requena (auf die 95 % der Weinerzeugung im Bereich entfallen) große Mengen Rotwein, die sich zum Mischen mit anderen Gewächsen und für den faßweisen Versand – also zwei maßgebliche Zweige im Weinhandel Valencias – hervorragend eignen. Welche Bedeutung der Massenweinproduktion zukommt, zeigt sich daran, daß nur 15 % des Weins aus diesem DO-Bereich in Flaschen gefüllt werden, und auch das wiederum weitgehend durch die Firmen in Valencia.

Ferner ist bemerkenswert, daß Anfang der 1980er Jahre erstmals Wein aus Utiel-Requena in Flaschen exportiert wurde. Angesichts des großen Interesses der Firmen in Valencia an Utiel-Requena streben diese auch den Zusammenschluß der beiden DO-Bereiche und die Festlegung von Teil- und Gemeindebereichen unter dem neuen gemeinsamen Namen an. Bisher hält der Consejo Regulador von Utiel-Requena nicht viel von solchen Plänen, weil er fürchtet, die Identität des Bereichs könnte verlorengehen. Bezeichnenderweise hat der Consejo in Utiel seinen Sitz in einem imposanten Anwesen; es ist eine ehemalige runde Kellerei (Bodega Redonda), die neben gut eingerichteten Verwaltungs- und Probierräumen auch das Museo del Vino de la Comunidad Valencia beherbergt.

Der Eingang zum Dominio del Arenal in San Juan, einem Weingut der Firma Vinival in Valencia.

BEDEUTENDE ERZEUGER

Cooperativa Agricola Virgen del Loreto, 46313 Las Cuevas de Utiel. Die Gär- und Lagertanks dieser Genossenschaft ragen in allen Gemeinden des Bereichs Utiel-Requena auf. Die gemeinschaftliche Kellerei in Las Cuevas produziert einen gefälligen, milden, zart fruchtigen Rotwein namens Alto Cuevas und füllt ihn in Flaschen ab.

Torre Oria, 46390 Derramador. Das Weingut ist einen Besuch wert, nicht nur wegen seines schönen *fin-de-siècle*-Gebäudes mit Klinkerfassade, minarettartigem Turm und unterirdischen Kellern, sondern auch wegen seiner Weine. Die stillen Versionen tragen den Namen Villa Iñigo (wie das Haus). Lebendiger, fruchtiger Geschmack kennzeichnet die rote Variante von 60 % Tempranillo und 40 % Bobal, die 1 Jahr reift (aber nicht im Faß), bevor sie zum Verkauf gelangt. Der *rosado* rein von Bobal hat sanft frische, fruchtige Art; der Weißwein (60 % Planta Nova, 40 % Macabeo) hat ein gewisses Muskataroma. Torre Oria produziert jährlich rund 200 000 Flaschen Stillwein und doppelt soviel Schaumwein, der unter dem Namen Cava Torre Oria in 6 Varianten angeboten wird. Am besten ist der Brut Nature mit reichem Schaum, elegantem Geschmack und ansprechendem Duft. Der einfache Brut und der Brut Rosé sind in ihrer Art ebenfalls gut. Seit 1982 ist Torre Oria im Besitz von sechs im Bereich ansässigen Familien. Die *finca* war früher 10 000 ha groß, heute aber verfügt die Firma über keinen eigenen Weinbergbesitz mehr.

Bodegas Coviñas, 46340 Requena. Die Bodega wurde 1965 gegründet und kaufte bei mehreren Genossenschaften Most auf, um daraus Wein zu erzeugen und abzufüllen. Heute produziert Coviñas eine halbe Million Flaschen im Jahr; etwa ein Fünftel wird in Holzfässern ausgebaut. Zu den besten Weinen im Programm zählen der Rosé Viña Enterizo (100 % Bobal; saftig, mild, fruchtig) und der faßgereifte rote Enterizo Reserva (Tempranillo und Garnacha; kräftiges Holzaroma, fest, traditionelle Art).

Sociedad Cooperativa Vinícola Requenense, 46340 Requena. Im September 1976 wurde eine Abfüllanlage installiert. Zwei der ansprechendsten Versionen sind sortenreine, früh abgefüllte Tempranillo-Weine: der Rosé Palacio del Cid und ein Rotwein.

Dominio del Arenal, 46390 San Juan. Das Weingut gehört der Firma Vinival aus Valencia. Seine rund 100 ha liefern einen Teil der Trauben für den Viña Calderón in Rosé und Rot, beide in anständiger Qualität. Das Gut ist z. T. ummauert; der Eingang ist ein hübscher Torbau mit einem Glockentürmchen. Die Kellerei verfügt über eine effiziente Ausstattung. Experimente mit den Cabernets und mit Merlot sind im Gang.

Casa lo Alto, 46310 Venta del Moro. Das wahrscheinlich 1794 gegründete Gut steht auf einem Hügel mitten in einem 200-ha-Besitz, von dem etwa 135 ha mit Reben besetzt sind. Bobal, Tempranillo und Garnacha herrschen vor, aber auch Macabeo und Malvasía sowie eine

Reihe von versuchsweise angepflanzten Rotweinsorten, z. B. Cabernet Sauvignon, Cabernet Franc, Graciano und Syrah, und Weißweinsorten wie Chardonnay, Sauvignon Blanc und Verdejo gehören zum Rebbestand. Die Qualität der Weine ist hoch. Der rote Casa lo Alto besteht je zur Hälfte aus Tempranillo und Garnacha und reift nach der Gärung kurze Zeit in Eichenfässern. Er ist gekennzeichnet durch reife Frucht, nobles Holzaroma, feste Struktur und breitere Art, als sie in Utiel-Requena sonst üblich ist. Der Weißwein besteht sortenrein aus Macabeo und hat angenehme Frische, vereint mit Frucht. Das Gut ist Eigentum der Firma C. Augusto Egli, die hier auch Geschäftsempfänge veranstaltet.

Cherubino Valsangiacomo, 46000 Valencia. Der beste Rosé im Programm dieses Hauses ist der Marqués de Caro, ein reiner Bobal-Wein aus Siete Aguas in Utiel-Requena.

Bodegas Schenk, 46023 Valencia. Erfolgreicher reiner Tempranillo aus Utiel-Requena. Die normale Version verbringt 6 bis 7 Monate im Faß; für manche Kunden jedoch wird der Wein früher abgefüllt und hat dann weniger Holzaroma.

Reise-Informationen

HOTELS UND RESTAURANTS

Fuente Chica, 46315 Chaudete de las Fuentes, Tel. (6) 2171973. Regionale Küche in einem Ort 10 km westlich von Utiel. Zu den Spezialitäten der Gegend gehören Wurstsorten wie *longaniza* (hell) und *morcilla* (dunkel).
Mesón del Vino, 46340 Requena, Tel. (6) 2300001. Komfortables Restaurant mit Gerichten und Weinen der Gegend. Empfehlenswert: *cordero asado* (Lammbraten).
San José, 46340 Requena, Tel. (6) 2300087. Das beste Lokal mit regionaler Küche, von Winzern der Gegend empfohlen.
El Vegano, 46300 Utiel, Tel. (6) 217008. Das Ende der 1980er Jahre eröffnete Hotel steht im Zentrum der Stadt. Die Zimmer sind sauber herausgeputzt, aber leider ein wenig nüchtern. Gegenüber liegt das gleichnamige Restaurant mit guten Fisch- und einfachen Fleischgerichten. Das Fernsehgerät läuft oft.
Venta de l'Home, 46360 Venta Quemada, Tel. (6) 1184515. An der N111, nahe der Grenze zwischen den DO-Bereichen Valencia und Utiel-Requena. Das 200jährige Gasthaus ist mit bunt zusammengewürfelten alten Möbeln eingerichtet und führt eine gute Küche.

SEHENSWERTES

Casa de Medina. Nördlich des Orts in der Sierra de Utiel steht die schöne Ermita de Nuestra Señora del Remedio. Von dieser, der Schutzheiligen von Utiel geweihten Kapelle hat man die schönste Aussicht über das Land.
Derramador. Bei dem Dorf zwischen Requena und Utiel wurde 1897 mitten in einem Weinbergbesitz ein bemerkenswertes Haus gebaut. Die Fassade zeigt farbige Klinkermosaiken, und daneben steht ein von einem Gaudí-Schüler entworfener minarettähnlicher Turm. Unter dem Haus erstreckt sich ein großer Kellerkomplex. Heute werden hier Still- und Schaumweine der Firma Torre Oria produziert. Die heutigen Besitzer, sechs Familien aus der Umgebung, kauften 1982 das vernachlässigte Gebäude und haben es seither mit viel Geschmack restauriert. In einem Empfangsraum stehen Weine zum Probieren und zum Verkauf bereit.
Embalse de Contreras. Stausee mit Aussichtspunkt an der N111, an der Westgrenze des Bereichs.
Embalse de los Embarcaderos. Wer von Requena nach Almansa fahren will, kommt – nachdem er den 710 m hohen Paß Puerto de Cruz de Cofrentes hinter sich gebracht hat – in ein wunderschönes Tal, wo sich drei Flüsse in diesen Stausee ergießen. Im Tal und seiner Verlängerung liegen malerische Dörfer wie Jarafuel und Teresa de Cofrentes. Leider wird das idyllische Bild durch ein großes Atomkraftwerk bei Cofrentes gestört.
Requena. Mit etwa 18 000 Einwohnern ist dies die größte Stadt des Bereichs. Auf einem Hügel im Osten liegt die malerische Altstadt La Villa mit engen Gassen und der Kirche Santa María, in die man durch ein verwittertes gotisches Portal tritt. Im Museo Municipal sind einige Räume der Geschichte des Weinbaus im Bereich gewidmet; hier werden u. a. alte Keltern gezeigt. Im Museo de la Fiesta de Vendimia im Torre de la Fortalez, einer maurischen Burgruine, sind Fotografien von vergangenen Weinfesten ausgestellt. Am Ende der großen *avenida,* die durch das Zentrum der Stadt verläuft, erhebt sich eine einzigartige, 18 m hohe Statue als Denkmal der Weinlese – das Monumento Universal a la Vendimia. Übrigens fand das erste derartige Fest in Spanien im Jahr 1948 in Requena statt.
San Juan. Bei diesem Dorf zwischen Requena und Utiel liegt das Weingut Dominio del Arenal der Bodegas Vinival in Valencia.
Utiel. Der Consejo Regulador von Utiel-Requena hat seinen Sitz in und neben der bemerkenswerten Bodega Redonda. Dieser Rundbau entstand 1891 und diente lange als Weinkellerei. Heute ist er vor allem Museum: Sämtliche Weinbaubereiche Valencias sind hier vertreten. In der Nähe der Bodega Redonda und gegenüber dem Bahnhof befinden sich die große Winzergenossenschaft Utiel und die hiesige Kellerei der Firma Schenk. Zur Zeit der Weinlese stehen die Straßen voller Traktoren mit Traubenladungen. Die 12 000 Einwohner sind stolz darauf, daß ihre Stadt die älteste *plaza de toros* in der Provinz Valencia vorweisen kann.

WEINSTRASSE

Der nördliche Teil der vorgeschlagenen Route verläuft hauptsächlich durch eine Gebirgsgegend mit verkehrsarmen, kurvenreichen Straßen, während der südliche Teil durch Weinberge, Weinorte und vorüber an dem berühmten Weingut Casa lo Alto der Firma C. Augusto Egli (Valencia) führt. Um dorthin zu gelangen, fährt man von Requena aus auf der N322 südwestwärts nach Los Isidros. Kurz hinter dem Ort biegt man rechts ab in Richtung Los Cojos. Kurz vor diesem Ort geht es rechts ab in Richtung Caudete de las Fuentes. Casa lo Alto liegt auf einem Hügel rechts der Straße. Gegenüber dem Haus befinden sich mehrere alte Keller.

Das 200 Jahre alte Weingut Casa lo Alto bringt erstklassige Weine hervor.

Die Plaza de España ist ein Schaufenster des architektonischen Reichtums von Sevilla.

Der Süden

Sengende Sonne, weißgetünchte Häuser, Flamenco-Musik, Strände, *tapas,* Palmen, maurische Ruinen, Stierkampf, Zigeuner, Prozessionen und *copitas,* gefüllt mit kühlem Sherry – das sind Bilder aus dem Süden Spaniens. Die sonnendurchglühte Landschaft ist nicht nur reich an Naturschönheiten, sondern auch an Tradition, Kultur und Gaumenfreuden. Die Rede ist von Andalusien, einer einzigen großen *autonomía,* die aus acht Provinzen besteht. Am weitesten im Westen, an der portugiesischen Grenze, liegt Huelva, am weitesten im Osten Almería; dazwischen befinden sich Cádiz, Córdoba, Granada, Jaén, Málaga und Sevilla. Im Süden wird Andalusien von der Atlantik- und Mittelmeerküste und im Norden von der Sierra Morena begrenzt. Zwischen der Stadt Granada und der Küste erhebt sich die Sierra Nevada, das höchste Gebirge des spanischen Festlands. Andalusien ist zu zwei Dritteln Bergland, und der übrige Teil wird vom Becken des Guadalquivir beherrscht.

Olivenbäume und Weinberge

Wo das Gebirge in Hochflächen und Hügelland übergeht, ist der Boden fruchtbar und oft mit ganzen Olivenwäldern bedeckt – das silbergrüne Laub erstreckt sich von Horizont zu Horizont. Zwischen Córdoba und Málaga wechseln Olivenhaine mit großen Weinfeldern ab und bilden ein verwirrendes Muster aus bewegtem Grün. Außerdem werden in Andalusien Zitrusfrüchte, Mandeln, Zuckerrohr, Reis, Gemüse, Getreide und Baumwolle angebaut. Daß diese trockene Gegend so intensiv kultiviert ist, verdankt sie dem Fleiß und dem Genie der Mauren. Mit ihren hochentwickelten Wasserbaukünsten brachten sie es fertig, die dürren Ebenen in fruchtbare Felder zu verwandeln.

Majestätische Monumente

Auch in anderer Hinsicht haben die Mauren das Land geprägt. Unter ihrer Herrschaft entwickelte sich Al-Andalus, das «Land im Westen», zu einem der wohlhabendsten und kulturell reichsten Länder Europas mit einer bedeutenden Universität in Córdoba.

Das Innere der Mezquita in Córdoba, erbaut im 8. bis 10. Jh.

Es entstanden zahlreiche majestätische Bauwerke, und zum Glück blieben viele dieser herrlichen Denkmäler erhalten. So gibt es in Sevilla ein Dutzend Minarette – das schönste ist La Giralda. Córdoba besitzt ein Meisterwerk von einer Moschee, und die Alhambra in Granada ist eine der berühmtesten Bauwerke der Welt. Die Textilherstellung blühte unter den Mauren, ebenso das Keramikhandwerk. Überdies brachten die Mauren bisher unbekannte Früchte nach Europa, darunter Aprikosen, Orangen und Pfirsiche, aber auch Mais und Baumwolle sind ihnen zu verdanken. Der erregende Klang von Gitarren, klappernden Kastagnetten, stampfenden Füßen und rhythmisch zur Flamenco-Musik klatschenden Händen ist ebenfalls ein maurisches Erbe, das vor allem dank der Zigeuner bis heute lebendig geblieben ist.

Prozessionen

Nach dem Niedergang der maurischen Zivilisation glitt Andalusien in wirtschaftliche Schwierigkeiten ab, die bis ins 20. Jh. anhielten. Viele Menschen verließen das Land – beispielsweise wanderten aus Málaga Tausende von Familien nach Südamerika aus. Infolge der in den letzten Jahrzehnten durchgeführten staatlichen Maßnahmen hat sich das Blatt jetzt gewendet. Die neue Zuversicht Andalusiens findet Ausdruck in der Veranstaltung der Weltausstellung 1992 in Sevilla, der Stadt, die zwischen 1503 und 1718 das Handelsmonopol mit den amerikanischen Kolonien besaß. Seit jeher sind die Andalusier als sehr fromm bekannt. Die zahlreichen religiösen Veranstaltungen erreichen ihren Höhepunkt in der Karwoche mit Prozessionen in vielen Städten und Dörfern. Andalusien ist aber auch das Land der *alegría,* des Frohsinns, und so folgt auf jede fromme Feier ein fröhliches Fest. Aber auch ohne solche Höhepunkte verstehen die Menschen hier das Leben zu genießen: Bei den Tafelfreuden verweilen sie stets lange.

Tapas und andere Spezialitäten

Bevor die Mahlzeit wirklich beginnt, tun sich die Gäste erst einmal an *tapas* gütlich – das sind Appetithäppchen, die man mit ein paar Gläsern Sherry oder Montilla anfeuchtet. Das Wort *tapa* = «Deckel» besagt, daß man das Weinglas mit einem Stück Brot, Käse oder Schinken zudeckt, um Fliegen und Staub fernzuhalten. Das Erfinden und Zubereiten von *tapas* ist in Andalusien eine Kunst. Manche Varianten sind ja noch recht einfach – so der großartige *jamón de Jabugo,* einer der feinsten Schinken der Welt –, andere dagegen höchst subtil und raffiniert. Eine typische *tapas*-Auswahl kann bestehen aus eingelegten Oliven, Muscheln, *fritos* (in Eierteig ausgebackene Meeresfrüchte), gegrillten Schinken-

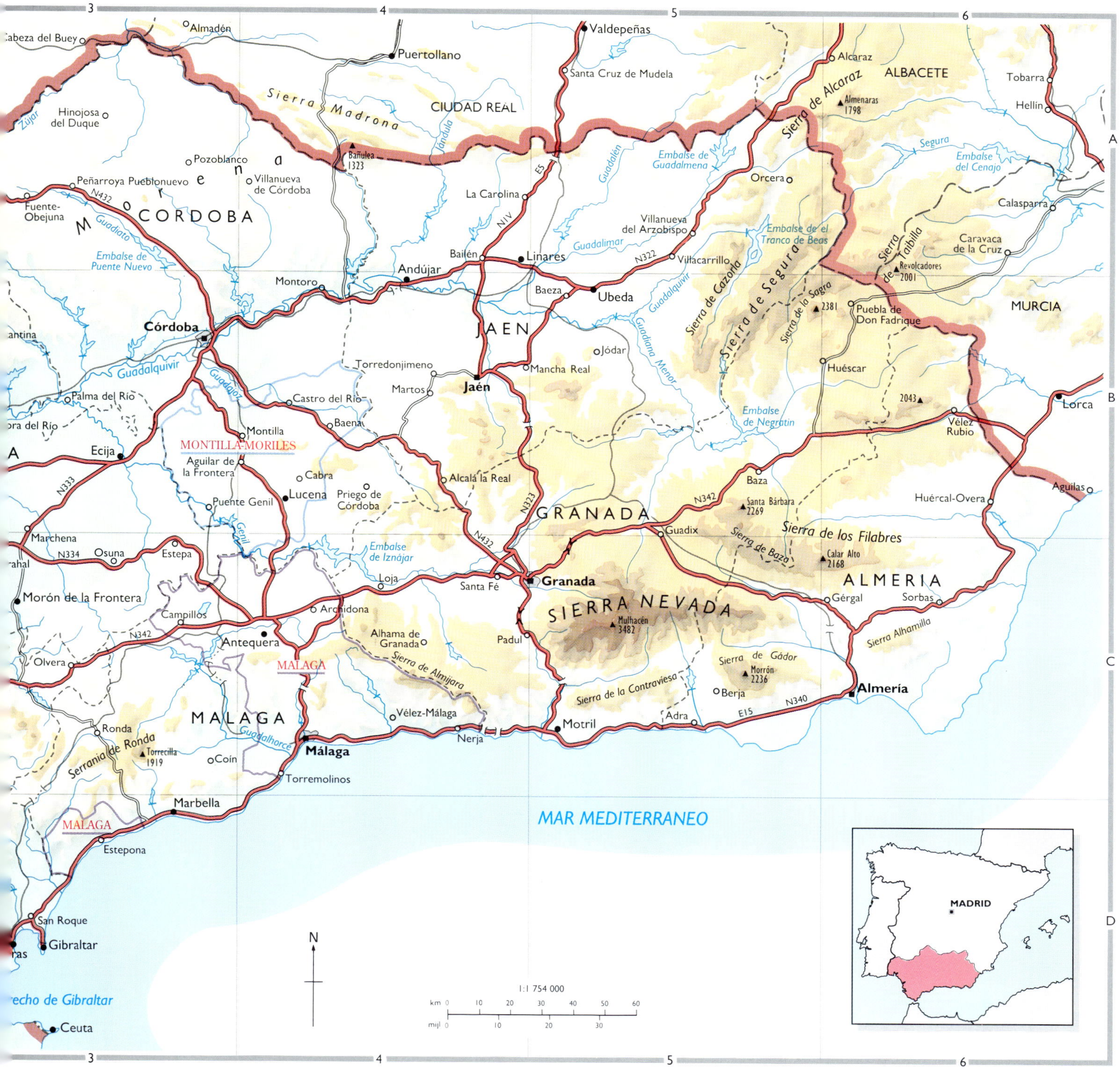

würfeln, Pilzen, Hühnerleber, Knoblauch-Krabben, fritiertem Stockfisch und Canapés aller Art – mit Thunfisch, Sardinen, Anchovis, Huhn usw.

Frischer Fisch und Schalentiere werden oft und in allen erdenklichen Variationen serviert. Eine typische Spezialität Andalusiens ist *gazpacho*, eine gehaltvolle kalte Suppe, und Oliven spielen die Hauptrolle in Gerichten wie *pato a la sevillana* (Ente). Auch gibt es traditionelle Rezepte mit Rindfleisch sowie *calderada de cordero* (Lamm in der Kasserolle). Der maurische Einfluß zeigt sich vor allem in den Desserts; viele mit Mandeln bereitete Süßspeisen wie *mazapán* (Marzipan) sind maurischen Ursprungs. Das Restaurant «El Caballo Rojo» in Córdoba macht sich allerdings auch um die Wiederbelebung alter spanisch-maurischer Hauptgerichte verdient.

Die meisten Weine hier, v. a. die aus Jerez, Montilla, Condado de Huelva und Málaga, sind entweder gespritet oder aber von Natur aus so stark, daß sie keinen Alkoholzusatz mehr nötig haben. Alle übrigen Bereiche verkaufen ihren Wein praktisch nur faßweise oder füllen lediglich für den heimischen Markt einen kleinen Teil in Flaschen ab: Aljarafe (gespriteter Weißwein), Bailén (leichter Rotwein), Costa-Albondón (gespriteter Weißwein), Laujar (Rot- und Roséwein), Lopera (starker Weißwein), Los Palacios (*mistela* und Weißwein), Torreperogil (leichter Rotwein) und Villaviciosa de Córdoba (Weißwein).

Jerez

«Sekeris ist eine feste Stadt mittlerer Größe, von Mauern umgeben. Das Land um sie herum ist schön anzusehen und enthält Weinberge, Oliven- und Feigenbäume», schrieb der maurische Geograph Ibn Adbd al-Mun'im vor fast 1000 Jahren. Im Lauf der Jahrhunderte hat sich daran außer dem Namen nicht viel geändert. Jerez de la Frontera ist nach wie vor eine bedeutende Stadt mit heute 200 000 Einwohnern inmitten einer freundlichen Landschaft, in der die Weinberge vorherrschen. Die sanft geschwungenen Hügel sind überzogen mit kilometerlangen, schnurgeraden Rebzeilen auf blendend weißem Kreideboden, der *albariza* genannt wird. Ihm verdankt der Sherry zum Teil seinen Charakter. In der maurischen Zeit lagen die Weinberge, wie auch zu Beginn der jetzigen Ära, weiter im Osten, auf der anderen Seite von Jerez. Seither hat sich die Rebfläche allmählich in das *albariza*-Gebiet zwischen den drei Sherry-Städten Jerez de la Frontera, El Puerto de Santa María und Sanlúcar de Barrameda verlagert. Diese als Jerez Superior bezeichnete Zone bildet den Kern der Denominación de Origen.

Mehr Weinberge auf Kreide

Noch um 1960 lagen höchstens 50 % der Weinberge in Jerez Superior. 1980 waren es bereits 80 % – und der Anteil wächst, wenn auch langsam, weiter. Der älteste Consejo Regulador in Spanien, jener von Jerez-Xérès-Sherry und Manzanilla de Sanlúcar de Barrameda, fördert heute den Traubenanbau auf den Kreideböden stark. Mit lukrativen Prämien wurden viele der 4500 bis 5000 kleinen Winzer dazu gebracht, minderwertigere Weinberge zu roden. Gleichzeitig ist eine Verkleinerung der Rebfläche im Gang. Die Sherry-Region hat sich auf eine stabile Nachfrage in der Welt eingerichtet, die auf etwa 155 Millionen Flaschen im Jahr veranschlagt wird. Neben dem Roden von Weinbergen resultiert die Verkleinerung auch aus dem Bestreben vieler kleiner Winzer außerhalb der Jerez-Superior-Zone, aus der DO auszuscheiden, so daß ihr Lesegut nicht mehr für Sherry zur Verfügung steht. Daraus ergibt sich nicht nur eine Produktionsverringerung, sondern auch eine Qualitätsverbesserung. Den kleinen Winzern, meist sind es Genossenschaftsmitglieder, fehlt es oft an den Mitteln zur Pflege und Verbesserung ihrer Weinberge oder an Transportmöglichkeiten, um ihr Lesegut in optimalem Zustand in die Presse gelangen zu lassen.

Bestandsverringerung

Inzwischen hat sich die Rebfläche auf 12 950 ha verringert; das ist nur noch die Hälfte von 1980 und 5000 ha weniger als 1991. Auch sollen die Sherry-Bestände in den Bodegas auf 700 000 Faß zu je 500 l gesenkt werden. Um diese Schrumpfung zu erreichen, soll ein durchschnittlicher Jahrgang künftig nicht größer sein als 165 000 Faß – also etwas weniger als der geschätzte Jahresbedarf. Außerdem hat man erkannt, daß es überaus wichtig ist, das Image des Sherry weiter zu stärken, was auf verschiedenste Weise geschieht. Dazu gehört auch vermehrtes Abfüllen in der Region

Die besten Trauben kommen vom kreidigen albariza-*Boden. Viele Bodegas, wie Sandeman, verfügen über Kellereianlagen mitten in den Weinbergen.*

selbst. Zu diesem Zweck haben alle großen Häuser, u. a. Harvey's und Gonzalez Byass, ihre Abfüllanlagen in England stillgelegt. Inzwischen werden 80 % der Sherry-Produktion an Ort und Stelle in Flaschen abgefüllt, was ja auch eine wichtige Voraussetzung für die nach dem Vorbild von Rioja angestrebte *Denominación de Origen Calificada* ist.

Die Probleme, mit denen die Sherry-Region heute zu kämpfen hat, sind die direkte Folge von Schätzungen im Jahr 1974, die auf über 20 Jahren Exportwachstum beruhten. Insbesondere die Niederlande erwiesen sich als ein Land der Sherry-Liebhaber. Es schien auch keine Gefahr zu bestehen, daß England den ersten Platz als Sherry-Abnehmer einbüßen könnte; aber genau das ist eingetreten, nachdem sich der Jahresverbrauch um die Hälfte, von 70 auf 35 Millionen Flaschen, verringert hat, was – wie die Sherry-Produzenten behaupten – hauptsächlich auf diskriminierende Steuern zurückzuführen ist. Um im Boom der 1970er Jahre die Nachfrage befriedigen zu können, war die Rebfläche innerhalb von 10 Jahren auf 23 000 ha verdoppelt worden. Bodegas wurden renoviert und ausgebaut, und Soleras wurden eifrig vergrößert – was aber der Qualität nicht immer guttat. Die Sherry-Region lebte auf großem Fuß, ohne an die Folgen zu denken. Wie schon im 19. Jh., als eine ähnliche Situation herrschte, nahmen die Dinge einen ungünstigen Verlauf.

Rumasa

In den 1960er und 70er Jahren spielte Rumasa, das von José María Ruiz-Mateos geschaffene Großunternehmen, eine besondere Rolle. Es wirkte in guten wie in schlechten Zeiten gewissermaßen als Katalysator und wuchs schließlich zu einem für spanische Verhältnisse gewaltigen Finanzimperium mit 18 Banken und 400 anderen Unternehmen, in dessen Besitz sich etwa ein Drittel der Produktion und der Investitionen in Jerez befand. Das Ende dieser Geschichte kam am 24. Februar 1983: Die erst drei Monate im Amt befindliche Regierung von Felipe Gonzalez verfügte die Enteignung des Konzerns, so daß der Staat urplötzlich zum größten Sherry-Produzenten wurde. Es dauerte etwa ein Jahr, bis die Regierung sich einen Überblick über die vielen Rumasa-Geschäfte verschafft hatte und an eine stufenweise Reprivatisierung gehen konnte, wobei auch Sherry-Häuser – in sechs Einheiten zusammengefaßt – im Angebot waren. Die Rumasa-Affäre kam praktisch erst 1989 mit dem Verkauf von Williams & Humbert zu einem Abschluß.

Palomino Fino

In diesem Teil Spaniens herrscht ein bemerkenswert ausgeglichenes Klima. Von Mai bis Ende September ist es meist trocken und warm. Im August kann das Thermometer zwar bis 40 °C ansteigen, doch dem mäßigenden Einfluß des Meeres ist eine sehr akzeptable mittlere Sommertemperatur von 30,8 °C zu verdanken. Auf 70 Tage verteilt, fallen im Jahresdurchschnitt 635 mm Regen. Das ist mehr als beispielsweise in Haro (Rioja) mit 500 mm. Der *albariza*-Boden hält die Feuchtigkeit gut fest, weil er große Wassermengen speichern und dadurch Reserven für die heißen Sommermonate aufbauen kann. Unter solchen Voraussetzungen gedeiht die weiße Traubensorte Palomino Fino besonders gut. Sie ist die Sherry-Traube par excellence, obschon der Consejo Regulador noch drei weitere Rebsorten anerkennt: Palomino de Jerez, Moscatel und Pedro Ximénez. Früher wuchs auf dem Kreideboden vorwiegend Palomino de Jerez, auch Palomino Basto genannt, aber er wurde weitgehend von Palomino Fino verdrängt, der aus der Gegend von Sanlúcar stammt und nicht nur bessere Erträge liefert, sondern auch weit weniger krankheitsanfällig ist. Überdies zeigt sein Wein mehr Finesse, und so hat er inzwischen 95 % der Rebfläche erobern können.

Eine der riesigen Bodegas der Firma Gonzalez Byass, die den ausgezeichneten Fino Tío Pepe produziert.

Andere Traubensorten

Neben Palomino Fino ist Moscatel zumindest mengenmäßig die bedeutendste Traubensorte. Auf sie entfallen 3 % der Rebfläche, und sie kommt hauptsächlich im Sandboden um Chipiona südlich von Sanlúcar vor. Die Pedro-Ximénez-Traube hat seit den 1950er Jahren stark an Boden verloren und nimmt heute nur noch 0,3 % der Rebfläche ein: etwa 40 ha in Jerez, 13 ha bei Lebrija und 2 ha in Sanlúcar. Wie Palomino eignet sich auch Pedro Ximénez ganz besonders für den *albariza*-Boden und wird hauptsächlich für süße Weine benutzt, obwohl die Versuche mehrerer Bodegas, u. a. Gonzalez Byass, gezeigt haben, daß er auch für trockenen Sherry verwendbar ist. Außerdem sprechen die hervorragenden Resultate, die in Montilla-Moriles mit Pedro Ximénez zustandekommen, für sich selbst. Daß dieser Sorte der Durchbruch als Sherry-Traube versagt geblieben ist, hat wohl damit zu tun, daß sie aufwendigere Pflege braucht als Palomino, krankheitsanfälliger ist und nicht ganz so feinen und stabilen Wein liefert.

Flor

Die erste Stufe der Sherry-Bereitung ist praktisch gleich wie bei normalem Weißwein. Erst wenn der Gärvorgang beendet und der neue Wein in Eichenfässer gefüllt ist, ändert sich die Prozedur. Der Wein wird nun zunächst mit Weingeist gespritet, und sodann beginnen Begriffe wie «Flor» und «Solera» aufzutauchen. *Flor del vino* ist eine Schicht aus Hefezellen, die von selbst auf der Oberfläche des Weins wächst. Das beginnt mit gelblich-weißen Flecken, die fast wie Blüten aussehen, daher auch der Name «Flor» (= Blume). Diese Flecken wachsen allmählich und überziehen nach ein paar Wochen die ganze Oberfläche mit einem dicken Pelz, der fast wie Schlagsahne aussieht und den Wein gegen Luftzutritt abschirmt. Die Hefezellen selbst nehmen Sauerstoff auf und erfüllen so ihre wichtige Funktion, nämlich den Wein vor Oxidation zu schützen. Es entstehen ständig neue Hefezellen, während die toten auf den Boden der *bota* (Eichenfaß) absinken. Die größte Wachstumsaktivität besteht im Frühjahr (April und Mai) und im Herbst (Oktober und November). Dann ist die Florschicht dick und schön weiß. In den Sommer- und Wintermonaten unterbinden die extremen Temperaturen die Bildung neuer Zellen, und die Florschicht wird dünner. Durch den Einfluß des Meeres ist es in Sanlúcar de Barrameda und El Puerto de Santa María gemäßigter und feuchter als in Jerez de la Frontera, und das begünstigt die Entwicklung der Florschicht, die demzufolge in der Küstengegend dicker und aktiver ist. Je kräftiger und gesünder jedoch die Florschicht wächst, desto größer ist auch ihr Einfluß auf den Wein und desto besser ist die Entstehung von hellgelbem, knochentrockenem, delikatem Sherry mit zarter Würze und einer leicht bitteren Note im Nachgeschmack gewährleistet. Ausgesprochen feine Flor-Weine kommen deshalb insbesondere aus Sanlúcar de Barrameda und El Puerto de Santa María. Das findet auch Anerkennung darin, daß Sanlúcar eine eigene DO besitzt: Manzanilla. Bis noch vor kurzem wurde Flor als großes Mysterium angesehen, heute aber ist er ein beeinflußbares Phänomen. Die Entwicklung im Faß wird dadurch gefördert, daß es nicht bis obenhin gefüllt wird.

Criaderas und das Solera-System

In früherer Zeit wurde der Sherry gealtert wie in anderen Gegenden der Jahrgangswein. Um aber eine gewisse Gleichmäßigkeit in Qualität und Stil zu erreichen, gingen die Erzeuger zum System der Criadera (wörtlich «Kinderstube») und Solera über. Diese ebenso einfache wie sinnreiche Methode ermöglicht es, Criadera-Weinen allmählich den Charakter reifer Solera-Weine zu verleihen. Grundlage des Systems ist eine Anzahl übereinandergestapelter Fässer, die alle Wein derselben Art enthalten. Dabei liegen die *botas* (Fässer) mit dem ältesten Wein dem Fußboden am nächsten (Solera leitet sich vermutlich von *suelo* = «Boden» her). Über dieser untersten Lage befinden sich die Criadera-Lagen, deren Fässer Weine enthalten, die immer jünger sind, je höher man im Stapel kommt. Die Criadera kann bis zu 40 Lagen haben – das kommt insbesondere in der Manzanilla-Stadt Sanlúcar vor (s. a. Barbadillo). Eine bestimmte Menge Wein, *saca* genannt, wird nun regelmäßig der Solera entnommen. Er wird durch die gleiche Menge aus der Criadera-Lage darüber ersetzt, die wiederum aus der darüberliegenden Criadera aufgefüllt wird, und so geht es fort, bis die oberste Lage der Criadera erreicht ist. Diese wird nun mit Wein aus beliebigen Jahrgängen, aus einer anderen Solera oder in seltenen Fällen auch mit dem letzten Jahrgang aufgefüllt. Auf diese Weise entsteht im Solera-System ein komplexer Verschnitt – einerseits werden so die Merkmale einer bestimmten Sherry-Sorte gleichmäßig erhalten und anderseits die Unterschiede zwischen einzelnen Jahrgängen ausgeglichen. Das System hat sich bewährt, weil es einen gleichmäßigen Qualitätsstand ermöglicht. Ein weiterer Vorzug ist die Einheitlichkeit des Reifevorgangs, was wiederum der Qualität zugute kommt.

Manzanilla

Sherry hat viele Aspekte, doch er läßt sich in drei Hauptgruppen einteilen: Fino, Oloroso und Palo Cortado. Diese Grundtypen können dann je nach Alter, Charakter und Qualität des Weins noch weiter aufgegliedert werden. Die Fino-Gruppe besteht aus Weinen mit Flor, und von diesen ist der Manzanilla der leichteste. Er wächst nur in Sanlúcar de Barrameda mit seinem ganz besonderen Mikroklima. Dieser delikate, manchmal fast etwas salzige

Spezialfaß zur Beobachtung des Florwachstums.

Sherry, der ja über eine eigene DO verfügt, wird in halbe Flaschen aus dunklem Glas abgefüllt und in seiner Heimat oft als Tischwein getrunken. An der Uferstraße in Sanlúcar gibt es Speiselokale, wo man bei warmem Wetter im Schatten sitzt und die Kühle einer sanften Brise vom Meer her genießt. Zu einigen *copitas* Manzanilla schmecken hier Garnelen und andere Köstlichkeiten frisch aus dem Meer ganz vorzüglich. In den Bodegas von Sanlúcar entwickelt sich der Manzanilla über viele Jahre hinweg vom Manzanilla Fina über den Manzanilla Pasada zum Manzanilla Amontillada. Diesen letzten Typ bekommt man allerdings nur selten zu sehen. Der Name «Manzanilla» stammt wahrscheinlich aus der Zeit, als die Winzer noch ihren Wein nach Cádiz brachten, wo er dann jeweils nach Bedarf aus dem Faß abgezogen wurde. Die letzten Tropfen enthielten stets besonders viel Flor, und dieser Rest war sehr gefragt, weil man bemerkt hatte, daß er dieselbe wohltätige Wirkung im Magen entfaltet wie Kamillentee, und so kam der Sherry aus Sanlúcar mit der Zeit zu dem Namen, den die Kamille in Spanien trägt.

Fino

Der hellgelbe Fino übertrifft in der Produktionsmenge den Manzanilla um ein Mehrfaches; er kommt aus Jerez de la Frontera und Puerto de Santa María, aber auch aus Sanlúcar de Barrameda. Die Finos aus Jerez sind meist um einiges runder und gehaltvoller im Geschmack als die oft ultrafeinen Finos von Osborne, Luis Caballero und anderen Bodegas in El Puerto de Santa María. Anders gesagt stellen die Finos aus dieser Gegend eine Zwischenstufe zwischen den zarten Manzanillas und den vollen, eher klassischen Finos aus Jerez dar. Zurzeit entfallen auf Fino und Manzanilla zusammen wertmäßig rund 15 % der gesamten Sherry-Produktion, aber ihr Anteil hat stark steigende Tendenz. Immer mehr Bodegas befassen sich mit ihnen, denn nur die Finos können es mit der Konkurrenz der Weißweine im neuen Stil aus anderen Gegenden Spaniens aufnehmen. Es gibt sie inzwischen bereits mit nur 15,5 % Alkohol, und das Bestreben geht dahin, die Weine möglichst frisch zum Versand zu bringen. Barbadillo produziert sogar einen ungespriteten, im Geschmack etwas neutralen, aber gefälligen Tafelweißwein Castillo de San Diego von der Palomino-Traube. Außerdem experimentiert das Haus mit einem Schaumwein.

Amontillado

Läßt man Finos und Manzanillas lange genug in der Solera reifen, dann erreichen sie das Amontillado-Stadium. Dabei wird die Florhefe immer weniger aktiv, und der Alkoholgehalt steigt auf 17,15 %. Ein solcher Sherry wird dann in die jüngste Criadera eines Solera-Systems gegeben, das nur Amontillado enthält. Dort gehört Oxidation in großem Ausmaß zum Reifeprozeß, und die Farbe des Weins wandelt sich von Goldgelb zu Bernsteinbraun. Konzentration und Säure nehmen zu. Der Alkoholgehalt darf den gesetzlich zugelassenen Höchstwert von 20,9 % nicht überschreiten. Ein echter Amontillado ist trocken und robust im Geschmack und hat nußartigen, ziemlich durchdringenden Geruch.

Oloroso

Bei den beiden anderen Hauptgruppen, Oloroso und Palo Cortado, kommt Florwuchs nicht oder nur wenig vor. Demzufolge bleiben sie mit der Luft in Berührung und oxidieren. Die bei weitem größte Bedeutung kommt dem Oloroso zu. Sein Name besagt schon, daß es sich bei ihm um einen aromatischen Wein handelt – das Wort bedeutet «wohlriechend». Er ist nicht so ausdrucksstark wie ein Amontillado, doch trockene, reife Versionen zeigen oft großen Nuancenreichtum bei üppiger Art und samtigem Geschmack. Es waren Fässer mit Oloroso, die Francis Drake 1587 nach England mitnahm, nachdem er in Cádiz die spanische Flotte in Brand gesetzt hatte. Diesen 2900 Fässern ist es zu verdanken, daß die Engländer den Sherry schätzenlernten. 1598 machte Shakespeare in seinem «Heinrich IV.», Teil 2, den Sherry unsterblich, indem er Falstaff sagen läßt: «Wenn ich tausend Söhne hätte, als oberstes Prinzip würde ich sie lehren, dünnem Getränk abzuschwören und sich dem ‹Sack› zu ergeben» (so nannte man damals in England den Sherry, weil jede Flasche in einem kleinen Jutesack steckte).

Palo Cortado

Wie ein typischer Oloroso hat auch der Palo Cortado einen Alkoholgehalt zwischen 18 und 20,9 %. Dennoch sind die beiden nicht gleich, denn der Palo Cortado ist im Reich des Sherrys so etwas wie ein Außenseiter und steht zwischen dem Amontillado und dem Oloroso. Zum Fino kann er nicht werden, denn er weist wenig oder keinen Florwuchs auf. Indessen hat sein Aroma aber viel Ähnlichkeit mit dem Amontillado, während Geschmack und Duft eher an einen Oloroso erinnern. Je nach Alter wird diese Sherry-Rarität, die nur wenige Bodegas führen, als *palo cortado, dos cortados, tres cortados* oder *cuatro cortados* bezeichnet. Am bekanntesten sind der Dos Cortados von Williams & Humbert und der Capuchino von Agustín Blazquez.

Bedingungen für den Ausbau

Nicht alle beschriebenen Sherry-Typen müssen durch die Solera gehen. Im Prinzip ist das nur für die Finos und die Manzanillas

Innenhof im Haus Antonio Barbadillo.

angezeigt. Der für sie unerläßliche Florwuchs braucht immer wieder neue Nahrungszufuhr, und die stellt die Solera zur Verfügung. Für Amontillado, Oloroso und Palo Cortado kann man theoretisch ohne diese Systeme auskommen, in der Praxis durchlaufen aber auch sie die Solera. Für alle Sherrys ist eine Mindestreifezeit von drei Jahren in Fässern aus amerikanischer Eiche vorgeschrieben, und diese Zeit muß in Jerez de la Frontera, El Puerto de Santa María und Sanlúcar de Barrameda zugebracht sein.

Süße Verschnittweine

Von den bisher beschriebenen trockenen Weinen wird nur ein geringer Teil pur abgefüllt. Die meisten Sherrys auf dem Markt sind Verschnitte von mehreren Weinen. Gewöhnlich wird ein trockener mit einem oder zwei süßen und/oder dunklen Typen gemischt. Bei den letzteren handelt es sich um Süßweine (*vinos dulces*) oder Farbweine (*vinos de color*). Die Süßweine werden aus Pedro Ximénez oder Moscatel gewonnen, wobei die erste Sorte bessere Qualität liefert. Die Trauben werden zunächst 10 bis 15 Tage lang zum Trocknen in die Sonne gelegt, so daß der relative Zuckergehalt zunimmt; erst dann werden sie gepreßt. Der hohe Zuckergehalt läßt nur langsame und unvollständige Gärung zu, manchmal wird aber auch sofort Weingeist zugegeben. Beim Moscatel wird auf dieselbe Weise verfahren. Beide Weine sind dunkel, intensiv süß und manchmal fast sirupartig dick. Pedro Ximénez ist an einem etwas scharfen Apfelsirupgeschmack, Moscatel an einem Anflug von Muskat zu erkennen. Diese *vinos dulces* dienen vorwiegend zum Süßen von Sherry, der Pedro Ximénez jedoch wurde früher – und wird jetzt wieder vermehrt – unter dem eigenen Namen als exzellenter Dessertwein abgefüllt und verkauft. Er schmeckt, wie Málaga, vorzüglich zu Schokolade-Desserts. In der Sherry-Region wächst nicht genug Pedro Ximénez, um die große Nachfrage zu befriedigen. Deshalb werden gewisse Mengen aus Montilla-Moriles bezogen, wo Pedro Ximénez die vorherrschende Traubensorte ist. Diese «Importweine» müssen dem Consejo Regulador zur Prüfung vorgelegt werden, bevor sie zum Süßen von Sherry verwendet werden dürfen.

Der Pale Cream kam in den 1970er Jahren heraus (s. Croft); er ist ein goldgelber süßer Sherry, und für ihn ist deshalb auch ein goldgelber Süßwein nötig; er wird von Pedro-Ximénez-Trauben gewonnen, die nicht zum Trocknen in die Sonne gelegt, sondern sofort nach der Lese gepreßt werden. Anschließend wird dem Most Weingeist beigemischt, um die Gärung zu unterbinden. Der Wein wird in einer Solera aus alten Fino-Fässern ausgebaut, weil diese keine Farbe abgeben. Außerdem werden sie hermetisch verschlossen, um möglichst jede Oxidation auszuschließen. Ein anderer Name für diesen Typ lautet *dulce blanco*.

Farbweine sind in erster Linie dazu bestimmt, einem Verschnitt Farbe zu verleihen. Ein guter *vino de color* wirkt sich aber auch günstig auf die Qualität des betreffenden Sherrys aus. Es wird eingekochter Most in einem Verfahren bereitet, das den Mauren abgeschaut wurde; sie benutzten solchen dicken, dunkelbraunen Sirup zum Süßen. Durch Mischen mit unvergorenem Traubensaft oder Jungwein entsteht daraus der *vino de color*.

Unbegrenzte Möglichkeiten

Aus den ganz trockenen und den süßen Weinen läßt sich in den Bodegas eine nahezu unbegrenzte Vielzahl verschiedener Verschnitte bereiten. Für jeden Geschmack kann der passende Sherry zusammengestellt werden. Viele Importeure verlangen auch heute noch maßgeschneiderten Sherry. Außerdem mischen die Handelshäuser seit eh und je selber Marken-Sherrys, die zum Teil um die ganze Welt gegangen sind. Zu den bekanntesten Verschnitten zählt Bristol Cream von Harveys und Dry Sack von Williams & Humbert. Jede Bodega hat zwar ihre eigenen Rezepte, aber ein Cream besteht fast immer aus einem Oloroso, der mit einem Pedro Ximénez gesüßt wurde. Der Typ Amoroso ist in der Zusammensetzung ähnlich, aber nicht so süß (z. B. der «Character» von Sandeman). Weitere Sherry-Verschnitte sind Vino de Pasto (gesüßter Amontillado), Old East India (süßer Oloroso), Brown Sherry (Oloroso, verschnitten mit Pedro Ximénez und/oder Moscatel, oft noch zusätzlich mit Farbwein). Ferner gibt es einfache Varianten wie Medium, Medium Dry usw., ebenfalls Verschnitte aus verschiedenen trockenen und süßen Weinen. Der Markt für diese lieblichen Typen ist jedoch im Abnehmen; die Zukunft dürfte weitgehend dem trockenen Sherry gehören, vor allem dem Fino und dem Manzanilla. Für alle übrigen Typen gilt wohl, daß sie nur dann auf Dauer bestehen können, wenn sie hohe Qualität bieten. Schließlich bleibt noch zu bemerken, daß nicht wenige Sherry-Häuser auch große Brandy-Erzeuger sind. Die Weine dafür kommen aber so gut wie nie aus der Sherry-Region, sondern meist aus La Mancha.

Begutachtung eines reifen Amontillado bei Valdespino.

BEDEUTENDE ERZEUGER

Augustín Blazquez, 11400 Jerez de la Frontera. Das 1795 gegründete Haus machte in den 1980er Jahren viel Furore mit seinem Fino Carta Blanca, der sich dank beständig hoher Benotung bei Prämierungen einen Platz in der Spitzenklasse erobert hat. Er wird zu Recht in den *tapas*-Bars von Jerez viel serviert, denn er ist ein guter, konzentrierter Sherry mit großer Finesse, sauber und sanft, mit der charakteristischen leichten Bitternote im Nachgeschmack. Alle Blazquez-Sherrys werden, wie am Stil zu erkennen ist, in Puerto de Santa María produziert.

Die Amontillados Carta Plata und Carta Oro, der Oloroso Carta Roja und der Palo Cortado Capuchino zeichnen sich sämtlich durch hohe Finesse aus. Blazquez hat als eine von wenigen Firmen in der Sherry-Region auch alte Weine im Programm. So kann man einen 40jährigen Amontillado und einen ebenso alten Palo Cortado auf der Liste finden. Seit 1973 ist Blazquez eine Tochterfirma von Domecq, arbeitet aber selbständig: Vor einigen Jahren hat sie die Bodegas der Muttergesellschaft in Puerto gekauft und mit großem Kostenaufwand renoviert.

Bobadilla, 11400 Jerez de la Frontera. Nach stürmischen Jahren, in denen eine Übernahme nach der anderen schiefging, wurde 1990 schließlich Osborne neuer Besitzer, zunächst der großartigen Lage El Caballo und dann der Bodega. Der Name Bodilla steht nicht nur für jenen klassischen Jerez-Fino Victoria, sondern auch für den herrlich runden, sahnig-gehaltvollen La Merced. Als einer der bedeutendsten Brandy-Produzenten Spaniens versucht Osborne natürlich, von Bobadillas großem Ruf und Marktanteil zu profitieren, denn das 1837 gegründete Sherry-Haus hat sich in den letzten 30 Jahren einen guten Namen als Brandy-Hersteller gemacht. Der Brandy 103 war lange Zeit einer der bekanntesten in Spanien. Bobadilla-Weine werden zum großen Teil noch in Holzfässern vergoren und erlangen dadurch ausgeprägt klassischen Charakter.

Bodegas Internacionales – Diez-Merito, 11400 Jerez de la Frontera. Diese Bodega war einst das Prunkstück von José María Ruiz-Mateos, dem Mann hinter dem Rumasa-Konzern. Der Kellereikomplex wurde 1977 errichtet, um Raum für die Produktion der vielen kleinen Sherry-Häuser zu schaffen, die Rumasa anheimgefallen waren: Bertola, Pemartin, Diestro, Varela, Marqués de Misa, um nur einige zu nennen. Ihre Weine wurden en masse in die damals größte Bodega der Welt bei Jerez gebracht. Die historischen, malerischen kleinen Bodegas in der Stadt standen leer und sind inzwischen dem Einsturz nahe. Die Soleras wurden zusammengelegt, und je nach Marktlage durften die alten Namen wieder aufleben. Allerdings brachten die Bodegas Internacionales auch eine eigene Marke heraus, und zwar den noch auf dem Markt befindlichen Duke of Wellington. Ihm folgte später der Currito, ein nach Farbe und Finesse aus der Duke-of-Wellington-Solera ausgewählter Fino, der anschließend in die um drei Lagen höhere Currito-Solera eingeht. Trotz seines Durchschnittsalters von 7 Jahren ist dieser überaus helle Wein stets frisch, trocken und sehr fein. Der Ursprung des Hauses Diez-Merito geht auf das Jahr 1875 zurück, als der Franzose Salvador Diez mit seinen beiden Brüdern das Sherry-Haus Diez Hermanos gründete. Ihre bekanntesten Weine waren der Fino Imperial – damals ein exzellenter Amontillado, der aber seinen Qualitätsstand nicht gehalten hat – und der Oloroso Victoria Regina. 1976 vereinigte sich das Haus Diez Hermanos mit der Firma Marqués de Merito und hieß von da an Diez-Merito. Nach der Umstrukturierung der Rumasa-Gruppe übernahm Diez-Merito das früher von Zoilo Ruiz-Mateos vertriebene Don-Zoilo-Programm. 1985 kaufte Marcos Equizabal, der auch in Rioja mehrere Bodegas (u. a. Paternina und Bodegas Franco-Españolas) besitzt, die Bodegas Internacionales und Diez-Merito vom spanischen Staat und setzte die von diesem begonnene Rationalisierung fort, indem er die beiden Häuser zu einem großen Sherry-Erzeuger zusammenschloß.

Antonio Barbadillo aus Sanlúcar.

Croft, 11400 Jerez de la Frontera. Das Haus läßt sich als junge Firma mit einem alten Namen charakterisieren, denn trotz enger Bindungen an den Weinbau seit dem 17. Jh. gibt es Croft Jerez erst seit 1970. Es galt als unmöglich, in der heutigen Zeit noch ein neues Sherry-Haus zu errichten, diese Firma aber brachte es in wenigen Jahren zuwege. Sie konnte sich dabei auf die alten Soleras der Familie Gilbey stützen, die bei Gonzalez Byass lagerten und heute die Grundlage der von Croft vertriebenen Sherrys bilden. Alte Olorosos wie Doña Gracia und Doña Beatriz und Amontillados wie Don Gaspar und MZ liegen in einer der größten *sacristías* in Jerez. Crofts später Entschluß, in den Sherry-Handel einzusteigen, hatte seine Vorzüge, indem das Haus von den Fehlern anderer Erzeuger profitieren konnte. Zentralisierung ist das leitende Prinzip; der Standort ist gut zugänglich und geräumig ausgelegt. Das junge Haus kam dann gleich mit einem revolutionären Wein namens Croft Original, einem sofort erfolgreichen Pale Cream, heraus. Romantik wird in den Croft-Bodegas ganz klein geschrieben, und das gilt auch für die Produktion. Durchlaufpressen und computergesteuerte Gärung haben nur noch wenig von der alten Kellermeisterkunst an sich. Mit seiner straffen Geschäftsführung fährt das Unternehmen gut, und inzwischen gehört es zu den erfolgreichsten Sherry-Häusern, obwohl seine Weine nicht zur Spitzenklasse zählen.

Garvey, 11400 Jerez de la Frontera. Die 1980er Jahre waren turbulente Zeiten für Garvey, weil es in der vor allem für den San Patricio Fino bekannten Sherry-Firma häufigen Wechsel in der Führungsspitze gab. Änderungen der Besitzverhältnisse sind der Stabilität bei Management und Produkt nicht förderlich, und so mußte die Reputation des unverändert guten, früher zur Weltspitze zählenden, klassischen Fino Sherry darunter leiden. Nach der Rumasa-Übernahme wurde obendrein die Solera verdorben, und mit der Qualität des seit Anbeginn an der Entwicklung dieses Sherry-Typs beteiligten Weins ging es rasch abwärts. Seit 1823 exportierte Garvey *pajizos* (helle Sherrys) nach England. Damals war von größerer Produktion noch nicht die Rede, denn die Begriffe *criadera* und *solera* tauchten erst in den 1840er Jahren auf. Der aus mehreren Bodegas bestehende Guadalete-Komplex – so genannt nach dem gleichnamigen Fluß – befindet sich im Zentrum von Jerez. Am prominentesten ist davon San Patricio, über ein Jahrhundert lang die größte Bodega in der Sherry-Region. Das Gebäude mit den zur San-Patricio-Solera gestapelten Fässern ist sehr sehenswert. Romantischer ist die Sacristía de las Banderas mit alten Weinen, die die Namen bekannter Persönlichkeiten tragen. Die Zukunft des Hauses Garvey ist noch nicht klar. Derzeit wird es reorganisiert, und das könnte das Vorspiel zu einem erneuten Verkauf sein. Darüber hinaus wurde Anfang 1991 Weinbergland in der Jerez-Superior-Zone an Osborne verkauft. Derweil poliert die Bodega ihren Ruf mit alten Sherrys wie dem Amontillado Tío Guillermo und dem Oloroso Ochavico auf.

Gonzalez Byass, 11400 Jerez de la Frontera. Was die Bekanntheit des Namens angeht, steht das 1835 gegründete Haus hinter dem eigenen Spitzen-Fino, dem weltweiten Bestseller Tío Pepe, zurück. In gewissem Umfang entsteht er noch immer nach der klassischen Methode der Faßgärung und wird in der großen Bodega Tío Pepe – der einzigen dreigeschossigen in Jerez – ausgebaut: Steigende Bodenpreise, nebst Platzmangel, führten zum Bau dieser gewaltigen Betonkonstruktion. Der an den Alcázar angrenzende Komplex umfaßt aber auch einige attraktivere Bodegas, u. a. La Concha, La Unión und La Constancia – ganz zu schweigen von den schönen Gärten und der malerischen Passage Los Ciegos. Gonzalez Byass bemüht sich derzeit vor allem um seine alten Weine, die zumeist aus 25- bis 30jährigen «Rare Old Soleras» stammen: Los Apostoles ist ein alter, zart süßer Oloroso, dessen erstes Faß um die Mitte des 19. Jh. angelegt wurde; Pedro Ximénez Noé heißt eine komplexe, leicht herbe Kreation mit Apfelsirup und Rosinen im Geschmack, und dazu kommen der stilvolle Amontillado del Duque und der opulente, liebliche Oloroso Matusalem. Neben diesen Spezialitäten vertreibt Gonzalez Byass eine große Zahl einfacherer Sherrys. Alles in allem gibt es bei dieser soliden Firma, die knapp 30 Millionen Flaschen im Jahr absetzt, niemals Enttäuschungen.

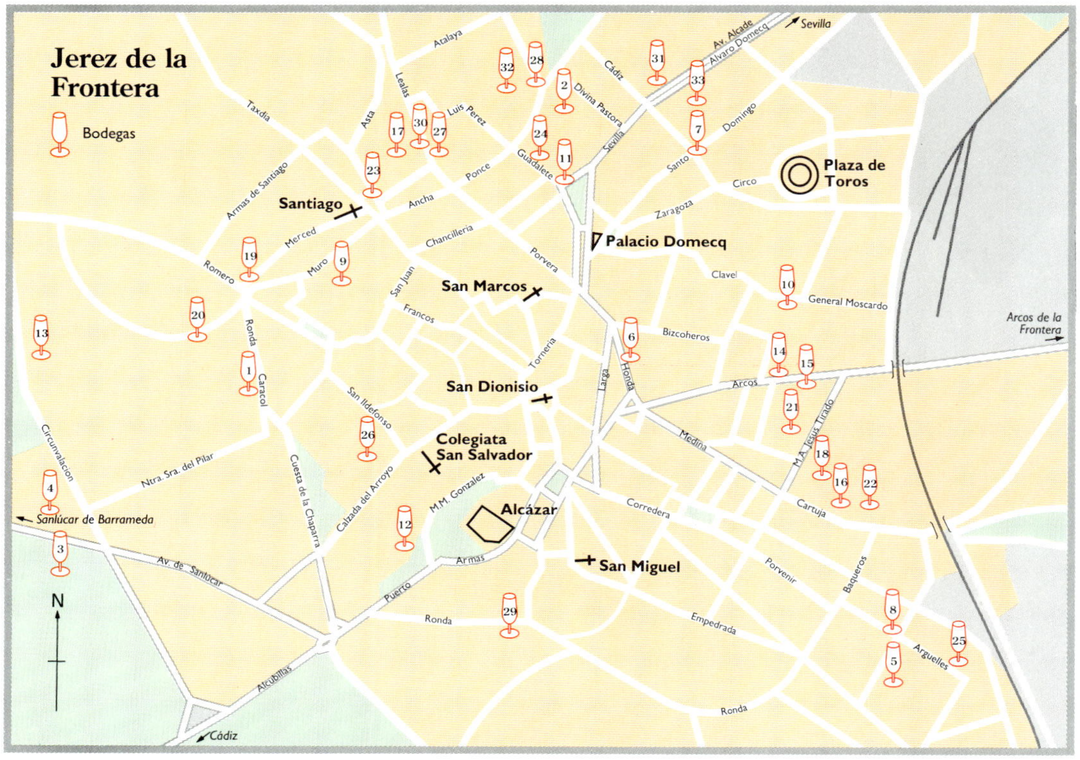

1 Antonio Nuñez
2 A. R. Valdespino
3 B. M. Lagos
4 Bobadilla
5 Bodegas Rayon
6 Cayetano del Pino y Cia
7 Croft
8 Diez-Merito, SA
9 Emilio Lustau
10 Emilio M. Hidalgo
11 Garvey
12 Gonzalez Byass
13 Herederos Marqués del Real Tesoro
14 J. H. E. S. A.
15 John Harvey & Sons
16 John Harvey & Sons
17 José Bustamante
18 José de Soto
19 José Esteve
20 José M. Guerrero Ortega
21 La Riva
22 Luis G. Gordon
23 Luis Paez
24 Manuel de Argueso
25 M. Gil Galán
26 Pedro Domecq
27 Sánchez Romate Hnos
28 Sandeman
29 Tomás Abad
30 Viñas
31 Williams & Humbert
32 Wisdom & Warter
33 Consejo Regulador Jerez-Xérés-Sherry-Casa del Vino

John Harvey & Sons, 11400 Jerez de la Frontera. Die bis 1970 nur als Handelshaus tätige Firma hat es fertiggebracht, innerhalb von 20 Jahren ein großes Konsortium in Jerez aufzubauen. Jahrelang hatte das Haus John Harvey & Sons unter dem eigenen Namen Wein verkauft, ohne auch nur über einen Hektar Weinbergbesitz oder eine Bodega zu verfügen. Vertrauenswürdigkeit beim Kunden war einer der Gründe dafür, sich in Jerez selbst niederzulassen, aber auch das Auslaufen des Vertrags mit Ruiz-Mateos trug zum Entschluß bei. 1970 übernahm das Haus Harvey deshalb die englische Firma Mackenzie & Co mit 45 ha Weinbergen und schlug damit erstmals seit 1796 in Jerez Wurzeln. Nun ging die Entwicklung rasch voran.

In Gibalbin wurde ein großer Produktionskomplex mit den damals für die Gegend revolutionären Durchlaufpressen eingerichtet. In den Jahren darauf wurden knapp 1400 ha Land aufgekauft und davon inzwischen über 1000 ha bestockt. 1979 kaufte Harvey die Bodegakomplexe Marqués de Misa und Merito und sechs Jahre später die Firmen Fernando H. de Terry – für Brandy – und Palomino & Vergara (Jerez) – insbesondere wegen des in Spanien sehr bekannten Fino Tío Mateo. Damit sind diese beiden alten Namen aus der Sherry-Region praktisch verschwunden. Palomino & Vergara steht nur noch zu dekorativen Zwecken auf dem Etikett des Tío Mateo, und de Terry heißt nur noch der Brandy, während die Sherrys der verschiedenen Bodegas in die Solera von Harvey integriert wurden.

Das Haus benötigt ungeheure Mengen, um allein die Nachfrage nach dem Bristol Cream zu befriedigen. Der Tío Mateo wird sich allmählich verändern, weil der alte Stil von den bei Harvey benutzten Methoden, mit denen eine leichtere Art angestrebt wird, stark abweicht. Die auf dem japanischen Markt herausgebrachte Tío-Mateo-Version zeigt bereits den neuen «jungen» Charakter. Wenn er beim dortigen Kunden gut ankommt, wird auch die übrige Welt ihn so akzeptieren müssen.

Emilio Lustau, 11400 Jerez de la Frontera. Die überaus dynamische Firma hat sich in den letzten 10 Jahren mit Sherry-Spezialitäten einen Namen gemacht. Zunächst brachte sie die sogenannten *almacenistas* heraus: Das sind bei kleinen Privaterzeugern (oft Hobbywinzern) aufgekaufte, in sehr kleinen Mengen abgefüllte und entsprechend vermarktete Sherrys. Dieses Verfahren hat dem Sherry-Image durchaus nicht geschadet und entspricht auch der Tradition des Hauses Lustau.

Dessen Grundlagen wurden nämlich 1896 von José Berdejo y Veyan, einem Rechtsanwalt und Hobbywinzer, geschaffen, und erst einige Jahrzehnte später brachte sein Schwiegersohn Emilio Lustau die Sherrys auf den Markt. Daher hat Lustau auch eine besondere, von anderen Häusern nicht geteilte Vorliebe für Amateure. Auch war der Spielraum der Firma dadurch eingeengt, daß sie nur einige Dutzend Hektar Weinberge besaß. Bis vor kurzem kaufte Lustau vor allem bei Genossenschaften ein, was gewisse Risiken beinhaltete, weil keine ausreichende Kontrolle hinsichtlich der Qualität gegeben war – nicht alle Genossenschaften verfügen über optimale Ausrüstungen. Große finanzielle Erfolge hatte Lustau nicht, doch der Name wurde für Qualität bekannt. Ein gewisser Wandel trat ein, als Luis Caballero aus Puerto de Santa María im Herbst 1990 die Firma Lustau kaufte. Damit wurde der Aktionsradius vergrößert, weil jetzt die Lage Montegillilo mit 120 ha zur Verfügung steht und die Sherry-Produktion von Anfang bis Ende in eigener Regie durchgeführt werden kann. In der Vergangenheit lancierte Lustau ferner den Sherry East India Solera sowie den Landed Age, die beide nach England transportiert werden, um dort in Kellern an der Themse vor der Abfüllung nochmals einige Monate lang zu ruhen.

Pedro Domecq, 11400 Jerez de la Frontera. Immer wieder in der Geschichte des Sherrys hat Pedro Domecq neue Wege gewiesen. Die Firma füllte als erste ihren Sherry im Produktionsgebiet ab und nahm in den 1980er Jahren den Kampf gegen die Oxidation beim Fino auf. Domecq glaubt fest daran, daß frischer, fein ausgebauter Fino eine große Zukunft hat, und spart daher weder Mühe noch Kosten, um den Produktionsprozeß bis ins letzte Detail unter Kontrolle zu bringen. Der Kampf gegen die Oxidation wird auf allen Ebenen geführt, um dem erfrischenden, eleganten, knochentrockenen La Ina zu größerem Glanz zu verhelfen. Diesem Zweck dient auch die Schraubkappe auf den Domecq-Flaschen. Zuerst waren die anderen Bodegas schockiert, aber seit 1991 verwendet Osborne ebenfalls Schraubkappen für alle seine Sherrys.

Domecq, gegründet 1730 von dem Iren Patrick Murphy, ist das älteste von allen Sherry-Häusern. Aus demselben Jahr stammt auch die schöne Bodega El Molino, benannt nach der Olivenölmühle, die wohl früher hier gestanden hat. Neben verschiedenen alten Soleras gehört zu diesem Haus eine *sacristía*, deren Fässer die Namen von William Pitt, Admiral Nelson und des Herzogs von Wellington tragen. Gegenüber steht auf einem Hügel am Rand von Jerez die Bodega La Mezquita, die mit ihren vielen Säulen an die Mezquita, die große Moschee in Córdoba, erinnert. Hier liegen die Fässer des La Ina –

abgeleitet von dem maurischen Schlachtruf Aina! Neben der Mezquita befinden sich die Produktionsbodegas mit einer Kapazität von 135 000 hl. Daß aber das Herz des Hauses Domecq nicht allein am Fino hängt, beweisen drei hochwertige Sherrys, die seit Jahren auf dem Programm stehen: der alte, liebliche Palo Cortado Sibarita, der herbe Pedro Ximénez Venerable mit Rosinen und Apfelsirup im Geschmack und der komplexe Amontillado 51 1a.

Sandeman, 11400 Jerez de la Frontera. Wie die Firma Harvey war auch Sandeman lange nur ein Handelshaus, das Weine einkaufte und unter eigenem Namen vertrieb. Dann wurde es durch den Konkurs des bedeutenden Zulieferers Pemartin dazu gezwungen, eine eigene Sherry-Produktion aufzunehmen. 25 Jahre später wurde dann eine Reihe von Olorosos in das Programm eingeschlossen, und diese bilden noch heute die Grundlage für die exzellenten Olorosos des Hauses. Sandeman blieb bis 1980 im Besitz der Familie. Um den ständigen Übernahmewünschen von seiten Rumasas zu entgehen, flüchtete man sich in die Arme des kanadischen Konzerns Seagram. Daraufhin wurde das Sherry-Haus völlig modernisiert. Als Leiter bemüht sich David Sandeman in England mit großem Erfolg darum, das Image des Sherrys zu verbessern. Er brachte flaschengereifte Sherrys zur Auktion, um deren Klasse unter Beweis zu stellen. Auch fördert er die Raritäten im Sandeman-Programm, u. a. den süßen, etwa 25 Jahre alten Amontillado Royal Esmeralda, den 28jährigen, ebenfalls süßen Palo Cortado Royal Ambrosante, den ebenfalls 28jährigen süßen Olorso Royal Corregidor und schließlich den über 40jährigen, konzentrierten und besonders komplexen Imperial Corregidor. Der Don Fino hat derzeit keine so großen Erfolgsaussichten, vielleicht weil er zu klassisch ist und doch nicht genug Finesse für einen Spitzen-Sherry hat. Ein jüngerer und frischerer Typ wäre hier nicht fehl am Platz. 1990 feierte das Haus Sandeman sein 200jähriges Bestehen. Mit der Renovierung und Erweiterung seines Bodegakomplexes in Jerez hat es das dritte Jahrhundert mit Zuversicht begonnen.

A.R. Valdespino, 11400 Jerez de la Frontera. Die alte Romantik der klassischen Familienbodegas in Jerez läßt sich hier noch nachempfinden – das Oberhaupt der Firma, Miguel Valdespino, bleibt unbeirrbar dabei, daß es im Weinbau auf die Liebe zum Handwerk ankommt, obwohl auch sein Haus mit modernster Technik ausgerüstet ist. So bleibt Valdespino für seinen Fino Inocente der Methode der Faßgärung treu, und die Qualität dieses mit seiner stilvollen Art mustergültigen Fino veranschaulicht die Meisterschaft der Bodega. Der Tío Diego, ein exzellenter Amontillado, steht auf gleicher Stufe; allerdings stammen auch beide Weine aus demselben Weinberg. Das schönste Bauwerk der Firma – die Bodega Inocente, Teil eines ehemaligen Klosters – liegt nur einen Steinwurf vom Verwaltungsgebäude entfernt. Hier hat sich seit dem 18. Jh. nicht viel verändert; die Fässer stapeln sich noch heute bis unter das Dach dieser ältesten Bodega in Jerez.

Oben: *Fässer werden aus der Bodega John Harvey & Sons in Jerez gerollt.*
Mitte: *Der Marqués de Bonanza von der Firma Gonzalez Byass, ein Urenkel des Gründers.*
Unten: *Die Familienfirma Valdespino wird von Miguel Valdespino geleitet. Ihre Bodega Inocente ist eine der ältesten in Jerez.*

Williams & Humbert, 11400 Jerez de la Frontera. In den letzten Jahren war Williams & Humbert nicht mit Glück gesegnet. Ab 1972 gehörte die Firma zu Rumasa und blieb dann allzulange unter staatlicher Obhut, und zwar wegen der Schwierigkeiten mit Dry Sack. Es mußte erst ein Prozeß geführt werden, um festzustellen, daß diese Marke nicht Rumasa, sondern Williams & Humbert gehört. Dann aber gab es viele Kaufinteressenten für das bekannte Sherry-Haus, und schließlich machte Barbadillo das Rennen. Offenbar war der Bissen für die Firma aus Sanlúcar aber doch zu groß, denn 1991 verkaufte sie 60 % der Anteile an zwei holländische Unternehmen: 40 % an Bols, das sich seit Jahren schon in Jerez auf dem Kriegspfad befand, und 20 % an Ahold. Währenddessen war der Absatz an Dry Sack, einem geschmeidig-eleganten Verschnitt von Oloroso, Amontillado und Pedro Ximénez, stark zurückgegangen. Aber das Haus Williams & Humbert gab sich nicht geschlagen, und schließlich hielt es auch noch einige Trümpfe in der Hand: beispielsweise Dos Cortados, einen wundervollen Palo Cortado mit subtilem Bukett und elegantem, sauberem Geschmack, sowie den

Pando, einen Fino mit kräftigem Körper, dann noch den Walnut Brown, einen klassischen braunen Sherry, ferner einen schönen Medium Amontillado namens A Winter's Tale und sein lieblicheres Oloroso-Pendant As You Like It. Seit eh und je ist England für Williams & Humbert ein bedeutender Markt.

Wisdom & Warter, 11400 Jerez de la Frontera. Das 1854 gegründete Haus Wisdom & Warter blieb nur bis 1930 selbständig, als es von Gonzalez Byass übernommen wurde. Nach dem Tod von Warter im Jahr 1914 erlebte es unruhige Zeiten, weil es allzusehr auf seiner Person aufgebaut war, während Wisdom in London lebte und nicht viel Einfluß nahm. So war es die stützende Hand von Gonzales Byass, die das Weiterbestehen des Hauses ermöglichte. Trotz der Übernahme gelang es dem kleinen Erzeugerbetrieb (die Produktion muß sich in einigen Jahrzehnten auf rund 3,6 Millionen Flaschen belaufen haben), einen relativ unabhängigen Kurs zu steuern. Das Lesegut (zum Teil aus dem eigenen Musterweinberg Bodogonera) wird zwar in der großen Produktionsanlage der Muttergesellschaft verarbeitet, die Gärung (vorwiegend in Stahltanks) und der Ausbau finden jedoch in den Bodegas von Wisdom & Warter im Zentrum von Jerez statt. Neben einem umfangreichen Programm

Weinlese für das Haus Osborne.

an klassischen Sherrys ist vor allem die schöne Auswahl an Amontillados bekannt geworden, an ihrer Spitze Tizon und der kraftvolle, enorm konzentrierte Very Rare Solera. Auch der typische Jerez-Fino Olivar (reif, knochentrocken und mit Mandelnote) hat hohen Qualitätsstand.

Luis Caballero, 11500 El Puerto de Santa María. Die 1830 gegründete Familienfirma Luis Caballero ist ähnlich wie Valdespino ein typisches spanisches Sherry-Haus. Es ist zwar durchaus nicht klein, seine Stärke aber liegt auf dem Inlandsmarkt; auf den Export entfallen nur 30 % der Produktion. In Spanien sehr beliebt ist der Ponche de Caballero, ein Mischgetränk aus Brandy und Orangensaft, aber auch der Fino Pavon aus Puerto ist ein voller Erfolg. Neuerdings wird der Fino nach einem von Caballero selbst entwickelten System produziert. Wenn er 5 Jahre alt und abfüllreif ist, wird er mit einem *Fino de sobre tablas* (Wein aus dem jüngsten Jahrgang) verschnitten und erhält dann einige Wochen Flaschenreife. Dadurch wird der Fino «verjüngt» und sein Flor-Aroma verstärkt. Dieses Mittel im Kampf gegen die Oxidation erbringt einen frischen Eindruck.

Die lange Geschichte des Hauses ist von zwei wichtigen Ereignissen geprägt: 1933 wurde das Sherry-Haus José de la Cuesta erworben, wodurch auch das renommierte Haus John William Burdon in den Besitz von Caballero gelangte. Obwohl beide Firmen völlig in der Muttergesellschaft aufgingen, blieben ihre Namen als Marken auf dem Exportmarkt erhalten. Das zweite Ereignis ist sehr viel jüngeren Datums. Gemeint ist die Übernahme von Lustau – ein Beweis für das feine Gespür des Hauses Caballero für Qualität. Die gesamte Produktion ist auf Fino ausgerichtet, weil er nach Meinung von Caballero der Sherry der Zukunft ist; Olorosos und Amontillados sind nur in zweiter Linie im Programm.

Osborne, 11500 El Puerto de Santa María. Das noch mehrheitlich im Besitz der Familie Osborne befindliche Haus ist wohl das in neuerer Zeit erfolgreichste, denn es ist seit Anfang der 1990er Jahre Spaniens größter Wein- und Spirituosenerzeuger. Thomas Osborne kam um 1800 nach Cádiz. Dort lernte er James Duff kennen, der seit 1768 im Sherry-Handel tätig war und mit William Gordon zusammen die Firma Duff Gordon gegründet hatte. 1832 wurde Osborne Duffs Partner, und vier Jahre später übernahm er die Firma. Damit verschwand jedoch Duff Gordon nicht etwa; vielmehr tauchte der Name Osborne erst 1890 auf Fässern und Flaschen auf. Der Inlandmarkt blieb Osborne vorbehalten, während im Export – vorwiegend nach England – weiterhin der Name Duff Gordon benutzt wurde. In den letzten Jahren hegte Osborne Übernahmeabsichten; er bewarb sich u. a. um Williams & Humbert und kaufte schließlich das Haus Bobadilla, dessen Brandy-Vorräte und Weinberglagen im Distrikt Balbaina für Osborne besonders interessant waren. Das Geschäft von Osborne ruht auf zwei Hauptsäulen, Fino und Brandy. Wie andere große Erzeuger – Domecq, Gonzalez Byass und in geringerem Umfang Caballero – ist auch Osborne von der Zukunft des hellgelben Fino überzeugt. Daher hat der Fino Quinta vor allem anderen Vorrang. In den bestgeeigneten Gegenden wird ein Weinberg nach dem anderen aufgekauft, und es wird alles getan, um für Finos die günstigsten Voraussetzungen zu schaffen. Es wurden auch Schraubkappen eingeführt, um der Oxidation möglichst entgegenzuwirken.

Inzwischen ist Osborne auch auf dem internationalen Markt aktiv, und zwar neben Quinta (dem Duff Gordon Fino Feria) auch mit dem jungen Amontillado Coquinero, dem sublimen Oloroso Bailen und dem vollen Pedro Ximénez 1827. Die stattlichen Osborne-Bodegas sind einen Besuch wert, insbesondere La Palma.

Antonio Barbadillo, 11540 Sanlúcar de Barrameda. Der bei weitem größte Erzeuger in Sanlúcar verfügt allein über 70 % der Bodegafläche im Bereich. Der Firmensitz ist im schönen El Palacio de la Cilla, dem ehemaligen Bischofspalast. Gegrün-

Kelterhaus von Williams & Humbert in den albariza-*Weinbergen.*

det wurde das Haus 1821, es galt aber nicht viel, bis es 1966 in den Genuß großer Aufträge von Harvey kam. Seither liefert es jährlich im Durchschnitt 6 Millionen Liter Sherry. In großen Lettern findet sich auf einer Bodega der Firma die stolze Aufschrift «Proveedores (Lieferant) de Harveys of Bristol». Vor einiger Zeit erwarb das Haus Barbadillo die Bodega Pedro Romero und 50 % Beteiligung an Los Infantes Orleans de Borbón, beide in Sanlúcar. Mit dem Kauf von Williams & Humbert übernahm es sich allerdings und mußte kurz darauf 60 % wieder abgeben. Die Weinproduktion ist in dem in Zusammenarbeit mit Harvey aufgebauten Gibalbin-Komplex zentral untergebracht. Nach dem Vergären werden die Weine nach Sanlúcar transportiert und dort in einem komplizierten System ausgebaut. Der jüngste Manzanilla, Fina Eva, durchläuft beispielsweise 19 Criaderas; der älteste, der Manzanilla Pasada Solear, hat am Ende seines Werdegangs fast 40 Stationen und das reife Alter von 16 bis 17 Jahren hinter sich. Das Lieferprogramm des Hauses ist sehr umfangreich: mindestens je sechs Marken für die leichtesten Arten, dazu vier aktuelle Olorosos und Amontillados. Dasselbe gilt auch für die süßen Versionen. Entgegen dem modernen Trend zu schmalerer Auswahl bleibt Barbadillo bei der traditionellen breiten Angebotspalette.

José Medina y Cía, 11540 Sanlúcar de Barrameda. Das 1821 gegründete Haus blieb in den 1980er Jahren nicht untätig. Innerhalb kurzer Zeit kaufte es eine Handvoll Firmen auf: Hijos de A. Pérez Megía, bekannt durch den eleganten Manzanilla Alegría, sowie R. M. Lagos, Juan Vicente Vergara und Luis Paez. Der holländische Lebensmittelkonzern Ahold war am letztgenannten Haus seit 1980 mehrheitlich beteiligt. Zwar arbeiten alle diese Firmen weitgehend unabhängig weiter und bauen auch ihre Weine selbst aus, die Weinproduktion dagegen ist bei Medina in Sanlúcar zentral zusammengefaßt. Die Gärung spielt sich teils in Edelstahltanks, teils in den traditionellen *tinajas* ab. Aus der Produktionsbodega gehen dann die fertigen Weine zu den einzelnen Firmen. Auch Luis Paez erhält seinen Anteil und vertreibt die ausgereiften Sherrys unter den Marken Rey de Oro und Conqueror.

Herederos de Argüeso, 11540 Sanlúcar de Barrameda. Der Manzanilla-Spezialist arbeitet mit traditionellen Methoden. Die Weine (von 70 ha im Jerez-Superior-Gebiet) gären in alten Fässern. Moderne Tanks werden nur für die Kaltstabilisierung kurz vor dem Abfüllen verwendet. Sowohl der einfache Manzanilla Viruta als auch der Manzanilla Pasada San León sind ausgezeichnet und gehören zur absoluten Spitze in der jeweiligen Kategorie.

Hijos de Rainera Pérez Marín, 11540 Sanlúcar de Barrameda. Im 19. Jh. wuchs die Nachfrage nach den Sherrys des 1825 gegründeten Hauses stetig. Damals wurden die Besteller gefragt, ob sie auch genug *guita* (Geld) hätten, und so kam man auf die Idee, den Spitzen-Manzanilla des Hauses La Guita zu nennen. Es gibt ihn heute noch als exzellenten, charakteristischen Manzanilla, der in einer achtstufigen Solera heranreift. Die Firma verfügt über 205 ha Weinbergbesitz in Jerez-Superior-Lagen.

Los Infantes Orleans de Borbón, 11540 Sanlúcar de Barrameda. Das Haus steht unter der Leitung der Firma Barbadillo, die zu 50 % an ihm beteiligt ist, während die anderen 50 % der spanischen Königsfamilie gehören. Die meisten Weine werden in Bodegas von Barbadillo ausgebaut; Los Infantes stehen nur noch «Las Caballerizas» zur Verfügung, das sind die zum Schloß gehörigen ehemaligen Pferdestallungen im burgundischen Stil im Zentrum von Sanlúcar. Dort lagert ein Teil des sehr feinen Manzanilla Pasada Tizona. Das Schloß wurde 1970 an die Stadt verkauft und dient jetzt, nach gründlicher Renovierung, als Rathaus. Im Torre-Breva-Komplex südlich von Sanlúcar mit einer Fläche von 150 ha findet die Gärung noch in traditionellen *tinajas* statt. Nach der ersten Sichtung im Frühjahr werden die Weine nach Sanlúcar gebracht, wo sie zum Teil in die Bestände von Barbadillo eingehen. Deshalb sind sich viele Produkte der beiden Häuser auch so ähnlich. Neben dem Manzanilla Fina Tizona (auch als Torre-Breva auf dem Markt) stehen an der Spitze des Programms der Manzanilla Olorosa La Ballena, der sehr feine Amontillado Ataulfo und der ausgewogene Oloroso Fenicio.

Faßprobe in der Bodega Emilio Lustau.

Eine der jüngsten Bodegas ist jene von Marqués del Real Tesoro.

Reise-Informationen

HOTELS UND RESTAURANTS

Jerez de la Frontera. Zu Beginn der 1980er Jahre war das «Hotel Jerez» das einzige nennenswerte in der Stadt. Heute gibt es eine ganze Reihe guter Hotels, und weitere sind im Bau, um dem zunehmenden Tourismus Rechnung zu tragen.
Hotel Avenida, Avenida Alvaro Domecq 10, 11405 Jerez de la Frontera, Tel. (56) 347411. Untergebracht gegenüber dem Royal Sherry Park in einem umgebauten Wohnblock. Dem Komfort nach ist es ein Drei-Sterne-Hotel mit streng funktioneller Einrichtung. Die Küche läßt zu wünschen übrig.
Bodega La Andana, Parque de la Serrana, 11400 Jerez de la Frontera, Tel. (56) 307385. Typische *tapas*-Bar in einem der modernen Vororte von Jerez. Besonders gut sind die Fischspezialitäten. Weitere Bars mit guten bis sehr guten *tapas* sind: Mesón la Tasca, Plaza del Caballo; El Buen Comer, Plaza de Toros; La Venencia, Calle Larga; Maypa, Cruz Vieja.
El Bosque, Avenida Alvaro Domecq, 11405 Jerez de la Frontera, Tel. (56) 333333. Das höchstrenommierte Restaurant in Jerez mit eher englischer als spanischer Architektur. Internationale Küche, aber auch andalusische Spezialitäten.
Las Botas, Santo Domingo s/n, 11400 Jerez de la Frontera, Tel. (56) 338977. Der Name kommt von den vielen hier gelagerten Sherry-Fässern. Zu den Spezialitäten des malerischen *tapas*-Restaurants gehört neben *serrano*-Schinken auch *tortilla de camarones* (mit Krabben).
Camino del Rocio, Avenida Nuestra Señora de la Paz, 11400 Jerez de la Frontera. *Tapas*-Bar für den späten Abend. Wenn es Mitternacht schlägt, geht das Licht aus, und vor dem Bildnis der Jungfrau Maria wird eine Kerze entzündet; danach wird ein frommes Lied zum Mitsingen angestimmt. Gute *tapas*; empfehlenswert die *berza gitana*, ein Eintopfgericht mit Fleisch und Schinken.
Hotel Capele, Corredera 58, 11400 Jerez de la Frontera, Tel. (56) 346400. Einfaches, aber gutes Drei-Sterne-Hotel, Ende der 80er Jahre renoviert und erweitert. Es liegt im Zentrum von Jerez; Touristenattraktionen wie die Kirche San Miguel, die Markthalle und einige Bodegas (z. B. Gonzalez Byass und Diez-Merito) sind zu Fuß erreichbar.
Hotel Jerez, Avenida Alvaro Domecq 35, 11405 Jerez de la Frontera, Tel. (56) 300600. Fünf-Sterne-Hotel der Ciga-Kette, am Rand von Jerez, mit allem Komfort, schönem Garten und Swimmingpool. Noch immer das bedeutendste Hotel in der Stadt und Treffpunkt des Sherry-Gewerbes. Regionale und nationale Spezialitäten im Restaurant; Terrassenrestaurant mit Grill.
Bar Juanito, Pescaderia Vieja 8–10, 11400 Jerez de la Frontera, Tel. (56) 334838. Kleine Bar in der Altstadt von Jerez. Spezialität: original Jerez-*tapas*. Man sollte unbedingt hierherkommen, wenn man gute *tapas* und alles, was dazugehört, kennenlernen möchte.
La Orca Gorda, Santo Domingo 11, 11400 Jerez de la Frontera, Tel. (56) 335152. Spanische Küche mit französischem Einschlag. Eines der besseren Restaurants in Jerez, jedoch nicht für typisch andalusische Gerichte.
La Mesa Redonda, Manuel de la Quintana 3, 11403 Jerez de la Frontera, Tel. (56) 340069. Das in einer Arkade unter einem Wohnblock versteckte Restaurant bietet gute Küche mit regionalen Gerichten, aber auch eigenen Kreationen, vor allem Fisch.
Hotel Royal Sherry Park, Avenida Alvaro Domecq 11, 11405 Jerez de la Frontera, Tel. (56) 303011. Modernes Vier-Sterne-Hotel mit funktionaler Atmosphäre. Geräumige, gut ausgestattete Zimmer, Swimmingpool, Restaurant und vielbesuchte Bar. Das Stadtzentrum und die Bodegas Williams & Humbert und Garvey sind zu Fuß erreichbar.
Tendido 6, Circo 10, 11405 Jerez de la Frontera, Tel. (56) 344835. Die Spezialität des Restaurants gegenüber Eingang 6 der Stierkampfarena ist *cola de toro* (Ochsenschwanz). Die *angulas* (Aal in Olivenöl fritiert, mit rotem Paprika und Knoblauch) sind ebenfalls köstlich. In der dazugehörigen *tapas*-Bar, einer der schönsten in Jerez, gibt es eine reiche Auswahl an exzellenten Snacks.
El Puerto de Santa María. Das für Jerez Gesagte gilt größtenteils auch hier, nur hat die Entwicklung später eingesetzt. Lange Zeit gab es nur ein einziges besseres Hotel, inzwischen sind es vier.
Casa Flores, Ribera del Rio, 11500 El Puerto de Santa María, Tel. (56) 863512. Exzellente *tapas*-Bar, vor allem bekannt für feinen *serrano*-Schinken.
La Goleta, Carretena de Fuentebravia, 11500 El Puerto de Santa María, Tel. (56) 854232. Gutes Fischrestaurant, sogar der Hummer ist erschwinglich; die Aufmachung ist eher französisch. Unweit der Straße von Puerto nach Rota.
Hotel & Yacht Club, Puerto Sherry, 11500 El Puerto de Santa María, Tel. (56) 874004/873000. Der Puerto-Sherry-Komplex am Stadtrand besteht aus einem Jachthafen, dem andalusischen Dorf Pueblo Sherry und dem Hotel & Yacht Club. Dieses Vier-Sterne-Hotel bietet allen Komfort. Im Komplex befinden sich 6 Restaurants, Bars, 3 Swimmingpools, Saunas, Türkische Bäder, Tennis- und Squash-Plätze. Der Golfplatz Vista Hermosa liegt in der Nähe.
Hotel Meliá El Caballo Blanco, Avenida de Madrid 1, 11500 El Puerto de Santa María, Tel. (56) 863745. Das älteste der besseren Hotels der Stadt. Es gehört in die Vier-Sterne-Kategorie und steht in der Nähe der Straße nach Cádiz und 500 m vom Strand. Es hat einen Swimmingpool und einen schönen Garten mit Pinien.
Mesón del Asador, Rufina Vergara/Plaza Herreria, 11500 El Puerto de Santa María, Tel. (56) 864022. Fleischgerichte, v. a. vom Grill – für Puerto eher ungewöhnlich. Hervorragender Kartoffelsalat.
Mesón del Pescador, Calle Jesús de los Milagros 11, 11500 El Puerto de Santa María, Tel. (56) 871897. Wie der Name schon besagt, ist Fisch die Spezialität des prachtvoll eingerichteten Restaurants. Auch das Äußere ist überaus schick.
Hotel Monasterio San Miguel, Calle Larga 27, 11500 El Puerto de Santa María, Tel. (56) 864440. Das 1990 eröffnete Vier-Sterne-Hotel im Zentrum befindet sich in einem schön restaurierten Kloster aus dem 18. Jh. Von der Dachterrasse aus hat man einen wunderschönen Blick über die Bucht von Cádiz. Der Swimmingpool befindet sich im ummauerten Garten. Restaurant und *tapas*-Bar sind akzeptabel.
Los Portales, Ribera del Río/Ribera del Marisco, 11500 El Puerto de Santa María, Tel. (56) 862116. Gutes Restaurant am Hafen und eine *tapas*-Bar auf mindestens demselben Niveau. Viele Fischspezialitäten.
Hotel Santa María, Avenida de la Bajamar, 11500 El Puerto de Santa María, Tel. (56) 873211. Annehmbares Drei-Sterne-Hotel am Fischerhafen von Puerto; das Stadtzentrum ist zu Fuß erreichbar. Swimmingpool und Sonnenterrasse auf dem Dach. Freundliche *tapas*-Bar.
Sanlúcar de Barrameda. Die Hotels hier sind nicht sehr zu empfehlen; es ist also besser, von Puerto de Santa María oder Jerez aus Besuche zu machen. Dagegen gibt es in Sanlúcar de Barrameda viele Restaurants und *tapas*-Bars in oft erstaunlicher Qualität.
Casa Bigote, Bajo de Guía, 11540 Sanlúcar de Barrameda, Tel. (56) 362696/363242. Eines der berühmtesten Restaurants in Andalusien. Die Gebrüder Fernando und Paco – ehemalige Fischer – praktizieren Schiffsküche an Land. Einfache Gerichte, bei denen Fisch und alles, was das Meer sonst noch bietet, die Hauptrolle spielt. Spezialität: fritierter Fisch, z. B. *acedias, salmonetes* und *puntillitas* (kleiner Tintenfisch). Nichts aus der Kühltruhe – alles ist frisch.
Café-Bar El Tunel, Plaza del Cabildo 25, 11540 Sanlúcar de Barrameda, Tel. (56) 362513. Gutes Speiselokal im Zentrum. Spezialitäten: Schalentiere, frischer Fisch vom Grill.
Restaurant El Veranillo, Barrios 6, 11540 Sanlúcar de Barrameda, Tel. (56) 362719. Hier wird mit viel Wein, v. a. Sherry, traditionell, aber zeitgemäß gekocht. Sehr zu empfehlen.

SEHENSWERTES

Arcos de la Frontera. Sehr gut erhaltenes Beispiel einer mittelalterlichen Stadt mit maurischer Tradition. Steile, enge Gassen und Treppen führen zu kleinen Türen – praktisch die einzigen Öffnungen in den hohen, massiven Häusern. Der malerische Ort – der bekannteste der *pueblos blancos* – steht hoch auf einem schmalen Felsvorsprung und wird auf drei Seiten vom Guadalete umspült. Von einem Balkon am guterhaltenen Schloß der Herzöge von Arcos hat man einen herrlichen Ausblick über die Landschaft. Die größte Kirche, Santa María de la Asunción, zeigt nebeneinander romanischen, gotischen, Renaissance- und Mudéjar-Stil – der Bau wurde im 7. Jh. begonnen und bis ins 18. Jh. fortgeführt.
Cádiz. Die Provinzhauptstadt Cádiz ist eine der ältesten Städte Spaniens. Um 1000 v. Chr. ließen sich hier die Phöniker nieder. Durch den Handel mit der Neuen Welt kam Cádiz zu Reichtum, und dieser prägte die alten, romantischen Stadtviertel wie El Populo und Santa María mit ihrem Gewirr von Gassen und Durchgängen. Nur der Campo del Sur liegt zwischen dem Atlantik und der Altstadt mit der

darüber aufragenden Kathedrale, in der schwarze Säulen das Hauptschiff von den Seitenschiffen trennen. In der Krypta befindet sich unter anderem auch die Gruft des Komponisten Manuel de Falla. Die Kirche Santa Cruz, auch El Sagrario genannt, ist kleiner, jedoch nicht weniger schön als die Kathedrale. Sie stammt aus dem 13. Jh., wurde aber nach der Zerstörung 1596 im Renaissance-Stil wiedererbaut. Ihr kostbarster Schatz ist eine 3 m hohe silberne Monstranz. Weitere sehenswerte Kirchen sind die Capilla de Santa Catalina mit Gemälden von Murillo; Santa Cueva mit Werken von Goya; die Klosterkirche Santo Domingo aus dem 17. Jh. mit einem Hochaltar mit gedrehten Säulen und das Oratorio San Felipe Neri, Sitz des Stadtparlaments während der Napoleonischen Kriege.

Chiclana de la Frontera. Ein Teil des Weins aus den Weinbergen um Chiclana geht nach Jerez oder in die beiden anderen Sherry-Städte und wird in billigeren Verschnitten mitverarbeitet. Früher war die Stadt mit 40 000 Einwohnern für weiße Pasto-Weine bekannt, die aber inzwischen selten geworden sind; ihr heutiger Ruhm beruht auf handgearbeiteten Puppen sowie auf den Schwefelbädern (Balneario de Fuente Amarga), die in Spanien als Heilmittel gegen Rheumatismus angewandt werden. Über den weißgetünchten Häusern ragt die dunkle, festungsähnliche Iglesia Mayor auf. Die Kirche der Augustinerinnen und die Hermitage Santa Ana sind ebenfalls einen Besuch wert.

Chipiona. In neuerer Zeit ist der Ort durch seine Gartenbauerzeugnisse, v. a. Chrysanthemen, Nelken, Tomaten und Melonen, bekanntgeworden. Aber auch die süßesten Moscatel-Sherrys kommen nach wie vor von den Sandböden (*arenas*) um Chipiona. Wegen ihres milden Klimas und der schönen Sandstrände ist die Stadt auch als Urlaubsort beliebt, bislang aber nur bei den Spaniern, denn vom internationalen Tourismus wurde sie noch nicht entdeckt.

Der Name rührt wahrscheinlich von Scipio Africanus her. In der Nähe sind die Ruinen der zu Ehren des römischen Feldherrn (235–185 v. Chr.) errichteten Räume sowie einer römischen Siedlung zu besichtigen.

Jerez de la Frontera. Eigentlich ist ja Cádiz die Provinzhauptstadt, aber Jerez empfindet sich als solche – und gibt sich ein entsprechendes Flair. Die schönen Stadthäuser, die malerische Altstadt mit ihren vielen historischen Baudenkmälern und

Dressur in der berühmten Reitschule von Jerez de la Frontera.

die ansehnlichen Bodegas verleihen der Stadt zweifellos eine gewisse Würde. In der Vergangenheit spielte Jerez eine bedeutende Rolle als Grenzbefestigung in den Kriegen zwischen den katholischen Herrschern von Castilla y León und den Mauren, daher auch der Beiname «de la Frontera». Die strategische Bedeutung spiegelt sich noch in den Resten der Stadtmauer und des maurischen Alcázar, ganz in der Nähe der Bodegas Gonzalez Byass. Die Zitadelle wurde im 11. Jh. auf den Fundamenten eines römischen Kastells erbaut, woraus sich ihre einfache, geradlinige Form erklärt. Der achteckige Turm stammt aus dem 15. Jh. Im Alcázar befindet sich die Capilla de Santa María aus dem 13. Jh. und eine Moschee aus dem 12. Jh. Bei Instandsetzungsarbeiten im Torre del Homenaje Anfang des 20. Jh. wurden die Reste maurischer Bäder entdeckt; mit der Restaurierung wurde gegen Ende der 80er Jahre begonnen. In der Nähe des Alcázar steht die Kathedrale Colegiata San Salvador. Sie stammt aus der ersten Hälfte des 18. Jh. und ersetzte damals den vorherigen gotischen Bau, von dem noch Spuren, z. B. Spitzbogen, vorhanden sind. Neben der Fassade im dekorativen Platereskenstil der spanischen Renaissance erhebt sich ein freistehender Glockenturm, dessen Unterbau von einem verschwundenen Mudéjar-Schloß stammt. Nicht weit von der Plaza El Arenal, dem großen Platz im Herzen von Jerez, steht San Miguel mit einem prachtvollen, von ferne sichtbaren blaugedeckten Turm im Mudéjar-Stil; die gotische Kirche wurde im 15. Jh. nach dem Vorbild der Kathedrale in Sevilla mit ihrem Turm La Giralda erbaut und vor einiger Zeit im Inneren restauriert. Besonders bekannt ist der imposante Hochaltar, und auch die schöne Madonna auf einem der Seitenaltäre ist unbedingt sehenswert (wenn es zu dunkel ist, schaltet der Priester für ein paar Pesetas gern das Licht ein). Eine belebte Einkaufsstraße mit verschiedenen *tapas*-Bars (u. a. «La Venencia») führt zur Plaza El Arenal. Am anderen Ende der Straße befindet sich bei der Puerta de Sevilla der Palacio Domecq, ehemaliger Sitz der Marqueses de Domecq. Das Wappen der Familie, zwei weiße Handschuhe, ist überall zu sehen. Heute dient das Gebäude für Empfänge und ist dem Publikum nur selten zugänglich. Ein besonderer Raum wird stets für einen Besuch des Königs bereitgehalten. Das Rathaus (*ayuntamiento*) liegt außerhalb der alten Stadtmauer; in Jerez erfüllten schon ganz verschiedene Gebäude diesen Zweck – u. a. La Atalaya, einstiger Besitz der Familie Vergara, heute ein Uhrenmuseum. Die Altstadt von Jerez ist mit ihren engen Gassen und Durchgängen ein eigentliches Freilichtmuseum. Zwar werden etliche Bauwerke gerade restauriert, dennoch gibt es für den Besucher viel Schönes zu entdecken, z. B. die Casa de Cabildo Viego, einst Rathaus, heute Stadtbibliothek, aus dem späten 16. Jh. – ihre Plateresken-Fassade ist mit dem Wappen Philipps II. geschmückt. Zwei schöne Kirchen stehen in diesem Viertel: San Dionisio aus dem 15. Jh. hat einen Turm wie ein Minarett, und die spätgotische Kirche San Marcos ist für ihren mit maurischen Fliesen bedeckten Hauptaltar und ihre kunsthistorisch interessanten Seitenkapellen im Mudéjar-Stil berühmt. Die Kirche Santiago im lebensvollen Zigeunerviertel von Jerez erinnert entfernt an die Markuskirche in Venedig. Zwei Seitenkapellen haben Mudéjar-Dächer, eine ist im Rokoko-Stil. Im Stadtzentrum befindet sich das archäologische Museum mit Funden, die die uralte Geschichte des Weinbaus in der Region dokumentieren. Die Spanische Reitschule (Escuela Andaluza de Arte Ecuestre) ist eine bedeutende Touristenattraktion: Die tanzenden Pferde geben jeden Donnerstag um 12 Uhr eine Vorstellung. Die Sherry-Stadt hat außerdem zahlreiche Adelshäuser vorzuweisen, insbesondere um den Benavente-Platz. La Cartuga, ein Kartäuserkloster von 1463, liegt 4 km südöstlich von Jerez. Es ist eine herrliche Gebäudegruppe mit bewegter Vergangenheit: Im Unabhängigkeitskrieg gegen Napoleon diente sie als Kaserne und Stallung. Später, in den Karlistenkriegen im 19. Jh., wurde das Kloster geschlossen. Inzwischen ist es wieder seinen rechtmäßigen Besitzern, den Kartäusern, zurückgegeben worden. Besonders beachtenswert ist die Vielfalt der Baustile. Die gotische Klosterkirche Nuestra Señora de la Defensión besitzt ein Plateresken-Portal; aus der Kirche sind viele Kunstschätze gestohlen worden, auch einige Bilder des Hochaltars sind verschwunden. Auf dem von einem gotischen Kreuzgang und den Mönchszellen umgebenen Innenhof (*claustrillo*) wurden die Mönche in früherer Zeit beerdigt.

El Puerto de Santa María. Durch die Jahrhunderte hat sich Puerto gegenüber Jerez recht gut behaupten können. Es hat den großen Vorteil, einen Hafen zu besitzen, und erlebte deshalb im 16. und 17. Jh. durch den zunehmenden Handel mit der Neuen Welt goldene Zeiten. Aus jener Epoche stammt die Casa del Cabildo und auch die von Alfonso Rodriguez erbaute Iglesia Mayor Nuestra Señora de los Milagros, eines der kostbarsten Gebäude der Stadt. Besonders schön ist das Südportal, la Puerta del Sol. Man kann an ihm sehr gut den Übergang von der Spätgotik zum Plateresken-Stil ablesen. Rechts vom Hochaltar ist eine Seitenkapelle mit der Figur der Schutzpatronin von Puerto, Nuestra Señora de los Milagros. Während jener Blütezeit entstanden auch reichverzierte Stadthäuser wie die Casa de Bizarrón an der

DO-Bereich Jerez
Jerez Weinzentrum
Vorgeschlagene Weinstraße
Grenze der DO Jerez
Autobahn
Hauptverkehrsstraße
Sonstige Straßen
Eisenbahnlinie
Provinzgrenze
Provinzhauptstadt
Höhenlinienabstand 100 m
1:337 000
Sanlúcar de Barrameda
Jerez de la Frontera
El Puerto de Santa María
Arcos de la Frontera
Lebrija
Las Cabezas de San Juan
Trebujena
El Cuervo
Las Navas
El Algarrobillo
Las Arenas
Casablanca
La Mariscala
Algaida
Bonanza
La Jara
Punta del Perro
Chipiona
Peña del Aguila
Rota
Nueva Jarilla
El Guijo
Jédula
Guadalcacín del Caudillo
Las Abiertas
Estella del Marqués
José Antonio
La Barca de la Florida
San Isidro de Guadalete
Laina
Torno
Torrecera
San José del Valle
Baños de Gigonza
Paterna de Rivera
Medina-Sidonia
El Portal
Doña Blanca
Puerto Real
Cádiz
Matagorda
La Carraca
Barrio de Jarana
San Fernando
Chiclana de la Frontera
Sancti Petri
Campano
Los Naveros
OCEANO ATLANTICO
Bahía de Cádiz
Guadalquivir
Canal del Bajo Guadalquivir
Laguna Val del Ojo
Laguna de los Tollos
Laguna de Medina
Canal de Tempul
Canal del Guadalcacín
Guadalete
San Pedro
Arroyo Salado
Embalse de Arcos
Salado
Gibalbín 412
130
146
185
SEVILLA
CADIZ
Sevilla
Algeciras
MADRID

Plaza del Castillo. Selbst kleinere Kaufleute profitierten vom allgemeinen Reichtum und bauten sich Häuser in einem Stil, der schließlich für Puerto de Santa María charakteristisch wurde. Es gibt noch viele solche Villen, vor allem um den Hafen; sie sind mit *atalayas* (maurisch: Wachtturm) genannten Türmchen versehen, von denen aus man die ein- und auslaufenden Schiffe beobachten konnte. Ebenfalls sehenswert sind die Plaza de Toros mit Spaniens größter Arena sowie das Castillo San Marcos, Sitz der Sherry-Familie Caballero. 1990 wurde die Restaurierung einer alten, an die Burgmauer angebauten Bodega beendet, und sie steht jetzt als Empfangsraum zur Verfügung. Es heißt, in der Burgkapelle habe Kolumbus mit seiner Schiffsbesatzung vor einer seiner Reisen in die Neue Welt gebetet.

Lebrija. Die einzige Stadt in der Sherry-Region, die nicht zur Provinz Cádiz gehört, ist an ihrer von einer mittelalterlichen Burg überragten Silhouette leicht erkennbar. Die bedeutendste Kirche hier ist Santa María aus dem 16. Jh., bei deren Bau Teile einer alten Moschee mitverwendet wurden. Der Stil ist eine Mischung aus Gotik und Renaissance, und der Mudéjar-Turm stammt aus dem 18. Jh.

Sancti Petri. Die Insel Sancti Petri liegt vor der spanischen Küste gegenüber Chiclana. Auf ihr erbauten die Phöniker einen berühmten Herkules-Tempel, und der spanische Komponist Manuel de Falla schrieb hier sein «Atlantico».

Sanlúcar de Barrameda. Dem wachsenden Renommee des Manzanilla ist es zu verdanken, daß sich Sanlúcar mit mehr Zuversicht aus seinem Schneckenhaus wagt. Lange Zeit hatte die Hafenstadt sich der Führung von Jerez gebeugt, und dennoch war sie schon ein bedeutender Ort und im Sherry-Handel prominent, bevor Jerez alle Macht an sich zog. Der Pomp und Ruhm alter Zeiten hat inzwischen viel von seinem Glanz verloren, der Charme aber ist geblieben; so besitzt das alte Lehen der Herzöge von Medina-Sidonia viele schöne Baudenkmäler. Neben dem Sitz der herzoglichen Familie gibt es hier einen Palast im burgundischen Stil, der dem spanischen Königshaus der Bourbonen gehörte. Die Stadt kaufte ihn Anfang der 1980er Jahre, und nun dient er nach der Restaurierung als Rathaus. Außerdem hat Sanlúcar eine Fülle von Kirchen vorzuweisen; die schönste davon ist Santa María aus dem 14. Jh. mit ihren wundervollen Portalen. Überragt aber wird alles vom mächtigen Castillo de Santiago, das auf den Fundamenten eines römischen Kastells steht. Es wurde mit Sorgfalt restauriert und ist umgeben von den Bodegas der Firma Barbadillo, die ihren weißen Tafelwein nach dieser Burg benannt hat. Im Zentrum von Sanlúcar befindet sich die malerische Plaza de Cabildo mit Orangenbäumen, schönen Häusern, einem Brunnen und einem Café. Hier trifft man sich nach der sonntäglichen Messe. Auch die Uferstraße ist ein erholsamer Ort, nicht zuletzt dank der dortigen Restaurants, wo man frischen Fisch, Meeresfrüchte und kühlen Manzanilla bekommt. 1498 war der Hafen Ausgangspunkt der zweiten Reise von Kolumbus in die Neue Welt und später für Pizarros Schatzsuche in Peru.

WEINSTRASSE

Selbstverständlich führt die vorgeschlagene Route durch die Sherry-Region auch in ihre drei bedeutendsten Städte: Jerez de la Frontera, Puerto de Santa María und Sanlúcar de Barrameda. Zwischen Jerez und Sanlúcar verläuft die Straße durch das Kreidegebiet der *albariza*-Weinberge. Von Sanlúcar nach Puerto de Santa María geht es ein Stück an der Küste entlang und dann um den amerikanischen Stützpunkt bei Rota herum. Von Puerto aus kann man einen Abstecher nach Cádiz machen. Nordöstlich von Jerez ist das interessante Arcos de la Frontera höchst besuchenswert und deshalb in die Route einbezogen.

Korkeichen in der Sierra Blanquilla östlich von Cádiz.

Condado de Huelva

Obwohl das Condado de Huelva an die Sherry-Region angrenzt, ist es doch nur über Sevilla, nach einem großen Umweg nördlich des Guadalquivir-Deltas mit dem Nationalpark Coto de Doñana, zu erreichen. Das Klima hier ist jedoch praktisch dasselbe wie in der Sherry-Region, d. h. heiß und trocken im Sommer, mild und recht feucht im Winter. Auch bei der jährlichen Niederschlagsmenge gibt es mit 650 mm keinen großen Unterschied. Die Temperatur beträgt im Jahresdurchschnitt 17,5 °C. Seit Jahrhunderten ist hier die Weinrebe die wichtigste Nutzpflanze auf dem Kreideboden (nur wenige Weinberge liegen auf Schwemmland).

Wie in der Sherry-Region waren es die Phöniker, die den Weinbau ins Land brachten, und die Römer profitierten später davon. Huelva hat also auf diesem Gebiet uralte Tradition. Schon vor rund 700 Jahren wurden seine Weine in den Norden Europas verschifft. Der Dichter Geoffrey Chaucer (1340–1400) berichtete über die sehr starken Weißweine von Lepe, einem Ort zwischen Ayamonte und Huelva; als Winzersohn muß er gewußt haben, wovon er sprach. Die Weine aus Huelva hatten also damals schon ein bestimmtes Image, das sie einige Jahrhunderte lang aufrecht hielten. Fest steht auch, daß die ersten Weine, die in der Neuen Welt getrunken wurden, aus Huelva gekommen sein müssen, denn Kolumbus hatte etliche Fässer davon an Bord, als er vom Hafen Palos de la Frontera 1492 auf die Reise ging, die er nach «Indien» zu unternehmen gedachte. Der erste Nachweis darüber, daß ein schwunghafter Weinhandel mit Amerika im Gang war, stammt von 1502. Für Huelva dämmerten große Zeiten herauf.

Verringerte Produktion

In der zweiten Hälfte des 17. Jh. setzte jedoch ein Rückgang ein, der bis ins 20. Jh. hinein andauerte. Jahrzehntelang wurde die Produktion aus Huelva nach Jerez gebracht und verschwand dort anonym in den Soleras. Der übrige Wein kam nicht mehr weit herum, weil die Erzeuger in Condado de Huelva dafür ungenügend ausgerüstet waren. Überdies ging in den 1980er Jahren die Nachfrage nach gespriteten Weinen, wie Huelva sie ausschließlich produzierte, stark zurück. Viele Erzeuger wandten sich anderen Erwerbsmöglichkeiten zu und ernteten beispielsweise Ende der 80er Jahre rund 130 Millionen kg Erdbeeren. Die Rebfläche verringerte sich von 18 622 ha Mitte der 1970er Jahre auf 15 631 ha im Jahr 1981 und umfasst heute noch 12 000 ha. Um mit den Problemen fertigzuwerden, entschied sich eine Reihe von Bodegas dazu, leichte, fruchtige Tafelweine nach der modernen Art zu produzieren, und inzwischen entfällt darauf etwa ein Drittel der Jahreserzeugung von 165 000 hl.

Gemeinschaftsunternehmungen

1979 erhielt das Condado de Huelva als erster Bereich in Andalusien die Genehmigung, einen weißen Tafelwein in die Denominación de Origen aufzunehmen. Daraufhin schlossen sich etliche Erzeuger zusammen und gründeten Sovicosa, eine Kellerei mit moderner Ausrüstung. Sie produziert ausschließlich Tafelweißwein, darunter den erfolgreichen Viña Odiel. Es dauerte nicht lange, bis die größte Genossenschaft, Vinícola del Condado, ebenfalls moderne Anlagen anschaffte und neben gespritetem Wein auch ungespriteten herstellte. Die Trauben für die ungespriteten Tafelweine werden meist etwas früher als üblich gelesen, damit die erforderliche Frische gewährleistet wird.

Die sanft hügeligen Weinberge im Condado de Huelva liegen in 50 bis 200 m Höhe, größtenteils bei Bollullos par del Condado. Der hübsche Ort zwischen Sevilla und Huelva bildet mit einer Ansammlung von Bodegas und Brennereien das Herz des Weinbaubereichs. Die meistangebaute Traubensorte ist hier Zalema; auf sie entfallen 75 % der Rebfläche, allerdings waren es vor knapp 20 Jahren noch 90 %. Inzwischen hat der Consejo Regulador des Bereichs die Anpflanzung von Palomino gefördert, weil Zalema für die klassischen Weine nicht besonders geeignet ist, Palomino dagegen mehr Feinheit bietet. Freilich beginnen viele Erzeuger inzwischen anders zu denken, denn die traditionelle Zalema eignet sich im Gegensatz zum neutralen Palomino recht gut für die neuartigen Tafelweine. So ist damit zu rechnen, daß der Palomino-Anteil trotz der Bemühungen des Consejo nicht mehr stark steigen wird. Als weitere Traubensorten sind Moscatel und Garrido Fino zugelassen, sie haben jedoch nur geringe Bedeutung.

Die klassischen Weine

Seit langem bestehen viele Bindungen zur Sherry-Region. Das läßt sich schon an der Produktion und Reifung der gespriteten Weine ablesen, die hier nicht viel anders vor sich geht als dort. Deshalb sind die klassischen Weine aus dem Condado de Huelva – der Bereich erhielt 1963 DO-Status – mit manchen Sherry-Typen vergleichbar. Condado Pálido und Condado Viejo sind wie die *vinos generosos* gespritet. Der Pálido ist dem Fino-Sherry ähnlich, es mangelt ihm aber an Finesse. Er hat zwar auch Florwuchs (s. Seite 194), dieser ist jedoch nicht so intensiv, so daß der Wein in Geschmack und Farbe mehr Substanz bekommt. Der Alkoholgehalt schwankt zwischen 15 und 17 %.

Früher wurde der in einer Solera ausgebaute Pálido-Wein als Fino bezeichnet; dagegen aber liefen die Sherry-Erzeuger Sturm, und so wurde der Gebrauch dieser Bezeichnung untersagt. Daraufhin ging ein Winzer aus Huelva vor Gericht und wehrte sich gegen das Verbot. Er gewann den Prozeß, und seit 1985 darf ein Pálido wieder Fino genannt werden – außer in Großbritannien. Der Condado Viejo ist das Pendant zum Oloroso, d. h. er ist ein Wein, der im Verlauf seines Reifeprozesses oxidiert. Im Vergleich mit dem Oloroso mangelt es dem Viejo an Intensität und Komplexität. Seine Alkoholstärke schwankt zwischen 15 und 23 %, und es gibt ihn in mehreren Versionen zwischen trocken und süß (*seco, semiseco, semidulce* und *dulce*). Alle gespriteten Weine aus dem Condado müssen zwei Jahre Faßreife – ein Jahr weniger als die Sherrys – in einer der zur DO gehörenden Gemeinden hinter sich haben.

Die Genossenschaften

Mit 85 % tragen die 19 Genossenschaften (davon können nur fünf wirklich als bedeutend gelten) weitaus am meisten zur Produktion im Condado de Huelva bei. Bis noch vor kurzem verkauften sie praktisch allen Wein faßweise an private Weiterverarbeiter im eigenen Bereich oder an Bodegas in Jerez. Neuerdings aber haben sie zum Teil ihre Weinproduktion umgestellt und sich vor allem für Qualitätsweißwein entschieden. Das beste Beispiel hierfür ist die Vinícola del Condado in Bollullos par del Condado, die gegenwärtig bis zu 30 000 hl Tafelweißwein im Jahr gegenüber 140 000 hl an klassischen Condados produziert.

BEDEUTENDE ERZEUGER

Bodegas Andrade, 21710 Bollullos par del Condado. Das fast 50 Jahre alte Haus Andrade konzentriert sich in letzter Zeit zunehmend auf Tafelweißwein. Die Hälfte des Leseguts wird in Edelstahltanks zu jung trinkreifem, frisch-fruchtigem Castillo de Andrade in annehmbarer Qualität rein von Zalema-Trauben verarbeitet. Bei den klassischen Condado-Weinen hält der Doceañero, ein 12jähriger bernsteinbrauner Viejo, die Spitze. Der Oloroso ist ein sortenreiner Palomino. Die eigenen 120 ha Weinberge können den Produktionsbedarf nicht voll decken, deshalb müssen Lesegut und Fertigweine bei kleinen Winzern im Bereich zugekauft werden.

Bodegas A.Villaran, 21710 Bollullos par del Condado. Gegenwärtig produziert die Bodega nur klassische Condado-Weine. Sie verfügt über ein vollständiges Pálido-Programm einschließlich Pedro Ximénez (der aber nicht unter die DO fällt). Für ihre Produktion von 1 Million Liter im Jahr greift Villaran auf das Lesegut von eigenen 50 ha sowie auf zugekaufte Trauben und Jungweine anderer Winzer im Bereich zurück. Vor einigen Jahren hat das Haus Edelstahltanks für temperaturgeregelte Gärung installiert, aber weiterhin wird ein Teil der Weine in Betontanks vergoren. Die Spitze des Programms bilden Solera 1934, ein Condado Viejo von Zalema-Trauben, sowie der Pedro Ximénez Villaran, ein Wein mit dem Aroma getrockneter Früchte und sauber gefügtem, leicht herbem Geschmack.

Manuel Sauci Salas, 21710 Bollullos par del Condado. Die 1925 gegründete Bodega erzielt Qualität mit traditionellen Mitteln. Sie verfügt über nur 7 ha Weinbergbesitz und widmet sich ganz den klassischen Weinen der Gegend. Nur 1/3 der Produktion wird in Flaschen abgefüllt, der Rest geht faßweise in den Handel. Die Qualität der Flaschenweine ist hervorragend, z. B. hat der 8jährige Pálido Espina Pura (100 % Palomino) kräftiges Floraroma, sauberen Geschmack und annehmbare Feinheit. Der ebenfalls von Palomino bereitete 15jährige Riodiel Viejo ist ein guter Wein mit schönem Nußaroma. Eine kräftige Säure ist Ausdruck seines Alters.

Sovicosa, 21710 Bollullos par del Condado. Die High-Tech-Kellerei wurde 1984 als Gemeinschaftsunternehmen mehrerer Erzeuger errichtet, allein zu dem Zweck, weißen Tafelwein zu produzieren, und zwar den saftigen, fruchtigen, jung zu trinkenden Viña Odiel von Zalema-Trauben. Später kam der Viña Saltes, eine liebliche Version, hinzu, die aber an die trockene Ausführung nicht herankommt.

Vinícola del Condado, 21710 Bollullos par del Condado. Dem Beispiel von Sovicosa folgend, warf die Vinícola del Condado, mit 1800 Mitgliedern die größte Genossenschaft des Bereichs, 1986 das Steuer herum und schaffte die allerneuste Kellertechnik an: moderne Pressen, Edelstahltanks für computergesteuerte Gärung und Anlagen für die Kaltstabilisierung. Damit schloß sich die Genossenschaft mit ihren insgesamt 4500 ha dem zukunftsorientierten Trend zum Tafelweißwein an. Die klassischen Weine sollten aber nicht in Vergessenheit geraten; auf sie entfallen immer noch 80 % der Produktion. Allerdings hat Sovicosa den Kurs im Weinbau des Condado de Huelva für die kommenden Jahre eindeutig vorgegeben, und wie in Rueda wird sich der Schwerpunkt immer mehr zum Tafelweißwein hin verlagern. Die klassischen gespriteten Weine müssen vor dieser Entwicklung zurückweichen, werden aber kaum ganz verschwinden. Im Programm der Vinícola del Condado stehen derzeit 5 Tafelweißweine sortenrein von Zalema. Am besten ist der erfrischende Viña del Mar 92. Ein anständiger Rotwein namens Barón Rojo wird ebenfalls von der Genossenschaft produziert, und auch die klassischen Condado-Weine zeigen gute Qualität, v. a. der charakteristische, sehr ansprechende Fino Mioro von 90 % Palomino und 10 % Garrido.

Cooperativa San Isidro, 21730 Labrador Almonte. Mit etwa 800 angeschlossenen Winzern und zusammen 1600 ha gehört diese Genossenschaft zu den größeren des Bereichs. Die Bodega wurde zwar erst 1972 gegründet, ihre Ausrüstung aber ist keineswegs modern, es werden sogar noch *tinajas* benutzt. Dennoch zeigt der Tafelweißwein Los Tejares (100 % Zalema) annehmbare Qualität. Außerdem gehören ein trockener und ein süßer Condado Viejo zum Programm, ferner der Los Tejares Tinto, ein Rotwein ohne DO-Rang von Zalema-Trauben und *doble pasta*-Wein aus Jumilla.

Oben: *Detail vom Turm der Kirche in El Rocío, wohin einmal im Jahr Zehntausende von Pilgern wallfahrten, um zu Nuestra Señora del Rocío zu beten. Das Dorf liegt am Rand des größten spanischen Nationalparks, des Sumpflands von Doñana. Hier ist die Heimat vieler seltener Vogel- und Tierarten, darunter zwei in Europa vom Aussterben bedrohte — der Kaiseradler und der Luchs.*
Unten: *Weingut bei Almonte. Die Sitte, vor dem Haus Palmen als Symbol der Gastlichkeit zu pflanzen, geht auf die Mauren zurück.*

Reise-Informationen

HOTELS UND RESTAURANTS

El Reñiero, Cruz de Montañina 6, 21710 Bollullos par del Condado, Tel. (55) 410875. Lokal mit regionaler, für die ländliche Gegend typischer Küche. Die 48 km von Huelva entfernte kleine Stadt ist Sitz des Consejo Regulador del Vino del Condado. Spezialitäten: der Schinken der Gegend (*Jabugo*) sowie Fischgerichte, z. B. *rape a la marinera* (Seeteufel).
Las Candelas, Carretera de Punta Umbria, 21000 Huelva, Tel. (55) 318301. Dank gleichbleibend hoher Qualität der Speisen eines der besten Restaurants von Huelva. Die Zutaten sind stets frisch; Fisch- und Fleischgerichte werden über der Holzkohlenglut zubereitet. Guter, professioneller Service.
La Cazuela, Garcí Fernández 5, 21000 Huelva, Tel. (55) 258096. Eines von vielen Fischrestaurants in der Gegend.
Doñana, Martin Alonso Pinzón 13, 21000 Huelva, Tel. (55) 242773. Restaurant mit angenehmer Atmosphäre. Spezialität: Gerichte aus Schweinefleisch von der Iberico-Rasse, die auch den guten Schinken liefert. Empfehlenswert der *rape al vino blanco* (Seeteufel an Weißweinsauce).
Los Gordos, Carmen 14, 21000 Huelva, Tel. (55) 246266. Das Restaurant ist spezialisiert auf Fischgerichte; besonders gut sind die Schalentiere. Aber auch der Schinken ist vorzüglich.
Luz Huelva, Alameda Sundheim 26, 21003 Huelva, Tel. (55) 250011. Eines der besseren Vier-Sterne-Hotels der Gegend. Schöner Garten, Swimmingpool, Tennisplätze.
La Muralla, San Salvador 17, 21003 Huelva, Tel. (55) 255077. Regionale Küche, elegant präsentiert. Die Grundlage bilden marktfrische Zutaten. Umfangreiche Weinkarte mit Erzeugnissen der Gegend.
Tartessos, Alonso Pinzón 13, 21003 Huelva, Tel. (55) 245611. Ausgesprochenes Touristenhotel mit drei Sternen und annehmbarem Restaurant.
Parador Cristóbal Colón, 21130 Mazagón, Tel. (55) 376000. Das Hotel liegt nahe an einem Sandstrand und auch nicht weit vom Nationalpark Coto de Doñana.
La Parrala, Plaza de la Monjas 22, 21800 Moguer, Tel. (55) 370422. Einfaches Restaurant mit typischer regionaler Küche.
Hostería de la Rábida, La Rábida, 21810 Palos de la Frontera, Tel. (55) 350312. Kleines Drei-Sterne-Hotel mit fünf Zimmern gleich neben dem Kloster de la Rábida. Das Restaurant ist auf Fisch spezialisiert und führt einen großen Bestand an Condado-Weinen.

SEHENSWERTES

Bollullos par del Condado. Das Zentrum des Weinbaus im Condado de Huelva ist Sitz der meisten Erzeugerbetriebe und des Consejo Regulador, der hier eine *casa del vino* unterhält, wo man Weine probieren und kaufen kann. Mitte September findet anläßlich einer großen Landwirtschafts- und Gewerbemesse auch ein Weinfest statt. Das Rathaus und die Kirche Santiago stammen aus dem 18. Jh.
Coto de Doñana. Dieser Nationalpark umfaßt 750 km² im südlichen Mündungsdelta des Guadalquivir. Er ist ein wichtiger Rastplatz für Zugvögel und für seine landschaftlichen Kontraste bekannt: Dünen, Strände, Pinienwälder und Sumpfgebiete wechseln miteinander ab, und die reiche Vegetation bietet einer vielfältigen Fauna Lebensraum. So ist der Parque Nacional de Doñana nicht nur die Heimat vieler Raubvögel, sondern auch von Reihern und Pelikanen. Hirsche, Wildschweine, Marder und Luchse, ja sogar Dromedare gibt es hier. Der Nationalpark darf nur in Begleitung eines Wärters besucht werden. Näheres ist zu erfahren bei der Diputación Provincial del Ministerio de Información y Turismo, Calle Paraquay 1, Sevilla.
Huelva. Die Stadt liegt außerhalb des Weinbaugebiets, ist aber durchaus einen Besuch wert. Sie wurde auf einer Landzunge zwischen den Flüssen Tinto und Odiel von den Phönikern gegründet und Onuba genannt. Jahrhunderte später hieß sie bei den Mauren Ghelbah. Von 1468 an gehörte Huelva den Herzögen von Medina Sidonia. Kolumbus hat wohl die Vorbereitungen zu seiner ersten Reise hier getroffen, denn südöstlich von Huelva liegt Palos de la Frontera, von wo aus der Entdecker mit seinen drei Schiffen Santa María, Pinta und Niña in See stach. Seit 1929 steht ein von der Amerikanerin Gertrude Vanderbilt Whitney geschaffenes, 36 m hohes Kolumbus-Denkmal an der Punta del Sebo am Zusammenfluß von Río Tinto und Río Odiel.

Kolumbus-Denkmal südöstlich der Stadt Huelva.

Die Kriege vergangener Jahrhunderte und das Erdbeben von 1755 haben zwar viele Baudenkmäler in Huelva zerstört, aber es gibt trotzdem noch viel zu sehen. Im Norden der Stadt steht ein hervorragend erhaltener maurischer Aquädukt. Die Kirche San Pedro aus dem 16. Jh. wurde nach dem Erdbeben wieder aufgebaut. Sie steht an der Stelle einer früheren Moschee, von der noch Reste, u. a. ein schönes Gitter, vorhanden sind. Ebenfalls sehenswert sind die Kirchen La Concepción und San Francisco. Im Museo Provincial de Bellas Artes sind u. a. archäologische Funde aus prähistorischen Grabstätten der Umgebung ausgestellt.
Moguer. Auf einem Hügel in der Nähe dieser kleinen Stadt steht das auf das 14. Jh. zurückgehende, im Mudéjar-Stil erbaute Kloster Santa Clara. Seine Kirche, wo Kolumbus nach der Rückkehr aus der Neuen Welt ein Dankgebet darbrachte,

Blick auf die Weinberge bei Moguer. Die Pfarrkirche hat einen Mudéjar-Turm aus dem 16. Jh.

beherbergt viele Schätze, z. B. ein Altargemälde aus dem 17. Jh., Alabastergrabmäler, einen Flügelaltar aus der Sieneser Schule und das in Spanien einmalige Chorgestühl im maurischen Stil von Granada. In Moguer befindet sich auch die Kirche Nuestra Señora de la Granada aus dem 16. Jh. mit ihrem schönen Mudéjar-Turm, der La Giralda in Sevilla sehr ähnlich ist.

Monasterio de la Rábida. Auf der Fahrt von Huelva nach Palos de la Frontera kommt man nach etwa 10 km an dem berühmten, im 15. Jh. auf einem Hügel erbauten Franziskanerkloster vorüber. In der älteren Kirche (aus dem 14. Jh.) sind Reste von Fresken aus dem 15. Jh. zu sehen. In diesem Kloster fand Kolumbus Unterstützung für seine Entdeckungsreisen. Der Prior Juan Pérez de Marchena bot ihm und seinem Sohn Diego 1484 Obdach und vermittelte in den Verhandlungen mit den katholischen Majestäten.

La Palma del Condado. In diesem Weinort ist der Barockstil der Region wunderschön in der Kirche San Juan Bautista repräsentiert. Daneben steht ein hoher Glockenturm, und davor dehnt sich ein schöner Platz mit Palmen und einem Springbrunnen.

Palos de la Frontera. Der Ort ist eine frühe spanische Siedlung. Aus seinem inzwischen verlandeten Hafen lief Kolumbus am 3. August 1492 zu seiner Reise nach «Indien» aus und kehrte am 15. März 1493 wieder hierher zurück. Palos besitzt prähistorische Stätten, darunter ein Kammergrab, um das die Römer später ein Kastell errichteten. Wiederum einige Zeit danach machten die Mauren dann einen Wachtturm daraus. Die Kirche San Jorge mit ihrem schönen Westportal im Mudéjar-Stil steht auf den Fundamenten einer frühchristlichen Basilika.

El Rocío. Der Ort mit seinen kleinen Häusern und ungepflasterten Straßen macht den Eindruck einer Geisterstadt aus dem Wilden Westen. Einmal im Jahr, zu Pfingsten, drängen sich hier jedoch Zehntausende, die zu Nuestra Señora del Rocío wallfahrten.

WEINSTRASSE

Die vorgeschlagene Route führt nicht nur durch die bedeutenden Weinbaugemeinden, sondern auch in die Nähe des Nationalparks Coto de Doñana sowie durch Huelva, zum Kolumbus-Denkmal südöstlich von Huelva und vorüber am Monasterio de la Rábida.

Málaga

Málaga hat als Weinbaugebiet eine ruhmvolle Vergangenheit. Seinen Namen erhielt es vor rund 3000 Jahren von den Phönikern – sie nannten es Malaca, wahrscheinlich nach *malac* = «Salz», denn hier wurde Fisch eingesalzen. Vermutlich haben auch die Griechen bei Málaga – bei ihnen hieß es Mainake – etwa 600 v. Chr. Weinbau getrieben und den Rebschnitt eingeführt. Daß die Römer hier Wein bauten, beweisen die bei Cártama westlich von Málaga gefundenen Weinkeller. Zum täglichen Leben gehörte der Wein auch unter der Herrschaft der Mauren – sie nannten ihn *xarab almalaqui*, «Málaga-Sirup», womit sie wohl einen Schleier über die alkoholische Natur dieses Getränks zu breiten suchten. 1214 erwies es sich, daß der Wein von Málaga fast überall einen großen Ruf genoß, als nämlich in Paris eine Kommission zwei Monate lang die besten Weine der Welt ermittelte. Von ihr erhielt der Zypernwein den Ehrennamen «Papst der Weine», während der Málaga zum «Kardinal» ernannt wurde.

Winzerbrüderschaft

Später schickten sich die Winzer von Málaga an, die Qualität ihres Weins zu schützen. Zu diesem Zweck gründeten sie 1487 eine Brüderschaft, die Hermandad de los Viñeros de Málaga, der auch karitative Aufgaben oblagen. 1552 ergriffen die Stadtväter Maßnahmen gegen das Weinpanschen, vor allem in den Tavernen. In den darauffolgenden Jahrhunderten stieg der Export sehr stark an: In manchen Jahren traten 15 000 Fässer von einer Gesamtproduktion von 20 000 den Weg nach Übersee an, doch das wahre goldene Zeitalter dämmerte erst herauf. Es hatte seinen Höhepunkt zwischen 1787 und 1829, als der Wein zum tragenden Pfeiler der Wirtschaft Málagas wurde. Am Ende des 18. Jh. war der Wein von Málaga berühmter als der von Jerez. 1791 überreichte der spanische Botschafter in Moskau der Zarin Katharina II. einige Kisten Málaga als Geschenk. Sie fand so großen Gefallen daran, daß sie die Erlaubnis zur zollfreien Einfuhr von Málaga-Wein gab, aber nur unter der Bedingung, daß dieser von der Hermandad geprüft sein mußte.

1851 suchte der Mehltau Málaga heim, und 1876 brach ein noch schlimmeres Unheil herein – die Reblaus. Málaga widerfuhr die zweifelhafte Ehre, als erstes spanisches Weinbaugebiet befallen zu werden; die Auswirkungen auf die Weinberge und die Wirtschaft waren katastrophal. Damals war Málaga mit knapp 113 000 ha Rebfläche das zweitgrößte Weinbaugebiet Spaniens, doch innerhalb weniger Jahre war alles vernichtet, und viele Winzer wanderten nach Südamerika aus. Eine Erholung trat nur langsam ein und blieb im Umfang bescheiden. Der Spanische Bürgerkrieg, in dem Málaga weitgehend zerstört wurde, stellte einen weiteren Tiefpunkt dar. Überdies kamen süße, gespritete Weine aus der Mode. Alles das ließ Málaga in Vergessenheit geraten – so weit, daß heute nur noch 900 ha Rebfläche kultiviert werden und das Gebiet zu den kleinsten Denominaciones de Origen Spaniens zählt.

Antequera, ursprünglich eine Römerstadt, wird von der Ruine einer maurischen Burg beherrscht.

Vier Teilbereiche

Die Málaga noch verbliebenen Weinberge sind über vier Teilbereiche verstreut. Am bedeutendsten ist die Zona Norte. Sie ist von der Stadt Málaga und der Küste durch einen breiten Gebirgsrücken getrennt und besteht aus einem welligen Hochplateau, dessen Einförmigkeit nur durch ein paar Anhöhen unterbrochen ist. Im Boden findet sich Kalkstein mit Sand und dünnen Lehmschichten. Die Höhe über dem Meer beträgt zwischen 380 und 480 m. Im Jahr fallen etwa 530 mm Regen, und die Durchschnittstemperatur liegt bei 15,3 °C; damit ist dies der zweitkühlste der vier Teilbereiche. Die Hälfte des Rebbestands entfällt auf Pedro Ximénez, die andere Hälfte auf *vidueño* – das ist hier der Sammelname für nichttraditionelle, meist recht neutrale Traubensorten wie Airén (Lairén) und Doradillo. Die meisten Weinberge der Zone liegen um Mollina, wo einige der großen Bodegas Weinpressen stehen haben.

Muskateller-Trauben

Der zweite Teilbereich ist die Zona Montes in den Bergen unmittelbar nördlich von Málaga. Früher waren hier die Hänge mit Reben bedeckt, heute sind nur noch ein paar Lagen bei Colmenar übrig. Das Klima in den Bergen ist mit einer Durchschnittstemperatur von 13,2 °C recht kühl und dabei relativ feucht – 810 mm Niederschlag im Jahr. Weiter östlich, in der Zona Axarquía, die von Meereshöhe bis ins Gebirge ansteigt, ist es trockener und wärmer. Die Durchschnittstemperatur schwankt je nach Lage zwischen 18,6 und 19,5 °C, die jährliche Niederschlagsmenge zwischen 415 und 543 mm. Beileibe nicht alle Trauben werden zu Wein verarbeitet: viele nehmen als Rosinen ihren Weg in die Welt.

Der vierte Teilbereich ist die Zone Oeste im Westen der Region, etwa 100 km von der Stadt Málaga entfernt, wo die Durchschnittstemperatur bei 18,5 °C und die Niederschlagsmenge bei fast 650 mm liegt. Wie in der Zone Axarquía wird auch hier die Moscatel-Traube angebaut, allerdings vorwiegend als Tafelfrucht und nur in geringem Umfang für die Weinerzeugung. Die klassischen Málaga-Weine entstehen insbesondere von Pedro Ximénez (in verschiedenen Formen, auch als Konzentrat), doch in der Region selbst wächst nicht genug von dieser Traubensorte, weil die Bestände in der Zona Norte zu gering sind. Es darf jedoch Pedro-Ximénez-Lesegut aus dem benachbarten Montilla-Moriles bis zu einer vorgeschriebenen Höchstgrenze von 10 % mit verarbeitet werden.

Viele Varianten

Das Gesetz bestimmt, daß alle Málaga-Weine auch in der Stadt Málaga ausgebaut sein müssen, und deshalb befinden sich in ihr alle Kellereien und Abfüllanlagen. Die rund 100 Bodegas, die es hier einst gab, waren alle im Zentrum der Stadt um den Hafen versammelt. Die wenigen, die heute noch existieren, sind auf mehrere Industriegebiete verstreut und sehen nüchtern und geschäftsmäßig aus; in Atmosphäre wird kaum investiert. Obwohl es nur noch wenige Abfüllanlagen gibt, kann man doch eine beträchtliche Anzahl verschiedener Weine verkosten. Manche Häuser führen eine große Málaga-Auswahl: Scholtz Hermanos hat fast 20 und López Hermanos noch mehr Sorten zu bieten. Faszinierend ist dabei, daß jede Firma ein eigenes Rezept für die Zusammenstellung ihrer Weine hat, denn die meisten Málagas bestehen aus mehreren, sehr exakt bemessenen Elementen.

Sonnengetrocknete Trauben

Der traditionelle Málaga wird auf der Grundlage eines süßen Weins von der Pedro-Ximénez-Traube (hier oft Pedro Ximén genannt) bereitet. Die Süße wird dabei meist durch Beimischen von Weingeist zur Unterbrechung des Gärvorgangs erzielt. Manchmal jedoch enthalten die Trauben von sich aus so viel Zucker, daß er nicht vollständig vergären kann. Das ist insbesondere beim *vino tierno* der Fall: Er wird von Trauben gewonnen, die 7 bis 20 Tage lang in der Sonne getrocknet wurden. Nach 2 Tagen ist der Zuckeranteil in den Trauben um 15 % und nach 9 Tagen um fast 60 % erhöht. Die Bereitung von *vino tierno* ist arbeitsaufwendig; manchmal muß man die Trauben auch zudecken, um sie vor Regen zu schützen. Die Ausgiebigkeit ist gering, denn oft ergeben 100 kg Trauben nur knapp 27 l Most. Nach der Gärung kommt ein extrem süßer Wein zustande. *Vino tierno* wird in der Regel von Pedro-Ximénez-Trauben gewonnen, es gibt aber auch eine Moscatel-Version.

Rebterrassen in der Zone Axarquía, östlich von Málaga. Hier wachsen vorwiegend Moscatel-Trauben.

Eingedickter Most

Ein weiteres Element, das zum klassischen Málaga gehört, ist *arrope.* Dabei handelt es sich um Most, der auf 30 % seines Volumens eingedickt wurde. Er darf dem Grundwein vor oder nach der Gärung beigemischt werden. Einen Schritt weiter als *arrope* geht der *vino de color* oder *pantomina,* der noch stärker eingekocht wird. Sodann steht dem Kellermeister noch *vino maestro* zur Verfügung (ähnlich wie *mistela,* also mit 7 bis 8 % Alkohol versetzter Traubensaft), und schließlich gibt es noch den *vino borracho* (halb Wein, halb Alkohol). Ihn verwenden manche Bodegas lieber zum Spriten als reinen Weingeist, weil dann der Charakter des Weins weniger stark verändert wird. Die Weine der neutralen *vidueño*-Trauben spielen ebenfalls eine Rolle, doch die meisten Erzeuger ziehen es vor, darüber nichts verlauten zu lassen. Dagegen äußern sich die qualitätsbewußten Häuser recht verächtlich über Firmen, die einen besonders billigen *arrope* herstellen, indem sie z. B. Pfirsiche und Feigen mit verarbeiten.

Komplexe Komposition

Der Kellermeister komponiert nun durch Mischen des süßen weißen Grundweins mit den verschiedenen Zutaten sein Rezept. In manchen Häusern wird reichlich *arrope* benutzt, weil sein Karamelgeschmack von vielen Málaga-Liebhabern geschätzt ist. Andere wiederum, v. a. Larios, nehmen möglichst wenig davon, damit ein eleganterer, weniger sirupartiger Wein entsteht. Außer dem süßen Grundwein kann ein Málaga also *arrope, vino tierno, vino maestro* sowie einen Zusatz an Weingeist oder *vino borracho* enthalten. Die Kunst des Kellermeisters besteht darin, aus alledem ein harmonisches Ganzes zu gestalten – eine hochkomplizierte Aufgabe. Bei Larios hat man zu diesem Zweck sogar ein Computerprogramm entwickelt. Natürlich hat der Grundwein großen Einfluß auf das Endresultat. Die Spitzenqualität heißt *lágrima*; sie wurde früher durch Stampfen der Trauben gewonnen. Heute gilt als *lágrima* nur Wein aus der ersten Pressung, auch wenn er mit *arrope* oder anderen Zutaten versetzt ist.

Klassischer Málaga ist auf jeden Fall süß und hat Nuancen von Rosinen, Karamel, Kakao und Kaffee, oft auch einen Anflug von Nüssen oder Gewürzen (z. B. Muskat) sowie Bananen im vollen Geschmack. In gewissem Umfang ist auch das Aroma von Holz mit dabei: 2 Jahre Faßreife sind für Málaga vorgeschrieben. Wie beim Sherry entstammen die Spitzenqualitäten einer Solera, wobei sie sogar eine noch längere Reifezeit hinter sich haben. Traditioneller Málaga schmeckt köstlich zu Schokoladedesserts und auch zu Früchten, Nüssen und Blauschimmelkäse. Oft aber ist er so gehaltvoll, daß er für sich allein schon ein vollendetes Dessert darstellt.

Moscatel

Außer dem vorwiegend von Pedro Ximénez bereiteten süßen Málaga haben alle Bodegas auch einen Moscatel in ihrem Programm. Er wird meist rein von Moscatel-Trauben bereitet – nur manchmal ist ein wenig *vidueño* dabei – und verströmt stets den traubig-fruchtigen Muskatellerduft. Während klassischer Málaga von den vorgeschriebenen 2 Jahren Faßreife meist sehr profitiert, weil sich in dieser Zeit die verschiedenen Elemente schön miteinander verschmelzen, gilt das für den Moscatel nicht, denn sein Charme liegt in der Frucht, und die würde im Faß verlorengehen. Deshalb drängen die Firmen auf Verkürzung der vorgeschriebenen Faßreifezeit für Moscatel auf 6 Monate; manche verfahren bereits so und haben damit eine wesentliche Verbesserung des Weins erzielen können. Moscatel-Trauben dürfen auch im klassischen Málaga mit verarbeitet werden, allerdings muß ihr Anteil stets der kleinere sein. Absoluter Bestseller ist der Málaga Virgen von López Hermanos, der aus 75 % Pedro Ximénez und 25 % Moscatel besteht.

Trockener Málaga

Die dritte Art von Málaga ist die trockene Version. Sie hat meist den höchsten Alkoholgehalt, denn sie wird von voll ausgegorenem Wein bereitet: 17 bis 18,5 % sind durchaus üblich, während die süßere Art nur 15,5 bis 17 % hat. Trockener Málaga der Spitzenklasse macht eine lange Faßreife durch und ähnelt im Charakter sehr einem Oloroso aus Jerez oder Montilla-Moriles. Er weist meist ein reifes Nußaroma auf, während der kräftige Alkoholgehalt dem trockenen Geschmack eine gewisse Fülle verleiht. Als Aperitif ist ein solcher Wein etwas Ungewöhnliches und Faszinierendes. Zwischen dem trockenen und dem klassischen süßen Málaga liegen noch mehrere andere Kategorien, die aber weniger interessant sind. Alles in allem ist der Málaga in seinen verschiedenen Formen ein einzigartiger Wein, der bei richtig gewählten Anlässen außerordentlichen Genuß bereitet. Überdies sind seine heilkräftigen Eigenschaften seit Jahrhunderten anerkannt; ein Vorwand für ein Glas Málaga ist also immer zu finden. Dostojewski schreibt in «Das Dorf Stepantschikowo und seine Bewohner»: «Er verlangt nach einer Flasche Málaga-Wein, damit er wieder gesund wird. Nichts weniger als Málaga?»

Der Innenhof der Bodega Larios.

BEDEUTENDE ERZEUGER

Larios, 29000 Málaga. Der größte Gin-Hersteller Spaniens hat eine hochmoderne Anlage in einem Industriegebiet beim Flughafen. Neben Gin und anderen Spirituosen produziert er auch Málaga in beträchtlichen Mengen. Die dafür benötigten Trauben – jährlich 1,5 bis 1,7 Millionen Kilogramm – werden in der Zona Norte eingekauft. Außerdem wird aus Axarquía eine gewisse Menge Moscatel bezogen. Die Zusammenstellung erfolgt mit größter Sorgfalt. Für den Málaga Larios der traditionellen Art wird mehr *tierno* als *arrope* verwendet, so daß dieser Wein nicht übermäßig viel Karamelgeschmack erhält. Er ist dunkel, hat sonnendurchwärmtes Bukett mit Kakao und Rosinen und süßen, nuancierten, nachhaltigen, aber nicht siruphaften Geschmack. Der trockene Málaga Benefique ist bernsteinbraun, sehr reif und elegant, mit kräftigem Holzaroma. Einmal jährlich werden 5000 bis 10 000 l aus einer Solera abgezogen. Der Málaga Moscatel schmeckt saftig und ausgewogen und weist bei aller Süße kräftigen Muskatellerduft auf.

López Hermanos, 29000 Málaga. Die über 100 Jahre alte Familienfirma versteckt sich in einem Industriegebiet bei der Universität. In der Vergangenheit exportierte sie Wein nach Rußland und erhielt von dort zwei gewaltige Pinienholzfässer, die noch heute in Gebrauch sind. 1990 erwarb das Haus 500 ha Land in der Gegend von Mollina. Seither stammt der größte Teil der verarbeiteten Pedro-Ximénez-Trauben vom eigenen Besitz. Am spanischen Markt hat López Hermanos etwa 75 % Anteil. Der Málaga Virgen ist ein Klassiker, dunkel, süß, sauber und elegant; er besteht aus 75 % Pedro Ximénez und 25 % Moscatel und enthält 8 % *arrope*. Auch der Ende der 1980er Jahre herausgebrachte süße, fruchtige Moscatel Cartojal zeichnet sich durch Eleganz aus, während der trockene Stil durch den Trajinero vertreten ist, der trotz 18 % Alkoholgehalt ebenfalls recht elegant ist. Eine weitere Spezialität stellt der wundervoll opulente, vornehme, 35 Jahre alte Málaga Virgen Solera dar.

Scholtz Hermanos, 29000 Málaga. Wenn man vom Flughafen oder von Torremolinos herkommt, sieht man diese Bodega als erste, denn sie liegt an der Straße Málaga–Cádiz. Sie wurde 1807 von dem Deutschen Christian Scholtz gegründet und blieb in deutschem Besitz, bis sie 1945 an den Spanier García Gómez überging. Nach dessen Tod 1990 fiel sie an seinen Schwiegersohn Pedro Gil-Delgado vom Konzern Distilerías y Crianzas. Seit 1945 lösten sich in der Betriebsführung mehrere Generationen der holländischen Familie Ankersmit ab.

Scholtz Hermanos hat keinen eigenen Weinbergbesitz, sondern kauft Most (Pedro Ximénez) bei der Winzergenossenschaft in Mollina ein, der dann mit Tanklastzügen nach Málaga gebracht wird. Die Firma verfügt über eine Lagerkapazität von 2 Millionen Liter in Holzfässern. Der größte Teil der Málaga-Produktion entfällt auf den Dulce Negro von halbvergorenem Most mit 15 % *arrope* und 3 % *vino de color*. Die Spezialität des Hauses ist jedoch der 18%ige Solera 1885, der aus drei *lágrimas*, 10jährigem Wein und konzentriertem Moscatel

DO-Bereiche
Málaga
Montilla-Moriles
Mollina Weinzentrum
Vorgeschlagene Weinstraße
Grenze der DO Málaga
Grenze der DO Montilla-Moriles
Hauptverkehrsstraße
Sonstige Straßen
Eisenbahnlinie
Provinzgrenze
Provinzhauptstadt
Höhenlinienabstand 200 m
1:540 000
Miles 0 5 10 15 20
Km 0 10 20 30
MADRID
MAR MEDITERRANEO
Fernán-Núñez
Montemayor
La Rambla
Montilla
Aguilar de la Frontera
Moriles
Puente Genil
Nueva Carteya
Doña Mencía
Baena
Cabra
Lucena
Cuevas de San Marcos
Mollina
Colmenar
Almáchar
Castro del Río
Espejo
Antequera
Archidona
Loja
Vélez-Málaga
Torre del Mar
Nerja
MALAGA
Torremolinos
Estepa
Campillos
Alameda
Rute
Sierra de Almijara
Sierra de Loja
Sierra de Chimenea

besteht. Im komplexen Bukett dieses goldbraunen Weins finden sich Anklänge an Rosinen, Kaffee, Kakao und Karamel, die sich im festen Geschmack wiederholen. Aus dem 17 Weine umfassenden übrigen Programm sind des weiteren zu empfehlen: der sehr süße, orangebraune Golden Moscatel, der intensive Lágrima 10 Años mit seiner gebändigten Fülle und der Seco Añejo 10 Años, ein sehr trockener, reifer Aperitifwein. Den kostbarsten Besitz von Scholtz Hermanos bilden Fässer mit *lágrimas* der Jahrgänge 1885 und 1887. Beide Weine sind noch immer völlig vital und so konzentriert, daß einige Tropfen auf einem Tuch eine ganze Woche lang Duft abgeben.

Sonnenuntergang in Archidona, einem Ort an der Weinstraße.

Reise-Informationen

HOTELS UND RESTAURANTS

Parador, 29200 Antequera, Tel. (52) 840261. Moderner Flachbau in ruhiger Lage in einem Garten. Das Restaurant bietet vor allem andalusische Küche.
Antonio Martín, Paseo Marítimo 4, 29016 Málaga, Tel. (52) 222113. Das moderne Restaurant liegt nahe bei der Altstadt und der Plaza de Toros. Bei schönem Wetter kann man auf der Terrasse speisen. Sorgfältig zubereitete regionale Spezialitäten: u. a. Fischgerichte wie *fritura malagueña*.
Casa Pedro, Quitapenas 121, Playa de El Palo, 29017 Málaga, Tel. (52) 290013. Dieses Restaurant, eines der größten an der Küste, ist auf Fisch spezialisiert – z. B. gegrillte Sardinen.
Hotel Guadalmar, Carretera de Cádiz, 29080 Málaga, Tel. (52) 231703. Großes, komfortables Hotel am Strand, südwestlich der Stadt. Es hat einen rustikalen Speisesaal und viele Feriengäste.
Los Naranjos, Paseo Sancha 35, 29016 Málaga, Tel. (52) 224316. Ziemlich kleines Hotel auf der Ostseite des Bergs Gibralfaro, knapp 1000 m vom Strand.
Parador de Gibralfaro, 29016 Málaga, Tel. (52) 221903. Das Hotel liegt auf dem Gibralfaro neben der gleichnamigen Burg. Die Aussicht ist herrlich, und das Restaurant bietet regionale Spezialitäten.
Parador del Golf, Apartado 324, 29080 Málaga, Tel. (52) 381255. Modernes Hotel mit eigenem Golfplatz und Restaurant. Die Lage nahe der Anflugschneise des Flughafens bringt leider nicht die vollkommene Ruhe.
La Taberna del Pintor, Maestranza 6, 29016 Málaga, Tel. (52) 215315. Rustikale Atmosphäre; bekannt für gute Fleischgerichte.
Las Vegas, Paseo Sancha 22, 29016 Málaga, Tel. (52) 217712. Das Hotel wurde vor einiger Zeit erweitert und renoviert.
Hotel Molino de Saydo, 29532 Mollina, Tel. (52) 740475. Die eher spartanischen Zimmer liegen um einen Innenhof. Die Lage zwischen der Autobahn und dem Ort Mollina ist recht ruhig, aber an Wochenenden gibt es hier manchmal große Feiern und Partys.

SEHENSWERTES

Antequera. Die auf römische Ursprünge zurückgehende Stadt wurde später ein befestigter Ort des maurischen Königreichs Granada. Die Ruine einer maurischen Burg erinnert noch an jene Zeit. Nach der Wiedereroberung durch die Christen wurden in Antequera nicht weniger als 24 Kirchen gebaut. Eine der schönsten ist die Kirche Carmen mit ihrem riesigen Altaraufsatz und einer Decke im Mudéjar-Stil. Das Münster Santa María la Mayor stammt aus dem 16. Jh. Im städtischen Museum in einem ehemaligen Palast sind prähistorische und römische Funde, darunter der berühmte «Bronzene Jüngling von Antequera», ausgestellt. In der Umgebung liegen prähistorische Gräber. Manche der *cuevas* genannten Dolmen sind 4500 Jahre alt. Unmittelbar nördlich von Antequera erstreckt sich die Hochfläche, auf der die meisten Trauben für den Málaga-Wein geerntet werden. Südlich der Stadt beginnt der Nationalpark El Torcal mit seinen eigenartigen verwitterten Felsformationen.
Archidona. Unsere Weinstraße berührt diese Stadt wegen ihrer mittelalterlichen Mauern, der Burgruine und der beachtlichen Plaza.
Colmenar. Einer von wenigen Weinorten in der Zona Montes. Die Ermita de la Candelaria soll von Bewohnern der Kanarischen Inseln erbaut worden sein. Östlich von Colmenar liegt Ríogordo, wo in der Karwoche ein Passionsspiel aufgeführt wird.
Málaga. Die meisten Touristen, die auf dem 1991 eröffneten neuen Flughafen eintreffen, sehen Málaga nur aus der Luft, denn sie fahren direkt weiter zur Costa del Sol, um dort ihren Urlaub zu verbringen. Dabei ist die große Stadt (500 000 Einwohner) mit ihrer Bucht einen Besuch sehr wohl wert. Die Altstadt und der Hafen werden von einem länglichen Bergrücken mit Terrassengärten auf der Südseite überragt. Auf den unteren Hängen liegt die Alcazaba, ein maurischer Burgenkomplex, und auf der Nordseite ein römisches Amphitheater. In der Burg selbst befindet sich ein archäologisches Museum mit einer Sammlung maurischer Keramik. An die Alcazaba schließt sich in 130 m Höhe das Castillo de Gibralfaro an, eine Befestigung aus dem 14. Jh. mit einer ehemaligen Moschee und schönen Gärten. Nicht weit vom Hafen steht das Rathaus, ein gelber Bau im spanischen Renaissance-Stil. Von hier aus gelangt man zu Fuß bequem zu der mächtigen Kathedrale, die im 16. Jh. begonnen, aber nie vollendet wurde. Das Café El Jardín an einer Ecke bei der Kathedrale bietet willkommene Gelegenheit zum Ausruhen, zu einigen *tapas* oder einem leichten Mittagessen. Ebenfalls ganz in der Nähe liegt das Museo de Bellas Artes mit Werken aus dem 16. und 17. Jh. sowie mit Zeichnungen und Gemälden von Picasso, der 1881 in Málaga, an der Plaza de la Merced, geboren wurde. Eine Stiftung hat in seinem Geburtshaus eine kleine Ausstellung eingerichtet, und auch ein kurzer Film wird gezeigt. Die Karwoche wird in Málaga ab Palmsonntag mit Prozessionen und anderen Veranstaltungen intensiv begangen. Das Museo de Semana Santa (an der Plaza San Pedro) zeigt viele Bilder von Prozessionen.
Mollina. Der bedeutendste Weinort in der DO Málaga besteht aus einigen weißen Häusern an einem flachen Hügel. Mehrere Bodegas aus der Stadt Málaga verfügen hier über eigene Kelteranlagen.

WEINSTRASSE

Da in der Zona Norte bei weitem die meisten Trauben für den Málaga wachsen, führt die Route von der Stadt oder von Hotels in den Außenbezirken ausgehend vor allem hierher. Kurz vor Antequera hat man nach der Fahrt durch die Montes de Málaga einen wundervollen Blick über das Hochplateau. Weinberge kommen aber erst bei Mollina in Sicht und weichen hinter diesem Ort schon wieder fast ununterbrochenen Olivenpflanzungen. Über die N331 kann man die Fahrt auf Montilla-Moriles ausdehnen.

Montilla-Moriles

Einmal im Jahr zieht ein Trupp römischer Legionäre mit Trommeln und Trompetenschall durch die Straßen von Montilla. Das geschieht jeweils in der Karwoche, und die Männer in ihrem antiken Aufputz fallen unterwegs nicht nur in Kirchen, sondern auch in manche Bar ein. Die Ursprünge dieses Brauchs liegen in einer Zeit begründet, die dem Weinbau großen Aufschwung brachte. Man fand hier nämlich römische Tongefäße mit Weinlesemotiven; auch Bacchus-Statuen und die Reste primitiver Weinkeltern wurden ausgegraben. Der Redner Seneca der Ältere wie auch sein Sohn, der Philosoph Seneca der Jüngere, lebten in Córdoba, das damals Baetica hieß, und der Jüngere sprach voll Stolz von seinen eigenen Weinbergen. Unter der jahrhundertelangen Maurenherrschaft war der Weinbau zwar grundsätzlich verboten, um Córdoba herum wurde das aber wohl nicht so streng gesehen – woher hätten sonst die hier gefundenen arabisch-andalusischen Gedichte zum Lob des Weins kommen sollen? Im 19. Jh. breitete sich nach der Eröffnung eines Kanals zwischen Córdoba und Sevilla der Ruhm des Weins dieser Gegend weit aus – sogar bis nach England. 1945 erlangte der Bereich seine eigene Denominación de Origen, die nach den beiden qualitativ wichtigsten Weinbauorten Montilla-Moriles heißt.

Ein grünes Hügelland

Der heutige Weinbaubereich beginnt 30 km südlich von Córdoba und erstreckt sich über den Südteil der gleichnamigen Provinz bis zur Grenze der DO Málaga. Die stille Landschaft besteht aus flachen Hügeln und kleinen Plateaus, die mit Reben, Oliven- und Mandelbäumen bedeckt sind. In diesem wogenden Meer von Grün ragen die Dörfer auf wie weiße Schaumkronen, denn sie stehen fast immer auf den Hügelkämmen. Und tatsächlich war Montilla-Moriles vor Urzeiten einmal ein Meer. Es wurden hier nicht nur Muscheln gefunden, sondern sogar das Skelett eines Wals. Heute liegt die Gegend 300 bis 600 m über dem Meer, und es herrscht kontinentales Klima: Die Sommer sind lang, heiß und trocken; oft steigt die Temperatur auf 40, ja 45 °C, in den Nächten dagegen wird es empfindlich kühl. Die Winter sind kurz und nicht wirklich kalt. Auf vielen kleinen Parzellen wachsen Mandel- und Olivenbäume dicht neben den Weinreben, und zwar nicht nur aus wirtschaftlichen, sondern auch aus klimatischen Gründen: In

Im grünen Hügelland von Montilla-Moriles steht der Felsen La Lengua (die Zunge) als weithin sichtbares Wahrzeichen an der Straße zwischen Montilla und Cabra, unweit der Bodegas Montebello.

Tinajas in der Bodega Alvear. In vielen Weinkellereien werden diese Tongefäße noch immer als Gär- und Lagerbehälter benutzt.

ihrem Schatten sind Trauben und Leser vor der sengenden Sonne geschützt – die Weinernte beginnt hier schon Mitte August.

Etwa zwei Drittel des Bodens von Montilla-Moriles bestehen aus rötlichem Sand, vermischt mit etwas Lehm und Kalkgestein; er wird hier *ruedos* genannt und liefert die einfacheren Weine. Die *zonas de superior calidad,* oft auch *alberos* genannt, sind anders zusammengesetzt. Sie sind von weißlicher Farbe, haben einen hohen Kalkgehalt und weisen Ähnlichkeiten mit den *albarizas,* den besten Böden von Jerez, auf. Dieser Bodentyp kommt unmittelbar östlich von Montilla in der etwas kühleren Sierra de Montilla vor, einer Berggruppe, die über 100 m hoch aus dem übrigen Gelände herausragt. Aber auch um Moriles im Teilbereich Moriles Alto ist er anzutreffen. Der Kalksteinboden verleiht nicht nur den Weinen besondere Qualitäten, sondern bildet im Sommer eine harte Kruste, die das Sonnenlicht reflektiert und die Verdunstung des im Boden gespeicherten Wassers herabsetzt, was bei einer jährlichen Niederschlagsmenge von 650 mm sehr vorteilhaft ist. In diesen besseren Gegenden liegen die Hektarerträge niedriger, nämlich bei 60 anstatt 80 hl. Doch den Winzern wird ein um 3 bis 8 % höherer Preis für ihr Lesegut bezahlt.

Pedro Ximénez

Die auf den rund 15 000 ha Rebfläche der DO Montilla-Moriles meistangebaute Traubensorte ist Pedro Ximénez mit einem Anteil von 90 %. Die restlichen 10 % entfallen auf andere Weißweintrauben, die hier seit jeher nebenbei gezogen werden, damit die Weine nicht allzu schwer ausfallen. Pedro Ximénez ist nämlich der Hitze in Montilla-Moriles besser gewachsen als beispielsweise die Sherry-Traube Palomino – die mit ihr gemachten Experimente brachten keinen Erfolg. Die Einzelbesitzungen sind klein; die Durchschnittsgröße liegt bei 2 ha. Deshalb wird mehr als die Hälfte des Leseguts an die Genossenschaften geliefert, die aber selbst nur wenig Wein auf den Markt bringen, sondern den Most oder Wein meist an Bodegas mit Ausbaukapazität in Montilla verkaufen, wo sich fast drei Viertel des Weinhandels abspielen. In Moriles dagegen befinden sich keine größeren Bodegas.

Das warme Klima und der hohe Zuckergehalt der Pedro-Ximénez-Traube erbringen ohne weiteres Weine mit 15 % Alkohol. Bei der Weiterverarbeitung zu Aperitifs brauchen sie – anders als vergleichbare Weine in Jerez – nicht einmal aufgespritet zu werden. Die leichtesten und feinsten Aperitifweine aus Montilla-Moriles sind die Finos, die heute meist in Edelstahltanks vergoren werden, obwohl noch viele *tinajas* mit einem Fassungsvermögen von 3000 bis 7000 l, ja manchmal sogar 10 000 l, in Gebrauch sind. Diese gewaltigen Tonkrüge trifft man auch in La Mancha, Valdepeñas und anderen Gegenden an, in der Sherry-Region jedoch nur selten. Heutzutage dienen die *tinajas* in großen Bodegas meist nur noch zur malolaktischen Gärung und zur ersten Lagerung.

Flor

Wie in Jerez entwickelt sich auch hier auf den Finos Florwuchs – eine dicke, oft doppelte Schicht grauer Hefezellen auf der Oberfläche des reifenden Weins, der dadurch gegen Oxidation geschützt wird und gleichzeitig einen markanten Duft erhält. Das für die natürliche Entwicklung dieser Florschicht wichtigste Stadium im Reifeprozeß ist die Faßlagerung, und deshalb werden die Fässer nie ganz bis obenhin gefüllt. Bei ungespriteten Weinen dauert die Reifezeit mindestens 1 Jahr. Die dafür benutzten Fässer sind meist *botas* mit 500 l Inhalt; das maximal zulässige Fassungsvermögen beträgt 1000 l. In der Sherry-Region, wo ein feuchteres und gemäßigteres Klima herrscht, entwickelt sich die Florhefe bereitwilliger als in Montilla-Moriles. Um die Luftfeuchtigkeit zu erhöhen und der Natur ein wenig unter die Arme zu greifen, werden deshalb in Montilla die Fußböden in den Bodegas regelmäßig mit Wasser besprengt.

Grundsätzlich stammen Finos aus den «besseren Zonen» – die Sierra de Montilla bringt noch etwas leichtere, elegantere hervor als Moriles Alto. Theoretisch wäre es möglich, sie getrennt auszubauen und abzufüllen, aber das geschieht nur selten. In der Bodega Pérez Barquero wurde einmal ein Versuch gemacht, wobei ein Faß aus der Sierra de Montilla, eines mit reinem Moriles Alto und eines mit einer Mischung aus beiden jeweils für sich gealtert wurde. Der dritte dieser Finos war eindeutig der beste. Die Bezeichnung der Weine aus dem gesamten Bereich darf übrigens gleichermaßen Montilla-Moriles, Montilla oder Moriles lauten.

Ähnlichkeit mit Sherry

Obwohl die Finos aus Montilla-Moriles nicht von der Palomino-Traube stammen und meist auch nicht gespritet sind, haben sie doch erstaunliche Ähnlichkeit mit Sherry-Finos. Selbst erfahrene Weinkoster, auch solche aus Jerez, sind kaum imstande, beispielsweise einen Gran Barquero der Bodegas Pérez Barquero von berühmten Sherrys zu unterscheiden, und haben ihn schon oft mindestens genauso hoch eingestuft.

Wie köstlich ein junger Fino aus Montilla-Moriles schmeckt, erfährt man am besten in den dortigen Bars, wo der Wein manchmal direkt aus dem Faß kommt – sogar noch mit Spuren von Flor. Besonders der C. B. von Alvear ist ein beliebter junger Fino – in Spanien werden jährlich mehrere Millionen Flaschen verkauft. Die ganz großen Finos jedoch werden einer langen Faßreife unterzogen. Wie in Jerez arbeiten auch hier die Bodegas mit einem Solera-System. Meist besteht es für jeden Weintyp aus vier Faßlagen (*criaderas*). Nur aus der untersten Lage – der eigentlichen *solera* – wird Wein abgefüllt. Das Auffüllen erfolgt von einer Lage zur anderen von oben nach unten; dadurch wird eine kontinuierliche Mischung erzielt, die einheitliche Qualität gewährleistet. Die großen Finos durchlaufen manchmal zwei Solera-Systeme. So wird der Gran Barquero, nachdem er die erste Solera durchlaufen hat, als jüngster Wein in ein zweites System eingeführt und erreicht dadurch insgesamt ein Durchschnittsalter von 8 Jahren. Die Kunst der Bereitung eines großen Fino besteht darin, das richtige Gleichgewicht zwischen möglichst langer Reifezeit und größtmöglicher Frische zu finden. Ein reifer Fino hat intensiveren Geschmack als ein junger; sein Duft bleibt im geleerten Glas viel länger wahrnehmbar.

Amontillado und Oloroso

Rund drei Viertel aller Weine von Montilla-Moriles sind Finos. Eine weitere Version ist der Amontillado: ein gespriteter älterer Fino. Bei Pérez Barquero ist der beste dieser Art doppelt so alt wie der Gran Barquero, im Durchschnitt also 16 Jahre. Der Amontillado ist meist goldbraun und hat Nuß- und Holzaroma. Ende des 18. und vor allem im 19. Jh. wurde dieser Weintyp stets in die Sherry-Region gebracht, dort aber später von Palomino-Trauben selbst produziert.

Während Fino und Amontillado immer vom Most der ersten, leichten Pressung gewonnen werden, entsteht Oloroso aus der zweiten Pressung. Dieser Most ist nicht so fein, er ist dunkler und enthält mehr Trübstoffe. Flor entwickelt sich auf dem Oloroso nicht, deshalb werden die Fässer auch bis obenhin gefüllt. Auch wird der Oloroso stets gespritet und in Montilla-Moriles vorwiegend für Verschnittzwecke verwendet. Zwischen dem Amontillado und dem Oloroso liegt der Palo Cortado. Es gibt ihn recht selten, jedoch in trockener wie auch in lieblicher Version. An den trockenen Palo Cortado aus dem Haus Cobos erinnere ich mich gern.

Einen besonderen Platz unter den Weinen aus Montilla-Moriles nimmt der Dulce ein, ein intensiv süßer, fast sirupartiger Wein von Trauben, die in der Sonne getrocknet werden, wodurch etwa die Hälfte ihres Wassergehalts verdunstet. Die modernen Druckluftpressen können diese Trauben nicht verarbeiten; nur die altmodischen Hydraulikpressen bringen genügend Druck auf, um den Saft aus dem Fruchtfleisch herauszupressen. Viel von diesem Most (auch als Konzentrat) und Wein wird nach Málaga und in die Sherry-Region zu Verschnittzwecken geliefert.

Billiges Image

1925 stufte der italienische Önologe Sannino den Wein aus Montilla-Moriles als einen der sechs besten der Welt ein. Auch heute noch sind die großen Finos – aber auch die Amontillados und Dulces – Weine von großem Charakter. Allerdings sind sie außerhalb Spaniens kaum bekannt. Das kommt einmal daher, daß sie von vergleichbaren Sherrys kaum zu unterscheiden sind, die durch Herkunft und Publizität die Weine aus Montilla-Moriles ganz in den Schatten stellen. Anderseits muß Montilla-Moriles auch mit einem schlechten Image kämpfen. Da etwa die Hälfte der Weine nicht aufgespritet zu werden braucht (wodurch sie bereits in einen anderen Zolltarif fallen) und die Faßreifezeit für ungespritete Weine 1 Jahr anstatt 3 Jahre bei gespriteten Weinen beträgt, ist der Bereich weitgehend zum Lieferanten billiger Alternativen für Sherry geworden. Darum tauchen viele gute Grundweine anonym in nicht gerade begeisternden Verschnitten unter. Das gilt sogar für viele Finos. Man braucht nur einen Montilla der mittleren Preisklasse – z. B. von einer Supermarktkette – genauer zu untersuchen, um herauszufinden, daß er aus Fino, Oloroso und konzentriertem Most besteht. Viele Kunden, auch die Importeure, sehen darum in den Weinen von Montilla-Moriles nichts weiter als minderwertige Sherrys. Es wird die großen Erzeuger noch viel Mühe kosten, sich aus dieser Situation zu befreien. Inzwischen sind schon viele Firmen an der abwärts gerichteten Preisspirale zugrunde gegangen. Heute teilen nur noch drei daraufhin entstandene Zusammenschlüsse die Produktion und den Export unter sich auf: Alvear, Compañía Vinícola del Sur und Navisa. Das ist vielleicht von Vorteil, denn nur mit vereinten Kräften können die Erzeuger von Montilla-Moriles das Blatt zu ihren Gunsten wenden.

Leichte Tafelweine

Um kurzfristig überleben zu können, führen die meisten hiesigen Bodegas auch andere alkoholische Getränke im Programm. Alvear z. B. ist einer der größten Wermut-Hersteller Spaniens. Ziemlich neu und auf dem Inlandmarkt erfolgreich sind die einfachen Tafelweine. Sie werden von früh gelesenen Trauben gewonnen und sind mit 10 bis 11 % Alkohol recht leicht. Zumeist zeichnen sie sich durch schönen Duft und sanft frischen, ziemlich neutralen Geschmack aus. Fast alle stammen sie rein oder vorwiegend von der Pedro-Ximénez-Traube, die ihnen eine leichte Süße im Aroma einbringt. Am Viña Carreron von Cobos, der dank seiner trockenen, erfrischenden, zart fruchtigen Art zu den besten des Bereichs gehört, ist diese Traube jedoch nicht beteiligt. Die Besitzer von Cobos – die Navisa-Gruppe – experimentieren auch mit dunklen Trauben (Cabernet Sauvignon und Tempranillo). Die erste Ernte war 1986, und vielleicht ist darin der Anfang einer Wiederkehr des roten Montilla-Moriles zu sehen, der vor der Reblausplage in großen Mengen produziert wurde.

BEDEUTENDE ERZEUGER

Alvear, 14550 Montilla. Die Geschichte des Hauses geht zurück auf das Jahr 1729, als Diego de Alvear aus Córdoba nach Montilla kam und dort mit seinem Sohn eine Bodega gründete. Die ältesten Gebäude der Firma stehen im Stadtzentrum, aber schon seit mehreren Jahrzehnten lagern die Fässer größtenteils in einem umfangreichen Komplex weiter außerhalb. Das Haus, noch immer Familienbesitz, verfügt über 40 ha Weinberge, die etwa 5 % des Traubenbedarfs liefern. Alles übrige wird in Form von Lesegut, Most und Wein zugekauft. In der Sierra besitzt die Firma einen großen *lagar* (Las Puentes), wo die Trauben nach dem Entrappen sofort gepreßt und in Edelstahltanks und *tinajas* vergoren werden. Der Ausbau erfolgt dann in 20 000 Fässern in Montilla.

Die wichtigste Marke ist Fino C. B., ein duftiger, eleganter, frischer und fruchtiger Wein mit 15 % Alkohol; er wird von Großabnehmern auch unter deren eigenen Etiketten vertrieben (z. B. Sainsbury's in England). Der C. B. ist etwa 2½ Jahre alt. Dagegen hat der exzellente Fino Festival mit 6 bis 7 Jahren größere Reife. Weitere Spezialitäten sind der Amontillado Carlos VII, der noch länger gereifte, sehr intensive Amontillado Solera Fundación sowie zwei gehaltvolle, süße, fast sirupartige Dulces, «1927» und «1930». Außer diesen höchst charaktervollen Weinen hat Alvear wie die anderen großen Erzeuger auch einfachere Montillas im Programm, die oft nach den Wünschen von Großabnehmern bereitet werden. Conde de la Cortina ist ein Zweigbetrieb, dessen Fässer in den Alvear-Bodegas liegen und mit Alvear-Weinen gefüllt sind. Einige Gebäude des Anwesens sind auch der Marke Cruz Conde vorbehalten. Fast die Hälfte der Produktion von Alvear geht in den Export.

Cobos, 14550 Montilla. Die Weine von Cobos werden im *lagar* der Bodegas Montebello gekeltert und vergoren und machen hier auch einen Teil der Reifezeit durch. Erst dann werden sie zum weiteren Ausbau nach Montilla gebracht, entweder in die gemeinsamen Bodegas von Cobos und Valesco Chacón oder in die Bodegas Montulia. Diese etwas verwirrende Situation ergibt sich dadurch, daß Cobos wie die anderen genannten Firmen zur Navisa-Gruppe (Lebensmittel-Großhandel) gehört. Infolge der damit verbundenen Konzentration haben sich die Unterschiede zwischen den Weinen der verschiedenen Bodegas verringert. So ist der ansprechende, saubere Cobos Fino nicht viel anders als der Montebello Gran Fino oder der Las Incas von Velasco Chacón. Ein weiterer Fino aus dem Cobos-Programm ist der etwa 5jährige Pompeyo mit kräftigem Holzaroma.

Der gute Cobos Amontillado trägt noch das Etikett, das 1906, also im Gründungsjahr des Hauses, entstand; der Precursor ist ein dunkeltöniger, kraftvoller Oloroso und der Tres Pasas ein Dulce von hoher Qualität. Ferner gehört auch ein erfolgreicher trockener Palo Cortado zum Programm. Der Viña Carreron von Baladí- und Lairén-Trauben ist einer der besten Tafelweine aus dem Bereich: erfrischend, zart fruchtig und sehr trocken. Genau derselbe Wein wird von Velasco Chacón als Viña Rama angeboten. Übrigens hat die Familie Cobos auch das beste Restaurant in Montilla, Las Camachas, gebaut (s. Reise-Informationen Seite 219).

Compañía Vinícola del Sur, 14550 Montilla. Das Haus gehört zur gleichnamigen Holding, ebenso wie Gracia Hermanos, Pérez Barquero und Tomás García. Die Gebäude liegen um einen großen, mit Ziegelsteinen gepflasterten Innenhof; außen steht der Name Bodegas Monte Cristo als bedeutendste Marke angeschrieben. Die gesamte Weinproduktion wird exportiert; die Qualität ist trotz kommerziellem Charakter anständig, doch sucht man im Programm vergeblich nach einem hochwertigen Fino.

Gracia Hermanos, 14550 Montilla. Die 1959 gegründete Firma wurde Ende der 80er Jahre von der Holding Compañía del Sur übernommen. Das Anwesen besteht aus großen, streng wirkenden Hallen neben der Bahnlinie. Die Trauben stammen aus eigenen 125 ha Weinbergen sowie von über 100 Winzern, die 85 % der Produktion beisteuern.

An der Spitze des Programms steht der María del Valle Fino, eine ausgefeilte Kreation voll Anmut und Charme, mit schönem Gleichgewicht zwischen Holz und Frucht und einer Faßreife von etwa 10 Jahren. Die Standardqualitäten des Hauses werden weitgehend von Abnehmern unter eigenen Etiketten vertrieben. Etwa 15 % der Produktion entfallen auf Viña Verde, einen gefälligen, milden und leichten Tafelwein.

Montebello, 14550 Montilla. Die zur Navisa-Gruppe gehörende Firma besitzt 150 ha Weinberge und verarbeitet das Lesegut in einem achteckigen *lagar* mit modernen Ausrüstungen, wo auch Ausbaumöglichkeiten bestehen. An der Spitze des Programms steht der Montebello Gran Fino, der den besten Finos der anderen Häuser in der Gruppe, z. B. Cobos, ähnelt. Auch der einfache Fino, der alte Oloroso und der Dulce verdienen Beachtung.

Montulia, 14550 Montilla. Die Ausbau- und Abfülleinrichtungen der Navisa-Gruppe werden immer mehr hier konzentriert; es stehen Pressen für normales Lesegut und für sonnengetrocknete Trauben zur Verfügung. Auch sind noch viele *tinajas* als Gär- und Lagerbehälter vorhanden. Der Komplex mit 30 000 m² bietet genug Raum.

Das Haus gehört seit Juli 1990 zur Navisa-Gruppe, die ihren Hauptsitz hier hat, und produziert auch Weine unter dem Namen Montulia. Von den 10 000 Fässern der Gruppe liegen die meisten bei Montulia.

Einige der 20 000 Fässer der Bodega Alvear.

Pérez Barquero, 14550 Montilla. Das Haus an der Straße, die von Süden her nach Montilla führt, ist das Flaggschiff der Compañía Vinícola del Sur und produziert deren Spitzenweine. 1/5 des Traubenbedarfs wird von eigenen 100 ha gedeckt, alles übrige wird in Form von Trauben und Wein zugekauft. Das Pressen geschieht im eigenen *lagar* in der Sierra de Montilla, und nach dem Vergären wird der Wein nach Montilla zum Ausbau gebracht, wo 10 000 Fässer bereitstehen. Die Reifezeit beträgt beim Gran Barquero Fino im Schnitt 8 Jahre, wobei der älteste Wein aus einer Solera als jüngster für die nächste benutzt wird. Dieser Fino gehört zur absoluten Spitze und bietet alles, was man von einem Wein dieser Art verlangen kann: Feinheit, Reinheit, edlen Geschmack und vollendetes Gleichgewicht. Selbst erfahrene Weinkoster sind nicht imstande, ihn von einem Spitzen-Fino aus Jerez zu unterscheiden. Etwas jünger – 4 bis 5 Jahre –, jedoch ebenfalls sehr sauber ist der Fino Los Amigos. Weitere Stars im Programm sind der Gran Barquero Amontillado (16 Jahre), der Gran Barquero Oloroso und der Gran Barquero Pedro Ximénez.

Tomás García, 14550 Montilla. Der frühere Eigentümer, die Carbonell-Gruppe (u. a. Olivenöl), verkaufte die Bodega Ende der 1980er Jahre an Bobadilla in Jerez, und diese Firma gab Ende 1990 alle Fässer, Weine und Markennamen an die Holding Compañía Vinícola del Sur weiter. Nur die Gebäude – in Aguílar de la Frontera – waren von der Übernahme ausgeschlossen. Heute produziert Tomás García unter anderem Montillas mit kommerziellem Charakter für Carbonell. Der beste unter dem eigenen Namen der Firma angebotene Fina ist der Verbenera.

Reise-Informationen

HOTELS UND RESTAURANTS

La Casona, 14920 Aguílar de la Frontera, Tel. (57) 660439. Gerichte mit gebratenem Fleisch.
Mesón del Vizconde, 14940 Cabra, Tel. (57) 521702. Fisch und *mariscos* – und am besten eine halbe Flasche Fino dazu.
Bandolero, Medina y Corella 6 y 10, 14003 Córdoba, Tel. (57) 476491. Gute *tapas*-Bar.
El Blasón, José Zorilla 1, 14000 Córdoba, Tel. (57) 480625. Nach einem Aperitif im Patio genießt man die elegante, einfallsreiche Küche um so mehr.
El Caballo Rojo, Cardenal Herrero 28, 14003 Córdoba, Tel. (57) 475375. Das berühmteste Restaurant der Stadt, ja sogar der Provinz, hat auch eine *tapas*-Bar und liegt direkt hinter der Mezquita. Der Inhaber interpretiert alte Rezepte auf zeitgemäße Art, z. B. *cordero a la miel* (geschmortes Lamm an Honigsauce).
Casa de Montilla, Ximénez de Quesada 17, 14000 Córdoba, Tel. (57) 410104. Exzellente *tapas,* dazu ein paar Gläser Fino.
El Churrasco, Romero 16, 14003 Córdoba, Tel. (57) 290819. Das Restaurant mit schöner Atmosphäre liegt im alten Judenviertel. Spezialität: Fleischgerichte. Eine Besichtigung des Weinkellers ist auf Wunsch möglich.
Sol los Gallos, Avenida Medina Azahara 7, 14005 Córdoba, Tel. (57) 235500. Modernes, komfortables Hotel westlich der Altstadt.
Maimónides, Torrijos 4, 14003 Córdoba, Tel. (57) 471500. In der Nähe der Mezquita. Annehmbarer Komfort; Patio und (hier eine Notwendigkeit) Garage.
Parador de la Arruzafa, Avenida de la Arruzafa, 14012 Córdoba, Tel. (57) 275900. Einige Kilometer nördlich der Stadt in Richtung El Brillante. Großes, modernes Hochhaus. Viele Zimmer (und Balkone) mit schöner Aussicht. Restaurant im Haus.
Castillo de Montemayor, 14530 Montemayor, Tel. (57) 384253. 1990 eröffnetes Hotel an der Fernverkehrsstraße Córdoba–Málaga. Schöne, freilich etwas spartanische Zimmer; wegen des Verkehrs sollte man eines auf der Rückseite verlangen. Oft geräuschvolle Wochenenden wegen einer für Veranstaltungen benutzten Halle auf der Rückseite. Gutes Restaurant mit freundlichem Service.
Los Arcos, Plaza de la Risa 1, 14550 Montilla, Tel. (57) 650036. Bar im Herzen der Stadt. Schmackhafte *tapas,* z. B. *salpicón de mariscos,* und frischer Fino des Hauses.
Las Camachas, 14550 Montilla, Tel. (57) 650004. Den freundlichen Speisesaal erreicht man durch eine stets überfüllte Bar. Gute, gehaltvolle, einfache Küche, z. B. frische *gambas* (Garnelen), gegrillte *merluza* (Seehecht) und *chuletas de cordero* (Lammkoteletts). Fino in halben Flaschen.
Don Quichote, 14550 Montilla, Tel. (57) 651271. Nettes Restaurant mit regionaler Küche zu erschwinglichen Preisen. Auch *tapas*-Bar.

SEHENSWERTES

Aguílar de la Frontera. Auf einem Berg mit Burgruine. Die Plaza de San José ist achteckig.
Cabra. Malerisches Dorf mit Kirche auf einem Berg; schöne Aussicht. Die Ermita Virgen de la Sierra ist Ziel von Zigeunerwallfahrten.
Córdoba. Die vermutlich von den Phönikern gegründete Stadt mit römischer Vergangenheit wuchs unter der Herrschaft der Mauren (ab 711) zu einem der bedeutendsten europäischen Zentren der Gelehrsamkeit heran. Das herrlichste Baudenkmal aus dieser Zeit ist die Mezquita mit über 800 Säulen und Bogen aus rotem und weißem Stein. Im 17. Jh. wurde in diese frühere Moschee eine Kathedrale eingebaut. Ringsum erstreckt sich das Judenviertel *(judería),* dessen Gassen teils von Touristen überfüllt, teils still und friedlich sind. Durch offene Türen hat man manchen Blick in kühle Patios, oft voller Blumen. In dieser Gegend befinden sich viele Museen, u. a. das Museo Arqueológico Provincial (prähistorische, römische und maurische Kunst), das Museo Municipal Taurino (Stierkampfmuseum), das Museo Provincial de Bellas Artes (regionale Kunst) und gleich daneben das Museo de Julio Romero de Torres, das dem bekannten andalusischen Künstler gewidmet ist. Der Alcázar aus dem 14. Jh. mit seinen schönen Mosaiken liegt in der Nähe der Judería; eine Turmbesteigung ist möglich. Córdoba bietet eine Menge schöner Häuser, Kirchen, Klöster und anderer Baudenkmäler. Gegenüber der Mezquita führt eine römische Brücke über den Guadalquivir, und auf ihrer Südseite steht der Torre de la Calahorra, ein Wachtturm aus dem 14. Jh. Seit 1980 besitzt Córdoba auch einen botanischen Garten.
Espejo. Schloß der Herzöge von Osuna aus dem 15. Jh.
Fernán Nuñez. Herzogspalast aus dem 18. Jh.
Lucena. Berühmt für sein Bronzekunsthandwerk; als Stadt aber nicht weiter bemerkenswert.
Montemayor. Von der Burg aus dem 14. Jh. hat man einen schönen Blick über die Landschaft mit Weinbergen. Hinter der Burg stehen ein alter Kirchturm und eine Kapelle.
Montilla. Die Stadt mit 22 000 Einwohnern ist der Geburtsort von Gonzalo Fernandez y Aguílar, genannt El Gran Capitán. Im Dienst der katholischen Majestäten Ferdinand und Isabella kämpfte er erfolgreich gegen die Mauren und die Italiener. In Montilla baute er eine Burg, die nach einem Streit mit der Krone zerstört werden sollte. Die Bürger von Montilla weigerten sich jedoch, es zu tun, und deshalb wurden Leute aus Arguíla de la Frontera dafür geholt; seither ist das Verhältnis zwischen den beiden Städten gespannt. Heute ist Montilla eine etwas unübersichtliche Stadt mit vielen Bodegas. Die große Kirche Santiago steht am Hauptplatz; links davon liegt das malerische Viertel Escuchuela. Das Kloster Santa Clara besitzt eine Kirche mit reichverziertem Innenraum. Im ehemaligen Hospital neben dem Rathaus schrieb Cervantes seine Novelle «Dialogo de Perros». Ein kleines Museum ist dem «Inka», Garcilaso de la Vega (1539–1616), gewidmet, einem Historiker, der viel über Peru schrieb.
Monturque. Auf einem steilen Berg; römisches Gräberfeld.
Moriles. Sauberer, aber etwas langweiliger Ort mit vielen flachen, weißen Häusern.

WEINSTRASSE

Die Route verläuft durch das Herz des Bereichs Montilla-Moriles mit Montilla als Anfangs- und Endpunkt. Rechts von einem Hügel an der Straße Montilla–Cabra ragt der Felsen La Lengua («die Zunge») auf. Es heißt, er stamme von einem Meteoriten; ferner wird behauptet, er wachse jedes Jahr ein Stück. Nicht weit von diesem Felsen stehen links von der Straße die Kelterhäuser von Montebello, Alvear und Pérez Barquero. Zwischen Montilla und Montemayor hat ein Nougathersteller ein kleines Museum eingerichtet.

Sonnenuntergang über Lanzarote.

Die Inseln

Die vielen Millionen Touristen, die sich Jahr für Jahr auf den spanischen Inseln drängen, haben meist keine Ahnung davon, daß hier auch Wein produziert wird. Das ist auch gut so, denn die Mengen sind so gering, daß man kaum etwas von den Inselweinen bekommen kann. Die Balearen – eine eigene Provinz – liegen dem spanischen Festland am nächsten. Die größten Inseln der Gruppe sind Mallorca (mit der Hauptstadt Palma de Mallorca), Menorca, Ibiza und Formentera. Sie alle sind seit der Bronzezeit bewohnt; das beweisen die vielen *talayotes* (Steingräber), die hauptsächlich auf Menorca, aber auch auf Mallorca gefunden wurden.

Die Balearen haben ein herrliches Klima und üppige Vegetation. In den gebirgigen Teilen findet man dicht bewaldete Hänge und Schluchten, und auf den Plateaus und flacheren Hügeln wachsen Mandeln, Oliven, Feigen und andere Früchte. Es gibt hier jahrhundertealte, vom Wind zu gespenstischen Formen verzerrte Olivenbäume. Weintrauben werden fast ausschließlich auf Mallorca angebaut, und hier entstand mit Binissalem auch die erste Denominación de Origen außerhalb des Festlands. Der einzige andere halbwegs bedeutende Weinbaudistrikt auf den Balearen ist Felanitx, ebenfalls auf der Hauptinsel.

Traditionelle Küche

Es heißt, Mallorca schaue nach Spanien, Menorca nach Frankreich und Ibiza nach Afrika, denn die Inseln haben geschichtliche Bindungen an verschiedene Mittelmeervölker. Fast das ganze 18. Jh. hindurch war Menorca überdies britisch. Alle diese Einflüsse sind auch in der Küche zu spüren. So wird der typisch britische Truthahn mit Füllung noch heute auf Menorca gegessen. Auf Mallorca gibt es traditionelle Rezepte für Schweinefleisch: *sobrasada* ist z. B. eine gepfefferte Streichwurst. Sie wird manchmal in den pizzaähnlichen, gelegentlich auch mit Lamm- oder Schweinefleisch, Zwiebeln und Kräutern gefüllten *empanadas* mit verarbeitet. Schweineschmalz wird für *ensaimada* gebraucht – das ist ein

Weinbau in der Vulkanasche von Lanzarote. Die Weinstöcke sitzen in Vertiefungen zwischen Steinmauern, damit sie gegen die Hitze geschützt sind.

süßes Blätterteiggebäck in verschiedenen Größen, von der Untertasse bis zum Wagenrad. Suppen sind auf Mallorca eigentlich eher Eintopfgerichte mit Gemüse und Schweinefleisch. *Tumbet* ist ebenfalls ein Eintopf mit Fleisch oder Fisch, Auberginen und Kartoffeln. Natürlich wird viel Fisch und Schalengetier gegessen. Der beste Käse auf den Balearen ist der *Mahón*, der auf Menorca von Schafsmilch hergestellt wird.

Die kürzeste Entfernung zwischen den Balearen und der spanischen Küste beträgt etwa 100 km. Dieselbe Distanz zur Küste gilt auch für die Kanarischen Inseln – nur ist es die afrikanische und nicht die spanische Küste, denn Spanien ist fast zehnmal soweit entfernt. Die Gruppe besteht aus sieben großen und sechs kleineren Inseln, die zu zwei Provinzen zusammengefaßt sind: Las Palmas und Santa Cruz de Tenerife. Die größte Insel ist Teneriffa mit einer Fläche von rund 2000 km² – halb so groß wie Mallorca. «Glückliche Inseln» wird diese Gruppe auch genannt, die den Griechen schon vor der christlichen Zeitrechnung bekannt war. Die Araber, die Genuesen, die Portugiesen und die Franzosen hatten Handelsstationen hier, die erste Eroberungsexpedition aber fand 1402 statt; es dauerte dann fast 100 Jahre, bis alle Inseln unter spanischer Herrschaft standen. Die noch in der Steinzeit lebenden Eingeborenen, die Guanches, wurden schließlich 1496 von Alonso Fernández de Lugo besiegt, der daraufhin der erste Gouverneur wurde.

Vulkanischer Ursprung

Die Kanarischen Inseln sind vulkanischen Ursprungs, wie man an der charakteristischen Kegelform erkennen kann. Durch Eruptionen – die letzte fand 1971 auf La Palma statt – wurde die Landschaft an vielen Stellen umgestaltet und eingefärbt. Auf Teneriffa gibt es die *cañadas*, Lavakanäle; manche Plateaus erinnern an Mondlandschaften, und es gibt schwarze, braune und weiße Strände. Das Klima ist das ganze Jahr über trocken, und die Temperaturen liegen zwischen 18 und 30 °C, doch der Passat sorgt dafür, daß die Nordseite der Inseln relativ feucht bleibt. Unterstützt durch Bewässerung, läßt dies üppiges Wachstum zu. Auf Gran Canaria und Teneriffa gibt es umfangreiche Bananenplantagen, aber auch Mangos, Melonen, Orangen und Papaufrüchte sowie Tabak, Kaffee, Tomaten, Nüsse, Getreide und Kartoffeln werden angebaut. Die Küche der Kanarischen Inseln wird stark von Fisch beherrscht, und auch tropische Früchte stehen oft auf der Speisekarte. Der traditionelle Eintopf *puchero canario* kann Fleisch, Kürbis, süße Kartoffeln, Mais und vieles mehr beinhalten. Die Südseite der Inseln ist nicht so grün, denn über sie streicht ein heißer Sahara-Wind.

Wein wird auf fünf Inseln – Gomera, Hierro, Lanzarote, La Palma und am meisten auf Teneriffa – gebaut. Ungefähr je die Hälfte des Ertrags entfällt auf Rot- und Weißwein; Rosé wird hier sehr wenig produziert. Nur etwa ein Fünftel der Gesamterzeugung kommt als Flaschenwein auf den Markt. Qualitätsmäßig ist Tacoronte-Acentejo auf Teneriffa der interessanteste Bereich; er wird deshalb gesondert beschrieben. Die beachtenswertesten Erzeuger aus den anderen Bereichen sind: Bodega Montijo in La Orotava–Los Realejos (Teneriffa), Bodegas Teneguia, eine Genossenschaft in Fuencaliente (La Palma), Bodegas Mozaga in La Geria (Lanzarote), die Genossenschaft Frontera (Hierro) und die Agrupación Noruega (La Gomera). Als weitere Bereiche sind zu nennen: Icod de los Vinos, Sur de Tenerife, Valle de Güimar (alle auf Teneriffa), El Mazo (La Palma) und Santa Brígida (Gran Canaria).

Binissalem (Balearen)

Hauptstadt: Palma de Mallorca
Provinzen: Die Balearen sind eine *autonomía*
Fläche: 5014 km²
Einwohnerzahl: 755 000

Mallorca, die größte Balearen-Insel, ist seit dem 2. Jahrtausend v. Chr. bewohnt. Seither haben sich auf ihr nacheinander Phöniker, Griechen, Karthager und Römer niedergelassen. Zumindest die Römer trieben hier auch Weinbau, denn Plinius der Ältere erwähnt den Wein von Mallorca. Gegen Ende des 8. Jh. eroberten die Mauren die Balearen und blieben 500 Jahre. Sie bauten ein Bewässerungssystem, entwickelten die Landwirtschaft und gaben vielen Städten und Dörfern ihre Namen, unter anderem auch Binissalem, dem Zentrum des Weinbaubereichs.

Am letzten Tag des Jahres 1229 besiegte Jaime I. de Aragón die Mauren und bezog die Balearen, das Roussillon und Montpellier auf kurze Zeit in sein Königreich ein. Mallorcas Wein kam auf die Tafel des Hofs von Aragón, und 1257 gab Jaime I. persönlich die Erlaubnis zu weiteren Rebenpflanzungen auf der Insel. Wie damals überall in Spanien, waren auch hier die Klöster im Weinbau tonangebend. Der Weinexport wurde für die Wirtschaft der Insel so bedeutend, daß dafür ein eigener Hafen, Alcudia, in einer Bucht an der Nordküste gebaut wurde. Das Renommee des Weins von Mallorca wuchs stetig – eine Aufschrift auf einer Landkarte von 1784 besagt, Binissalem sei berühmt für seinen *vino de superior calidad*. Um dieselbe Zeit zogen Priester aus Mallorca nach Kalifornien und erbauten dort im heimatlichen Stil Missionen, aus denen u. a. Städte wie San Diego und San Francisco entstanden, und sicherlich nahmen sie auch Reben mit auf die Reise.

Im 19. Jh. war der berühmteste mallorquinische Wein der süße Malvasía aus Bañalbufar an der steilen Westküste. Er hatte einen mindestens ebenso großen Ruf wie der Madeira. Auch George Sand und Frédéric Chopin, die den Winter 1838/39 auf der Insel verlebten, haben ihn getrunken. Der Malvasía wurde 5 bis 8 Jahre in 500-l-Fässern gelagert, die vorher mit Rum behandelt worden waren. Seither ist die Weinrebe von den Terrassen um Bañalbufar verschwunden, und der mallorquinische Malvasía ist nur noch eine Legende. Um 1880, als die Reblaus in Frankreich wütete, stieg die Weinproduktion auf der Insel stark an. Damals vergrößerte sich die Rebfläche auf Mallorca von 20 000 auf 35 000 ha. Weintransportschiffe segelten u. a. von Porto Colóm an der Ostküste direkt nach Marseille und Sète. Diese Blütezeit dauerte jedoch nicht lange, denn schon 1891 fiel auch der Weinbau Mallorcas der Reblaus zum Opfer. Die Zolleinnahmen in Porto Colóm sprechen Bände: 1887 gingen auf Wein rund 50 000 Pesetas ein; 1897 waren es nur noch knapp 3000. Der Weinbau Mallorcas hat sich von diesem Rückschlag nicht wieder erholen können. Die heutige Rebfläche von 2500 ha ist gegenüber dem Jahr 1900 kaum verändert.
Auf Binissalem – die im Februar 1991 geschaffene Denominación de Origen – entfallen davon 400 ha. Der Bereich besteht aus fünf Gemeinden: Binissalem, Consell, Sancellas, Santa Eugenia und Santa María del Camí. Sie alle liegen nordöstlich von Palma de Mallorca auf dem Zentralplateau El Pla. Alle Weinberge befinden sich östlich der C713 von Palma nach Alcudia. Ein bis zu 1400 m hoher Gebirgszug im Nordwesten schützt sie gegen feuchtkalte Winde, reduziert aber auch die Niederschlagsmenge auf jährlich unter 500 mm. Der Boden ist stark kalkhaltig, zum Teil lehmig und mancherorts sehr steinig. Zwischen die Weinberge drängen sich Obstgärten – Mandeln, Feigen, Aprikosen, Oliven – und Gemüsefelder. Selbst mitten in der Saison ist es hier wundervoll ruhig, denn Touristen kommen nur selten in diese Gegend.

In der DO Binissalem wachsen vorwiegend einheimische Rebsorten. Etwa die Hälfte des Bestands entfällt auf die dunkle Manto-Negro-Traube; ihr Rotwein ist elegant und besitzt genug Festigkeit und Aroma für längeren Faßausbau. Neben einer weiteren mallorquinischen Traube namens Callet werden aber auch Monastrell und Tempranillo angebaut. Die verbreitetste weiße Traubensorte ist Moll (oder Prensal Blanc); sie liefert frischen Wein mit einem Anflug von Frucht und Würze. Außerdem befinden sich Parellada und Macabeo im Bestand. Der wichtigste Erzeugerbetrieb in Binissalem, Bodegas José L. Ferrer, arbeitet bewußt nur mit den erwähnten Rebsorten, um Weine mit eindeutig eigener Art zu produzieren. Der kleinere Erzeugerbetrieb Herederos de Hermanos Ribas verfolgt andere Prinzipien und arbeitet nur mit importierten Rebsorten wie Cabernet Sauvignon, Merlot, Rubi Cabernet, Syrah, Chardonnay, Chenin Blanc und Riesling. Die Weine von Binissalem müssen jedoch einen größeren Anteil einheimischer Trauben enthalten: mindestens 50 % Manto Negro bei Rotwein und 70 % Moll bei Weißwein.

Felanitx

Östlich von Binissalem liegt der Weinbaubereich Felanitx mit der gleichnamigen Stadt und 13 weiteren Gemeinden. Er hat keinen DO-Rang und befindet sich derzeit in einer schwierigen Phase. Das ist schon daran zu erkennen, daß der größte Erzeugerbetrieb, die Genossenschaft Felanitx, mehrere Jahrgänge ausfallen lassen musste. Es gibt aber auch Lichtblicke: Miguel Oliver in Petra produziert köstlichen, zart frischen Muskateller mit viel Frucht in Bukett und Geschmack, und auch der Weißwein von Celler Son Calo und die rote Reserva von Mont Ferrutx sind entdeckenswert. Ein weiterer guter Erzeuger ist Jaume Mesquida in Porreras. Zu seinen Spezialitäten zählen Cabernet Sauvignon, Pinot Noir (auch als Rosé), Gewürztraminer sowie Chardonnay, den er auch zum ersten Schaumwein Mallorcas verarbeitet. Schließlich ist in Andraitx westlich von Palma noch die 1985 mit schwedischem Kapital gegründete moderne Firma Florianopolis aktiv, die demnächst über 80 ha Weinberge mit französischen Rebsorten verfügen wird.

BEDEUTENDE ERZEUGER

Bodegas José L. Ferrer, 07350 Binissalem. Nach einem Aufenthalt in Frankreich beschloß José Luis Ferrer, die elterliche Tradition fortzusetzen und Winzer zu werden. Er gründete 1931 in Binissalem eine Winzergenossenschaft, die mangelnde Unterstützung durch die Mitglieder veranlaßte jedoch noch im gleichen Jahr die Umwandlung in eine Privatfirma. Seine Nachkommen, José Luis Roses und dessen Bruder Sebastián, sind heute Besitzer der Firma Franja Roja, zu der auch die Bodegas José L. Ferrer gehören. Die Trauben stammen von rund 150 ha, von denen 70 ha direkt bewirtschaftet werden. Exakt geregelte Gärtemperatur bei Rot-, Weiß- und Roséwein läßt im Durchschnitt sehr gute Qualität entstehen. Der Blanc de Blanc wird rein von Moll bereitet und weist erfrischenden, sauberen Geschmack mit einem Hauch Gewürz auf. Der vorzügliche Viña Veritas von 80 % Moll und 20 % Parellada ist voller und zarter. Beim Rotwein setzt das Haus auf Faßreife – im unterirdischen Keller liegen 600 Fässer aus amerikanischer Eiche. Die in ihnen ausgebauten Weine setzen sich aus 80 % Manto Negro und 20 % Callet zusammen und zeichnen sich meist durch feste Eleganz, lebendigen, rassigen, vollen Geschmack, sanften, unauffälligen Körper, tiefes Aroma und Spuren von Holz aus – die mit zunehmender Faßreife stärker hervortreten. Das zu 70 % aus Rotwein bestehende Programm umfaßt Crianza, Reserva und Gran Reserva. Dem hohen Qualitätsstand dieses Erzeugerbetriebs ist es in erster Linie zu verdanken, daß die DO Binissalem geschaffen wurde. Die Bodega liegt verkehrsgünstig an der Straße, die von Süden in die Stadt führt.

Herederos de Hermanos Ribas, 07330 Consell. Die Ursprünge dieser Bodega gehen zwar auf den Anfang des 18. Jh. zurück, in ihrer heutigen Form besteht sie aber erst seit 1986. Die Weine stammen aus eigenen 50 ha Weinbergen und werden z. T. in modernen Anlagen verarbeitet. Außer einheimischen Traubensorten werden auch fremde verwendet – Chardonnay, Chenin Blanc, Riesling, Merlot, Pinot Noir, Rubi Cabernet, Syrah und Cabernet Sauvignon. Sogar ein sortenreiner Cabernet Sauvignon wird produziert. Der bisher schon annehmbare Qualitätsstand soll mit zunehmendem Alter der Reben und als Folge der hier seit einigen

Weinleser-Denkmal auf dem Kirchplatz in Binissalem.

Jahren durchgeführten technischen Experimente noch höher werden. Der Markenname lautet Herederos de Ribas.

Reise-Informationen

HOTELS UND RESTAURANTS

Celler Ca'n Amer, Pau 39, 07300 Inca, Tel. (71) 501261. Restaurant in einem alten Weinkeller – Fässer gehören zur Einrichtung –, das auf echte mallorquinische Küche spezialisiert ist. Gute Auswahl an Weinen von der Insel.

Koldo Roya, Paseo Marítimo 3, 07014 Palma de Mallorca, Tel. (71) 457021. Das Restaurant trägt den Namen seines Besitzers, eines brillanten baskischen Küchenchefs, der seine Gäste mit raffinierten Kreationen überrascht.

Palladium, Paseo Mallorca 40, 07012 Palma de Mallorca, Tel. (71) 712841. Um die Bucht von Palma gibt es viele auf den Strandtourismus ausgerichtete Hotels. Dieses hier bietet dagegen angenehmen Aufenthalt in der Nähe der Altstadt. Der Komfort in den Zimmern ist annehmbar, der Service sehr freundlich.

Sol Jaime III, Paseo Mallorca 14b, 07012 Palma de Mallorca, Tel. (71) 725943. Zentral gelegenes, recht komfortables Hotel; Einkaufsstraße um die Ecke.

Taberna O'Arco, Calle Concepción 34, 07012 Palma de Mallorca, Tel. (71) 721042. Ein für das teure Palma sehr preiswertes Restaurant in der Nähe der obigen Hotels; der Besitzer kocht selbst. Es gibt ein billiges Tagesmenü sowie schmackhafte Fisch- und Fleischgerichte.

Xoriguer, Fábrica 60, 07013 Palma de Mallorca, Tel. (71) 288332. Klassische Küche mit marktfrischen Zutaten. Wein zu annehmbaren Preisen.

Celler Sa Sinia, 07670 Porto Colóm, Tel. (71) 824323. Sehr frischer Fisch.

SEHENSWERTES

Binissalem. In der kleinen Stadt wird die Weinlese jedes Jahr am letzten Septembersonntag mit der Festa de's Vermar gefeiert. Der cremefarbene, orangegefleckte Stein des auf dem Kirchplatz errichteten Weinleserdenkmals, der Kirche und vieler Häuser im Ort wird in der Umgebung gebrochen. Binissalem hat 4700 Einwohner, darunter viele Deutsche – es gibt hier sogar eine deutsche Schule.

Deyá. Der kleine Ort über dem Meer bei Sóller wurde durch den englischen Schriftsteller Robert Graves, der hier lange Jahre lebte, berühmt gemacht. Die Bar ist ein Künstlertreffpunkt. Der Blick auf die mit alten Olivenbäumen besetzten Bergterrassen landeinwärts ist herrlich.

Felanitx. Landstädtchen mit 15 000 Einwohnern und einer großen Kirche aus dem 13. Jh., die im 17. Jh. umgebaut wurde. Ferner gibt es hier monumentale Gebäude und keramisches Kunsthandwerk. In der Nähe liegt das Kloster San Salvador, 500 m hoch an einem Felshang. Die Aussicht von dort ist prachtvoll.

Inca. Der jeden Donnerstag stattfindende Markt zieht viele Besucher in den Ort, wo im November auch eine große Gewerbemesse abgehalten wird. Inca ist die größte Stadt im Zentrum von Mallorca und hat ziemlich viel Industrie (Textilien, Leder, Schuhe). Hier werden auch *concos* (einfache Biskuits) hergestellt. Die Kirche Santa María la Mayor hat einen gotischen Turm, das Franziskanerkloster einen barocken Kreuzgang.

Palma de Mallorca. Über die Hälfte der Einwohner der Balearen lebt in dieser Stadt, die zudem Jahr für Jahr von zahlreichen Touristen bevölkert wird. Palma ist sehr wohlhabend, wie die vielen Juweliergeschäfte und die hohen Preise in den Restaurants beweisen. Den Hafen überragt die nachts angestrahlte Kathedrale La Seo. Sie entstand im Lauf von drei Jahrhunderten

Im Empfangsraum der Bodegas José L. Ferrer, deren hohem Qualitätsstand die Schaffung der DO Binissalem in erster Linie zu verdanken ist, verherrlicht ein altes Gemälde den Wein von Binissalem. Es zeigt im Hintergrund eines der vielen Klöster, die auch auf Mallorca die Anfänge des Weinbaus stark beeinflußten.

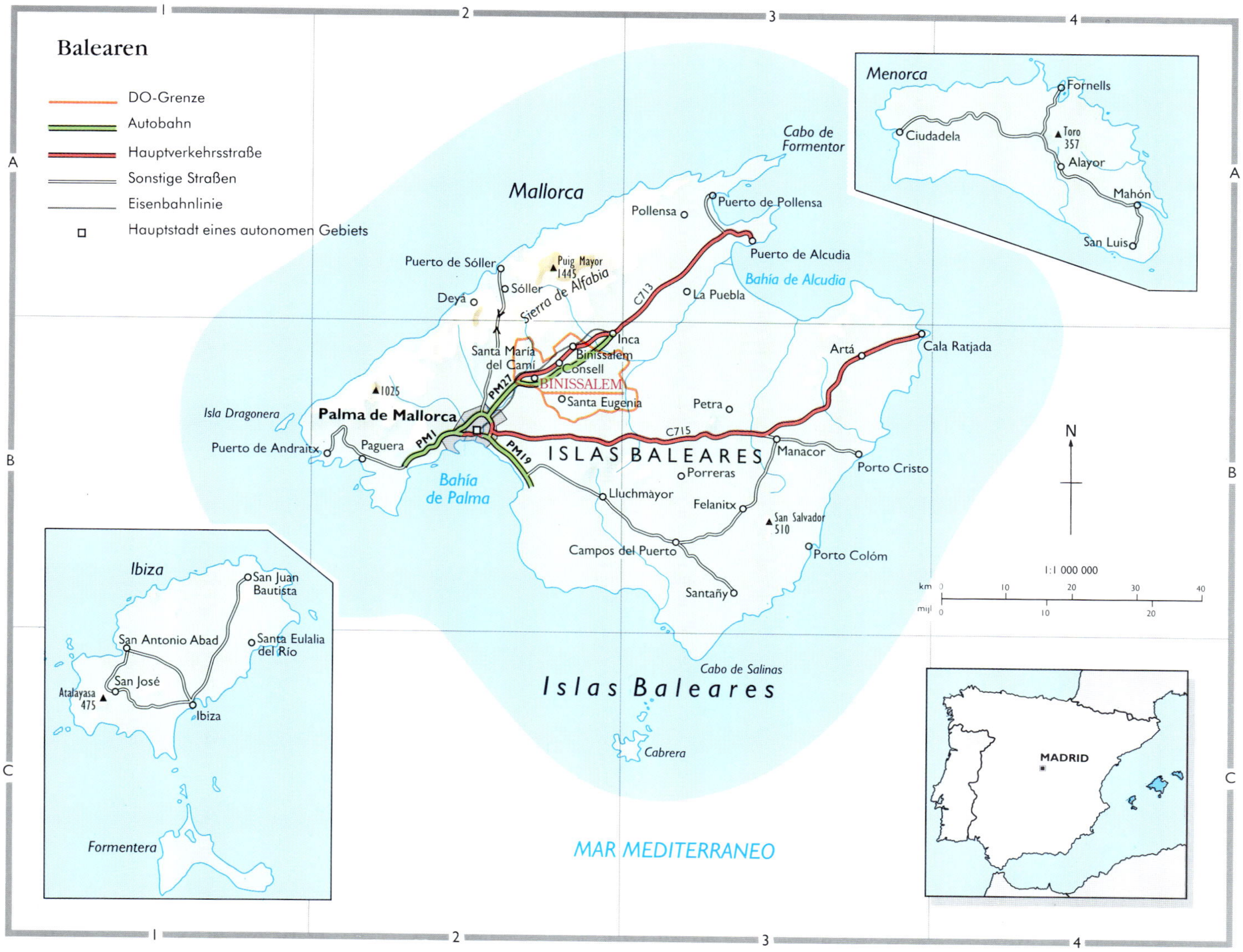

und mußte 1851 nach einem Erdbeben zum Teil wiederaufgebaut werden, deshalb weist sie verschiedene Stile auf. Der mächtige Bau umschließt nicht weniger als 18 Seitenkapellen. Die Altstadt von Palma mit engen, malerischen Gassen und schönen Gebäuden liegt hinter der Kathedrale. Besuchenswert sind auch die vermutlich aus dem 10. Jh. stammenden maurischen Bäder neben einem Park; der größte Raum hat eine Kuppel und viele Säulen. Im Consulado del Mar aus dem 17. Jh. ist ein Schiffahrtsmuseum untergebracht. Kunst der Provinz ist in der Lonja (15. Jh.) am Hafen zu sehen. Westlich von Palma liegt das Pueblo Español, ein Freilichtmuseum mit Nachbildungen berühmter Bauten aus ganz Spanien. In einem großen Park südlich davon steht das Castillo Bellver mit einem archäologischen Museum. Der Bau aus dem 13. Jh. ist die einzige Rundburg Spaniens. Eine gute Adresse für den Weinkauf im Zentrum von Palma ist Malvasía, Santo Domingo 11.

Petra. Hier wurde 1713 Fray Junípero Serra geboren, ein großer Franziskanerpater und Gründer von Los Angeles, Monterrey, San Diego, San Francisco und San José. Er benannte diese Städte nach Kapellen in dem hiesigen Kloster, wo er erzogen wurde. Denkmäler des Priesters stehen auf dem Platz in Petra und in der Hall of Fame in Washington, D.C. Sein Geburtshaus ist für Besucher zugänglich; es wurde vor einigen Jahren der Stadt San Francisco als Stiftung vermacht und enthält ein kleines Museum sowie einen Weinkeller.

Porreras. In der Kirche befindet sich ein gotisches Templer-Kreuz.

Santa Eugenia. Hübscher, von alter Mühle überragter Weinort.

Santa María del Camí. Das Rathaus ist Barock, und auch die Pfarrkirche hat barocke Elemente. Im Convento de los Mínimos befindet sich ein Trachtenmuseum.

WEINSTRASSE

Weil der Bereich Binissalem nur klein ist, wurde die Route auch auf die interessanteren Gemeinden von Felanitx ausgedehnt. Unterwegs kann man Weinerzeuger, aber auch Klöster wie San Salvador bei Felanitx besuchen. Ein Abstecher zum Castillo de Alaró, das auf einem Berg nordwestlich der Weinorte Santa María del Camí und Consell steht und eine herrliche Aussicht über die Umgebung bietet, ist ebenfalls vorgesehen.

Tacoronte-Acentejo (Kanarische Inseln)

Hauptstadt: Las Palmas de Gran Canaria / Santa Cruz de Tenerife
Provinzen: Las Palmas de Gran Canaria / Santa Cruz de Tenerife
Fläche: 7273 km²
Einwohnerzahl: 1 615 000

Es gab eine Zeit, da waren die Weine von den Kanarischen Inseln berühmt: Jährlich wurden 30 000 Faß exportiert, und ihr Inhalt kam selbst an europäischen Fürstenhöfen auf die Tafel. In Shakespeares «Heinrich IV.» wird Falstaff wegen seines bedeutenden Konsums an Kanarienwein «Sir John Canaries» genannt. Aber auch andere Dichter, unter ihnen Sir Walter Scott, erwähnen den Wein.

Stets ist dabei vom vollen, süßen Malvasía die Rede – ein Wein, so stark, daß ein aus dem Jahr 1760 übriggebliebener noch 1981 seinen kraftvollen Geschmack bewahrte. Er wuchs hauptsächlich auf den Inseln La Palma und Lanzarote. Noch heute wird der Malvasía in süßer und trockener Form produziert, doch die Nachfrage ist so sehr zurückgegangen, daß die bescheidene Produktion die Inseln kaum verläßt. Es ist schon bezeichnend, daß dem Malvasía nicht eimal eine Denominación de Origen zugestanden wird.

Der einzige Bereich mit DO-Niveau ist Tacoronte-Acentejo auf Teneriffa, der größten der *Islas Afortunadas* («Glückliche Inseln»). Der Name (span. Tenerife) kommt von einem alten Ausdruck, der «schneebedeckte Berge» bedeutet, denn die Insel wird von einem Vulkan beherrscht, dessen Gipfel von November bis April eine Schneekappe trägt; es ist der Teide, mit 3718 m der höchste Berg Spaniens. Südlich davon sind Klima und Pflanzenwelt fast wüstenartig, während auf der Nordseite eine üppige Vegetation gedeiht. Es gibt hier nicht nur Bananenplantagen, sondern Bäume und Pflanzen, die sonst nirgends auf der Welt vorkommen, z. B. die Kanarische Kiefer, die Kanarische Palme und der mit einer oft 6 m breiten Schirmkrone versehene Drachenbaum, der über 1000 Jahre alt werden kann.

Unter spanische Herrschaft kam Teneriffa als letzte Insel der Gruppe nach dem Sieg von Alonso Fernández de Lugo über die eingeborenen Guanches im Jahr 1496.

Rebberg in La Victoria de Acentejo, einer der sieben Weingemeinden von Tacoronte-Acentejo.

Der Weinbaubereich

Tacoronte-Acentejo hat den ersten Teil seines Namens von dem Ort Tacoronte, 25 km westlich der Inselhauptstadt Santa Cruz de Tenerife. Insgesamt umfaßt der Bereich 6 Gemeinden sowie einen Teil von La Laguna (der zweitgrößten Stadt auf Teneriffa). Er erstreckt sich in einem schmalen, 23 km langen Streifen an der Küste. Etwa die Hälfte aller Winzer lebt in Tacoronte. Nach Größe geordnet folgen dann El Sauzal, La Victoria de Acentejo, Tegueste, La Matanza de Acentejo, Santa Ursula und La Laguna. Auf dem rötlich-braunen Boden wachsen die Reben niedrig. Manche Weinberge sind eben, manche liegen an Hängen und wieder andere auf Terrassen. Die Höhenlage schwankt zwischen 100 und 800 m; die Rebfläche beträgt rund 2500 ha. Das entspricht 40 % der Rebfläche auf Teneriffa und 20 % der Anbaufläche auf der gesamten Inselgruppe.

In der Geschichte von Tacoronte-Acentejo ist mehrfach die Rede von Maßnahmen zur Sicherung der Qualität – so wurde 1563 verordnet, daß kein Wein von außerhalb importiert werden durfte. Dennoch hat die Insel erst seit kurzem hinsichtlich Weinqualität etwas zu bieten. Ende der 1980er Jahre nahmen private Winzer und Genossenschaften endlich die schon lange nötigen Investitionen in moderne Kellerausrüstungen vor. Für die DO wurde eine gemeinsame Versuchsbodega eingerichtet, wo auch neue Rebsorten geprüft werden, z. B. Cabernet Sauvignon und Rubi Cabernet (eine Kreuzung Carignan × Cabernet Sauvignon). Der sehr aktive Consejo Regulador möchte die jährliche Produktion von 5300 auf 7000 hl anheben und auch den Anteil an Flaschenwein steigern. Auf den Kanarischen Inseln insgesamt werden 15 % der Erzeugung in Flaschen abgefüllt. In Tacoronte-Acentejo liegt der Anteil jedoch schon bei 50 %.

Der Schwerpunkt liegt auf Rotwein; auf die Sorte Listán Negro entfallen 90 % und auf Negramoll 5 % der Rebfläche. Der Rest ist größtenteils Listán Blanco. Als einzige Region Spaniens wurden die Kanarischen Inseln übrigens nie von der Reblaus befallen.

Dank verbesserter Kellertechniken sind die Rotweine von Tacoronte-Acentejo heute meist frischer und fruchtiger als früher, und der Alkoholgehalt liegt nur noch bei 12,5 bis 13,5 %. Die meisten wollen jung getrunken sein. Auch einige Weißweine haben an Qualität gewonnen und sich zu erfrischenden, gefälligen Begleitern für Salate und Fischgerichte entwickelt. Die beiden wichtigsten Erzeuger sind die Genossenschaft SAT Viticultores del Norte de Tenerife in Tacoronte und die Bodegas Monje in El Sauzal, aber auch andere machen sich inzwischen einen Namen. Die verbesserte Weinqualität hat den Winzern von Tacoronte-Acentejo mehr Selbstvertrauen gegeben. 1991 zog der Consejo Regulador in ein neues Anwesen um, und auf Weinmessen in Barcelona und Madrid, wo Fachleuten und Liebhabern mit Stolz die Inselweine im neuen Stil vorgeführt werden, ist die Region inzwischen gut vertreten. Ohne Zweifel kommt als nächster Schritt der Export.

Der neue Sitz des Consejo Regulador von Tacoronte-Acentejo.

BEDEUTENDE ERZEUGER

Bodegas Flores, 38370 La Matanza de Acentejo. Die kleine Familienfirma verarbeitet das Lesegut von eigenen 4 ha, die sich über drei Orte verteilen. Am besten ist der rote Viña Flores von drei Traubensorten, v. a. Listán Negro; er ist etwas rustikal in der Art, hat guten Körper und verhaltene Frucht (mit blumigem Anflug).

Bodegas Monje, 38360 El Sauzal. Miguel González Monje ist einer der bedeutendsten eigenständigen Winzer auf Teneriffa. Sein Besitz von knapp 12 ha erbringt einige gute Weine. Der trockene weiße Drago Blanco ist ein interessanter sortenreiner Listán Blanco, der gut zu Fisch paßt. Noch besser sind die Rotweine, v. a. der als *vino nuevo* angebotene Monje, ein milder, johannisbeerfruchtiger, vollmundiger und ein wenig erdiger Wein; er schmeckt frisch am besten.

Cooperativa SAT Viticultores del Norte de Tenerife, 38350 Tacoronte. Dynamische Genossenschaft mit modernen Einrichtungen und etwa 100 Mitgliedern. Die Marke lautet Viña Norte, oft aber wird auch der Name des Winzers angegeben, der die Trauben für den Wein geliefert hat. Auf diese Weise entstehen von einem Jahrgang ganz verschiedene, meist jung zu trinkende Weine. Außer einem kräftigen Alkoholkern weisen sie oft milde, vollmundige Art mit süßer Frucht auf. Der weiße Viña Norte ist in der Regel sehr anständig.

Bodegas La Isleta, 38260 Tejina. Der bescheidene Betrieb am Kirchplatz in Tejina produziert seit 1969 Wein. Weißer Isleta ist schlicht und manchmal recht säuerlich, dagegen ist der Rotwein von 70 % Negramoll gefällig, charaktervoll und hat charmante Frucht. Es wird Lesegut von knapp 5 ha Weinbergen verarbeitet.

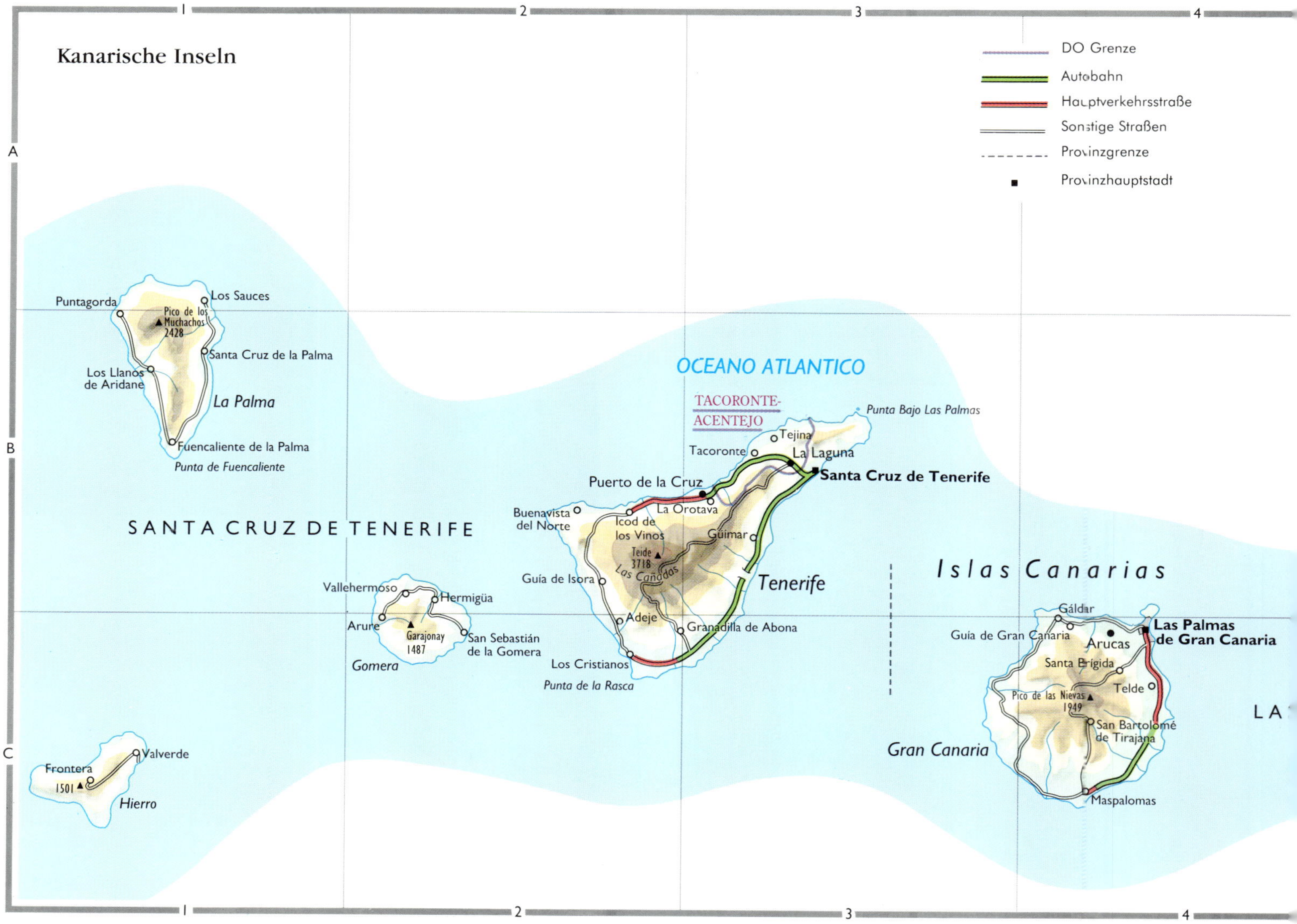

Reise-Informationen

HOTELS UND RESTAURANTS

Parador, 38300 Las Cañadas del Teide, Tel. (22) 232503. Chalet-ähnlicher Bau mit schöner Aussicht und gutem Restaurant. Das Hotel besitzt den höchstgelegenen Swimmingpool Spaniens.
Casa Ramallo, 38200 La Laguna, Tel. (22) 263202. Sehr zuverlässiges Speiselokal. Exzellente Fischsuppe.
Café del Príncipe, Plaza Príncipe de Asturia, 38000 Santa Cruz de Tenerife, Tel. (22) 278810. In der Gegend sehr beliebtes, gemütliches Lokal mit Garten, Terrasse und kanarischer Küche.
La Caseta de Madera, Regla, 38000 Santa Cruz de Tenerife, Tel. (22) 210023. Renommiertes Restaurant, freundlicher Service. Stets frischer Fisch.
Colón Rambla, Viera y Clavijo 49, 38004 Santa Cruz de Tenerife, Tel. (22) 272550. An den Stränden von Teneriffa gibt es viele Touristenhotels, dieses jedoch liegt in der Hauptstadt. Man kann hier zu annehmbarem Preis ein ganzes Ferienappartement mit Küche mieten. Keine Klimaanlage.
Mencey, Avenida Dr. José Naveiras 38, 38001 Santa Cruz de Tenerife, Tel. (22) 276700. Großes, luxuriöses Hotel mit Restaurant und rund 300 Zimmern am Rand der Altstadt.
La Riviera, Rambla General Franco 155, 38001 Santa Cruz de Tenerife, Tel. (22) 275812. Kreative Küche mit frischen Zutaten, u. a. Lamm. Gute Weinkarte.
El Calvario, Calle Calvario 65, 38350 Tacoronte, Tel. (22) 563734. Spezialitäten: Kabeljau und Hähnchen.
El Campo, Carretera General del Norte 350, 38350 Tacoronte, Tel. (22) 561761. Für die Gegend typisches rustikales Restaurant; ausschließlich Fleischgerichte vom Grill.
Club Parque Mesa del Mar, 38350 Tacoronte, Tel. (22) 561300. Moderner, schön gelegener Hotelkomplex mit Garten, Geschäften und Diskothek.
Mesón El Drago, 38280 Tegueste, Tel. (22) 543001. Restaurant in einem ehemaligen Adelshaus. Neben traditioneller Kost (Fisch, Schalentiere, Lamm) auch phantasievollere Küche. An Wochenenden gibt es die Lokalspezialität *puchero canario*.

SEHENSWERTES

Las Cañadas del Teide. Kein Besucher Teneriffas sollte diesen Nationalpark verfehlen. Er besteht aus einem großen Krater mit 45 km Durchmesser, umgeben von steilen Wänden. Die Landschaft innerhalb des Kraters ist fast unirdisch, mit eigentümlichen Felsformationen, erstarrten Lavaströmen und Basaltböden. Vom Park aus kann man mit einer Seilbahn zum Teide, dem höchsten Berg Spaniens, hinauffahren.
Icod de los Vinos. Der an einem Hang erbaute Ort überschaut die Küste. Hier befinden sich Adelshäuser, das Castillo de San Miguel und die Pfarrkirche San Marcos aus dem 16. Jh. mit schönem Figurenschmuck. In Icod gibt es einen mächtigen, fast 17 m hohen Drachenbaum.
La Laguna. Ein Teil der Stadt fällt in den Weinbaubereich Tacoronte-Acentejo. Der Name stammt von einer inzwischen ausgetrockneten Lagune. Die Stadt wurde 1496 als erste auf der Insel von Alonso Fernández de Lugo gegründet und um die

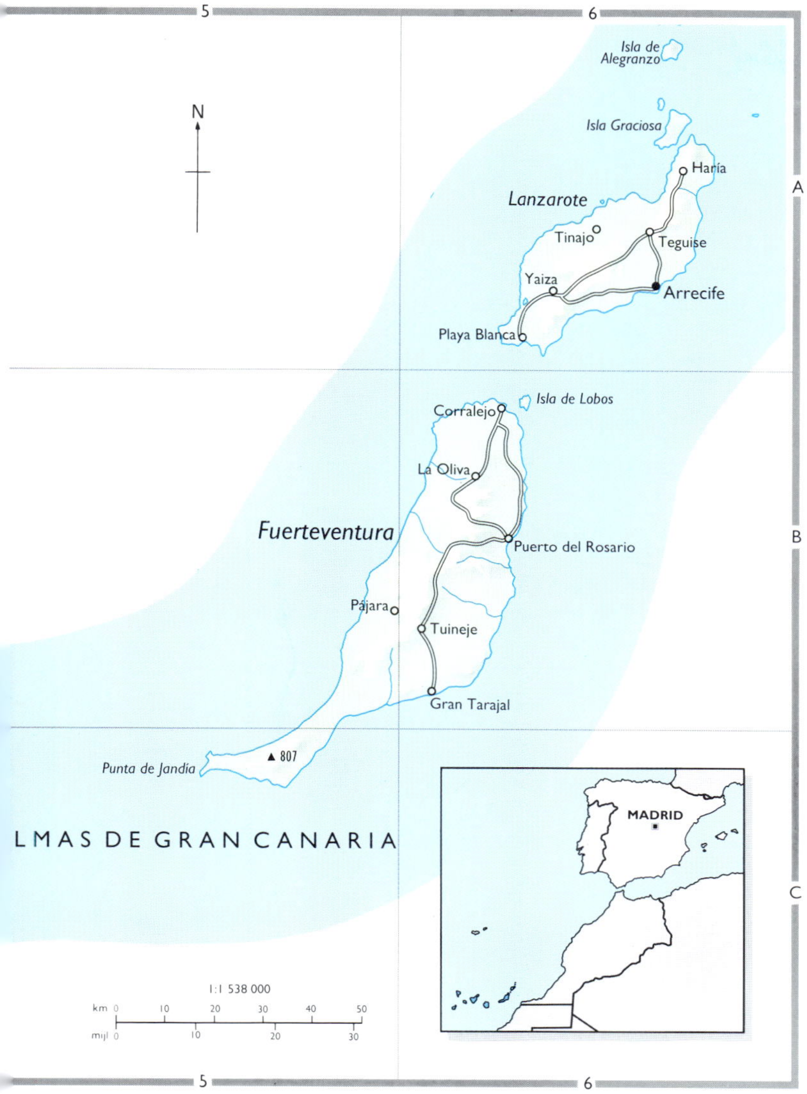

Weinfest in Romeria de Tegueste, Teneriffa.

Kirche La Concepción mit ihrem siebengeschossigen Glockenturm erbaut. Die Kathedrale mit einem flämischen Altarbild aus dem 18. Jh. erhielt ihre heutige Form zu Anfang des 20. Jh. – Baubeginn war 1515! In ihr befindet sich das Grabmal von de Lugo, der 1525 starb. Das mächtige Kruzifix, das er auf die Insel brachte, steht heute auf einem Silberaltar im Santuario del Cristo, einer Kapelle neben dem Franziskanerkloster. Mitte September wird es in einer großen Prozession durch die Straßen getragen. La Laguna besitzt auch die erste und einzige Universität der Kanarischen Inseln. Im Stadtzentrum gibt es viele Kolonialhäuser mit Adelswappen an den Fassaden. Hier befindet sich auch die malerische Plaza de Adelante mit dem Rathaus aus dem 16. Jh., dem Gotteshaus Santa Catalina und dem teilweise barocken Palacio de Nava. Ebenfalls im Zentrum steht der Bischofspalast mit schönem Innenhof und einer Fassade aus dem 17. Jh. La Laguna ist berühmt für Keramik, und an Fronleichnam werden auf den Straßen Bilder aus bunten Steinen gelegt.

La Matanza de Acentejo. 1494 wurde Alonso Fernández de Lugo bei diesem Ort von den Guanches geschlagen – es war ihr letzter Sieg.

La Orotava. Malerischer Ort an einem Berghang mit vielen typischen Kolonialhäusern mit vorgebauten Balkonen. Die Kirche La Concepción ist im Rokoko-Stil erbaut.

Santa Cruz de Tenerife. Die Hauptstadt von Teneriffa hat knapp 200 000 Einwohner, einen bedeutenden Hafen und ziemlich viel Industrie, u. a. eine Ölraffinerie. Von der Altstadt ist nicht mehr viel übrig. Eine der schönsten Kirchen ist La Concepción aus dem 16. Jh., nach einem Brand im 17. Jh. wiederaufgebaut. In ihr befinden sich das Cruz de la Conquista zum Andenken an den endgültigen Sieg über die eingeborenen Guanches sowie einige Flaggen, die dem britischen Admiral Nelson abgenommen wurden, als er vergeblich versuchte, Santa Cruz zu erobern; er verlor in der Schlacht einen Arm. Die Kanone «El Tigre», die damals den folgenschweren Schuß abfeuerte, steht im Militärmuseum im Castillo de Paso Alto. Hinter der Iglesia de la Concepción befindet sich das Museo Municipal de Bellas Artes, das v. a. Werke kanarischer Künstler zeigt. Im archäologischen Museum ist zu sehen, wie die Guanches lebten.

El Sauzal. Im Distrikt La Baranda befindet sich die Casa Museo del Vino, ein Weinmuseum in einem typischen, flach gebauten kanarischen Bauernhaus. Westlich des Orts steht auf der Finca de San José eine große alte Kelter.

Tacoronte. In der Stadt mit 17 000 Einwohnern findet – gewöhnlich Ende Mai – das größte Weinfest der Kanarischen Inseln statt, das eine Woche dauert. Die meisten Veranstaltungen werden in oder bei der Alhóndiga abgehalten, einem schlichten, ja nüchtern wirkenden Gebäude aus dem 17. Jh. Früher war es ein Kornspeicher, heute ist es ein Handwerksmuseum. Die Kirche Santa Catalina aus dem 17. Jh. ist eine der schönsten auf der Insel; ihre Altargemälde, Skulpturen und Silberarbeiten sind sehr sehenswert. In der Kirche des früheren Augustinerklosters befindet sich das berühmte holzgeschnitzte Kruzifix Cristo de Dolores aus dem 17. Jh. Der Altar besteht aus mexikanischem Silber, das Dach ist im Mudéjar-Stil. Ein Gang durch Tacoronte (die schönste Straße ist der Paseo José Izquerdo) zeigt, daß Kunst und Handwerk, u. a. Holzschnitzerei und Töpferei, noch lebendig sind; aber auch Nougat wird hier hergestellt. In der Stadt wachsen mehrere Drachenbäume.

La Victoria de Acentejo. Nach der Niederlage von La Matanza nahm de Lugo hier 1496 Rache an den Guanches und schlug sie vernichtend. Heute ist La Victoria besonders für Töpfereien bekannt; außerdem gibt es hier Weinbau.

WEINSTRASSE

Am besten erforscht man Tacoronte-Acentejo auf der engen, kurvenreichen Straße von La Laguna nach Tegueste. Von dort aus führt die Route weiter über Tejina und Valle Guerra nach Tacoronte und schließlich über El Sauzal, La Matanza de Acentejo, La Victoria de Acentejo nach Santa Ursula. Den Rückweg kann man ostwärts über die Autobahn nach La Laguna (und Santa Cruz de Tenerife) einschlagen, natürlich kann man aber auch einen Abstecher westwärts nach Icod de los Vinos oder über La Orotava zum Nationalpark Las Cañadas del Teide unternehmen.

Glossar

Almacenista. Privater Halter von Beständen feiner Sherrys.
Albariza. Intensiv weiße, wasserspeichernde Bodenart mit bis zu 80 % Kreide in der Region Jerez; trägt entscheidend zum besonderen Charakter des Sherrys bei.
Amontillado. Bezeichnung für einen Sherry-Typ bzw. einen Wein aus Montilla-Moriles, die beide durch lange Reifung von Fino in Eichenfässern gewonnen werden.
Amoroso. Süßer Dessert-Sherry.
Año. Jahr.
Arrope. Ein auf 1/5 des Volumens eingedickter Most zum Färben und Süßen.
Autonomía. Autonomes Gemeinwesen. Spanien ist heute in 17 *autonomías* unterteilt.
Ayuntamiento. Rathaus.
Barrica. Weinfaß, meist mit 225 l Inhalt.
Barrique bordelaise. Bordeaux-Faß aus Eichenholz. In manchen DO-Bereichen Spaniens gebräuchlich.
Blanco. Weißwein.
Bodega. Weinbaubetrieb, Weinkellerei.
Bota. Lederne Weinflasche, auch Weinfaß.
Brut. Extra trocken, nur für Schaumwein gebräuchlich.
Brut nature. Älterer Ausdruck für trockenen Schaumwein.
Castillo. Burg, Schloß.
Cava. DO-Bereich für Schaumwein in traditioneller Flaschengärung; auch Bezeichnung für den Schaumwein selbst.
Clarete. Heller Rotwein. Der Ausdruck ist nicht mehr gebräuchlich, kommt auf älteren Flaschen aber noch vor.
Consejo Regulador. Jeder DO-Bereich Spaniens verfügt über ein solches Gremium, das für die Qualitätssicherung und die Einhaltung der DO-Bestimmungen sowie für die Zuerkennung des DO-Status zuständig ist.
Cooperativa. Genossenschaft.
Copita. Traditionelles Sherry-Glas.
Cosechero. (Meist kleiner) Winzer, der seinen Wein selbst verarbeitet.
Criadera. Wörtlich «Kinderstube»; Ausbauphase beim Wein, v. a. beim Sherry.
Crianza. Wein mit mindestens 6 Monaten Faßreife. In Rioja sind mindestens 12 Monate vorgeschrieben.
Denominación de Origen (DO). Bezeichnung für Wein eines geprüften Typs und Qualitätsstands aus einem bestimmten Bereich.
Doble pasta. Mit der doppelten Menge an Traubenschalen vergorener Wein; er gewinnt dadurch an Farbe und Körper.
Dulce. Süß. Wein mit über 50 g/l Restzucker.
Embotellado por. Abgefüllt durch.
Fino. Heller, delikater, trockener, unter einer Florhefeschicht gereifter Sherry oder Sherry-ähnlicher Wein.
Flor. Natürlicher Hefezellenwuchs, der eine lockere, grauweiße Schicht auf bestimmten gespriteten Weintypen bildet. Die Hefezellen nehmen Sauerstoff aus dem Wein auf, so daß dieser nicht oxidiert. Dieses Phänomen tritt in Jerez, Montilla-Moriles und Condado de Huelva auf und ist verantwortlich für die Entstehung von Fino.
Gran Reserva. Faßgereifter Qualitätswein. Rotwein muß 2 Jahre im Eichenfaß und 3 Jahre in der Flasche zugebracht haben.
Huerta. Bewässerungsgebiet.
Lagar. Altertümliche Weinkelter in Form eines Steintrogs, in dem Trauben gestampft werden. Auch Weinkellerei.
Lágrima. Wörtlich «Träne»; Wein aus der ersten Pressung.
Kohlensäure-Maischung (Beaujolais-Methode). Gärtechnik, bei der ungemahlene Trauben in einen mit CO_2 gefüllten Tank gegeben werden. Die Gärung setzt im Inneren der intakten Beeren ein. Der Saft der vom Gewicht der Charge gequetschten Beeren am Tankboden geht ebenfalls in Gärung über und unterstützt dadurch den Vorgang.
Malolaktische Gärung. Zweite, nicht alkoholische Gärung nach der Hauptgärung; verwandelt die im Wein vorhandene Apfelsäure in Milchsäure (und CO_2). Verringert den Säuregehalt und stabilisert den Wein. Für alle Rotweine von Bedeutung; bei Weißwein unerwünscht, wenn die frische Säure erhalten bleiben soll.
Manzanilla. In Sanlúcar de Barrameda ausgebauter Fino Sherry.
Mistela. Gemisch aus Most und Weingeist.
Modernista. Spanisches Pendant zu Art Nouveau und Jugendstil.
Most. Traubensaft vor der Gärung.
Mudéjar. Unter christlicher Herrschaft entstandener maurischer Baustil.
Oloroso. Dunkler, körperreicher Sherry-Typ.
Oxidation. Chemische Reaktion des Weins auf Luft. Bei längerem Ausbau unvermeidlicher Vorgang. Bei unerwünschtem Verlauf können Aroma, Geschmack und Farbe beeinträchtigt werden.
Pajizo. Gelblicher Ton bei jungem Wein.
Palo Cortado. Sherry-Typ zwischen Amontillado und Oloroso. Alkoholgehalt 18 bis 20 %. Wird nur von wenigen Bodegas produziert.
Parador. Staatliches Touristenhotel mit gutem Standard, oft in historischen Gebäuden untergebracht.
Pasada. Langgereifter Manzanilla.
Rancio. Alter, maderisierter, manchmal auch gespriteter Weißwein.
Reblaus. Schädling an den Rebenwurzeln. Trat am Ende des vorigen Jahrhunderts massiv auf und vernichtete viele Weinberge auf dem spanischen Festland wie auch im übrigen Europa.
Reserva. Qualitätsrotwein mit mindestens 3 Jahren Faß- und Flaschenreife.
Río. Fluß.
Rosado. Rosé.
Sacristía. Sakristei.
Santuario. Heiligtum.
Seco. Trocken.
Sierra. Gebirge.
Sin crianza. Wein ohne Faßreife.
Solera. Verschnittsystem für den Ausbau von Sherry, Málaga und Montilla.
Tannin. Natürlicher Bestandteil des Weins mit konservierender Wirkung.
Tapas. Kleine Happen.
Tinaja. Traditionelles Tongefäß für die Gärung und Lagerung von Wein.
Tinto. Rotwein.
Tonelero. Faßbauer.
Vendimia. Weinlese und Jahrgang.
Verde. Junger, perlender Weiß- und Rotwein.
Vino. Wein.
Vino borracho. Mischung von Wein und Alkohol zum Spriten von Málaga.
Vino de color. Farbwein; zu Sirup eingedickter, dunkelbrauner Most zum Färben von Verschnitten.
Vino de mesa. Tafelwein.
Vino de la tierra. Landwein aus bestimmten Regionen Spaniens; Pendant zu *vin de pays.*
Vino dulce. Süßwein.
Vino tierno. Málaga-Wein von sonnengetrockneten Trauben.

Bibliographie

Abdon Arjona Algaba et al., *Los vinos Valencianos y su comercialización,* Valencia 1988
David Baird, *Excursions in Southern Spain,* Fuengirola 1991
David Baird, *Inside Andalusia,* Fuengirola 1988
Desmond Begg, *Traveller's Wine Guide: Spain,* London 1989
F. Bosch i Torrent et al., *Denominación d'origen Penedès,* Barcelona 1989
Cristina Cebrián Sagarriga, *El vino Albariño,* Vitoria 1988
Jaume Ciurana, *Los vinos Catalanes,* Barcelona 1980
Club de Gourmets, *Guía BMW Gourmetour 1990/1991,* Madrid
Club de Gourmets, *Guía de vinos Gourmets 1990/1991,* Madrid
Harry Debelius, *Spain,* London 1988
Fernando Delgado Cebrián, *Los pueblos de Madrid,* Madrid 1981
Hubrecht Duijker, *The Good Wines of Rioja,* London 1987
Cayetano Enríquez de Salamanca, *De viaje por Andalucía,* Málaga 1988
Escalas, *Guide of Majorca,* Palma de Mallorca 1985
Dana Facaros & Michael Pauls, *Spain,* London 1989
Antón Gil, *Vinos y licores,* Murcia 1988
Miguel Golobardes Vila, *Perelada,* Figueras 1965
Everest, *Jumilla,* Madrid 1989
Dennis Gunton, *Spain,* London 1990
F. Gurri Serra et al., *La guía de Catalunya,* Barcelona 1989
Ellen Hoffman et al., *Bantam Travel Guide: Spain,* New York 1990
Hans Hoogendoorn, *ANWB Reisgids: Spanje,* Den Haag 1989
Icex, *The Challenge of Spain,* Madrid 1989
Julian Jeffs, *Sherry,* London 1982
Rob Kerstens, *De wijnen van Spanje en Portugal,* Haarlem 1985
Tony Lord, *The New Wines of Spain,* London 1988
Ana Martínez et al., *Léon rutas turisticas ineditas,* León 1985
Garry Marvin, *Coping with Spain,* Oxford 1990
Franz N. Mehling, *Spanje,* Amsterdam 1987
Janet Mendrel Searl, *Cooking in Spain,* Fuengirola 1989
Charles Metcalfe & Kathryn McWhirter, *The Wines of Spain and Portugal,* London 1988
Wim Mey, *Sherry,* Baarn, Niederlande 1987
Michelin, *España Portugal 1990/1991,* Madrid
Michelin, *Spain,* London 1987
David Mitchell, *Travellers in Spain,* Fuengirola 1990
Jordí Olavarrieta, *Cava,* Barcelona 1981
Andreu Parra & Miquel Sen, *Viajes por los vinos de España,* Barcelona 1989
Luis Pastrana, *El Bierzo,* León 1981
José Peñín, *Vinos y bodegas de España 1990,* Madrid
Plaza y Janes, *Guía del viajero España 1990/1991,* Barcelona
Jan Read, *The Mitchell Beazley Pocket Guide to Spanish Wines,* London 1988
Jan Read, *The Wines of Spain,* London 1982
Jan Read, Maite Manjón & Hugh Johnson, *The Wine and Food of Spain,* London 1987
Javier Rivera Blanco, *Guía del Bierzo,* León 1978
Ian Robertson, *Blue Guide: Spain,* London 1989
Jancis Robinson, *Vines, Grapes and Wines,* London 1986
Jorge Sauleda, *The Wines of Navarra,* Pamplona 1989
Marimar Torres, *The Spanish Table,* New York 1986
Miguel A. Torres, *Los Vinos de España,* Madrid 1984
Miguel A. Torres, *Mil años de viticultura en Cataluña,* Barcelona 1990
Miguel A. Torres, *The Distinctive Wines of Catalonia,* Barcelona 1986
Félix Valencia Díaz, *Monografía sobre los vinos de Málaga,* Málaga 1990
Adolfo Vasserot Fuentes, *Málaga Wine,* Málaga 1978
Frans Verbunt, *De wijnen van Spanje,* Utrecht 1988
Frans Verbunt, *Vinos de Castilla-La Mancha,* 1978
Ben van Wakeren & Marloleine Rijke, *Noord-Spanje,* Haarlem 1989
Mark Williams, *The Story of Spain,* Fuengirola 1990

PERIODIKA

Alles über Wein (Deutschland)
Bouquet (Spanien)
Club de Gourmets (Spanien)
Decanter (Großbritannien)
Goede Smaak (Niederlande)
Gourmetour (Spanien)
Lookout (Spanien)
Marco Real (Spanien)
La Prensa de la Rioja (Spanien)
Sobremesa (Spanien)
Vinum (Schweiz)
Wine (Großbritannien)
The Wine Advocate (USA)
The Wine Spectator (USA)
Wine & Spirit (Großbritannien)

Register

Das Register enthält Rebsorten, Weinlagen, Weingüter und Erzeuger, Genossenschaften, Städte und Weinorte sowie Orte von allgemeinerem Interesse mit Seitenzahlen und Kartenraster.

BILDQUELLEN

Abkürzungen: Alan Williams – AW; Hubrecht Duijker – HD; Michael Busselle – MB; Archivo Icongrafico SA – AI; Mick Rock/ Cephas Picture Library – MR/C; Cephas Picture Library – C; Francesco Venturi/KEA Publishing Services – FV/KEA; Susan Griggs Agency – SG.

Schlüssel: links – L; rechts – R; oben – T; unten – B

S. 2–3 AW; 6 Miguel Torres SA; 7, 8 AW; 10 Robert Frerck/SG; 11 Vatican Museum/Scala; 13, 18, 19, 20–1 AW; 22 Zefa; 23 AW; 24 Roy Stedall/C; 26T/B, 27, 28 AW; 30 HD; 31 AI; 33 AW; 34 Miguel Torres SA; 35L/R MR/C; 36, 37, 40, 41, 42T/B, 43, 44 AW; 45L/R HD; 46, 48, 49, 50 MR/C; 51, 52, 53L/R AW; 54 AI; 55 MR/C; 56 HD; 57, 59T FV/KEA; 59B Robert Frerck/SG; 60T Zefa; 60B MR/C; 61, 62 AGE Photostock; 63 AI; 64, 65, 66, 69, 70L/R, 72 HD; 73L/R AI; 74, 75, 77, 78, 79, 80, 81, 82, 83, 84L/R, 85, 86–7, 87T/B, 88, 89, 90, 91, 94, 95, 96 AW; 98, 99, 100, HD; 102, 103L MB; 103R HD; 106, 109 AW; 110, 113 HD; 114L AW; 114R MR/C; 116 MB; 117, 118 MR/C; 119, 120, 121, 112L AW; 122R HD; 125 AGE Photostock; 126 Spectrum Colour Library; 128 HD; 129L AI; 129R HD; 130 Nik Wheeler/SG; 133 Robert Frerck/SG; 134 HD; 135 Robert Frerck/SG; 136L MB; 136R HD; 138–9 Michael Holford; 140 MB; 141T HD; 141B, 142, 143, 144, 145 AW; 147 FV/KEA; 148 HD; 150 MB; 151 HD; 152–3 AW; 154 FV/KEA; 155 HD; 156 AW; 157T HD; 157B, 158–9,160 AW; 162 HD; 163, 164 AW; 165 HD; 166, 168T/B AW; 169 Mike Feeney; 170T AGE Photostock; 170B Mike Feeney; 171 AW; 172 HD; 174–5, 175 AW; 176 HD; 177 AW; 178 HD; 179 Eugen/Zefa; 180–1 Rob Cousins/SG; 182 AGE Photostock; 184 Victor Englebert/SG; 185, 186 AW; 187 HD; 188–9 Spectrum Colour Library; 190 Adam Woolfitt/SG; 192, 193 AW; 194 HD; 195, 196, 197 AW; 199T John Harvey and Sons; 199C/B AW; 200T Osborne Y Cia SA; 200B Williams + Humbert Ltd.; 201T Emilio Lustau SA; 201B AW; 203 HD; 205 AW; 207T/B AW; 208T/B, 210 AW; 211 Roy Stedall/C; 212 HD; 214, 215, 216, 218 AW; 220–1 Spectrum Colour Library; 222 Angus Reid/C; 224T/B, 226, 227, HD; 229 D. Burrows/C.